珍藏本
纪念版

汉译世界学术名著丛书

罗马革命

〔英〕罗纳德·塞姆 著

吕厚量 译

2017年·北京

Ronald Syme

THE ROMAN REVOLUTION

据牛津大学出版社2002年版译出

汉译世界学术名著丛书
（120 年纪念版·珍藏本）
出 版 说 明

2017 年 2 月 11 日，商务印书馆迎来 120 岁的生日。120 年前，商务印书馆前贤怀揣文化救国的理想，抱持“昌明教育，开启民智”的使命，立足本土，放眼寰宇，以出版为津梁，沟通中西，为中国、为世界提供最富智慧的思想文化成果。无论世事白云苍狗，潮流左右激荡，甚至战火硝烟弥漫，始终践行学术报国之志，无改初心。

逐译世界各国学术名著，即其一端。早在 20 世纪初年便出版《原富》《天演论》等影响至今的代表性著作，1950 年代后更致力于外国哲学和社会科学经典的译介，及至 1980 年代，辑为“汉译世界学术名著丛书”，汇涓为流，蔚为大观。丛书自 1981 年开始出版，历时三十余年，迄今已推出七百种，是我国现代出版史上规模最大、最为重要的学术翻译工程。

丛书所选之书，立场观点不囿于一派，学科领域不限于一门，皆为文明开启以来，各时代、各国家、各民族的思想与文化精粹，代表着人类已经到达过的精神境界。丛书系统译介世界学术经典，引领时代思想，为本土原创学术的发展提供丰富的文化滋养，为推动中国现代学术和现代化进程做出了突出的贡献。

为纪念商务印书馆成立120周年，我们整体推出“汉译世界学术名著丛书”120年纪念版的珍藏本，寄望既利于文化积累，又便于研读查考，同时向长期支持丛书出版的译者、编者和读者致以敬意。

两甲子后的今天，商务印书馆又站在了一个新的历史时间节点上。我们不仅要铭记先辈的身影和足迹，更须让我们的步伐充满新的时代精神。这是商务人代代相传的事业，更是与国家和民族的命运始终紧密相连的事业。我们责无旁贷，必须做好我们这代人的传承与创造，让我们的努力和成果不仅凝聚成民族文化的记忆，还能成为后来人可以接续的事业。唯此，才能不负前贤，无愧来者。

商务印书馆编辑部

2017年10月

中译本序

如果说19世纪最伟大的古罗马史家是蒙森，那么《罗马革命》(1939年)的作者罗纳德·塞姆便可视为20世纪英语世界最出色的古罗马史家。他生活的时代，特别是他学术生命最旺盛的时代，恰好是波澜壮阔的战争与革命的时代。那个时代的流行术语是革命，所以他的第一部大作未能脱俗，用"革命"来定性罗马共和制向帝制过渡的关键阶段，也就是终结阶段的历史过程。

由于文字史料相对最多，上千年的古罗马史中最动人的部分便是第二次布匿战争至元首制建立约两百多年的历程，尤其是长达一个多世纪的惨烈内战史。创立罗马共和国的先贤们做梦也不曾想到，久经战阵的罗马军团会回过头来攻打并血洗罗马城，残忍地对待属于不同政治派别的手足同胞，杀人与整人的凶狠程度竟然胜过对非我族类的残杀。阅读李维《罗马史》、阿庇安《罗马史》的有关段落，苏拉的无情、前三头与后三头发动的公敌宣告运动的残酷，与现代政治迫害运动相比，可谓半斤八两，甚至有过之而无不及。

好端端一个社会基本稳定、打遍天下无敌手的罗马共和国，怎么就解体得一塌糊涂？罗马人深恶痛绝的君主制为何在被废除近五百年后卷土重来？不只塞姆为代表的近现代西方学者试图寻找原因，当年惊魂未定的罗马知识分子和具有历史感的罗马高官显贵早就开始了自己的寻因努力。撒路斯提乌斯是第一个啃“酸果”的人，而后李维、阿庇安都不厌其详地探讨过内战或“革命”的因果关系。

概括起来，古罗马史家集体对罗马“革命”的解释大体一致，就是对外部力量的恐惧凝聚了内部的道德力量。恐惧刺激罗马人追求美德，压抑固有的贪婪，所以才会产生一大批精忠报国的平民百姓和贤明伟大的贵族精英。然而，随着外敌逐一被灭，特别是战胜强敌迦太基之后，对外部的恐惧感渐次消失，各地财富涌流到罗马，致使从贵族到平民普遍沉溺于享乐，进而追逐钱财，放纵人性恶，直至社会矛盾尖锐化到积重难返，天下大乱，最终靠一个政治军事强人收拾残局。

塞姆没有翻炒古罗马史家的冷饭，他赋予这场历史巨变以新的解释。其基本看法是罗马以元老院为核心的共和制已不能适应统治帝国的需要。这一看法并不新鲜，启蒙时代以来的众多罗马史家多谈到并论证这一点。塞姆的新意在于对所谓“革命”的领导人奥古斯都及其追随者的深入分析。他把奥古斯都身后依托的政治势力比作“辛迪加”。在他看来，“在任何时代，无论政府的组织形式和名称是怎样的，无论它属于君主制、共和制还是民主制，都需要有一个寡头集团在幕后进行统筹；而罗马在共和国和帝国时期的历史都是统治阶级主导的历史。我们可以在奥古斯都建立的共和国里的官员和掌权者中再次辨认出革命年代的将军、外交家和财阀；他们更换了制服，但仍是同一批人。他们成了新建国家中的官吏”（下文，第 1 章第 17 页）。

所以，他的著作并不在于为奥古斯都作传，分析他的性格与举止，而在于研究所谓革命的领导集团的构成，彼此之间通过婚姻、血缘和共同利益编织成的家族关系网，以及这一集团在内战和建立元首制过程中所起的关键作用。这种群体传记学(prosopography)研究法配以严谨的史料考据，为罗马史研究提供了新视角，使这部著作具有了长久的学术价值，成为研习古罗马史的必读书，也为后人留下了珍贵的历史经验和教训。我在阅读时，常常模糊了古代与当代的界限，事实上这本书本来就带有影射现实的目的。塞姆在书中不时穿插与现实政治比较的话语、归纳一些具有普遍意义的观点便是证明。商务印书馆决定翻译并出版这部七十多年前的著作，我想必有这种古为今用、洋为中用的考量。

当然，《罗马革命》一书也有一些不可避免的时代弱点。比如关于“政党”概念的滥用。古罗马不存在现代意义上的政党，书中的恺撒党、奥古斯都党充其量只是临时性的、缺乏纲领和组织纪律的政治帮派。用“革命”一词概括奥古斯都的一统天下、确立元首制的事业也显得勉强，因为共和晚期与帝制早期罗马生产关系和社会关系的改变，并非奥古斯都推行相关政策的结果。至于建立“挂羊头卖狗肉”的元首制，不过是复归君主制，称之为“革命”未免泛化了革命概念。考虑塞姆所处时代，自19世纪晚期以来的古史现代化风气仍然浓厚，他这样处理问题倒也能够理解。

塞姆终生在古罗马史领域耕耘，《罗马革命》只是给其带来声誉的代表作之一。他还著有体现文献考据功力的大作《塔西佗》(1958年)、《撒路斯提乌斯》(1964年)，考验治史思维与见识的著作《殖民地的精英》(1958年)、《奥维德笔下的历史》(1978年)、《奥古斯都的贵族制》(1986年)等。

由于历史原因，我国古罗马史研究相对较弱，从业的学者不多，积累的专著译著论文总量远不及古希腊史和古近东史方向，这与古罗马在欧洲史乃至世界史中所处的位置显然不相适应。因此引进国外优秀研究成果仍是促进学科发展的重要选项之一。期待会有更多诸如《罗马革命》的著作被介绍到国内。

译者吕厚量博士是我国西方古典学青年学人中的佼佼者。他较好地掌握了中文、英文和拉丁文，并对古罗马史有过较深入的研究，这是译好本书的必要条件。我为他取得的每一点成就感到由衷高兴。但史海苍茫，术业专攻，永无止境，期许译者不骄不躁，为我国世界古史研究的进步继续发挥自己那一分光热。

郭小凌

2015 年 9 月 12 日于京师园

目　录

序 vii

本书的主题是公元前60—公元14年罗马政治与社会的转型过程，叙述重心为奥古斯都的崛起及其统治的建立（公元前44—前23年，第7—23章）。这一时期，权力与财产所有权易手的方式十分暴烈；而奥古斯都的元首制则应当被视为对革命[*]成果的巩固。然而，本书的重点并不在于分析奥古斯都的性格与举止，而在于研究他的追随者与党羽。因此，寡头统治集团的构成是这部政治史的主题和衔接共和国与帝国的纽带：无论政权采用何种名目与理论体系，寡头统治集团都是真实可感的要素。

1

---

* 罗纳德·塞姆在本书标题和正文中使用的“革命”（revolution）一词严格遵循古典拉丁文中的原始对应词（res nova，字面意义为“新事物”）的基本含义，意指对现存秩序、格局与规则的暴力颠覆，并非现代英文中通常所说的“revolution”或中文语境下的“革命”。在以罗马保守贵族知识精英为创作主体的罗马文学、史学语境中，所谓的“革命”（res nova）通常带有明显的贬义色彩，与近现代资产阶级史学和马克思主义唯物史观中带有明确历史进步性意味的政治、经济、社会生活与科学技术等方面的“革命”含义截然不同，读者在阅读过程中应对此予以甄别。由于受到撒路斯提乌斯、波利奥、塔西佗等古罗马悲观主义史家的深刻影响，塞姆在本书中没有将社会变局之前的共和国和内战后建立的元首制中的任何一种政体形式理想化，而是将这两种统治模式同样视为由寡头集团操纵的，以强力、野心、特权和诈术维系的政治体制。因此，在本书中，最终导致奥古斯都元首制建立，但给罗马人民带来了深重苦难的一系列政治动荡与内战在道德层面上受到了严厉批判；但作者也并未将元首制所带来的和平安定局面和共和时代政治自由的丧失片面地视为历史的进步或倒退，而是站在相对中立的立场上论述了这一转变的历史必然性。——译者

为此，本书留给庞培、恺撒、奥古斯都等的生平，以及战争、行省事务和法制史的篇幅（以及对其重要性的说明）都十分有限。作为补偿，罗马贵族家族和政治领袖间的主要联盟关系成为了主角。受篇幅所限，本书的写作手法必须是选择性的：笔者无法提供每个家族和所有个人的详尽信息。即便如此，对这一主题的处理仍是一项浩大工程。读者如果厌倦了对特有的人名间相互关系的细致分析，不妨快速跳过某些部分，如分析恺撒党构成时离题万里的第5、6两章。

同主题一样，本书的基调和处理方式同样需要加以说明。在叙述罗马历史上这一重要时期时，笔者不可避免地要受到撒路斯提乌斯、波利奥和塔西佗等共和派史学家的影响。因此本书必然要对奥古斯都持批判态度。如果读者认为本书对恺撒和安东尼的态度要温和一些，原因恐怕在于其受到史学家波利奥——一位共和派，但却是恺撒和安东尼的党徒——的性格、观点的影响。同样的理由也可以解释本书对西塞罗和李维的评价。然而，归根结底，
viii 元首制的建立有必然性；它虽然摧残了政治自由，却终止了内战，保全了政治舞台以外的各阶级。要自由还是要稳定的统治，是困扰罗马人的重大问题，笔者在本书中试图用罗马人自己的方式去回答这一问题（第 33 章《和平与元首》）。

这一基本思路也确立了本书悲观、尖刻的基调——它几乎完全摒弃了对罗马人乐观情绪和美德的叙述。强力（δύναμις）和命运（τύχη）是书中统领一切的“神祇”。相应地，本书的文风是直截了当，甚至略显突兀的，尽量避免比喻和抽象化。现在确实已经到了对这一时期的“传统”观点做出回应的时候了。近年来一些关于

奥古斯都的作品完全是歌功颂德性质的(无论其作者是在进行由衷的赞美还是别有用心的说教)。然而,我们事实上没有什么理由去歌颂奥古斯都的政治胜利,或将这个通过内战攫取财富与荣誉的人物理想化。

这一时代的历史充满着争议;知识精英们的相关论述可谓汗牛充栋。为了做到简洁明了,我被迫采用了一种大胆的写法——尽可能多地引用古代史料,精选现代学者的权威著述,直白地展示彼此针锋相对的观点,而不去对这些矛盾加以掩饰或进行繁复论证。此外,书后列出的并不是对本课题研究的指南书目,而只是在本书脚注中出现过的专著、论文目录,以方便读者查阅。

本书对罗马政治本质的理解显然受到了闵采尔(Münzer)的深刻影响与指导,如果没有参考他对罗马共和国时期家族历史的研究成果,这本书恐怕根本无法写出。在具体细节方面,我主要的参考对象是闵采尔、格罗亚格(Groag)和施泰因(Stein)等人的丰富的人物志研究成果。特别应当在此提及的参考成果还有塔恩(Tarn)关于安东尼和克莉奥帕特拉的著作(笔者从中获益匪浅,尽管在一个至关重要的问题上保留了自己的不同意见)和普雷麦斯坦的遗著《罗马元首制的建立与本质》(Anton von Premerstein, *Vom Werden und Wesen des Prinzipats*)。我对公元前 32 年效忠誓言和元首政党领袖身份的观点,尽管并非照搬,但显然在很大程度上受到了普雷麦斯坦这部发人深省之作的影响,该书的初稿是他 1937 年夏在牛津所做系列讲座的主要内容。

本书的索引以人名为主,同时涵盖了正文和脚注中的内容。如果读者结合书后的执政官年表和七张家族谱系表使用这份索引 ix

的话，有时能够发现正文中没有明确指出的一些事实和联姻关系。通过各种不同形式，大部分执政官和治理过驻兵行省的总督都进入了本书的叙述体系。以简明扼要的方式被提及的众多人物是阅读本书的难点所在。其中的许多人只留下了名字，却没有任何个人信息；我们只能通过其家族出身、姓名特征或社会等级去推测其重要地位。除了经验丰富的人物志研究专家外，读者对其中的绝大多数人物可能都是不熟悉的。为了表述清晰，书中通常会因袭这些人的称谓或头衔；某些相关证据有时会反复出现，以方便读者前后比对。

下面这些友人在校对文稿、润色文字和内容修正方面对笔者帮助巨大：比尔利（E. B. Birley）、德格拉西教授（A. Degrassi）、格兰特先生（M. Grant）、哈代先生（C. G. Hardie）、琼斯先生（A. H. M. Jones）、梅格斯先生（R. Meiggs）、闵采尔教授（F. Münzer）、派克先生（A. D. Peck）和泰勒女士（M. V. Taylor），以及克拉伦登出版社（the Clarendon Press）审稿人的敏锐与耐心。

此外，我很高兴能有机会在此感谢牛津大学卡姆登古代史教授拉斯特先生（Mr. Last）对我的长期鼓励和慷慨帮助——特别是因为本书中的许多内容受到过他的批评。它的不完善是显而易见的。笔者不是在风平浪静的环境中完成这本书的写作的；并且本应将书稿压下几年，并重头写过。但笔者坚信，这一题目具有重要意义。如果这本书的出版能够得到积极的批评意见的话，那未尝不是一件好事。

罗纳德・塞姆

牛津，1939年6月1日

再版说明

笔者借这次重印的机会改正了本书中的一些史实和引用错误,并删除了若干谬误之处。但笔者无法在此开列(更无法借鉴)十二年来的著述和研究成果,尽管笔者很希望能够补充许多微观却十分重要的细节。因此,严格说来,这部著作基本上仍保留着首次出版时的面貌。

罗纳德·塞姆

牛津,1951年1月1日

缩 略 语

AJP =*American Journal of Philology.*

BCH =*Bulletin de correspondance hellénique.*

BMC =*British Museum Catalogue.*

BSR =*British School at Rome.*

CAH =*Cambridge Ancient History.*

CIL =*Corpus Inscriptionum Latinarum.*

CP =*Classical Philology.*

CQ =*Classical Quarterly.*

CR =*Classical Review.*

GGN =*Göttingische gelehrte Nachrichten.*

IG =*Inscriptions Graecae.*

IGRR =*Inscriptions Graecae ad res Romanas pertinentes.*

ILS =*Inscriptions Latinae Selectae.*

IOSPE =*Inscriptions Orae Septentrionalis Pontis Euxini.*

JRS =*Journal of Roman Studies.*

LE =W. Schulze, *Zur Geschichte lateinischer Eigennamen.*

OGIS =*Orientis Graeci Inscriptions Selectae.*

PIR =*Prosopographia Imperil Romani.*

P-W =Pauly-Wissowa, *Real-Encyclopädie der classischen*

Altertu-mswissenschaft.

RA =F. Münzer,*Römische Adelsparteien und Adelsfamilien*.

Rh. M. =*Rheinisches Museum für Philologte*.

RM =*Mitteilungen des deutschen archäologischen Instituts, römische Abteilung*.

SEG =*Supplementum epigraphicum Graecum*.

SIG =*Sylloge Inscriptionum Graecarum*.

1 第 1 章　导论：奥古斯都与历史

最伟大的罗马历史学家（塔西佗）以提比略（Tiberius）——奥古斯都的继子和养子，其权力的继承者——继任元首这一事件作为其《编年史》的开篇。直到此刻，自由国家的葬礼才在庄严与合法的仪式中正式完成；但它的躯体其实早已死去。在通常情况下，奥古斯都统治时期被视为罗马帝国的奠基时代。这一时代起始日期的算法恐怕是众说纷纭的：有人认为应从共和末期一连串独裁者（dynast）中的最后一个通过亚克兴之战（War of Actium）获取了绝对专权时算起；有人认为始于公元前 27 年共和国名义上的重建；还有人将起点定为四年后颁布的、终极性和永久性的政治整顿法令（act of settlement）。

元首奥古斯都活得比他的朋友、敌人，甚至比人们对他早年生活的记忆更为长久；他出生于西塞罗担任执政官的年代，在生前看到自己孙女的孙子出生，并喊出与伽尔巴（Galba）——尤利乌斯-克劳狄乌斯王朝（the dynasty of Julii and Claudii）统治一个世纪后，权力正是落到了此人手里——有关的帝国预言。[①] 这位恺撒继承人的崛起是一连串偶然与奇迹的结合；他作为罗马国家首脑

① M. 尤尼乌斯 · 西拉努斯（M. Junius Silanus），小尤利娅（younger Julia）之孙，出生于公元 14 年（Pliny，*NH*，7. 58）；关于奥古斯都对伽尔巴的评价，参见 Suetonius，*Galba*，4. 1；Dio，64. 1. 1；但应注意塔西佗的不同记载，见 Tacitus，*Ann.* 6. 20。

进行的合法统治因其长久和牢固而令所有凡俗的、理性的思考者百思不得其解。它持续了整整四十年。任何占星术士或医生都不曾准确预言，这个弱不禁风的少年会比他的盟友和同龄人、健壮的阿格里帕(Agrippa)多活25个年头；也没有哪个谋臣能够料到，奥古斯都的侄子马塞鲁斯(Marcellus)、他钟爱的继子德鲁苏斯(Drusus)、年幼的王子盖约(Gaius)和卢奇乌斯(Lucius)(奥古斯都的两个孙子和被指定的帝国权力继承人)会在他去世前相继死去。后文将展示这些出人意料的延续与变故。然而，奥古斯都集团和元首制政治体系中的主要元素早在公元前23年业已成型并变得稳固、清晰；因此，我们按时间顺序进行的叙述将截至这一年
份，之后转而对该政府的性质与运转方式的描述。 2

“和平与元首”(Pax et Princeps)——代表着延续一个世纪之久的、在长达二十年的内战和军事独裁状态中达到高潮的无政府状态的终结。如果说独裁是为此付出的代价的话，那么它并不算过于高昂。对于一个支持共和的罗马爱国人士而言，屈从于绝对专制所犯下的罪恶总比公民之间的战争小些。[①] 自由确实已经一去不复返了，但从前也只有罗马的一小部分人曾经享受过自由。旧统治阶级中幸存下来的人已心灰意冷，放弃了抗争。由于得到了和平带来的实实在在的好处以及动乱年代确已终结的迹象等慰藉，这些人乐于默许(即使不是积极参与)新政体的构建，那是统一

---

① 正如加图(Cato)的友人M.法沃尼乌斯(Favonius)所说的那样：手足相残的战争比非法的独裁更为恶劣(χεῖρον εἶναι μοναρχίας παρανόμου πόλεμον ἐμφύλιον)。(Plutarch, *Brutus*, 12)。

的意大利和稳固的帝国所要求和必需的。

奥古斯都的统治为罗马、意大利和各行省带来了显而易见的好处。然而，这种再分配或“新秩序”(novus status)是通过狡诈和血腥的手段实现的，建立在一个叛逆的领袖攫取权力并重新分配财产的基础之上。元首制的建立这一令人欢欣的结局也许只能证明罗马革命恐怖局面的出现是必要的，或至少部分抵消后者的负面影响。因此我们也应警惕过高评价奥古斯都的人格与功业的危险。

出于自我宣扬的目的，这位政治家提出并努力证明：在自己生涯的两个阶段之间存在着一条分明的界限——前者由许多可悲叹的，但必不可少的违法行为构成，后者则是一种合法统治。他的宣传是如此成功，以至于当后人面对着两个截然不同的人格形象——后三头(Triumvir)中的渥大维(Octavianus)、公敌宣告名单的作者和元首奥古斯都、造福人民的行政长官时，他们不知道应当如何叙述这种转变过程，只好让自己的理性分析让位于丰富的幻想。背教者尤利安(Julian the Apostate)试图借助哲学来对此加以解释。这个问题其实根本就不存在：当尤利安把奥古斯都比作变色龙的时候，他倒是稍微接近了一点事实真相。[①] 奥古斯都的颜色变了，但他的实质没有改变。

奥古斯都的同时代人并没有被欺骗。共和国机构的完美复兴、名不副实的头衔的采用、权威定义的变更，所有这一切都不曾

① 在尤利安的《诸恺撒》(*Caesares*)中(p. 309A)，西勒努斯(Silenus)称奥古斯都为变色龙；阿波罗(Apollo)驳斥了这种说法，声称奥古斯都是一名斯多葛派哲学家。

改变权力的来源与现实存在。然而,隐藏于面纱之后的统治却十分有效。奥古斯都以主人的那种气定神闲的风格,采用了各种咬文嚼字的手段来掩护自己。法律文本可能会限制这位第一公民的 3
特权。但其实没有关系,因为元首的地位仍然鹤立鸡群,他的威望和权力十分巨大,并且没有被界定。它对应的字眼是"权威"(auctoritas),但奥古斯都的敌人会称之为"权势"(potentia)。他们的理解是正确的。不过,"共和国的重建"也并不只是由一个伪善者表演的一出一本正经的喜剧。

恺撒是个很讲逻辑的人;而恺撒的继承人也在颁布公敌名单和批准宽大处理敌人的情境下,在凭借暴力夺取权力和在法律与民意拥护基础上建立权威的时候展示了言行合一的特点。恺撒的独裁权力先是在三位恺撒追随者建立的独裁统治中复活,随后演变成恺撒甥孙一人独享的统治权。为了自身处境的安全和行事方便,这位统治者需要设计一种模式,以便向统治阶级的成员们揭示:他们如何可以在表面上作为共和国的公仆和一种伟大传统的继承者,而非某个军阀的党羽或专制权力的卑微奴才来协助维护新秩序。出于这个原因,"领袖"(Dux)变成了"元首"(Princeps)。但他仍未丢掉"凯旋将军恺撒"(Imperator Caesar)的称号。

在这种连续的演变中并无陡然断裂之处。长达二十年的混乱历史、恺撒和后三头的统治时期是不可能被彻底颠覆的。当那些通过革命收获了财富、荣誉和权力的个人与阶层又作为秩序井然的政府的领导者现身时,他们并不会交出任何东西。出于对罗马政治术语使用惯例和罗马政治生活真实状况的无知,一些历史学家幻想,恺撒·奥古斯都的元首制在精神和实践层面上的确是共

和的——这是一种现代人才会有的、学究式的错误。塔西佗和吉本的理解要高明些。[①] 对奥古斯都飞黄腾达直至攫取最高权力过程的叙述，加上对新秩序下政府运转方式的简要分析，可以帮助我们确定它们的性质，并揭示这位后三头之一、军阀和元首的性格与其所推行政策的一致性。[②]

4 至于这位元首是否为他早年的罪恶和暴力行为赎了罪，这是一个十分空洞且与我们的主题无关的问题，我很乐意把它丢给道德论者或诡辩学家去讨论。我们的研究将试图弄清楚，这位革命领导人究竟是凭借哪些资源和手段而在内战的纷争中崭露头角，为自己和追随他的党羽夺得权力，将他的帮派转变成全国性的政党，并将这片支离破碎、四分五裂的土地整合成一个由稳定、持久的政府领导着的国家的。

前人会经常讲述这个故事，同时还要指出，这些或令人欢欣鼓舞或使人灰心绝望的事件与高潮是不可避免的。事实上，人们确实很难抛弃这种一切出于必然的假定。[③] 然而，这种假设会毁掉历史鲜活的趣味，并妨碍我们对这些历史事件的当事人进行客观评价。他们当时并不知晓后来将要发生什么。

---

① 塔西佗在对奥古斯都崛起过程的扼要概述（*Ann.*，1.2）中完全没有提及公元前28、前27年的"共和国重建"。阅读吉本的相关评论（第三卷导言）也会让人受益匪浅。

② 后三头时代是混乱、无序和丑恶的。然而，把这一切视为理所应当，并认为亚克兴海战或公元前27年以后有了一个崭新开始的看法是对史学本质的亵渎，也是造成对奥古斯都元首制时期许多根深蒂固的错误印象的首要原因。并且奥古斯都时代也绝非像那些传记作家似乎设想的那样单纯或广为人知。

③ Plutarch，*Antonius*，56："ἔδει γὰρ εἰς Καίσαρα πάντα περιελθεῖν。"（似乎一切都将落入恺撒之手。）

命运和历史的盖棺定论一起将重负压在了失败者身上。时至今日,布鲁图斯(Brutus)和卡西乌斯(Cassius)仍因其高贵举动未能收到预期效果和其军队在腓力比(Philippi)的失败而蒙受诅咒;而世人对安东尼的记忆也基本被西塞罗的演说、谎言和虚构,以及亚克兴海战的灾难所充斥。

在这种有倾向性的、以成败论英雄的罗马革命解释模式中存在着一个引人注意的例外。人们很少拒绝同情一位并不成功的政治自由派领袖。西塞罗是个仁慈而博学的人,他对欧洲文明的发展保持着长久的影响力;他是作为暴力和独裁的受害者而牺牲的。然而,上述对西塞罗声名和命运的理解只是事物的一方面:我们对他扶植恺撒继承人来对抗安东尼的政治活动的评价恐怕就要有所不同了。西塞罗的晚年确实充满了荣耀与雄辩口才的展示,但它对于罗马人民而言是毁灭性的。

健忘的后人对那位为拯救共和国而挑起内战的政治演说家(西塞罗)和那个背叛、放逐自己盟友的军事投机家(渥大维)的看法都过于宽容了。造成这种不正常的偏袒的主要原因在于脱离历史背景而被人单独拿来研究的文学作品的影响力。西塞罗本人的作品大量保存了下来,而奥古斯都则得到了他那个时代诗歌的赞美。除了一些显然带有人身攻击性质的恶语中伤和流言蜚语外,当时留下来的史料中确实缺少针对这两个人的反面证据。

尽管如此,我们还是可以撰写整个革命时代的历史,而不把它变成为西塞罗或渥大维(或同时为二者)创作的辩护词。盖约·阿西尼乌斯·波利奥(C. Asinius Pollio)就以罗马共和主义的精神写就了这部历史中的一个片段。这是一种无法避免的传统。这位 5

罗马元老永远不会放弃他的自由特权，或坦白承认绝对专制所完成的那些枯燥业绩：无论他是一个乐天派还是宿命论者，在撰写从共和制向君主制的转变过程时，他永远都是站在反对者的立场上的。

史学创作的艺术和实践需要先树立一个榜样；通常情况下，这个榜样进行思考和表达的习惯定式会反映在其效法者的各种作品中。塔西佗在写作风格和修辞色彩上对撒路斯提乌斯的借鉴已足够明显：他们之间的相似之处并不仅限于用词层面。我们也可以大胆地断言，波利奥必然也同撒路斯提乌斯和塔西佗有着密切联系。[①] 这三位作者都曾进入罗马元老院，并治理过行省；作为元老贵族集团中的新人，他们都深深受到了该阶层传统精神的感染；而他们三人的作品也都特别关注自由（Libertas）的沦丧和旧统治阶级的失败。尽管这一切表面上是在腓力比战役中一举完成的，它实际上是一个漫长的过程，并非某个单独的事件。撒路斯提乌斯的编年史始于苏拉（Sulla）之死和伟人庞培（Pompeius the Great）势力崛起之际。波利奥则选择了该军阀（庞培）的统治建立之时，即麦特鲁斯（Metellus）和阿弗拉尼乌斯（Afranius）担任执政官之年（公元前 60 年）作为自己记述的起点。塔西佗在其《历史》中讲述了一场规模宏大的内战、新王朝的建立及其蜕变为专制暴政的经过；在其《编年史》中，他则试图证明尤利乌斯-克劳狄乌斯家族

① 由于波利奥的作品已经佚失，我们可以利用塔西佗和撒路斯提乌斯的作品来对前者进行一定程度的复原。例如，结合撒路斯提乌斯《历史》（*Histories*）序言的残篇与塔西佗《历史》1.1—3，我们就可以推测波利奥记述内战史作品导言的大致内容。参见下文原书第 9 页。

建立的元首制也是一种暴政,并逐年记载了旧贵族集团在从提比略即位到尼禄掌权期间逐渐遭到无情毁灭的历史。

事实上,波利奥亲身经历了他所叙述的种种转变中的很大一部分:他是当时的一位军事统帅和重要外交事务的决策者,并且一直活到了奥古斯都去世前十年。他的性格和品位使得他在恺撒和庞培的斗争中保持中立(只要还有可能中立的话)。波利奥在两个阵营里都有可怕的仇敌。由于不得不为自身的安全做出抉择,波利奥选择了他的私交恺撒;他追随恺撒参加了从渡过卢比孔河(Rubicon)到在西班牙的扫尾战役的各场战事。此后,他跟随安东尼达五年之久。波利奥一方面忠于恺撒,并对自己的忠诚引以为豪;另一方面又承认他同一些自由派的组织保持着联系。波利奥毫无顾忌、口无遮拦的独立语言风格和习惯使得我们有理由相 6
信,他的这些说法是完全可信的。①

恺撒与安东尼的追随者波利奥是一个悲观主义的共和派和正

---

① 波利奥致西塞罗的三封信件是珍贵的资料(*Ad fam*. 10. 31-3),特别是其中的第一封。信里(2 f.)写道:"此外,我的天性和追求引导我热爱和平与自由。因此,从内战开始的时候起,我就时常感到绝望;但我确实无法做到与世无争,因为我在两派中都有强大的敌人。我逃离了军营,因为我知道自己在那里将无法避开仇人的各种阴谋;但当我不得不前往自己最不愿意去的地方,否则就有可能命丧黄泉时,我毫不犹豫地挺身面对各种危险。确实,对于在这种场合下才与我结识,却待我一见如故的恺撒,我是虔诚、忠实地怀着极高的敬爱之意的。"(natura autem mea et studia trahunt me ad pacis et libertatis cupiditatem. itaque illud initium civilis belli saepe deflevi;cum vero non liceret mihi nullius partis esse,quia utrubique magnos inimicos habebam,ea castra fugi, in quibus plane tutum me ab insidiis inimici sciebam non futurum;compulsus eo quo minime volebam,ne in extremis essem,plane pericula non dubitanter adii. Caesarem vero,quod me in tanta fortuna modo cognitum vetustissimorum familiarium loco habuit, dilexi summa cum pietate et fide)。

人君子。作为一个痛恨浮夸与粉饰的、刚毅的意大利人，他用平实、严厉的风格（那正是这个充满苦难的题材所要求的）书写了革命年代的历史。十分令人扼腕叹息的是，他没有将自己的《内战史》延伸到后三头时代之后，并记载亚克兴战役和奥古斯都元首制时期的历史：这部作品似乎在记述了共和派在腓力比彻底垮掉后便戛然而止。我们很好理解波利奥为何决定不再继续写下去。那是因为这条道路确实充满荆棘，无异于火中取栗[①]*。作为渥大维的敌人，波利奥在公元前40年后即告别了政治生活，并警惕地保持着自己的独立性。如实直书肯定不是明智之举，阿谀奉承则与他的天性格格不入。另一位著名历史学家在看到无法自由地如实处理其主题时，也选择了对后三头时期略而不写。他就是李维（Livy）的学生克劳狄乌斯（Claudius）。[②] 他的老师就不遵循那么多的撰史原则。

除若干次要的残篇以及后世史学家作品中的一些内容（我们设想它们是从这位前人那里引用过来的）外，波利奥的伟大作品已经佚失了。[③] 然而，波利奥树立的榜样及其提供的丰富史料（它们或者就是当时人提供的材料，或者可追溯同时代的目击者提供的信息；它们确实往往存在着偏见，但至少为后人批判、解释或摒弃

① Horace, Odes 2, 1, 6ff. Periculosae plenum opus deae tractes et incedis per ingis suppositos cineri dolose.（你想从熊熊烈火中取出骰子，那是一种危险而毫无把握的事。）

* 原文为“The lava was still molten underneath”，字面含义为“底下的熔岩依旧炽热”。——译者

② Suetonius, *Divus Claudius*, 41. 2.

③ 关于对波利奥《历史》及其内容在后续史作中的痕迹的最详尽讨论，见 E. Kornemann, *Jahrbücher für cl. Phil.*, Supplementband XXII (1896), 557 ff.。

这些说法提供了可能),可以鼓励后人站在同情共和派和安东尼的立场上(这在当时已不再顺理成章),去记录罗马革命以及之后的 7 奥古斯都·恺撒元首制时期的历史。逢迎当权者的人或缺乏批判意识的读者会觉得这种写法是对奥古斯都的贬抑;然而,对这位胜利者并不友好的描写其实更能鲜明地反映他的能力与伟大之处。

不过,仅仅避开对奥古斯都的溢美和复原从失败者立场上提供的证据,还是不够的。那不过是用一种传记形式取代另一种而已。十分糟糕的传记可以是单调乏味和提纲式的;而较好的传记也会因人性深处隐含的矛盾而显得难以理解。此外,当我们过分聚焦于某个人的性格与功业时,虽然可以使历史具有戏剧式的整体性,但牺牲了真实性。无论这位罗马政治家本人是多么才华横溢和强大,他也是不可能在没有盟友、没有追随者的情况下独来独往的。这条公理对共和末期的各位政治野心家和他们的最后一位后继者同样适用:奥古斯都的统治是一个集团的统治,他所建立的元首制在某些方面也类似一个辛迪加(syndicate)。事实上,这个领袖的存在是以这个集团为先决条件的。如果我们只讲述这个革命领导人的生平经历,而不交代他所领导的党派的构成情况,其骨干党羽的性格、行为与影响的话,这种描述就会显得虚幻和不切实际。在任何时代,无论政府的组织形式和名称是怎样的,无论它属于君主制、共和制还是民主制,都需要有一个寡头集团在幕后进行统筹;而且罗马在共和国和帝国时期的历史都是统治阶级主导的历史。我们可以在奥古斯都建立的共和国里的官员和掌权者中再次辨认出革命年代的将军、外交家和财阀;他们更换了制服,但仍是同一批人。他们成了新建国家中的官吏。

因此,便利且适宜的办法是同时研究恺撒党的起源与发展,以及长时段内整个罗马统治阶级的变迁兴衰,以期将这些看似烦琐、令人生厌的主题整理、融合到对历史事件的连贯叙述中去。为了整体历史的需要,必须牺牲掉的还不仅仅是奥古斯都一人的传记。庞培的情况也是这样;并且恺撒也应退回到适合自己的相对次要地位上。苏拉的法令颁布后,显贵们(nobiles)重建的寡头集团开始在罗马掌权。庞培试图与之斗争;但尽管庞培很有权势,他还是必须遵从法律。恺撒也无法抛开法律而进行统治。在受到庞培的限制和恺撒的打击后,这个贵族集团在腓力比被粉碎了。庞培和恺撒的党派都没有强大、团结到可以独立控制整个国家
8 并组建政府的程度。这些任务都有待于新联盟(它建立于其他团体的废墟之上,并完全取代了它们)的掌门人——恺撒的继承人去完成。

罗马人民的政策和活动由一个寡头集体引导着,它的编年史也在以一种支持寡头政体的精神书写着。罗马史学起源于对显贵阶层执政官年表和凯旋式经历以及对他们家族间的联盟与结怨等内容的记录;而这种史学还从未背离过它的本原。这种观念必然是狭隘的——有资格拥有自己历史的只有统治阶层和居于统治地位的城市(只有罗马,意大利尚不包括在内)。① 在革命期间,旧统治阶级的权力被摧毁了,其结构发生了转型。意大利和社会中从前被排除于政治活动之外的阶层压倒了罗马和罗马贵族。但

① 因此,塔西佗在遵循共和时期的精神和范畴撰写帝国史时,以"罗马城"(urbem Romam)作为其《编年史》的开端。

旧有的框架和类别还是被保留了下来:王权通过寡头制进行着统治。

我已介绍了本书的主题和写法,现在还要做的是选择这部作品的起始叙述年代。庞培与恺撒的反目成仇和公元前49年的战争爆发似乎开启了罗马共和国灭亡的最后一幕。这并非他们的政敌加图的看法:此人曾谴责过庞培和恺撒先前的结盟。[①] 但当波利奥着手叙述罗马革命的历史时,他选取的起点并非恺撒渡过卢比孔河的日子,而是公元前60年三位政治野心家庞培、克拉苏(Crassus)和恺撒为控制国家和保证他们中间最有权势者的统治地位而签订的盟约。

Motum ex Metello consule civicum
bellique causas et vitia et modos
ludumque Fortunae gravisque
principum amicitias et arma
nondum expiates uncta cruoribus. [②]

(你谴责那发生于麦特鲁斯任执政官期间的民众动乱、引发战争的根源、恶行、命运女神的恶作剧、巨头们的可怕友谊和尚未擦净血污的武器。)

这种叙述模式得到了(并且也确实值得)普遍赞同。[③] 在从苏

① Plutarch, *Caesar*, 13; *Pompeius*, 47.

② Horace, *Odes*, 2. 1. 1 ff.

③ Livy, *Per.* 103; Lucan, *Pharsalia*, 1. 84 ff.; Florus, 2. 13. 8 ff.; Velleius, 2. 44. 1.

拉独裁到恺撒独裁的三十年间，专制的阴霾始终笼罩在罗马上空。这是属于伟人庞培的时代。在野心的驱使下，那些被称作“暴君式党魁”(monarchic faction-leaders)的野心家们时分时合，自由国家
9 在他们公开的兵戈相见中毁于一旦。[①] 把奥古斯都说成恺撒的，或庞培的后继者其实都不为过。独裁者恺撒为内战承担了更多的责任。但事实上，庞培同他本是一丘之貉——“隐藏得更深，但并不更好”(occultior non melior)。[②] 并且庞培是直接承袭马略(Marius)、秦那(Cinna)和苏拉的。[③] 这一切看上去似乎不可避免，仿佛命运注定了这些军事独裁者要你方唱罢我登场。

在这些共和国临终前的致命震荡中，灾难接踵而至，并且日趋频繁。三位要人(principes)死于刀剑之下。五次内战(以及更多的灾祸)在二十年内榨干了罗马人民的鲜血，并将整个地中海世界卷入纷争和无政府状态。高卢和西部诸行省的统治依旧稳固；但帕提亚人(Parthians)的骑兵已出现在叙利亚和亚洲西海岸。原本属于罗马人民的帝国因其自身的伟大而正在走向毁灭，面临着分崩离析、解体为几个小王国的危险——或者某个类似东方君主的叛徒可能会让罗马屈从于异族的统治。意大利因饥荒和各座城市遭到洗劫而蒙受苦难，她最优秀的人才已被宣告为公敌并遇害——那是因为政客们的野心挑起了不同阶级之间的战争。赤裸

---

① Appian, *BC*, 1. 2. 7:“δυναστεῖαί τε ἦσαν ἤδη κατὰ πολλὰ καὶ στασίαρχοι μοναρχικοί。”(仰仗强力的、君主式的领袖多次出现。)

② Tacitus, *Hist*. 2. 38.

③ Tacitus, *Ann*. 1. 1; *Hist*. 2. 38.

裸的权力压倒了一切。[1]

上天对罗马人民的愤怒通过迹象和持续不断的灾祸反映出来:诸神不再关心美德或正义,它们介入人间事务的方式只剩下惩罚。[2] 面对着将全世界推进深渊的、冷冰冰的盲目力量,人类的远见和努力毫无用处。世人现在只相信命运和永恒的星象。

最初,国王们统治着罗马;到了最后,仿佛命中注定,罗马又回归了君主制。王权带来了和谐。[3] 在历次内战期间,每个派别、每个领袖都宣称自己在同时捍卫自由与和平。但这两个概念是不能彼此共存的。当和平真正到来的时候,那是专制统治之下的和平。"和平将随主宰一同到来"(Cum domino pax ista venit)。[4]

---

① Sallust, *Hist.* 1. 18 M:"et relates inconditae olim vitae mos, ut omne ius in viribus esset。"(当时的生活道德重归混乱,以至于法律完全依赖于强力);Tacitus, *Ann.* 3. 28:"exim continua per viginti annos discordia, non mos, non ius。"(此后,混乱状态维持了二十年,再无道德和正义可言。)

② Tacitus, *Hist.* 1. 3:"non esse curae deis securitatem nostrum, esse ultionem。"(诸神已不再保护我们的安全,只盘算着如何对我们进行惩罚。)参见 Lucan, *Pharsalia*, 4. 207;7. 455。

③ Appian, *BC*, 1. 6. 24:"ὧδε μὲν ἐκ στάσεων ποικίλων ἡ πολιτεία 'Ρωμαίοις ἐς ὁμόνοιαν καὶ μοναρχίαν περιέστη。"(因此,在摆脱了公民之间的彼此倾轧后,罗马城享有了和谐与帝制。)

④ Lucan, *Pharsalia*, 1. 670.

10 # 第 2 章　罗马寡头政治

当罗马贵族将国王逐出罗马城之际，他们精心地保留了国王的权力，将之移植到两名每年换届一次的行政长官手中。尽管他们不得不暂时承认平民同自己一样，享有政治上的平等权利，但个别显赫的贵族氏族，如瓦勒里乌斯家族（Valerii）、法比乌斯家族（Fabii）、科奈里乌斯家族（Cornelii）却掌握着不可一世的、如同国王一样的权力。[①] 作为一个常设机构，元老院也可以因手握实权而趾高气扬；它虽然承认公民大会拥有最高权力，却可以在现实的政治生活中限制这种权力的行使。两位执政官固然是政府最高首脑，但政策主要是由前执政官们制定的。这些人和元老院一样，并不按照成文法进行统治，而是依靠自身具有的权威。两位执政官中声望更高的一位则被恰如其分地称作“第一公民”（principes civitatis）。[②]

执政官头衔不仅赋予了获得者暂时的权力和终生的荣耀，它还可以让一个家族永远光耀门楣。在元老院（它本身就是一个寡

---

① 他们同克劳狄乌斯家族、埃米利乌斯家族和曼利乌斯家族一同构成了贵族内部的特权团体，也就是所谓的“世家大族”（gentes maiores）。关于对贵族家族的研究，见 Mommsen，*Römische Forschungen* I^2（1864），69 ff.。

② M. Gelzer，*Die Nobilität der r. Republik*（1912），35 ff.；A. Gwosdz，*Der Begriff des r. princeps*（Diss. Breslau，1933）.

头阶级）内还存在着一个叫作“显贵”（即前执政官家族的后人，其出身或为贵族、或为平民）的小圈子，这个圈子里的成员都会把执政官这个最高行政职务视为其祖上的巨大荣耀和自己孜孜以求的目标。①

贵族们继续发挥着与自身人数不成比例的巨大影响；而显贵们虽然是一个范围更宽的阶层，却只构成元老院里一个独特的少数派。显贵们确实能够发挥主导作用；但到了罗马共和国末期，在独裁者苏拉所颁布的法令影响下，许多元老的祖先其实只担任过低级官职，甚至有一些元老不过是政治舞台上的新手、罗马骑士的后代。后者中的大多数属于地方贵族，即在意大利各城镇中拥有
产业、权力和官职的人；他们在元老院中所占比例显然比后人有时 11
设想得要高。在当时的 600 名元老中，我们只认得其中的 400 人左右，其中有好多还是模棱两可或出于偶然的原因才知道的。②剩下的那些人则在这个史料极其丰富的时代没有留下任何活动记录或声名。

显贵们不仅警惕地把守着进入元老院的门槛，他们还试图垄断执政官这一职位。如果一个并非出身于名门望族的人当上了罗

① 我们在这里采纳了格尔泽尔（Gelzer）的定义（*Die Nobilität*，21 ff.）。Nobilis 并不一定是一个技术术语，但它的指代对象是非常明确的。（正如格尔泽尔所指出的那样，西塞罗尽管对盖约・福泰乌斯[C. Fonteius]和卢奇乌斯・李锡尼乌斯・穆雷纳[L. Licinius Murena]两位古老且闻名的贵族后裔十分友好，却不能将他们称为 nobilitas）。笔者在这里大量借用了格尔泽尔对罗马社会与罗马政治，也就是其个人义务关系网的透彻分析。

② P. Willems，*Le Sénat de la république romaine* I(1878)，427 ff.，统计出了公元前 55 年元老院的总人数。

马共和国的最高行政长官的话，那将成为一桩丑闻和一种污染。[1] 这样的人可以担任大法官(praetorship)，但到此为止，除非此人真的集丰功伟绩、勤勉精神和社会背景于一身。诚然，显贵集团并不像一道坚固闸门一样横在所有试图染指其利益的外人面前。它根本无须这样做，因为倘若某个候选人的名字不是已经流传了几百年，足以成为共和国历史的一部分的话，态度保守的罗马选民是不大可能投此人一票的。因此，罗马的"新人"(novus homo，其狭义含义是指一个家族中第一位担任执政官、随后步入贵族行列的人)其实凤毛麟角。[2] 在普通公民面前，他可以吹嘘自己如何带领他们在一场巨大考验中取得了胜利，如何成功地打入了贵族集团的堡垒内部。[3] 他在元老院里的举止会较为谨慎小心，而在亲密朋友面前则更加坦诚直率。他无须翻墙而入，因为显贵中的一派已经主动为此类人打开了大门。倘若西塞罗没有利令智昏，忘记了自己平步青云的真正原因的话，他原本是可以保全自己的荣誉和

---

① Sallust，*BJ*，63. 6(参见. *BC*，23. 6)："etiam tum alios magistratus plebs，consulatum nobilitas inter se per manus tradebat。novos nemo tam clarus neque tam egregiis factis erat，quin indignus illo honore et is quasi pollutus haberetur。"(尽管当时平民可以担任其他官职，但贵族集团却把执政官这一职务掌控在自己手中。无论多么光明磊落、多么众望所归的新人担任了执政官，世人仍会觉得他配不上这样崇高的荣誉，并会将之视为一种亵渎。)可将之同贵族卢奇乌斯·塞尔吉乌斯·喀提林(L. Sergius Catilina)的话进行比较："我看到地位并不尊贵的人居然能够占有至高的荣誉(quod non dignos homines honore honestatos videbam，*BC*，35. 3)，玛库斯·图里乌斯，一个外来的罗马城公民"(M. Tullius，inquilinus civis Urbis Romae，*BC*，31. 7)。

② 参见 H. Strasburger，P-W XVII，1223 ff. 。

③ Cicero，*De lege agraria* 2. 3 ff.

心灵宁静的。[①]

塑造和掌控罗马共和国政治生活秩序的并不是现代议会制度下的党同伐异或元老院与民众、贵族与平民、显贵与新人之间剑拔弩张的对立，而是对权力、财富与荣耀的争夺。这些竞争者就身处于显贵圈子之内。他们有的单枪匹马闯荡，有的三五成群活动；有的在选举和法庭上进行公开斗争，有的则躲在暗处设计阴谋。罗
马共和国——“罗马人民的公共财产”(res publica populi Romani)自 12
始至终都是一个空洞的名号。社会的等级制度仍旧存在于罗马城内，并支配着一个庞大帝国。贵族家族主宰着罗马共和国的历史，为其中的各个时代名字来命名。这里有西庇阿家族(Scipiones)的时代，同样也有麦特鲁斯(Metelli)家族的时代。

尽管显贵集团运用各种诡计或传统习俗来掩饰自己的行为，他们所进行的秘密统治(arcana imperii)还是无法逃避人们的眼睛。[②] 贵族们拥有并使用着三件武器：家族、金钱和政治联盟(amicitia 或 factio，叫法不一)。罗马贵族氏族间的这种宽广的、令人印象深刻的关系网赢得了崭露头角的政治家的鼎力支持。贵族是统治者，他们的女儿们犹如公主。与一位人脉甚广的某家族女性继承人的婚姻就成了一种政治行为和权力联盟；它比行政官职更为重要，比任何誓言和利益的约束都更加牢靠。妇女并不仅仅是男权政治的工具而已。与此相反，一些世家大族的女儿本身

---

① 昆图斯·西塞罗撰写的《竞选手册》(*Commentariolum petitionis*)揭示了西塞罗竞选活动的不少真相。

② 参见闵采尔对显贵们为个人目的而有意隐瞒真相现象的评论，这是罗马政治生活的真实特征。见 *Römische Adelspartrien u. Adelsfamilien*(1920)，427 f.。

可以形成重要的政治影响，其权力之大可以令许多元老望尘莫及。在这些宪政政府发展过程的各阶段发挥幕后作用的重要势力中，最引人注目的便是塞维莉娅(Servilia)——加图同母异父的姐姐、布鲁图斯的母亲和恺撒的情人。

大大小小的贵族必然都是地产所有者。但金钱常常是稀缺的，而贵族又不愿出售他的地产。然而，贵族随时都需要现金——他要维持自己的体面排场，要举办盛大的竞技和表演来取悦民众，要贿赂选民和法官，要收买朋友和同盟者。于是他们在罗马债台高筑、腐化堕落、行贿受贿，而在外省巧取豪夺。在克拉苏眼中，无法用自己的收入维持一支军队的人都算不得富裕。[①] 克拉苏本人应该是对此深有体会的。

这场竞争十分激烈，永无休止。出身名门与富可敌国还是不够的。为了实现其野心或为了自保，政治家们会组成同盟。“友谊”(amicitia)是一件政治武器，并不是什么以意气相投为基础的情感。个人诚然可以惊天动地、创造历史；但罗马政治最重大的一些变化是几个家族或几个人共同完成的。某个渴望改革(或仅仅由于对西庇阿·埃米利亚努斯[Scipio Aemilianus]怀恨在心)的小集团将提比略·森普罗尼乌斯·格拉古(Ti. Sempronius Gracchus)推上了保民官的位置。麦特鲁斯家族是苏拉的幕后支
13 持者。公元前60年结成的最后一次权力联盟宣告了自由国家的终结；十年之后，各方势力的重新联合又引发了战争与动乱。

---

① Cicero, *De off*. 1. 25；普林尼的说法较为婉转(Pliny, *NH*, 33. 134)；Plutarch, *Crassus*, 2。

有同盟，自然就要有敌人，无论这些敌人是与生俱来的还是日后树立的。政治家要想出人头地，就不可避免地要四面树敌。新人在仕途中必须如履薄冰。为了防止自己得罪某个势族，他必须尽可能地避免担任庭审检察官，并设法回护一些哪怕是臭名昭著的恶棍，以便赢得他们的感激。然而，有些贵族会以树敌众多为荣。[①] 但那样一来，他就必须随时注意保护好自己的“dignitas”，[②] 也就是社会地位、声望与荣誉，以便对付私敌的攻击。政治家在采取违反法律规定的出格行动后也往往会用维护安全和正当防卫的借口来为自己辩解。

除本阶级的成员以外，统治者还需要外部的盟友和支持者。在自由共和国政体下行使主权的民族可以随心所欲地选择他们所喜爱的政治家。[③] 因此，博取民众好感是至关重要的。恺撒和他的死敌——多米提乌斯·埃诺巴布斯(Domitius Ahenobarbus)都是深孚民心的人。为了赢得选票或进行贿赂、恫吓及收买，一些小人物(如某个释奴)的友谊也是不容忽视的。最重要的一点是，一个罗马政治家必须设法争取到政治和社会中的第二等级——罗马骑士们的支持。在保民官盖约·格拉古(C. Gracchus)让骑士操纵法庭，以便与元老院分庭抗礼之后，他们已成为一支可怕的政治势力。事实上，骑士原本同大部分元老同属一个社会阶层；二者之

① Tacitus, *Dial.* 40.1：“ipsa inimicitiarum gloria。”(他们自己以树敌众多为荣。)

② 关于这一概念，见 H. Wegehaupt, *Die Bedeutung u. Anwendung von dignitas* (Diss. Breslau, 1932)；关于它代表“个人荣誉”的用法，见 36 ff.。

③ Cicero, *Pro Sestio*, 137. 所有“勤劳且品行卓著”(industria ac virtus)的公民都有资格担任公职，甚至不需要任何财产资格。法律条文中也没有对富人和穷人进行明确区分。

间的区别仅仅在于政治等级和声望的不同。

骑士们喜欢无拘无束地、秘密地运作权力，并乐于从个别元老的烦恼、危难和过分举动中获取实实在在的好处。作为一座小镇上的一位骑士的儿子，西塞罗充分施展了他的才华和抱负。而大银行家提图斯·庞波尼乌斯·阿提库斯（T. Pomponius Atticus）就不是这样。倘若阿提库斯乐意的话，他所拥有的财富、声望和影响可以轻而易举地为自己赢得元老院中的一席之地。[1] 但阿提库斯并不想漫无目的地挥霍自己的钱财去享乐或贿选，也不愿意拿
14 自己的地位、名声和性命为赌注去参与毫无意义的政治角逐。如果自己毫无野心、乐意享受清静的话，骑士们是可以不在市政生活中做出任何贡献，也不去分享统治阶级的排场与荣耀的。元老们曾为这种出世的消极态度而责备这些人；但他们不为所动。[2] 他们中的一些人远离罗马，在世袭的地产上颐养天年，满足于担任意大利境内某个小镇行政长官的小小荣誉。另一些人则把持着帝国的收益；他们作为强大的商业机构中掌管税务的人员（publicani）而管理各行省的税款，并作为银行家控制着帝国的财政、商业与工业。包税人是骑士阶层中的精英，是罗马国家的装饰品和支柱。[3] 西塞

① Nepos, *Vita Attici*, 6. 2："honores non petiit, cum ei paterent propter vel gratiam vel dignitatem。"（当那些人提供给他恩惠和体面地位时，他并没有丧失自己的荣誉。）

② Sallust, *Hist.* 1. 55. 9 M："illa quies et otium cum liberate quae multi probi potius quam laborem cum honoribus capessebant。"（许多富有才华的人宁愿选择自由的宁静、闲适生活，而不愿意轰轰烈烈地操劳一生）；Cicero, *Pro Cluentio*, 153; *Pro Rabirio Poseumo*, 13.

③ Cicero, *Pro Plancio*, 23："flos enim equitum Romanorum, ornamentum civitatis, firmamentum rei publicae publicanorum ordine continetur。"（罗马骑士阶层之花是罗马城的饰品，他们构成了共和国公共秩序的支柱。）

罗从未责难或损害过这些"无比正直的人"(homines honestissimi)。后者则习惯于通过贷款或馈赠遗产等方式来报答西塞罗对他们的袒护。[①]

财政领域的收益会被用于购置地产。拥有财富和名气的人会通过剥削行省财富、购买小农田地、侵吞公共土地、以抵押形式获取元老祖传地产等方式变得越来越富有,最终在意大利建立大地产制。元老队伍中有庞培和埃诺巴布斯这样的门客、奴婢成群的大地主,以及克拉苏这样的财政巨头。但骑士们的家财往往是世代担任元老的家族们所无法比拟的;这种富有使得骑士们比那些仅在名义上拥有显赫地位与官职的人掌握着更大的权力。[②]

无论是骑士集团还是元老集团,这些有产阶级都是现存秩序的代表,并被恰如其分地称为"正人君子"(boni)。维持这支由富人组成的正义之师的显然是财阀们。许多元老都是这些财阀的至交、盟友或利益代言人。因此,倘若元老院和骑士阶层愿意和谐相处,并结成牢固同盟的话,他们其实是可以阻止革命,甚至是改革的发生的;因为所有这些人都不可能从重新分配财产或改变货币价格中获得任何个人利益。财阀们拥有足够的资本去收买任何一个试图在行省中建立公正秩序,或通过重新扶持小农来革新罗马国家面貌的政治家或军事将领。在他们的敌意下沦为牺牲品的人 15

① 例如,弗菲狄乌斯(Fufidius),"一位十分高雅的罗马骑士"(eques Romanus ornatissimus),便向西塞罗遗赠了钱财(*Ad Att*. 2. 14. 3)。关于此人在马其顿的所作所为,参见 *In Pisonem*, 86。

② 在图斯库鲁姆(Tusculum)拥有一座豪宅的卢库鲁斯曾经说,他的左邻右舍分别是一位骑士和一名释奴(Cicero, *De legibus*, 3. 30)。

包括卢库鲁斯(Lucullus)、喀提林(Catilina)和伽比尼乌斯(Gabinius)。

罗马历次革命的领导人通常都是贫穷或理想主义的贵族,他们会向上层贵族,而不是中小贵族寻求帮助。这一现象恐怕并非出自偶然,并且也不单单是罗马保守传统和谄上欺下风气的反映。在罗马贵族统治末期,要想批判他们的恶行、腐败、愚民政策和残酷压迫简直易如反掌。骑士们也不能免于这种指责。在旧贵族中间尚且存在着一种尽忠保国的传统,它有可能会超越物质利益,把贵族们的阶级忠诚感同罗马爱国主义和领袖责任感这两种崇高理想结合起来。而财阀们却并不奉行这种传统。

罗马的政治制度是一种带有迷惑性的幻象。在制度背后和外部的种种势力中,骑士集团是仅次于贵族家族的重要力量。通过与财阀集团的联手,通过在法庭上扮演的庇护人角色和在生活方方面面结成的私人效忠关系,一名政治野心家可以在罗马之外的意大利乡镇,乃至同罗马政治生活没有直接关联的各地区树立自己的威信。无论有没有得到国家的授权,他都可以凭借自己的意愿和资源组建一支军队。

当时从意大利最贫苦的各个阶层中招募来的士兵逐渐不再效忠于国家了。这些人服兵役是为了糊口,或出于被迫;这种兵役已不再是公民职责的常规组成部分。维系世界帝国的需要和军事将领们的野心导致了对各行省极其严密的控制。一名军事将领必须同时也是一位政治家,因为他麾下的军团就是他的一群被保护人,指望能在战事结束后通过他们的领袖获取战利品和意大利的土地。但依附于他的还不只是退伍老兵。通过对行省的治理,政治野心家们可以让各座当地城镇、整个地区、行省、民族乃至国王和领主都成为自己的依附者和追随者(clientela)。

为了实现以执政官或要人身份统治罗马和左右共和国政策的
野心,上述这些资源是不可或缺的。西塞罗还不具备全部条件。
他幻想雄辩和阴谋可以弥补这些缺失。他也确实设计出了一套虽
不大光彩,但也算不得丑恶的行动纲领。[1] 那就是联合各种利益 16
和情感来同以军事统帅与其政治附庸为代表的分裂势力进行斗
争。这个思路在他担任执政官期间已初步成型,表现为号召元老
院和骑士阶层建立等级和谐(concordiaordinum)以对抗恶徒
(improbi);但后来的纲领基础则扩展为“对一切美德的共识”
(consensus omnium bonorum),其号召对象也发展到了全意大利
(tota Italia)。但与其说它是一套纲领,还不如说只是一种理想。
在当时的罗马并不存在一个西塞罗党;而罗马政治家却是需要成
为某个党派的领袖的。无论是作为执政官还是前执政官,西塞罗
都因缺乏家族背景和追随者而在声望方面有所欠缺。

在罗马政体框架范围中,除了执政官以外,另一个握有实权的官职是保民官。保民官是一种罕见的历史残余;它被格拉古兄弟领导的党派注入了新的活力,转变成了一种直接进行政治活动(其消极形式表现为行使否决权,积极形式则表现为提议立法)的手段。运用这种武器来维护改革利益或追逐个人野心成了以“平民派”(populares,通常是一种用心险恶的谎言)自居的政治家的标志;这些人并不比他们的对手——那些自然要依靠元老院宝贵且

① H. Strsburger, *Concordia Ordinum*, Diss. Frankfurt (Leipzig, 1931). 关于“optimus quisque”的定义,一段非常重要的文献是 *Pro Sestio*, 97 f.。

受人尊重的权威的当权派，好到哪里去。[①] 不过，我们在平民派的队伍里确实能够找到几个真心实意的改革者，他们与滥用权力和腐败现象为敌，从观念和奉行政策上看属于自由派。此外，保民官有时还会被贵族中的民众蛊惑家（demagogues）收买，成为他们维护其保守统治的工具。[②]

在格拉古兄弟政治活动的影响下，对外扩张所带来的各种社会、经济和政治矛盾在罗马国家内部爆发了，从而引发了长达百年之久的动乱。主要以经济利益为基础的各派别（甚至是阶级）之间，以及军事将领之间的斗争使得以往贵族家族间的斗争复杂化了（但后者本身并未终结）。意大利同盟者很快便介入了罗马的种种纠纷。保民官玛库斯·李维·德鲁苏斯（M. Livius Drusus）希望能把他们争取到居于统治地位的寡头集团一边。他的努力失败了：意大利同盟者在自由和正义的名义下起兵反抗罗马。继意大利同盟战争（Bellum Italicum）之后爆发的是内战。马略、秦那和卡尔波（Carbo）领导的一派战败了。卢奇乌斯·科奈里乌斯·苏
17 拉（L. Cornelius Sulla）通过暴力和屠戮返回罗马并重建秩序。苏

① Sallust, *BC*, 38. 3："namque, uti paucis verum absolvam, post illa tempora quicumque rem publicam agitavere, honestis nominibus, alii sicuti populi iura defenderent, pars quo senatus auctoritas maxuma foret, bonum publicum simulantes pro sua quisque potential certabant。"（那么，请容许我简明扼要地指出当时的真相：在那个时代之后，各派都用冠冕堂皇的理由破坏着国家的安定。他们中的一些人仿佛是在捍卫民众的权利，另一派则似乎是在尽可能地巩固元老院的权威；但所有这些人都只在表面上维护公共利益，他们实质上都是在为一己私利而彼此钩心斗角。）这段话指的是公元前70年之后的那一世代。但读者还可参看对之前时代同样悲观的评价，见 *Hist*. 1. 12 M。

② 当时并不存在真正意义上的“人民党”。参见斯特拉斯伯格（H. Strasburger）撰写的两词条“Optimates”和“Populares”（P-W，将出）。

拉将罗马骑士阶层杀戮得十室九空，令保民官噤若寒蝉，并使得执政官成为傀儡。但就连苏拉本人也不能废除他自己所开的先例，无法阻止有人跳出来接替自己进行统治。

苏拉在短暂的政治任期结束后便交出了权力，并于一年之后去世。他所建立的政府维持了近二十年。最早威胁其统治的是一名不肯安分、野心勃勃的执政官——玛库斯·埃米利乌斯·雷必达(M. Aemilius Lepidus)。此人宣称要恢复保民官的权利，并得到了此前已经失败，但又死灰复燃的种种利益诉求者的支持。保民官的问题只是一个借口；被放逐在外的马略党徒却是一种永久的威胁。意大利境内旷日持久、盘根错节的战事此时刚刚平息。苏拉和罗马的共同敌人萨谟奈人(Samnites)已被铲除；亚平宁山区的其他萨贝利(Sabellic)民族也已被击溃和制伏。但因受到掠夺而怀恨在心的埃特鲁里亚(Etruria)却为了雷必达而再度起兵反抗罗马寡头集团的统治。[1]

雷必达的反抗被镇压下去了。但混乱局面仍在延续，甚至导致了意大利南部的一场奴隶起义。随后，两名将领于公元前 70 年发动的政变重建了保民官制度，摧毁了苏拉的体系，只留下显贵们执掌着有名无实的权力。他们有能力遏制和粉碎贵族民众蛊惑家卢奇乌斯·塞尔吉乌斯·喀提林在意大利挑起动乱(喀提林的攻击目标既有财产，也有特权)的企图。由显贵阶层组成的政府在有产阶级神圣同盟的支持下，通过其被保护人在平民中的影响力和金钱诱饵的吸引力，原本是有可能将它对罗马和意大利残酷且毫

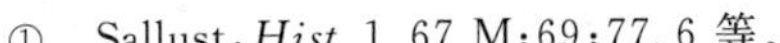

① Sallust, *Hist.* 1. 67 M; 69; 77. 6 等。

无前途的统治继续长期维持下去的。但帝国最终还是摧毁了它。

意大利境内的十年鏖战对整个地中海世界都产生了影响。元老院不得不应对各行省及其过于宽广，已经变成累赘的边疆地区的一连串战事——罗马要与西班牙的塞多留(Sertorius)和马略余党周旋，同劲敌米特拉达梯(Mithridates)对阵，还要跟形形色色的海盗们过招。由于统治集团的主要首领缺乏才干，或(后者可能更加符合实情)受到个人野心和政治阴谋的掣肘，统治者们为了应付各种各样的危险，被迫放弃了寡头集团的传统做法，将过分巨大的军权交给了一名军事将领。这种做法拯救了罗马的海外帝国，但
18 也导致了寡头统治集团自身的覆灭。

寡头集团并不是某种政治理论的杜撰、精心设计的骗局或标签的滥用；它是对一个特定群体及其特征的精确称呼。它并非一个经不起推敲的概念，而是实实在在、显而易见的。在罗马共和国历史上的任何一个时代，都有二三十个人(他们来自十余个显赫家族)垄断着官职与权力。各个家族会在历史长河中经历兴衰沉浮。在罗马的统治权力扩大到意大利全境后，贵族成员产生和更新的范围也随之扩大。然而，尽管寡头集团的人员构成会随着罗马国家的发展而逐渐变化，但寡头政治的特征与运作方式的改变却微乎其微。尽管有些贵族家族会在权力角逐中失败并长期式微，但罗马家族与生俱来的顽强生命力和它们悠久传统的荣光却每每能够使它们免于绝灭。它们可以卧薪尝胆，等待着重新恢复自身古老的统治地位。

当埃特鲁里亚人塔克文(Tarquinii)家族的统治垮台之后，其

权力的最初继承者是瓦勒里乌斯家族和法比乌斯家族。[①] 在罗马共和国的《执政官年表》(*Fasti*)的记载中,这两大家族各培养了 45 名执政官,仅次于权倾朝野、支系众多的科奈里乌斯家族。独裁者苏拉本人就是一名出身于科奈里乌斯家族的贵族,他竭尽全力想要恢复贵族家族的统治。这些家族的政治权力在上一个世代中被极大地削弱了,其原因与其说是马略一手造成的,还不如说是其内耗和平民新贵家族的崛起。但瓦勒里乌斯家族与法比乌斯家族在苏拉的寡头体系中都已不再那么显赫了。瓦勒里乌斯家族的黄金时代早已过去,而法比乌斯家族缺席执政官队伍也已有了整整一代人的光景。[②] 法比乌斯家族和科奈里乌斯·西庇阿的直系只是由于从当时春风得意的埃米利乌斯家族(Aemilii)中过继了男性继承人才得以幸免于绝嗣。[③] 但科奈里乌斯家族的权力也是有局限性的。他们的权力现在必须仰仗其旁系伦图鲁斯家族(Lentuli),该家族虽然缺乏冒险开拓的精神,却凭借子孙众多和强大的生存本能而一直延续了下来。

一些贵族氏族,如产生过将罗马从高卢人手中拯救出来的卡米鲁斯(Camillus)的弗里乌斯家族(Furii),可能已彻底绝嗣,或至少到了再也无法产生任何一位执政官的境地。苏尔庇奇乌斯家族(Sulpicii)和曼利乌斯家族(Manlii)都已风光不再。而埃米利乌斯

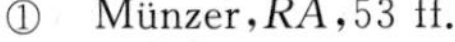

① Münzer, *RA*, 53 ff.

② 公元前 116—前 45 年没有来自法比乌斯家族的成员担任过执政官。

③ 分别是昆图斯·法比乌斯·马克西穆斯·埃米利亚努斯(Q. Fabius Maximus Aemilianus,公元前 145 年执政官)和普布利乌斯·科奈里乌斯·西庇阿·埃米利亚努斯(P. Cornelius Scipio Aemilianus,公元前 147 年、公元前 134 年两次担任执政官)。法比乌斯家族还过继了一个塞尔维利乌斯家族的子嗣(公元前 142 年执政官)。

家族昔日的盟友，野心勃勃、诡计多端而又往往志大才疏的塞尔维
19 利乌斯家族（Servilii）则在最近的一场大灾难中遭受了沉重打击。[①] 埃米利乌斯家族也受到了这次劫难的影响。[②] 但两个家族都尚未退出对领导权的争夺。然而，克劳狄乌斯家族（Claudii）却凭借其始终如一的、善于见风使舵的做派而维持着其优势地位。在罗马历史上，只有这个时期能够让我们见证克劳狄乌斯家族的成员是如何以不可一世的傲慢态度对待其显贵阶层中的对手，或在自由政治的遮羞布下攫取个人权力的。该家族包含两个在天赋方面一高一低的支系：普尔切家族（Pulchri）和尼禄家族（Nerones）。其中较小的那一支注定要在日后崛起。

在重新建立起来的寡头政体中，贵族们的权势主要不是以他们自己的资源为基础，而是来自于他们同平民新贵家族结成的联盟。这些家族中最显赫的一些是通过指挥对萨谟奈人和迦太基人的战争而获得或巩固了贵族地位的。有些家族此后一直维持着这种地位，另一些则一度家道中落。福尔维乌斯家族（Fulvii）、森普罗尼乌斯家族和李维家族（Livii）几乎已经绝嗣；而突然没落的克劳狄乌斯·马塞卢斯家族（Claudii Marcelli）已有两个世代没能产生一位执政官了。[③] 但在这时代中有一位著名的卢塔提乌斯（Lutatius），他的姓名让我们追忆起一场著名海战，以及他的父亲

① 即公元前 106 年执政官昆图斯·塞尔维利乌斯·凯皮欧（Q. Servilius Caepio）遭受的灾难。参见 Münzer，*RA*，285 ff.。

② 参见 Münzer，*RA*，305 ff.。这个贵族在公元前 2 世纪的最后十年里一度十分式微。

③ 自玛库斯·马塞卢斯（M. Marcellus）于公元前 152 年第三次担任执政官时算起。

击败辛布里人(Cimbri)的事迹。李锡尼乌斯(Licinii)氏族中的几个家族培养了一些伟大的军人和杰出的演说家;其他一些著名家族也做到了这一点。[①] 在古老荣誉方面堪与其他贵族家族媲美的马尔奇乌斯家族(Marcii)现在又重新崛起,并拥有了几个支系。雄辩、机警且圆滑的卢奇乌斯·马尔奇乌斯·菲利普(L. Marcius Philippus)抵制过玛库斯·李维·德鲁苏斯的革命性议案,在马略和秦那掌权期间担任过监察官,随后不失时机地倒向苏拉,并凭借其手腕与策略引导重建后的寡头政体走过了最初几个风雨飘摇的年头。[②] 马略党中的其他显要平民新贵家族有尤尼乌斯家族(Junii)和多米提乌斯家族(Domitii),[③]他们已转变为新秩序的坚定支持者。 20

但苏拉党与苏拉寡头政权的核心是强大的凯奇利乌斯·麦特

① 如奥勒里乌斯·科塔家族(Aurelii Cottae)和渥大维家族(这两个氏族分别在公元前 76—前 74 年间产生了两个执政官),以及卡尔普尼乌斯家族(Calpurnii)、卡西乌斯家族(Cassii)和安东尼家族(Antonii)。才德兼备的盖约·斯克里波尼乌斯·库里奥(C. Scribonius Curio,公元前 76 年执政官)来自一个此前从未产生过执政官的元老家族。

② 菲利普劝说元老院下定决心对雷必达采取行动(Sallust, *Hist.* 1. 77M)。他还帮助庞培早早取得(不仅是"在庞培担任执政官之前"[pro consule],而且是"抢在多位前任执政官之前"[pro consulibus](Cicero, *Phil.* 11. 18))了在西班牙的指挥权。关于他睿智的名声,参见 Cicero, *Brutus*, 173。关于他作为美食家的记载,见 Varro, *RR*, 3. 3. 9。关于马尔奇乌斯家族的谱系,见 P-W XIV,1539。

③ 如玛库斯·尤尼乌斯·布鲁图斯(公元前 83 年平民保民官)和卢奇乌斯·尤尼乌斯·布鲁图斯·达玛希普斯(L. Junius Brutus Damasippus),见 P-W X,972 f.; 1025。我们还应注意到盖约·马尔奇乌斯·肯索里努斯(C. Marcius Censorinus, P-W XIV,1550 f.)和格涅乌斯·多米提乌斯·埃诺巴布斯(Cn. Domitius Ahenobarbus, P-W V,1327 f.),后者是公元前 54 年执政官埃诺巴布斯的兄弟,曾经娶过秦那的女儿(Orosius, 5. 24. 16)。

鲁斯家族(Caecilii Metelli),有人称之为一个愚蠢的家族。① 他们的族徽是一头用来纪念对迦太基人胜利的大象。② 麦特鲁斯家族是凭借人多势众取胜的。他们的儿子们依靠特权或命中注定的机缘而当上执政官,而他们的女儿们则与罗马世家大族们广结姻缘。在其鼎盛时代,麦特鲁斯家族的光辉几乎掩盖了整个罗马国家。他们在十二年中担任执政官、监察官和举行凯旋式的总数也恰恰是十二次。③ 尽管马略党的崛起与得势一度削弱了麦特鲁斯家族的实力,但这个家族又通过与苏拉联盟的方式重新恢复了力量和影响。昆图斯·麦特鲁斯·皮乌斯(Q. Metellus Pius)率领军队为苏拉赢得了胜利,并在公元前 80 年同后者一起当上了执政官。独裁者本人也娶了麦特鲁斯家族的一位姑娘为妻。下一年的两位执政官(普布利乌斯·塞尔维利乌斯·瓦提亚[P. Servilius Vatia]和阿皮乌斯·克劳狄乌斯·普尔切[Appius Claudius Pulcher])为重建的贵族统治举办了适宜且壮观的庆典。这两个人中一个是麦特鲁斯家族的儿子,另一个是该家族的女婿。④

---

① 西庇阿·埃米利亚努斯(Scipio Aemilianus)曾这样评价过他们当中的一位:"要是你的母亲生第五个孩子,准会生一头驴。"(si quantum pareret mater eius, asinum fuisse parituram)(Cicero, *De oratore*, 2. 267。)

② *BMG*, *R. Rep*. 1. 155.

③ Velleius, 2. 11. 3. 根据另外一种统计,该家族在十五年内(公元前 123—前 109 年)产生了六位执政官。昆图斯·麦特鲁斯·马其顿尼库斯(Q. Metellus Macedonicus,公元前 143 年执政官)有四个当过执政官的儿子。具体族谱见书后表 I。

④ Münzer, *RA*, 302 ff. ; J. Carcopino, *Sylla ou la monarchie manqué* (1931), 120 ff. 苏拉娶了塞奇莉娅·麦特拉(Caecilia Metella)为妻。她是德尔玛提库斯(Delmaticus)的女儿,首席元老(princeps senatus)玛库斯·埃米利乌斯·斯考鲁斯(M. Aemilius Scaurus)的前妻。塞尔维利乌斯的母亲是巴勒亚里库斯(Balearicus)的姐妹,阿皮乌斯·普尔切的妻子则是他的女儿。闵采尔的谱系表清晰地展示了这些关系(Münzer, *RA*, 304)。参见书后表 I。

麦特鲁斯家族是没有能力单独进行统治的。它所建立的政治联盟的框架与内容都反映在这个家族同其他两个群体的关系与联盟中。第一个是克劳狄乌斯家族。除三个儿子外，阿皮乌斯·克劳狄乌斯·普尔切还留下了三个女儿，女儿们的高贵血统和美貌为她们招来了乘龙快婿和坏名声。[①] 另一个在当时更为重要的盟友是一个谜一样的党派，它很快将由一个从未担任过执政官的人来领导。其活动在很大程度上对意大利战争起到了推波助澜作用 21
的玛库斯·李维·德鲁苏斯没有留下一个亲生的儿子。他的姐姐（或妹妹）结过两次婚，一次嫁给了塞尔维利乌斯·凯皮欧（Servilius Caepio）兄弟中的一位，另一次则嫁入了波尔奇乌斯（Porcii）家族。她在两次婚姻中一共生了五个声名大小不一的孩子，其中包括杰出的女政治家塞维莉娅和寡头集团在其最后几次斗争中的坚定领袖——玛库斯·波尔奇乌斯·加图（M. Porcius Cato）。[②]

在寡头政权重建后的前十年中，几乎所有政府首脑和要人都通过这样或那样的方式与这三个集团保持着联系。继老奸巨猾的

① 三个儿子分别是阿皮乌斯·克劳狄乌斯·普尔切（Ap. Claudius Pulcher，公元前 54 年执政官）、盖约·克劳狄乌斯·普尔切（C. Claudius Pulcher，公元前 56 年大法官）和普布利乌斯·克罗狄乌斯·普尔切（P. Clodius Pulcher，公元前 58 年平民保民官）。在他的三个女儿中大女儿嫁给了昆图斯·马尔奇乌斯·雷克斯（Q. Marcius Rex，公元前 68 年执政官），最著名的二女儿嫁给了昆图斯·麦特鲁斯·凯勒尔（Q. Metellus Celer，公元前 60 年执政官）。最小的克罗狄娅（Clodia）是卢奇乌斯·李锡尼乌斯·卢库鲁斯（L. Licinius Lucullus，公元前 74 年执政官）的妻子，后者提出了一些令人震惊的指控，从而休弃了她（Plutarch，*Lucullus*，34；Cicero，*Pro Milone*，73 等）。

② 最重要的研究成果见 Münzer，RA，328 ff.。相关族谱见书后表 II。其他几个孩子分别是昆图斯·塞尔维利乌斯·凯皮欧（P-W II A. 1775 ff.）、卢奇乌斯·卢库鲁斯的第二个妻子塞维莉娅（Plutarch，*Lucullus*，38；参见 P-W IIA，1821）和卢奇乌斯·多米提乌斯·埃诺巴布斯（公元前 54 年执政官）之妻波尔齐娅（Porcia）。

菲利普之后掌管公共事务的是在才干和声名两方面形成鲜明对比，且彼此沾亲带故的两个人——昆图斯·卢塔提乌斯·卡图鲁斯（Q. Lutatius Catulus）和昆图斯·霍腾西乌斯（Q. Hortensius）。[①]卡图鲁斯的品德和正直在那个时代是十分罕见的，得到了舆论的一致认可；但他在聪颖与活力方面有所欠缺。霍腾西乌斯则主宰着法庭和元老院，他的人生就跟他的演说术一样充满了浮华。这位律师的挥霍品位低俗且毫无节制，并因他的地窖、苑囿和鱼池而得到了生活奢侈和收入来路不明的坏名声。[②]

在元老院麾下的将领中，麦特鲁斯·皮乌斯常年在西班牙作战，而克瑞提库斯（Creticus）则因在海盗横行的克里特岛上的尺寸之功而获得了一个个绰号（cognomen）。麦特鲁斯家族的亲戚们也并非无所事事。阿皮乌斯·普尔切在马其顿作战，后来就死在那里；普布利乌斯·塞尔维利乌斯的运气稍好，他只在西里西亚（Cilicia）打了四年仗。这些人中最荣光的是卢库鲁斯两兄弟、麦特鲁斯家族中一位女子的儿子和麦特鲁斯·皮乌斯最年长的两个堂兄弟。[③] 哥哥曾在苏拉麾下经受过东方战事的历练，并深受苏

① 昆图斯·卢塔提乌斯·卡图鲁斯（公元前 78 年执政官）的姐妹嫁给了昆图斯·霍腾西乌斯（公元前 69 年执政官）。相关族谱见 Münzer, *RA*, 224；卡图鲁斯与多米提乌斯·埃诺巴布斯家族和塞尔维利乌斯家族之间的联系见 P-W XIII, 2073 f.。

② P-W VIII, 2475 介绍了关于他的财富和宅邸的种种细节信息。对其鱼池的记载见 Varro, *RR*, 3. 17. 5；关于他私人动物园的记载见 Varro, *RR*, 3. 13. 2；他将一万桶酒留给了自己的继承人，见 Pliny, *NH*, 14. 96.

③ 关于卢奇乌斯·李锡尼乌斯·卢库鲁斯（公元前 74 年执政官）和他被玛库斯·泰伦提乌斯·瓦罗（M. Terentius Varro）过继的兄弟玛库斯（Marcus，公元前 73 年执政官），参见 P-W XIII, 414f.。卢奇乌斯·卢库鲁斯先后娶了克罗狄娅和塞维莉娅，参见第 35 页注①和注②，即原书第 20 页注⑤和第 21 页注①。玛库斯·泰伦提乌斯·瓦罗·卢库鲁斯（M. Terentius Varro Lucullus）的妻子姓名不详。

拉本人的信任，率领军队横行于小亚细亚地区，摧毁了米特拉达梯的势力。此人集正直和干练于一身，以公正、仁慈的态度对待诸行省，从而招来了罗马财阀们的切齿痛恨。弟弟卢库鲁斯则担任着马其顿行省的总督，他率领罗马军队在色雷斯境内一路凯歌，一直推进到黑海沿岸与多瑙河河口。

与这些人的关系稍微有些疏远的一位是玛库斯·李锡尼乌斯·克拉苏。当苏拉在科林门战役(Battle of the Colline Gate)中
大败萨谟奈人的军队时，克拉苏就统率着军队的右翼。克拉苏是 22
一位优秀演说家的儿子，他本人也是一名工作勤奋的律师，尽管算不上才华横溢。作为一个生性谨慎、圆滑的人，克拉苏本有可能凭借其财富、门第和在元老院中的巨大影响而扮演像菲利普那样的伟大传统政治家角色；何况他还跟麦特鲁斯家族保持着联系。[1] 然而，对权力的贪欲(此乃这位罗马贵族最大的弱点)却将克拉苏引上了一条曲折的道路，最终使他爬上了危险的高位。

上述即是那些继苏拉之后领导政府战争与和平事务的人。他们在出身和财富方面高人一等，并通过亲缘纽带和共同利益结合在一起。他们自诩为“权贵”(Optimates)。按当时的概念，他们可

① 他的妻子特尔图拉(Tertulla)的家世不详。但他的长子玛库斯·克拉苏(M. Crassus)大概在公元前 68—前 63 年娶了克瑞提库斯(Creticus)的女儿凯奇莉娅·麦特拉(Caecilia Metella, *ILS* 881)。关于克拉苏于公元前 70 年在元老院中的影响，特别值得注意的记载是 Plutarch, *Pompeius*, 22:“καὶ ἐν μὲν τῇ βουλῇ μᾶλλον ἴσχυεν Κράσσος, ἐν δὲ τῷ δήμῳ μέγα τὸ Πομπηΐου κράτος ἦν。”(克拉苏在元老院中影响更大，而庞培的实力在民众那里十分突出。)

以被恰如其分地称为一个党派或帮派。[1]

这个寡头集团的支系遍布全国。它最重要的决议是秘密做出的,有时会被当时的政治家们得知或推测出来,但经常没能被历史著作记录下来,从而成了千古之谜。我们可以从各种场合清晰地看到该集团的存在:他们会在公开场合集合起来保护某个进行过巧取豪夺的行省总督,攻击某个成为他们眼中钉的保民官,或遏制某个对政府怀有敌意的将领。[2] 但"权贵"们只在表面上和个别情况下才是铁板一块。这些人是被一个军事独裁者扶植起来的,他们通过公敌宣告运动和谋杀行为自肥,并利用从诸行省中攫取的资源而变得更加富有。这样的一个群体缺乏维持内部和谐的纪律,也没有勇气去推行能够拯救本阶级摇摇欲坠的统治地位、并证明其特权合理性的改革。长达十年的意大利战争不仅败坏了他们的正直品格,也彻底腐蚀了他们的灵魂。

在苏拉退隐后最早担任执政官的一些人当时就已风烛残年,有的很快就去世或从政治舞台上消失了。[3] 即便仅从数量上看,

---

① Cicero,*De re publica*,3. 23:"cum autem certi proper divitias aut genus aut aliquas opes rem publicam tenant,est factio,sed vocantur illi optimates。"(有一批人凭借其财富、出身或对公共事务的把持而构成了一个党派,但他们自诩为"权贵"。)

② 如为维勒斯(Verres)辩护和反对《伽比尼乌斯法案》和《玛尼利乌斯法案》的场合。他们在检举保民官科奈里乌斯的时候也组成了强大的同盟:这些全体公民的领袖们(他们在元老院里拥有巨大权势)——昆图斯·霍腾西乌斯、昆图斯·麦特鲁斯·皮乌斯、玛库斯·卢库鲁斯、玛尼乌斯·雷必达——提出了对他不利的证据(dixerunt in eum infesti testimonia principes civitatis qui plurimum in senatu poterant Q. Hortensius,Q. Catulus,Q. Metellus Pius,M. Lucullus,M. 'Lepidus,Asconius 53=p. 60 Clark)。

③ 在公元前 79—前 75 年的所有执政官中,只有四位在对公元前 74 年之后的史料记载中还被提到过。

当时可以左右国家政策的前执政官也寥寥无几:其中只有几位受人尊敬的遗老,剩下的则是一些出身高贵,但缺乏资历的、新近卸 23
任的执政官。不久,最杰出的一批要人由于心怀不满或活力衰退等原因,开始回避政治责任。虚荣的霍腾西乌斯已经过了自己的盛年。出于怨恨,他不愿目睹自己的晚辈对手(西塞罗)在演说术上取得胜利。卢奇乌斯·李锡尼乌斯·卢库鲁斯则由于自己的成就多年来一直受到政敌们攻击,于是转而沉浸到艺术与私人享受的世界中去寻找慰藉。他给后世留下深刻印象的并不是他的才华与正直,而是空前绝后的奢靡作风。他们犹如慵懒的野兽一样蛰居在自己的花园和别墅里,这些伟大的钓鱼狂(piscinarii)——霍腾西乌斯和卢库鲁斯两兄弟悠然自得地品味着能够带来宁静的伊壁鸠鲁哲学;他们从自己的人生经历中得出了这样的结论:抱负是疯狂的,美德是虚妄的。①

上一代人衰老后,官官相护的统治集团的下一代本有机会施展他们在出身和才能方面的优势。麦特鲁斯家族中有两位年轻人,凯勒尔(Celer)和奈波斯(Nepos),其能力并不辱没他们的家族。② 此外还有他们的堂兄弟,阿皮乌斯·普尔切的三个儿子。在这三位克劳狄乌斯家族的成员中,长子的性格已在早年为维护

① 关于卢库鲁斯财富和品位的证据见 P-W XIII,411f.。西塞罗在公元前 60 年经常抱怨那些"钓鱼狂",如 *Ad Att*. 1. 18. 6:" ceteros iam nosti; qui ita sunt stulti ut amissa re publica piscinas suas fore salvas sperare videantur。"(当前,我们中的一些人是如此愚蠢,以至于他们似乎已把国事抛在一边,一心只关注他们的鱼池);*Ad Att*. 2. 9. 1:"de istis quidem piscinarum Tritonibus。"(关于那些鱼池里的水神)。

② 指昆图斯·麦特鲁斯·凯勒尔(Q. Metellus Celer,公元前 60 年执政官)和昆图斯·麦特鲁斯·奈波斯(Q. Metellus Nepos,公元前 57 年执政官)。

陷于贫困中的家族的尊严和养活弟弟妹妹们的奋斗中磨砺得不再天真可爱；①二儿子一直默默无闻；而小儿子普布利乌斯·克罗狄乌斯(P. Clodius)尽管聪颖而早熟，却从他的三姐妹的行为中学到了极坏的榜样，肆无忌惮地借用着自己姐夫与妹夫们的影响力而胡作非为。②

总的来说，苏拉死后十五年左右，麦特鲁斯家族的鼎盛时期似乎就已经终结了。因此，统治权似乎将会落入寡头集团中加图所领导的那一派手中。而加图又对他同母异父的姐姐塞维莉娅——这个女人拥有塞尔维利乌斯家族的全部贪婪野心，不择手段地想为她的家族重新夺回权力——言听计从。③ 她的兄弟昆图斯·塞
24 尔维利乌斯、霍腾西乌斯的女婿不幸夭亡。④ 但塞维莉娅是不会因这一变故而泄气的。她转而寻找其他盟友。差不多在这个时候，加图迎娶了菲利普的孙女玛尔齐娅(Marcia)，并将自己的姐姐波尔齐娅嫁给了卡图鲁斯的堂兄弟卢奇乌斯·多米提乌斯·埃诺巴布斯(L. Domitius Ahenobarbus)，这位年轻人凭借自己在意大利的巨大地产和他的罗马平民被保护人(那是他雄心勃勃，且擅长

① 参见 Varro, *RR*, 3. 16. 1 f.。他娶了一位出身于塞尔维利乌斯家族的女子(*Ad Att*. 12. 20. 2)。

② 他在东方服役时是卢库鲁斯(Plutarch, *Lucullus*, 34)和昆图斯·马尔奇乌斯·雷克斯(Q. Marcius Rex)(Dio, 36. 17. 2)的参谋班子成员。他曾希望能够继承雷克斯的遗产(Cicero, *Ad Att*. 1. 16. 10)。

③ Asconius, 17 = p. 19 Clark："ea porro apud Catonem maternam obtinebat auctoritatem。"(她控制了加图，获得了母亲式的权威。)对这位女子最重要的研究成果见 Münzer, *RA*, 336ff.。

④ Plutarch, *Cato minor*, 2 (67 B. C.). 我们可以从铭文 *ILS* 9460 中推断出其妻子的身份。

煽动民众的父亲留给他的遗产），[①]很早就在政坛中崭露头角。加图的另一笔投资似乎很难收到丰厚的回报——他的女婿玛库斯·卡尔普尼乌斯·毕布鲁斯（M. Calpurnius Bibulus）是个老实人，性格倔强，在仕途中从未显山露水过。[②]

在权势、荣耀方面式微或受到竞争对手威胁的罗马贵族家族们设法扶植新人（novi homines）、演说家和军人，通过自身的影响力来帮助他们当选执政官，从而换取这些人对自己的支持。克劳狄乌斯家族自古以来就是玩弄这套权术的好手。此时，他们仍在留意把握这方面的机会，希望能扶持三个人当选执政官，但这些人在当时并非没有外援。[③]

为了应对新人的崛起，苏拉时代后的世家大族们加强了与自己地位近似的家族的联系，并刻意表现出令人望而生畏的威严。

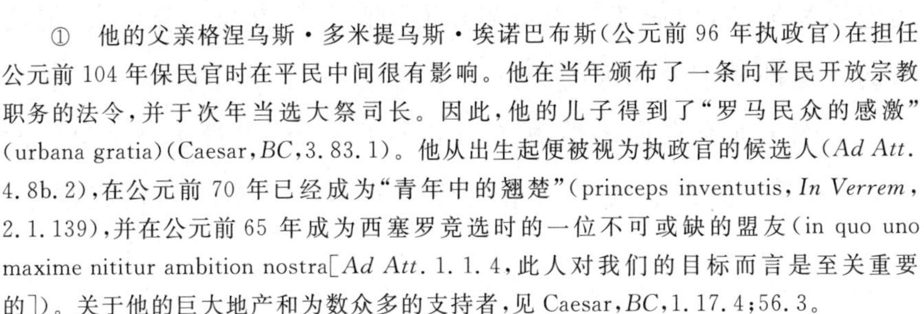

① 他的父亲格涅乌斯·多米提乌斯·埃诺巴布斯（公元前 96 年执政官）在担任公元前 104 年保民官时在平民中间很有影响。他在当年颁布了一条向平民开放宗教职务的法令，并于次年当选大祭司长。因此，他的儿子得到了"罗马民众的感激"（urbana gratia）（Caesar, *BC*, 3. 83. 1）。他从出生起便被视为执政官的候选人（*Ad Att*. 4. 8b. 2），在公元前 70 年已经成为"青年中的翘楚"（princeps inventutis, *In Verrem*, 2. 1. 139），并在公元前 65 年成为西塞罗竞选时的一位不可或缺的盟友（in quo uno maxime nititur ambition nostra[*Ad Att*. 1. 1. 4，此人对我们的目标而言是至关重要的]）。关于他的巨大地产和为数众多的支持者，见 Caesar, *BC*, 1. 17. 4; 56. 3。

② "Salust", *Ad Caesarem*, 2. 9. 1："M. Bibuli fortitudo atque animi vis in consulatum erupit; hebes lingua, magis malus quam callidus ingenio。"（他在担任执政官期间与坚毅强硬的玛库斯·毕布鲁斯交恶，此人讷于言辞，其缺陷盖过了他的聪颖敏捷）。关于他的易怒性格（iracundia），见 Caesar, *BC*, 3. 16. 3。

③ 普布利乌斯·克罗狄乌斯（P. Clodius）是西塞罗对抗喀提林时的盟友。克劳狄乌斯家族大概希望能争取到这位有用的演说家的支持。西塞罗的妻子泰伦提娅（Terentia）害怕他休弃自己，转而迎娶克罗狄娅，便设法使西塞罗在对克罗狄乌斯的审判中出庭指证后者的渎神罪，从而在二者之间制造了裂痕（Plutarch, *Cicero*, 29）。

作为演说家和律师队伍的领军人物，玛库斯·图利乌斯·西塞罗(M. Tullius Cicero)努力竞选，领导民众去维护他们各方面的利益；但所有这些利益诉求都不是毫无希望的，也不同贵族们在地产和财政领域的利益发生冲突。与此同时，西塞罗十分注意确保年轻显贵们对自己的支持，这些人的附庸手中握有许多选票。[①] 寡头集团能够认出谁是自己的人。于是他们接受了西塞罗，而抛弃了喀提林。

西塞罗这个成功者在43岁的时候当选了执政官，这一成功标志着一个人一生中最辉煌的时刻，并且经常会改变他此后的政治
25 前途。在没有担任过执政官的罗马居民中，能够出人头地的是很少的；除非他们愿意去担任饱受争议的、充满风险的保民官。然而，有两个人却在这个由别人担任执政官的年头里脱颖而出，获得了巨大的公共荣耀，令他们平庸的长辈们自惭形秽。这两个人便是恺撒和加图，他们在行为习惯和道德修养等方面差异巨大，但两人的灵魂都是十分伟大的。[②]

盖约·尤利乌斯·恺撒(C. Julius Caesar)出身于一个早已没落，但最近主要在盖约·马略的帮助下实现了中兴的贵族家族。

---

① *Comm. Pet.* 6："praeterea adulescentis nobilis elabora ut habeas vel ut teneas, studiosos quos habes。"(此外你还应当获取并维持年轻贵族们对你的好感，要保证他们对你的支持。)参见 *Ad Att*. 1. 1. 4 (埃诺巴布斯)。

② Sallust, *BC*, 53. 5 f. ："multis tempestatibus haud sane quisquam Romae virtute magnus fuit. sed memoria mea ingenti virtute, divorsis moribus fuere viri duo, M. Cato et C. Caesar。"(在罗马，已经有许多个时代都没能孕育出一位富有美德的人了。但在我对正人君子的记忆中却同时保存着两个举止习惯差异巨大的人物名字：玛库斯·加图和盖约·恺撒。)

他在长年的政治阴谋包围中竭尽全力维护了家族的荣誉，从而为自己保留了有朝一日能够当选执政官的机会。[①] 他的姑姑是马略的妻子。恺撒本人则娶了秦那的女儿为妻。当苏拉试图解除他们的夫妻关系时，恺撒违拗了后者的意愿。在为马略的遗孀宣读葬礼演说、更新卡皮托林山（Capitol）上马略的纪念物和支持归还被宣告为公敌的受害者的财产时，恺撒的发言是有立场的，展示了他对自身家族的忠诚。但恺撒并不会为此而牺牲自己未来的前途，他的立场也不是一成不变的。恺撒与若干中等贵族建立了亲密联系。[②] 他的第二个妻子无疑会让人们想到苏拉的党派——她是苏拉的外孙女。[③] 野心勃勃总是要树立一大批敌人的。但这位贵族出身的平民领袖并不知恐惧和顾忌为何物。在同两名要人的竞争中，恺撒凭借贿赂和民众的支持赢得了罗马国家宗教的最高职位——大祭司长（pontifex maximus）这一头衔。[④] 同样是在这一年里，另外一件事情也进一步揭示了他的我行我素的性情。当元老院针对如何处置喀提林集团的问题进行辩论的时候，当时作为

① 受到这位行省总督和独裁者日后活动的影响，后人对这位罗马贵族早年生涯的传记式记载中的细节和流言蜚语是程式化的、年代错乱的和严重失实的。参见斯特拉斯伯格提出的不落俗套且令人信服的论据（H. strasburger，*Caesars Eintritt in die Geschichte*［1938］）。

② 他的母亲是一名出身于奥勒里乌斯·科塔（Aurelii Cottae）家族的女子。关于其族谱及其同鲁提利乌斯家族（Rutilii）的联系，见 Münzer，*RA*，327。恺撒的身上也流淌着马尔奇乌斯·雷格斯家族（Marcius Reges）的血液（Suetonius，*Divus Iulius*，6. 1）。关于尤利乌斯家族的谱系，见 P-W X，183。

③ 她叫庞培娅（Pompeia，Suetonius，*Divus Iulius*，6. 2）。昆图斯·庞培·鲁孚斯（Q. Pompeius Rufus，公元前 88 年执政官）的儿子娶了苏拉的长女。

④ 他的两个竞争对手分别是昆图斯·卢塔提乌斯·卡图鲁斯和普布利乌斯·塞尔维利乌斯·瓦提亚（Plutarch，*Caesar*，7）。

候任司法官的恺撒做了发言。他一方面严厉谴责了这些人的叛国行径，但不同意对他们处以死刑。

在这次会议上，提出最高公民大会决议的当然是杰出的执政
26 官西塞罗。但对那一天的决议产生了决定性影响的却是加图的发言和权威。[①] 加图当时年仅33岁，还不过是大法官中的一员。他是凭借自我人格的力量取胜的。加图颂扬那些曾在古老的岁月里帮助罗马赢得帝国的各种美德，谴责那些金玉其外、败絮其中的富人，努力想使贵族们记起自己应当承担的责任。[②] 这并不是一种老生常谈、故作姿态或痴心妄想。作为一个正直而严厉的人、本阶级令人生畏的守护者、一个嗜饮如命的酒徒和机警敏锐的政治家，加图是有血有肉的，并不是一种幻象。小加图是奉行罗马传统精神与坚毅品质的现实主义者，与被他自己奉为榜样的伟大祖先——监察官加图(Cato the Censor)相比起来毫不逊色。但使得小加图在担任执政官之前就已出人头地的并不仅仅是他的高贵性格与正直品质。他也在显贵集团中掌握着一张政治联盟的关系网络。

① 这一事实众所周知，连西塞罗本人也无法矢口否认。参见 *Ad Att*. 12.21.1。

② Sallust, *BC*, 52.21 f.：“Sed alia fuere, quae illos magnos fecere, quae nobis nulla sunt: domi industria, foris iustum imperium, animus in consulundo liber, neque delicto neque lubidini obnoxius. pro his nos habemus luxuriam atque avaritiam, publice egestatem, privatim opulentiam. laudamus divitias, sequimur inertiam。”(但使他们[罗马人的祖先]成其为伟大的是其他一些东西，那是我们所不具备的。它们包括在故土家园的辛勤劳动风尚、在被征服地区的公正执法立场、在议事时不受任何卑鄙思想和不良欲念干扰的独立思考习惯，等等。与这些美德相比，我们更看重的却是奢华与悭吝，从而败坏了国家、中饱了私囊。我们追逐财富，安于怠惰。)

“权贵们”此时迫切需要一位领袖来扭转颓势。寡头集团内部此时出现了多处危险的裂痕，那是仇恨与党争留下的创伤。埃米利乌斯家族和克劳狄乌斯家族都已不太可靠；令人难以捉摸的、曾支持喀提林竞选执政官的克拉苏是一个永久性的威胁；而麦特鲁斯家族为了生存或权力的缘故，一定会与最强大的军事领袖结盟，无论这个领袖是苏拉的后继者还是从前的苏拉本人。

永不妥协的加图厌恶财阀。他坚定地与意大利人为敌，从童年时代起就痛恨他们。① 但他乐意用粮食或金钱去笼络罗马平民。② 小加图会把坚毅精神和政治手腕结合起来，以便对付正从东方返回的军事独裁者庞培；那正是他的祖先用来削弱专权的贵族家族——西庇阿家族的手段。荣耀（gloria）、尊荣（dignitas）和门客如云（clientelae）是贵族集团拥有的优势，现在它们已完全集于一人身上。除为了维护寡头集团享有的特权外，小加图还有别的奋斗目标。在同伟人庞培（Cn. Pompeius Magnus）的较量中，个人荣誉和家族仇怨也是促使小加图及其亲属们坚持斗争下去的动
力。这是因为，阴险毒辣的小庞培曾杀害了塞维莉娅的丈夫、埃诺 27

① Plutarch, *Cato minor*, 2（其中讲述了加图如何执拗地与舅父家中的玛尔西人波佩狄乌斯[Poppaedius the Marsian]故意做对的逸事）。此外，他的亲戚卢奇乌斯·波尔奇乌斯·加图（L. Porcius Cato，公元前89年执政官）便是在玛尔西人的领土上被意大利起义者们击败并杀害的（Livy, *Per.* 75）。

② “Sallust”, *Ad Caesarem*, 2. 11. 3：“quippe cum illis maiorum virtus partam reliquerit gloriam dignitatem clientelas.”（由于他的崇高美德和显赫名声，他[加图]拥有一批被保护人。）参见 Sallust, *BJ*, 85. 4：“vetus nobilitas, maiorum fortia facta, cognatorum et adfinium opes, multae clientelae.”（古老的门第、祖先的光辉事迹、亲戚与朋友们的权力、云集的被保护人）。

巴布斯的兄弟。[1]"那是一个年纪轻轻的刽子手"(adulescentulus carnifex)。[2]

① 他杀害了玛库斯·尤尼乌斯·布鲁图斯(M. Junius Brutus,公元前83年平民保民官)、塞维莉娅的丈夫;后者是马略党的成员和雷必达的追随者(根据Plutarch, *Pompeius*,16等史料)。埃诺巴布斯公元前82年在阿非利加牺牲。尽管有些说法为庞培开脱罪名,但相反的说法确实存在着。与庞培恩人格涅乌斯·帕皮里乌斯·卡尔波(曾三度担任执政官)的遇刺一样,这些行为都被世人所牢记。参见Val. Max. 6. 2. 8; 'Sallust', *Ad Caesarem*, 1. 4. 1。

② 福尔米亚的赫尔维乌斯(Helvius of Formiae)语。见Val Max. 6. 2. 8。

第3章　庞培的统治 28

作为新贵，庞培家族并不拥有拉丁血统。它的名称清楚地表明了这一点。这一家族可能起源于皮克努姆(Picenum)，并在那里拥有庞大的地产和广泛影响。[①] 格涅乌斯·庞培·斯特拉波(Cn. Pompeius Strabo)在粉碎了皮克努姆地区的意大利人起义后，运用他的影响和军队去谋求私利，并在马略与苏拉兵戎相见的时候玩起了首鼠两端的把戏。斯特拉波是一个残忍、堕落和背信弃义的人；世人认为他曾谋害一名执政官。[②] 当他幸运地得享善终之际，民众在他的葬礼上制造了骚乱。[③] 斯特拉波是一个阴险的人物；他遭到"上天和贵族的共同憎恨"[④]是不无道理的。历史上没有关于他的儿子格涅乌斯·庞培在这一时期活动的记载。在

---

① Velleius，2. 29. 1，&c.，参见 M. Gelzer，*Die Nobilität der r. Republik*，77f.。出身于皮克努姆的维利纳部族(tribus Velina)的一些人曾加入过格涅乌斯·庞培·斯特拉波的智囊团。见 *ILS* 8888，参见 C. Cichorius，*Römische Studien*(1922)，130 ff.，esp. 158 ff.。这个词的字根来自拉丁文中"quinque"(五)在奥斯坎语中的同义词；其词尾"-eius"通常被视为埃特鲁里亚地区一度对该家族产生过影响的证据，参见 J. Duchesne，*Ant. cl.* III(1934)，81 ff.。

② 此人是他的亲戚昆图斯·庞培·鲁孚斯(公元前88年执政官)；参见 Appian，*BC*，1. 63. 284。

③ Plutarch，*Pompeius*，1.

④ 西塞罗语，转引自 Asconius，70(=p. 79 Clark)："hominem dis ac nobilitari perinvisum."

他的父亲死后，他得到了有影响的政治家的庇护，随后大概蛰居在皮克努姆，[①]过着默默无闻的生活。当苏拉在布伦迪西乌姆(Brundisium)登陆之际，这个年方23岁的青年主动从他父亲的佃户、被保护人和老兵中招募了三个兵团，率领着这支军队将罗马从马略党的手中解放出来——他这样做是为了苏拉，同时也是为了自己的利益。[②]

庞培的政治生涯从一开始就充满着欺诈与暴力。无论是在战争中还是在和平年代里，他都会利用非法手段和阴谋诡计开展政治活动。他统率军队在阿非利加行省对抗马略部的残余并战胜之，从而在尚未成为元老的情况下便拥有了“伟人”(Magnus)这一
29 头衔。在支持雷必达当选执政官，并怂恿后者制订了颠覆现政权的方案后，他转而投靠自己后来的盟友并拯救了现政府。随后，当他结束了在西班牙与塞多留的战事，于离开六年后重返罗马时，庞培又同另一位军队统帅克拉苏联手完成了一场不流血的政变。在一同当选公元前70年的执政官后，庞培和克拉苏废除了苏拉建立的政体。骑士们得以在法庭内占有一席之地；保民官们也重新获得了曾被苏拉剥夺的权力。这些人很快就对庞培投桃报

① Plutarch, *Pompeius*, 6. 他因其父亲的贪污行为而遭到控诉，但被菲利普、霍腾西乌斯和马略党的领袖帕皮里乌斯·卡尔波(Papirius Carbo)救助(Cicero, *Brutus*, 230; Val. Max., 5.3.5; 6.28)。

② Plutarch, *Pompeius*, 6 f.; Velleius, 2.29.1; *Bell. Afr.* 22.2: “gloria et animi magnitudine elatus privatus atque adulescentulus paterni exercitus reliquiis collectis paene oppressam funditus et deletam Italiam urbemque Romanam in libertatem vindicavit。”(出于荣誉感和提升个人地位的巨大野心，这个血气方刚的青年集合起他父亲留下的、几乎已处于被压迫的社会底层的士兵们，宣称自己要使生灵涂炭的意大利和罗马城重获自由。)

李。通过一位保民官提议的法案(《伽比尼乌斯法案》),民众授予他们的领袖在剿灭海盗行动中的巨大领导权,同时赋予了他对地中海沿岸地区的总督式权威。这样一来,帝国境内的所有行省都要或多或少地受到庞培的控制。四年之前,庞培甚至还不是一名元老。共和国衰落之迅速和建立独裁统治需求之迫切由此可见一斑。[①]

这种由《玛尼利乌斯法案》(其目的是为了保护财政方面的利益)授予的、在米特拉达梯战争期间未曾中断过的海军领导权,令代表元老院利益的将领卢库鲁斯十分不满。庞培这位远在外地的野心家依旧控制着罗马城中的政治,不断从东方(之前是从西班牙)派遣自己的麾下将领返回罗马城中,以便控制罗马的各个行政部门,并为庞培的利益而开展阴谋活动。他的名字统治着一次次选举与立法活动。为了在官职选举中赢得拥有主权的人民的选票,最可靠的秘诀莫过于赢得庞培的首肯(无论这种支持是真心实意的还是虚情假意的)。为了否决一项议案,只要能够指出它是针对"人民的将领"的,就无须再提供任何其他论据。[②] 在公开发言支持《玛尼利乌斯法案》的、野心勃勃的政治家队伍中就有西塞罗和恺撒;尽管前者在当选执政官后背叛了人民,而后者曾援助过克拉苏,但他们两人都不停地争取并宣称自己已获得庞培的支持。但与克拉苏的联盟并不需要将庞培完全排除在外。克拉苏通过

① H. M. Last, *CAM*, 9. 349. 这大概就是撒路斯提乌斯在其《历史》中提出的看法。

② *Comm. pet.* 5,参见 51。可参照西塞罗在反对卢鲁斯(Rullus)土地法案时所使用的整套论据。

他的资助活动表明，自己仍是政治舞台中的一极，并且他的资助可以在并不制造容易引起众怒的混乱局势的前提下让现政权陷入窘境。[①] 克拉苏对自己的盟友慷慨解囊，并在法庭上不知疲倦地积极活动，从而为自己赢得了或许足以盖过庞培风头的人气与荣誉。

30 当庞培这位伟大统帅在史无前例的荣誉、强大的军队和全东方财富的支持下于公元前 62 年年底登陆返回意大利时，他解散了自己的军队。令庞培感到苦恼的是，当时的政府比他料想的要强大。西塞罗这个毫无军功的执政官凭着镇压喀提林暴动的功劳，就从他这位不可或缺的将领手中夺走了拯救意大利的这个共和国的荣誉，尽管罗马的海外帝国是通过庞培才得到巩固的。庞培一直没有原谅西塞罗。但西塞罗其实并不是他

庞培十分乐于向人吹嘘自己的被保护人如何众多，并宣传那些与自己结盟的君主与民族。[②] 跟马其顿的亚历山大(Macedonian Alexander)和塞琉古(Seleucus)家族诸王一样，这位来自罗马的征服者沿着亚洲的大道行进，驱赶东方的国王们，展示着自己的强大实力，并以他本人的名义建立城市。从色雷斯到高加索、再到南边的埃及，东方各地无不认可庞培的主宰地位。早已发展出一套独特语言和定式的权力崇拜将庞培奉为神明、拯救者和造福者，不

---

① 克拉苏和恺撒在这段时期内的言行和动机通常都被人误解了。

② *Ad fam*. 9. 9. 2:“regum ac nationum clientelis quas ostentare crebro solebat。”(这个家伙不厌其烦地吹嘘有多少王国和民族依附于自己。)

久后又设计出一个新头衔——“大地与海洋的守护者”。① 他在西方——阿非利加和毛里塔尼亚、西班牙全境和两高卢行省——的影响力看似不那么令人畏惧，但同样是实实在在的和无所不在的。庞培这位世界主宰的权力与荣耀在他从三个大洲为自己赢得的三次凯旋式中得到了集中体现：

> Pompeiusque orbis domitor per tresque triumphos
> ante deum princeps.
> （世界之主庞培通过三次凯旋超越了神明。）②

毫无疑问，庞培的确是一位主宰，但他并不是罗马城的主宰。他或许可以动用武力建立独裁统治；但他所依赖的也只有武力，并且这样建立起来的统治不会维持长久。显贵们十分固执，并不会接受一位主子，哪怕这位主子是代表他们利益的。并且从各方面来说，庞培也并不讨他们的喜欢。即便在平民新贵中，他的家族资历也显得太浅，有时会引起他们的非议与轻视。这个家族的第一位执政官（公元前 141 年就任）是西庇阿家族扶植的。③ 它随后建

---

① *IlS* 9459（Miletopolis）：“ὁ δῆ[μο]ς|[Γ]ναῖον Πομπήϊον Γναίο[υ|υἱ]ὸν Μάγνον, αὐτοκράτορα|[τ]ὸ τριτόν，σωτῆρα καὶ εὐερ|[γ]έτην τοῦ τε δήμου καὶ|τῆς 'Ασίας πάσης, ἐπό|[π]την γῆς τε καὶ θαλάσ|[σ]ης，ἀρετῆς ἕνεκα καὶ|[εὐ]νοίας εἰς ἑαυτόν。”（人民向第三次被任命的独裁官、格涅乌斯之子伟人格涅乌斯·庞培、罗马人民和全亚洲的救星和造福者、大地和海洋的守护者致以崇高的敬意。）

② Manilius，*Astron*. 1. 793 f.

③ Münzer，*RA*，248f. 他被形容为出身卑微不明（humili atque obscure loco natus，*In Verrem*，2. 5. 181），也就是说他只是个新人（novus homo）。

立的各种同盟关系都无法给自己带来多少贵族的显要地位。庞培的母亲叫卢奇利娅(Lucilia),是来自苏伊萨·奥伦卡(Suessa Aurunca)的卢奇利乌斯(Lucilius)的侄女;卢奇利乌斯的财富和才华曾为自己赢得过西庇阿的友谊和自由创作政治讽刺诗而不受
31 处罚的特许权。[①] 庞培还同其他一些地方士绅、意大利地方上的有产者家族沾亲带故;[②]他也跟一些来自萨宾(Sabine)境内雷特(Reate)的,同玛库斯·泰伦提乌斯·瓦罗在阶级、等级方面相似的若干大地主建立了友谊。[③]

庞培在元老和骑士阶层中的私交理所当然地主要来自皮克努姆地区——那个地方贫瘠但人口众多,那里的人们社会地位不高,甚至时常忍饥挨饿。对于这些人来说,在战场和政坛中死心塌地地追随同样来自皮克努姆的这个显赫家族是最为可靠的飞黄腾达之路。一位出身卑微但深得民心且野心勃勃的演说家玛库斯·洛

① Velleius,2. 29. 2. 关于庞培同盖约·卢奇利乌斯·希鲁斯(C. Lucilius Hirrus,公元前 53 年的平民保民官)的亲戚关系,参见 C. Cichorius,*R. Studien*,67ff. ;A. B. West,*AJP* XLIX(1928),240 ff. ,其中第 252 页附有相关族谱。希鲁斯是个大地主,瓦罗(Varro,*RR* 2. 1. 2)曾提到过自己在布鲁提乌姆(Bruttium)继承得来的"优良牧场"(nobiles pecuariae);根据奇克里乌斯(Cichorius)的分析,这块牧场便是从那位诗人那里继承来的。关于他的鱼池,见 Varro,*RR* 3. 17. 3;Pliny,*NH* 9. 171。

② 如来自阿里奇亚(Aricia)、娶了恺撒的姐姐尤利娅(Julia)的玛库斯·阿提乌斯·巴尔布斯(M. Atius Balbus,Suetonius,*Divus Aug*,4. 1)。希鲁斯则娶了卢奇乌斯·科西尼乌斯(L. Cossinius)的一个女儿(Varro,*RR* 2. 1. 2);这个卢奇乌斯·科西尼乌斯是饲养山羊方面的权威(Velleius,2. 3. 1),也是庞培在剿灭海盗的战争中派出过的一名副将(Velleius,2. praef. 6)。这个集团中的另一个成员是格涅乌斯·特瑞麦利乌斯·斯科洛法(Cn. Tremellius Scrofa),此人一谈论起养猪的技巧便滔滔不绝(Velleius,2. 4. 1 ff.),并且是各种乡村生产技术方面的专家(Velleius,1. 2. 10)。

③ 瓦罗在对塞多留的战争中和在东方的海陆战事里都曾担任过庞培的副将。参见 C. Cichorius,*R. Studien*,189 ff. 。

里乌斯·帕利卡努斯(M. Lollius Palicanus)在保民官和军事将领联手推翻苏拉政体的时候曾为双方牵线搭桥。[①] 武人卢奇乌斯·阿弗拉尼乌斯(Lucius Afranius)则在西班牙战场上和米特拉达梯战争中为庞培指挥军队。[②] 庞培的其他皮克努姆党羽中应当还包括提图斯·拉比埃努斯(T. Labienus),或许奥鲁斯·伽比尼乌斯(A. Gabinius)也应被计算在内。[③]

为了能在罗马呼风唤雨,庞培需要显贵们的支持。以往政治巨头们的婚姻说明了这一点。为达目的不择手段的苏拉娶了麦特
拉(Metella),而庞培这个苏拉权力的追求者突然与自己的妻子离 32
婚,随后娶了麦特拉的女儿埃米莉娅(Aemilia)。[④] 埃米莉娅死后,

① Pseudo-Asconius on Cicero, *Div. in Caec.*, p. 189 St. 撒路斯提乌斯(*Hist.*, 4.43 M)形容他为"humili loco Picens, loquax quam facundus"(来自小地方皮克努姆的人,一个特别能夸夸其谈的家伙)。他曾在公元前 67 年(Val. Max. 3.83)和公元前 65 年(*Ad Att.*, 1.1.1)两度试图争取执政官席位。另外一个值得注意的人物是庞培的副将卢奇乌斯·洛里乌斯(L. Lollius, Appian, *Mithr.* 95; Josephus, *AJ*, 14.29)。

② 关于他在对塞多留战事中的史料,见 Plutarch, *Sertorius*, 19; Orosius, 5.23.14。关于他在对米特拉达梯战事中的史料,见 Plutarch, *Pompeius*, 34, &c。关于他的出身,见献词 nr. Cupra Maritima (*ILS* 878)。

③ 拉比埃努斯肯定来自皮克努姆(Cicero, *Pro Rabirio perduellionis reo*, 22),具体地点可能是辛古鲁姆(Cingulum, Caesar, *BC*, 1.15.2; Silius Italicus, *Punica*, 10.34)。认为拉比埃努斯从一开始就是庞培党徒的猜测很有吸引力,参见 *JRS* XXVIII(1938), 113 ff.。关于伽比尼乌斯的身世,我们一无所知。但他的妻子洛利娅(Lollia, Suetonius, *Divus Julius*, 50.1)很可能是帕利卡努斯的女儿;伽比尼乌斯曾在公元前 67 年支持帕利卡努斯竞选(Val. Max. 3.8.3)。庞培麾下老资格的武将玛库斯·佩特雷乌斯(M. Petreius, Sallust, *BC*, 59.6)可能是一位来自沃尔西(Volsci)的百夫长的儿子(参见 Pliny, *NH*, 22.11)。

④ Plutarch, *Pompeius*, 9; 参见 J. Carcopino, *Sylla*, 127f.。

为了继续保持这种联系，庞培又娶了这个家族中的另一位女子。[①]庞培同麦特鲁斯家族之间这种暧昧不明、不无波折的联盟关系在苏拉死后维持了约15个年头。

行省和军队为庇护关系和政治结盟中的相互义务关系的建立提供了资源。人们纷纷在庞培手下担任财务官(quaestors)或副将(legates)，随后返回罗马担任高级官职，如保民官、大法官，甚至是执政官。在东方战争中庞培手下的大将不仅有阿弗拉尼乌斯、伽比尼乌斯这样的老乡，还有麦特鲁斯兄弟(凯勒尔与奈波斯)和科奈里乌斯·伦图鲁斯家族(Cornelii Lentuli)成员等显贵。这些显贵与将领庞培结盟，以便能够获得利益与晋身之阶。[②]

在西塞罗担任执政官的那一年里，昆图斯·麦特鲁斯·凯勒尔出任了大法官。[③] 代表庞培的拉比埃努斯及其党羽的活动变得更加明目张胆与肆无忌惮：公民大会甚至通过了一项决议，允许庞培这位东方的征服者身穿只有凯旋者才能穿戴的袍子，并在某些特定的庆典场合头戴金冠。[④] 到了12月，被庞培派回罗马的麦特鲁斯·奈波斯在就任保民官的仪式上提出了一些令人警惕的建议：他认为庞培应被缺席选为执政官，或被召回意大利来维持公共

---

① 她是穆齐娅(Mucia)，昆图斯·穆齐乌斯·斯凯沃拉(Q. Mucius Scaevola，公元前95年执政官)的女儿，凯勒尔和奈波斯同母异父的姐妹(*Ad fam*. 5. 2. 6)。

② 庞培在两次战争中派出的全部副将名单参见 Drumann-Groebe，*Gesch. Roms* IV^2，420 ff.；486。

③ 此人对拉比里乌斯(Rabirius)案的结案方式显然表明他是与控告者拉比埃努斯串通一气的(Dio，37. 27. 3)。

④ Velleius，2. 40. 40；Dio，37. 21. 4.

秩序。[1] 奈波斯还强迫执政官西塞罗保持沉默，通过行使否决权扼杀了这位共和国的拯救者原本打算发表的一篇伟大演说。[2]

在大法官恺撒的教唆下，奈波斯于次年提出了得寸进尺的建议，结果招致了政府领导人的强烈反对。元老院宣布国家进入紧急状态，暂时剥夺了这位保民官的职权，甚至威胁要罢免他的官职。[3] 奈波斯逃到了庞培那里，其借口是吁请后者进行干预，以便保护罗马人民的神圣权利。人们害怕会由此挑起一场内战。当庞培请求推迟执政官选举的日期，以便他的副将玛库斯·普皮乌斯(M. Pupius)有资格参选的时候，他的请求得到了批准。[4] 33

返回罗马后，由于找不到发动武装政变的合适借口，庞培试图运用和平手段——一次新的政治联盟来巩固自己的统治地位。他马上便看到了这样的机会。在同凯勒尔和奈波斯的表姐妹、因行为不检点而声名狼藉的女人离婚之后，庞培向加图的侄女求婚。[5] 加图一口回绝了他。

离开罗马五年后，庞培本来就难以摸清罗马政局的底细，而普布利乌斯·克罗狄乌斯·普尔切事件则使得局面进一步复杂化。这原本是与国家宗教有关的一桩并不值得大惊小怪的丑闻，但它被当事人的政敌抓住并小题大做，从而转变为一场政治斗争。[6]

① Plutarch, Cicero, 23; *Cato minor*, 26; Dio, 37. 43. 1.

② Plutarch, *Cicero*, 23; Dio, 37. 38. 2.

③ Plutarch, *Cato minor*, 29; Dio, 37. 43. 3.

④ Dio, 37. 44. 3.

⑤ Plutarch, *Pompeius*, 44; *Cato minor*, 30. 参见 Münzer, *RA*, 349 ff. 。

⑥ 这件事情原本不值得小题大做，见 *Ad Att.*, 1. 13. 3:"nosmet ipsi, qui Lycurgei a principio fuissemus, cotidie demitigamur。"(我自己一开始也像立法家来库古一样严厉，但后来热情就一天天衰减下去了。)

伟人庞培小心翼翼地摸索着前进,结果并未取悦任何人。他在公民大会上的第一篇演说平庸且冗长,言之无物。[①] 他在元老院中的遭遇也并不好些:这位东方的征服者忘记了自己应当恭维一下西塞罗这位意大利的拯救者,结果使得对他们两人都不怀好意的克拉苏有了一石二鸟的机会。[②] 尽管庞培扶植的执政官是一个集演说家和军人于一身的聪明人,但此人任职期间的表现也并不出色。[③] 庞培只能将全部希望寄托在下一年。通过无耻的贿赂手段,庞培确保了自己手下的一介武夫卢奇乌斯·阿弗拉尼乌斯顺利当选执政官。赢得另一个执政官席位的是麦特鲁斯·凯勒尔,后者为了获取庞培的支持,不得不对一桩侮辱其家族荣誉的行为权且忍气吞声。[④]

结果,一切都变得混乱不堪。执政官凯勒尔摇身一变,成了庞培的敌人;阿弗拉尼乌斯则被证明是一个灾难:他在战场之外唯一的天分只有跳舞的本事。[⑤] 权贵们为此弹冠相庆。卡图鲁斯和霍腾西乌斯曾阻挠过《玛尼利乌斯法案》和《伽比尼乌斯法案》的通过。卡图鲁斯现在已经去世,霍腾西乌斯此刻则沉溺于花天酒地。

① *Ad Att.*,1.14.1:“non iucunda miseris,inanis improbis,beatis non grata,bonis non gravis;itaque frigebat。”(它不能取悦穷人,不能吸引仇敌,不能收买富人,不能笼络朋友。因此这个家伙完蛋了。)

② 上引书,1.14.3。

③ 上引书,1.13.2:“facie magis quam facetiis ridiculus。”(此人看上去与其说聪慧机智,不如说是滑稽可笑);*Pro Plancio*,12:“homini nobilissimo,innocentissimo,eloquentissimo,M. Pisoni。”(一个极其尊贵、高洁、雄辩的人——玛库斯·皮索。)

④ Dio,37.49.1.

⑤ 他的执政官生涯是一段耻辱,见 *Ad Att.*,1.18.5;19.4;20.5。关于他跳舞的本事,见 Dio,37.49.3。

但机智且报仇心切的卢库鲁斯却跳出来挑战庞培对东方事务的安排。庞培要求元老院全盘接受他的这套方案，但卢库鲁斯则坚持在辩论中对它们逐条进行批驳。在克拉苏、加图和麦特鲁斯家族的支持下，卢库鲁斯最终取得了胜利。[①]

庞培的第二次失败接踵而至。保民官卢奇乌斯·弗拉维乌斯
提出了一个咄咄逼人的议案，以便为庞培手下的老兵安置土地。34
凯勒尔反对这项议案。更能够证明庞培软弱的证据是西塞罗的举动。西塞罗鲁莽地介入这场争论，并将那份议案撕成了碎片。但他与此同时还宣称，自己在忠心耿耿地为庞培效劳。[②] 西塞罗不仅心高气傲，而且盲目自信。他因与奈波斯决裂而同麦特鲁斯家族分道扬镳；他还同克劳狄乌斯家族反目成仇，并且因为自己在种种秘密的或公开的压力之下提供了不利于普布利乌斯·克罗狄乌斯的证词，从而冒失地引起了这个家族的极度仇恨。[③] 西塞罗还阻挠了亲庞培的执政官普皮乌斯·皮索(Pupius Piso)取得叙利亚行省的统治权。[④]

但最重大的胜利是加图取得的；与此同时，他也犯下了最严重的错误。这位贵族权贵的领袖与伟人庞培手下的执政官和保民官们进行斗争，嘲讽庞培对柔弱的东方各国取得的那些言过其实的

---

① Dio，37.49.4 ff.(麦特鲁斯·克瑞提库斯[Metellus Creticus，公元前 69 年执政官]因早在公元前 67 年的一场冲突而对庞培心怀怨恨。见 Velleius，2.40.6)。当时发生了一场骚乱，庞培手下的保民官弗拉维乌斯囚禁了执政官麦特鲁斯·凯勒尔(*Ad Att.*，2.1.8)。

② *Ad Att.*，1.19.4.

③ Plutarch，*Cicero*，29.

④ *Ad Att.*，1.16.8.

胜利，谴责与这位世界征服者结盟的行为。象征伟人庞培胜利的长袍似乎已在他的政治失败中黯然失色。[①]

加图走得太远了。当管理亚洲税款的骑士们要求元老院将他们上交的一部分税款退给他们时，加图谴责了他们的贪得无厌，驳回了他们的请求。[②] 这些财阀的幕后主使是克拉苏，怀恨在心的他耐心地等待着报复的时机。为了维持自己的权力，元老院需要站在自己这一边的执政官。这样的人选并不好找。加图筹集了一笔钱，通过贿赂帮助自己的女婿毕布鲁斯当选了执政官。[③] 他其实是应该把两个执政官席位都内定好的。

结束了在西班牙的军事指挥任务并返回罗马的恺撒要求为自己举行一次凯旋式。加图推迟了这次凯旋式的举行。如果恺撒继续等待的话，那就等于是牺牲掉了竞选执政官的机会。恺撒当机立断：他要担任执政官。这一选择自然情有可原。这位罗马贵族在追逐其野心目标的时候一直使用着民众煽动家的语言和手腕，因此他是有可能在政治生涯的某一阶段真心实意地投靠现政府的。如果不是加图的话，恺撒原本是有进行选择的余地的；何况恺

35 撒的女儿已被许配给了塞维莉娅的儿子、加图的外甥。[④] 但加图

---

① *Ad Att.*，1. 18. 6："Pompeius togulam illam pictam silentio tuetur suam。"（庞培小心守护着自己那件色彩鲜艳的官袍，默不作声。）

② 上引书，2. 1. 8。

③ Suetonius，*Divus Iulius*，19. 1.

④ 尤利娅被许配给了塞尔维利乌斯·凯皮欧（Servilius Caepio，Suetonius，*Divus Iulius*，21；Plutarch，*Caesar*，14；*Pompeius*，47）。闵采尔（Münzer RA，338 f.）认为此人就是布鲁图斯，他被自己的舅舅昆图斯·塞尔维利乌斯·凯皮欧（此人卒于公元前67年）收养，从而获得了"昆图斯·凯皮欧·布鲁图斯（Cicero，*Phil.* 10. 24 &c.）"这个正式名字。关于他对其他观点的讨论，参见 Münzer in P-W II A，1775 ff.。

于公于私都有痛恨恺撒的理由——恺撒是塞维莉娅的情人。[①]

已经没有任何障碍能阻止恺撒与庞培结盟了。在竞选和担任大法官的过程中，恺撒与亲庞培的保民官们合作，为那位远在异国他乡的将领造势，而给现政府制造麻烦。[②] 恺撒还处决过一名与庞培为敌的前执政官。[③] 但恺撒并不只是庞培的附庸。他有时会与庞培拉开距离，以便提高自己的身价。到了这一年的夏天，恺撒便在克拉苏的财政资助下参加了执政官竞选，与庞培的一名十分富有的朋友卢奇乌斯·卢凯乌斯（Lucius Lucceius）分庭抗礼。[④]

恺撒最终当选了。由于自己的声望受到了威胁，其举动需要得到认可，而对他忠心耿耿的老兵们也吵嚷着要求得到补偿，庞培已不得不利用一份秘密协定来巩固自己的地位。恺撒的外交手腕促成了克拉苏与庞培的和解，满足了三人的所有野心，将这个以执政官麦特鲁斯和阿弗拉尼乌斯命名的年头变成了在历史上举足轻

① 这段私通关系在当时臭名昭著(Plutarch，*Brutus*，5，&c.)，以至于民间流传着一种荒诞不经的说法，认为布鲁图斯是恺撒的私生子。

② 他在名义上同拉比埃努斯和昆图斯·麦特鲁斯·奈波斯都结成了联盟。

③ 此人是盖约·卡尔普尼乌斯·皮索(公元前67年执政官)，参见 Sallust，*BC*，49.2。关于他反复与庞培作对的情况，参见 Dio，36.24.3；37.2；Asconius，51 (=p. 58 Clark)，&c。

④ Suetonius，*Divus Iulius*，19.1.关于此人对庞培的影响(材料所说明的年代相对较晚，其程度堪与希腊人特奥法尼斯[Theophanes]相提并论)，参见 9.1.3；2.3；Caesar，*BC*，3.18.3："adhibito Libone et L. Lucceio et Theophane，quibuscum communicare de maximis rebus Pompeius consueverat。"(他信任利波、卢奇乌斯·卢凯乌斯和特奥法尼斯，庞培在决策重大事务时习惯于向这三个人征求意见。)

重的一年。[①]

到了下一年，伟人庞培的统治模式已图穷匕见。它的基础是庞培自己的权威、克拉苏的财富和影响力、恺撒的执政官权力和若干保民官的效劳。此外，不那么显眼、在恺撒任执政官期间的罗马政界喧嚣中很少被人注意到的一点是：庞培的几个党羽或盟友已经控制了较重要的几个行省的军队。[②] 这个联盟尽管日后在许多方面进行了调整，并且随着时间的推移而不断被弱化，但它还是一直维持了十余年。[③] 这一夺权行为理所当然地标志着自由国家的
36 终结。从三头政治到独裁统治其实只有一小步的距离。

恺撒当选执政官只是一个开始。为了维持那一年进行的各项立法，将这套体系固定化，庞培需要行省的军队和罗马的工具。一些军队已经牢牢掌握在他手里。但庞培需要其盟友担任的不只是

① Florus，2. 13. 11："sic igitur Caesare dignitatem comparare，Crasso augere，Pompeio retinere cupientibus omnibusque partier potentiae cupidis de invadenda re publica facile convenit。"（因为这样一来便使恺撒获得了权力，使克拉苏增加了权力，而使庞培牢牢控制住了他渴求的所有权势，以便他能够轻而易举地侵吞共和国的利益。）

② 阿弗拉尼乌斯可能在公元前 59 年当上了山南高卢行省的总督（*Ad Att.*，1. 19. 2；*In Pisonem*，58，参见 M. Gelzer，*Hermes* LIII[1928]，118；135）。恺撒外甥女阿提娅（Atia）的丈夫盖约·渥大维（C. Octavius）在公元前 60—前 59 年期间统治着马其顿（Suetonius，*Divus Aug*. 3 f.）。在公元前 60 或前 59 年，格涅乌斯·科奈里乌斯·伦图鲁斯·马塞里努斯（Cn. Cornelius Lentulus Marcellinus）取代卢奇乌斯·马尔奇乌斯·菲利普成为叙利亚的统治者（Appian，*Syr*. 51）；公元前 59 年，普布利乌斯·科奈里乌斯·伦图鲁斯·斯宾特尔（P. Cornelius Letulus Spinther）在恺撒帮助下（*BG*，1. 22. 4）成为近西班牙行省（Hispania Citerior）的总督。关于庞培同伦图鲁斯家族的关系，见下文，原书第 44 页。

③ Florus，2. 13. 13："decem annos traxit ista domination ex fide，quia mutuo metu tenebantur。"（这种通过相互畏惧而维系的统治格局在毫无信义可言的情况下一直维持了十年。）

一个普通的行省总督。为此，恺撒获得了在山南高卢（Cisalpine Gaul）五年的总督任期，这一地区是控制意大利全境的要地。庞培的用心是昭然若揭的——山南高卢并不像一些东方行省那样，可以用军务紧急为借口来任命一个长期任职的总督。[①] 恺撒的管理范围很快又扩大到山外高卢（Transalpine Gaul）。此外，三巨头也内定了下一年的执政官人选：他们是卢奇乌斯・卡尔普尼乌斯・皮索（L. Calpurnius Piso）和奥鲁斯・伽比尼乌斯，前者是一个没有过什么惊天动地的政治成就的博学贵族，后者则是一个在能力上强于阿弗拉尼乌斯的庞培党徒。庞培为了进一步巩固三头同盟，迎娶了恺撒的女儿尤利娅；而恺撒则娶了皮索的一个女儿。伽比尼乌斯和皮索又通过专门的法令分别获得了叙利亚和马其顿这两个在军事上十分重要的行省的治理权。除伽比尼乌斯和皮索（他们当然是最典型的）之外，能够凭借其影响力决定这两年及此后两年内执政官选举结果的三巨头还拥有其他的党羽。[②]

尽管庞培在罗马拥有众多被保护人，并在行省中可以得到武

① *Ad Att.*，2. 16. 2：“quid? Hoc quem ad modum obtinebis? Oppressos vos, inquit. Tenebo exercitu Caesaris。”（什么？你怎么可能证明这是合乎规矩的呢？他等于是在说：‘我将借助恺撒的军队来压迫你们’。）可比较 Appian，*BC*，3. 27. 103（其中谈论的是公元前 44 年的安东尼）：“ἡ δὲ βουλὴ τήνδε τὴν Κελτικὴν ἀκρόπολιν ἐπὶ σφίσιν ἡγουμένη ἐδυσχέραινε。”（把高卢视为自身屏障的[元老院]不喜欢这个方案。）

② 可证明这一点的有伦图鲁斯・斯宾特尔（Lentulus Spinther），公元前 57 年的执政官之一（Caesar，*BC*，1. 22. 4）；我们有理由猜测，他的同僚奈波斯的情况也与之类似，后者在卸任执政官后担任了近西班牙行省的总督（Plutarch，*Caesar*，21；Dio，39. 54. 1）。他们的两位继任者、卢奇乌斯・马尔奇乌斯・菲利普和格涅乌斯・科奈里乌斯・伦图鲁斯・马塞里努斯都不是政坛上的重量级人物。但菲利普刚刚娶了恺撒的外甥女、盖约・渥大维的遗孀阿提娅（但他的女儿玛尔齐娅是加图的妻子）；而马塞里努斯则曾经担任过庞培的副将（Appian，*Mithr.* 95；*SIG*[3] 750）。

力支持，但他的崛起之路仍旧充满波折。为了显示自己的威严和杀鸡儆猴，他让西塞罗成了克罗狄乌斯手下的牺牲品。由于这样还不足以满足他的个人荣誉感和取悦当权者，保民官克罗狄乌斯继续扩大着他个人的影响力，希望能够当选大法官和执政官。为了实现这一目的，他颁布了一些讨好民众的法案，并冒犯了庞培。他在这些活动中得到了其兄弟阿皮乌斯、与自己沾亲带故的麦特
37 鲁斯家族和克拉苏——一个并不出人意料的阵营组合——的鼓励。[①]

作为回应，庞培开始运作让西塞罗重返罗马的计划，并最终如愿以偿。在巩固自身地位方面，在罗马的一场饥荒（它或许是有意为之的）过后，庞培获得了一项特许权，可以在五年内为罗马城购买和储藏粮食。这种权力是十分广泛的，但或许还低于他最初的期望。[②] 随后出现了一场关于外交政策方面的争议：围绕埃及国王吹笛者托勒密（Ptolemy Auletes）的复位问题展开了旷日持久的辩论与种种密谋，这些事件进一步激化了庞培与克拉苏之间的敌意。

到了公元前 56 年春，三头同盟似乎已摇摇欲坠。卢奇乌斯·多米提乌斯·埃诺巴布斯参加了执政官竞选，并叫嚣说他要剥夺

---

① 克拉苏同麦特鲁斯家族之间的联系纽带并不只有他的长子（*ILS* 881）。他的小儿子普布利乌斯·克拉苏（P. Crassus）此时已娶了普布利乌斯·西庇阿的女儿科奈莉娅（Cornelia）；而普布利乌斯·西庇阿在被麦特鲁斯·皮乌斯（Metellus Pius）过继后已变成了昆图斯·麦特鲁斯·西庇阿（Q. Metellus Scipio）。普布利乌斯·西庇阿的母亲还是卢奇乌斯·李锡尼乌斯·克拉苏（公元前 95 年执政官）的女儿，参见 P-W XIII，479f。皮乌斯卒于公元前 64 年前后。

② 请注意保民官盖约·麦西乌斯（C. Messius）的夸张提议，见 *Ad Att.*，4. 1. 7。

恺撒手中的军队和行省。有些人希望能够说服庞培，让他牺牲恺撒以换取同寡头集团的联盟关系。西塞罗重新活跃了起来。他提出了一个由各阶级组成保守联盟的构想，这个联盟由对元老院的忠诚维系，而由谦逊、爱国的精英人物（principes）领导。[①] 这种空谈原本也没有什么害处，可西塞罗又壮起胆来在元老院里对恺撒担任执政官的合法性进行攻击。庞培假装对这些挑衅视而不见，动身离开了罗马。[②] 与此同时，克拉苏也前往拉文纳（Ravenna）与恺撒会合。三头随后在卢卡会晤，续订了他们之间的盟约，约定庞培和克拉苏将再次出任执政官，随后分别在西班牙和叙利亚担任五年总督。恺撒的军权也将得到延长。

庞培总算在危机中（这场危机在很大程度上是他自己一手造成的）得到了喘息之机。[③] 如果他抛弃了恺撒，他很可能就落入了罗马权贵们的圈套，并被他们的强大盟友克拉苏玩弄于股掌之间。现在，他已在西班牙有了自己的军队，可以支持他在罗马的统治地位。

三巨头的敌人为他们的自信或幻觉付出了代价。埃诺巴布斯的执政官席位被窃取了；西塞罗则不得不在私下里保证自己将好好表现，并在公开场合效忠三头。[④] 三头现在已经控制了元老院，管理着最强大的一些行省，并手握 20 多个军团。 38

---

① *Pro Sestio*，136 ff.

② 特别参见 *Ad fam*. 1. 9. 8 f.。庞培可能给过西塞罗一些日后并未兑现的鼓励言辞。当然，西塞罗抱怨自己被权贵们出卖了（上引书，随处可见）。

③ 参见 M. Cary，*CQ* XVII（1923），103 ff.。

④ 见演说词 *Pro Balbo* 和 *De prov. Cons.*：后者或许并不是他在 *Ad Att*. 4. 5. 1 中提到的 παλινῳδία（翻案诗）。

此时，罗马政局中的权力基础已非常明晰：执政官头衔、军队和保民官头衔；而在幕后操纵这些资源的则是某位资深政治家无所不在的权威。作为众多共和国独裁者中的最后一个，奥古斯都直接管理着军事上最重要的几个省份，并间接控制着其他行省。他还为自己僭取了所有保民官的权力。行省总督的管辖权(proconsulare imperium)和保民官特权(tribunicia potestas)是罗马政治大厦的两根支柱。

从前的罗马要人同样追求荣誉和权势，但他们并没有在旧政体的废墟之上建立独裁统治，也没有进行真正的社会变革。现存政体其实是很合军事将领和民众煽动家们的胃口的。当庞培从东方返回时，他并没有意愿或借口去向罗马进军。而恺撒在征服高卢时也没有打算要率领这支大军去征服意大利，建立军事独裁。在一个小城邦或仅仅作为意大利同盟首府的罗马城里，他们的野心和彼此间的钩心斗角是可以得到宽容的。但在世界之都里，同样的行为就显得不合时宜，并具有毁灭性。对于在公元前70年和公元前59年发生的两次虽未大量流血，但十分残暴的政变而言，武装冲突和独裁的建立是非常合乎逻辑的结果。由于参与政变的士兵同时也是意大利的无产者，因此这场变革既是政治的，也是社会的。

解决措施是非常简单而干脆的。为了罗马人民的安全，野心家们必须被除去。奥古斯都完成了这项净化工作，缔造了新国家。

恺撒的迅速崛起威胁着伟人庞培的主导地位。恺撒已不再是庞培的附庸和代理人，而变成了他的对手。这位高卢的征服者窃取了庞培的桂冠、荣耀和党羽。在尤利娅死后和克拉苏消失后(克拉苏于公元前 53 年死于帕提亚人之手)，庞培与其盟友之间的决裂似乎已迫在眉睫。但实际情况并非如此。此时的庞培并没有闲着。尽管庞培是西班牙全境的总督，他却住在罗马近郊，盘算着如何进一步削弱共和政府，加速它的灭亡。埃诺巴布斯终于还是当上了执政官，其同僚是阿皮乌斯·克劳狄乌斯·普尔切(公元前 54 年)。这两个人都没有强大到足以对庞培造成损害的程度，并且阿皮乌斯·普尔切此时可能已开始谋求与庞培结盟。[①] 但这两个执政官试图进行权钱交易，收受贿赂而内定他们的继任者，其结果是自取其辱。[②] 将这一丑行曝光的正是庞培。随后他的表亲盖约·卢奇利乌斯·希鲁斯(C. Lucilius Hirrus)提议应让庞培担任 39
独裁官。[③] 庞培在公开场合否定了这个意见，私下里却采纳了他的主张，并没有欺骗任何人。

腐化、无序和公共事务的搁置随处可见。在下一年开始的时候，执政官还没有选出来。公元前 52 年初的情况也与此类似，并且还要更糟:三位候选人大打出手，在一团混乱中争得不可开交，其中的主角是提图斯·阿尼乌斯·米洛(T. Annius Milo)，他是一个残忍且邪恶的人，娶了苏拉的放荡女儿福斯塔(Fausta)。[④]

---

① 见下文，原书第 45 页。

② *Ad Att*. 4. 15. 7，&c.

③ 这份议案直到公元前 53 年，即希鲁斯当上保民官后才被公布。加图几乎为此而解除他的职务(Plutarch，*Pompeius*，54)。但在前一年已出现了广泛流传的、并非毫无根据的传言，参见 *Ad Q. fratem*，3. 8. 4。

④ 论出身，米洛本是帕皮乌斯(Papius)家族的成员，后来被过继给了他的外祖父，拉努维乌姆的提图斯·阿尼乌斯(T. Annius of Lanuvium，见 Asconius，47＝p. 53 Clark)。

他的政敌普布利乌斯·克罗狄乌斯(P. Clodius)则在竞选大法官。当米洛杀死了克罗狄乌斯后,为他们的庇护人和领袖悲伤的罗马民众在罗马广场上展示了克罗狄乌斯的遗体,将它在元老院会堂(Curia)中的火葬堆上火化,并点起一把大火烧毁了整座建筑。随后他们蜂拥到城外的庞培别墅,叫嚷着要让庞培出任执政官或独裁官。[①]

元老院被迫采取行动。它宣布国家进入紧急状态,并命令庞培负责意大利全境内的募兵事宜。[②] 要求庞培出任独裁官的呼声继续高涨。为了阻止这一局面到来和未雨绸缪,罗马权贵们不得不批准庞培担任没有同僚的执政官。这个提议来自毕布鲁斯,决定则是加图做出的。[③]

庞培得以担任这一职务的理由是要完成整治、修复共和国的特别任务。[④] 在武力支持下,庞培重建了秩序,给那些臭名昭著的公共秩序破坏分子定了罪——首当其冲的便是米洛,这一判决让徒劳地想要保全他[⑤]的罗马权贵们感到惊恐和悲伤。庞培批准了一些措施,以限制可耻的权力滥用行为。其中的一条法令规定,卸任后的大法官和执政官不得马上自动获得行省总督的职位,而是

① Asconius, 29 = p. 33 Clark.

② Asconius, 29 = p. 34 Clark; Caesar, *BG*, 7. 1. 1.

③ Asconius, 31 = p. 35 f. Clark; Plutarch, *Cato minor*, 47, &c.

④ Appian, *BC*, 2. 28. 107: "ἐς θεραπείαν τῆς πόλεως ἐπικληθείς。"(奉命为国家效劳);参见 Plutarch, *Pompeius*, 55; Tacitus, *Ann*. 3. 28。

⑤ Asconius, 30 = p. 34 Clark: "adfuerunt Miloni Q. Hortensius, M. Cicero, M. Marcellus, M. Calidius, M. Cato, Faustus Sulla。"(昆图斯·霍腾西乌斯、玛库斯·西塞罗、玛库斯·马塞卢斯、玛库斯·卡利狄乌斯、玛库斯·加图、福斯图斯·苏拉这些人都袒护米洛。)

要等上五年后才能担任总督。这条规定看起来似乎是限制选举腐败的合理做法，实际上却为大权在握的党派发展庇护关系打开了方便之门。并且庞培这个野心家也完全不可能会受到他自己立法 40
措施的文字、精神的束缚。

庞培此时开始四处寻找盟友，希望自己或许能够继承某些克拉苏在贵族集团中所拥有的影响力。在竞争执政官席位的候选人中，米洛已被定罪和流放；普布利乌斯·普劳提乌斯·许普塞乌斯(P. Plautius Hypsaeus)也遭遇了同样的命运：此人原本是庞培的追随者，但现在被后者无情地牺牲掉了。第三个候选人——昆图斯·麦特鲁斯·西庇阿(Q. Metellus Scipio)更有用些。此人以家世显赫而自诩，但他并不真正了解，而且他也配不上祖先的名声，其生活作风腐化放荡。[①] 庞培娶了他的女儿、普布利乌斯·克拉苏的遗孀科奈莉娅，将他从一次似乎在所难免且罪有应得的判决中解救了出来，并选择他作为自己当年最后五个月中的同僚。

一个新的联盟已准备停当，其最终建立将改变庞培对恺撒和加图的态度。庞培将他对西班牙的管辖权延长了五年，并要手腕废除了当年的保民官们通过的、允许恺撒缺席担任执政官的法案。当他的花招被识破后，他进行了为时已晚并且未必有效的弥补。这个野心家还不打算放弃他的盟友。他需要依靠恺撒来制衡加图党，直到最终在他们二者之间做出选择。竞选执政官席位的加图惨败，令恺撒与庞培都感到十分满意。

---

① 关于他的祖上家世，参见 Cicero，*Brutus*，212 f.。关于他对自身家族史中一处细节的无知，见 *Ad Att*. 6.1.17。他的品行(Val. Max. 9.1.8)和才能(Caesar，*BC*，1.4.3；3.31.1)都很可疑。

两年过后，新的一场风暴已积聚到一触即发的程度。恺撒的敌人已经急不可耐。到了公元前 51 年，执政官玛库斯·马塞卢斯(M. Marcellus)发动了攻势。庞培驳斥了他，关于恺撒指挥权的重要讨论也被推迟到了次年的 3 月 1 日。庞培继续首鼠两端。他暗示自己即将前往西班牙，但在罗马权贵们的敦促下(这并非完全违背他的意愿)，他向恺撒索要一个兵团。他的借口是叙利亚正受到帕提亚人的严重威胁，处境很不安全。[①] 恺撒妥协了。庞培宣称，服从元老院的指挥乃是一项庄严的义务。[②] 然而，这个军团直到第二年才被召回；一起返回的还有此前庞培借给恺撒的另一个军团。这两个军团都留在了意大利。

尽管庞培或恺撒的敌人可以在执政官选举中胜出，但他们并未占据全面优势。马塞卢斯家族雷厉风行，但不够稳健；其他执政
41 官要么胆小怕事，要么腐化堕落。恺撒则一直可以依赖保民官的支持。[③] 精力充沛的演说家盖约·斯科里波尼乌斯·库里奥在是年年初以政府支持者的形象开始了自己的任期。但他很快便暴露了自己的真实立场：他阻止了人们期待许久的、关于恺撒管辖的行

① *Ad fam*. 8. 4. 4. 马塞卢斯鞭打一名科姆(Comum)居民的做法有欠考虑，肯定不是庞培希望看到的(*Ad Att*. 5. 11. 2)。

② *Ad fam*. 8. 4. 4："omnis oportere senatui dicto audientis esse。"(所有人都必须唯元老院之命是从。)

③ 塞尔维利乌斯·苏尔庇奇乌斯·鲁孚斯(Ser. Sulpicius Rufus，公元前 51 年执政官)属于温和派，不愿意看到内战爆发(Dio，40. 59. 1；*Ad fam*.，4. 3. 1，&c.)；卢奇乌斯·埃米利乌斯·保卢斯(L. Aemilius Paullus，公元前 50 年执政官)已被收买(Suetonius，*Divus Iulius*，29. 1，&c.)；并且恺撒还有理由指望自己能够收买债台高筑、贪得无厌并公开受贿的卢奇乌斯·科奈里乌斯·伦图鲁斯·克鲁斯(L. Cornelius Lentulus Crus，公元前 49 年递补执政官，*Ad Att*.，11. 6. 6；Caesar，*BC*，1. 4. 2)。

省问题的讨论，并百折不挠地向寡头集团提出让后者难堪的议案，即要求恺撒与庞培两巨头同时交出军队，以便拯救共和国。

库里奥成了民众眼中的英雄，公民大会也受了挑唆，转而与元老院作对。庞培可能同罗马权贵们结盟的威胁迫使他们的敌人联合起来，从而增强了恺撒一派的力量。恺撒曾通过庞培获得了巨大权力，在和平与战争时期得到过庞培手下将军们的协助，但他现在已成了一名与庞培争雄的独立政治领袖。在每个阶层中，从前失败的和丧失财产的人都在渴望复仇；他们期待着恺撒当选执政官或以武力打败敌手，并在对抗苏拉寡头政权的斗争中攫取足以满足自身贪欲和野心的战利品。意大利已经开始蠢蠢欲动了。

在罗马城内，政治角力和私人仇怨正在愈演愈烈。阿皮乌斯·克劳狄乌斯·普尔切当选了监察官（这一头衔是对他个人举止的一种辛辣讽刺），他为自身党派效劳的方式是清除那些不受欢迎的元老，并提拔恺撒的追随者。像加图一样，这个傲慢、固执的监察官也时刻以自己的伟大祖先为榜样。他随后转而攻击保民官库里奥，但未获成功；之后又攻击库里奥的朋友、市政官（aedile）玛库斯·凯利乌斯·鲁孚斯（M. Caelius Rufus），结果两人互相指控对方犯下了伤天害理的罪行。[①] 这样一来，凯利乌斯的敌人迫使他投靠了恺撒阵营。

阿皮乌斯·普尔切并没有给加图的党派带来好处。另外一名领袖、前执政官埃诺巴布斯则在同被恺撒从高卢派回的玛库斯·

① 具体细节参见 P-W II A，870 ff.；III，1269 f.。

安东尼(M. Antonius)竞选占卜官职位(augurship)的斗争中失败。[①] 这一事件清晰地表明了彼此竞争的两党在控制罗马选票方面的力量对比。此外,安东尼和其他恺撒追随者还被选为下一年的保民官,他们承诺自己将继续奉行库里奥的政策。

到了这一年秋天,人们已经开始谈论一场不可避免的战争了。
42 命运女神正在布置这场壮观而可怕的戏剧场景。[②] 恺撒不再甘心位居人下,庞培也无法容忍有人胆敢挑战自己。[③] 恺撒由于自己咄咄逼人的野心,对其他政要的傲慢举动,以及他在担任执政官和行省总督之前一度支持庞培的统治、现在却要过河拆桥的做法而树敌甚多。

12 月 1 日,库里奥再次向元老院呈递了议案。这一举动表明,当时的绝大部分人都同时反对恺撒与庞培这两位野心家。[④] 执政官盖约·马塞卢斯抨击说,元老们现在无动于衷的态度等于向暴政屈服。他抗议道,恺撒已经在入侵意大利,并僭取了共和国的名义而采取行动。他带着刚刚当选的新执政官们去找庞培,用

---

① *Ad fam*. 8. 14. 1.

② 正如凯利乌斯所评论的那样:"si sine summo periculo fieri posset, magnum et iucundum tibi Fortuna spectaculum parabat。"(如果现在的局面还不至于带来毁灭性灾难的话,那么命运女神为你准备的可是一场壮观而有趣的大戏。)(*Ad fam*. 8. 14. 4)关于该事件清晰且不带个人感情色彩的评价,见该信的第二节。

③ 类似的准确评价见 Lucan, *Pharsalia*, 1. 125 f.;Florus, 2. 13. 14。记载庞培妒意的史料见 Caesar, *BC*, 1. 4. 4;Veilleius, 2. 29. 2;33. 3。反映恺撒野心的史料见 Plutarch, *Antonius*, 6(参见 Suetonius, *Divus Iulius*, 30. 5):"ἔρως ἀπαρηγόρητος ἀρχῆς καὶ περιμανὴς ἐπιθυμία τοῦ πρῶτον εἶναι καὶ μέγιστον。"(他热衷于权力,狂热地迷恋出人头地)(材料或许来自波利奥。)

④ 关于公元前 50 年 12 月至公元前 49 年 1 月间的事件先后次序,参见 E. Meyer, *Caesars Monarchie und das Principat des Pompejus*[3] (1922), 271 ff.。

富于感染力的动作递给他一把剑，命令他统领意大利境内的武装力量。

庞培当时已经以非常规的和专制的方式控制了西班牙全境。通过公元前 52 年的立法，马其顿以东的所有省份也已掌控在忠于政府或至少无害的人手中。[①] 所有的国王、亲王和领主们都还记得他们的庇护人，随时准备奉命向庞培提供税款支持。因此，伟人庞培似乎有能力阻止内战的爆发，他有资本同恺撒进行谈判，而不至于被人讥讽为懦弱之徒。[②] 但这位巨头的态度暧昧不明，令人不安。他向其盟友表达了自己的坚强决心，向他们指出自己手下兵力的强大，并用轻蔑的口吻谈论着那位高卢行省总督。[③] 自发产生的或有意散布的谣言讲述着恺撒士卒和将领们之间的不和；并且人们也确实有充足理由去怀疑恺撒手下最得力的大将——提图斯·拉比埃努斯的忠诚。[④]

随后元老院进行了辩论，其中既有公开的调解尝试，又有私下的秘密磋商。次年 1 月 1 日，恺撒的提案遭到了否决，他被宣布为公开违抗命令的将领。六天之后，他对高卢行省的管辖权被收回。

① 正如恺撒所抱怨的那样，见 *BC*，1. 85. 9："per paucos probati et electi。"（他们是少数人支持并选举出来的。）

② 上引书，1. 32. 8 f.："neque se reformidare quod in senatu Pompeius paulo ante dixisset，ad quos legati mitterentur，his auctoritatem attribui timoremque eorum qui mitterent significari. tenuis atque infirmi haec animi videri。"（恺撒并不看重庞培前不久在元老院里说过的那些话，即有使者来访的一方显得更有权威，而派出使节的人则显得胆怯。在他眼里，这种想法似乎属于一个优柔寡断的头脑。）

③ *Ad Att*. 7. 8. 4："vehementer hominem contemnebat et suis et rei publicae copii confidebat。"（他[庞培]当时极度轻视那个人[恺撒]，将自己和国家完全托付给军队。）

④ 在当时，认为拉比埃努斯将会抛弃恺撒的估计可能对局势产生了重要影响。

43 支持恺撒的保民官玛库斯·安东尼和昆图斯·卡西乌斯的否决遭到无视，两人从罗马城中逃了出去。元老院宣布国家进入紧急状态。

现在，即便庞培想要避免诉诸武力，他也不得不被无法控制的力量裹挟着前进，不得不去拥抱那些随时准备背信弃义的盟友；或像他自己说的那样，出于爱国之心而为共和国效犬马之劳。[①] 简言之，这个联盟由四个古老而显赫的家族组成。他们彼此间紧密联系着，并且同加图党关系密切。

在借助麦特鲁斯家族的支持（尽管当时同他们也并不是没有过争吵与龃龉）获取权势后，庞培在从东方返回后破坏了这一同盟。执政官麦特鲁斯·凯勒尔同加图党联手，对庞培进行攻击与骚扰。但这层仇怨并不严重，尚未达到无可弥合的程度——麦特鲁斯家族在这方面可是具有足够的政治灵活性的。三年后，奈波斯可能在庞培的帮助下当上了执政官。和解的迹象已经依稀可辨。尽管麦特鲁斯家族在二十三年内出了五位执政官，但他们还是很快发现自己正在走向没落。死亡夺走了他们的一个又一个执政官。[②] 联姻和收养或许还能够帮助一个贵族家族挽回颓势。麦特鲁斯家族从前是很善于利用他们的女子的；他们的一个女儿便

---

① Caesar, *BC*, 1.8.3："semper se rei publicae commode privatis necessitudinibus habuisse potiora。"（他永远把公共利益置于私人情谊之前。）

② 分别是麦特鲁斯·皮乌斯（Metellus Pius，公元前 80 年执政官），卒于公元前 64 年；克瑞提库斯（Creticus，公元前 69 年执政官），卒于公元前 54 年前后；卢奇乌斯·麦特鲁斯（L. Metellus，公元前 68 年执政官），卒于其执政官任内；凯勒尔（Celer，公元前 60 年执政官），卒于其任期后的下一年；奈波斯（Nepos，公元前 57 年执政官），卒于公元前 54 年前后。

嫁给了当权者克拉苏的长子。此外，西庇阿家族的几乎最后一根独苗（他也是一位麦特鲁斯家族女子的孙子）也被过继给了麦特鲁斯家族。此人便是昆图斯·麦特鲁斯·西庇阿，庞培的岳父和他第三次担任执政官时的同僚。

庞培与麦特鲁斯家族和西庇阿家族的结盟令人不由得不追古抚今；这一事件也反映了这两个大家族的衰落。庞培家族从前不过是西庇阿家族的奴才。但这一显赫家族的权势与光辉、它所孕育出的迦太基与西班牙征服者们都已成为过眼云烟。在上一个世代中，这一家族中只有一人成为执政官。[①] 克劳狄乌斯·马塞卢斯这个平民家族的衰落（它在鼎盛时期一度是可以处处与西庇阿家族分庭抗礼的）则更加引人注目：它在整整一个世纪中都默默无闻，但随后突然重新崛起，在自由国家时代的最后三年中产生了三位执政官。[②] 我们有理由猜测，庞培的影响力和该家族同伦图鲁

斯家族的联盟必然在其中发挥了重要作用。[③] 44

科奈里乌斯·伦图鲁斯贵族家族以其出身高贵和政治上的机

---

① 即卢奇乌斯·科奈里乌斯·西庇阿·阿西亚格努斯（L. Cornelius Scipio Asiagenus，公元前 83 年执政官）。他是马略党徒，后被宣告为公敌，逃亡至马赛利亚并死在那里。

② 他们是玛库斯·马塞卢斯（M. Marcellus，公元前 51 年执政官）和盖约·马塞卢斯（C. Marcellus，公元前 49 年执政官）两兄弟，以及他们的侄子盖约之子盖约·克劳狄乌斯·马塞卢斯（C. Claudius C. f. Marcellus，公元前 50 年执政官）。这个家族自他们的曾祖父（公元前 152 年第三次担任执政官）以来长期未能产生过执政官。

③ 格涅乌斯·科奈里乌斯·伦图鲁斯·克罗狄亚努斯（Cn. Cornelius Lentulus Clodianus，公元前 72 年执政官）出身平民（Cicero, *De imp. Cn. Pompei*, 58），因此有可能是克劳狄乌斯·马塞卢斯家族的一员。马塞里努斯（Marcellinus，公元前 56 年执政官）父亲的情况与之类似，参见 P-W IV, 1390。

警著称，其社会声望和在战争、和平事务中展示出来的能力则稍逊一筹。他们希望能够借助庞培获益，而不至于引起仇怨或招致损失。伦图鲁斯家族中的一些成员曾在西班牙和东方为庞培效力。[①] 在一个世代中五次获得执政官席位的荣誉是对他们智慧的丰厚报酬。[②]

现在，这四个家族都同加图党联系在一起。在加图的盟友和亲戚中，卢库鲁斯和霍腾西乌斯已经去世。但这个集团依旧令人望而生畏，其中包括他的外甥尤尼乌斯·布鲁图斯（Junius Brutus），以及他的姐妹和女儿各自的丈夫——卢奇乌斯·多米提乌斯·埃诺巴布斯和玛库斯·卡尔普尼乌斯·毕布鲁斯。作为加图一心一意的支持者，埃诺巴布斯和布鲁图斯都同庞培有着不共戴天的世仇。为了加图或共和国的缘故，他们推迟了复仇计划。但两人并未忘记，他们各自的兄弟和父亲都被小庞培以一种卑鄙龌龊的方式杀害了。埃诺巴布斯是一个为权力而生的、特立独行

① 他们并不全部、或始终是庞培的盟友。伦图鲁斯·苏拉（Lentulus Sura，公元前 71 年执政官）曾被公元前 70 年的监察官们逐出了元老院。但克罗狄亚努斯（公元前 72 年执政官、公元前 70 年监察官）则在剿灭海盗的战争中担任过副将（Appian，*Mithr.* 95），马塞里努斯也是如此（同上，另见昔兰尼[Cyrene]地区的相关铭文，*SIG*[3] 750）。两人可能都在西班牙为庞培效劳过（马塞里努斯的服役有钱币为证：*BMC*，*R. Rep.* II，491 f.）。加的斯人（Gaditane）卢奇乌斯·科奈里乌斯·巴尔布斯（L. Cornelius Balbus）日后承认自己曾与卢奇乌斯·科奈里乌斯·伦图鲁斯·克鲁斯（公元前 49 年执政官）结成过特殊的效忠义务关系，参见 *Ad Att.*，9. 7b. 2；8. 15a. 2。这是关于巴尔布斯家族出身和伦图鲁斯在西班牙的服役经历的证据。

② 分别是克罗狄亚努斯（公元前 72 年执政官）、苏拉（公元前 71 年执政官）、斯宾特尔（公元前 57 年执政官）、马塞里努斯（公元前 56 年执政官）和克鲁斯（公元前 49 年执政官）。这一时期里存在着的多个科奈里乌斯·伦图鲁斯家族之间的相互关系很难厘清（P-W IV，1381；1389；1393）。

的强大政客。卢卡约定使他暂时无法当选执政官，但只耽搁了他一年的时间。他还有另一桩伤心事：恺撒对山外高卢的管辖使他失去了祖先曾治理过的一个行省。[①] 至于毕布鲁斯，他颇为明智地选择在不断削弱政治权威的、执政官与庞培手下的保民官之间的无休止争斗中蛰伏不动。

该阵营中最后的幸存者（西塞罗）日后声称，共和派与庞培阵营中一共有十个人曾担任过执政官。[②] 如果我们权且算上共和末 45
年的两个执政官的话，那么这个队伍是很壮观和很具有说服力的。其中的领袖是庞培和他那被用来装点门面的岳父昆图斯・麦特鲁斯・西庇阿，以及伦图鲁斯两兄弟和马塞卢斯两兄弟。[③] 二流人物中有阿皮乌斯・克劳狄乌斯・普尔切，一个骄傲、堕落和迷信的

---

① 格涅乌斯・多米提乌斯・埃诺巴布斯（公元前 122 年执政官）在很大程度上是该行省的征服、组织活动的负责人。因此"多米提乌斯"这个名字在当地广为流传，可以印证这一点的例子有来自尼茂苏斯地区（Nemausus）的铭文（*ILS* 6976），以及后来出现的一些该行省贵族名字，如格涅乌斯・多米提乌斯・阿菲尔（Cn. Domitius Afer，公元前 39 年递补执政官）和多米提乌斯・德奇狄乌斯（Domitius Decidius，Tacitus，*Agr.* 6.1；*ILS* 966）。还应注意格涅乌斯・多米提乌斯（Cn. Domitius，公元前 96 年执政官）为遭受不公待遇的高卢地区进行的辩护，见 Cicero，*In Verrem*，2.1.118。

② Cicero，*Phil.*，13.28 f. 但这个说法并不确切，因为两个被目为庞培党羽的执政官（"quos civis，quos viros！"）、玛库斯・马塞卢斯（M. Marcellus，公元前 51 年执政官）和塞尔维利乌斯・苏尔庇奇乌斯・鲁孚斯（公元前 51 年执政官）由于受到战争爆发的惊吓（或出于对庞培的不信任），并未在这场斗争中扮演任何活跃角色，因此应当被实事求是地称作中立派（P-W III，2762；IV A，853 f.）。事实上，鲁孚斯甚至让自己的儿子加入了恺撒阵营，见 *Ad Att.*，9.18.2。西塞罗为其他前执政官设计的那些溢美头衔起不到混淆视听的作用，因为后人已对这些人的底细了解得太清楚了。

③ 伦图鲁斯两兄弟分别是斯宾特尔（公元前 57 年执政官）和克鲁斯（公元前 49 年执政官）；马塞卢斯两兄弟分别是玛库斯（公元前 51 年执政官）和盖约（公元前 49 年执政官）。关于这两个家族之间的亲戚关系，见上文，第 65 页注③，即原书第 44 页注 1。斯宾特尔的儿子娶了凯奇莉娅・麦特拉（Caecilia Metella，*Ad Att.*，13.7.1）。

人。人们在他身上能够看到整个联盟的象征与彼此联系:他本人是凯奇莉娅·麦特拉的儿子和塞维莉娅的丈夫;他的一个女儿嫁给了庞培的长子,另一个嫁给了加图的外甥布鲁图斯。[①] 加图本人还没有担任过执政官,但追随他的有两位执政官,分别是固执易怒的毕布鲁斯和虽精力充沛、却十分愚蠢的埃诺巴布斯。位于队伍尾部的是一位缺乏政治主见、胆怯但受人尊敬的法学家苏尔庇奇乌斯·鲁孚斯(Sulpicius Rufus)和两位新人——庞培手下的将领阿弗拉尼乌斯与演说家西塞罗(后者死心塌地地追随着领袖庞培,尽管此人的翻云覆雨留给他的痛苦记忆还历历在目)。捍卫共和国的这个党派中其实是没有给新人留下位置的。伦图鲁斯兄弟就是贵族式傲慢的同义词;阿皮乌斯·克劳狄乌斯专以指责、折磨西塞罗为乐;麦特鲁斯兄弟则尖刻地提醒西塞罗要记得他们家族的尊贵地位。[②]

这是苏拉时代的寡头集团,它张牙舞爪,为夺取权力而放手进行最后一搏。它表面上阵容严整,但内部危机四伏。庞培正在要借刀杀人的诡计。他希望能够借助显贵集团的力量消灭恺撒。这样一来,无论最终开战与否,他都将赢得权力。显贵集团并未上当

① 阿皮乌斯·克劳狄乌斯·普尔切的一个女儿与布鲁图斯的婚礼无疑是在公元前 54 年举办的(*Ad fam*. 3. 4. 2);他的另一个女儿与格涅乌斯·庞培的婚礼可能也同时举办了(同上)。他的小儿子绥克斯图(Sextus)娶了卢奇乌斯·斯克里波尼乌斯·利波(L. Scribonius Libo,公元前 34 年执政官)的女儿,参见下文,原书第 228 页。关于阿皮乌斯·普尔切的性格,见 P-W III,2849 ff.。

② 见凯勒尔写给西塞罗的信(*Ad fam*. 5. 1. 1):"familiae nostrae dignitas。"(我们家族的尊贵地位)。西塞罗使用了"Appietas"(阿庇安大人)和"Lentulitas"(伦图鲁斯大人)两个含有讽刺意味的字眼(*Ad fam*. 3. 7. 5.)。他有充足的理由对阿皮乌斯进行抱怨。

受骗，他们对庞培了如指掌。但这些人幻想，庞培在因失去盟友和
民众支持而被削弱后，最终将听凭自己摆布。等到那时，如果庞培
还想自保，就必须俯首帖耳；假如他继续桀骜不驯，就会被弃若 46
敝屣。

这个计谋来自玛库斯·加图的头脑和意志。他的那些渴望把一位重量级人物拉到自己一边的盟友们毫无保留地接受了这个方案，尽管其中包括了很多盲目昏招和弄巧成拙的成分。他们本应更清醒些——加图从前拒绝通过维护庞培麾下老兵利益的土地法案的固执举动最终只带来了更多的罪恶和现存政体的瓦解。在围绕统治权问题同庞培进行长期斗争后，加图最终只得支持庞培的独裁统治，尽管他仍旧极力回避使用这个字眼。加图对自身正确立场和远见卓识的盲目自信其实间接来自他对恺撒及其性格的强烈反感。

加图的影响力和榜样力量对显贵们起到了鞭策作用，加速了战争的到来。在伟人庞培的权力、声望和私家军队（其中一部分已在意大利驻扎下来，另外一些则正在政府名义的合法幌子下进行招募）的帮助下，元老院中的一派人试图利用这个机构来对付恺撒。但那位行省总督拒绝屈服。

47 # 第 4 章　独裁者恺撒

苏拉是第一个领兵攻打罗马的罗马人。他并不是主动这样做的——他的政敌们控制了政府，剥夺了他在米特拉达梯战争中的指挥权。此外，当他在阔别五年后重新在意大利登陆时，武力是用来对付那个曾攻击过他这个在东方为国驰骋沙场的行省总督的党派的唯一手段。苏拉拥有一名罗马贵族的全部野心，可他并不打算通过内战来攫取权力并独揽大权。当这位独裁官完成了自己的使命，便隐退了。

恺撒征服高卢、攻打庞培、建立独裁的一连串事件可以被顺理成章地联系在一起，仿佛是预定的一样。于是，在一些历史记载中，恺撒仿佛从一开始便定下了基调，认定王权是除恶济世的唯一良方，并通过武力建立了这样一种统治模式。[①] 这样的观点过于简单，并不符合历史实情。恺撒竭尽全力避免公开的战争。在积怨爆发前后，他一直试图与庞培进行谈判。倘若庞培乐意倾听并认可调停意见的话，两人之间从前的友谊原本是有望得到修复的。在形式上认可庞培独尊地位的前提下，恺撒和他的手下将会把持

---

① 例如，蒙森(Monnsen)便是这样解释的。近年来持这种观点的有 Carcopino, *Points de vue sur l'impérialisme romain* (1934), 89 ff.; *Histoire romaine* II: *César* (1936)。

政权，并有可能对国家进行改革。恺撒的仇敌们害怕这一局面的到来，庞培也是如此。在长期举棋不定之后，庞培最终还是决定要挽救寡头政权。此外，这位行省总督送往元老院的提议十分温和，并不应被简单地视为故作姿态或缓兵之计。[①] 恺撒很清楚，希望挑起战端的只是一小撮人。正如一名亲恺撒的保民官提出的巧妙议案所显示的那样，元老院成员中的绝大多数（数目达到近 400 人，而其反对者只有 22 人左右）都希望两位政治野心家同时放弃他们手中过分膨胀的指挥权。[②] 但举止莽撞、喜欢党同伐异的少 48
数派最终居然占了上风。

关于恺撒要求缺席担任执政官，并保留自己的行省领导权至公元前 49 年年底这一要求的具体合法性问题至今仍然存在着争议。[③] 如果这些问题起初还有可能被澄清的话，论战和歪曲也很快就把事实和公正淹没了。这场政治危机的实质其实没有那么复杂。恺撒和同他一起掌权的盟友过去已经多次为自身的利益而越过制度划定的界限。从前也有许多为其他政治巨头所开的特例。恺撒坚定地宣称，从法律和道义角度看，他本人都有权利得到优待。最后，恺撒的等级、声望和荣誉（它们合在一起构成了拉丁文中所说的“尊荣”）都受到了威胁。在恺撒眼中，用他自己的话来

① 他曾建议可以只为自己保留山南高卢（或哪怕只是伊吕利库姆[Illyricum]）和一个军团（Appian，*BC*，2.32.126；Plutarch，*Caesar*，31；Suetonius，*Divus Iulius*，29.2）。

② Appian，*BC*，2.30.119.

③ 被学者们无休止地讨论着的所谓“法权问题”（Rechtsfrage）事实上取决于“实力问题”（Machtfrage）。

说，“他的尊荣比自己的性命更加宝贵”。[①] 因此，恺撒不肯屈服，而是拿起了武器。恺撒的仇敌的肆意妄为已经为恺撒提供了制度上的口实：他是在为捍卫保民官的权利和罗马人民的自由而战。但这还不是恺撒最看重的借口，他最重视的是自己的个人荣誉。

恺撒的仇敌貌似取得了胜利。他们制造了两位政治巨头之间的不和，并把庞培的权力与声望拉到了自己这一边。他们本可以过后再同庞培打交道。或许战争不会真正爆发；而只要庞培还不是战场上的军队统帅，他就要一直受制于他们。他们为恺撒提供了两种选择：要么发动内战，要么放弃自己的政治前途。但恺撒不想如同被取代的卢库鲁斯和被抛弃而蒙羞的叙利亚统治者伽比尼乌斯那样，沦为庞培的下一个牺牲品。如果他现在让步，那一切都完了。倘若恺撒在返回罗马的时候只是一名普通公民，他的政敌马上就会以敲诈勒索或叛国的罪名控告他。他们可以买通那些以雄辩、立场坚定和爱国而闻名的律师们。怀恨在心且不可通融的加图正在等待着他们这样做。一个人选精心敲定的陪审团，再加上法庭四周庞培麾下老兵们的道义声援，必然能够将恺撒定罪。此后，恺撒的命运就只能是前往马赛利亚同被放逐的米洛会合，在那个作为学术中心的城市里享受胭脂鱼和希腊文化了。[②]

49 恺撒不得不动用武力来保卫自己。最后，恺撒的仇敌成功地

① *BC*，1.9.2：“sibi semper primam fuisse dignitatem vitaque potiorem。”（对于他自己而言，尊荣永远是第一位的，它比生命还要更加重要）；参见 1.7.7；8.3；3.91.2；*BG*，8.52.4；Suetonius，*Divus Iulius*，33.72；Cicero，*Ad. Att.*，7.11.1：“atque haec ait omnia facere se dignitatis causa。”（他声称为了自己尊荣的缘故可以做任何事。）参见上文，第 25 页注②，即原书第 13 页注 2。

② Suetonius，*Divus Iulius*，30.3（指的是加图和米洛）。

笼络了庞培，并动用整套政治制度来对付当时最精明的一位政治家：如果恺撒不在规定期限到来之前交出军队指挥权的话，他将被宣布为公敌。借助这些针对恺撒的国家决议，这个少数派歪曲了元老院、罗马和全意大利范围内多数人的真实意愿。他们谎称这是一起叛国的行省总督与合法权威之间发生的纠纷。这种孤注一掷的、不按常理出牌的做法通常都是由糊涂头脑们一时心血来潮而设计出来的。他们一错再错，理所当然要遭到惩罚。他们的幻想很快破灭了。连加图也乱了方寸。[①] 他们原本坚信，意大利各处城镇里掌握权力、受人尊敬的阶层会联合起来捍卫元老院的权威和罗马人民的自由；各个地区将会团结一致，共同抗击“入侵者”。类似的情况完全没有出现。意大利对危难中的共和国拉响的战争警报无动于衷，并对共和国的这些领导人心怀疑虑。

罗马的政治家曾谄媚地夸赞过有产阶级所具备的种种美德；可事到如今，正是这些美德使得他们不愿介入事不关己的这场斗争。[②] 庞培或许真的像他之前吹嘘的那样，用脚在意大利的土地上跺了几下；可并没有什么全副武装的军团跳出来响应他。就连他自己的大本营皮克努姆也不发一矢就投降了敌人。庞培这位凯旋将军对军事形势的判断完全失误，实在配不上作为军人的崇高声誉。危险处境、负罪感及备战方面的仓促或许影响了他的判断

① *Ad Att*. 7. 15. 2：“Cato enim ipse iam servire quam pugnare mavult。”（现在连加图也宁可妥协，不愿战斗了。）

② *Ad Att*. 8. 13. 2：“nihil prorsus aliud currant nisi agros, nisi villulas, nisi nummulos suos。”（这些正直人士关心的只有他们自己的土地、宅邸和钱财。）另见 *Ad Att*. 7. 7. 5；8. 16. 1。

力。[1] 但他的计划不仅只是一个权宜之计(在他的盟友眼中如此),并且还过于复杂和不切实际——他要撤出意大利,让恺撒陷在西班牙军团和东方各王国中间,随后自己再像苏拉一样返回意大利,赢得胜利与权力。[2]

恺撒手里确实只有一个军团,他的大部队还远在天边。但他沿着意大利东海岸迅速推进,一路上不断积聚部队、势力和信心。渡过卢比孔河后仅仅两个月,他已成为全意大利的主人。庞培渡过亚得里亚海逃跑了,随行的有几个军团和一大批元老——后者
50 是一种只会钩心斗角和互相指责的可悲负担。恺撒的敌人原本认为恺撒将会投降,或只须进行一场短暂且轻松的战争;但他们错了。

他们已经输掉了第一回合。随后还有完全出乎他们意料的第二次打击:在夏季结束前,庞培在西班牙的将领们都被智取和征服了。但即便如此,在法萨卢斯(Pharsalus)平原上各军团展开会战之前,形势还是一直对恺撒十分不利。好运、老兵军团的忠诚和他的对手们的分歧使恺撒获得了这场决定性的胜利。但他在此后还要进行三年的战斗,以便扫清阿非利加和西班牙的庞培残部的最后抵抗。

"他们原本就想要这个结局。"恺撒注视着法萨卢斯战场上的罗马人尸体如是说。当时他的心里交织着由内战的灾难引起的忧国之情和焦躁、痛恨的感觉。[3] 这些敌人使得恺撒无法获得应当

---

① 庞培在公元前50年夏天所患的疾病恐怕并不完全是身体原因所造成的。

② 参见 E. Meyer,*Caesars Monarchie*³,299 ff.。

③ Suetonius,*Divus Iulius*,30.4(转述波利奥的记载):"hoc voluerunt;tantis rebus gestis Gaius Caesar condemnatus essem,nisi ab exercitu auxilium petissem。"(他们原本就想要这个结局;如果我没有向盟军们求援的话,那么取得过那么多光辉业绩的盖约·恺撒就要沦为阶下囚了。)

属于一位罗马贵族的真正荣誉——与对手们一决雌雄，但并不消灭他们。他的仇敌在九泉之下还会讥笑恺撒。就连法萨卢斯战役也不是这场杀戮的终点。他从前的盟友、凭借在世界各地取得的胜利而名扬天下的伟人庞培被一个罗马叛徒、异邦君主的奴才杀害，暴尸于埃及的海滩上。恺撒的对手与敌人、许多光辉的前执政官也死于罗马同胞之手。埃诺巴布斯在法萨卢斯战役中牺牲；昆图斯·麦特鲁斯·西庇阿也以没有辱没自己祖先荣誉的方式死去了。[①] 小加图则宁可自杀，也不愿亲眼目睹恺撒建立自己的统治，自由国家遭到毁灭的结局。

这就是追求荣耀的野心在最终失败后所付出的代价。经历了这样一场浩劫之后，严酷的、费力不讨好的国家重建任务考验着恺撒。如果恺撒争取不到统治阶级真诚、热情的合作，他的一切努力将归于徒劳。倘若他仅仅凭借暴力建立一种独裁统治，那么它也注定要在暴力中走向灭亡。

我们有理由暂时不去追究引起内战的罪责。[②] 如果我们回想
一下庞培这位曾藐视并摧毁过苏拉统治的苏拉党徒的早年经历与 51
野心的话，我们就会看到，他事实上并不比自己更年轻、更活跃的对手恺撒，那个善于蛊惑人心且不肯安分守己的合法权威领袖好

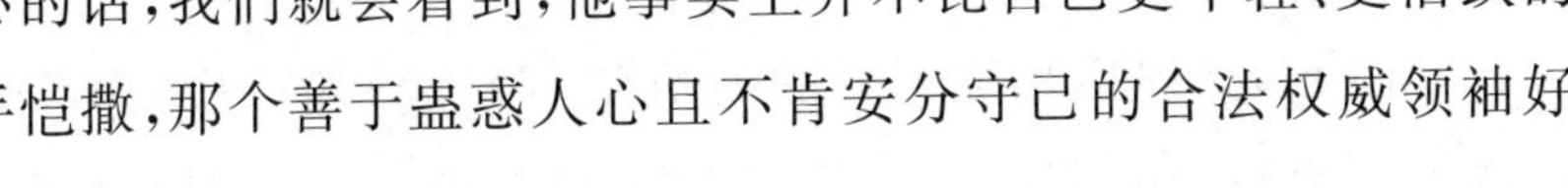

① Livy, *Per*. 114："imperator se bene habet."（这个将军干得漂亮。）

② Lucan, *Pharsalia*, 1.126 ff.：

quis iustius induit arma
scire nefas. Magno se iudice quisque tuetur:
victrix causa deis placuit sed victa Catoni.

（很难断定哪一方是为正义而战。他们都拥有支持自己的、举足轻重的理由。胜利一方的理由是诸神与自己同在，但战败者拥有加图。）

多少。双方寻求的都是建立武力统治。[1] 假使庞培在战场上取得了胜利,共和国也不大可能继续维持下去。要不了多少年,独裁官庞培同样会在元老院里遭到富于荣誉感的人士的刺杀,仆倒在自己的塑像脚下。

这些并不是真正的要点。庞培所持的立场要更好些,恺撒在这方面是无法匹敌的。尽管利益比原则更能吸引追随者,但支持庞培所能获取的利益毕竟能够僭取到合法性的可敬外衣。恺撒的许多党羽都是毫不掩饰自己动机的投机分子,迫不及待地想为自己争得战利品与晋身之阶;其中一些人还渴望社会变革。

尽管如此,对恺撒党的阵营中不知廉耻为何物的流氓恶棍和出身高贵的爱国者们,以及要求建立独裁和主张恢复法治这两种观点间的对立的种种描述,都是简单化的和具有误导性的。恺撒的追随者来自不同阶层。其核心是少数社会上层人士,他们不仅属于显贵阶层,而且是爱国人士。在他们的外围还有许多杰出的罗马骑士("意大利之花")。恺撒党的构成情况及恺撒追随者的性格(恺撒利用他们来补充元老人选和巩固寡头政权)是一个重要的课题,值得专门研究。[2]

许多元老(包括几位著名的前执政官)试图保持中立;其中的一些被恺撒坚持不懈的温和政策争取了过来,开始同情(如果还不是积极支持的话)恺撒。对于失败一派阵营中的幸存者,恺撒表现出了公开且宽大的仁慈。这些人是他本阶级中的成员,恺撒并不

① *Ad Att*. 8.11.2:"dominatio quaesita ab utroque est。"(统治权是双方追求的目标);同上引:"uterque regnare vult。"(双方都希望建立统治。)

② 见下文,第 5、6 两章。

希望与他们为敌,或将整个罗马贵族集团完全消灭。但这些高傲的对手并不都会对恺撒的仁慈(clementia)和大度(magnitudo animi)心悦诚服和顶礼膜拜。他们保全了自己的性命,恢复了自身的社会地位,却依旧暗自怀恨在心。有些人甚至拒绝向恺撒请求宽宥。[①]

在这些不利的预兆下,作为一个心慈手软的"苏拉"、一个缺少革命纲领的"格拉古",恺撒建立了自己的独裁统治。他是通过自己的党派在内战中的胜利才得以建立统治的,但他将超越党派纷争作为自己的使命,这种做法招致了自身的毁灭。作为平民派的领袖,他有必要像从前的苏拉那样,对民众的权利有所约束。为了 52
进行统治,恺撒需要得到显贵阶层的支持;但他同时也应当限制后者的特权,抑制他们的危险野心。

从名义和作用上看,恺撒的职责是重建共和国秩序(rei publicae constituendae)。尽管人们头脑中还残留着对苏拉的负面记忆,但任命独裁官的决议还是在恺撒掌握广泛权力和保民官们不会对此进行否决的有利条件下被通过了。恺撒深知潜藏的敌人很快就会利用这件致命武器来对付自己,这个从前曾熟练运作过这种权力、且不久之前还宣布自己将维护保民官权威和罗马人民自由的人。然而他需要特别的权力,这种需求在内战过后已变得十分迫切。这位独裁官的使命很可能需要若干年才能完成。公元前 46 年,他的任期被延长为十年,这是一个不祥的预兆。认为这个应急阶段会很快过去的一点微弱希望很快再遭打击,并且彻

① 如埃诺巴布斯的儿子(Cicero,*Phil.*,2.27)。

底破灭了。[①] 公元前 44 年 1 月，恺撒被选举为终身独裁官。差不多与此同时，元老院颁布的一系列命令，规定元老们必须宣誓向恺撒本人效忠。[②] 这就是恺撒治理罗马的手段吗？这还是一个法治共和国(res publica constituta)吗？

时局动荡不安。恺撒在修复内战创伤和推动社会复兴方面的成绩乏善可陈。而正如他的追随者和从前的对手都已指出的那样，这方面的需求是十分迫切的。人们在庞培、加图和寡头集团身上看不到丝毫进行变革的希望。但恺撒似乎与众不同。他一直在为罗马、意大利和各行省的被压迫者声辩。他也已经向世人表明，自己是不怕触犯既得利益的。但恺撒并不是一个革命者。他很快让自己的一些希望能够剥削有产者、大幅削减债务和制订进行根本性的、实实在在的社会变革方案的追随者的野心或理

① *Ad fam*. 4. 4. 3（事情发生于宽恕玛库斯·马塞卢斯[M. Marcellus]之后）。

② Suetonius, *Divus Iulius*, 84. 2："senatus consultum, quo omnia simul ei divina atque humana decreverat, item ius iurandum, quo se cuncti pro salute unius astrinxerant。"(元老院的决议授予他全部神明和凡人所能享有的荣誉；同时还宣誓保证，他们将捍卫这个人的人身安全)；阿庇安(Appian)数次提及了这一事件，特别是 *BC*, 2. 145. 604："καὶ αὖθις ἀνεγίνωσκε τοὺς ὅρκους, ἦ μὴν φυλάξειν Καίσαρα καὶ τὸ Καίσαρος σῶμα παντὶ σθένει πάντας, ἤ εἴ τις ἐπιβουλεύσειεν, ἐξώλεις εἶναι τοὺς οὐκ ἀμύναντας αὐτῷ。"(随后[安东尼]重新宣读了[元老们]曾立下过的誓言，即他们答应要竭尽全力保护恺撒的安全。如果有人阴谋反对恺撒，那么任何不愿挺身而出保卫恺撒的人都将被他们消灭)。相关分析参见 A. v. Premerstein, "Vom Werden und Wesen des Prinzipats", *Abh. Der bayer. Ak. Der Wiss.*, *phil.-hist. Abt.*, *N. F.* 15(1937), 32 ff.。普雷麦斯坦认为这是一个具有普遍约束力的誓言，并不仅仅局限于元老们。

想破灭了。[1] 只有高利贷者才支持恺撒，因此凯利乌斯早在内战 53
爆发之初就抱怨过。[2] 并非所有人都像凯利乌斯那样直言不讳或态度激进，以至于把言语转化为行动，最终在武装起义中自我毁灭。西塞罗在赞美独裁官的仁慈与崇高之际，抓住机会勾勒了一幅进行道德、社会初步改革的蓝图。[3] 由于西塞罗在若干年前曾写过论罗马共和国的几篇论文，他可能曾一度指望恺撒会在这些重要事务上参考他的意见。但西塞罗对共和政体的种种希望很快就破灭了。独裁官表达了自己对共和国的、令人不安的看法："那只是一个虚名。放弃至高权力的苏拉是个无知的家伙。"[4]

恺撒推迟了对国家长久性的统治方式做出决定的时间表。这个问题太难以决断了。相反，他打算到马其顿和帝国东方边境再

① 如果归在撒路斯提乌斯名下的《致晚年恺撒书》(*Epistulae ad Caesarem senem*)真的出自他的手笔(或哪怕是同时代人撰写的)，那么这些书信可以提供宝贵的线索，因为它们反映了一种强烈的反拜金主义倾向。参见 1.8.3："verum haec et omnia mala partier cum honore pecuniae desinent, si neque magistratus neque alia volgo cupienda venalia erunt。"(如果行政官员和其他人都不会被贪欲所收买的话，他们就能够抵制一切真正的罪恶和拜金主义思想)；2.7.10："ergo in primis auctoritatem pecuniae demito。"(因此我不认为金钱的重要性应被置于首位。)

② *Ad fam.*，8.17.2.

③ *Pro Marcello*，23："constituenda iudicia, revocanda fides, comprimendae libidines, propaganda suboles, omnia quae dilapsa iam diffluxerunt severis legibus vincienda sunt。"(我们需要重建司法制度、重塑信心、压制贪欲、鼓励生育，一切已经被毁灭掉的美好事物都应当得到严格法律的扶持和巩固。)恺撒进行了规范道德和限制奢侈等方面的立法(Suetonius，*Divus Iulius*，42 f.)，但"社会风尚的监督者"(praefectus moribus)这个头衔已不再使他受到欢迎了(*Ad fam.*，9.15.5)。

④ Suetonius，*Divius Iulius*，77. 提供这份史料的证人、庞培党人提图斯·阿姆皮乌斯·巴尔布斯(T. Ampius Balbus)并不可靠。但我们还可参见恺撒最喜欢引用的那句论僭政的谚语(Cicero，*De off.*，3.82)。

度进行远征。恺撒在罗马如履薄冰;但在罗马之外,他可以像自己从前在高卢的时候一样,发挥自己在用人和处理事务方面的显著才能。他可以轻而易举地取得胜利;但这些并非罗马人民迫切需要的东西。

我们可以猜测恺撒的最终计划,但无法给出一个确定的答案。他在担任独裁官期间进行的活动和规划并没有揭示这方面的信息。此外,我们拥有的证据或存在着党派偏见,或是一种后见之明。对某些未曾付诸实践的动机的描述并不是历史学家的可靠向导,因为这类描述无法得到验证,因此是极具迷惑性的误导方式。恺撒的敌人到处散播谣言,贬低这位现实生活中的独裁官;而死后的恺撒则成了神明与神话,从历史领域步入了文学与传奇、修辞学与政治宣传的领域。奥古斯都在两方面利用了恺撒:为恺撒复仇的使命落在了他的养子渥大维的肩上;并且渥大维将“神的儿子”(Divi filius)这一头衔视为罗马统治者的合法性依据。渥大维真正想从恺撒那里继承的正是这顶光环,仅此而已。神明的形象是有用的,独裁官的形象则并非如此。目光敏锐的奥古斯都十分注意区别独裁者(Dictator)和元首(Princeps)。在他的统治下,对独裁官恺撒的记忆要么被彻底抹除,要么就被不时提起,以便弥合毁
54 灭自由国家的、肆无忌惮的投机家渥大维与重建共和国的谦逊官员奥古斯都之间难以调和的裂痕。在对恺撒形象的处理方面,奥古斯都元首制时期兴起的文学作品坚持了口径一致和重视教育意义的原则。维吉尔、贺拉斯和李维都讲述了同一个故事,并指出了同样的道德寓意。[①]

---

① 见下文,原书第 317 页及以下。

尽管如此，独裁官恺撒最后几项规划所涉及的重大主题却是不容忽视的。一些前人曾提出并争辩说，恺撒希望或业已建立了一种在罗马城中闻所未闻、不可想象的制度——建立在对统治者个人崇拜基础之上的、仿造希腊化东方世界的王权模式建立起来的绝对专制王权。这样一来，我们就可以将恺撒视为全盘继承了马其顿国王亚历山大政治遗产的后继者，以及那位集国王和肉身之神的身份于一身、平衡了各阶级与各民族关系、统治着铁板一块的臣民队伍、并借助神权统一与整体规划世界的卡拉卡拉(Caracalla)的先驱。①

这种对漫长、曲折的历史时代变迁的极端简化模式似乎表明，恺撒是同时代罗马政治家中的另类：他要么对未来的历史发展趋势拥有开阔的眼界，要么与众不同地对当时的基本形势盲目无知。但这只是一位神话中的恺撒，或是一种理性重构。那是一个专门为了与庞培或奥古斯都构成对比的人造形象。这样做的人们似乎认为奥古斯都没有试图将自己的名字神化，并通过完善宫廷和继承制度建立了一种王权；或认为东方和各大洲的征服者庞培没有利用自己的战功伟业甚至形体特征方面同亚历山大的相似性来满足个人的虚荣心。② 与这两个人相比，恺撒其实是一位更加纯正的罗马人。

---

① 特别参见 E. Meyer，*Hist. Zeitschr.* XCI(1903)，385 ff. =*Kl. Schr.* 1²(1924)，423 ff.；*Caesars Monarchie*³，508 ff.。反对意见见 F. E. Adcock，*CAH IX*，718 ff.，以及本书作者的评论(*BSR Papers* XIV[1938]，1 ff.)。

② Sallust，*Hist.* 3. 88M："sed Pompeius a prima adulescentia sermone fautorum similem se fore credens Alexandro regi，facta consultaque eius quidem aemulus erat。"(党羽们的恭维使得庞培从年轻时代起就认为自己与亚历山大大帝十分相似，于是在政治活动中处处效法这位英雄)；Plutarchus，*Pompeius*，2. 关于庞培的东方情结，参见 Carcopino，*Histoire romaine* II，597。

我们很难根据质量最高的同时代史料——卷帙浩繁的西塞罗通信集去复原世袭王权和神化崇拜是如何在恺撒身上完全统一起
55 来的。[①] 此外,对恺撒享有的神圣荣誉的一整套叙述体系中充满了误解。[②] 在恺撒党领袖们的积极努力下,恺撒在死后得以与罗马国家所崇拜的各位神明同列。后人的叙述似乎将"神圣的尤利乌斯"(Divus Julius)崇拜中的至少一部分内容安插到了非常不同的另一个人——独裁官恺撒头上。

站在反对派或传统观念的立场上看,我们确实可以给恺撒的统治贴上"王权"的标签。"王"(rex)与"王权"(regnum)等字眼都是罗马政治语境中的侮辱性用语,它们可被用来描述苏拉的统治,或是西塞罗在其执政官任期内的滥用权力(这个来自阿尔皮努姆[Arpinum]的新人曾被人讥讽为"继塔克文家族之后统治罗马的第一个异族国王")。[③] 为了平息谣言,恺撒在一场公共典礼上当众拒绝了献给他的一顶王冠。"他只是恺撒,不是国王"(Caesarem se, non regem esse)。[④] 毫无疑问,这位独裁官当时拥有的权力已同一位君主不相上下。恺撒自己可能是第一个承认这一点的人:他既不需要国王之名,也不需要王冠。但王权必然是世袭的,恺撒在这方面并未做过任何铺垫工作。恺撒身份的继承者、他的甥孙首次在罗马露面时并没有引起什么关注。这个年轻人将不得不为自己组建一个党派,以一名领导民众的将领身份起家,踏上通往权力之路。

① 正如沃德·福勒(W. Warde Fowler)所指出的那样,同时代的罗马人对此事似乎不太关心,见 *Roman Ideas of Deity*(1914),112 ff.。然而,*Phil.*,2.110 却是一段很难解释的史料。无论如何,我们很难证明,恺撒确实设计了一整套复杂的统治者崇拜体系。

② A. D. Nock,*CAH* X,489(其中提及了奥古斯都所享有的荣誉)。

③ Cicero,*Pro Sulla*,22.

④ Suetonius,*Divus Iulius*,79.2.

如果我们必须评价恺撒的话，依据只能是历史事实，而不是莫须有的意图。从他本人的举止和著作来看，恺撒是个现实主义者和机会主义者。在当政的短暂时期，恺撒很难制订长远规划，或为一个稳定的政府奠定基础。无论他制订什么方案，这种规划都必然主要取决于现实需要，而不是某种外来的或空想出来的政体模型。更重要的是，这项任务十分紧迫。恺撒以雷厉风行的方式完成了安排。恺撒本人在亲信和书记员的陪同下制订规划与决议，元老院对它们进行投票表决，但并不就此进行辩论。由于独裁官将在公元前 44 年春离开罗马，在巴尔干地区和东方征战数年，因此，恺撒预先安排好了罗马和外省行政职务的人选，把它们交给自己的死党或那些已经与他和解的、其理智足以确保和平的庞培党徒。至少就目前的情况而言，恺撒的政治活动的确应当暂时告一段落。随着时间的推移，将来的形势或许会以这样或那样的方式逐渐明朗。 56

此时，形势已经变得无法容忍。在潜藏的反对力量、含蓄的批评意见和对死者加图的赞美的骚扰下，独裁者恺撒开始失去了耐心。他清楚地知道，自己是不受欢迎的。① 正如他的一位朋友日

① 恺撒的同时代人在忆起他是如何对待苏拉寡头集团中的主要人物——卡图鲁斯（Velleius，2. 43. 3）和卢库鲁斯（Suetonius，*Divus Iulius*，20. 4）的时候，已经注意到了他那飞扬跋扈和目中无人的态度。苏维托尼乌斯（Suetonius，*Divus Iulius*，22. 2）记载了恺撒在公元前 59 年说过的一句自我标榜的话："invitis et gementibus adversariis adeptum se quae concupisset，proinde ex eo insultaturum omnium capitibus。"（他[恺撒]已在敌人的失望与痛苦中取得了胜利，从此以后他将凌驾于他们所有人头上。）关于他清楚自己已不得人心的证据，参见 *Ad. Att.* 14. 1. 2（恺撒的话）："ego dubitem quin summon in odio sim quom M. Cicero sedeat nec suo commodo me convenire possit? atqui si quisquam est facilis，hic est. tamen non dubito quin me male oderit。"（当我看到玛库斯 · 西塞罗坐在那里，无法对我表示满意的时候，我还需要怀疑自己十分遭人忌恨的这个事实吗？如果世界上还有一个易于相处的人的话，那么他就应该是西塞罗了。但我毫不怀疑，就连他也对我恨之入骨。）

后所评论的那样："恺撒已使出浑身解数，却仍看不到出路。"[①]并且当时也已没有回头路。对于思维敏锐、喜欢当机立断的恺撒来说，这种局势无疑会使他感到无能为力，垂头丧气——他已拥有了一切，却得不到任何好处。[②] 他的好运胜过幸福的苏拉，他的荣誉也已超越伟人庞培。但这一切都毫无意义——不断膨胀的野心毁灭了罗马国家，最后也令野心家难以自拔。[③] 最能反映恺撒当时苦恼的是这样一句话："无论从年龄还是名望上看，我的一生都该到头了。"这些话被人们记住了。同时代人中最雄辩的西塞罗也觉得这一名言是值得加以剽窃的。[④]

随后，恺撒的最终动机就变得不重要了。恺撒是因为他已经在扮演的角色、而非他即将扮演的角色而被刺杀的。[⑤] 对于那些希望能够重建正常、法治政府的人而言，恺撒担任终身执政官的行

① 玛提乌斯（Matius）的话，引自 *Ad Att*. 14. 1. 1："etenim si ille tali ingenio exitum non reperiebat，quis nunc reperiet?"（如果恺撒已使出浑身解数，却仍看不到出路的话，那么又有谁能找到出路呢？）

② 正如《奥古斯都后诸恺撒传》（*Historia Augusta*）中对一位元首恰如其分但或许并不真实的记载那样（*SHA Severus*，18. 11）："omnia fui et nihil expedit。"（他拥有一切，但什么都利用不了。）

③ Cicero，*De off*.，1. 26："declaravit id modo temeritas C. Caesaris，qui omnia iura divina et humana pervertit propter eum，quem sibi ipse opinionis errore finxerat，principatum. est autem in hoc genere molestum，quod in maximis animis splendidissimisque ingeniis plerumque exsistunt honoris imperii potentiae gloriae cupiditates。"（这一点在盖约·恺撒的冒失举动中体现得很明显：此人践踏了天上与人间的一切法则，因为他错误地认为自己已经大权在握。但这类事情的可怕之处在于，在极其卓越的灵魂和十分崇高的天才中往往包含着对权势和光荣的渴望。）

④ Cicero，*Phil*. 1. 38；*Ad fam*. 10. 1. 1. 他将之改写成了"satis diu vel naturae vixi vel gloriae"（从自然规律和所获荣誉的角度看，我都已经活得足够长久了）。*Pro Marcello*，25. 参见 Suetonius，*Divus Iulius*，86. 2。

⑤ F. E. Adcock，*CAH IX*，724.

为是一种嘲弄和致命打击。与庞培的那种残暴且非法的统治相比，恺撒的统治还要糟糕得多。当前的状况是无法忍受的，未来的前景则是毫无希望的。他们必须马上起来反抗，因为恺撒的远离罗马、时间的推移及和平、秩序所带来的实实在在的好处将会减弱世人对恺撒的憎恨，潜移默化地使他们的头脑慢慢接受奴役与帝制。由形形色色的各种力量所组成的一个集团谋划并实施了对独 57
裁官的刺杀。

恺撒本人其实早已意识到，除了自己不仅无法解决共和国的问题，还会引起更大的灾祸。① 随后发生的一系列流血事件与苦难证实了恺撒的判断。于是，后人认为有理由谴责那些共和国解放者的做法，因为他们完成的乃是比犯罪更糟糕的疯狂行为。这一谴责过于草率，并且属于后见之明。我们很容易将这些刺杀者视为信奉谋杀暴君者拥有至高美德的希腊理论、对当时罗马国家政治重心与迫切需要的实质一无所知的狂热分子。谋杀事件中的代表性人物——玛库斯·布鲁图斯（Marcus Brutus）的性格和追求目标或许可以让这种解释模式显得很有说服力。然而，我们无法相信，倘若布鲁图斯从未读过斯多葛派或学园派（Academic）哲学的著作的话，他的性格就会大为不同。更重要的是，密谋的策划者、阴郁好斗的卡西乌斯是伊壁鸠鲁哲学的信奉者，并不是一个疯狂的人。② 至于当时的斯多葛主义者，他们其实是可以支持某些

---

① Suetonius, *Divus Iulius*, 86. 2："rem publicam, si quid si eveniret, neque quietam fore et aliquanto deteriore condicione civilian bella subituram。"（如果他有个三长两短的话，那么共和国将不会享有安宁，而是将会被拖入更加糟糕的内战之中去。）

② 卡西乌斯（*Ad fam*. 15. 19. 4）将恺撒描述为"veterem et clementem dominum"（一个以古老、仁慈的方式进行统治的人）。

同罗马共和派观念迥异的思想，如王政优越论或四海之内皆兄弟的原则的。事实上，斯多葛学派的教导不过是为贵族统治下的共和国家中的统治阶级的某些传统美德提供支持和理论辩护的一种手段。希腊文化是不能解释加图的动机的；[1]而布鲁图斯撰写专著去加以阐释的“美德”(virtus)是一种罗马品质，并不是外来的。

这个字眼的含义是勇气——一个自由人拥有的至高品质。与美德如影随形的是“自由”(libertas)和“忠诚”(fides)，它们共同构成了令一名罗马人引以为豪的理想性格和举止方式——目的和行动的一致，独立的习惯、性情和言辞，诚实与忠信。特权和社会地位要求相应的义务；这些义务首先是针对家人、本阶级成员和社会

58 地位与自己相似的人的，但它们也适用于被保护人和依附者。[2]

① 小加图对希腊哲学的研究由于他的壮烈牺牲和死后声名而被赋予了重要意义，早在同时代人那里就已成为不断被人过度美化的对象。Cicero，*Pro Murena*，61 ff.；参见 *Ad Att.*，2. 1. 8：“dicit enim tamquam in Platonis πολιτεία，non tamquam in Romuli faece sententiam。”(他[加图]说话的方式就好像他是生活在柏拉图的理想国里，而不是罗慕路斯留下来的这个烂摊子中。)同样，伪撒路斯提乌斯(“Sallust”，*Ad Caesarem*，2. 9. 3)也发表过既不公正、又不切题的评论：“unius tamen M. Catonis ingenium versutum loquax callidum haud contemno. parantur haec disciplina Graecorum. sed virtus vigilantia labor apud Graecos nulla sunt。”(但有一个名叫玛库斯·加图的人，他在学识、雄辩和机智等方面的天才是我所无法指责的。他从希腊人那里学来了这些技艺。但希腊人是完全不具备[加图的]美德、勇武与勤劳的。)

② 格尔泽尔(P-W X，1005 f.)很恰当地强调了这一特征，并举出布鲁图斯坚持为自己的追随者争取利益等例子作为佐证。布鲁图斯曾写过一本题名为《论义务》(*De officiis*)的著作(Seneca，*Epp.* 95. 45)。这种观念无疑是很狭隘的，但按照当时的标准来看却并非如此。布鲁图斯的良好名声由于在萨拉米斯(Salaminian)长老们身上发生的可悲事件而受到了不公待遇。当时设定的利率(48%)的确很高，但在类似的交易中并非没有先例(*SIG*³ 748. 36)。布鲁图斯在维护契约的严肃性时或许强调了这一点：元老们毕竟“借用了这笔钱”。

如果寡头集团的成员拒绝服从命令，尊重“自由与法律”的话，那么这个集团就无法长久生存下去。

在同时代人眼中，意志坚定、正直忠诚、严肃冷漠的玛库斯·布鲁图斯似乎就是这种理想性格的化身。布鲁图斯受到了那些并不想效法他的人的崇拜。他的性格并不单纯，而是热情、执着且懂得隐忍的。[①] 他的政治举动并不总是容易捉摸的。布鲁图斯原本很有可能成为一个恺撒党徒——他和恺撒都并非天生就属于庞培一派。塞维莉娅养育布鲁图斯的方式就是要让他痛恨庞培的；塞维莉娅还计划让布鲁图斯与恺撒结盟，安排他迎娶恺撒的女儿。[②] 由于决定性的、在麦特鲁斯执政官任期内发生的风云突变，塞维莉娅的如意算盘落空了。恺撒投靠了庞培：原本打算许配给布鲁图斯的尤利娅正是这次联盟中的筹码。

在此后的十一年里，布鲁图斯和恺撒迅速分道扬镳。但在法萨卢斯战役之后，布鲁图斯立刻抛弃了失败的一方，获得了恺撒的原谅和宠信，得到了领导一个行省的权力，最终在公元前 44 年当上了大法官。但死去的加图却比生前的他更能左右自己的这位外甥。布鲁图斯开始为自己的不忠而感到羞愧：他写了一本小册子，

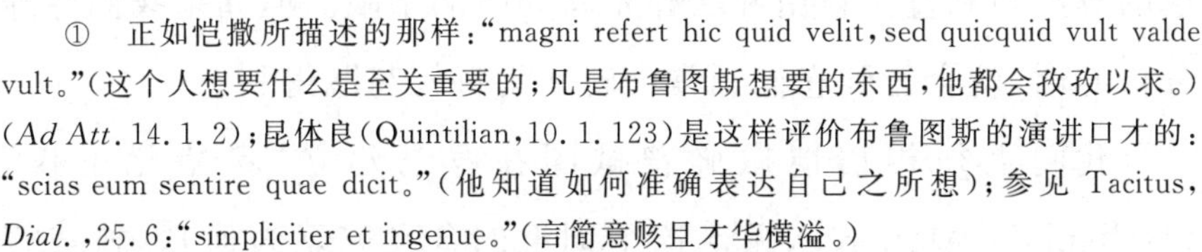

① 正如恺撒所描述的那样：“magni refert hic quid velit, sed quicquid vult valde vult。”（这个人想要什么是至关重要的；凡是布鲁图斯想要的东西，他都会孜孜以求。）(*Ad Att*. 14. 1. 2)；昆体良(Quintilian, 10. 1. 123)是这样评价布鲁图斯的演讲口才的：“scias eum sentire quae dicit。”（他知道如何准确表达自己之所想）；参见 Tacitus, *Dial*. , 25. 6：“simpliciter et ingenue。”（言简意赅且才华横溢。）

② 见上文，原书第 35 页。在内战爆发之前，布鲁图斯甚至曾拒绝同庞培讲话：“καίτοι πρότερον ἀπαντήσας οὐδὲ προσεῖπε τὸν Πομπήϊον, ἄγος ἡγούμενος μέγα πατρὸς φονεῖ διαλέγεσθαι。”（从前，他[布鲁图斯]在遇见庞培的时候甚至不同他讲话，因为他认为与杀父仇人交谈是一桩极大的罪过。）Plutarch, *Brutus*, 4；参见 *Pompeius*, 64。

以缅怀那些因忠诚于他自己信奉的原则和所属的阶级而死的共和派。随后,他休弃了自己的妻子克劳狄娅,娶了毕布鲁斯的遗孀波尔齐娅,从而进一步强化了自己同共和派的家族纽带和为他们复仇的义务。这一举动的用意是毋庸置疑的;塞维莉娅对此表示反对。布鲁图斯之所以杀死暴君,还有更深层次的理由:他对恺撒的忌恨和对恺撒与塞维莉娅公开或私密的偷情行为的记忆。最重要的是,在代表传统理想的布鲁图斯和加图眼里,对卓越、荣誉和权力孜孜以求的、试图运用其出身和地位来奴役自己所属的阶级的恺撒是一个不祥的预兆和谋求复辟王政的贵族,他将召回罗马古
59 时的诸王,毁灭任何形式的共和国。

布鲁图斯及其盟友可能曾试图利用哲学教义或布鲁图斯一位祖先的声望——此人曾将罗马从塔克文家族的桎梏中解救出来,是罗马共和国的第一位执政官和自由之父。这是一段疑点颇多的往事,并且与我们现在讨论的主题无关。[①] 共和国的拯救者知道他们在做什么。这些体面人之所以要夺过刺客的匕首,去杀害一个罗马贵族、他们的朋友和造福民众的人,是有着更加充分的理由的。他们不仅代表着自由国家的传统与制度,而且也代表着本阶层的尊严与利益。自由和法律是些动听的字眼。但如果我们冷静分析的话,就会看到它们经常会转变为特权与既得利益。

我们无须相信恺撒确曾试图在罗马建立"希腊化王权"(Hellenistic Monarch,无论这个词汇的含义究竟为何)。独裁官

① 那是卢奇乌斯·尤尼乌斯·布鲁图斯(L. Junius Brutus),很有可能是虚构的。参见下文,原书第85页。

的权力其实已经足够了。恺撒能够看到，在一个世界帝国里，显贵阶层的统治已经变得不合时宜了；而在全意大利的居民都已取得公民权的情况下，罗马平民掌握的权力也已落后于时代。恺撒确实比许多人所设想的更加保守，更像一个纯正的罗马人。并且从未有过任何罗马人设想过要建立一种不依靠一个寡头集团领导的政体。但恺撒被强行推上了独裁者的位置。这意味着一个人将取代法律、政体和元老院进行长期统治，意味着新的力量与观念迟早要获得胜利，军队和行省的地位将要上升，而从前的统治阶级则已日薄西山。恺撒的独裁似乎远远不只是为巩固内战遗产和恢复罗马国家机器活力而采取的权宜之计。它将一直维持下去——罗马贵族将无法继续按照自己特有的方式去统治帝国并从中受益。历史上的悲剧并不是传统意义上的“是”与“非”之间的冲突所酿造的。根据各自的立场来看，恺撒和布鲁图斯都是正确的。

从来源或动机上看，共和国的拯救者组成的这个新党派并不是铁板一块。隐藏在高尚原则、家族传统和大公无私等借口之下的被宽宥的庞培党人的怀恨，未能实现的野心，私仇与私利等都在这次行动中发挥了作用。然而，这个多元集团的领军人物却是深得独裁官信任的官员们和那些已获嘉奖或身居高位的、参加过高卢战争和
内战的将领们。[①] 他们同庞培党及共和派的联手是需要解释的。 60

如果没有自己的党派的话，一个政治家就一无是处。他有时会忘记这个危险的事实。如果一个派系的领导人或主要代理人违背了盟友的意志并为所欲为的话，那么他就必须被抛弃或被镇压

① 见下文，原书第 95 页。

下去。提比略·格拉古是一小撮影响力巨大的前执政官扶植起来的。[①] 当这个鲁莽、自以为是的保民官走上违法的道路时,这些谨慎的人马上便拒绝给予格拉古进一步的支持。政治巨头克拉苏以喀提林作为自己的代理人。但喀提林无法(或不愿)认识到,自己主子的计划中是不包含任何改革或革命的内容的。于是克拉苏放弃了喀提林,听凭他继续走向不归之路。

当恺撒获得了终身独裁官头衔和元老们的宣誓效忠时,他显然已摆脱了自己所属党派的束缚,建立了个人的最高统治。为此,他的一些最显要的追随者要同共和派与庞培党联手,以便除掉他们自己的领袖。然而,这个在谋杀独裁官事件中分裂的恺撒党居然生存了下去,在独裁官的政治代表领导下、为捍卫自身安全与既得利益而同共和派将一个全新的、危机四伏的统一阵线维持了数月之久。随后,一个新领袖出人意料地崛起,先将这个党派撕成碎片,最终却在征服最后一个敌手后将这个旧恺撒党转变为新型国家中的政府。尽管从维持主题集中性的角度看,恺撒党的组成与流变并不像日后那些政治领袖的个人履历、功业那样引人注目,但这些内容可以帮助我们认识到真实历史那妙不可言的复杂性。

---

① 具体是阿皮乌斯·克劳狄乌斯·普尔切,以及普布利乌斯·穆齐乌斯·斯凯沃拉(P. Mucius Scaevola)两兄弟和普布利乌斯·李锡尼乌斯·克拉苏·穆齐亚努斯(P. Licinius Crassus Mucianus)(Cicero,*De re publica*,1. 31)。普尔切与克拉苏分别是提比略·格拉古和盖约·格拉古的岳父。关于这个党派(他们对西庇阿家族怀有敌意),参见 Münzer,*RA*,257 ff.。

第5章 恺撒党 61

巩固了自身的荣誉和尊贵地位后，恺撒声称，是庞培背叛了自己。恺撒是通过与庞培结盟才树立了众多敌人的，但庞培后来反而加入了这些人的阵营。① 恺撒的抱怨是说得通的，但他讲述的并非全部是事实：庞培在转变为平民派之前就是一个苏拉党徒；在他最后一次改换阵营之后，庞培只不过是重新回归了自己从前所在的阵线而已。

苏拉重新建立了显贵们的寡头统治。三十年后，这些人又为了利益、野心或共和国的缘故而簇拥在庞培周围。这个联合起来的党派由显贵集团中的领军人物组成，他们在公共场合下享有的尊贵地位是无出其右的；但这并不意味着他们的道德品质与功业都是无可指责的——西庇阿是个虚荣而堕落的人；伦图鲁斯·克

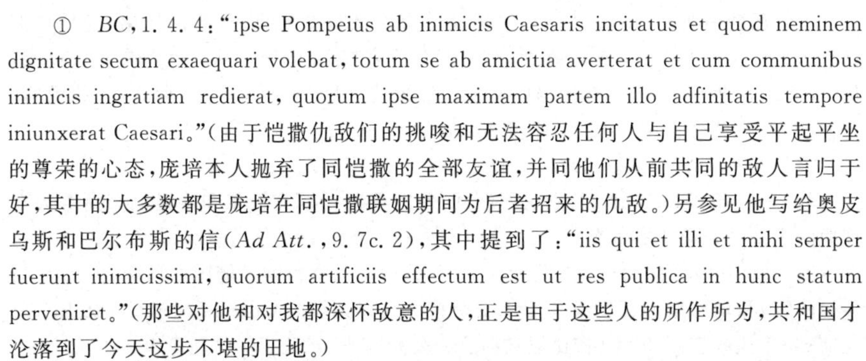

① *BC*，1.4.4："ipse Pompeius ab inimicis Caesaris incitatus et quod neminem dignitate secum exaequari volebat，totum se ab amicitia averterat et cum communibus inimicis ingratiam redierat，quorum ipse maximam partem illo adfinitatis tempore iniunxerat Caesari。"（由于恺撒仇敌们的挑唆和无法容忍任何人与自己享受平起平坐的尊荣的心态，庞培本人抛弃了同恺撒的全部友谊，并同他们从前共同的敌人言归于好，其中的大多数都是庞培在同恺撒联姻期间为后者招来的仇敌。）另参见他写给奥皮乌斯和巴尔布斯的信（*Ad Att.*，9.7c.2），其中提到了："iis qui et illi et mihi semper fuerunt inimicissimi，quorum artificiis effectum est ut res publica in hunc statum perveniret。"（那些对他和对我都深怀敌意的人，正是由于这些人的所作所为，共和国才沦落到了今天这步不堪的田地。）

鲁斯贪赃枉法；马塞卢斯兄弟的英勇只表现在说大话和故作姿态方面；阿皮乌斯·克劳狄乌斯和埃诺巴布斯虽然性格差异很大，但他们都不过是敌人眼中的笑料。

由于命中注定的死亡，贵族精英中的一些人得以避免在一个危机四伏的和平间歇期后经历又一场内战。[①] 在法萨卢斯战役进行的那一年里还活着的有 26 位前执政官。如果我们去掉其中的庞培党的话，那么还剩下 14 位；但剩下的这些人在声望方面要逊色许多。他们之中没有几个是对恺撒或国家有用的。在之前的三年里，恺撒无法对执政官选举施加多大的影响。[②] 前执政官稀缺的局面虽然看似可悲，但它预防了动摇庞培阵营、干扰其计划的私人恩怨，[③]同时也有利于恺撒放手做事，为他作为党派领袖的统治涂上了一层个人专断的和王权式的色彩。在法庭上被定罪的三位
62 前执政官直到独裁官恢复其社会地位后才得以重新涉足公共生活。[④] 其中两个——伽比尼乌斯和麦萨拉曾在内战中指挥过军队。在其他 11 名前执政官中，只有格涅乌斯·多米提乌斯·卡尔维努斯(Cn. Domitius Calvinus)是个活跃的党徒，并指挥过军队。

① 瓦勒乌斯(Velleius,2.48.6)提及的有卡图鲁斯、卢库鲁斯两兄弟、麦特鲁斯(Creticus,克瑞提库斯)与霍腾西乌斯。关于霍腾西乌斯之死，特别参见 Cicero, *Brutus*,6f.。据说，受人尊敬的玛库斯·佩尔佩纳(M. Perperna,公元前 92 年执政官、公元前 86 年监察官)在公元前 49 年春(Dio,41.14.5)以 98 岁高龄去世。

② 见上文，原书第 41 页。

③ Caesar,*BC*,3.83(特别是西庇阿、伦图鲁斯·斯宾特尔和埃诺巴布斯等人对恺撒的大祭司长职务的争夺)。

④ 他们是盖约·安东尼(公元前 63 年执政官)、奥鲁斯·伽比尼乌斯(公元前 58 年执政官)和玛库斯·瓦勒里乌斯·麦萨拉·鲁孚斯(M. Valerius Messalla Rufus,公元前 53 年执政官)。其中，伽比尼乌斯已在公元前 47 年死于伊吕利库姆。

但他的处境并不比同僚麦萨拉或其光荣祖先更好些，因为这三个人都被卷入了臭名昭著的选举丑闻。[①]

剩下的前执政官队伍由一群遗老、小人物、中立派和叛徒组成。在这一团昏暗中，有几个名字会偶尔借着本人功绩或某种巧合而冒出来。对于贵族或有气节的人而言，骑墙的立场是令他们憎恶的，但亲缘关系有时可以成为持这种立场的借口。因此，马塞卢斯家族中的一个成员，那位曾把宝剑交到庞培手中的执政官，最终还是考虑到自己同恺撒家族的联姻关系，背弃了自己的豪言壮语，抛弃了他的侄子们并留在意大利，从而遭到庞培党的唾骂。那位举止谨慎、从马略与苏拉的内战中安然无恙幸存的将军之子，卢奇乌斯·马尔奇乌斯·菲利普的情况也与此相似。[②] 还有一位可以保持中立，而不被非难为缺乏勇气或原则的前执政官是恺撒的岳父，德高望重的卢奇乌斯·卡尔普尼乌斯·皮索。在敌对双方剑拔弩张之际，皮索试图在恺撒和庞培之间斡旋调停；并且他在内战中也没有放弃谋求和解的真诚努力。

精英人物的情况便是这样。此后不久，庞培阵营中的大部分前执政官都死去了；而事实上恺撒党和中立派里在此后的战事或政治活动中值得书上一笔的前执政官也寥寥无几。由于恺撒的敌人是当权派和最活跃、最富有影响力的前执政官们，于是元老院下层中的那些青年才俊和野心家便欣然投靠了恺撒——这位宣称自

① 公元前54年的两位执政官、身为权贵的埃诺巴布斯和阿皮乌斯·普尔切也曾安排过一次内定好了的职务交接（*Ad Att*. 4.15.7）。

② 关于这些人，即盖约·马塞卢斯（C. Marcellus，公元前50年执政官）和同恺撒外甥安联姻的菲利普（Philippus，公元前56年执政官），见下文，原书第128页。

己永远不会辜负朋友(他也确实以此闻名)的政治家。每当庞培由于自身的怠慢、虚荣和背信弃义而失去支持者时,恺撒就会把他们争取并笼络过来。从高卢获得的财富源源不断地流入罗马,收买着一个个执政官和保民官,清偿着走投无路的元老们的债务,换取着亡命之徒的支持。

在敌对阵营中是没有天才和思想家的空间的。新兴的文学运
63 动由一批才华横溢的演说家和诗人发起,这些年轻人仇视一切当权派,并以攻击当时与巨头庞培联盟并为其效劳的恺撒而闻名于世。他们现在开始反对寡头集团。卡图鲁斯和卡尔乌斯已经去世;他们的同道友人纷纷加入了恺撒党。[①] 恺撒争取到了许多从前反对他的人、显贵或罗马骑士的后代,并且他所使用的并不总是下三滥的手段。历史记载反复告诉我们说,恺撒用一大笔贿赂收买了盖约·斯科里波尼乌斯·库里奥;但这其实并不是唯一的原因:克罗狄乌斯的遗孀福尔维娅是库里奥的妻子,安东尼是他的朋友,而阿皮乌斯·普尔切(Ap. Pulcher)则是他的仇敌。[②] 一个吝

---

① 如出身元老院家族的青年昆图斯·科尼菲奇乌斯(Q. Cornificius,Catullus, 38),他迎娶了喀提林的继女(*Ad fam*. 8. 7. 2)。关于他的生平,见 P-W IV,1624 ff.。昆图斯·霍腾西乌斯·霍塔鲁斯(Q. Hortensius Hortalus,Catullus,65. 2)、演说家霍腾西乌斯之子加入了恺撒的阵营(*Ad Att*. 10. 4. 6)。我们几乎无须引证卡图鲁斯攻击恺撒、瓦提尼乌斯(Vatinius)、玛穆拉(Mamurra)和拉比埃努斯的言论——后者可能就是他在一些诗篇中所说的"阳物"(Mentula)。参见 T. Frank,*AJP* XL(1919),407 f.。在恺撒阵营里属于骑士阶层的文人中,值得注意的有盖约·阿西尼乌斯·波利奥(Catullus,12. 5 ff)和卢奇乌斯·提奇达(L. Ticida),麦特鲁斯家族中一位女子的情人(Apuleius,*Apol*. 10)。后者被昆图斯·麦特鲁斯·西庇阿在阿非利加无情地处死了(*Bell. Afr*. 46. 3)。

② 相关的理性分析见 Münzer,P-W II A,870。

啬银行家的追求时髦、挥金如土的儿子凯利乌斯在权衡了双方胜算后加入了恺撒的队伍。他投靠恺撒是为了解决自己的债务问题，但或许也是真心实意地想要推行改革。在担任市政官期间，凯利乌斯发现并处理了罗马城供水工程中潜藏的一处骗局，从而为罗马帝国的行政管理提供了一个被人铭记的经典案例。[①] 与他的朋友库里奥一样，凯利乌斯也同阿皮乌斯·普尔切结下过仇怨。[②] 这两人都精神饱满、口若悬河，库里奥尤其如此。后者尽管资历尚浅，却仍能凭借勇气和犀利的语言而跻身最伟大的政治演说家之列。[③]

恺撒在行贿和庇护被保护人等方面表现出来的慷慨是没有节制的。五花八门的动机、理想和忠诚感维系着他的党派。有些人是为了争取利益和站在胜利者一方——因为凯利乌斯这样的、目光敏锐的法官是能够看出在庞培的虚名和恺撒身经百战的军团之间哪个会占上风的。[④] 另一些人是为了免遭敌人迫害、复仇或恢复自身从前地位而投靠恺撒的。除破产者和冒险家之外，恺撒党还拥有一批令人生畏的、在才能和社会地位方面十分出众的人才。一些元老投奔了恺撒党，并指挥了内战，尽管我们找不到什么明显 64

① Frontinus, *De aq.*, 76.

② 他的仇人还有埃诺巴布斯(*Ad fam*. 8. 14. 1)。他同阿皮乌斯·普尔切的仇怨和同库里奥的友谊决定了他的政治立场——"C. Curio, quoius amicitia me paulatim in hanc perditam causam imposuit."(正是与盖约·库里奥的友谊将我一步步拖入了这个正在走向毁灭的派系。)(*Ad fam*., 8. 17. 1)

③ 关于库里奥作为演说家的情况，见 Cicero, *Brutus*, 280 f.；关于凯利乌斯，见 Tacitus, *Dial*. 25. 3, &c。

④ *Ad fam*., 8. 14. 3.

的政治纽带来解释他们何以要效忠于恺撒。[①] 选择恺撒的不仅有一些元老,还有一些年轻的显贵,尽管他们是那些支持庞培或属于加图党的前执政官的亲戚。[②]

内战可以引发家族内部的分裂。内战本身并非不同原则或不同阶级之间的较量,因此,我们并不是永远能够用家族内部失和或家族中的青年一代无法忍受老一辈人等理由去解释,同一贵族家族中的各个成员何以会站到彼此对立的不同阵营中去。在有些情况下,是他们故意选择的:这样一来,无论最后的斗争结果究竟怎样,他们都能够保护本家族的财富和社会地位。

个人效忠关系的纽带在重要程度上堪与家族纽带相提并论,并且前者往往还更为牢固。无论自身属于哪个社会阶级,人们都会追随一位领袖或自己的朋友,哪怕后者的目的是同自己毫不相

① 如卢奇乌斯·诺尼乌斯·阿斯普瑞纳斯(L. Nonius Asprenas, *Bell. Afr.* 80.4)。昆图斯·马尔奇乌斯·克瑞斯普斯(Q. Marcius Crispus,上引书,77.2)曾是卢奇乌斯·皮索(L. Piso)在马其顿的副将(*In Pisonem*, 54)。至于奥鲁斯·阿里埃努斯(A. Allienus)和绥克斯图·佩杜凯乌斯(Sex. Peducaeus)(两人在公元前48年的举动证明了其恺撒党羽身份,见 Appian, *BC*, 2.48.197),前者曾是昆图斯·西塞罗(Q. Cicero)在亚细亚的副将(*Ad Q. fratrem*, 1.1.10),后者则来自一个与玛库斯·西塞罗(M. Cicero)十分友好的家庭,参见 P-W XIX, 45 ff.。

② 如格涅乌斯·科奈里乌斯·伦图鲁斯·马塞里努斯的一个儿子(Caesar, *BC*, 3.62.4)和玛库斯·克劳狄乌斯·马塞卢斯·埃塞尼努斯(M. Claudius Marcellus Aeserninus, *Bell. Al.*, 57.4)。此外还有小霍腾西乌斯(*Ad Att.*, 10.4.6)、卢奇乌斯(Lucius)和昆图斯(Quintus),后者是布鲁图斯的妹夫盖约·卡西乌斯·隆吉努斯(C. Cassius Longinus)的堂兄弟。远房亲戚德奇姆斯·尤尼乌斯·布鲁图斯·阿尔比努斯(D. Junius Brutus Albinus)曾是恺撒在高卢的副将。关于他的家谱及其同波斯图米乌斯家族(Postumii)、塞尔维利乌斯·苏尔庇奇乌斯·鲁孚斯和盖约之子盖约·克劳狄乌斯·马塞卢斯(C. Claudius C. f. Marcellus)的关系,见 Münzer, *RA*, 407; P-W, Supp. v, 369 ff.。

干的，或甚至是自己所憎恶的。恺撒的血亲或姻亲中有一些属于中立派。[①] 但年轻的玛库斯·安东尼却是尤利乌斯家族中的一位女子所生的。联姻关系保证了前执政官菲利普和盖约·马塞卢斯在内战中保持观望；并且菲利普的儿子还是支持恺撒的保民官队伍中的一员。[②] 原本似乎不值一提的或十分脆弱的旧有联盟关系也得到了牢记和维护。例如，恺撒在担任军事保民官和大法官时辅佐过的两位前执政官的儿子便支持恺撒。[③] 恺撒从未失信于克拉苏；克拉苏的小儿子此时已死，他的大儿子则追随着恺撒，尽管他的妻子名叫凯奇莉娅·麦特拉。[④] 65

恺撒本人足智多谋、难以捉摸，但他似乎在政治立场和友谊方面始终是忠诚可靠的。他没有忘记自己最初的纽带；他的崛起让

① 卢奇乌斯·尤利乌斯·恺撒（公元前 64 年执政官）担任过恺撒的副将（*BC*，1.8.2），但他的儿子却在阿非利加为共和国而战，并牺牲在那里。恺撒的另一位年轻的亲戚绥克斯图·尤利乌斯·恺撒（公元前 47 年的大法官）在公元前 49 年的行动中站在了恺撒一边（*BC*，2.20.7）。关于昆图斯·佩狄乌斯（Q. Pedius），参见下文，原书第 128 页。尤利乌斯家族谱系见 P-W X，183 f.。卢奇乌斯·奥勒里乌斯·科塔（L. Aurelius Cotta，公元前 65 年执政官）当时还健在（参见 Suetonius，*Divus Iulius*，79.4），但在公共场合并不十分引人注目。

② Caesar，*BC*，1.6.4.

③ 恺撒曾在西里西亚担任过普布利乌斯·塞尔维利乌斯·瓦提亚（P. Servilius Vatia）的下属（Suetonius，*Divus Iulius*，3），并在西班牙担任过盖约·安提斯提乌斯·维图斯（C. Antistius Vetus）的下属（Veilleius，2.43.4）。关于塞尔维利乌斯之子（公元前 48 年执政官），见下文，原书第 69、136 页。小盖约·安提斯提乌斯·维图斯（the younger C. Antistius Vetus，公元前 30 年递补执政官）曾在公元前 45 年治理过叙利亚行省（Dio，47.27.2）。

④ 由于自公元前 54 年起一直在高卢追随恺撒，玛库斯·李锡尼乌斯·克拉苏（M. Licinius Crassus）于公元前 49 年被任命为山南高卢总督（Appian，*BC*，2.41.165）。此后不久他便去世了。

三十年前还存在着的马略党和上一场内战的硝烟复活了。即便那些被苏拉所建立的秩序扶植起来的人对苏拉也没有什么好印象。庞培的名声即使在本阶级内部也已经臭不可闻。当他同麦特鲁斯家族结成同盟的时候，他等于是将一件致命的武器交到了自己的敌人手里：恺撒可以呼吁人们起来反抗寡头集团、压迫与谋杀：

cum duce Sullano gerimus civilian bella.[①]
（我们是在向苏拉麾下的将领发动内战。）

为了复仇和杀鸡儆猴、防止日后在罗马继续发生骚乱，苏拉放逐了他的对手，将他们的财产充公，剥夺了他们的后代的一切权利。倡导仁慈、重视阶级感情和政治影响的恺撒恢复了诺巴努斯（Norbanus）、秦那和卡里纳斯（Carrinas）的社会地位，他们都是马略党中大名鼎鼎的人物。[②] 作为一个仇视寡头集团、意欲取而代之的群体，马略党的成分极其复杂：其中既有贵族，也有新人、骑士和地方权贵。[③] 这个派别中的部分显赫家族并未被宣告为公敌，其中一些或早或晚地融入了苏拉的体系，成为庞培的支持者。正如我们所设想的那样，普布利乌斯·苏尔庇奇乌斯·鲁孚斯，那位口若悬河、慷慨激昂、凭借其立法活动加速了马略与苏拉之间内战

① Lucan, *Pharsalia*, 7. 307.

② 盖约·诺巴努斯·弗拉库斯（C. Norbanus Flaccus）是公元前 83 年执政官诺巴努斯的孙子；恺撒曾迎娶过卢奇乌斯·科奈里乌斯·秦那（L. Cornelius Cinna，公元前 44 年大法官）的姐妹；盖约·卡里纳斯（C. Carrinas）则是将领马略之子。关于诺巴努斯，见下文，原书第 200 页；关于卡里纳斯，见下文，原书第 90 页。

③ 关于马略党中的显贵，见上文，原书第 19 页。

爆发的保民官的亲戚，不出意料地出现在了恺撒的阵营中。[①]

马略的政治传统被世人称为“平民派”。庞培一度是个平民派，利用保民官和支持改革的呼声去谋求他的个人野心。跟他的父亲一样，庞培算不上是一个前后一致的、有党派立场（无论这个立场是好是坏）的政治家。行省总督恺撒则是忠诚于自己的党派立场的。在恺撒的身边簇拥着一批因从前的立法活动或对抗元老院的行为而闻名于世的前保民官，恺撒经常从他们中挑选自己在 66
高卢地区活动时需要派出的副将。有一位活跃的保民官属于社会知名人士。瘟疫一样的公民中的一些已经在控诉面前屈服了；但雄辩的昆图斯·弗菲乌斯·卡勒努斯（Q. Fufius Calenus）和受人欢迎的、健壮乐观的普布利乌斯·瓦提尼乌斯（P. Vatinius，恺撒担任执政官期间的保民官）却守住了自己的阵地。[②]

喀提林和克罗狄乌斯死了，但并未被世人遗忘。寡头统治阶级的那些或唯利是图或理想主义的敌人重新鼓起了勇气。显然，恺撒会补偿并嘉奖他的朋友和党羽——他们在阴谋和非法活动中长期与恺撒风雨同舟，或者也可能仅仅是政治审判中的牺牲品。喀提林的党徒普布利乌斯·科奈里乌斯·苏拉（独裁者苏拉的亲

① 他娶了尤利乌斯家族中的一位女子（Val. Max. 6. 7. 3）。这个普布利乌斯·苏尔庇奇乌斯·鲁孚斯，恺撒在高卢战争和内战中的副将（P-W IV A，849 f）于公元前 42 年当选监察官；于同年当选执政官的则是盖约·安东尼（*ILS* 6204）。

② 关于昆图斯·弗菲乌斯·卡勒努斯这位公元前 61 年的保民官（他当时保护了克罗狄乌斯）和公元前 59 年的大法官，参见 P-W VI，204 ff.。为饱受非议的普布利乌斯·瓦提尼乌斯辩护的说法，见 L. G. Pocock，*A Commentary on Cicero in Vatinium*（1926），29 ff.。在从前支持庞培的保民官中，卢奇乌斯·弗拉维乌斯（L. Flavius）加入了恺撒的阵营（*Ad Att.*，10. 1. 2）；盖约·麦西乌斯也这样做了（*Bell. Afr.*，33. 2）。

戚)曾被告上法庭,但被一位雄辩律师(他曾借给过这位律师一大笔钱)的出色辩护所解救。[①] 他后来投奔了恺撒,在法萨卢斯战役中指挥军队右翼,并为恺撒复制了苏拉的好运。[②] 庞培的第三次执政官任期减少了整顿后的政府的敌人数目,但对元老院的清洗很快又制造了另一批"受迫害人士"(homines calamitosi)。

监察官职位是一把利器。公元前 70 年,两位亲庞培的监察官曾清理过元老院里的"不良分子"。[③] 二十年后,在另一场内乱一触即发之际,庞培身边只剩下一名监察官——阿皮乌斯·克劳狄乌斯(Ap. Claudius)。此人试图将库里奥逐出元老院。他的同僚皮索阻止了他的提议,但无力(或不愿)搭救亲恺撒的盖约·撒路斯提乌斯·克瑞斯普斯(C. Sallustius Crispus)——一个来自萨宾地区并投身政界的年轻人,他在庞培第三次执政官任期内的权贵集团反对者中是一位十分引人注目的保民官。[④] 撒路斯提乌斯被指控生活奢侈、道德堕落。阿皮乌斯·克劳狄乌斯的政敌倒是完全有理由以同样的罪名控告那位道貌岸然的监察官。

此外,恺撒还争取到了三位曾蒙受耻辱的前执政官,他们并不
67 都是品质上有污点的人。我们手头上至少拥有非常明确的证据,可以说明伽比尼乌斯——从前的庞培党人和维护诸行省利益的立

---

① Gellius, 12. 12. 2 ff.;"Sallust", *In Ciceronem*, 3.

② Caesar, *BC*, 3. 89. 3. 恺撒还从对手那里窃取了"胜利者维纳斯"(Venus victrix)的形象,见 Appian, *BC*, 2. 68. 281。

③ 他们是格涅乌斯·伦图鲁斯·克罗狄亚努斯(Cn. Lentulus Clodianus)和卢奇乌斯·盖利乌斯·普布利可拉(L. Gellius Poplicola),庞培在剿灭海盗战争中派遣过的两位副将(Appian, *Mithr.* 95),他们可能在之前的西班牙战争中也担任过副将。

④ Dio, 40. 63. 4. 关于他在公元前 52 年的活动,见 Asconius 33=p. 37 Clark, &c。

法者——曾是一位受人尊敬的叙利亚总督。这条证据是他的敌人令人信服地提供的:他曾把行省包税人交给叙利亚人和犹太人这些“天生的奴隶民族”处置。[①] 因为这桩“穷凶极恶的暴行”,伽比尼乌斯本人沦为了包税人手下的牺牲品。假使庞培当时留意过这件事,他大概会出手相救的。[②] 但伽比尼乌斯的仕途现在已经一帆风顺了。

庞培在东西方拥有的巨大领导权为政治庇护关系和军事经验的积累提供了空间。他那些为数众多的副将可能构成了一个可怕党派的骨干力量。[③] 他将其中的一些人借给了自己的盟友——行省总督恺撒,其中的另一些人则离他而去。[④] 恺撒从这位前辈的榜样(以及错误)中获取了利益。在高卢战争期间,恺撒从自己的亲戚、朋友和政治同盟者中挑选了多位副将(从公元前56年算起,他一共任命了10位),这些人的社会地位十分多样,包括显贵、没

① Cicero,*De prov. cons.*,10:“iam vero publicanos miseros—me etiam miserum illorum ita de me meritorum miseriis ac dolore! —tradidit in servitutem Iudaeis et Syris, nationibus natis servituti。”(现在他[伽比尼乌斯]让那些不幸的包税人——当这些在我看来值得尊重的人遭受不幸与痛苦时,我也为他们感到难过!——忍受犹太人和叙利亚人的奴役,尽管那些民族自己生来就是奴才。)西塞罗曾称赞过伽比尼乌斯日后在这些美德方面表现出的可悲退步(Asconius 63=p. 72 Clark)。

② 庞培曾公开发言支持自己的被保护人,并迫使西塞罗也为他进行辩护。至于庞培的这种做法包含了多少诚意,那是另外一个问题。庞培当时可能急于要协调各种金钱利益关系。

③ 具体名单见 Drummann-Groebe,*Gesch. Roms* IV^2,420 ff.;486。

④ 恺撒在高卢地区最早派遣的副将有提图斯·拉比埃努斯、昆图斯·提图里乌斯·萨比努斯(Q. Titurius Sabinus,他的父亲曾在西班牙在庞培手下服役[Sallust, *Hist.* 2.94M])和塞尔维利乌斯·苏尔庇奇乌斯·伽尔巴(Ser. Sulpicius Galba,他的父亲很可能就是已发现的阿斯库鲁姆[Asculum]地方执政官名单中的那一位[*ILS* 8888])。

有担任过执政官的著名元老家族后裔和罗马骑士的后代(后者所占比例不算太大)。[①] 无论这些人的出身和隶属关系怎样,作为一个集体,这些高卢战争中的将领均忠于他们的行省总督,并在他担任独裁官后继续为他指挥军队、治理行省。[②] 诚然,其中有些人对恺撒表示失望,或背叛了他。然而在这个群体中,至少有八人日后担任了执政官。只有两位当时或从前的恺撒副将投靠了恺撒的敌人——他们是西塞罗的弟弟和伟大的统帅提图斯·拉比埃努斯。在恺撒的颂扬与支持下,拉比埃努斯受到了鼓舞,希望能够竞选执政官席位。[③] 其他的庞培党人和庞培的皮克努姆老乡或许被恺撒
68 的手腕、金钱和荣耀所俘虏。拉比埃努斯离开了恺撒,但并未背离自己的政治原则——他不过是回归了自己从前的效忠对象而已。[④]

恺撒的追随者在构成上具有二元性。他起兵反对当权者、身为马略党人和平民派的事实曾一度令同时代人感到恐惧;并且后人也经常认为他是一个革命者,因而会过分重视其党派和政策中的非元老院,甚至反元老院因素。地位最为显赫的前执政官中的

---

① 详细名单见 Drummann-Groebe,*Gesch. Roms* III^{2},700 f.。

② 关于该时期的行省总督成员,见 E. Letz,*Die Provinzialverwaltung Caesars* (Diss. Strassburg,1912)。

③ *BG*,8.52.1:"T. Labienum Galliae praefecit togatae, quo maior ei commendation conciliaretur ad consulatus petitionem."(他[恺撒]任命提图斯·拉比埃努斯管理高卢事务,这对后者竞选执政官极有帮助。)恺撒和拉比埃努斯原本希望能在庞培权威的背后支持下共同当选公元前 48 年的执政官,但这一计划并未实现。相关分析参见 *JRS* XXVIII(1938),113 ff。

④ 关于拉比埃努斯的背叛,见 Dio,41.4.4;Cicero,*Ad Att*.7.12.5,&c。他在公元前 50 年受到过拉拢,见 *BG*,8.52.3。

大多数都联合起来反对恺撒。但无济于事，恺撒阵营中不仅拥有多位元老，甚至还有一些来自显贵阶层的成员。

在恺撒的党派中，最引人注目的正是出身贵族的显贵群体。与苏拉一样，恺撒也是一名贵族，并以此为荣。他曾当着民众的面夸口说，自己是不朽诸神和罗马诸王的后代。[①] 贵族和平民是能够彼此理解的。贵族可以追忆他们的祖先从前给予平民的种种恩惠，[②]他也可以诉说高贵出身与社会地位所赋予自己的种种义务。平民是不会因为恺撒出身罗马贵族而故意把选票投给其他平民或外地贵族的。按照罗马贵族的传统行为方式，恺撒利用了自己的家族地位和国家宗教来为自己谋求政治地位和统治权力，并成功地赢得了大祭司长职位——尤利乌斯家族传统上就是长期担任神职的。[③] 苏拉和恺撒都来自已经长期没落的贵族家庭，他们都要努力恢复并重塑自己的尊贵地位。[④] 罗马贵族是一个十分顽强的社会阶级。尽管它们有时会由于贫困、无法适应不断变化的经济体系、活跃对手的挑战和麦特鲁斯家族等平民家族的兴起而没落，

① Suetonius, *Divus Iulius*, 6. 1:"nam ab Anco Marcio sunt Marcii Reges, quo nomine fuit mater; a Vanere Iulii, cuius gentis familia est nostra. est ergo in genere et sanctitas regum, qui plurimum inter homines pollent, et caerimonia deorum, quorum ipsi in postestate sunt reges。"（我母亲的族名马尔奇乌斯・雷格斯可上溯到安库斯・马尔奇乌斯，而我们自己所属的尤利乌斯家族则是维纳斯的后代支系。因此我们既像在凡人中执掌大权的国王那样不可侵犯，又像管理国王的诸神那样受人景仰。）

② 可参见喀提林在元老院里的发言（Sallust, *BC*, 31. 7）："sibi, patricio homini, cuius ipsius atque maiorum pluruma benificia in plebem Romanam essent。"（作为一名贵族，他[喀提林]像自己的祖先那样，曾多次造福过罗马平民。）

③ *ILS* 2988（尤利乌斯家族[genteiles Iuliei]在波维莱[Bovillae] 主持的维狄奥维斯[Vediovis]崇拜）。

④ Münzer, *RA*, 356; 358 f.; 424.

但它们始终记得自己的古老荣耀，并随时准备夺回领导权。

有些家族将庞培视为苏拉的继承者和寡头集团的保护者。但大部分没落贵族将希望寄托在恺撒身上，并且他们的如意算盘也没有落空。在苏拉统治时期，法比马斯家族已没落到无法推出一
69 位执政官的程度。而一位追随恺撒的法比乌斯·马克西穆斯(Fabius Maximus)就为自己的家族重新赢得了执政官席位。[①] 显赫的克劳狄乌斯家族中最著名的阿皮乌斯·克劳狄乌斯和科奈里乌斯家族的两个支系——西庇阿家族和伦图鲁斯家族都代表着寡头集团。但恺撒也争取到了高贵的提比略·克劳狄乌斯·尼禄(Ti. Claudius Nero，西塞罗曾希望将此人招为女婿)和放荡的普布利乌斯·科奈里乌斯·多拉贝拉(P. Cornelius Dolabella，他的妻子与女儿所做出的选择把他变成了一个邪恶的、喜欢惹是生非的家伙)及其他贵族的支持。[②]

在罗马政治史上，埃米利乌斯家族和塞尔维利乌斯家族占据着一个特殊的位置。这两个贵族家族似乎在平民开始得以担任执政官的时候，为争取权力而与后者结成了同盟。[③] 到了恺撒这一代人的时候，力图恢复家族荣耀和权力的塞维莉娅重建并巩固了

① 指在其执政官任期内(公元前 45 年)去世的昆图斯·法比乌斯·马克西穆斯(Q. Fabius Maximus)。

② 西塞罗原本打算将尼禄招为女婿(*Ad Att*. 6. 6. 1)。关于他为恺撒效劳的情况，见 *Bell. Al*. 25. 3；Suetonius，*Tib*. 4. 1。多拉贝拉曾在公元前 51 年控告过阿皮乌斯·克劳狄乌斯·普尔切(*Ad fam*. 8. 6. 1)，因此他在内战爆发之际基本上别无选择。恺撒指定他担任公元前 44 年的执政官，当时他不可能像阿庇安(Appian，*BC*，2. 129. 539)所说的那样，只有 25 岁。恺撒党中的其他贵族有前执政官麦萨拉·鲁孚斯(Messalla Rufus)和塞尔维利乌斯·苏尔庇奇乌斯·伽尔巴。

③ Münzer，*RA*，12 ff.。

这些旧有的纽带。为了推行其野心勃勃的计划，塞维莉娅毫不留情地利用了她第二任丈夫的三个女儿，分别把她们嫁给了盖约·克拉苏·隆吉努斯(C. Crassus Longinus)、玛库斯·埃米利乌斯·雷必达和普布利乌斯·塞尔维利乌斯·伊苏里库斯(P. Servilius Isauricus)。[①] 雷必达可能会记得与庞培之间的家族仇怨；并且他的担任过执政官的兄弟也被恺撒用一大笔钱收买了。[②] 塞尔维利乌斯属于跟塞维莉娅同族的一个支系；这个支系早已沉沦为平民，但并未忘记自身的贵族血统。普布利乌斯·塞尔维利乌斯(P. Servilius)是个具备一定才干的人。雷必达虽有影响，却无党派；他尽管野心勃勃，却缺乏将之付诸实践的意志和实力。恺撒用执政官席位笼络了他们两个，这一行为或许得到了他的朋友和从前的情妇、可怕且富有远见的塞维莉娅的默许和帮助。但塞维莉娅雄心万丈的计划受到了加图投靠庞培和内战爆发的双重打击。她的儿子布鲁图斯选择了美德与自由，以及他的舅舅加图和自己的杀父仇人庞培。

贵族忠于政治传统，却并不受血统或原则的束缚。王政和民
主制都可以服务于他们的目的，提升其个人和家族的地位。政体 70
问题是无足轻重的——贵族家族原本就比罗马共和国更加古老。罗马贵族的野心在于维持自己的尊贵地位、追求荣耀、展示自己的大度；其神圣职责在于保护他的朋友和追随者，确保他们的光明前

① 上引书，347 ff.。她的第二任丈夫是德奇姆斯·尤尼乌斯·西拉努斯(D. Junius Silanus，公元前 62 年执政官)。在科斯岛(Cos)发现的一条铭文(*L'ann. ép.*)表明，普布利乌斯·塞尔维利乌斯的妻子是德奇姆斯的女儿和尤尼乌斯家族的成员。

② Appian，*BC*，2. 26. 102.(库里奥[Curio]是他的亲戚，见 Dio，40. 63. 5)。

途(无论他们正处于何种人生境遇中)。忠诚、自由和友谊是整个统治阶级所珍视的品质,这对于恺撒和布鲁图斯而言都是适用的。恺撒在本质上是一名贵族。“他是恺撒,因此他必须一诺千金。”[①]他还认识到:“如果他(恺撒)曾为了捍卫自己的尊贵地位而向杀手或土匪们寻求过帮助的话,那么他是一定会在事后报答他们的。”[②]这并非一句空话,恺撒在这方面的表现和政策是同时代的罗马人都能看到的。[③] 人们并不是总能公正地看待在尤利乌斯家族和克劳狄乌斯家族身上反映得十分明显的、罗马贵族集团所坚持的慷慨、自由传统。罗马的那位新人(西塞罗)未免太过于渴望忘记自己的出身,改善自己的处境了;他尽力取悦贵族们,等待着把对自己有用的朋友们推上他自己费了九牛二虎之力才争取来的职位(执政官)。

为了保护自己免受敌人的伤害,恺撒动用了他那忠诚且战无不胜的军团——他在希斯帕利斯(Hispalis)对误入歧途的西班牙人说,他们可以把天空扯下来。[④] 百夫长们是恺撒的盟友、政治代

---

① *Bell. Hisp.* 19. 6:“se Caesarem esse fidemque praestaturum。”另参见《比提尼亚人辩护词》(*Pro Bithynis*)中的一句话(转引自 Gellius,5. 13. 6):“neque clients sine summa infamia deseri possunt。”(倘若没有蒙受奇耻大辱的危险,他们就不能抛弃自己的被保护人。)

② Suetonius,*Divus Iulius*,72:“si grassatorum et sicariorum ope in tuenda sua dignitate usus esset,talibus quoque se parem gratiam relaturum.”

③ *Ad fam*. 8. 4. 2:“infimorum hominum amicitiam。”(与小人物的友谊。)

④ *Bell. Hisp.* 42. 7:“an me delete non animum advertebatis habere legiones populum Romanum quae non solum vobis obsistere sed etiam caelum diruere possent?”(难道你们没有想过,如果我遇害了,罗马人民仍然拥有这样的一批军团,他们不仅能够抵挡你们,甚至还能把天空扯下来吗?)

理人和他手下的官吏。在法萨卢斯，意志坚定的克拉斯提努斯(Crastinus)以恺撒的尊严和罗马人民的自由为口号，拉开了战斗的序幕。[①] 在对百夫长们的历次差遣中，恺撒都守信地报答了他们的勇敢和忠诚。[②] 军饷、战利品和游历、晋升的机会使服兵役十分有利可图。恺撒在渡过卢比孔河之前甚至还要向百夫长们借钱。

诚然，骑士阶层的军官们（无论他们是不是元老的后代）的服役通常主要不是为了建功立业，而是为了得到友谊与影响力、获取利益并在政治上有所发展，但军事经验并不是百夫长们的专利。社会地位低于他们的骑士盖约·沃鲁森努斯·夸德拉图斯(C.
Volusenus Quadratus)就在十余年中，在恺撒手下经历了高卢战 71
争和内战。[③] 在他所属的社会阶层中还有其他出色代表。

许多骑士都会追随一位行省总督，并负责各式各样的工作。这样的骑士参谋官有来自福尔米埃(Formiae)、以敛财和作恶而臭名昭著的旧庞培党人玛穆拉，[④]以及与众不同的普布利乌斯·维提狄乌斯(P. Ventidius)。后者在童年时期曾品尝过沦落为奴隶的滋味：他在阿斯库鲁姆被庞培·斯特拉波俘虏，被人用绳索牵引着或抬着参加了一场罗马凯旋式。在经历了默默无闻的青年时代后（有人说他当时只是一个普通士兵），维提狄乌斯开始崭露头角，

---

① *BC*，3.91.2.

② 如 *BC*，3.53.4 f.，参见 Cicero，*Ad Att*. 14.10.2（斯凯瓦[Scaeva]其实代表着一种类型）。

③ *BG*，3.5.2；4.21.1，23.5；6.41.2；8.23.4，48.1；*BC*，3.60.4.

④ Cicero，*Ad Att*. 7.7.6；Catullus，29.1 ff.，&c.，参见 P-W XIV，966 f.。

变成了军队的物资承包商，并以补给、运输专家的身份为行省总督恺撒效劳。[①]

在恺撒的朋友圈中还有他的秘书、参谋和政治代理人，其中的许多人是以文学品位、文学创作和理财能力而闻名的。行省总督的秘书处后来变成了独裁官的内阁。他们中的大多数人是罗马骑士，但潘萨(Pansa)，可能还有希尔提乌斯(Hirtius)，已经进入了元老院。[②] 希尔提乌斯是个具有学术品位、追求安逸的人，以美食家的身份而闻名于世——邀请他赴晚宴可是一件危险的事情。[③] 希尔提乌斯后来补全了《高卢战记》(*Bellum Gallicum*)，并编纂了《亚历山大里亚战记》(*Bellum Alexandrinum*)，意在将其记载一直延续到恺撒去世。他还为自己的朋友和庇护人写过更为直白的政治宣传作品，攻击世人对加图的缅怀。现存史料中并未提到过潘萨或亲恺撒的商人盖约・玛提乌斯(C. Matius)的任何作品，但玛提乌斯的儿子创作过一篇论园艺的论文，并培育出了一个以他

① 关于普布利乌斯・维提狄乌斯的核心史料来自 Gellius，15. 4；Dio，43. 51. 4 f. 。关于把他指认为维吉尔 *Catalept*. 10 中的赶骡人萨比努斯(Sabinus)的问题，参见 Münzer，P-W IA，1592 ff. 。该说法其实并不十分可信。维提狄乌斯可能像玛穆拉一样，也是恺撒麾下的一名工程事务总长(praefectus fabrum)。同时代的和官方的史料都没有提到过他的姓氏“巴苏斯”(Bassus)；该称谓仅见于 Gellius(l. c.)，Eutropius(7. 5)和 Rufius Festus，*Brev*，18. 2。盖利乌斯承认自己的材料来自于苏埃托尼乌斯。

② 根据 Dio，45. 17. 1，盖约・维比乌斯・潘萨・凯特罗尼亚努斯(C. Vibius Pansa Caetronianus，其全名来自于 *ILS* 8890)来自一个被宣告为公敌的家族。但他显然与公元前 51 年的保民官盖约・维比乌斯・潘萨(*Ad fam*. 8. 8. 6)是同一个人。在高卢地区进行的各次战役的记载中，我们找不到一个名为希尔提乌斯的将领。有些人认为他的职务不大可能是军事性的。

③ *Ad fam*. 9. 20. 2.

自己命名的苹果新品种。[①]

不知疲倦且形影不离的奥皮乌斯和巴尔布斯撰写着书信和小
册子，在内战爆发前后的或秘密、或公开的使命中为恺撒的利益而 72
奔走、密谋与谈判，以便巩固这位行省总督的政治同盟，争取有影响力的中立派，离间、欺骗或恫吓恺撒的敌人。通过这些代理人，恺撒一次次地向西塞罗那摇摆不定、屡遭打击的忠心展开攻势。[②]

盖约·奥皮乌斯可能出身于有产者家庭，其父辈为罗马银行家。但如果与西班牙加的斯（Gades，古时布匿人建造的城市）的领袖人物、可怕的巴尔布斯相比起来，奥皮乌斯恐怕要黯然失色了。论出身，卢奇乌斯·科奈里乌斯·巴尔布斯并不是罗马公民；通过担任庞培的副将，他凭借在塞多留战争中为罗马做出的贡献而获得了罗马公民权。[③] 先后担任过远西班牙行省财务官和省长的恺撒结识了巴尔布斯，把他带到了罗马。作为庞培和恺撒的共同盟友，巴尔布斯逐渐步入了权力舞台的中心。在罗马共和国的最后十年中，几乎没有哪次阴谋不是在巴尔布斯知情的前提下完成的；也没有几份协约不是有了巴尔布斯牵线搭桥才得以签署的。[④] 巴尔布斯的辩护者所精心设计的借口反映了他是多么不得人心。公元前 56 年初，庞培、克拉苏和恺撒的同盟面临着瓦解的危险。抓住这一有利时机，一个受到挑唆的不知名姓的人对巴尔

① Pliny, *NH*, 15.49.

② *Ad Att*. 8.15a; 9.7a, 7b, &c.

③ *Pro Balbo*, *passim*. 他的新家族名“科奈里乌斯”可能得自于卢奇乌斯·科奈里乌斯·伦图鲁斯·克鲁斯，见上文，本书第 66 页注②，即原书第 44 页注 4。

④ 我们可以猜想，他一定在公元前 60 年的条约签订过程中发挥了作用。同年 12 月，他还试图把西塞罗拉入这个同盟，见 *Ad Att*. 2.3.3。

布斯提出指控，质疑其罗马公民权的合法性。卢卡协定将三头重新团结起来，从而拯救了他们的代理人。当此案开庭审理时，庞培和克拉苏都为这个加的斯人辩护。西塞罗也做了发言。可能会有些心怀妒意的人中伤巴尔布斯，但作为这些著名公民的朋友，他是不会有什么公开敌人的。[①] 巴尔布斯打赢了官司。但在某些政治阴谋失败后，巴尔布斯的命运和西塞罗所扮演的角色是天差地别的。

巴尔布斯像一位君主一样统治着他的家乡加的斯。在罗马，这位来自异乡的百万富翁所拥有的权力要超过大多数元老。一些因行事风格而被冠以“平民派”头衔的政治家仇视财富；出于自私或不偏不倚的动机，他们希望摧毁金钱在罗马国家中的力量。但
73 克拉苏或恺撒并不这样想。庞培党是无法利用有产阶级或大笔财富来对付恺撒的。[②] 财阀阿提库斯能够较为准确地预测事件，并泰然自若地面对未来将要发生的一切。十分令人惋惜的是，他写给自己那些忧心忡忡的被保护人的书信未能流传下来。当时，许多银行家已成为恺撒的私交。我们可以推测，阿提库斯向他们保

① Cicero, *Pro Balbo*, 58:“nam huic quidem ipsi quis est umquam inventus inimicus aut quis iure esse potuit?”(并且谁能发誓宣称自己是这个人[巴尔布斯]的仇敌呢?)

② *Ad Att*. 7. 7. 5 (公元前 50 年 12 月):“an publicanos qui numquam firmi sed nunc Caesari sunt amicissimi, an faeneratores, an agricolas, quibus optatissimum est otium? nisi eos timere putas ne sub regno sint qui id numquam, dum modo otiose essent, recusarunt.”(你相信那些从未表达过明确立场、现在却同恺撒打得火热的包税人们，或是那些一心只求平安无事的银行家和农夫[会效忠于庞培]吗？除非你认为他们会对王政感到恐惧；但这些人只要还能维持安逸闲适的日子，就从来不会拒绝在王政统治下生活)；参见 *Ad Att*. 8. 13. 2;16. 1。

证不会发生根本性的变革。他们更需要害怕的是庞培，并且他们自己对此也心知肚明。恺撒党中并不都是破产者和恐怖分子；[①]而在战争爆发之际，庞培党和他们的首领却很有可能会发起苏拉式的公敌宣告运动。[②]

银行家和财阀的领军人物——盖约·拉比里乌斯·波斯图穆斯(C. Rabirius Postumus)是一名狂热的恺撒党徒。[③] 他的父亲盖约·库尔提乌斯(C. Curtius)是骑士阶层的领袖，并且还是"最勇敢和最伟大的包税人"(fortissimus et maximus publicanus)。为此人所做的精彩辩护词宣称，他的资本运作不是为了任何个人收益，而是为了周济他人和造福一方。[④] 没有任何具体史料可以证实这个在罗马财阀中间流传着的、似乎令人难以置信的说法。我们对他的儿子了解得更多些，那是一个其业务遍布整个地中海世界的银行家。正直、开明的波斯图穆斯向埃及国王提供了大笔借

① *Ad Att*, 9.2.4; *Ad fam*. 7.3.2。

② *Ad Att*. 8.2.2; 9.10.2, 6; 2.6.2.

③ 德扫(Dessau, *Hermes* XLVI(1911), 613 ff.)认为，恺撒党人库尔提乌斯(Curtius)或库尔提乌斯·波斯图穆斯(Curtius Postumus)其实就是臭名昭著的拉比里乌斯·波斯图穆斯；后一个名字得自于他通过一份遗嘱被过继给自己舅舅(一个富人和坊间传说的杀害萨图宁[Saturninus]的凶手[*Ad Att*. 1.6.1])的事实。

④ Cicero, *Pro C. Rabirio Postumo*, 3: "fuit enim pueris nobis huius pater, C. Curtius, princeps ordinis equestris, fortissimus et maximus publicanus, cuius in negotiis gerendis magnitudinem animi non tam homines probassent, nisi in eodem benignitas incredibilis fuisset, ut in augenda re non avaritiae praedam, sed instrumentum bonitati quaerere videretur."(在我们的童年时代，他的父亲盖约·库尔提乌斯[C. Curtius]、骑士阶层中的翘楚、包税人中最强大和最有实力的人，拥有一颗高贵的灵魂。他在做生意时不会以那些在常人眼中十分正常的行为牟利，除非这些做法能够展示他那不可思议的慷慨。他似乎不是在为满足自己的贪欲而积累财产，而只是为了增加自己行善施舍的手段。)

款;后者虽然无力用硬通货偿还自己的恩人,却做了自己力所能及的事,指定波斯图穆斯为他的王国里的财政大臣。

恺撒党就是由元老和骑士组成的。有了罗马平民、高卢的军团、一批世家大族、一些才华横溢且踌躇满志的青年和富有远见的财阀的支持,恺撒轻而易举地占领了罗马和全意大利。但罗马已经征服了一个帝国,因而意大利的命运要在行省那里决定。这位
74 罗马贵族曾在早年里通过拉拢意大利贵族和庇护穷人扩大了其权力和影响。这一经验现在又被推广到了外省。伟人庞培在这方面所取得的成就超过了此前的所有行省总督。在西方、阿非利加和整个亚洲西部,大大小小的城镇、行省和国王们都通过个人效忠的纽带同这位"罗马人民的凯旋将军"联系在一起。在内战一触即发之际,罗马曾害怕恺撒会让阿尔卑斯山以北的蛮族涌入意大利境内。但同样现实的威胁是,庞培也有可能会将巴尔干地区的部落、东方的国王和骑兵引入罗马。① 庞培曾嘲笑过卢库鲁斯,称他为"罗马的薛西斯"(the Roman Xerxes)。② 其实庞培本人也是个"东方专制君主"。

在西方,至少在高卢行省,巨头庞培通过继承关系和私交建立起来的优势很快就被他那更为年轻、更具活力的对手夺走了。总督恺撒把山南高卢的各城镇和山外高卢的部落酋长争取到了自己一边。庞培的下属和朋友中可能有一些来自殖民地的人才和山南

---

① *Ad Att*. 8. 2. 2;9. 10. 3;2. 6. 2. 他在公元前 48 年曾与达西亚君主(Dacian monrch)布瑞比斯塔斯(Burebistas)进行过谈判(*SIG*[3] 762)。

② Velleius,2. 33. 4:"Xerxes togatus。"(身穿罗马长袍的薛西斯。)

高卢的自由民(municipia);[①]并且住在波河北岸(Transpadane)的聚落们也没有忘记,正是庞培的父亲为他们争取到了拉丁公民权。但恺撒在距离和长期影响力等方面更具优势。在维罗纳,诗人卡图鲁斯的父亲(此人无疑是个家道殷实的人)是行省总督恺撒的朋友和东道主。[②] 恺撒的部下中也有来自地方城镇贵族集团的骑士。未来可能得到的利益也比已经取得的利益更具吸引力。[③] 波河北岸的居民这时已在憧憬完全的罗马公民权。恺撒很久以前就领导过他们。他在担任行省总督期间刺激了他们的胃口,但直到内战开始后才真正满足了他们的要求。

在山外高卢行省(它很快就将被称作"纳旁高卢"[Narbonensis]),曾率部族骑兵帮助庞培对抗塞多留的沃科提人(Vocontii)头领为自己赢得了罗马公民权。他的兄弟也在米特拉达梯战争中服过役。他的儿子庞培·特罗古斯(Pompeius Trogus)是恺撒身边的亲信秘书。[④] 行省总督恺撒的另一位代理人是受人尊敬的盖约· 75
瓦勒里乌斯·特罗奇鲁斯(C. Valerius Troucillus)、"全高卢行省最显赫的人"(homo honestssimus provinciae Galliae),他是赫尔

① 如来自克里莫纳(Cremona)的努麦里乌斯·玛吉乌斯(N. Magius, Caesar, *BC*, 1.24.4)。

② Suetonius, *Divus Iulius*, 73.这位诗人可能受过麦特鲁斯家族的某种庇护。克罗狄娅的丈夫凯勒尔(Celer)曾在公元前62年治理过山南高卢(*Ad fam*. 5.1)。

③ 如来自普拉森提亚(Placentia)的盖约·弗勒吉纳斯(C. Fleginas,或菲尔吉纳斯[Felginas]),见 Caesar, *BC*, 3.71.1。卢奇乌斯·卡尔普尼乌斯·皮索(L. Calpunius Piso)的外祖父是一位名叫卡尔文提乌斯(Calventius)、并且来自那个殖民地的生意人,见 Cicero, *In Pisonem* fr. 11=Asconius 4(p.5, Clark), &c。

④ Justin, 43.5.11 f.

维人(Helvii)部落首领的儿子。[①] 此外,野心勃勃且富有诗才的科奈里乌斯·伽鲁斯(Cornelius Gallus)最早是作为恺撒党徒波利奥的朋友而进入历史记载的视野的。[②] 南部高卢已忘记了同多米提乌斯家族的祖上联系,认为庞培最近取得的桂冠比不上击败日耳曼人、渡过莱茵河、发现不列颠的恺撒所拥有的的权力和荣耀。

意大利北部的税收为恺撒的军团招募来了忠诚的士兵。[③] 他新近征服的“长发高卢”(Gallia Comata)地区为他提供了财富和世界上最好的骑兵。恺撒以坦诚、慷慨的姿态将罗马公民权赠予那些部族首领、盟友和从前的敌人。在整个内战期间,高卢都一直保持着忠诚。

伟人庞培认为全西班牙都是他的势力范围(clientela)。格涅乌斯·庞培·斯特拉波明智地继承了西庇阿家族的策略,即利用西班牙提供的帮助来为自己的利益服务。他向一整队被招募来镇压意大利起义者的骑兵赠予了罗马公民权。[④] 而庞培本人则子承父业,从塞多留和马略党手中重新夺回了西班牙。但庞培在西班

---

① *BG*,1.47.4,参见 19.3。关于这个名字的正确拼法,参见 T. Rice Holmes, *Caesar's Conquest of Gaul*² (1911),652.关于他的家族,参见 *BG*,7.65.2。

② *Ad fam*. 10.32.5,其中提到伽鲁斯拥有一部小巴尔布斯(the younger Balbus)创作的诗剧。伽鲁斯来自尤利乌斯广场镇(Forum Julii)(Jerome,*Chron*.,p. 164 H)。他的父亲名叫格涅乌斯·科奈里乌斯(Cn. Cornelius,*ILS* 8995),此人可能是一名高卢贵族,凭借其在塞多留战争中为庞培所效的犬马之劳而从某个格涅乌斯·科奈里乌斯·伦图鲁斯(Cn. Cornelius Lentulus)得到了公民权;参见巴尔布斯的例子(上文,原书第 72 页)。关于这一假说,参见 R. Syme,*CQ* XXXII (1938),39 ff.。

③ 来自奥皮特吉乌姆(Opitergium)的队伍受到了他们应得的热烈欢迎,见 Livy, *Per*. 110,&c.。

④ *ILS* 8888.

牙也有敌人。而恺撒在当地也很有名气,并且正如恺撒提醒忘恩负义的希斯帕利斯人注意的那样,他在离任后仍为自己曾治理过的这个行省带来了福利。[①] 自规模宏大的布匿战争以来,加的斯一直忠于罗马。恺撒把掌控加的斯政局的巴尔布斯家族从庞培阵营中挖到了自己这边。他或许还继承了曾在伊比利亚半岛招募过一支私人军队的盟友克拉苏在西班牙的人脉。[②]

阿非利加曾为庞培年轻时的第一次凯旋提供了名分与机会。但已在阿非利加为自己建立了一个王国的冒险家普布利乌斯·斯提乌斯(P. Sittius)却因对喀提林遭遇的记忆而心存忌惮。当地的 76
罗马老兵家庭和格图里亚人(Gaetuli)土著部落都不曾忘记马略和朱古达战争。[③]

在东方,国王、诸侯和各座城市都对庞培保持忠诚,将他视为罗马的合法代表;但这种态度只在庞培依旧保有权力的情况下才得以维系。庞培的敌人和对手都在伺机而动。在埃及,恺撒可以扶植一位权力的竞争者——克莉奥帕特拉,以抗衡她的姐妹和托勒密宫廷中的权臣。另一位富有才干的冒险家、波加蒙的米特拉达梯(Mithridates of Pergamum)起兵支持恺撒,解除了对亚历山大里亚的围困。恺撒还得到了埃多姆的安提帕特(Idumaean Antipater)的帮助。米蒂利尼(Mytilene)本是受庞培保护的城市,

---

① *Bell. Hisp.* 42. 1 ff.

② Plutarch, *Crassus*, 6.

③ 关于普布利乌斯·斯提乌斯(*Bell. Afr.* 25. 2, &c.),参见 P-W III A, 409 ff.;关于格图里亚人,见 *Bell. Afr.*。56. 3. 然而,那里的庞培庇护关系网也很强大,参见加图对庞培儿子所说的话,上引书,22. 4 f.。

城中的特奥法尼斯(Theophanes)是庞培的朋友,记载其在国内活动的历史学家和他的政治代理人。① 但恺撒在希腊的各座城市中也有自己的党羽,并且其队伍随着恺撒的节节胜利而日益壮大。② 庞培始终重用释奴,如财阀伽达拉的德米特里乌斯(Demetrius of Gadara)等。③ 恺撒在这方面并不落这位前辈巨头的下风,并且青出于蓝而胜于蓝:他直接任命鲁菲努斯(Rufinus)、他的一名释奴的儿子指挥自己在埃及的三个军团。④

以上,我们简略地介绍了恺撒的追随者——骑士、百夫长、商人、外省官吏、国王和诸侯,并通过其代表人物展示了他们的特征。其中的一些人,如伽比尼乌斯和库里奥,在战场上牺牲了;幸存下来的人都希望自己能在财富、荣誉和权力等方面有所收获。苏拉不就让他麾下的那些上起元老、下至士兵和释奴的党徒大赚了一笔吗?恺撒当然没有发起另一场公敌宣告运动,但他仍有权变卖、赏赐或瓜分其仇敌的产业。恺撒把获得的土地分配给了退伍老兵们在意大利和诸行省的定居点。对庞培产业的拍卖换来了 5000 万

① *SIG*³ 751 ff. 就特奥法尼斯而言,西塞罗提到过他对庞培的影响力(auctoritas)(*Ad Att*. 5. 11. 3);另参见 Caesar,*BC*,3. 18. 3(利波、卢塞乌斯和特奥法尼斯)。关于他的影响力和阴谋存在着大量证据,参见 P-W V A,2090 ff. 。

② 如在帖撒利(Thessaly,*BC*,3. 34. 4;35. 2;Cicero,*Phil*. 13. 33)。还应注意克尼多斯人(*SIG*³ 761;Strabo,p. 656,&c.)。关于这些族裔的更多信息,见下文,原书第 262 页以下。

③ P-W IV,2802 f. 关于他的财富、权力与奢侈作风,参见 Plutarch,*Pompeius*,40;Josephus,*BJ*,1. 155;Seneca,*De tranquillitate animi*,8. 6:"quem non puduit locupletiorem esse Pompeio。"(此人[德米特里乌斯]并不以比主子庞培更加富有为耻)。

④ Suetonius,*Divus Iulius*,76. 3. 也许其中的"鲁菲努斯"(Rufinus)应为"鲁菲奥"(Rufio),参见 Münzer,P-W I A,1198。

第纳尔(denarii),其实它的实际价值还要更高。[①] 安东尼和诗人昆图斯·科尼菲奇乌斯瓜分了庞培在外地的庄园。[②] 其他形形色色的人也从庄园和地产的没收中得到了好处,其中包括塞维莉娅 77
和普布利乌斯·苏拉(P. Sulla)[③]——后者因为三十年前的飞来横财已蒙受了恶名。巴尔布斯在当时已经臭名昭著,因其在罗马建造的豪华休闲花园和在图斯库鲁姆的庄园而受人忌恨。独裁官发现了他在大兴土木,这是他富可敌国和大讲排场的证据。[④]

那些作为恺撒追随者、著名的中立派、狡猾的叛变者和与恺撒和解的庞培党徒的元老迅速占据了各种行政职位,完全不理会政治体制的束缚与规定。恺撒将元老的数目由600人增加到900人,[⑤]将财务官增加为40人,大法官增加到16人。[⑥] 与被宣告的公敌及罗马政治审判的受害者的后代一起,各色恺撒党徒通过担任财务官、保民官或通过独裁官的特别指派而进入元老院。这样一来,统治集团和官职等级结构便得到了强化和调整。恺撒的许多措施在目的和效果上都是昙花一现的。但这一变革是永久性的。

---

① 至少要达到7000万第纳尔(Dio,48.36.4 f.)。

② Plutarch,*Caesar*,51.

③ *Ad Att*.14.21.3;*Ad fam*.15.19.3;*De off*.2.29.

④ *Ad Att*.12.2.2:“at Balbus aedificat. τί γὰρ αὐτῷ μέλει?”(巴尔布斯已经动工了——因为他这个人在乎什么呢?)

⑤ Dio,43.47.3.实际总数可能并没有这么巨大。

⑥ 上引书,43.49.1.恺撒显然是打算创设一种由两位执政官和16个由大法官分别治理的行省的政治体系。参见 Mommsen,*Ges. Schr*.IV,169 ff.。

78

第 6 章 恺撒提拔的新元老

当一个党派夺取了共和国政权后，它是无法制止失败者诽谤中伤新政府的成员的——那是一种苦涩的慰藉。恶毒的同时代人制造出的最危言耸听的一些说法被轻信的后人一再复述，最终变成了无人怀疑的历史记忆的一部分。有些人说，苏拉把一群武夫塞进了元老院。但如果我们仔细审视的话，在苏拉手下的那批令人生畏的百夫长队伍中，真正进入元老院的其实只有一人。①

恺撒的党羽是一群可怕的、令人生厌的暴徒。这些人中，成为新元老的有百夫长、士兵、书吏和释奴的后代。② 这种情况其实不值得大惊小怪，也不是什么新鲜事。理论上讲，所有自由公民都有资格担任财务官；在现实中，当选财务官的前提条件是拥有一名骑士应有的财富和社会地位，没有更高的门槛要求了。在恺撒的时代之前，一些释奴的后代已经进入了元老院；他们战战兢兢、如履

---

① 声名狼藉的卢奇乌斯·弗菲狄乌斯，“对各种荣誉的亵渎”（honorum omnium dehonestamentum），（Sallust，*Hist.* 1. 55. 22 M），百夫长首领（a primipilaris）（Orosius，5. 21. 3）。但可能还有其他这样的百夫长。关于苏拉时期新元老们来自的阶级，参见 H. Hill，*CQ* XXVI（1932），170 ff.。

② 概言之，他们是“一群渣滓”（colluvies）（*Ad Att.*，9. 10. 7），来自“死人堆”（νέκυια）（上引书，9. 18. 2）。最主要的证据见于：Dio，42. 51. 5；43. 20. 2；27. 1；47. 3；48. 22. 3；Suetonius，*Divus Iulius*，76. 3，80. 2；Cicero，*Ad fam.* 6. 18. 1；*De div.* 2. 23；*De off.* 2. 29；Phil. 11. 12；13. 27；Seneca，*Controv.* 7. 3. 9；Macrobius，2. 3. 11。更详细的讨论见 R. Syme，*BSR Papers* XIV（1938），12 ff.。

薄冰，面临着被无法通融的监察官逐出元老院的威胁。同样，书吏也很有机会取得罗马骑士的资格。恺撒手下的百夫长因他们的忠诚和由此取得的报酬而臭名昭著。有人宣称，元老院中充斥着这样的货色。只有无知或鲁莽的人才会误认为，独裁官会打破一切资历和社会地位的界限，直接从行伍中提拔自己的党徒。退伍后的百夫长有机会成为骑士，因此也就有资格成为陪审团成员、官吏或实业家，成为至少在地方上有头有脸的家族始祖（如果他不是继承人的话——并非所有的百夫长都出身卑微，来自穷乡僻壤）。百夫长的头衔是很有价值的，它可以通过庇护关系或服役而获得。[1] 79
恺撒的一些骑兵指挥官从前可能就是百夫长。在据称来自百夫长队伍的各位元老中，只有一位被现存史料充分证明担任过这一职务。[2]

最糟糕的是，恺撒把一批外省人提拔进了罗马元老院。罗马市民的幽默感在对最近刚刚脱下本民族长裤，对帝国之都的语言和特征尚不熟悉的高卢人的辛辣讽刺诗中得到了淋漓尽致的发挥。[3] 如果这个玩笑到此为止，它还是不错的。

---

① *Bell. Afr.* 54. 5；*BC*，1. 46. 4 也暗示了这一点。关于当时百夫长社会地位的大问题，参见 *JRS* XXVII（1937），128 f. 和 *BSR Papers* XIV（1938），13 中举出的证据和论点。

② 此人是盖约·福菲奇乌斯·芬哥（C. Fuficius Fango）（Dio，48. 22. 3；Cicero，*Ad Att*. 14. 10. 2）。一个同名者是阿克雷（Acerrae）的地方行政长官（*CIL X*，3758）。卢奇乌斯·德奇狄乌斯·撒克萨（L. Decidius Saxa）也可能是一位前百夫长，见下文，第 104 页注①，原书第 80 页注 1；还有埃特鲁里亚人卡福（Cafo），见 *JRS* XXVII（1937），135，尽管我们无法确定他是不是一位元老。

③ Suetonius，*Divus Iulius*，80. 2：

Gallos Caesar in triumphum ducit，idem in curiam.
Galli bracas deposuerunt，latum clavum sumpserunt.
（恺撒率领高卢人取得胜利，也率领他们占据了元老院。
高卢人脱下了裤子，穿上了元老们的宽大长袍。）

山南高卢仍旧保留着行省的名分和地位。该地区的殖民地和城镇生机勃勃、繁荣昌盛、声名远扬；它们可被恰如其分地称为意大利之花、罗马共和国的骄傲与支柱。① 人们其实已经无须刻意把这些新加入的意大利公民——无论他们来自共和国从前在高卢设立的据点还是晚近崛起的波河以北的山南高卢部族首府——同带有轻视意味的称呼"高卢"区别开来。卡图鲁斯的家族或许已经能够跻身元老阶层，维吉尔的家族也存在着这样的可能。在被恺撒提名进入元老院的人选中可能有来自克里莫纳的霍斯提利乌斯家族（Hostilii）和诗人赫尔维乌斯·秦那（Helvius Cinna）——公元前 44 年的平民保民官。②

纳旁高卢有资格宣称自己是穿长裤的元老们的家园。这些人的名字没有被记录下来。但我们可以对他们的起源和社会地位进行合理的推测。该行省可以以富裕且有教养的本地势族自诩；他们在成为罗马人之前就已经希腊化了，并且他们所拥有的公民权并非恺撒最近的赠礼，而是来自于一两个世代之前的行省总督。恺撒的朋友特罗奇鲁斯（Troucillus）、特罗古斯和伽鲁斯并非这个集团仅有的成员。该群体直到卡里古拉（Caligula）统治期间涌现出了两位执政官，从而进入帝国历史时才开始受到关注，因而此前

① Cicero，*Phil*. 3. 13："est enim ille flos Italiae，illud firmamentum imperi populi Romani，illud ornamentum dignitatis。"（它们是意大利之花、罗马人民政权的坚强支柱及其尊荣的装饰品。）

② 我们可以区别霍斯提利乌斯三兄弟，其首名分别为卢奇乌斯、盖约和普布利乌斯，其中至少长兄肯定是一位元老（Münzer，P-W VIII，2512 ff.）。如果我们可以信任注释者波菲里奥（Porphyrio，注 Horace，*Sat*. 1. 3. 130），那么普布利乌斯·阿尔菲努斯·瓦鲁斯（P. Alfenus Varus，公元前 39 年递补执政官）就来自克里莫纳。关于赫尔维乌斯·秦那，参见其诗歌残篇 1；关于布瑞克西亚的赫尔维乌斯家族（Helvii at Brixia），参见 *CIL* v，4237，4425 f.；4612；4877。

的相关记载不够充分。那里也有移居的罗马公民。[①] 早在 公元前
118 年，当意大利全境尚未接受罗马统治之际，该行省已在纳旁 80
(Narbo)设立了一个罗马人殖民地，随后便不时有意大利人前来定居，还有商人和财阀对当地进行大规模的开发。

西班牙作为一个已经建立了一个半世纪的罗马行省，其殖民地和意大利元素更为突出。直到恺撒时代，伊比利亚半岛已拥有几个官方设立的殖民地，非常规的移民定居点和大量罗马公民。公元前 44 年被恺撒任命为平民保民官的卢奇乌斯・德奇狄乌斯・撒克萨曾在历次战争中以百夫长或骑兵指挥官的身份为恺撒效劳。[②] 撒克萨可以说是一名罗马移民或殖民者。加的斯的巨头(the Gaditane magnate)巴尔布斯论出身并非罗马人，但却是一个与罗马结盟的异族的公民。巴尔布斯当时尚未进入元老院。他的勇敢、骄傲、残忍且奢华的年轻侄子在公元前 44 年当上了大法官。[③]

① 两人分别是格涅乌斯・多米提乌斯・阿菲尔(公元 39 年递补执政官)和德奇姆斯・瓦勒里乌斯・阿西亚提库斯(D. Valerius Asiaticus，公元 46 年第二次担任执政官)。他们论家世都是行省总督的后代。关于来自纳旁高卢的多米提乌斯家族(Domitii in Narbonensis)，参见上文，原书第 44 页；在瓦勒里乌斯家族中我们应当关注盖约・瓦勒里乌斯・特罗奇鲁斯(C. Valerius Troucillus)，见 Caesar，*BG*，1. 47. 4 &c。

② Caesar，*BC*，1. 66. 3；Cicero，*Phil.* 11. 12；13. 27，&c.，相关讨论见 *JRS* XXVII (1937)，127 ff.。他的家族来自奥斯坎地区(Oscan)。他是否有可能属于被宣告为公敌的格涅乌斯・德奇狄乌斯(Cn. Decidius，恺撒曾为之辩护(Tacitus，*Dial.* 21. 6；参见 *Pro Cluentio*，161))所在的萨谟奈家族？

③ 关于他为恺撒效劳的情况，见 Velleius，2. 51. 3。巴尔布斯是波利奥治下远西班牙行省的财务官；后者报道说巴尔布斯曾把一名罗马公民活活烧死，并将一名西班牙拍卖商丢给野兽吞噬，以及其他耸人听闻的事情(*Ad fam.* 10. 32. 3)。提提乌斯(Titius)可能是另一位来自西班牙的元老，见 *Bell. Afr.* 28. 2；参见 Münzer，P-W VIA，1557。关于恺撒时代之前存在一两位来自行省的元老的可能性问题，参见 *BSR Papers* XIV(1938)，14。

在来自西部行省的恺撒党徒、骑士或新元老中，有些是意大利人，另一些则拥有当地血统。这种对照是不全面的，并且也没有什么法律依据。在罗马贵族集团眼里，来自殖民地的罗马人或来自西班牙与高卢南部各城镇、家道殷实且富于才干的人起码要比释奴的后代更易于接受；他们或许还比一些来自意大利偏远、落后地区的外来者（他们的发音十分刺耳，其姓名极其鄙陋）更为开化和亲切。

无论是外省人、释奴还是百夫长，他们在一个已经拥有 900 名成员的机构中所占的比例都是很小的。如果我们轻率地接受关于通过恺撒提名进入元老院的新元老的出身、社会地位的，带有明显党派倾向的说法，那么我们就不仅会误解独裁官恺撒所推行的内
81 外政策，还会难以理解恺撒担任独裁官前后元老院的构成情况和基本特征。根据显而易见的道理和数字的说服力、那些由于偶然缘故而仅仅被记载了一次的不 为人知的古怪名字，以及在历史上没有留下过任何记载的 200 多名元老，我们可以推断，罗马骑士的后裔必然在苏拉时代之后的元老院中占据着很高的比例。[①] 同样

① W. Schur, *Bonner Jahrbücher* CXXXIV(1929), 54 ff.; R. Syme, *BSR Papers* XIV(1938), 4 ff.; 23 f. 就支持这一观点的证据而言，我们其实不必仅仅局限于一般性的陈述，如“为数相当多的外来人”(cetera multitude insiticia, “Sallust”, *Ad Caesarem*, 2. 11. 3)或“已在全意大利范围内进行挑选”(iam ex tota Italia delecti, Cicero, *Pro Sulla*, 24)。文献中存在着很多古怪但重要的关于“出身新人和家世卑微的元老”(homo novus parvusque senator, *Bell. Afr.* 57. 4)的例子。值得注意的有日后成为财务官的小城镇演说家凯帕修斯兄弟(Caepasii)、“默默无闻但突然声名鹊起的人物”(ignoti homines et repentini, Cicero, *Brutus*, 242)，天性高贵(homo per se magnus)、在约公元前 105—前 100 年差一点当选执政官的盖约·比利埃努斯(C Billienus, Cicero, *Brutus*, 175)，在公元前 65 年有过类似机会的卢奇乌斯·图里乌斯(L. Turius)(Cicero, *Brutus*, 237；参见 *Ad Att.* 1. 1. 2)，以及曾担任过包税人，但后来崛起成为亚细亚行省总督的提图斯·奥菲狄乌斯(T. Aufidius, 见 Val. Max. 6. 9. 7；Cicero, *Pro Flacco*, 45)。

的论据也适用于恺撒的元老院，并且更具说服力；与此同时，我们也更加难以准确判断，究竟哪些富于才干的小人物是被恺撒起用的，这一点其实并不那么重要。元老和骑士之间的差别其实只有社会等级而已。在通过独裁官恺撒提名进入元老院的那些遭到社会排斥或道德指责的人物中，绝大部分事实上是非常可敬的罗马骑士和有产者；他们完全有资格成为维护现存秩序的骨干。恺撒不仅建立了元老与骑士各司其职的等级和谐(concordia ordinum)，并且组织了一个建立在全民族团结基础上的新型政府。

西塞罗一想到自己要在东山再起的伽比尼乌斯本人注视下坐在元老院里，就感到不寒而栗。[①] 元老院里现在还有西塞罗曾为之辩护过的一大群被保护人；西塞罗为他们所做的辩护并不是迫于罗马巨头们的压力(像伽比尼乌斯的情况那样)，而是出于自己的选择，为了报恩或谋利的需要。贵族普布利乌斯·苏拉目前已同显贵盖约·安东尼(C. Antonius)和默默无闻的玛库斯·奇斯皮乌斯(M. Cispius)——一个有个性和有原则的、曾被判决犯有腐败罪行的人联手。[②] 西塞罗应当能够找到安慰：他现在能够看到，自己的身边有一大批银行家和财阀、骑士阶层中的翘楚、老朋友、忠诚的盟友和知恩图报的被保护人。巴尔布斯、奥皮乌斯和玛提乌斯尚未进入元老院——这些人并不需要这样做，因为他们在别处其实更能发挥作用。但元老院中还有卢奇乌斯·埃利乌斯·

① *Ad Att*. 10. 8. 3.

② 玛库斯·奇斯皮乌斯——公元前 57 年的保民官是一个“出类拔萃、始终如一的人”(vir optimus et constantissimus, *Pro Sestio*, 76)；但他此后很快被定罪(*Pro Plancio*, 75)，西塞罗为他做的辩护也无济于事，后来又出任过大法官，见 *CIL* I^2, 819。

拉米亚(L. Aelius Lamia)、一名在社会地位和声望方面无与伦比的骑士(此人曾是西塞罗的忠诚追随者,为了西塞罗的缘故而遭到
82 过执政官伽比尼乌斯的贬谪)和从父亲那里继承了慷慨美德和巨大遗产的、伟大的拉比里乌斯。这些饱受尊敬的人士如今装点着罗马元老院,不断提升自己的个人地位,以便同他们拥有的财富相匹配。[①] 作为包税人、公共承包商和工商业巨头,作为军中管理物资供应或指挥骑兵队伍的指挥官,他们积累了丰富且宝贵的经验,并即将在治理行省和指挥罗马军团的时候运用它们。拉比里乌斯不只是批评了罗马的海军和陆军(他的言辞激怒了西塞罗),他实际上是在指挥它们。[②]

总之,恺撒为他的新元老院任用了意大利城镇中的有产阶级,他们拥有社会地位和财富。无论其资财来自银行业、工业抑或农业,恺撒都会不拘一格地起用他们。罗马的光辉笼罩着意大利的各座城市,结束了它们的独立发展史。然而,当时仍然生存着一些独立聚落,有些是古代的殖民地,另一些则是近期才丧失独立的国家。它们拥有辽阔的领土、受人尊敬的历史和引以为傲的传统。无论是罗马公民权适用范围还是罗马市政组织在亚平宁半岛上的

---

① 卢奇乌斯·埃利乌斯·拉米亚(L. Aelius Lamia)、"骑士阶层中的翘楚"(equestris ordinis princeps, *Ad fam*. 11. 16. 2)、"一个出类拔萃、光彩夺目的人"(vir praestantissimus et ornatissimus, *In Pisonem*, 64),曾在公元前45年担任过市政官(*Ad Att*. 13. 45. 1)。他在阿非利加拥有商业利益(*Ad fam*. 12. 29),可能还在当地购置了大地产(或许就是日后的拉米亚努斯林地[saltus Lamianus]?)

② *Ad Att*. 9. 2a. 3:"Postumus Curtius venit nihil nisi classes loquens et exercitus。"(波斯图穆斯·库尔提乌斯每次过来的时候总要大谈特谈海陆军事务)。拉比里乌斯甚至还希望能竞选执政官(*Ad Att*. 12. 49. 2)。关于他领兵进驻阿非利加行省的事情,见 *Bell. Afr*. 8. 1;26. 3。

扩展都无法彻底改变它们的内部经济。跟共和政体下罗马的情况一样，在意大利各城镇中，换上市政制服的贵族继续保持着他们在割据式的或部族式的社会秩序下所享受的主导地位。官职赋予了他们贵族特权；并且罗马政治家们通常也十分注意维持意大利城镇贵族们同自己的友谊及其影响力。他不仅可以左右本城市政局或影响意大利的某个区域，[①]他还能像罗马贵族那样，从其佃户和依附者中招募一支私人军队。[②]

许多意大利城市的起源早于罗马城。它们的统治者可以在家世古老程度、甚至是尊贵地位与声望等方面同首都的贵族匹敌。83
跟罗马贵族一样，他们也宣称自己是国王和诸神的后代；通过一系列捏造家族谱系和传说的做法，他们至少可以声称自己的家族拥有值得尊敬的悠久历史。埃利乌斯·拉米亚家族（Aelii Lamiae）宣称自己的祖先来自《奥德赛》中的巨食人族（Laestrygones）；[③]这个说法有点无知、狂妄且带有希腊神话色彩。努克里亚（Nuceria）的维特利乌斯家族（Vitellii）的政敌炮制出了一些拙劣的神话传

① 如沃拉特雷的奥鲁斯·凯奇纳（A. Caecina of Volaterrae）、"意大利地方上最高贵的人"（hominem in parte Italiae minime contemnenda facile omnium nobilissimum）（*Ad fam*. 6. 6. 9）；以及奥鲁斯·克鲁安提乌斯·哈比图斯（A. Cluentius Habitus），"一个不仅在家乡拉瑞努姆，并且在当地及毗邻地区的整个范围内在美德、声望和高贵程度方面首屈一指的人"（homo non solum municipi Larinatis ex quo erat sed etiam regionis illius et vicinitatis virtute, existimatione, nobilitate princeps）（*Pro Cluentio*, 11）。关于外地显贵（domi nobile）阶层的情况，参见 *Pro Cluentio*, 23；109；196；Sallust, *BC*, 17. 4。

② 如卢奇乌斯·维希狄乌斯（L. Visidius）（Cicero, *Phil*. 7. 24）或更早的埃克拉努姆的米纳图斯·玛吉乌斯（Mintus Magius of Aeclanum）（Velleius, 1. 16. 2）。

③ Horace, *Odes*, 3. 17. 1："Aeli vetusto nobilis ab Lamo。"（古老贵族埃利乌斯家族，拉姆斯的苗裔。）

说，以便对抗那个掌控城镇权力的家族制造出来的、貌似合理的从农神福纳斯(Faunus)和女神维特莉娅(Vitellia)起源，经过罗马共和早期的一个十分古老，但已绝嗣的贵族家族传递下来的谱系。[①]有人说西塞罗的父亲是个染布匠；另一些人则把他的世系追溯到阿提乌斯·图鲁斯(Attius Tulllus)——一位曾与罗马作战过的沃尔西人国王。[②]

然而，在意大利早期的宗教与考古，以及神名、地名中并不缺乏可信的、甚至是明确无疑的证据。桑奎尼乌斯家族(Sanquinii)的族名让人想起萨宾族的神祇桑库斯(Sancus)；西塞罗的朋友维希狄乌斯(Visidius)——中意大利某地的一个地方巨头拥有一个跟在纳尼亚(Narnia)受到崇拜的神祇关系密切的名字。[③] 为了恭维弗拉维乌斯家族(Flavii)，有人杜撰说他们的祖先是赫拉克勒斯的同伴，这个说法令韦伯芗(Vespasian)也哑然失笑。但韦伯芗家族古代纪念碑所在地韦伯西埃(Vespasiae)却可以证明他来自努尔西亚(Nursia)的外祖父的声誉。[④] 人们曾试图为某个渥大维家族构建一个元老家族、甚至老牌贵族家族的谱系。这并不困难：在维利特雷(Velitrae，一个进城处)确实存在着扎实可靠的证据——那里有一个祭坛和一处古老的宗教圣所。[⑤]

① Suetonius，*Vitellius*，1 f.

② Plutarch，*Cicero*，1.

③ 卢奇乌斯·维希狄乌斯(Phil. 7. 24)，参见“神明维希狄亚努斯”(deus Visidianus)(Tertullian，*Apol*. 24)，W. Schulze，*Zur Gesch. lat. Eigennamen*(1904)，123；关于此类名字的众多实例，参见 W. Schulze，*Zur Gesch. lat. Eigennamen*(1904)，464 ff(“源自神的名字”[theophore Namen])。

④ Suetonius，*Divus Vesp*. 1.

⑤ Suetonius，*Divus Aug*. 1.

就某些地方性的世家大族而言，我们确实能够证明他们长期居住在当地。埃特鲁里亚沃拉特雷(Volaterrae)地区的凯奇纳家族(Caecinae)将他们的名字永久性地留在了附近的一条今天依旧存在的河流中。[①] 奇尔尼乌斯家族(Cilnii)统治着阿雷提乌姆(Arretium)地区，因他们的权势而遭到忌恨。几个世纪之前，当地公民发动起义，想把他们赶走。[②] 这一企图跟将阿琉亚斯家族(Aleuadae)家族从帖撒利的拉瑞萨(Thessalian Larisa)逐走的努力一样归于徒劳。罗马和其他地区的简史总是向我们讲述各座城市和各个民族的情况，却往往忽视了以盟主形式统治着他们的世 84
家大族。

罗马的统治阶级并不总是蔑视其他城市中的贵族。罗马的古代传说承认，异族国王曾统治过罗马。比古代国王更重要的是，他们权力的竞争对手和继承人——大部分贵族本身便拥有异族血统。当阿尔巴·龙迦城(Alba Longa)被毁灭时，其神明与统治阶级都被迁移到了罗马，尤利乌斯家族和塞尔维利乌斯家族都位列其中。阿图斯·克劳苏斯(Attus Clausus)、克劳狄乌斯氏族(gens Claudia)的祖先带着他的一群门客离开了萨宾人的土地，在罗马定居下来。[③] 瓦勒里乌斯家族同样很可能来自萨宾地区，法比乌

① 切奇纳(Cecina)河。

② Livy, 10. 3. 2："Cilnium genus praepotens divitiarum invidia pelli armis coeptum。"(强大的奇尔尼乌斯家族因其富有而招致了忌恨，由此引发了针对他们的武装暴动。)

③ Suetonius, *Tib.* 1, &c. 该传说的某些版本认为移民的时间是共和建立后第六年，另一些则认为是在王政时期。相关证据见 P-W III, 2662 ff. 。时间方面的疑点并不影响事实本身。

斯家族或许也是如此。[①]

这些势族将本家族的崇拜对象与传说带到了罗马，并将它们添加到了罗马国家宗教和罗马人民历史中。轮回庆典（the Secular Games）从前曾是瓦勒里乌斯家族举行的一种仪式；[②]并且世人还记得从前由一个氏族完成的整场战争。这些家族或许为他们的姓名添加了拉丁语词尾；但他们的姓名（praenomen or cognomen）有时还是能够暴露他们的地方性和异族起源。[③] 在罗马的权力斗争中，贵族们随时有可能利用他们能够找到的任何盟友。他们会在北起埃特鲁里亚、南至坎帕尼亚（Campania）的范围内进行联姻与结盟，从而扩大他们在地方贵族中的影响。[④]

公元前4世纪中期贵族阶级对罗马政治平等原则的承认并不意味着罗马平民的胜利。最早打破执政官职位垄断的新家族显然都是外来移民。他们并不全都来自拉丁姆地区的城镇；即便埃特鲁里亚和坎帕尼亚（如果不算上萨谟奈人国土境内的贝内文托

① 关于瓦勒里乌斯氏族，参见 Val. Max. 2. 4. 5。法比乌斯家族肯定在奎里纳尔山（Quirinal）上建立过定居点，见 Livy，5. 46. 1 ff.。

② 这一点可以从 Val. Max. 2. 4. 5 中推断出来。关于异族崇拜和神明，参见 F. Altheim，*A History of Roman Religion*（1938），114 ff.；144 ff.。

③ 注意法比乌斯家族所使用的名"凯索"（Kaeso）和"努麦里乌斯"（Numerius）。"尼禄"（Nero）这个姓氏应用于萨宾地区（Suetonius，*Tib*. 1. 2）；而"因瑞吉兰西斯"（Inregillensis）或"雷吉拉努斯"（Regillanus）（参见 P-W III，2663）可能指的是克劳狄乌斯家族最早居住的村庄。

④ 关于某个"试图通过被保护人控制全意大利"（Italiam per clientelas occupare temptavit）的克劳狄乌斯（可能是那位专横的监察官），参见 Suetonius，*Tib*. 2. 2。关于他们在公元前217年前后同卡普亚的一个世家大族通婚的情况，见 Livy，23. 2. 1 ff.。法比乌斯家族似乎在埃特鲁里亚地区拥有巨大影响，参见 Münzer，*RA*，55 f.。

[Beneventum]的话)也为这个新贵族阶层贡献了力量。[①] 为了自身的政治目的和增强罗马的国力,一些贵族家庭会吸纳、引进这些出身异族的政治巨头。这些外来者尽管在名义上属于平民,但他们的尊贵地位其实是同罗马贵族不相上下的。 85

福尔维乌斯家族来自图斯库鲁姆,普劳提乌斯家族(Plautii)来自提布尔(Tibur)。[②] 马尔奇乌斯家族可能是来自拉丁姆南部的一个王室和祭司家族;[③]而李锡尼乌斯家族的名字则是被拉丁语词尾掩盖着的埃特鲁里亚语。[④] 平民家族可以在罗马获得财富和权势,但永远无法跻身严格且界定明确的贵族阶层。最早的执政官年表和王政、共和罗马年代记中充斥着别有用心的和欺骗性的杜撰。马尔奇乌斯家族是如此强大,以至于能够在罗马诸王的名单中插入自己的一位祖先——安库斯·马尔奇乌斯(Ancus Marcius);另外一个可疑形象——身为罗马流亡者,但在内心深处仍是罗马人的科利奥兰纳斯家族的马尔奇乌斯(Marcius of Corioli)则可能是拉丁历史或沃尔西历史中更为真实的一个人物。

---

① Münzer,*RA*,56 ff. 他声称阿提利乌斯家族(Atilii)来自坎帕尼亚(58 f.),而奥塔奇里乌斯家族(Otacilii)来自贝内文托(72 ff.)。

② Pliny,*NH*,7.136(一个图斯库鲁姆地区的执政官弃官而去,并在同一年当上了罗马执政官)。关于普劳提乌斯家族,见 Münzer,*RA*,44。

③ W. Schur,*Hermes* LIX(1924),450 ff. 关于马尔奇乌斯·科利奥兰纳斯(Marcius Coriolanus),参见 Mommsen,*Römische Forschungen* II,113 ff;W. Schur,P-W,Supp. V,653 ff。

④ 准确的写法应为"勒克涅"(Lecne),参见埃特鲁里亚地区的双语铭文 *CIE tr.* 1.272. 卡尔普尼乌斯家族的情况也是如此(Schule,*LE*,138),尽管他们伪造了一份起始于萨宾人努马(Numa)的世系(Plutarch,*Numa*,21)。凯奇利乌斯·麦特鲁斯家族的起源不详。他们的祖先据说是建立了普雷内斯特(Praeneste)的神明凯库鲁斯(Caeculus)(Festus,p. 38 L)。

尤尼乌斯家族没有能力杜撰自己家族中的国王；但他们也已竭尽全力，制造了拥有塔克文家族血统的、逐走暴君并成为共和国首任执政官的布鲁图斯(Brutus)形象。[①] 优越感使得贵族讲述的传说更加纯粹。他们无须使用下三滥的欺骗手段，也可以在毫无羞耻感和内疚感的情况下大大方方地承认自身的异族起源。

关于罗马早期权力与贵族地位的取得过程，很多内容恐怕将永远晦暗不明、充满争议。就其本身而言，这一过程是相当自然的。日后发生的、无可置疑的历史过程充分证明了这一点。居于统治地位的西庇阿家族的敌人——法比乌斯家族和瓦勒里乌斯家族利用一个充满活力的盟友来对付前者，他就是来自图斯库鲁姆的卢奇乌斯·波尔奇乌斯·加图。[②] 西庇阿·阿非利加努斯(Scipio Africanus)的朋友盖约·雷利乌斯(C. Laelius)可能来自外省贵族集团中的非罗马家族；[③]而最年长的那位庞培也是在西庇阿家族的支持下才当选执政官的。克劳狄乌斯家族的影响力可以在玛库斯·佩尔佩纳(M. Perperna，公元前 130 年执政官)的晋
86 升过程中得到印证，此人的名字显然来自埃特鲁里亚语。[④]

但所有这些都是特例，不是通例。居于统治地位的寡头集团、包括平民贵族中的大家族的联系变得日益密切，同时也越来越排外。麦特鲁斯家族帮助过来自阿尔皮努姆的骑士马略。凭借着其

① 我们很难相信执政官卢奇乌斯·尤尼乌斯·布鲁图斯(L. Junius Brutus)在历史上真实存在过，参见 P-W，Supp. v，356 ff. 。

② Münzer，*RA*，191 ff.

③ Id. ，P-W XII，401.

④ Id. ，XIX，892 ff. ；*RA*，95 ff.

才干与军功，马略有可能在麦特鲁斯家族的保护下跻身元老阶层；但他们从未设想过，马略会胆敢觊觎执政官头衔。马略对显贵阶层怀恨在心，试图打破他们对庇护关系的垄断。通过与骑士们的联盟和意大利城镇领导人的私交，马略拥有了在罗马从政的足够权力和干练党徒。[①]

但马略党最终失败了，被苏拉宣告为公敌。通过暴力和党争重新建立起来的寡头政权制定了永久性的排外原则。在旧秩序下，意大利的一大部分，包括埃特鲁里亚大部、中部高地上的翁布里亚(Umbria)和萨贝利(Sabellic)诸民族完全不属于罗马国家，但却是罗马的自治盟友。现在，通过罗马公民权适用范围的扩大，意大利在政治上已实现了统一，但政府的精神与行为习惯却不曾随着国家的转型而进行调整。事实上，人们确实已经开始使用“全意大利”(tota Italia)这个称谓。但现实状况远非如此。[②] 意大利最近反叛罗马而发动的那次战争是不会被忘记的。当恺撒入侵意大利时，可供他利用的不仅有当地人对政治的反感和对政府的不信任(这种情绪即便在早已成为罗马国家一部分或至少长期受到罗马影响的城镇与家族中显然也存在着)，还有更多的东西。在意大利境内的广大地区中，助长消极情绪的还有尚未平息的对罗马的敌意，那是由对从前的压迫与战争、惨败与蹂躏的记忆所承载

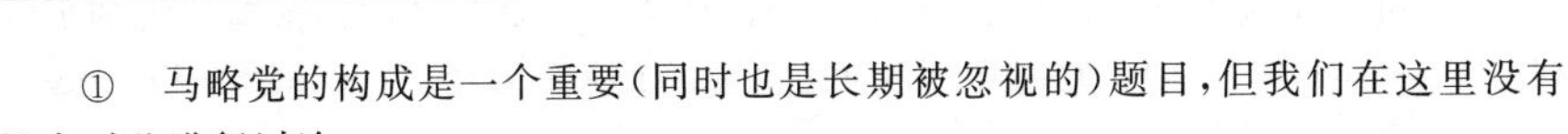

① 马略党的构成是一个重要(同时也是长期被忽视的)题目，但我们在这里没有机会对此进行讨论。

② 意大利的统一时间通常被确定得过早。但意大利各地区的地理、相互交往情况及对意大利民族分布和方言的研究都可以表明，这一进程是不可能迅速而轻而易举地完成的。

的。仅仅在恺撒入侵之前四十年，起自皮克努姆境内的阿斯库鲁姆、经由玛尔西人与佩利尼人(Paeligni)聚居区，直到萨姆尼乌姆(Samnium)和卢卡尼亚(Lucania)范围内的罗马同盟者曾起兵反抗罗马，为自由与正义而战。①

他们都是坚韧、独立和尚武的民族。其中最为突出的是玛尔西人；如果没有他们，意大利同盟者在反抗罗马或为罗马而战的斗争中就没有机会庆祝任何大捷。② 玛尔西人为这场起义提
87 供了最初的原动力——伟大将领昆图斯·波佩狄乌斯·希洛(Q. Poppaedius Silo)和这场战事最初的官方名称——玛尔西战争(Bellum Marsicum)。但"意大利同盟战争"这个名字更全面，也更能说明问题：它是一场由八个民族宣誓(coniuratio)组成的神圣同盟以意大利的名义反对罗马的战争。他们把意大利(Italia)作为一个传说铭刻在他们的钱币上；他们建立了意大利这个新国家，其首都设在科菲尼乌姆(Corfinium)。③ 这是一场分离运动。最早建议把罗马公民权扩展到同盟者身上的是罗马的土地改革家们，他们同时还提出了其他对同盟者有利的议案。作为导致罗马政局分裂的因素，这种激动情绪传播开来，蔓延到了同盟者身上。由于受到其他不幸遭遇的触动，以及在他们的领袖——保守的民众蛊惑

① 正如那位来自佩利尼亚(Paelignia)的诗人在提及自己的部落时所说的那样(Ovid, *Amores*, 3. 15. 9)："它用武力为自己赢得了光荣的自由。"(quam sua libertas ad honesta coegerat arma)

② Strabo, p. 241.

③ 意大利各部族使用的钱币(*BMC*, *R. Rep*. II, 317 ff.)很能说明问题，特别是表现八名战士共同宣誓的将领昆图斯·希洛(Q. Silo)发行的货币。

家李维·德鲁苏斯、某些地方政治巨头[1]的朋友和同盟者的失败和去世后看不到罗马政局的任何希望，意大利人最终揭竿而起。这场战争并不是要勒索特权，而是要消灭罗马。他们离胜利只差一步。这些剽悍的意大利人直到在战争中受挫、战败后才开始放弃希望。一道承诺给予那些在 60 天内放下武器的所有起义者公民权的赦令可以通过鼓励起义者变节而削弱他们的力量，但无法消除所有敌意。萨姆尼乌姆依旧不肯屈服。[2]

这场斗争不仅因为对战俘、人质或非战斗人员的大屠杀而显得残酷血腥，它还因为地方上的党派纷争而变得复杂和更加暴虐。埃特鲁里亚和翁布里亚尽管一度举棋不定，最终还是决定继续忠于罗马。有产阶级也有充分的理由畏惧一场社会革命的发生。在和平到来之前，另一场内战又接踵而至。埃特鲁里亚和意大利起义军中的负隅顽抗者都被卷入其中。马略在埃特鲁里亚诸城镇中有许多追随者。并且全体萨谟奈人都在向罗马进军；他们这样做不是由于忠于马略，而是为了毁灭那座推行暴政的城市。[3] 苏拉拯救了罗马。他在科林门(Colline Gate)击败了萨谟奈人的军队，并将萨姆尼乌姆变成了一片永久性的荒地。埃特鲁里亚遭受了围困、屠杀和土地充公等浩劫；阿雷提乌姆和沃拉特雷被彻底剥夺了

---

① 如昆图斯·波佩狄乌斯·希洛，参见 Plutarch，*Cato minor*，2。

② 在公元前 88—前 83 年，意大利大部分地区必然都不受罗马政府的节制。萨谟奈人在诺拉(Nola)一直坚守到公元前 80 年，见 Livy，*Per.* 89。

③ 如萨谟奈人特勒希努斯(Telesinus)声称的那样："那是一座应被铲除和消灭的城市。除非我们砍光它们赖以藏身的那些树林，这些毁掉了意大利自由的恶狼是不会灭绝的。"(eruendam delendamque urbem，adiciens numquam defuturos raptores Italicae libertatis lupos nisi silva，in quam refugere solerent，esset excisa)

88 公民权。[①] 在一场历时十年的战争之后，意大利实现了统一；但这种统一只是名义上的，并非情感上的。首先，新入籍的公民受到了欺骗，以为自己能够获得完全的、平等的公民权；但这种待遇从未真正实现过，并且许多意大利人也从未行使过这些权利。忠诚仍然只是个人性的、地方性的或区域性的。十万名定居在苏拉敌人土地上的退伍老兵支持他的统治，促进了意大利的罗马化进程，也延续着当地居民对战败和苦难的记忆。在短期之内，和解是根本不可能的。

无论是盟友还是对手，苏拉都是认可他们的壮举的。埃克拉努姆(Aeclanum)地区萨谟奈部族中的权贵米纳图斯·玛吉乌斯一直忠于罗马，在攻陷庞培城的战斗中组织了一支私人军队支持苏拉。他的两个儿子成了罗马的大法官。[②] 一个名叫斯塔提乌斯(Statius)的人曾为保卫萨姆尼乌姆而英勇奋战。凭借其勇武、财富和家世(可能还有他适时放弃为意大利人而战的缘故)，这位罗马的敌人进入了罗马元老院。[③]

但意大利战争中的失败者和马略党动乱分子(即便我们算上后来的变节者)在罗马元老院中的人数并不多。庞培·斯特拉波在皮克努姆拥有一大群追随者；[④]但这些人不过是一位地方诸侯

① Cicero, *Pro Caecina*, 102; *Ad Att*. 1. 19. 4, &c. 沃拉特雷一直负隅顽抗到公元前 80 年，见 Livy, *Per*. 89。

② Velleius, 2. 16. 2.

③ Appian, *BC*, 4. 25. 102："διὰ δὲ περοφάνειαν ἔργων καὶ διὰ πλοῦτον καὶ γένος ἐς τὸ Ῥωμαίων βουλευτήριον ἀνακεκλημένος。"([斯塔提乌斯]凭借其光辉业绩、财富和出身而进入了罗马元老院。)然而，我们无从得知他究竟是在何时成为元老的。

④ *ILS* 8888. 参见上文，第 44 页注①，即原书第 28 页注 1。

和罗马政治家的个人追随者，或是一个饱受蹂躏、四分五裂的地区内的亲罗马派。庞培的儿子继承了这一切：他为麾下的党徒，如演说家兼阴谋家洛里乌斯·帕利卡努斯和武人阿弗拉尼乌斯、拉比埃努斯等人提供了元老地位或日后晋升的机会。[①]

失败者还需等待一位领袖的横空出世。西塞罗急切地呼唤着全意大利的感情与真诚；他对新人的美德和勇气不吝赞美之词。然而，没有任何证据表明，西塞罗在行动中和执行政策时也同样慷慨。他从未帮助过任何来自意大利境内偏远地区的人进入元老院，也从未支持过任何新人压倒显贵而当选执政官。在他们的仕途中，西塞罗可能鼓励或保护过他的一些私交，如玛库斯·凯利乌斯·鲁孚斯（M. Caelius Rufus）和格涅乌斯·普兰奇乌斯（Cn. Plancius），这两个人都是银行家的儿子。凯利乌斯来自图斯库鲁姆，可能并不需要太多帮助。[②] 与西塞罗同样来自沃尔西人国土的普兰奇乌斯需要并且可能确曾获得过更多的积极支持。[③] 阿提 89
纳（Atina）可能一直到了很晚近的年代里才产生了第一位元老。[④] 但图斯库鲁姆乃至阿提纳都早已成为罗马国家的有机组成部分。

西塞罗的策略并非让大批外来者涌入元老院，并让他们获取罗马国家的至高荣誉地位。西塞罗赞美加图和马略从前的业绩；

① 见上文，原书第 31 页。

② 参见 Münzer，P-W III，1267，可以作为佐证的材料见 *CIL XIV*，2622；2624；2627。

③ *Pro Plancio*，19 ff.，与阿提纳和图斯库鲁姆的情况形成了对比。普兰奇乌斯（Plancius）的祖先"早已是首屈一指的公共人物"（princeps iam diu publicanorum）。

④ *Pro Plancio*，19.

但他这样做是为了自己，仿佛这些人物是自己的祖先一样。[①] 他希望罗马能够倾听意大利的情感宣泄和声音，但那只是后苏拉时代秩序下的意大利。而这个意大利的代表尽管不够直接，却是足够的和最理想的——那就是西塞罗本人。

人们认为，意大利是坚决支持保守利益的。毫无疑问，有产阶级不信任罗马保民官提出的改革方案，并痛恨罗马贫民。来自阿雷提乌姆的盖约·梅塞纳斯(C. Maecenas)是那些公开反对玛库斯·李维·德鲁苏斯的、顽强而坚定的骑士之一；[②]卢奇乌斯·维希狄乌斯则是在喀提林预谋发动叛乱，试图建立元老院与骑士之间的短期神圣联盟之际守护西塞罗人身安全的党徒之一。[③] 这一插曲也揭示了一个人人皆知，但很少被记录下来的现象：严重的不满情绪遍布意大利，破产者和债务人随时准备着发动武装起义；并且同情被压迫阶级领袖的意大利城镇贵族也有同样的想法，他们的愿望或许还更加迫切。[④]

在意大利境内，恺撒拥有众多曾因参与意大利战争、马略的事业和雷必达、喀提林阴谋而吃过苦头的党徒。他的许多士卒和百夫长都是从意大利的贫困与尚武地区招募来的(他们的名字往往

① J. Vogt, *Homo novus*(Stuttgart, 1926), 19 ff.

② *Pro Cluentio*, 153:" illa robora populi Romani。"(他们由于罗马人民的支持而强大起来。)

③ *Phil*. 7. 24.

④ Sallust, *BC*, 17. 4:"ad hoc multi ex coloniis et municipiis domi nobiles。"(许多来自殖民地和意大利城镇的外地显贵前来参会。)十五年前迫不及待地与雷必达联手的埃特鲁里亚构成了发起这场运动的核心力量。这次运动总的来说(并非完全如此)令苏拉的老兵们感到失望。在包括皮克努姆(Sallust, *BC*, 27. 2)和佩利尼人领土(Orosius, 6. 6. 7)的几乎所有地区都出现了阴谋或暴乱。

可以证实这一点)，并且情况还不仅如此。[①] 各阶级都加入了。意大利各城镇都欢迎马略党的东山再起；它的新领袖是一位跟马略 90
一样打败过高卢人——意大利的传统敌人的行省总督。在入侵过程中，恺撒势如破竹地穿过皮克努姆而抵达科菲尼乌姆，一路上接收敌人修建的要塞和招募来的士兵，几乎没有遇到什么抵抗。辛古鲁姆最近还受过拉比埃努斯的恩惠；[②]但恺撒轻而易举地攻占了那个地方。奥克西穆姆(Auximum)将庞培视为自己的保护人；[③]但奥克西乌姆的人民抗议说，拒绝接受这位在高卢立下过汗马功劳的行省总督是不可容忍的行为。[④] 庞培家族的权势和财富无疑使得他们在自己的家乡树敌甚多。佩利尼人打开了他们所居住的苏尔默(Sulmo)城门，公民们欢呼雀跃着跑出去迎接恺撒的部下安东尼；而导致毗邻的科菲尼乌姆投降的原因也并不仅仅是埃诺巴布斯执拗的疯狂行为。庞培比他的盟友——寡头集团更了解意大利的真实状况。早在将其意图公之于众之前，他就已经打定主意要撤离亚平宁半岛了。

显然，恺撒推荐的 400 名新元老中包括他在意大利各地的追随者。跟被苏拉宣告为公敌的家族分布情况一样，恺撒的党羽也

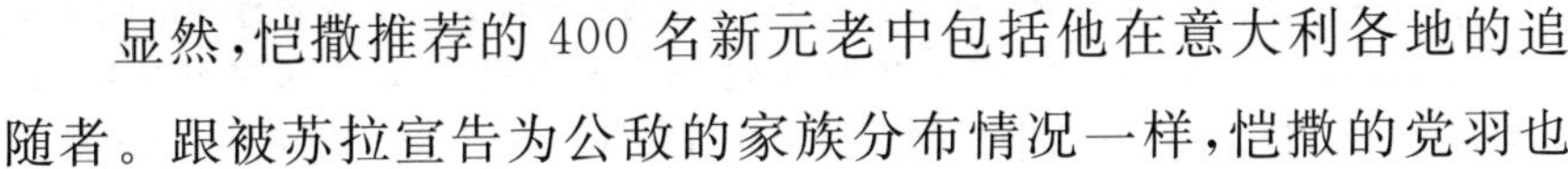

① 如百夫长卢奇乌斯·佩特罗西狄乌斯(L. Petrosidius，*BG*，5. 37. 5)和骑士提图斯·特拉西狄乌斯(T. Terrasidius，*BG*，3. 7. 4)。后者的名字与众不同；前者在其他文字记载中也仅出现过一次(*CIL* VI，24052)，是“佩特鲁奇狄乌斯”(Petrucidius)或“佩特鲁西狄乌斯”(Petrusidius)这两个名字的异体写法，见 *ILS*，6132b，参见 Schule，*LE*，170；Münzer，P-W XIX，1304 f.。我们还应注意 *Bell. Afr.* 54. 5 中的百夫长名字。

② *BC*，1. 15. 2.

③ *ILS*，877.

④ 关于这些“如此伟大的业绩”(tantis rebus gestis)(*BC*，1. 13. 1)，参见恺撒在法萨卢斯战役结束后亲口说的话，Suetonius，*Divus Iulius*，30. 4。

大多来自马略势力强大的地区。武人盖约·卡里纳斯可能是翁布里亚人或埃特鲁里亚人。[1] 潘萨来自佩鲁西亚(Perusia),[2]但他已经成为元老。坚定民主派居住的萨宾地区涌现出了瓦提尼乌斯和撒路斯提乌斯等恺撒党,他们延续了塞多留的传统。[3] 效法这些人的无疑还有恺撒提拔起来的一些骑士。同样,在坎帕尼亚这个富庶地区,普特奥利(Puteoli)、卡勒斯(Cales)和努克里亚等地的情况都印证了马略党和恺撒党之间的联系。普特奥利的格拉尼乌
91 斯家族(Granii)是臭名昭著的马略党;[4]而恺撒任命的元老中就有一位格拉尼乌斯·佩特罗(Granius Petro)。[5] 前百夫长芬哥来自阿克雷人(Acarrae)建立的殖民地。[6]

① W. Schulze, *LE*, 530; Münzer, P-W III, 1612. 马略党领袖的儿子盖约·卡里纳斯在公元前43年递补担任执政官。

② W. Schulze, *LE*, 268. 参见铭文 *CIL* XI, 1994:"Vel. Vibius Ar. Pansa Tro."他的第二个绰号"塞特罗尼亚努斯"(Caetronianus, *ILS*, 8890)来自一个埃特鲁里亚名字。见 W. Schulze, *LE*。

③ 盖约·撒路斯提乌斯·克瑞斯普斯的出生城镇据说为阿米特努姆(Amiternum)(Jerome, *Chron.*, p. 151 H)。史料中提及过一位普布利乌斯·瓦提尼乌斯(P. Vatinius),他实际上是后来那位恺撒追随者的祖父(Cicero, *De nat. deorum*, 2. 6; Val. Max. 1. 8. 1)。关于萨宾地区的情况,见 Cicero, *Pro Ligario*, 32: possum fortissimos viros, Sabinos, tibi probatissimos, totumque agrum Sabinum, florem Italiae ac robur rei publicae, proponere. nosti optime homines(我可以向你指出深受你尊敬的、极其勇敢的萨宾人;整个萨宾地区都是意大利之花和共和国的支柱。那里的人民是我们的近邻。)

④ P-W VII, 1817 ff. 他们是一个与东方做生意的著名商业家族(关于提洛岛的格拉尼乌斯家族,见 *BCH* XXXI[1907], 443 f; XXXVI[1912], 41 f.)。格拉尼乌斯家族中的两位成员在公元前88年宣告的公敌名单之列(Appian, *BC*, 1. 60. 271)。苏拉就是在同普特奥利的格拉尼乌斯(Granius of Puteoli)、"殖民地首屈一指的要人"(princeps coloniae)争吵时患了中风后死去的(Val. Max. 9. 3. 8)。

⑤ Plutarch, *Caesar*, 16. 关于另一名恺撒党徒格拉尼乌斯,参见 *BC*, 3. 71. 1。

⑥ *CIL* X, 3758.

在来自意大利各城镇的恺撒党徒中，一部分人早在内战爆发之前已进入元老院，尽管我们并未发现他们此前曾同恺撒有过联系或在他的军中服役过。另外一些足以推翻相反史料记载的人物可能是被恺撒提拔起来的，如公元前 44 年大法官中的三位。他们的个人履历并不显赫，其姓名来历晦暗不明，很可能是各自家族中的第一位和最后一位元老。①

无论如何，在意大利战争中结盟的各民族最终总算品尝到了反攻倒算的快感。诚然，佩利尼人还要等上一代人的光景才能迎来自己的第一位元老；②佩利尼人和玛尔西人中的世家大族已经趋于没落；③而萨姆尼乌姆地区的多数大地主已不具有萨谟奈人的血统。④ 但恺撒派将领卢奇乌斯·斯塔伊乌斯·穆尔库斯

① 分别是盖约·图拉尼乌斯(C. Turranius)、玛库斯·维希利乌斯(M. Vehilius)和玛库斯·库西尼乌斯(M. Cusinius)(*Phil.* 3. 25 f.)。族名"维希利乌斯"十分罕见，舒尔策(Schulze)并未在其他地方见过。然而，我们可将之同早期铭文 *CIL* I^2,338 f.(普雷内斯特)相比照。关于玛库斯·库西尼乌斯，见 *ILS* 965；关于该家族的另一位成员，见 PIR^2,C 1628。

② *ILS* 932.

③ Cicero，*De domo sua*，116："Scatonem illum，hominem sua virtute egentem，ut is qui in Marsis，ubi natus est，tectum quo imbris vitandi causa succederet iam nullum haberet。"(那位因其美德而陷于贫困的斯卡托在其出生的玛尔西人居住地连用来遮雨的屋顶都没有。)这里提到的是房屋买卖人维提乌斯(Vettius)(*Ad. Att.* 4. 5. 2；6. 1. 15)，他显然来自马略党起义领袖维提乌斯·斯卡托(Vettius Scato)的家族。还应注意 *Phil.* 11. 4 中的话："我不明白(他们为何派遣)那个玛尔西人渥大维，一个邪恶且贫贱的窃贼。"(Marso nescio quo Octavio，scelerato latrine atque egenti)

④ Strabo，p. 249 描述了苏拉政策的影响："在那之前，(苏拉)一直把他们当作萨谟奈人加以消灭，或把他们从意大利境内驱逐出去。"(οὐκ ἐπαύσατο πρὶν ἢ πάντας τοὺς ἐν ὀνόματι Σαυνιτῶν διέφθειρεν ἢ ἐκ τῆς 'Ιταλίας ἐξέβαλε)

(L. Staius Murcus)可能出身于中意大利地区;[1]而尚武的玛尔西人也凭借着另一位波佩狄乌斯·希洛(一个名垂青史的名字)而取得了实至名归的显赫地位。[2] 其他曾产生过意大利战争中的叛乱分子的意大利地方势族也从恺撒手中获取了他们理应获得、但没有恺撒不可能得到的尊荣。马鲁奇尼人(Marrucini)中的翘楚赫利乌斯·阿西尼乌斯(Herius Asinius)在为意大利而战的战役中牺牲了。[3] 但这一家族并未毁灭或陷入贫困、沉寂的状态。他的孙子——在品位和才华等方面十分出众的盖约·阿西尼乌斯·波
92 利奥很早就在罗马法庭中以演说家的身份赢得了声名,在上层社会里结下了很多仇敌与朋友。[4] 当恺撒渡过卢比孔河时,波利奥正追随着他。

赫勒尼乌斯(Herennius)是皮克努姆起义军的一名将领;而皮克尼·赫勒尼乌斯(Picene Herennius,或许是之前那个赫勒尼乌斯的孙子)则是革命年代里的一位元老和执政官。[5] 这些人中最

① *ILS* 885,其位置靠近佩利尼人居住的苏尔默;但那里并非他的家乡,因为佩利尼人中间最早的元老出现得要更晚些(*ILS* 932)。他可能是玛尔西人,参见福奇努斯湖(Lake Fucinus)畔发现的一份早期还愿祭铭文,*CIL* I², 387。关于其他非拉丁血统的新元老,如卡尔维修斯(Calvisius)和斯塔提利乌斯(Statilius),参见下文,原书第199、237页。

② 波佩狄乌斯·希洛曾在公元前39年为维提狄乌斯指挥过军队,见Dio,48.41.1。关于"波佩狄乌斯"(Poppaedius)为正确拼写方式(不是"庞佩狄乌斯"(Pompaedius))的考证,参见W. Schulze,*LE*,367,以及一份提及了某位昆图斯·波佩狄乌斯的玛尔西人聚居区出土的铭文(*N. d. Scav.*,1892,32)。

③ Livy,*Per.* 73.

④ *Ad fam.* 10.31.2 f. 他控告过盖约·加图(C. Cato,Tacitus,*Dial.* 34.7);但后者并非要人。我们无法确定波利奥在书信中提及的那些有权势的敌人究竟是谁。

⑤ 提图斯·赫勒尼乌斯(T. Herennius,Eutropius,5.3.2)、玛库斯·赫勒尼乌斯(M. Herennius,公元前34年递补执政官)和玛库斯·赫勒尼乌斯·皮克斯(M. Herennius Picens,公元1年递补执政官)可能来自同一个家族。

著名的是军需承包商普布利乌斯·维提狄乌斯。所有后人都知道他是一名赶骡人。[①] 他的一生充满辛劳，但他的家世可能是很有名的。史料中记载过一个在奥克西乌姆担任地方长官与庞培家族为敌的维提狄乌斯家族(Ventidii)。[②] 当小庞培招募了一支私家军队时，他一定要先把这个维提狄乌斯家族从城里赶走。皮克努姆是一个党争和内斗的舞台。敌视庞培和罗马合法政府的不只是意大利人。恺撒追随者的成分非常复杂，其中有些人遭受过庞培的剥削，另一些的身份则不好确定。恺撒的一些党徒(其中既有从前亲庞培的元老，也有在恺撒担任执政官期间被提拔起来的骑士)很可能来自皮克努姆地区。[③]

演说家和政治理论家都不曾设想过以罗马为首都，将意大利境内的各支分散着的异族整合成近似一个民族的整体的计划。原本缓慢的和平渐变、逐步完成的拉丁语、罗马生活方式的传播在暴力、公敌宣告运动、内战、独裁官统治和革命的作用下陡然加速。恺撒所扮演的角色是显而易见且举足轻重的。因此，我们绝不至

---

① 西塞罗(Pliny, *NH*, 7.135)和普兰库斯(Plancus, *Ad fam*. 10.18.3)都是这样描述他的。但他实际上是位军队承包商(Gellius, 15.4.3)，参见上文，原书第 71 页。

② Plutarch, *Pompeius*, 6.

③ 这种情况可能适用于伽比尼乌斯(见上文，原书第 31 页)。卢奇乌斯·诺尼乌斯·阿斯普雷纳斯很有可能是皮克努姆人，见庞培·斯特拉波议案中提及的"L. Nonius T. f. Vel."(*ILS*, 8888, 参见 Cichorius, *R. Studien*, 170)。类似的写法(Cichorius, *R. Studien*, 175)有"L. Nonius L. f. Vel."(参见 *CIL* I^2, 1917 = *ILS*, 5391, Cupra Maritima)。恺撒的副将卢奇乌斯·米努奇乌斯·巴希鲁斯(L. Minucius Basilus)的名字得自于他富有的舅舅(P-W XV, 1947)，其合乎世系的名字应为玛库斯·萨特里乌斯(M. Satrius, P-W IIA, 190)，并被形容为"皮克努姆和萨宾等地区的庇护者"(pstronus agri Piceni et Sabini)(Cicero, *De off*. 3.74)。

于在动机和实际效果方面夸大他的作为。我们或许可以从恺撒为意大利各城镇所进行的立法活动中推断,他应当已经认识到统一
93 意大利的必要性。[①] 一切在内战结束后掌握权力的人都要面对如何创建一个法治共和国(res publica constituta)的问题;而在意大利同盟战争结束后和意大利全境获得罗马公民权的情况下,这个共和国已不能仅仅局限于罗马,而应当囊括全意大利。

意大利最终应当在扩大后的国家政府中占有一席之地,这当然是合理的。但它或许同当时的时代背景格格不入,并非恺撒扩大元老院的真正用意所在。被恺撒加入元老院的是他自己的党徒、有产者或新贵,这些人中有埃特鲁里亚人、玛尔西人、殖民地罗马人、来自西班牙或纳旁高卢的地方权贵。但他们并不代表各个地区,而是代表着社会中的一个阶级和政治上的一个党派。另一方面,直到此时为止,就整合意大利的事业而言,有待完成的任务还很多:革命的大幕才刚刚拉开。

当时的亚平宁半岛只在地理意义上才构成一个统一体。它是众多民族、语言和方音拼凑而成的大杂烩。我们可以通过姓名研究看到异族逐步进入罗马统治集团的现象。[②] 最早进入的一批人有时会保留其姓名的外来词根,并在后面加上一个规则的拉丁词尾;而后来加入的人则使用异族语言的词尾。意大利境内非拉丁

---

① 相关内容参见 H. Rudolph, *Stadt u. Staat im römischen Italien*(1935)。然而,他在这个问题上的主要观点受到了斯图尔特·琼斯(Stuart Jones)和卡瑞(Cary)的有力挑战,见 *JRS* XXVI(1936),268 ff.;*JRS* XXVII,48 ff.。

② W. Schulze, *LE*, *passim*; Münzer, *RA*, 46 ff. ('Die Einbürgerung fremder Herrengeschlechter').

族群姓名的地区性分布往往能让我们很有把握地判断它们各自的起源。三种类型的埃特鲁里亚姓名都来自埃特鲁里亚及受这种古老文明影响的毗邻地区。① 最早使用这些名字的执政官都不出意料地来自那些产生过著名马略党徒的家族。②另外一种词尾则不仅应用于这些地区，还扩展到了皮克努姆和萨宾地区。③ 更为重要的是，还有一种专门用于萨贝利诸族的词尾类型；该民族主要聚居在亚平宁山区中部，其中包括古老的玛尔西和佩利尼部族；该族群的分布向北扩展到皮克努姆，向南延伸到坎帕尼亚和萨姆尼乌姆，其人口密度在两个方向上逐渐降低。④ 在苏拉统治时期前后，这些非拉丁的异族名字散见于罗马元老院最底层的一些默默无闻 94
的人物身上。⑤ 这一点并不出人意料：正是这批最早的执政官让

① 即以"-a"、"-as"和"-anus"结尾的族名。

② 玛库斯·佩尔佩纳（公元前 130 年执政官）、盖约·卡里纳斯（公元前 43 年递补执政官）和盖约·诺巴努斯（C. Norbanus，公元前 83 年执政官）。

③ 即"-enus"和"-ienus"，参见 P. Willems，*Le Sénat* I，181；W. Schulze，*LE*，104 ff.。最早的执政官是普布利乌斯·阿尔菲努斯·瓦鲁斯（公元前 39 年递补执政官）和卢奇乌斯·帕西埃努斯·鲁孚斯（L. Passienus Rufus，公元前 4 年执政官）。声名狼藉的萨尔维狄埃努斯·鲁孚斯（Salvidienus Rufus）在当选但未及担任执政官之际（公元前 40 年）被处决了。盖约·比利埃努斯（C. Bilienus）在公元前 105—前 100 年一度是执政官席位的有力竞争者，参见 Cicero，*Brutus*，175。

④ 即"-dius"、"-edius"和"-iedius"。参见 A. 舒尔腾（A. Schulten）的详尽研究，*Klio* II(1902)，167 ff.；440 ff.；III (1903)，235 ff.（其中附有统计数据和地图）。其中第一位执政官可能是提图斯·迪狄乌斯（T. Didius，或写作 Deidius，公元前 98 年执政官），随后过了许久才出现普布利乌斯·维提狄乌斯（公元前 43 年递补执政官）。以"-isius"和"-asius"结尾的姓名同样值得研究。应注意恺撒党中的盖约·卡尔维修斯·萨比努斯（公元前 39 年执政官），见下文，原书第 199 页。

⑤ 如 P. Willems，*Le Sénat* I，181；R. Syme，*BSR Papers* XIV(1938)，23 f.。值得一提的人物有盖约·维比埃努斯（C. Vinienus，*Pro Milone*，37）和独腿的亲庞培元老绥克斯图·特狄乌斯（Sex. Teidius，Asconius，28＝p. 32 Clark，参见 Plutarch，*Pompeius*，64）等。

我们看到了社会、政治革命的最初迹象。

非拉丁名字在恺撒党中占据着较高比例，但并没有高到特别引人注目的程度。这些现在进入元老院的意大利民族的家世和声名并不能遮掩那些来自过去已在罗马疆界范围之内、但此前很少产生过元老的众多新元老的风头。许多骑士或出于谨慎、或为人低调，都力图避开一切政治活动。苏拉已给过他们一个深刻教训。此外，对于埃特鲁里亚诸王的后代或哪怕意大利地方上的权贵而言，罗马元老院里的一个低级席位也算不上什么特殊荣誉或理想差事。

从前，只有很小一部分人才有机会当选执政官。但一位复兴马略党的军事将领的胜利或许预示着某种变数。[①] 西塞罗宣称，自己是在三十年内第一个当选执政官的骑士后代。他的说法是准确的；但在此期间，社会地位更高的其他新人并未被排除在执政官的圈子之外。并且西塞罗很快就将目睹穆雷纳（Murena）和庞培的部下——阿弗拉尼乌斯和伽比尼乌斯当选执政官。[②] 此后，自由国家的执政官年表上再也没有出现过新人当选执政官的例子，而是罗列着一系列光辉夺目的古老名字，那是自由国家即将灭亡的不祥之兆。[③]

① 新人盖约·弗拉维乌斯·菲姆布里亚（C. Flavius Fimbria，公元前 104 年执政官）肯定是马略党徒。提图斯·迪狄乌斯（公元前 98 年执政官）、盖约·科利乌斯·卡尔杜斯（C. Coelius Caldus，公元前 94 年执政官）和玛库斯·赫勒尼乌斯（公元前 93 年执政官）可能都得到过他的帮助。

② 来自培养出过大法官的显赫家族（*Pro Murena*，41）的卢奇乌斯·李锡尼乌斯·穆雷纳（公元前 62 年执政官）是来自拉努维乌姆的第一个执政官（*Pro Murena*，86）。

③ 在公元前 54—前 49 年，每年的两名执政官中都有一人拥有贵族血统；并且平民执政官中有三位都来自克劳狄乌斯·马塞卢斯家族。

恺撒的独裁官统治意味着对寡头集团的限制和任人唯贤原则的实行。然而，他在选择执政官候选人的原则方面并无任何革命性的变化；他在高卢战争中任命副将的情况也是如此。[①] 在公元前 48—前 44 年任职的执政官共有九人，他们都在内战爆发之前就已跻身元老行列。其中五人来自显贵阶层，这令贵族们深感宽慰。[②] 剩下的四位新人都是凭借在高卢的军功才脱颖而出的。[③]

下一年当选执政官的希尔提乌斯和潘萨在社会地位方面略有下降；[④]但在公元前 42 年担任执政官的又是两位家世显赫的将领——贵族德奇姆斯·尤尼乌斯·布鲁图斯(D. Junius Brutus)和出身于提布尔望族的新人卢奇乌斯·穆纳提乌斯·普兰库斯(L. Munatius Plancus)；[⑤]并且恺撒或许希望玛库斯·布鲁图斯和盖约·卡西乌斯能够担任公元前 41 年的执政官。[⑥] 但在这些安

① 在恺撒的副将中，没有一个人的姓名词尾是"-idius"，而"-enus"也仅仅出现过一次，即皮克尼·拉比埃努斯(Picene Labienus)。

② 玛库斯·埃米利乌斯·雷必达(M. Aemilius Lepidus，公元前 46 年执政官)、昆图斯·法比乌斯·马克西穆斯(Q. Fabius Maximus，公元前 45 年执政官)和普布利乌斯·科奈里乌斯·多拉贝拉(公元前 44 年递补执政官)都是贵族；并且普布利乌斯·塞尔维利乌斯·伊苏里库斯(P. Servilius Isauricus，公元前 48 年执政官)的祖上也拥有贵族血统。玛库斯·安东尼则出身平民。

③ 他们是昆图斯·弗菲乌斯·卡勒努斯(公元前 47 年执政官)、普布利乌斯·瓦提尼乌斯(P. Vatinius，公元前 47 年执政官)、盖约·特瑞波尼乌斯(公元前 45 年执政官)和盖约·卡尼尼乌斯·雷比鲁斯(C. Caninius Rebilus，公元前 45 年递补执政官)。

④ 奥鲁斯·希尔提乌斯(A. Hirtius)可能是来自拉丁姆费兰提乌姆(Ferentinum)的意大利地方行政长官的儿子，见 *ILS*，5342 ff.。关于来自佩鲁西亚的权贵潘萨，见上文，原书第 90 页。

⑤ Horace，*Odes*，1.7.21. 一条早期铭文可以证明某个穆纳提乌斯(Munatius)曾担任过那里的市政官，见 *ILS*，6231。

⑥ 见 *Phil.* 8.27 和其他证据，参见 Gelzer，P-W X，987。

排生效之前,内战再度爆发,军事统帅们又开始抓紧提拔他们最得力的党徒,而不顾及任何法律或先例,同时还指定了许多递补执政官。独裁官本人是不大可能让维提狄乌斯或巴尔布斯担任执政官的——他也没有让拉比里乌斯梦想成真。而当时又有谁听说过萨尔维狄埃努斯·鲁孚斯、维普萨尼乌斯·阿格里帕(Vipsanius Agrippa)和斯塔提利乌斯·陶鲁斯(Statilius Taurus)呢?

除加图党的幸存者外,昆图斯·利伽里乌斯(Q. Ligarius)等庞培党徒和早期历史、政治活动不为我们所知的德奇姆斯·图鲁利乌斯(D. Turullius)或帕尔玛的卡西乌斯(Cassius of Parma)等神秘人物,部分军事将领和曾在高卢战争中服役的老部下策划暗杀了他们的领袖。[①] 牢骚满腹的武人塞尔维利乌斯·苏尔庇奇乌斯·伽尔巴表达了个人的怨恨之情:他未能当选执政官。[②] 恺撒拒绝让皮克努姆的地主卢奇乌斯·米努奇乌斯·巴希鲁斯(一个并非无可指责的人)统治一个行省,仅赏给他一笔钱作为补偿。[③] 但卢奇乌斯·提利乌斯·辛姆贝尔(L. Tillius Cimber)、公元前45年的执政官盖约·特瑞波尼乌斯(C. Trebonius,一名罗马骑士之子)和当选公元前42年执政官的德奇姆斯·尤尼乌斯·布鲁图斯都是受到独裁官厚遇和提拔的。[④] 事实上,布鲁图斯还是恺撒

① 关于密谋者的名单,见 Drumann-Groebe, *Gesch. Roms* III^2, 627 ff.; P-W X, 254 f.。

② 他在公元前49年竞选执政官未果(*BG*, 8.50.4)。

③ Dio, 43.47.5. 关于他罪有应得且令人生厌的最终下场,见 Appian, *BC*, 3.98.409。

④ 关于辛姆贝尔(其身世已无从得知),参见 P-W, VI A, 1038 ff.;关于特瑞波尼乌斯,见 P-W, VI A, 2274 ff.。

的密友和心腹，蒙恺撒的错爱而被后者在遗嘱中指定为继承人之一。[①]

布鲁图斯是一名显贵，伽尔巴则是老牌贵族。但总的来说，反对恺撒的势力主要不是来自其阵营中的贵族成分。忠诚的安东尼 96
和谨慎的雷必达原本是可以抵挡自由派的进攻的。独裁官没有也不可能为其个人统治指定一名继承人。但安东尼既是恺撒党的一位领袖，也是政府的首脑——执政官。3 月 15 日的谋杀事件并不能改变这一切。当暴君倒下、旧政体重建之后，安东尼还有能力将恺撒党和政府维系在一起吗？

① Suetonius，*Divus Iulius*，83.2. 关于他的人脉网络，见上文，本书第 91 页注③，即原书第 64 页注 2。

97

第 7 章　执政官安东尼

身负 23 处伤的恺撒死去了。元老院陷入了恐惧与混乱，谋杀者则动身前往卡皮托林山去感谢保佑罗马国家的诸神。他们已没有进一步的计划：暴君已被杀死，自由就算得到重建了。

随后是一段令人捉摸不定的间歇期。同情谋杀者的人来到了卡皮托林山，但并未在那里逗留很久；这些人中有年老的政治家西塞罗和佩戴着执政官标识的年轻人普布利乌斯·科奈里乌斯·多拉贝拉；因为按照恺撒原先的安排，在他卸任执政官、动身前往巴尔干地区之后，多拉贝拉应该继任他空缺下来的位置。另一位执政官、难以对付的玛库斯·安东尼则在韬光养晦。他拒绝了自由派的邀请，而从卡尔普尼娅(Calpurnia)手中得到了独裁官的文件材料，随后同恺撒党中的主要人物，如独裁官的秘书和心腹巴尔布斯、被指定为下一年执政官的希尔提乌斯和担任着骑兵总指挥的、正处于一个特殊且十分有利的位置上的雷必达等人进行了秘密磋商。雷必达握有军权，其效果立竿见影。3 月 16 日清晨，他率领全副武装的士兵占领了罗马广场。雷必达和巴尔布斯都渴望复仇；[①]但安东尼支持更为温和、审慎的希尔提乌斯的意见。他召集元老院于第二天在泰鲁斯神庙里开会。

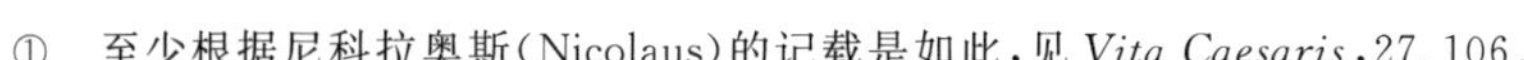

① 至少根据尼科拉奥斯(Nicolaus)的记载是如此，见 *Vita Caesaris*，27.106。

与此同时，开始准备从卫城下山的自由派向罗马广场上的群众发出呼吁，但毫无效果。玛库斯·布鲁图斯第二天在卡皮托林山上发表的一篇演说也石沉大海。民众或无动于衷，或心怀敌意，是不会被布鲁图斯那种讲求逻辑、情词恳切、庄重严肃的演说术所打动的。西塞罗原本是能够创作一篇风格迥异、激情四射的演说词的，[1]但西塞罗并不在场。自由派只好继续留在卡皮托林山上。他们的举事被恺撒党的领袖们遏制住了；后者在同他们的协商中使用着不容置疑的，甚至带有威胁意味的语气。德奇姆斯·布鲁 98
图斯完全陷入了绝望。[2]

3 月 17 日上午，元老院召开了集会。安东尼控制了会议辩论，迅速驳回了提比略·克劳狄乌斯·尼禄提出的议案——赐予暴君刺杀者特别的荣誉。但安东尼并未坚持要谴责他们。他避免走向任何一个极端，而是采取了更为务实的策略。尽管恺撒是作为一个暴君，被富于荣誉感和爱国精神的公民杀死，但独裁官颁布的各项法令，甚至他的最后一批尚未公布的计划都是具有法律效力的。确认这一点是迫切的和势在必行的。许多元老、包括许多自由派在内，都是通过独裁官才获得晋升机会、官职和行省管辖权的。既得利益占据了上风，并提出了以维护和平与团结为重的可贵借口。西塞罗发表了一篇演说，建议对暗杀者实行大赦。

---

① *Ad Att.*，15. 1a. 2："scripsissem ardentius。"（我本可以把它写得更加光辉华美。）

② 可参见他致玛库斯·布鲁图斯和卡西乌斯的书信，*Ad fam.* 11. 1. 关于这份重要文献的年代问题存在着巨大争议。施密特（O. E. Schmidt）有理有据地提出了 3 月 17 日清晨这个说法，得到了许多人的认可和闵采尔的进一步支持（P-W，Supp. V，375 f.）。这个说法显然是很有吸引力的。但 3 月 21 日或 22 日的说法也存在着可能性，参见 S. Accame，*Riv. di fil.* LXII（1934），201 ff.。

通过恺撒党和共和派的联盟，罗马以一种如此简单的方式重建了宪政政府。在恺撒党领袖和自由派互相宴请的当晚，人们便提出了彼此和解的建议。次日，又有一些决议被通过。在恺撒岳父卢奇乌斯·皮索(L. Piso)的坚持下，元老院决定承认恺撒遗嘱的法律效力，并为他举行公共葬礼。

安东尼从容不迫地施展着自己的巧妙手腕。自由派和他们的朋友永久性地失去了压倒元老院的机会。从一开始就对他们并不友好的民众现在开始激烈地反对他们。突发性事件与经过深思熟虑的谋划结合在一起。安东尼发表的葬礼演说(3 月 20 日)或许原本并不是恺撒党的一篇政治宣言；但它产生的效果却是出乎演讲者本人意料之外的。从形式上看，这篇演讲是简短且节制的；[①]但听众们的情绪十分激动。当安东尼开始回顾恺撒的英雄事迹和
99 他的遗嘱赐给罗马人民的福祉时，群众失去了控制，在广场上火化了恺撒的遗体。由于担心自己的生命安全，自由派们只好躲在家里。但时间的推移并不能保证他们可以重新安然无恙地在公众面

① Suetonius, *Divus Iulius*, 84. 2："quibus perpauca a se verba addidit。"(他[安东尼]仅仅补充了极少的自己的话。)某些历史学家记载了一篇繁复的、热情洋溢的和充满戏剧性的安东尼演说词(特别是阿庇安，相关研究见 E. Schwartz, P-W II, 230)，但其真实性值得怀疑。我们很难弄清楚的一件事情是，猛烈抨击自由派的做法是否符合安东尼的计划——安东尼和恺撒党此时都还没有牢固地掌握权力。同时代人提供的最早证据(*Ad Att*. 14. 10. 1, 4 月 19 日)显然并没有归咎于他。然而，从 10 月起，情况开始发生变化；这个故事开始变得越来越丰富多彩(*Phil*. 2. 91)。即便信件(*Ad fam*. 11. 1)是在葬礼之后立刻写就的(见前注)，那也无法直接证明(尽管它可以算作一条旁证)安东尼故意想要寻衅生事的观点。德奇姆斯·布鲁图斯写道："请认清我们现在面临的处境。昨天傍晚希尔提乌斯来找我；他向我揭示了安东尼的意图，那是极其恶劣的和极不可靠的。"(quo in statu simus, cognoscite. heri vesperi apud me Hirtius fuit; qua mente esset Antonius demonstravit, pessimascilicet et infidekissima)

前现身。暴民们在罗马广场上建造了祭坛和柱子,向恺撒进行祷告和祭祀。在制造混乱的人中,十分著名的一位是曾想被盖约·马略(C. Marius)过继为孙子的赫罗菲鲁斯(Herophilus,或阿玛提乌斯[Amatius])。自由派们于 4 月初离开了罗马,在首都近郊的小城镇里避难。

在此之前,谋杀者及其同情者早已清楚地看到,他们的英雄事业失败了。真正的灾难并不是恺撒的葬礼,而是 3 月 17 日的元老院集会。[①] 恺撒的法令和党派都在他遇刺后延续了下来。就这场密谋的原则与本质而言,杀死暴君的行为本身便是他们事业的结局及对其正当性的肯定;任何事后诸葛亮式的小聪明或某位谋士与批评家的为时已晚的悔恨("这是一桩英勇的行为,但却是一个幼稚的决定"[②])都不能改变这一点。身为大法官的布鲁图斯和卡西乌斯本应尝试夺取最高权力,并召集元老院在卡皮托林山上集会(后来有人敦促他们这样做)。[③] 但那将是一种叛国行径。他们本不应该放执政官安东尼一条活路;但当时并没有什么借口或动机去建立恐怖统治。布鲁图斯坚持认为安东尼应被豁免。[④] 倘若布鲁图斯和卡西乌斯放弃了他们的原则而诉诸武力的话,他们将会迅速招致杀身之祸。温和派、恺撒党、意大利的老兵和诸行省中的恺撒军队过于强大,是自由派根本无力招架的。

---

① *Ad Att*. 14. 10. 1.

② *Ad Att*. 14. 21. 3:"animo virile, consilio puerile."

③ *Ad Att*. 14. 10. 1;15. 11. 2.

④ 特别参见 *Ad Att*. 15. 11. 2。西塞罗在当着布鲁图斯的面讲话时,刻意回避了他最喜欢谈论的话题,即自由派们没有谋杀安东尼。

自由派并未打算夺取权力。他们占领卡皮托林山的做法是一种象征性的举动,带有古风色彩,甚至有些希腊的异国情调。但罗马并非一座通过卫城进行统治的希腊城市。其权力运作状况和要素都更为复杂。为了发动一场像模像样的罗马革命,高级行政官员的权力、前执政官们的权威和元老院的默许是不可或缺的先决条件。在两个执政官中,安东尼是无法争取的,多拉贝拉则是一个
100 不确定因素。下一年即将任职的执政官希尔提乌斯和潘萨是忠实的恺撒党徒,同时也是温和派与和平爱好者,代表着元老院中的大多数(其中既有恺撒党,也有中立派)。受到战争削弱,最近又安插进了独裁官提名的不少人选的元老院缺乏尊贵地位与自信。其中的大多数人是主张维持秩序与安全的。他们的这种想法无可指责。在前任执政官中,历次内战造成的伤亡是非常惨重的;在庞培党元老中,只有两人幸存了下来(无论他们是假冒的还是真实的)。[①] 因此,在接下来的18个月中,元老院马上要痛感自身缺乏经验、能力和领导人的缺陷。在幸存下来的前执政官中,有几个人微言轻的恺撒党徒,其中一些已经无可挽回地失去了公众的信任;其余的很多是老者、胆怯之徒和失去公众信任的人。曾用其雄辩口才为各种政治势力效劳过的西塞罗只尊奉一条原则,那就是要服从现存秩序。过往的履历表明,西塞罗这个人在谋事、执政等方面是不可靠的;密谋者从一开始就没有把他纳入到他们的计划中去。在革命成功之后,西塞罗的公开支持或许将具有不可估量的价值。因此,布鲁图斯才举起他血淋淋的匕首,高声呼唤着西塞罗

① 见下文,原书第164页。

的名字。[1] 这种呼吁属于临时抱佛脚的性质。

布鲁图斯和卡西乌斯也无法指望首都的公民。面对着共和派布鲁图斯的冰冷逻辑和循规蹈矩的请求，这群鱼龙混杂、易于激动的乌合之众充耳不闻。他们对于罗马元老院和罗马人民的神圣传统毫无同情之心。前一个世代的政治家们，无论是保守派还是革命派，事实上都极度轻视罗马平民，以至于他们敢于毫无顾忌地不断降低这个阶层的地位。甚至连加图也承认，为了拯救共和国，确保自己的亲戚毕布鲁斯当选，行贿是很有必要的。[2]

由于受到民众蛊惑家和贿金的腐蚀，罗马人民已经乐于接受一个帝国和维持面包与竞技的福利条件。平民们已经向平民派政治家、公开夸称自己所属的尤利乌斯家族是罗马国王与不朽诸神后裔的恺撒欢呼；他们以公主的礼仪埋葬了他的女儿尤利娅；他们在竞技活动、公共庆典和独裁官的凯旋式上欢呼雀跃。通过恺撒对元老院的违抗和对贵族对手的胜利，他们也分享了权力与荣耀。 101
诚然，在恺撒遇刺前的最后几个月里，人们可以觉察到罗马民众的些许不满情绪；恺撒的敌人巧妙地利用了这一点。而曾经为维护保民官权利而起兵的恺撒也同民众领袖们产生了一些矛盾。但这些只是若有若无的迹象而已，自由派并无理由对它们做出十分乐观的估计。但即便在恺撒的葬礼和接下来的动乱之后，布鲁图斯似乎仍旧对被他从专制暴政下解救出来的罗马人民抱有不切实际的幻想。直到 7 月，布鲁图斯还希望在由他出资赞助的(但他并不

---

① Cicero, *Phil*. 2. 28.

② Suetonius, *Divus Iulius*, 19. 1.

在场)、纪念阿波罗的竞技活动中爆发支持自己的民众示威运动。但阿波罗那时已经找到了另一个宠儿——渥大维。

罗马人民更真实的代表是军团中的士兵和意大利地方城镇里的居民。在处理与老兵们的关系方面,自由派同样面临着既得利益的严重束缚。他们小心翼翼地公开表态,要维护独裁官一切赠予行为的合法性。被保护的内容还包括种种慷慨大方,但并不完全可靠的许诺和特权。[①] 但老兵们是不能仅仅靠物质利益来争取的。他们已经变得性情凶猛,喜好惹是生非。他们的凯旋将军也不复具有号召力,尽管他们曾为了捍卫统帅的身份和尊严而起兵反抗他的仇敌;因为这位统帅已经被那些他信任且提拔过的人背信弃义地杀害了,凶手中首当其冲的便是元帅德奇姆斯·布鲁图斯和特瑞波尼乌斯。军队的荣誉已遭到玷污。

尽管罗马及其军队已经腐化堕落,并且具有亲恺撒的倾向,但对自由、传统和政治制度的尊重似乎仍存在于意大利。这种尊重不是到处都有的,也并不存在于一切阶级之中。当布鲁图斯和卡西乌斯四五月间在罗马近郊的拉丁姆小城镇蛰居之际,他们从当地的贵族集团中争取到了一批追随者。[②] 人们对共和国的同情程度,我们是无法进行精确估计的:我们不能用声称自由派受到全意大利的忠诚保护的、过于乐观且带有党派倾向的溢美之词来衡量这种情感。[③] 布鲁图斯和卡西乌斯受到意大利地方上有产阶级的热烈欢迎,在罗马显贵面前受到尊敬与吹捧,即便亲恺撒的执政官

① Appian,*BC*,2.140.581;3.2.5.

② *Ad Att*.14.6.2;20.4.

③ *Phil*.10.7.

们也称他们为“光明磊落的汉子”(clarissimi viri)。[①] 至于这些理想主义或见风使舵的意大利城镇中的青年是否拥有行动乃至投入内战的意志和资源，那是另外一个问题。他们这种毫无保留的热情其实是经不起考验的。 102

共和派的策略在那些承担着维持公共秩序和新政府责任的群体中间引发了骚乱。各种各样的阴谋都在蓄势待发。多拉贝拉镇压了在罗马重新抬头的、对恺撒的特殊崇拜形式；于是有人希望能劝说他支持自由派。[②] 此外，也有一些自由派希望能劝说希尔提乌斯加入他们的阵营。[③] 但多拉贝拉尽管不能容忍向恺撒献媚的举动，却由于不能信任自己的岳父和得到安东尼金钱支持的缘故而坚持亲恺撒党的立场；而希尔提乌斯则严词拒绝了对自己的拉拢。[④] 安东尼知悉这一切。当他要求解散共和派团体时，布鲁图斯同意了。[⑤]

表达同情并不需要花费分毫，提供资金支持则完全是另外一回事。自由派试图劝说他们的支持者筹建一笔私人基金，结果收

---

① *Phil*. 2.5:“quos tu ipse clarissimos viros soles appellare。”(你习惯于称他们为光明磊落的汉子。)

② *Ad Att*. 14.20.4:“prorsus ibat res; nunc autem videmur habituri ducem: quod unum municipia bonique desiderant。”(事情正在发生变化；现在我们似乎将要拥有一位领袖了，这是意大利城镇和善良的公民们所希望看到的。)可参见西塞罗恭维多拉贝拉的书信(*Ad fam*. 9.14)。明察秋毫的阿提库斯在当时已对赞美多拉贝拉的举动感到厌倦，见 *Ad Att*. 14.19.5。

③ 卡西乌斯曾敦促西塞罗去试图拉拢希尔提乌斯，见 *Ad Att*. 15.5.1。

④ *Ad Att*. 15.1.3:“non minus se nostrorum arma timere quam Antoni。”(他[希尔提乌斯]对我们军队的恐惧不亚于对安东尼的戒备。)不久以后，希尔提乌斯向西塞罗送去了一封恐吓信，见 *Ad Att*. 15.6.2f.。

⑤ *Ad fam*. 11.2(布鲁图斯和卡西乌斯的一封公开信)。

效甚微——意大利地方城镇上的居民本来就是以一毛不拔而著称于世的。随后，布鲁图斯的朋友、财阀盖约·弗拉维乌斯(C. Flavius)去找阿提库斯，邀请他担任一个银行家同盟的首领。[①] 极力想要避免一切政治瓜葛的阿提库斯斩钉截铁地拒绝了。然而，为了友谊或安全的缘故，与各个党派维持或建立联系毕竟是很有利的。阿提库斯很乐意向布鲁图斯提供私人资助；他后来又向塞维莉娅转让了一笔财产。

在政治斗争中，如果一方在罗马和意大利处于劣势，那么还可以在行省找补回来；庞培明白这个道理，他的一些盟友则不理解。这样做的代价就是会引起内战。但即便自由派愿意付出挑起内战的代价，他们也找不到什么乐观的理由去向意大利境外发展势力。他们在执行密谋的时候是间不容发的；他们从未试图争取到大部分军事将领的支持，并且也不认为这是必要的。在恺撒遇刺之际，他的党羽仍旧控制着军队，只有几个地区的部署尚未最终落实：独裁官似乎已指定(甚至可能已经派遣)自由派中的三个人——前执
103 政官特瑞波尼乌斯、德奇姆斯·布鲁图斯和提利乌斯·辛姆贝尔去治理行省。[②] 在暗杀结束后到3月17日独裁官的法案得到承认期间，人们担心执政官不会允许他们到各自的行省就任。[③] 后

① Nepos, *Vita Attici*, 8.1 ff.

② 关于公元前44年各行省及其总督状况的古代史料记载存在着混乱和不精确之处：通过施密特(O. E. Schmidt, *Jahrbücher für cl. Phil.*, Supp. XIII[1884], 665 ff.)、施瓦茨(E. Schwartz, *Hermes* XXXIII[1898], 185 ff.)和斯特恩克普夫(W. Sternkopf, *Hermes* XLVII[1912], 321 ff.)的研究，它们已被整理得令人满意。我们在这里采用的多为斯特恩克普夫的观点。

③ *Ad fam.* 11.1，见上文，原书第97页。

来发生的事情我们并不清楚——若干行省悬而未决的领导权问题可能在 3 月 18 日得到了解决。4 月初，德奇姆斯·布鲁图斯出发前往山南高卢；我们可以推断，差不多在同一时期，特瑞波尼乌斯去了亚细亚行省，辛姆贝尔去了比提尼亚行省（Bithynia）。但在亚细亚行省和比提尼亚行省根本没有任何军团，在山南高卢也只有两个。

除此之外，诸行省所能提供的仅有支持全都远水不解近渴，并且如同杯水车薪——它们来自私人冒险家绥克斯图·庞培（Sex. Pompeius）和昆图斯·凯奇利乌斯·巴苏斯（Q. Caecilius Bassus）。在西班牙，穆达战役（Battle of Munda）后的流亡者绥克斯图·庞培在大西洋沿岸对抗恺撒派总督军队的游击战中取得了些许胜利。在叙利亚，巴苏斯在两年之前发动了内战，并攻占了战略要地阿帕梅亚。他的军力十分弱小，只有一两个军团；并且阿帕梅亚已被恺撒派的将领们包围得水泄不通。

关于行省和军队的情况就是这样。倘若自由派打算发动一场真正的革命，而不是仅仅除掉一个独裁者，他们的失败是必然的。即便到了现在，尽管出现了共和派甚至不敢在罗马人民面前露面的可悲局面，他们仍旧没有满盘皆输。独裁官已经死了，许多人痛惜不已，但并没有人要为他复仇。恺撒党的领导人已经言行一致地肯定了自由的原则。既然 3 月 17 日的和解同政治形势与个人利益都是一致的，那么指望在风暴平息、民众的激动情绪减退后能够建立一个正常、有序的政府的设想并不是全然愚蠢的。时间和坚忍将有可能压倒暴力、英雄主义和原则。独裁官统治时期牢固建立起来的、令世人远离政治与政治纷争的有利的安定局面甚至

有可能得到延续。现在一切都取决于那位在任执政官——恺撒党徒安东尼。

玛库斯·安东尼是恺撒手下青年中最富于才干的一位。他是一名显贵，生于一个曾经辉煌、但后来陷于贫困的平民家族（他的祖父是位伟大的演说家，其父亲是个心地善良、但马马虎虎的人）。充满乐趣与冒险的岁月使他在追随伽比尼乌斯在叙利亚服役之后，拥有了更为光明的前景：他进入了恺撒的军营和参谋圈子。安东尼是一名英勇无畏、富有魄力的骑兵指挥，但同时又是位稳重老
104 成、足智多谋的将才。他在法萨卢斯战场上指挥了军队左翼。但安东尼并不仅仅拥有将才。知人善任的恺撒在内战中不止一次把意大利的行政领导权交给了他，如在公元前 49 年（当时安东尼只是平民保民官）和在法萨卢斯战役后一年多的时间里（当时他也仅仅是骑兵总指挥而已）。这项任务的相关要求十分精细，恺撒可能对这位代理人的工作并不完全满意。但并无证据表明他此后就不再宠信安东尼了。[①] 诚然，雷必达被任命为公元前 46 年的执政官和骑兵总指挥；但没有什么证据可以说明，恺撒认为他在忠诚和才干方面高于安东尼，从而给予前者更高的褒奖。雷必达毕竟更为年长，并且同样是一位贵族。雷必达保有着作为独裁官名义上代理人的职位。但按照恺撒的安排，雷必达应当在公元前 44 年前去

① 除普鲁塔克（Plutarch，*Antonius*，10）外，唯一的证据来自西塞罗（Cicero，*Phil.* 2.71 ff.）。可见这一说法是不全面的。安东尼确实不像血气方刚的多拉贝拉那样参加过阿非利加和西班牙的战事，但这并不表明他的胆怯或恺撒对安东尼的不信任。公元前 47 年恺撒不在罗马的时候，多拉贝拉曾惹出不少麻烦。如果恺撒安排安东尼留在意大利的话，那正是因为他忠诚可靠，并且留在罗马也更为有用。他究竟是担任骑兵总指挥还是没有任何正式官衔并不重要。

管辖一个行省；而在同一年当选执政官的安东尼却会在恺撒离开后留下来领导政府。

出生于公元前 82 年的安东尼已届盛年，体魄强健且风度优雅；他勇气过人、敏锐机警、足智多谋。但隐藏在安东尼那引人注目、仪表堂堂的外貌之下的某些性格、判断力方面的致命缺陷却会随着时间的推移和他执掌权力机会的降临而充分暴露出来。这个直率、侠义的军人在政治策略上是无法同那些狡诈的政治家相匹敌的；后者削弱了他的优势地位，偷走了他的党徒，并为反对他而组织了最后一次密谋，联合全意大利建立了民族阵线。

对安东尼的记忆遭到各种各样的、无法挽回的损害。他在东方采取的政策和他同埃及女王的关系易于受到其对手的道德论式的、爱国主义的意识形态的中伤。我们必须冷静地对其中的大多数说法置之不理。想摆脱西塞罗的影响要困难一些。他为攻击这位不在场的敌人所发表的系列演说词——《反腓力演说词》(*Philippics*)诸篇是展示其雄伟辩才、露骨敌意和歪曲本领的永恒丰碑。其中许多责难是针对安东尼的性格的，将他描述为一个出格的恶棍和可耻的懦夫。但这些批评是没有分量、滑稽可笑或毫无新意的。这个恺撒派士兵的私生活草率、混乱甚至可耻——
这一点是显而易见的和举世公认的。他属于在共和与帝制时期十 105
分常见的一类罗马贵族；其另类的疯狂性格并不妨碍他们在关键时刻挺身而出，展示引人注目的能力或不偏不倚的爱国精神。对于这些人，最严厉的史学家也会情不自禁地油然而生一种胆怯的，或许还有些反常的钦佩之情。无可指责的生活其实并非美德的全部;刻板的正直品格或许反而是对共和国的一种威胁。①

尽管政治家的个人行为是不能同他的公共政策和公开举止截然分开的,但罗马贵族从古至今的道德标准,无论它们强调的是公民美德还是个人自由,都是可以容忍多种多样的嗜好的。安东尼的个人缺点可能会对他不利,但这种不利局面只会出现在罗马和意大利,而并不存在于军队和行省中。何况,对于在罗马掌控官职和权力的政治家来说,这些指责压根就不是什么新鲜事或令人警醒的情况。总而言之,毁灭安东尼的并非他的道德堕落,而是他在军事和政治上的一连串致命失误,以及他那无法同政治家的冷酷精神相兼容的忠诚感。但这是后话。要公正地评价安东尼在其担任执政官之年的活动与意图,我们有必要暂且把《反腓力演说词》和亚克兴之战抛在脑后。我们必须暂时忘却政治宣传作品和传统历史中的盖棺定论。

随着独裁者遇刺、政府回归正常状态,国家的发展方向马上落入了高级行政官员们的操纵之中。安东尼展现出了作为一名政治家的完美才能。为了保证自己的安全和维持秩序,他也有必要推行这种众望所归的政策。凭借自己的口才和权威,安东尼在 3 月

① 塔西佗称赞过酒色之徒佩特洛尼乌斯(Petronius)、一位杰出的比提尼亚行省总督(*Ann*. 16. 18);公正治理过鲁斯塔尼亚(Lusitania)(*Ann*. 13. 46)、并且宁可自杀也不愿延长内战(*Hist*. 2. 47)的奥托(Otho)与卢奇乌斯·维特利乌斯(L. Vitellius)。"eo de homine haud sum ignarus sinistram in urbe famam, pleraque foeda memorari; ceterum regendis provinciis prisca virtute egit"(我知道他[维特利乌斯]在罗马享有邪恶的名声,并且是许多荒唐故事中的主角;但他却以罗马人的古老美德治理着行省])(*Ann*. 6. 32)。这位历史学家对德行卓越的元首伽尔巴(Galba)的冷静评价也值得注意(*Hist*. 1. 49):他只是避免沾染了许多恶习,而并非具备了各种美德(magis extra vitia quam cum virtutibus)。

17 日的元老院集会上促成了和解，甚至营造出了和谐的氛围。至于他在多大程度上应为恺撒葬礼上的事态转折负责，这是一个存在着争议的问题。显而易见的是，使元老院保持警醒、强调保持统治阶级内部高度和谐的重要性，以及要求执政官把持大权等意见都是合乎安东尼本人的利益的。

为此目的，执政官安东尼暂时容忍了罗马广场上的民众崇拜活动和暴民领袖赫罗菲鲁斯煽动叛乱的阴谋。随后，他突然出手，将这个江湖骗子处以死刑。自由派已逃离罗马城。安东尼授予当 106
时担任大法官的布鲁图斯和卡西乌斯特许权，允许他们一直留在罗马城外。他坚持使用缓和的语言，[①]在很长一段时期内都不曾放弃这种习惯。在他的口中，对布鲁图斯的敬辞比传统习语和政治口号出现得更为频繁。并且安东尼在当时从未被责难为表里不一，尽管这位恺撒党领袖日后在这一点上饱受讥讽。[②] 相信安东尼确实尊敬、理解布鲁图斯的看法并非不可思议，因为布鲁图斯是位拥有着安东尼所属阶层各种美德的罗马贵族，并且同安东尼私交甚笃。[③] 在自由派不干涉其野心目标——在恺撒党中夺取并维持首要地位的前提下，安东尼从未同他们发生过争执。毫无疑问，安东尼希望他们远离罗马，至少暂时躲避一段时间（正如布鲁图斯的朋友们后来所承认的那样），以便挽救政治和谐与公共秩序。自

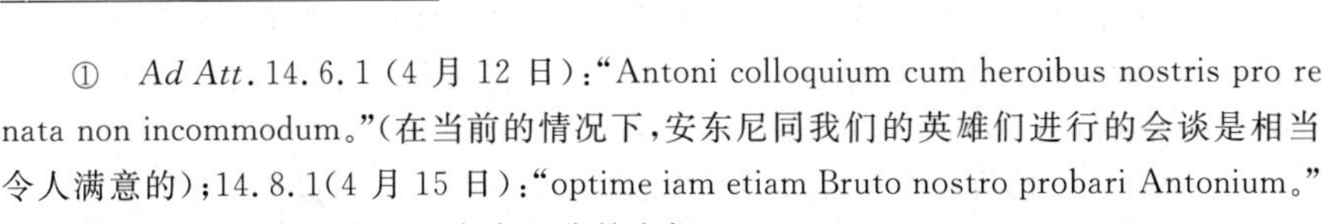

① *Ad Att*. 14. 6. 1（4 月 12 日）："Antoni colloquium cum heroibus nostris pro re nata non incommodum。"（在当前的情况下，安东尼同我们的英雄们进行的会谈是相当令人满意的）；14. 8. 1（4 月 15 日）："optime iam etiam Bruto nostro probari Antonium。"（甚至连我们的布鲁图斯也对安东尼称赞有加。）

② *Phil*. 1. 6；2. 5.

③ Gelzer，P-W X，1003 f. 特别强调了这一点。

由派确实带来了麻烦；但安东尼始终是友善的，并未滥用自己的职权。

在 4 月份里，罗马国家与安东尼的兆头似乎还不错。人们一度担心，恺撒遇刺会在罗马之外引发广泛的、毁灭性的反响，如激起高卢的民族起义，或引发罗马军团入侵意大利，以为他们的凯旋将军复仇。由于难以抑制自己的悲伤之情，恺撒的挚友玛提乌斯致力于从最可怕的报道中寻找阴暗的乐趣；[①]巴尔布斯和奥皮乌斯等人选择了韬光养晦；另外一些人则同往常一样，很乐意能从新的统治局面中尽可能地捞到好处。

高卢和军队平静无事，民众暴乱的危险得以避免，老兵们也在政府控制之中。财产和各种既得利益似乎并没有受到这场变革（或反动）的侵害。[②] 诚然，暴君被杀死了，但暴政依然存在；这令自由派的朋友们错愕，也让好多人在背地里议论这次政变的失败。
107 但有些人还是能从 3 月 15 日的政变（Ides of March）中得到极大的慰藉，并且罗马国家确实也有许多地方应该感谢这场风波的和平解决，这是带有明显党派倾向的证据在日后进行比较抨击的时候也乐于承认的。[③]

---

① *Ad Att*. 14. 1. 1，参见 14. 2. 3：“habes igitur φαλάκρωμα inimicissimum oti，id est Bruti。”（那么，你这个秃子就是对和平、也就是布鲁图斯怀着深仇大恨。）

② 因此西塞罗会表示愤慨，认为在维持和谐的借口之下，恺撒党徒们可以保留他们已经取得的资源：“他们本应是和平的爱好者，而不应成为为虎作伥之徒。”（pacis isti scilicet amatores et non latrocini auctores）（*Ad Att*. 14. 10. 2）

③ Phil. 1. 2 ff. 在安东尼的“共和派”政策中，西塞罗并没有提及剥夺民众选举大祭司长权力的措施。这看上去很合情合理。自然地，这只是一个政治花招而已：最后当选的是雷必达。此外，还有一项未获通过的、要求选举两位监察官的议案（*Phil*. 2. 98 f.），它显然是为了发展庇护关系，并为恺撒党徒堂而皇之地进入元老院创造条件。

执政官意志坚定，但主张和解；他逢事会同德高望重的政治家商议，并且对国家权威毕恭毕敬。他提议并推行了一项宝贵的议案——独裁官之名被一劳永逸地废除了。当然，富有远见的人会意识到，独裁官的权力有朝一日会很容易地在另一个头衔之下得到恢复的。在 3 月底至 4 月初，元老院指定了下一年的执政官接任行省总督名单，[①]其内容可能是跟恺撒的安排一致的。多拉贝拉得到了叙利亚，安东尼得到了马其顿以及驻扎在那里的恺撒巴尔干军队，一共是六个最为精锐的罗马军团。

通过掌握卡尔普尼娅及时交给他的、独裁官手中的国家文件和私人财产，安东尼建立了广泛的庇护关系。这些人首先要服务于安东尼的个人政治利益，这一点并不令人奇怪，也无须任何借口。社会上早已传播着种种流言，煽风点火的还有各种可怕的指证(我们姑且不在此判断它们的真伪)：如执政官安东尼在最初的几个月内侵吞了存放在丰产女神神庙(Temple of Ops)里的 7000 万塞斯特斯财产(显然是某种与存放在农神庙[Temple of Saturn]中的公共财富截然不同的基金)。如果这笔神秘财富是独裁官的战争财力保障，打算被用于巴尔干与东方的战事的话，那么这笔钱恐怕不会有多少留在罗马供安东尼使用。这笔资金的性质和下落存在着诸多疑点。[②] 我们对这些针对腐败与贪污的普遍批评言论既难以证实，又不好驳斥。到了 10 月，安东尼手头上显然已不再那么阔绰了。这些本身存在与否都很成疑问的钱财大概是花在了为

① 见 *Ad Att*. 14. 9. 3(4 月 8 日)。

② 见下文，原书第 130 页。

老兵购置土地和为安东尼担任执政官期间通过的两项土地法案筹备方面。

我们无从判断，按照罗马政党领袖的标准来看，安东尼的举止究竟算不算出格。他是执政官和恺撒党的首脑，手中掌握着权力
108 与庇护关系。安东尼召回了一个被流放者；但这样的行为他只做了一次，并且还征求了这个被流放者的一位著名死敌的意见。[①]他承认了一位臣服于罗马的东方君王对一块领土的占有权，这也不是多大的事情。[②] 他还向西西里岛上的居民们授予了罗马公民权。[③] 当然，有人私下里议论说，安东尼有过行贿受贿和伪造法令的行为。但西塞罗自己当时也希望能浑水摸鱼，不厌其烦地为朋友阿提库斯争取同伊庇鲁斯土地有关的利益。[④] 总的来说，与罗马对当权政治家的要求水平相比，安东尼的执政能力是出类拔萃的。他担任执政官的年份在暴力和腐败程度方面同恺撒首次担任执政官时的情形并无二致。

我们也没有充足的理由接受后人往往乐于相信的、关于安东尼狼子野心的、带有党派倾向与夸张色彩的说法。根据安东尼日后推行的恺撒党政策和为争夺世界统治权而进行的最后决战情

---

① *Ad Att*. 14. 13a，14. 13b，分别为安东尼的书信和西塞罗的答复。被征求意见的人是绥克斯图・克罗狄乌斯(Sex. Clodius)、普布利乌斯・克罗狄乌斯(P. Clodius)的一名心腹。

② *Ad Att*. 14. 12. 1. 加拉提亚(Galatia)国王德奥塔鲁斯(Deiotarus)是罗马在亚细亚地区最重要的附庸；笼络他的举动是完全值得的，在这个节骨眼上几乎不可能会有人提出异议。

③ *Ad Att*. 14. 12. 1. 恺撒仅仅授予了他们拉丁人的权利。

④ *Ad Att*. 14. 12. 1，&c.

况，人们很容易捏造这样一种说法，即安东尼从一开始就觊觎独裁官的位置，希望能够继承在罗马乾坤独断的大权，仿佛他会对恺撒的前车之鉴置若罔闻一样。事实上，安东尼可能并没有足够的视野或头脑去进行长远规划。在他执掌罗马政坛的头几个月里，我们找不到这方面令人信服的证据。凭借其履历与身份，以及执政官头衔所赋予的权威，安东尼的主导地位是不可撼动的既成事实。关于他的一些为自己招来暴政指控的举动，我们应当考虑到，当时的罗马政治体制在危机时期和有必要维护执政官地位和人身安全的情况下原本就授权执政官可以便宜行事，这方面的理由在安东尼于下半年受到敌人攻击（根据任何法理来看，这些攻击都属于严重的叛国行为）的情况下显得尤其充分。

以上是我们为安东尼所做的辩护。“安全需要”与“冒犯挑衅”原本就是政治党派在解读各种现象时使用的带有主观色彩的术语。尽管安东尼或许无意于继承恺撒的地位，但他并不因此而缺乏深思熟虑的或心血来潮的野心，以及对权力的贪欲。显然，在恺撒式的独裁之外，安东尼可以有别的选择。机遇和本人的决断使得安东尼处在一个十分有利的位置上。他起初似乎是一个与世无争的人；[①]随后，他被视为一位足智多谋的政治家，身兼恺撒党徒与共和派的双重身份，在仕途上稳步前进。他最终的目标在哪里

① *Ad Att*. 14.3.2（约 4 月 8 日）：“sed quid haec ad nos? odorare tamen Antoni διάθεσιων；quem quidem ego epularum magis arbitror rationem habere quam quicquam mali cogitare。”（但这跟我们有什么相干？难道有必要去试探一下安东尼的情况吗？我看他更关心的是自己举办的酒席，而不是去谋划什么坏主意。）安东尼的豪饮习惯、铺张做派和狡猾性格欺骗了许多同时代人和几乎所有后世作家，误导他们对安东尼的政治才能做出了错误估计。我们手头拥有的只是一些谣传或带有浪漫色彩的安东尼传记。

呢？他已经在恺撒党中占据了首要地位，但他可能还要通过斗争来保住它。更重要的是，安东尼是执政官和政府首脑，因此是不受任何法律武器侵犯的。到了下一年，当奥鲁斯·希尔提乌斯和盖约·维比乌斯·潘萨(C. Vibius Pansa)继任执政官之后，安东尼可以得到马其顿行省。但如果某个党派在罗马攫取了权力，试图反攻倒算，行省总督是有可能会受到侵害的。到了公元前 42 年，担任执政官的可能是德奇姆斯·布鲁图斯和擅长玩弄外交手腕、并不可靠的卢奇乌斯·穆纳提乌斯·普兰库斯。为了保全自己，安东尼必须巩固 3 月 17 日的决议和在他担任执政官期间通过的立法。为了和平，安东尼的首要地位必须得到中立派，甚至是共和派的认可。

在恺撒党内部，安东尼不乏对手和潜在的反对者。在近三年之内，安东尼跟多拉贝拉并没有什么交情。但他默许、认可了多拉贝拉僭取执政官名号的行为。然而，安东尼仍旧需要提防多拉贝拉这个行事缜密、野心勃勃的年轻人。安东尼为雷必达争取到了大祭司长的职位，那是雷必达的一位受到后人追忆的光荣祖先曾经担任过的职务。[①] 安东尼还把自己的女儿许配给了雷必达的儿子，以便笼络住这个立场暧昧不明的人。此外，安东尼还劝说雷必达前往自己分配到的行省就任。通过此人与布鲁图斯之间的家族渊源，雷必达有可能成为恺撒党和自由派之间的联盟纽带。这样的纽带并不只有雷必达一人——还有他的连襟，即将从亚细亚行

① 参见 Cicero，*Phil.* 13. 15。

省卸任返回罗马的普布利乌斯·塞尔维利乌斯。[①]

在安东尼执政期间，能同他的显要地位相抗衡的是各种共和国机构的自由运转。这一现象的出现确实是一种革新，它几乎不曾在此前的二十年里存在过。在危机时期，自由的恢复意味着党派纷争：它起初会隐藏在种种光荣借口的遮羞布之下，随后逐步升级为对荣誉和利益的公开争夺，最终爆发为一场新的内战。尽管自由派对此表示失望，但元老院中领袖的匮乏实际上是和谐的有力保障。幸存下来的前执政官都沉默寡言。令显贵们——凶猛但 110
左右逢源的马塞卢斯家族、固执的埃诺巴布斯、傲慢且居心叵测的阿皮乌斯·克劳狄乌斯——人头落地的残酷命运对罗马人民倒是很照顾，因为她在除去这些权贵的同时，也消灭了制造阴谋与仇恨的源泉。他们也许忍受过庞培一段时期，甚至可能还迁就过恺撒；但他们不需要容忍安东尼和初出茅庐的多拉贝拉，更无须忍耐被指定为下一年执政官的两位可敬的无名之辈。加图也已经死去了。作为一个不肯妥协、坚守原则的人，他会成为任何一个政府的眼中钉。同样令人生厌，但原因有所不同的是恺撒党中的青年库里奥和凯利乌斯，如果这两位拥有光辉才能和勃勃野心的人物能够躲过命定的劫数，一直寿终正寝的话。

到了 4 月，安东尼已有理由相信自己是安全的了。在罗马已不复存在谋杀的威胁。而在这位恺撒党执政官为了维持公共秩序而广施恩惠、笼络退伍老兵的情况下，诅咒、哀叹光荣的 3 月 15 日谋杀行动尚不彻底的共和派也就没有正当理由去抱怨了。在行省

① 见下文，原书第 136 页。

方面，德奇姆斯·布鲁图斯在当年的余下时期中治理着山南高卢那个资源、兵源丰富，位于高卢、西班牙各聚落之间的辖区。安东尼已做好了消除这一隐患的准备——他要在卸任执政官后接管这一地区，并在该省份布置一支足以挫败敌人一切企图的军队。他在3月底获得了马其顿行省。然而，在4月结束之前，人们已经得知，安东尼将在6月1日提出建议，用另一个行省，即山南高卢(其中还包括新近被恺撒所征服的长发高卢地区)来交换马其顿。[1]他将调动在马其顿的诸兵团来驻守这些地区。没有人告诉我们这次驻扎的期限有多久。就当下的状况而言，西部的其他省份是可以制衡德奇姆斯·布鲁图斯的。[2] 它们都在恺撒党的掌控之内：普兰库斯控制着长发高卢；雷必达已经出发去接管纳旁高卢和近西班牙两个行省。盖约·阿西尼乌斯·波利奥正在远西班牙行省。

这还不是全部。忠诚可靠、经验丰富的恺撒党徒普布利乌斯·瓦提尼乌斯和提图斯·绥克提乌斯(T. Sextius)指挥着伊吕利库姆和阿非利加的军队，每人手中握有三个军团。[3] 马其顿现任行
111 省总督昆图斯·霍腾西乌斯属于恺撒党，但他同时也是布鲁图斯的亲戚，因而是一个潜在的危险。但这个省里的所有军团马上就将撤出。在东方，特瑞波尼乌斯和辛姆贝尔可能正掌控着亚细亚行省和比提尼亚行省。马其顿以东仅有的几支军队有在恺撒党领

① *Ad Att*. 14. 14. 4.

② 关于当时所有行省的具体情况，参见 W. Sternkopf, *Hermes* XLVII(1912), 321 ff.; W. W. How, *Cicero*, *Select Letters* II(1926), App. IX, 546 ff.。

③ 恺撒已对阿非利加行省进行了分割。绥克提乌斯负责的行省是新阿非利加(Africa Nova)，他的前任就是撒路斯提乌斯。昆图斯·科尼菲奇乌斯掌控着旧阿非利加(Africa Vetus)，手中没有军团。他的前任是盖约·卡尔维修斯·萨比努斯。

导下围困阿帕梅亚的六个军团(将领是卢奇乌斯·斯泰乌斯·穆尔库斯和昆图斯·马尔奇乌斯·克瑞斯普斯)[①]及驻扎在亚历山大里亚、负责维持附属国埃及秩序的要塞驻军。

其他恺撒党将领或近期卸任的行省总督也不大可能会挑起什么麻烦;他们中的大多数人都不具备家族影响力或制造阴谋的本事。即便担任过执政官的将领也没有太高的声望,如曾在高卢和其他地区担任过恺撒副手的弗菲乌斯(Fufius)和卡尼尼乌斯(Caninius),及曾在帖撒利、本都和阿非利加作战过的格涅乌斯·多米提乌斯·卡尔维努斯。没有人此时公开提及显贵普布利乌斯·苏尔庇奇乌斯·鲁孚斯的情况;而撒路斯提乌斯则正在指望能够恢复自身的尊贵地位和担任行省总督的好处。绥克斯图·佩杜凯乌斯和奥鲁斯·阿利埃努斯的地位无足轻重;只有另一场战争才能迅速消灭卡里纳斯、卡尔维修斯和诺尼乌斯·阿斯普雷纳斯(Nonius Asprenas)等人。

在这些人的支持下,安东尼约于 4 月 21 日离开罗马前往坎帕尼亚。那里的恺撒老兵需要安抚,其迫切且合理的要求是不容忽视的;这一点连自由派也十分清楚。安东尼在那里忙着分配土地和建立军事殖民地。他离开罗马整整一个月。敌人制订了针对他的种种密谋,但都归于徒劳。然而,当安东尼重返罗马时,他惊奇地发现,一个新的、完全出乎意料的因素已经闯入了罗马政坛。

① 叙利亚的情况是晦暗不明的。财务官盖约·安提斯修斯·维图斯在公元前 45 年年底显然仍旧在那里掌权(*Ad Att*,14.9.3);卢奇乌斯·斯泰乌斯·穆尔库斯于公元前 44 年作为行省总督被派往那里。参见 Münzer,P-W III A,2137。公元前 45 年的比提尼亚行省总督克瑞斯普斯随身带走了三个军团,以便对付巴苏斯。见 P-W XIV,1556。

112 # 第 8 章　恺撒的继承人

在遗嘱中，恺撒指定他一位姐姐的外孙、一个名叫盖约·渥大维的人继承他的名分和财产。在父系方面，这个青年来自一个虽非贵族、但十分受人尊敬的家族。他的祖父、维利特雷小镇上的一个富有银行家一直躲避着罗马政治可能带来的任何负担与风险。[①]

但在渥大维的父亲——一个具备各种道德的楷模身上，野心开始萌动起来。[②] 他迎娶了来自毗邻城市阿里奇亚的元老玛库斯·阿提乌斯·巴尔布斯(M. Atius Balbus)和恺撒的姐姐尤利娅的女儿阿提娅。[③] 随后他在仕途上高歌猛进，各种荣誉接踵而至；他先后担任了大法官、马其顿行省总督，并大有希望当选执政官。[④] 意外的死亡破坏了他参选执政官的计划；但同恺撒的姻亲

---

① 关于这个家族，最重要的材料见 Suetonius, *Divus Aug*. 1 ff.，其中包含了真实信息、充满敌意的谣言，还掺杂进了关于渥大维元老家族的无关信息。奥古斯都在其《自述》(*Autobiography*)并未歪曲这方面的事实——“奥古斯都自己只是写道，他出身于一个古老而富裕的骑士家族，这个家族中的第一位元老就是他的父亲。”(ipse Augustus nihil amplius quam equestri familia ortum se scribit vetere ac locuplete, et in qua primus senator pater suus fuerit, Suetonius, *Divus Aug*. 2. 3)关于渥大维的银行家祖父的一件镶嵌饰品，见 Münzer, *Hermes* LXXI(1936), 222 ff.。

② 正如威利乌斯(Velleius)快乐地声称的那样：“他端庄而圣洁、无瑕且富有。”(gravis sanctus innocens dives)

③ 关于这些关系，见书后表 III。就母亲的世系而言，巴尔布斯是庞培的一位近亲(Suetonius, *Divus Aug*. 4. 1)。

④ Cicero, *Phil*. 3. 15.

关系还是保住了这个家族的财产。寡妇阿提娅迅速改嫁了毫无悬念将当选公元前 56 年执政官的卢奇乌斯·马尔奇乌斯·菲利普。渥大维的父亲留下了三个孩子，他的第一位发妻为他生的渥大维娅(Octavia)、阿提娅为他生的另一个渥大维娅和一个儿子——盖约·渥大维。在阿提娅生下的两个孩子中，女儿后来嫁给了盖约·马塞卢斯(C. Marcellus，公元前 50 年执政官)；儿子则通过这些影响力巨大的联姻关系而拥有了光明前途，并被恺撒过继了。[①]

当盖约·渥大维通过过继进入尤利乌斯家族后，他拥有了一个新的合法名字：盖约·尤利乌斯·恺撒·渥大维(C. Julius Caesar Octavianus)。我们能够理解，这个渴望取得恺撒权力的人会选择抛弃那个暴露其出身的名字“渥大维”，而自称“盖约·尤利乌斯·恺撒”。随后，由于他的养父被官方神化，渥大维又获得了“神圣的尤利乌斯之子”(Divi Julii filius)这个头衔；从公元前
38 年起，这位恺撒党的军事将领开始自称“统帅恺撒”。[②] 在他第 113
一次制定宪政和接受“奥古斯都”(Augustus)之名后，这位统治者的头衔成了“神圣的恺撒之子、凯旋将军奥古斯都”(Imperator Caesar Divi filius Augustus)。后人则把他称作“神圣的奥古斯都”(Divius Augustus)。诚然，在其早年和革命年代里，这位恺撒的继承人从未自称“渥大维”；但我们在这里还是按照文献传统中约定俗成的习惯使用这个名字，尽管它带有歧义和误导色彩。正

① 少年渥大维曾于公元前 45 年跟随恺撒前往西班牙，在此期间被封为贵族；恺撒于 9 月 13 日立了遗嘱，指定渥大维为自己的继承人(Suetonius，*Divus Iulius*，83.1)。

② 他可能从公元前 40 年起就开始使用这个头衔了。但这一称号最早的同时代明确证据来自阿格里帕的铸币，刻于公元前 38 年的高卢见 *BMG*，*R. Rep.* II，411 ff.。

如他的敌人痛苦地认识到的那样，恺撒的名字的确是这位青年的财富。[①] 意大利和全地中海世界都承认他是恺撒的儿子和继承人；而在罗马人的家庭观念中，渥大维与恺撒的血缘关系较为疏远并不重要，它几乎不为诸行省的居民所知，或是很快就被他们遗忘了。

即便在最理想的条件下，在史学叙述中提前交代或总结归纳主人公性格品质的习惯做法也不见得是有益的——它有可能会向此人的各种行为强加一种似是而非的统一性，或诱使我们站在道德或情感的立场上为主人公进行辩护或对他们加以谴责。恺撒的继承人敢于突破和蔑视一切陈规旧律。这位罗马统治者采用一枚刻有斯芬克斯怪兽图样的印章的举动并不是毫无意义的。这位革命冒险家像成熟的政治家一样令人捉摸不透。就他的早年经历而言，令人头痛的问题在于我们严重缺乏私人的、真实的和同时代的证据；而试图估量一个人在从青年过渡到中年过程中所完成的发展变化程度的做法始终是存在着风险的。

我们最好还是从渥大维本人的一举一动中剖析他的人格。至少有一点是非常清楚的。从一开始，他洞察真相的能力就是极其可靠的，而他的野心则是无法遏制的。在这方面，这个年轻人是一名真正的罗马人和罗马贵族。他在年仅 18 岁的时候便执意要继承恺撒的名分、权力与荣耀。渥大维坚持要为恺撒复仇并惩罚凶手；至于这种念头是更多地来自于对谋杀行为的恐惧、传统的家族

---

① Cicero，*Phil*. 13.24 引用了安东尼自己的话："孩子啊，你拥有的一切都有赖于这个名字。"(et te，o puer，qui omnia nomini debes)

团结观念，还是个人合法继承的愿望化为泡影后产生的愤恨之情，我们就不得而知了；那是一个与人性的根本特征和人类行为的终 114
极源泉相关的问题。

凌云壮志与政治老成合在一起，尚不足以解释渥大维何以能够崛起。怀疑其他一切事物的独裁者恺撒只相信自己的星宿命运。而恺撒的好运也在他本人死后延续着。如果遵循理性的推断原则，我们根本无法设想他的养子如何能够成功地利用共和派阵营来对付恺撒党的领袖们，在佩鲁西亚战争中幸存下来，并最终战胜安东尼。

3 月 15 日恺撒遇刺的消息传来时，这个青年正在阿尔巴尼亚沿海城镇阿波罗尼亚（Apollonia）潜心学习演说术和军事技能，因为他正准备要陪同独裁官参加巴尔干和东方的战事。渥大维当机立断，他渡过亚得里亚海，在布伦迪西乌姆附近登陆。当获悉了恺撒遗嘱的内容时，渥大维满怀希望，并且不为自己母亲和继父的书信所动——两人都奉劝他放弃这笔充满风险的遗产。但他始终保持着冷静，并没有被好运冲昏头脑或轻举妄动——有些朋友曾劝说他起兵，渥大维明智地推迟了这个计划。他一直等到同当时的政坛要人进行了沟通，并洞悉了当时的政治局势后才进入罗马。4 月中旬，他仍然停留在坎帕尼亚，同自己的继父、前执政官菲利普待在一起。[①] 更重要的是，他见到了独裁官的心腹与秘书巴尔布斯。[②] 他还接触了恺撒党中的其他主要人物——他肯定同希尔

---

① *Ad Att*. 14. 10. 3；11. 2.

② *Ad Att*. 14. 10. 3.

提乌斯和潘萨走得很近。[①]

但这个青年足够精明，不会把注意力局限在一个党派身上。西塞罗此时正住在库迈（Cumae）。他听到过与渥大维有关的传言，但并不十分在意。[②] 在恺撒的家族成员中，由谁来继承他留下的私产是无关紧要的——因为权力仍然掌握在恺撒党的领导人手中。然而，西塞罗预见到，渥大维将会在如何处置独裁官财产这个问题上同安东尼发生争执；他显然会在暗地里偷笑。[③] 随后，渥大维联系了西塞罗。这位著名演说家受到了恭维。“他对我毕恭毕敬。”[④]西塞罗这样写道。

准备工作已经完成。5 月初，渥大维抵达了罗马附近。在他
115 进城之际，太阳周围正环绕着一圈光晕，那是代表帝室之胄的迹象。渥大维毫不迟疑地宣布，他接受了这一过继关系，并说服了执政官安东尼的弟弟、保民官卢奇乌斯·安东尼（L. Antonius）准许他向人民讲话。到了这个月中旬，执政官本人返回了罗马。随后，双方进行了一次并不友好的会晤。渥大维提出要从他继承的恺撒遗产中提取现金来完成恺撒生前承诺的各种赠予。安东尼则找出种种借口搪塞拖延。[⑤]

① *Ad Att*. 14. 11. 2.

② *Ad Att*. 14. 5. 3；6. 1：“nam de Octavio susque deque。”（渥大维那边没有什么动静。）

③ *Ad Att*. 14. 10. 3.

④ *Ad Att*. 14. 11. 2（4 月 21 日）：“mihi totus deditus.”

⑤ 他反对说，认可恺撒与渥大维过继关系的《库里亚大会法令》（*lex curiata*）尚未通过（特别参见 Dio，45. 5. 3；Appian，*BC*，3. 14. 48 ff.）。事实上这个程序只是走过场而已。

恺撒党的领袖对这个竞争者不屑一顾。安东尼的优势地位建立在恺撒党中的各种利益群体(特别是平民和老兵)对他的支持和元老院对他的纵容之间的微妙平衡关系之上。他如果倒向一方，就会疏远另一方。因此，安东尼无视为恺撒复仇的要求，制止对恺撒进行崇拜；他已承诺同谋杀者和解，对他们不予追究。这位变节的恺撒党徒很快就受到责难。为了通过民众和老兵维持自己的权力，安东尼不得不推行引起元老院警惕，并授予敌人采取行动的口实的政策。这样一来，他就会受到激进的民众蛊惑家和受到尊敬的保守派的两面夹击。

然而，就目前的情况而言，恺撒的继承人只是一个小麻烦，并非左右安东尼政策的重要因素。执政官已决定要为自己争取到一个特定行省的领导权。此外，出于对自己远赴坎帕尼亚期间罗马种种阴谋洪流的警觉，他现在下定了决心，必须让布鲁图斯和卡西乌斯离开意大利。安东尼在返回罗马时随身带着老兵组成的卫队，这令自由派十分不安，并向他发出了徒劳的抗议。[①] 希尔提乌斯也感到不悦。[②] 6 月 1 日元老院集会的参与者寥寥无几。但安
东尼决定从人民手中夺取指挥权。约两个月前，执政官卸任后的 116
行省指挥权已经分配完毕，多拉贝拉和安东尼分别得到了叙利亚和马其顿；这一任期现在又被延长至公元前 39 年年底。但安东尼还提议要交换行省，放弃马其顿，带走巴尔干地区的军队，并将山南高卢和长发高卢合在一起作为他卸任执政官后获得的行省。这

① *Ad fam*. 11. 2.

② *Ad Att*. 15. 8. 1. 但希尔提乌斯并不受自由派们的欢迎，见 *Ad Att*. 14. 6. 1 ff. 。

就是 6 月 1 日提出的《交换行省法案》(*Lex de permutatione provinciarum*)。[①] 这一安排很可能引起温和派和激进共和派的警觉。他们都清楚扩大后的高卢统治权意味着什么。

另外两项符合恺撒党利益和民众口味的议案也得到了通过:第一条法令规定,所有前百夫长,无论他们是否为罗马骑士,都有资格加入陪审团;另一条是一道涉及范围甚广的土地法案。安东尼还进一步发展了自己掌握的庇护关系:保民官卢奇乌斯·安东尼将成为七人委员会的主席。根据罗马政治惯例,剩下的六个人将从主席的党羽中选出。[②]

自由派仍然作为一种另类元素存在着。6 月 5 日,在安东尼的唆使下,元老院任命布鲁图斯和卡西乌斯在当年余下的时间里担任特使,负责监管西西里和亚细亚两个行省的谷物征收工作。这项任命从表面上看是一种嘉奖,实际上则是将他们放逐的一个冠冕堂皇的借口。布鲁图斯和卡西乌斯都茫然不知所措,不知道是否应该接受这项任命。在塞维莉娅主持下,他们在安提乌姆召开家庭集会,就这个问题进行了讨论。[③] 卡西乌斯满腔怒火,反应

① 关于这个问题的研究见 W. Sternkopf, *Hermes* XLVII(1912), 357 ff.; T. 赖斯·霍姆斯接受了这一看法(T. Rice Holmes, *The Architect of Roman Empire* I [1928], 192 ff.)。即便这道法案不是 6 月 1 日当天通过的(参见 M. A. Levi, *Ottaviano Copoparte* I[1933], 76 ff.),对我们的结论影响也不大。

② 具体人选是两位执政官、保民官卢奇乌斯·安东尼、戏剧作家努库拉(Nucula)、凯森尼乌斯·伦托(Caesennius Lento)和另外两人(可能是德奇狄乌斯·撒克萨和卡福),见 *Phil.* 8.26,参见 *JRS* XXVII(1937), 135 f.。

③ *Ad Att.* 15.11 (6 月 8 日). 在场的还有布鲁图斯和卡西乌斯的妻子,以及忠诚的法沃尼乌斯和西塞罗。后者在老生常谈式地数落自由派坐失的良机时受到了塞维莉娅无情的冷落。

激烈；布鲁图斯则犹豫不决。塞维莉娅承诺可以通过自己的影响力来撤销这项任命。他们没有做出其他任何决定。就目前的情况而言，自由派还是继续留在意大利，静观时局。

与此同时，渥大维已掌握了煽动民众的技巧，这必然加深了他与生俱来的对暴民的不信任感和身为罗马人的他对后者的轻视。赫罗菲鲁斯的事业已经表明，对恺撒的记忆仍旧主宰着民众。恺撒的继承人马上致力于进行恺撒式的政治宣传。竞技与节日庆典是笼络民心的传统手段。在谷物女神节日竞技上，渥大维试图向公众展示经元老院表决通过、打算赠给独裁官的金椅和卢佩库斯
牧神节（Lupercalia）上的经典场面中安东尼试图献给恺撒而未遂 117
的王冠。[①] 一位共和派（或安东尼派）的保民官迅速制止了他。随后，渥大维等待着更好时机的到来，并因罗马大法官布鲁图斯在7 月 7 日以自己名义出资举办的阿波罗节日竞技（Ludi Apollinares）期间没有发生大规模共和派示威的局面而增添了信心。他的机会终于来了。渥大维利用恺撒的一位友人向他提供的大笔资助[②]和自己手头的钱财在恺撒胜利庆典竞技——纪念恺撒军事胜利和祖先维纳斯（Venus Genitrix，尤利乌斯家族的女性祖先）的节日（7 月 20—30 日）上挥霍了一把。

渥大维接下来再次试图展示恺撒的象征物。当安东尼打算干预时，平民和老兵们站在了恺撒继承人一边。此时，天象也助了渥大维一臂之力。在天明后的第八个小时，一颗彗星在北方的天空

① 谷物女神节日竞技显然被从 4 月末推迟到了 5 月中旬，参见 Rice Holmes, *The Architect of Roman Empire* I(1928)，191 中对 *Ad Att*. 15.3.2(5 月 22 日)的分析。

② *Ad Att*. 15.2.3；下文，原书第 131 页。

出现。迷信的暴民们宣称，恺撒的灵魂已化身为神。渥大维接受了这个迹象，暗地里增强了对自己命运的信心，并在公开场合对此加以利用。[①] 他在恺撒雕像的头上安放了一颗星。

这样一来，到了 7 月末，罗马的政治局势重新变得复杂起来。公共秩序再次遭到破坏和恺撒党内部新兴对手的出现迫使安东尼重新回归他通过 6 月 1 日的立法活动抛弃的政策——巩固 3 月 17 日和解的成果，进而与自由派建立牢固的同盟关系。布鲁图斯和卡西乌斯发布了一份言辞温和的文告(可能反映了他们的真实意图，并不仅仅是一种欺骗)；与此同时，安东尼也在民众面前发表了一篇袒护自由派的友好演说。[②]

公共领域的情况就是这样。接下来发生的事情是晦暗不明的。重燃希望的安东尼的政敌可能有些过于高调。早在 8 月 1 日的元老院集会召开之前，人们就已经知道，会上将会有人对执政官安东尼进行抨击。人们甚至还知道这次攻击将由受人尊敬的前执政官卢奇乌斯·卡尔普尼乌斯·皮索发起。政治上的平衡似乎将对安东尼不利，他必须做出抉择。来自罗马的乐观情报称，安东尼
118 将会放弃自己对行省的指挥权，而布鲁图斯和卡西乌斯将会重返

---

① Pliny，*NH*，2. 94 (资料来自奥古斯都的《自述》)："haec ille in publicum; interior gaudio sibi illum natum seque in eo nasci interpretatus est，et si verum fatemur，salutare id terries fuit。"(这是他[奥古斯都]公开的说法；但他却在暗地里窃喜，因为他把这一情形解读成同他自己和他的身世有关的迹象。事实上，它也确实在世界上产生了对奥古斯都有利的影响。)

② *Phil*. 1. 8，参见 *Ad Att*. 16. 7. 1。

罗马的政治生活。[①]

这些希望很快化为泡影。恺撒党的领袖和恺撒继承人决裂的前景，是士兵和官员们都不愿看到的，那将会葬送他们的利益。有人向安东尼提出了抗议：军人们要求他对恺撒的继承人表示忠诚与尊重。安东尼听从了这些道德规劝，同意在正式的公开场合同渥大维和解。仪式地点就在卡皮托林山上。

众所周知，为了报复 3 月 15 日的谋杀事件，恺撒的阴魂把布鲁图斯引上了腓力比战场上的不归路。这个幽灵也折磨着安东尼，迫使他不敢对恺撒的继承人下手。老兵们的言辞说服了罗马元老院。当卢奇乌斯·皮索在 8 月 1 日的集会上发言时，并没有人支持他。没有哪份史料记载过皮索议案的基调和内容。或许他提议在年底废除山南高卢的行省建制，把它直接并入意大利。那样一来就可以避免围绕一个事关军事主导权的重要职位所展开的争夺。这是一个从维持和谐的长远大局着眼的合理建议，或是用来反对执政官的一个小把戏，但没有发挥任何效果。

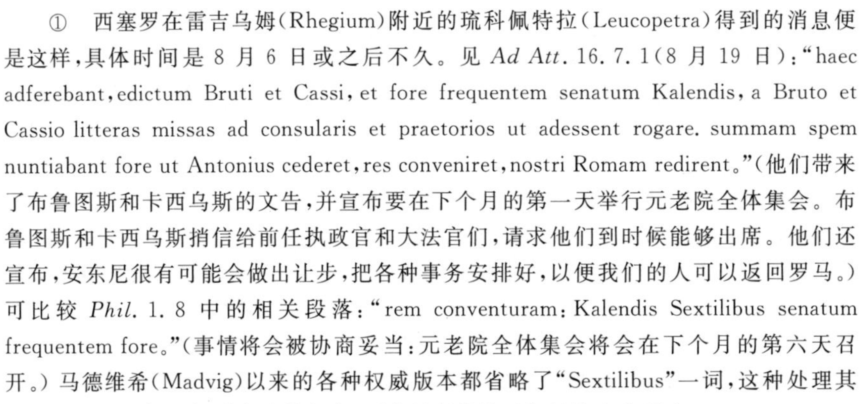

① 西塞罗在雷吉乌姆(Rhegium)附近的琉科佩特拉(Leucopetra)得到的消息便是这样，具体时间是 8 月 6 日或之后不久。见 *Ad Att*. 16. 7. 1(8 月 19 日)："haec adferebant，edictum Bruti et Cassi，et fore frequentem senatum Kalendis，a Bruto et Cassio litteras missas ad consularis et praetorios ut adessent rogare. summam spem nuntiabant fore ut Antonius cederet，res conveniret，nostri Romam redirent。"(他们带来了布鲁图斯和卡西乌斯的文告，并宣布要在下个月的第一天举行元老院全体集会。布鲁图斯和卡西乌斯捎信给前任执政官和大法官们，请求他们到时候能够出席。他们还宣布，安东尼很有可能会做出让步，把各种事务安排好，以便我们的人可以返回罗马。)可比较 *Phil*. 1. 8 中的相关段落："rem conventuram：Kalendis Sextilibus senatum frequentem fore。"(事情将会被协商妥当：元老院全体集会将会在下个月的第六天召开。)马德维希(Madvig)以来的各种权威版本都省略了"Sextilibus"一词，这种处理其实是错误的。但即便采取这种文本，西塞罗所指的日期仍然十分明确。

安东尼此时被迫做出了一个不得人心的决定。由于不甘心让自己的雄心壮志遭受挫折，他依旧希望能够避免同布鲁图斯和卡西乌斯的党派公开决裂。他此前扮演过的一切公共或私人角色都是同和解精神密切相关的；他最近发表的那次讲话则被视为是完全友善的。[①] 针对自由派的文告，他用一份公开宣言和一封私人
119 书信来予以回复。语气是略显愤怒和不耐烦的。[②] 布鲁图斯和卡西乌斯回敬了他一篇态度坚决的宣言（8 月 4 日），以坚守他们的原则与个人荣誉；布鲁图斯和卡西乌斯告诉安东尼：与同安东尼的友谊相比起来，他们更珍视自己的自由，并奉劝他将恺撒的下场引以为戒。[③]

自由派在文告中并未提及他们当前的打算。但他们现在已打算离开意大利。他们曾一度犹豫要不要接受 6 月 5 日表决通过的谷物征收任命。现在，到了 8 月初，安东尼说服了元老院，把两个无害的行省、克里特与昔兰尼交给了他们。布鲁图斯发布了最后一份文告，随即于月底离开了意大利。他声称自由派是忠于罗马

---

① *Phil*. 1. 8："M. Antoni contionem，quae mihi ita placuit ut ea lecta de reversione primum coeperim cogitare。"（玛库斯·安东尼的演讲令我如此地高兴，以至于我在读到演说内容后第一次开始考虑返回罗马的问题。）至少表面上的情况就是这样，而我们所知道的也仅此而已。然而，安东尼这样讲话的目的也有可能是迫使他的敌人公开露面。他也不大可能会同意放弃自己的行省指挥权，哪怕是其中的一部分（山内高卢，那或许就是皮索的建议，参见 Appian，*BC*，3. 30. 115）。我们必须反复强调指出的是，关于作为 8 月 1 日集会缘起的一系列演讲与协商，我们拥有的史料只有西塞罗在本人不在罗马的情况下通过道听途说记载下来的内容。然而，西塞罗的报道并未提及反映恺撒对暴民的态度和恺撒继承人受民众欢迎程度的恺撒胜利庆典竞技。

② *Ad fam*. 11. 3. 1；*Ad Att*. 16. 7. 7.

③ *Ad fam*. 11. 3（8 月 4 日）.

政体的，他们不愿意挑起内战；并且自由派高傲地坚信，无论他们身处何方，他们都代表着罗马与共和国。[①] 但卡西乌斯在意大利水域多逗留了一段时间。

在安东尼那一边，来自竞争者的压力已经开始迫使他不得不在元老院和老兵之间做出最后的选择。元老院对安东尼充满敌意；他同渥大维之间来之不易的和解已不大可能维持下去。无论如何，现政府朋友们的前途总是黯淡的；何况渥大维根本不属于那个阶级。

古代作家们的修辞学技巧和现代研究者的程式化理论有时会混淆罗马政治权力的本质与来源。但在当时人的眼中，它们是众所周知的。对于野心勃勃的渥大维而言，罗马贵族通过担任一连串行政官职、最终获得执政官职位、军队指挥权和资深政治家的权威的渐进过程实在是太漫长、太缓慢了。他必须一直等到中年；他只能把花环佩戴在花白的头发或光头之上。事实上，在罗马，这种合法的优势地位只能借助于许多政治体制之外的资源——贿赂、阴谋甚至暴力才能获得。对于渥大维准备选取的这条危险的捷径而言，他只有不断增加手中的这类资源才有成功的可能。

渥大维是意志坚定的。为恺撒复仇是他担任领袖的理由，他准备随时利用这一借口。他最重要的资源来自于罗马平民，后者狂热地忠于对恺撒的记忆，可以被这个青年和恺撒继承人的尊贵地位、蛊惑人心的口才和贿赂所拉拢。我们已经述及，渥大维在 120

① Velleius，2. 62. 3；我们从西塞罗《反腓力演说词》(Cicero，*Phil.* 2. 113；10. 8)中也可以看到这些言论的影子。

7月里是以何种无懈可击的技巧争取到这一资源的。他效法格拉古兄弟和一系列民众蛊惑家的榜样，向保民官们寻求帮助。7月的罗马城内到处传播着一种谣言，声称身为贵族的渥大维也有意竞选保民官职位。[①] 但渥大维暂时还没有必要这样做；就当前的需要而言，他一直都有能力收买十位保民官中的一两位。

投资成本更高、但回报也更为丰厚的是那些活跃在军团里或定居在意大利军事殖民据点里的恺撒士兵。在阿波罗尼亚的时候，渥大维结识了恺撒巴尔干大军中的一些士兵和将领。他们没有忘记渥大维，渥大维在从布伦迪西乌姆前往罗马途中也没有错过机遇。几个月过去，军团中的亲恺撒情绪反而不断高涨——这些士兵被种种政治宣传、许诺和贿赂吊足了胃口。

就其年龄、名望和野心而言，渥大维不能从国家的安定局面中得到任何好处，但可以利用其动荡浑水摸鱼。在平民和老兵们的支持下，他已拥有了分裂恺撒党的手段。为了实现他的第一步计划，渥大维需要资金和一个党派。由于恺撒党中许多要人已经获得了官职和晋升机会，他们必然会忠于安东尼或现政府。因此，渥大维必须寄希望于和争取元老院中较卑微的恺撒党新人；如果他们也无法争取，渥大维还需要依靠骑士、财阀和在意大利各城镇拥有影响力的人。一旦渥大维同他们谈好了条件，赢得了他们的效忠，并向他们展示了自己的实力，他就能够建立起一个属于自己的新恺撒党。

① 这一传言的产生时间与背景是模糊不清的，在古代史料记载中存在着分歧与前后矛盾之处（Appian，*BC*，3. 31. 120；Plutarch，*Antonius*，16；Suetonius，*Divus Aug*. 10. 2；Dio，45. 6. 2 f.）。

渥大维的目标是利用恺撒党中的温和派对已故独裁官的忠诚和他们对安东尼的畏惧或忌妒来拉拢他们。他希望能够通过他们来影响中立派或共和派。政治的至高艺术其实非常明确，那就是要让自己的对手失去他们的党羽和士兵，让他们的计划与口号落空。如果这一过程一直持续下去，那么一个小党派就会发展成为全体国民的政党。最后结果如此，但渥大维并没有足够时间去进行这种理想化的、爱国主义式的宣传。

这些便是渥大维在当年夏末和秋季积累的各种资源。其中最重要的是人和钱，其次是动用它们的技巧和决心。罗马人天生的 121
厌恶理论性格、对言行不一的敏锐感觉、对罗马政治活动的扼要认识——这些便是渥大维拥有的和他所需要的全部素质。人们往往相信统治艺术是可以在书本上学到的，作为一门学科的政治学的存在就证明了这一点。但我们从恺撒继承人的革命生涯中却看不到纸上谈兵的痕迹。如果渥大维确实学习过政治理论的话，那么这种学习也一定是极其特别的和非常简短的。

政治上的经验教训确实是可以学习的，但学习的对象可以是具体的人物与事件、政坛上的前辈与对手，以及不久以前的、仍旧可感知的过去。小庞培在很短的时间里就学会了招募私家军队、确保自己得到公开认可和背叛自己的盟友等政治技巧。在政治生涯中更具有连贯性的恺撒需要等待更长的时间，才能够出人头地和获取权力。青年渥大维从未表露过对其养父的感情。然而，独裁官的生涯表明，在平民和士兵中栽培势力的做法迟早能够得到丰厚的回报。同样必不可少的还有忠诚的朋友和一个团结的政党。由于缺乏这两个条件，伟人庞培最后不得不同他的敌人寡头

集团组成了毁灭自己的联盟。恺撒之所以能在内战中生存下来，是因为他的背后有一个党派。显然，很多人之所以会在这样一场亵渎神圣的战争中追随恺撒，是因为他们之间的私人友谊，而不是受到某种政治原则的影响。对恺撒的记忆在他的朋友中间激发忠诚感的例子俯拾即是。[①] 已死独裁者的许多亲密朋友并不是仅仅为了铤而走险或有利可图才不假思索地支持和忠于他的养子和继承人的。忠诚感只能用忠诚来换取。恺撒从未失信于任何一个朋友，无论他的性格和处境是怎样的。安东尼在这方面效法了他的领袖——这对于他的开放天性而言是顺理成章的；渥大维也是这样，尽管他做到这一点要更困难些。根据史料记载，渥大维仅仅抛弃过自己的两个朋友；并且都是由于他们的背叛。[②]

122 仅次于崇高的品质是勇敢。青年渥大维天生是冷酷和审慎的。他知道匹夫之勇有时不过是莽撞的代名词。但当时的形势要求他放手一搏；并且恺撒的榜样也教育了他去乐观地冒险，去捍卫与自己的名望、地位相称的声望、荣誉和权利。但这种行为必须适

---

① 如波利奥，*Ad fam*. 10. 31. 2 f.，前引文，原书第 6 页。盖约·玛提乌斯针对西塞罗的一封气急败坏的信进行了坚定且高贵的答复，见 *Ad fam*. 11. 28. 2："vitio mihi dant quod mortem hominis necessarii graviter fero atque eum, quem dilexi, perisse indignor; aiunt enim patriam amicitae praeponendam esse, proinde ac si iam vicerint obitum eius rei publicae fuisse utilem. Sed non agam astute; fateor me ad istum gradum sapiente no pervenisse; neque enim caesarem in dissensione civili sum secutus, sed amicum。"（人们责备我，认为我对那个死去的重要人物表示沉痛哀悼，并对我亲近的那个人的死感到愤愤不平。他们说，我应该把国家利益置于友情之上，仿佛他们已经证明恺撒的死是对共和国有用的一样。但我并不认为他们的言论是明智的；我承认自己还达不到那样的智慧高度；我在罗马的内部斗争中所追随的并不是恺撒，而是一位朋友。）

② Suetonius，*Divus Aug*. 66. 1（这样的例子只有萨尔维狄埃努斯和伽鲁斯，当然这种统计也可能存在遗漏）。

可而止：渥大维坚守着自己的尊荣，但从未冒险采取侠义骑士或妇人之仁的做法。他在学习政治谎言和练习虚与委蛇的过程中磨砺自己，这些技巧是恺撒那光明磊落、贵族作风十足的天性所排斥的。渥大维很快便采用了安东尼的手段：对于更极端的美德与恶行来说，这个恺撒党士兵都是具有警示意义的。另一位著名的罗马人也可以提供一部供学习政治使用的教科书。西塞罗作为政治家的失败表明，在采取各种两面三刀的做法时，大胆和坚持是必不可少的。在政治上改换门庭并不会带来灾难，除非出自错觉或优柔寡断。渥大维的几次变节都是自觉的和前后连贯的。

为了对抗安东尼，这位年轻的革命者首先需要一支军队，其次需要共和派盟友和制度支持。为此，他必须在羽翼丰满前权且推迟为恺撒复仇的计划，要借助共和派的帮助壮大自己，之后再背叛共和派。这个如意算盘充满风险，但并不是毫无希望的。另一方面，一些温和派与共和派也可能受到了一个天才念头的吸引，想要借助恺撒的名号和渥大维的军队来推翻安东尼的统治地位，从而摧毁恺撒党，首先消灭安东尼，之后再消灭渥大维。但在这些可敬的人敢于公开提倡煽动、暴力与内战之前，渥大维已先发制人。[①]

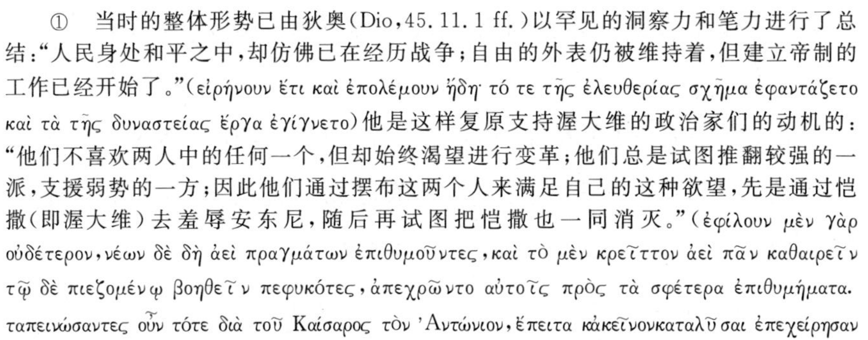

① 当时的整体形势已由狄奥(Dio,45.11.1 ff.)以罕见的洞察力和笔力进行了总结："人民身处和平之中，却仿佛已在经历战争；自由的外表仍被维持着，但建立帝制的工作已经开始了。"(εἰρήνουν ἔτι καὶ ἐπολέμουν ἤδη· τό τε τῆς ἐλευθερίας σχῆμα ἐφαντάζετο καὶ τὰ τῆς δυναστείας ἔργα ἐγίγνετο)他是这样复原支持渥大维的政治家们的动机的："他们不喜欢两人中的任何一个，但却始终渴望进行变革；他们总是试图推翻较强的一派，支援弱势的一方；因此他们通过摆布这两个人来满足自己的这种欲望，先是通过恺撒(即渥大维)去羞辱安东尼，随后再试图把恺撒也一同消灭。"(ἐφίλουν μὲν γὰρ οὐδέτερον，νέων δὲ δὴ ἀεὶ πραγμάτων ἐπιθυμοῦντες，καὶ τὸ μὲν κρεῖττον ἀεὶ πᾶν καθαιρεῖν τῷ δὲ πιεζομένῳ βοηθεῖν πεφυκότες，ἀπεχρῶντο αὐτοῖς πρὸς τὰ σφέτερα ἐπιθυμήματα. ταπεινώσαντες οὖν τότε διὰ τοῦ Καίσαρος τὸν 'Αντώνιον，ἔπειτα κἀκεῖνονκαταλῦσαι ἐπεχείρησαν [45.11.3])；还可参见他对穆提纳战役的可贵观察(46.34.1 ff.)。

123 第 9 章　第一次向罗马进军

到了 8 月初，某些政治阴谋出了差错，和解或挑起争端的希望都破灭。布鲁图斯和卡西乌斯并未返回罗马，而彼此间剑拔弩张的恺撒党领袖们则在士兵们的坚持下言归于好了。

安东尼没有理由对这一局面感到满意。他对迫在眉睫的征服、交战威胁十分敏感，应付起来从容不迫；但他没有天分去设计一套徐图缓进的谋略，也不欣赏“君子报仇，十年不晚”。尽管安东尼之前作为一个政治家的表现已超出了我们的预期，他现在却变得漫无目的、焦躁不安和缺乏技巧。他同渥大维的关系并没有改善，彼此都不信任对方。为了消除危险，压倒敌手，这位执政官进一步推行了追随恺撒和笼络民众的政策。

9 月 1 日，安东尼在元老院里提出议案，认为应在罗马国家向不朽诸神的谢恩仪式中安插一个恺撒纪念日。此前，他已公布过一条法令，规定在和平遭到破坏或出现严重叛国行为的情况下可以向全体公民发出呼吁。这一次，元老院里出现了批评言论和反对意见；第二天，西塞罗和普布利乌斯·塞尔维利乌斯·伊苏里库斯都发表了讲话。[①] 迟疑之后，安东尼以一篇恶毒的人身攻击予以回应(9 月 19 日)。当时西塞罗并不在场。

① Cicero, *Phil*. 1; *Ad fam*. 12. 2. 1.

这便是 3 月 17 日以来西塞罗第一次公开露面所产生的效果。元老院会堂的成员已有三个多月没见过他了。他的演说词的重要性是难以估计的,但两位前执政官的表态尽管是消极的、摇摆不定的和没有任何实际行动作为支撑的,却显然仍能发挥制约安东尼的作用,反映了他如履薄冰的地位。

打击将来自另一方——平民、老兵和渥大维。为了推行亲恺撒的政策,安东尼授意在罗马广场上竖立了一座恺撒雕像,并刻上了"致我们功德无量的父亲"(Parenti optime merito)的铭文。[①] 他的政敌派出一位名叫提比略·卡努提乌斯(Ti. Cannutius)的保民官来对付他。更加气急败坏的安东尼随后发表了一篇言辞激烈的讲话,对自由派进行了谩骂。这件事发生在 10 月 2 日。三四天 124
后,又发生了令人毛骨悚然的一幕——安东尼在自己家中逮捕了几名担任其侍卫的老兵,宣称他们受了渥大维的教唆,想要暗杀自己。渥大维极力声明自己是无辜的。事实的真相当然无从查清了。安东尼并未继续坚持这项指控——或许这只是一种破坏其年轻对手信誉的拙劣手法而已。在同时代人中,许多安东尼的仇敌都相信这次谋杀企图确有其事,并为此感到欢欣鼓舞,[②]仿佛渥大维真的应当在这个夏天和时机尚不成熟的情况下除掉安东尼。事实上,在这种形势下,除掉一个对手就等于失去了一个潜在的盟友。[③]

① *Ad fam*. 12. 3. 1.

② *Ad fam*. 12. 23. 2:"prudentes autem et boni viri et credunt factum et probant。"(审慎的优秀人士们都相信这是事实,并对此加以赞成。)

③ 正如阿庇安正确地看到的那样,见 *BC*,3. 39. 158。

无论如何,安东尼已经警觉起来了。罗马已经变得无法驾驭。如果他继续这样拖沓到自己担任执政官这一年结束,他将成为输家。他的敌人可能会夺取行省里的军队。布鲁图斯和卡西乌斯已经离开了意大利,名义上是前往克里特和昔兰尼两个行省就任。我们对他们的具体行踪和真实意图一无所知。但到了10月底,令人不安的小道消息传来了。有人说驻扎在埃及亚历山大里亚的几个军团发生了哗变,卡西乌斯很可能就在那里。[①] 更严重的是,卡西乌斯可能会试图控制驻扎在叙利亚的大军。也许正是在这个时候,多拉贝拉已顾不得等待自己的执政官任期结束,提前启程前往东方去维持叙利亚行省局势去了。

安东尼已开始采取行动了。他面临着一个迫在眉睫的危险:德奇姆斯·布鲁图斯正控制着山南高卢,切断了安东尼指望从盟友雷必达那里得到的、并不可靠的支持,以及他同更加难以信赖的普兰库斯和悲观失望的波利奥之间的联系。当布鲁图斯在4月抵达自己的行省时,他在那里只拥有两个军团。他凭借自己的主动精神和钱财又组建了几个军团,并在对抗阿尔卑斯山区部落的战争中磨他们。这是非同小可的事情。因此,安东尼决定立刻控制他担任行省总督后即将获得的山南高卢行省的一部分。这样一来,普兰库斯就不会在长发高卢再惹任何麻烦。安东尼勒令德奇姆斯·布鲁图斯交出手中的军队指挥权,为此他或许不得不以使

① *Ad Att*. 15.13.4(10月25日).信息来源于塞维莉娅;带来口信的人是凯西利乌斯·巴苏斯的一个奴隶。此外,布鲁图斯的代理人斯卡普提乌斯(Scaptius)也已抵达了罗马。塞维莉娅许诺要把她的消息传给西塞罗,后者感到欢欣鼓舞:“共和国似乎将回归法治的正常轨道。”(videtur enim res publica ius suum recuperatura)

用武力相威胁。10 月 9 日，安东尼动身前往布伦迪西乌姆，在那里提议挑选出马其顿驻军中的四个精锐兵团，派遣它们(或由安东尼本人率领)进驻意大利北部地区。 125

在安东尼返回之前，意大利已经爆发了武装叛乱。渥大维向养父麾下的老兵们发出呼吁，组织了一次前往坎帕尼亚的旅行。跟随这位年轻人一同前往的还有他的五位密友，许多兵士和百夫长，以及承载着钱财和装备的随行车队。[①] 他的呼吁起到了效果——渥大维向每名士兵发放了 500 第纳尔，这个数额超出他们在军团里服役每年军饷的两倍；渥大维还许诺，一旦举事成功，他们每人获得的赏赐将不少于 5000 第纳尔。渥大维在卡拉提亚和卡西利努姆殖民地迅速招募了 3000 余名老兵。这位再世“庞培”现在拥有了一支军队。他起初不太明白应该如何使用这支力量。他是应当坚守卡普亚，阻止安东尼返回罗马；还是应该翻越几座山岭，截击沿着意大利东海岸向山南高卢行进的三个执政官麾下兵团；抑或是亲自率领着这支军队向罗马进军呢？[②]

渥大维决定铤而走险，直接向罗马进发。11 月 10 日，他带着军队占领了罗马广场。他希望能够组织一次元老院集会，并得到年长的政治家的支持。渥大维的努力是徒劳的，因为他的支持者要么过于胆怯，要么不在罗马。他只好满足于获得平民和一位保民官的支持。这个年轻人被提比略·卡努提乌斯带到公民大会上，发表了一篇充满激情的演说来抨击安东尼和颂扬恺撒，并发誓

---

① Nicolaus, *Vita Caesaris*, 31. 131 ff. ; *Ad Att*. 16. 8. 1 f. ; 11. 6.

② *Ad Att*. 16. 8. 2.

自己将一往无前地赢取他的继父生前拥有的荣誉和地位。[①]

这场暴动失败了。安东尼率领着他的马其顿军团步步紧逼。老兵们拒绝作战。许多人开了小差回家去了，仿佛只是参与了秋季的一场恶作剧一样。由于兵力不足和内心绝望，渥大维向北方撤退，想在埃特鲁里亚诸殖民地和拉文纳周边碰碰运气。他现在在阿雷提乌姆、他的一位主要党徒的家乡建立了大本营。[②]

在布伦迪西乌姆，愤怒的、情绪激昂的部队顶撞了执政官：渥大维发放的传单和贿赂发挥了作用。为了恢复纪律，安东尼下令将叛乱者就地正法。令人心烦意乱的谣言迫使他返回罗马。他召集元老院于 11 月 24 日开会，意欲将渥大维宣告为公敌。这个举止冒失的青年似乎已栽到了安东尼手里。从法律角度讲，这是毫

126 无疑问的：渥大维和他的朋友们犯了严重的叛国大罪。如果想要捏造罪名或恐吓他的秘密同谋的话，那肯定是很容易的。实力和道义目前都在执政官一方。但这种优势转瞬即逝。元老院的集会并未举行——安东尼一听说出现了严重事态，马上就急匆匆地赶到阿尔巴·福肯斯（Alba Fucens）去了。向意大利东海岸行进的军团之一——玛提亚军团宣布忠于渥大维，掉头向西前进。安东尼在阿尔巴·福肯斯遭遇了哗变的军队。这些士兵既不听从劝告，又不能被安东尼收买——安东尼所许诺的东西与挥金如土的渥大维相比起来未免过于寒酸。

执政官返回了罗马。11 月 28 日，元老院于夜间在卡皮托林

① *Ad Att*. 16. 15. 3.

② Appian, *BC*, 3. 42. 174.

山上召开了集会。日后有人宣称，一位支持安东尼的前执政官提出了剥夺渥大维财产与公民权的议案。[①] 但会上并未通过类似的决议，可能是因为当时的形势过于紧急。除安东尼麾下的士兵外，他的一些党羽也被收买了。有消息称，安东尼手下的财务官卢奇乌斯·埃格纳图勒乌斯(L. Egnatuleius)统领的第四军团也参加了革命。倘若执政官想要剥夺渥大维的公民权，肯定会有一位保民官跳出来否决这项议案。而安东尼已没有资本去挑起同元老院的新矛盾和应对后者的新一轮抵制了。安东尼急匆匆地提出了讨好盟友雷必达的议案(雷必达此时已同绥克斯图·庞培达成了协议)，并为大法官们分配了下一年的行省管理权。布鲁图斯和卡西乌斯手中的克里特与昔兰尼两个行省被收回，马其顿则被分配给了他的弟弟、大法官盖约·安东尼。

第二天，各方在提布尔再次举行了庄严的会晤，士兵们、大部分元老和许多无官无职的人物都对安东尼进行了宣誓效忠。[②] 随后，执政官出发前往北方，与留在那里的军团会合，占领了山南高卢。安东尼需要新的税款来源。渥大维并未带走坎帕尼亚的一切。两位军事经验丰富的恺撒党徒德奇狄乌斯·撒克萨和卡福在这一地区招募了军队；而普布利乌斯·维提狄乌斯也在人口稠密的滨海地区皮克努姆得到了用武之地。[③]

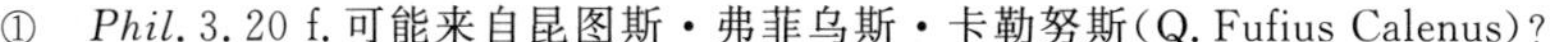

① *Phil*. 3. 20 f. 可能来自昆图斯·弗菲乌斯·卡勒努斯(Q. Fufius Calenus)?

② Appian, *BC*, 3. 46. 188; 58. 241; Dio, 45. 13. 5.

③ *Phil*. 10. 22 (撒克萨与卡福)；我们根据后来发生的事情可以推断出维提狄乌斯在这一时期的活动；阿庇安著作中的一段难以理解的文字(*BC*, 3. 66. 270)或许也反映了这些信息。相关研究见 O. E. Schmidt, *Philologus* LI(1892), 198 ff.。

3月17日的和解破裂了，它正在重建。这一次是心怀敌意的恺撒党徒和庞培党徒联合起来对付安东尼。作为一个不依附于任
127 何党派的政治家，安东尼在罗马政坛中已经失败；而作为恺撒党的领袖，他的优势地位正在受到威胁。元老院、平民和老兵们都被动员起来反对他。他的敌人已经刀剑出鞘，一切将要靠赤裸裸的实力来决定。但这一切并未马上发生——安东尼还没有宣布渥大维为公敌，也没有带着他目前占据着优势的兵力前去攻打阿雷提乌姆。渥大维私家军队里的老兵是抵挡不住恺撒党将领安东尼的，但安东尼无力对付独裁官的继承人。恺撒的鬼魂再一次胜过了活人。

困境中的执政官只能通过咒骂来回避问题。[①] 他的一系列法令揭发、谴责了招募私家军队的做法，将其称之为叛国和土匪行径；也就是说，渥大维的所作所为不仅是喀提林式的，还是斯巴达克斯式的。随后，他又把攻击的矛头指向革命者的人身和家庭，使用了最纯洁无瑕的罗马政治家们（无论他们的年龄和所属党派如何）都无法幸免的、对反自然恶行的传统指控；同时也流露出了罗马贵族对意大利城镇士绅家世的传统轻视态度——渥大维的母亲是阿里奇亚小镇上的居民！

然而，在同德奇姆斯·布鲁图斯的较量中，安东尼并未受到自我怀疑或部下哗变等的妨碍。在离开罗马、摆脱政治阴谋的羁绊后，这位恺撒党的士兵呼吸到了军营的新鲜空气，得以自由活动，

---

① 我们可以从西塞罗为渥大维的道德、家世和爱国情感的辩护中还原出安东尼攻击渥大维的论点，见 *Phil.* 3.15 ff.。

从而重新获得了自信。布鲁图斯拒绝屈服。安东尼以恺撒式的雷厉风行迅速向北推进，进入了山南高卢行省。在年底之前，安东尼已率军把布鲁图斯包围在了穆提纳城中。

内战已经打响，但冬季的到来迫使各方的敌对行动暂时停歇，从而为阴谋和外交手段的实施留下了时间。利用安东尼不在的机会，一个建立在非常规联盟与非法军队的支持上的共和派开始尝试夺取罗马城中的权力。

到目前为止，招募私家军队的做法和最初的革命冒险都被表述为渥大维的活动与政策。这位年轻人在抵达意大利的时候还并不被视为一个举足轻重的政治角色。七个月过去了，他已拥有了金钱、军队和一个追随自己的党派。他的追随者和政治活动资金究竟是从何而来的呢？

家族和亲属关系可以构成一个罗马党派的核心。但渥大维的
亲戚并不算多；[①]并且他在最初的几个月里也没有从他们那里得 128
到过积极的帮助。表面看来，前执政官菲利普和马塞卢斯在地位和魄力方面均不出众。菲利普从父亲身上继承了随和的性情、政治上的中立倾向和见风使舵的娴熟技巧。[②] 他在担任执政官期间及在此之后，一直力图避免出人头地的危险地位。他的继子成为恺撒继承人是对他才能的全面考验。他在这一问题上一直保持着

① 见书后表 III。

② 他的父亲卢奇乌斯·马尔奇乌斯·菲利普（公元前 91 年执政官，公元前 86 年监察官）是位十分精明的政治家，见上文，原书第 19 页。在政治上，这个儿子可以得到庞培与恺撒的帮助；他在叙利亚的总督任期、同阿提娅的婚姻与竞选执政官的经历都是这方面的证明。但他在一次较早的联姻中也把女儿玛尔齐娅嫁给了加图。菲利普是一位富人和“钓鱼狂”（Macrobius，3. 15. 6；Varro，*RR*，3. 3. 10）。

高度谨慎,不给试探者留下任何线索。[①] 诚然,有记载称他曾劝说渥大维放弃继承恺撒的遗产;但这一信息来自一份有充分理由特别强调青年渥大维的勇敢、独立精神的史料。[②] 尽管菲利普的谨慎是与生俱来的,但他对渥大维的前途没有表现出积极兴趣的姿态很可能只是一个幌子。这位年轻人同他的继父关系十分密切,只是他从后者的政治忠告中获得的教益从未被人记录下来而已。

菲利普希望能够安享晚年,马塞卢斯也是如此。但马塞卢斯因自己从前为庞培和共和国所做出的毁灭性举动而悔恨不已;他的名声也受到了污损,因为坚持同一立场的、更优秀的人都死去了,而他却偷活了下来。然而,他仍旧施展着各种阴谋,以便维持自己这个光辉家族新近取得的显要地位。菲利普和马塞卢斯都坚决抵制公开的妥协。他们暂时可以蛰伏起来,但他们的机会总会到来的。渥大维的其他亲戚就没有那么重要了。其中包括独裁官的两个外甥,骑士之子昆图斯·佩狄乌斯、高卢战争和内战中的副将与一个神秘人物卢奇乌斯·皮纳里乌斯·斯卡普斯。根据恺撒

---

① *Ad Att*. 14. 12. 2(4 月 22 日):"Octavius, quem quidem sui Caesarem salutabant, Philippus non, itaque ne nos quidem。"(渥大维手下的人称他为恺撒,但菲利普不这样做,所以我们也没有这样做);15. 12. 2(6 月 10 日):"sed quid aetati credendum sit, quid nomini, quid hereditati, quid κατηχησει, magni consili est. vitricus quidem nihil censebat, quem Asturae vidimus。"(但我们很难信任一个处于如此年龄、拥有如此名分、继承如此遗产和受过如此教育的人,这些因素让我们犹豫不决。但我们在阿斯图拉看见了他的继父,这个人倒是毫无非分之想。)

② Nicolaus, *Vita Caesaris*, 18. 53; Velleius, 2. 60. 1 和其他史料都来自奥古斯都的"自传"。参见 F. Blumenthal, *Wiener Studien* XXXV(1913), 125。然而,菲利普似乎帮助他的继子付清了遗产(Appian, *BC*, 3. 23. 89)。关于他后来为渥大维做的事情(有些可被证实,有些则出自推测),见下文,原书第 134 页。

的遗嘱，这两个人也应当分得他的一笔遗产；据说他们把这笔钱留给了渥大维。[1] 我们对他们在这一时期的态度或行为所知道的仅此而已。 129

渥大维转而向他自己的朋友、忠诚的恺撒党徒和躲在暗处的冒险家们求助。好运将他最早一批盟友中的三个名字保存至今，他们是这个党派的奠基人。与他一同坐镇阿波罗尼亚军营里的有昆图斯·萨尔维狄埃努斯·鲁孚斯和玛库斯·维普萨尼乌斯·阿格里帕。这些名字是十分低微的，我们过去从未听说过。[2] 但他们命中注定将出人头地，创造历史。当孩提时代的萨尔维狄埃努斯在家乡的山上放牧时，一道火舌突然亮起，升腾到他的头顶——那是贵不可言的预兆。[3] 而关于玛库斯·阿格里帕的出身和家

① Appian, *BC*, 2. 23. 89. 苏埃托尼乌斯（*Divus Iulius*, 83. 2）称他们为独裁官的甥孙。这个说法对皮纳里乌斯来说可能是适用的；对佩狄乌斯而言则不太可能。参见 Münzer, *Hermes* LXXI(1936), 226 ff.; P-W XIX, 38 ff.。昆图斯·佩狄乌斯曾在高卢担任过副将（*BG*, 2. 2. 1, &c.），并担任过近西班牙行省总督。此后，他在公元前 45 年底最后一次指挥军队取得了胜利（*CIL* 1^2, p. 50）。佩狄乌斯之后长期默默无闻，直到公元前 43 年 8 月担任执政官为止。在其他场合中没有留下任何记载的皮纳里乌斯是腓力比战役中的一名将领，可能同安东尼部下的皮纳里乌斯·斯卡普斯是同一个人，参见 Münzer, *Hermes* LXXI(1936), 229。关于渥大维的另一位亲戚、他同父异母的姐姐的丈夫绥克斯图·阿普列乌斯，我们只知道其名而已（*ILS* 8963）。他是分别在公元前 29 年和公元前 20 年担任执政官的绥克斯图·阿普列乌斯和玛库斯·阿普列乌斯的父亲。

② Velleius, 2. 59. 5.

③ Dio, 48. 33. 1. 萨尔维狄埃努斯是两人中较年长的和较重要的，参见布鲁图斯对他的频繁提及（*Ad M. Brutum*, 1. 17. 4）。西塞罗没有提及过两人中的任何一个——或许他们的名字本身就具有颠覆意义。萨尔维狄埃努斯很可能是恺撒军中的一名骑兵军官。关于姓名词尾“-ienus”的地区分布，见 Schulze, *LE*, 104 ff. 和上文，原书第 93 页。公元前 40 年铸造的、刻有此人头像的硬币将他描述为“Q. Salvius imp. cos. design.”（*BMC*, *R. Rep.* II, 407）；但没有任何其他材料称他为“萨尔维乌斯”。或许是他有意将自己的异族名字拉丁化了，也可能他的绰号是“萨尔维乌斯”。

世，他的朋友和敌人都没有什么可说的。即便到了作家们可以放心大胆地展开研究或出版著作的时候，他们也发掘不出任何信息。[①] 不久之后，一个大不相同的人物出现了，即集外交家、政治家、艺术家和浪荡公子于一身的埃特鲁里亚权贵盖约·梅塞纳斯。他的祖父是位有产者，其政治立场温和且偏于保守；并随时准备着与罗马保民官们抗争，以便维护自己的利益。这个家族似乎在内战中站在马略一边，并因此而吃到了苦头。但他们与自己祖先的联系是不会被切断的——渥大维的这位朋友拥有王室血统，其母亲一支的祖先是奇尔尼乌斯家族，这个家族自古以来就在阿雷提
130 乌姆城中拥有巨大权势。

在罗马政坛上，最成熟的政党也不过是一种旨在颠覆共和国的阴谋集团。渥大维的追随者甚至达不到貌似能够形成一个政党的组织水平。这个集团事实上是一个派系——十分令人敬佩的组织也往往会被诬蔑为某个派系；它的活动是处于现存政体与法律之外的。[②]

---

① Seneca，*De ben*. 3. 32. 4："M. Agrippae pater ne post Agrippam quidem notus。"（玛库斯·阿格里帕的父亲即便在阿格里帕成名后仍不为人知。）阿格里帕与渥大维在年龄上的差距不到一岁，据说还是后者的同学（Nicolaus，*Vita Caesaris*，7. 16）。姓氏"维普萨尼乌斯"（Vipsanius）是极其罕见的。阿格里帕本人希望能够丢弃这个名字（Seneca，*Controv*. 2. 4. 13）。这个名字的起源已不可考。关于以"-anius"结尾的名字，参见 Schulze，*LE*，531 ff. 。

② 关于他的祖父，见 *Pro Cluentio*，153。与梅塞纳斯同时出现的还有另外两个埃特鲁里亚人，分别是玛库斯·佩尔佩纳和盖约·塔奎提乌斯（C. Tarquitius）。出席塞多留被谋杀的那场宴席的可能是这个家族的一名成员。他的父亲是卢奇乌斯·梅塞纳斯（L. Maecenas，*ILS* 7848；参见 Nicolaus，31. 133?）。塔西佗（*Ann*. 6. 11）和许多现代人将渥大维的这个朋友称作"奇尔尼乌斯·梅塞纳斯"（Cilnius Maecenas），但这个称呼是错误的（参见 *ILS* 7848）。"梅塞纳斯"是一个家族姓氏，不仅仅是一个绰号（参见"卡里纳斯"[Carrinas]）。关于阿雷提乌姆的奇尔尼乌斯家族，见 Livy，10. 3. 2；关于梅塞纳斯的王族祖先，见 Horace，*Odes*，1. 1. 1，&c。

当恺撒同政府开战时，他的党派中的那些性情急躁、孤注一掷的人吓坏了那些有产者。但这一局面并未延续很长——他们只是少数人，并且也是可以控制的。恺撒继承人最初的立场完全是革命性的，可以吸引这个社会的一切敌人——挥霍掉了自己的安置费和农场的老兵、狡诈的财阀、毫无顾忌的释奴、意大利城镇中来自没落士绅阶层的野心勃勃的青年们。追随渥大维的风险是显而易见的，但即将获得的回报可能也十分丰厚——土地、金钱和权力，以及供他们享用的贵族产业与特权，还可以迎娶贵族家庭中的女子。

该党派中的活跃人物，如萨尔维狄埃努斯和阿格里帕，是渥大维手下最早的一批强将；他们占据了历史的中心舞台，排挤掉了那些相对默默无闻的党徒和幕后贡献者应有的位置。该党派并非只吸纳一贫如洗的人。它的领袖需要钱财来招募军队、收买支持者和在罗马与全意大利宣传自己的思想。与自由派相比，渥大维拥有更多的技巧、较少的顾忌和更好的运气。到了 10 月初，这个青年已经拥有了一大笔用于作战的资金——这足以令安东尼起意要攻打渥大维并夺取他的财富。[①]

这些资源肯定是来路不明的。独裁官恺撒的私人财产和各式各样的国库经费都不由渥大维本人支配。有人指责安东尼拒绝把恺撒继承人应得的钱财交给他——这种责难或许是不公平的。渥大维至少支配了恺撒留给平民们的遗产，这笔钱恐怕不完全出自他的个人财产和友人的慷慨馈赠。此外，恺撒的释奴们非常富有。

① *Ad fam*. 12.23.2.

他的继承人也可以向这些人寻求帮助。[①] 这并非全部。打算火速赶往巴尔干地区的恺撒已经先行把至少一部分作战储备资金送到了布伦迪西乌姆或更靠近前线的地方。把这样一大笔钱财留在后
131 方去刺激他的敌人的胃口肯定会是一个疯狂的念头。

批评言论宣称(历史记载也重复着这些说法),执政官安东尼挪用了存放在罗马丰产女神神庙里的7000万塞斯特斯财产。[②] 只有一位渥大维辩护者的拙劣技巧无意间暴露了这样一个令人尴尬的事实:4月间在布伦迪西乌姆逗留的渥大维至少一度控制了独裁官准备用于战争的部分资金和从东方诸行省收缴上来的当年税款。[③] 这份史料宣称,渥大维及时把这笔钱送到了罗马的财库里,声称他自己继承得来的遗产已经足够花销了。[④] 并且他还很快就将自己继承的财产以及其他大笔钱财用在了"共和国的福利"上。

挪用的公款还是不够花销的。渥大维也赢得了私人投资家的支持,其中包括罗马的一些最富有的银行家。拒绝为自由派的战争财库提供资助的阿提库斯肯定会对这项冒险事业不屑一顾。但是,恺撒的继承人迅速争取到了独裁官的财政资助者和他的政治代理人的支持。在渥大维于4月率先接触的第一批恺撒党徒中就包括巨富巴尔布斯。巴尔布斯或许没有表态,[⑤]并且时间也保守住了他的秘密。没有任何材料记载过他是如何为恺撒的继承人效

① Appian,*BC*,3.94.391.这是收养关系的一个巨大优势。

② *Phil*.2.93,&c.

③ Nicolaus,*Vita Caesaris*,18.55.参见 Appian,*BC*,3.11.39;Dio,45.3.2.这个问题可以参见 B. R. Motzo,*Ann*。*della facoltà di filosofia e lettere della r. Univ. di Cagliari*(1933),1 ff.中的精辟见解。

④ Nicolaus,*Vita Caesaris*,18.55.

⑤ *Ad Att*.14.21.2:"et nosti virum quam tectus。"(并且我们的这位是如此守口如瓶。)

劳的。11 月后，他从历史记载中消失了整整四年；而他回归世人视线的方式又表明，他在这段时期内并不是碌碌无为的。[①] 不出意外的是，恺撒党徒拉比里乌斯·波斯图穆斯（Rabirius Postumus）也出现了；他在各种幕后交易中乐善好施、精明能干。此人同玛提乌斯和萨塞纳（Saserna）一道为 7 月的竞技庆典提供了资金。[②] 奥皮乌斯既是一个外交家，又是一名财阀。到了 11 月，我们发现他又在重操旧业——这次不是为恺撒，而是为恺撒的继承人效劳——他承担了一项机密使命，去收买一位年长的、政治立场摇摆不定的前执政官。[③] 沃拉特雷的凯奇纳之前不久尝试过这项任务，但没有取得成效。[④]

当渥大维前往坎帕尼亚，用收买的手段招募军队时，五名有些名气的追随者参与了这次冒险。我们仅仅知道其中两个人的名字——阿格里帕和梅塞纳斯。[⑤] 此时，渥大维的支持者中可能已 132

① 他在公元前 40 年年底担任了递补执政官。公元前 44 年最后一次提及他的同时代文献为 *Ad Att*. 16. 11. 8（11 月 5 日）。

② *Ad Att*. 15. 2. 3.

③ *Ad Att*. 16. 15. 3.

④ *Ad Att*. 16. 8. 2. 此人可能并非 *Ad fam*. 6. 5 ff. 和 13. 66 中提及的奥鲁斯·凯奇纳（A，Caecina）。

⑤ Nicolaus，*Vita Caesaris*，31. 133："καὶ ταῦτα αὐτῷ βουλευομένῳ καὶ τοῖς ἄλλοις συνέδοκει φίλοις，οἳ μετεῖχον τῆς στρατείας τῶν τε μετὰ ταῦτα πραγμάτων. ἦσαν δὲ οὗτοι Μάρκος 'Αγρίππας，Λεύκιος Μ⟨α⟩ικήνας，Κοΐντος 'Ιουέντιος，Μάρκος Μοδιάλιος καὶ Λεύκιος。"（在这场战役和后来的事情中，他[渥大维]得到了以下这些朋友们始终如一的支持：他们是玛库斯·阿格里帕、卢奇乌斯·梅塞纳斯、昆图斯·尤文提乌斯、玛库斯·墨狄亚里乌斯和卢奇乌斯。）雅各比（Jacoby）推测，在最后一个名字后面必然是有缺失文字的。如果尼科拉奥斯的记载和后人的传抄不谬的话，那么他提及的并不是那位著名的梅塞纳斯，而是此人的父亲（Münzer，P-W XIV，206）。很少有人试图还原后三个名字的所指对象，并且诸如此类的努力都不尽如人意。卢奇乌斯有可能是巴尔布斯，但巴尔布斯的做事风格通常不会这么冒失。这个人也很可能是渥大维的早期追随者卢奇乌斯·科尼菲奇乌斯（L. Cornificius，公元前 35 年执政官，Plutarch，*Brutus*，27）。我们注意到，萨尔维狄埃努斯并不在这个名单中。

经增添了几个默默无闻的、或许还是引人生厌的人物，如明狄乌斯·马塞卢斯(Mindius Marcellus)——他的父亲曾是希腊的一名活跃商人。明狄乌斯还曾通过购买被充公的地产自肥。他来自维利特雷，是渥大维的老乡。[①]

渥大维在革命生涯早期的追随者的姓名和出身的信息十分贫乏，非常令人遗憾。这一现象绝非巧合。为了抹黑渥大维的对手，历史记载省略了这些重要信息，转而对安东尼的元老阶层党羽进行指名道姓、有理有据的公开谩骂，把他们描述为一群邪恶、奸诈、嗜血的破产者和匪徒——毒杀自己外甥的阿普利亚人多米提乌斯(Domitius the Apulian)、释奴之子和弑兄弟者阿尼乌斯·辛姆贝尔(Annius Cimber)、来自皮苏鲁姆(Pisaurum)的浴室管理员和匪徒玛库斯·因斯泰乌斯(M. Insteius)、纵火犯提图斯·穆纳提乌斯·普兰库斯·布尔萨(T. Munatius Plancus Bursa)、矫揉造作的凯森尼乌斯·伦托、写过哑剧的努库拉和西班牙人德奇狄乌斯·撒克萨。[②] 而渥大维被视为共和派的这一事实导致史家们无法全面详尽地介绍他的盟友，能够体面地提及的只有他从执政官阵营中挖角过来的三位保民官和一位军团指挥官。[③]

① *SEG* VI, 102 = *L'ann. ép.*, 1925, 93(维利特雷)尊称他为高级海军长官(praefectus classis)。参见 Appian, *BC*, 5. 102. 422。关于他的投机倒把活动，见 *Ad fam*. 15. 17. 2；关于他父亲的情况，见 *Ad fam*. 13. 26. 2。

② *Phil*. 11. 11 ff.；13. 26 ff.

③ *Phil*. 3. 23. 三位保民官分别是提比略·卡努提乌斯(Ti Cannutius)、卢奇乌斯·卡西乌斯·隆吉努斯(L. Cassius Longinus，此人是谋杀恺撒者的兄弟，但同情恺撒党)和德奇姆斯·卡福勒努斯(D. Carfulenus)。最后一位可能起初是骑士阶层的官员(*Bell. Al.* 31. 3)，后来被恺撒提拔为元老。他在穆提纳为渥大维指挥过玛提亚军团(*Ad fam*. 10. 33. 4)；而他敦促该军团抛弃安东尼的举动并无可信史料记载。从前安东尼手下的财务官卢奇乌斯·埃格纳图勒乌斯是第四军团的指挥官，参见 *Phil*. 3. 39, &c。

这些人是史料记载中渥大维最初和在很长一段时期内在元老阶层中仅有的盟友(除盖约·拉比里乌斯·波斯图穆斯外)。3 月 15 日的谋杀事件过后,恺撒党剩下来的人物缺少社会地位或活跃天才。其中最著名的成员大多坚守中立、力避表态、打小算盘或依附于安东尼;而恺撒麾下将领中最杰出的一些人则已远在外省。

渥大维最早的和最得力的一批部下来自罗马骑士阶层,萨尔 133
维狄埃努斯、阿格里帕和梅塞纳斯概莫能外;并且他的党派自始至终保留着自身最初的烙印。过了很长时间,也没有任何元老转投渥大维的阵营。四年之后,当渥大维历尽千难万险,体验过无数计谋与暴力的磨难,终于被认可为除安东尼外的另一名恺撒党领袖时,他麾下的将领中仍然只有八位元老,并且他们并非渥大维最引人注目的亲信。[①]

平安渡过内战或在一场革命中飞黄腾达、发家致富的元老们是不想惹是生非的。但渥大维并不满足于仅仅担任一小撮由亡命之徒和财阀组成的乌合之众的首领。银行家们提供给他的帮助是私下的和个人性质的,并不代表整个阶级都认可他。渥大维同样也需要元老院。他希望能够赢得某些更受尊敬的恺撒党成员(他们已因安东尼的做作而与之疏远,并对他的权力心存忌惮)的支持,或起码是同情。他首先要争取的是即将就任的执政官希尔提乌斯和潘萨;渥大维在抵达坎帕尼亚的时候就征求过他们的建议。完全仰仗恺撒才出人头地的朋友们当然是不会排斥他的继承人的。但这些人只是意大利城镇中的贵族,缺乏办事经验、勇气和家

① 见下文,原书第 235 页。

族影响力。西塞罗曾公开表露过对他们的忠诚、爱国和才干的热情敬佩。但他的私人书信里说的完全是另一码事:他嘲笑这些人是呆子和酒鬼。[①]

希尔提乌斯和潘萨原本是可以拯救共和国的,但并不是像有些人希望的那样依靠他们自己的行动,而是通过阻止别人的行动。即便无足轻重的人在担任罗马执政官后也是手握大权的。他们的政策是重建恺撒党内部与罗马国家中的和谐,并且这个目标是有可能实现的。他们乐于看到安东尼受到制约,但并不希望他被毁灭。他们肯定是不愿意投靠一个反恺撒的党派并被迫挑起内战的。希尔提乌斯会受到巴尔布斯的邪恶影响[②]——这对共和派来说不是什么好事,但对渥大维是有利的。我们对潘萨的情况所知更少。但潘萨并不是安东尼的公开敌人;[③]并且他迎娶了亲安东

134 尼的前执政官昆图斯·弗菲乌斯·卡勒努斯、一位干练的政治家的女儿。[④] 但是,潘萨很早就鼓励过渥大维。

在相关记载中,与潘萨一同被提及的还有其他名字,如普布利乌斯·塞尔维利乌斯、卢奇乌斯·皮索(L. Piso)和西塞罗。在后

---

① *Ad Att*. 16. 1. 4:"λῆρος πολὺς in vino et in somno istorum。"(对于那些酗酒和贪睡的家伙而言,这些全是废话。)昆图斯·西塞罗(Q. Cicero)也有类似的言论,见 *Ad fam*. 16. 27. 1:"quos ego penitus novi libidinum et languoris effeminatissimi animi plenos。"(我深深知道,他们是贪得无厌的,其精神犹如妇人一般柔弱。)

② *Ad Att*. 14. 20. 4:"ille optime loquitur, sed vivit habitatque cum Balbo, qui item bene loquitur。"(他讲得很漂亮,但跟巴尔布斯生活和居住在一起,后者同样也是能说会道的。)

③ *Ad Att*. 15. 22. 1:"inimicum Antonio? quando aut cur? quousque ludemur?"(他将会成为安东尼的敌人?何时和出于何种原因?我们还要被愚弄多久?)

④ *Phil*. 8. 19.

人的记载中，他们属于骑墙派，其策略是动机不纯的。① 人们在这些场合中没有提到前执政官菲利普和马塞卢斯。另外一条史料（尽管同样不是理想的）宣称，这两个人同西塞罗立下了密约，西塞罗将向渥大维提供资金支持，而他所拥有的财富和军队将得到保护。② 这些记载或许并不完全是捕风捉影。这些心思缜密的阴谋家现在开始出手了。在 11 月里，他们显然是在为自己的年轻亲戚效劳。③ 但随后的形势复杂化了，菲利普的策略也变得模棱两可。即便菲利普受到了他父亲为小庞培效劳的榜样的感召，他也并不愿意同安东尼撕破脸皮，因为他还指望能够通过安东尼为自己的亲生儿子赢得早日当选执政官的机会。④ 我们也不应完全忽视身居暗处的马塞卢斯。他手头拥有可资利用的家族联系，既可以支援恺撒党，又能够助共和派一臂之力。⑤

无论当时流传着何种谣言，无论密谋成功的可能性有多大，年轻的冒险家渥大维毕竟还是需要元老院中的政坛要人的帮助的——借助他们的权威，渥大维才能获得公开承认和正式地位。那么，哪位要人会乐意向渥大维伸出援手呢？

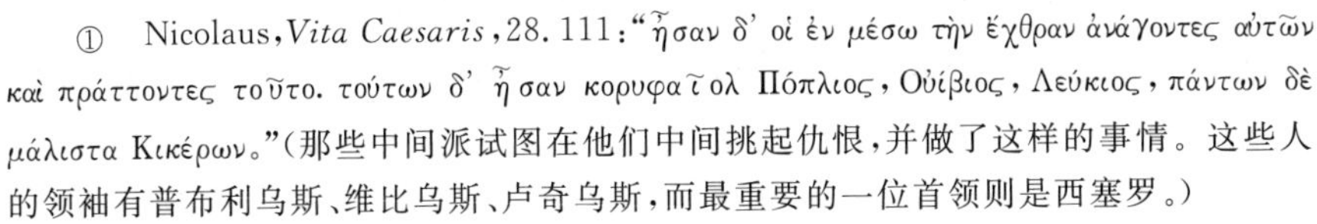

① Nicolaus, *Vita Caesaris*, 28. 111: "ἦσαν δ' οἱ ἐν μέσω τὴν ἔχθραν ἀνάγοντες αὐτῶν καὶ πράττοντες τοῦτο. τούτων δ' ἦσαν κορυφαῖολ Πόπλιος, Οὐίβιος, Λεύκιος, πάντων δὲ μάλιστα Κικέρων。"（那些中间派试图在他们中间挑起仇恨，并做了这样的事情。这些人的领袖有普布利乌斯、维比乌斯、卢奇乌斯，而最重要的一位首领则是西塞罗。）

② Plutarch, *Cicero*, 44.

③ *Ad Att*. 16. 14. 2.

④ *Ad fam*. 12. 2. 2. 他希望能把布鲁图斯和卡西乌斯排挤出公元前 41 年的执政官候选人名单，并为他的儿子、公元前 44 年的大法官赢得一个执政官席位。

⑤ 他的母亲是尤尼乌斯家族的女儿（*Ad fam*. 15. 8），可能是德奇姆斯·布鲁图斯的姑姑；他也同塞尔维利乌斯·苏尔庇奇乌斯·鲁孚斯（公元前 52 年执政官）存在着家族联系。呈现这些关系的图表见 Münzer, *RA*, 407。

135 # 第 10 章　政坛要人

在元老院中，有三位前执政官曾发言反对过安东尼，分别是卢奇乌斯·皮索、普布利乌斯·塞尔维利乌斯和西塞罗。因此我们可以说，这些人曾支援过渥大维的事业。但这也是他们仅有的共同点——这三位前执政官在性格、履历和政见等方面是千差万别的和无法调和的。

皮索是一位有个性和富于洞察力的贵族，他将对罗马行为准则的崇奉同对希腊文学、哲学的积极赞赏结合在了一起。他是诗人兼学者斐洛德姆斯（Philodemus）的朋友和资助人。[①] 尽管品位十分高雅，但皮索的生活方式却很合乎他的家族传统和财力状况——他的家财是无力支撑铺张浪费和漫无目的的挥霍的。[②] 皮索是恺撒的岳父，并在庞培和恺撒的支持下当选了执政官；但他没有帮助西塞罗免于承担流放的威胁、判决与后果。西塞罗对此怀恨在心，并在皮索就任马其顿行省总督期间和之后，对后者的所作

---

① Cicero, *In Pisonem*, 68 ff. 博学的阿斯科尼乌斯（Asconius, 14 = p. 16 Clark）提供了斐洛德姆斯这个名字。

② 他住在一间简陋的小屋（“gurgustium”, *In Pisonem*, 13）里，并且其消遣娱乐方式平淡无奇（*In Pisonem*, 67）。一些知名显贵其实并不是家财万贯的。杰出人物卢奇乌斯·奥勒里乌斯·科塔（L. Aurelius Cotta）住在“一间肮脏且十分狭小的农舍”（villula sordida et valde pusilla, *Ad Att.* 12. 27. 1）里，这与西塞罗的那些豪宅形成了鲜明对比。

所为不遗余力地予以抨击。皮索对此给予了回击，并且他的反击无疑取得了一定效果。[1] 并没有哪个政敌或野心勃勃的青年敢于跳出来把这位据说犯过腐败、渎职和制造灾难等罪行的行省总督告上法庭。但是，皮索从此还是逐渐淡出了政治舞台。然而，他在公元前50年不情愿地当选了监察官，充分证明了他的声名（或至少是影响力）；因为这一荣誉是许多前执政官梦寐以求的，可以作为对他们公共业绩和政治智慧的认可。

伊壁鸠鲁派温和、人道的信条尽管容易受到重个人享受、轻公
共福利的传统指责，但这种背负了如此严重的骂名的哲学还是比 136
那些被传授的和有时被遵循的、更为高雅的原则对共和国具有更大的作用。作为一名罗马爱国者，皮索并未在内战降临之际或战争过程中对国家命运漠不关心，怯懦地躲藏起来。他在恺撒与庞培的斗争中，以及罗马政治再度陷入党争之际都致力于斡旋与调停。[2] 他的行为洗刷了因其性格蒙受的罪名；而日后事态的发展进程也证明了他的智慧。事实上，同时代人中很少有人能同时具备这两个令人感叹的特征。

皮索是一个后来走向独立的前恺撒党徒。而出身于一个受人尊重的保守家族的普布利乌斯·塞尔维利乌斯·伊苏里库斯则是

① 不过，对这一事实的承认要求我们必须相信伪撒路斯提乌斯《反西塞罗》（"Sallust"，*In Ciceronem*）中的记载。赖曾斯坦和施瓦茨认为，皮索曾写过一篇简洁有力、言简意赅的攻击性文字，见 Reitzenstein and Schwartz，*Hermes* XXXIII（1898），87 ff.。E. 迈耶接受了这种看法，见 E. Meyer，*Caesars Monarchie*[3]，163 f.。

② Cicero，*BC*，1. 3. 6；Plutarch，*Pompeius*，58；Plutarch，*Caesar*，37；Dio，41. 16. 4；Cicero，*Ad Att*. 7. 13. 1；Cicero，*Ad fam*. 14. 14. 2.

在加图的支持下开始其政治生涯的。[①] 他的大部分朋友、同盟者和亲戚都在内战中追随加图与庞培。然而,恺撒却成功地收买了塞尔维利乌斯,或许是因为诱饵——公元前 48 年的执政官席位满足了后者的野心。塞尔维利乌斯或许原本并不是一个活跃人物,但他在公元前 46—前 44 年为恺撒治理了亚细亚行省,并颇有成绩。在于夏末返回罗马后,塞尔维利乌斯为增强他本人及其家族的权力而采取了越权行动。他的家族背景使得他可以在各党派间扮演一个独立的、调解性的(如果他愿意的话)角色。作为布鲁图斯、卡西乌斯和雷必达的共同亲戚,他有可能成为恺撒党和共和派的新政治联盟中的桥梁。这个设想无疑是对他的岳母塞维莉娅具有吸引力的。

无论塞尔维利乌斯的动机如何,他最初的举动令安东尼感到十分不安——他在 9 月 2 日抨击了执政官的政策。然而,当渥大维向罗马进军的时候,我们并没有听到关于普布利乌斯·塞尔维利乌斯的任何消息。跟其他对安东尼不满、但并不想过早撕破脸皮的前执政官一样,他选择了置身于这些是非之外。但他或许借给了渥大维一位保民官——提比略·卡努提乌斯,他是伊苏里库斯的手下。[②]

皮索和普布利乌斯·塞尔维利乌斯各有过一次改换门庭的举动。而在多才多艺方面,没有哪个政治家能与西塞罗匹敌,这是敌人的攻击言论和西塞罗本人的自辩都能够证实的。足智多谋、不

---

① Münzer, *RA*, 355 ff.; P-W II A, 1798 ff.

② Suetonius, *De rhet*. 4.

偏不倚的皮索是不可能帮助或支持招募私家军队来对付罗马人民 137
选出的执政官的。但塞尔维利乌斯在这方面就不是完全清白的；而西塞罗则是那些打算利用渥大维这个恺撒党中的冒险家来摧毁恺撒党的政治家集团的领袖。

西塞罗宣称，他的政治理想始终如一，只是他为坚持理想所采取的手段有所变化而已。他的这套说辞大概无法为他的整个生涯辩护。不过，我们如果一味责难和挑剔这样一位政治荣誉的追逐者的话，那恐怕也是过分的和不公平的。此人之前曾为平民的各种利益辩护，又一度支持让庞培大权独揽（且不论他的种种表态究竟是出自真心，还是仅仅为自身的飞黄腾达考虑）；到了后来，当他已赢得执政官席位，并进入寡头统治集团时，他自然会变得更为保守。西塞罗从来就不是一个革命家，甚至也不属于改革派。在执政官任期结束后的若干年里，他在庞培和庞培的敌人中间摇摆不定，结果双方都不信任他。西塞罗敬佩加图，但对此人的恪守原则和不肯通融表示遗憾；并且他还宣称，自己被加图的盟友出卖了。尽管庞培对他极为冷淡，并曾有过赤裸裸的背信弃义的举动，但西塞罗对庞培一片忠心，而宁可通过自我欺骗的简单方式责备给他带来厄运的代理人恺撒，也不肯怪罪真正的幕后决策者庞培。庞培在政治斗争中永远是更强的一方——从西塞罗政治生涯开始，他似乎就一直主导政治舞台，操纵着形势的走向。庞培的统治地位曾两度受到过威胁（公元前 61—前 60 年和公元前 56 年），但每一次都转危为安。西塞罗沉迷于这种错觉之中。否则，原本是有很多东西可以团结西塞罗与恺撒的——文学品位上的志同道合（庞培则是出了名的、对文学毫无兴趣的人）、共同的朋友，以及喜

好受人吹捧与吹捧他人两种性格的结合。

西塞罗在内战中比较接近于中立派。在从西里西亚行省返回后，他竭尽全力以避免各种敌意。他展示出了良好的判断力和无偏无党的姿态。[①] 但为时已晚。他对庞培已几乎不抱幻想，并且对其盟友没有多少同情。但他发现自己已自然而然地站在庞培一边、站在拥护现政体的党派一边、站在大部分活跃的前执政官身处
138 的阵营一边。这一派的领导人正是庞培与加图。他们显然代表着更为正确的立场，并且看上去也更为强大。西塞罗其实也没有预料到会发生战争——当战争真正降临之际，就连加图似乎也乐意让自己的原则做出让步，对恺撒妥协。[②]

西塞罗同意接受了庞培手下的军事指挥权；但他在坎帕尼亚逗留了许久，拒绝追随庞培漂洋过海，这可能是因为西塞罗没能理解庞培的战略部署。随后，恺撒利用巴尔布斯和奥皮乌斯的关系并亲自联系，极力争取西塞罗。但西塞罗的态度很坚决：他拒绝前往罗马并现身于元老院里，从而表明自己宽恕了恺撒的行为和政策。西塞罗的做法是出于勇气，但也反映了他的恐惧——他害怕逃离罗马的庞培党羽的可怕威胁，这些人是会把中立派视作死敌的。归根到底，庞培党在西班牙的优势总会为他们赢得最终的胜利。长期中立观望的痛苦状态迫使西塞罗投奔了庞培，而没有继续等待西班牙战事的决定性消息。[③] 他的选择并非基于热情或信

---

① *Ad fam*. 16. 12. 2；Velleius，2. 48. 5.

② *Ad Att*. 7. 15. 2.

③ 然而，他也有可能是受到了一些被描述得有声有色的谣言的影响。毕竟，恺撒在西班牙被训练有素的庞培手下将领们缠住并击败的事情是很有可能发生的。

念，而是出于不耐烦和绝望。法萨卢斯战役最终结束了他和庞培的联盟。西塞罗不得不利用胜利者的仁慈和对他本人的看重来保全自己。

在独裁官统治下偷生的日子是充满忧愁和不名誉的。恺撒与庞培余党的持续斗争和偶尔闪现出一点希望、却迟迟得不到实现的秩序重建让西塞罗的情绪十分低落。他已开始尽力躲避元老院，尽管那里曾是他过去胜利的舞台。随着时间的流逝，西塞罗或许已经放弃了自己的信条，默许了在罗马建立威权统治的既成事实。西塞罗并不是加图或布鲁图斯。正如布鲁图斯后来评论的那样："西塞罗只要能从别人手中得到自己想要的东西，得到奉承与赞美，他就会心甘情愿地忍受奴役。"[①]但西塞罗还是有能力给恺撒制造麻烦的。尽管他有一次被迫在元老院里发言赞美独裁官的仁慈与高尚，[②]但他随后不久便创作并出版了为加图辩护的著作，从而引领了当时的风气。恺撒对此做出了回应，赞许了作者的天才，但也写了一本小册子来破坏人们对这位共和国烈士的正面记
忆。恺撒派出使者和朋友，说服西塞罗写了一封公开信以对现政 139
府表忠心。奥皮乌斯和巴尔布斯认为这封信的效果不能令人完全满意。西塞罗并未对信件做出修改，而是乐得放弃了这个任务。

---

① *Ad M. Brutum*, 1. 17. 4："nimium timemus mortem et exsilium et paupertatem. haec nimirum videntur Ciceroni ultima esse in malis, et dum habeat a quibus impetret quae velit, et a quibus colatur ac laudetur, servitutem, honorificam modo, non aspernatur."（我们过于畏惧死亡、放逐和穷困潦倒了。这样的下场可能会被西塞罗视为最糟糕的结果；只要能从别人手中得到自己想要的东西，得到奉承与赞美，他这个人就会心甘情愿地忍受披着荣誉外衣的奴役。）

② 在 *Pro Marcello* 这篇演说词中（公元前 46 年秋）。

恺撒也没有一味坚持。时间是宝贵的，对于恺撒这样一个日理万机的专制统治者来说，像巴尔布斯这样的得力干将肯定还有更重要的用场。

随后便发生了3月15日的刺杀事件。两天之后，元老院在泰鲁斯神庙召开集会；西塞罗像其他政治家一样，发言主张维护安全与和谐。维持和平是需要持续保持警惕的。西塞罗后来宣称，从那一天起，他从未离开过自己的岗位。[①] 历史事实否定了他的这个说法。从3月17日到9月2日近六个月的时期（也是维持这种新建的、摇摇欲坠的和谐局面最关键的一段时间）内，一直没有西塞罗出现在元老院里的记载。在春季和夏季，恢复统治秩序的目标并不是遥不可及的。就拯救共和国的目的而言，还有谁比这个宣称自己一直无偏无党的爱国者西塞罗更适合担任领袖呢？正如安东尼曾对西塞罗讲的那样，一个光明磊落的中立派是不会在这种形势下溜之大吉的。[②] 到了秋季，局面已经无法收拾。西塞罗的回归没有带来和平，反而加剧了分裂，并引发了历次罗马内战中最没有道理发生的一次。[③]

3月17日后，西塞罗敏锐地看到，恺撒的政策和党派并没有被废除和瓦解，这使他迅速放弃了幻想。即便在3月15日的刺杀事件发生之前，西塞罗已经考虑过要动身前往希腊，在那里待到年

---

① *Phil*. 1. 1："nec vero usquam discedebam nec a re publica deiciebam oculos ex eo die quo in aedem Telluris convocati sumus。"（从我们被召集到泰鲁斯神庙的那一天起，我从未真正离开过罗马，也不曾停止过对共和国事务的关注。）

② *Ad Att*. 10. 10. 2："Nam qui se medium esse vult in patria manet。"（真正想要保持中立的人士会留在祖国境内。）（公元前49年5月）

③ 这是蒙森的说法，见 *Ges Schr*. IV，173。参见 Dio，46. 34。

底，等希尔提乌斯和潘萨担任了执政官、形势变得更为乐观的时候再返回罗马。6月1日的立法进一步加剧了他的恐慌。安提乌姆的集会表明，自由派是没有主见和希望的，他们也得不到来自行省的任何武力支持。7月初，来自西班牙的可靠消息宣称，绥克斯图·庞培已同政府签订了和约。西塞罗感到十分郁闷。[①] 安东尼所代表的恺撒党统治似乎已不可撼动。最终，在长期的怀疑与犹豫之后，西塞罗动身去了希腊。他在7月17日从庞培港启程。

恶劣的天气使得西塞罗搭乘的船只在麦西纳海峡(Straits of Messina)中受到了损坏。在靠近雷吉乌姆的琉科佩特拉(Leucopetra)，西塞罗于8月7日听到了来自罗马的消息和传言。形势似乎已经起了变化。安东尼已做出姿态要同元老院和解； 140
8月1日将举行元老院集会，布鲁图斯和卡西乌斯将有希望重新回归政治生活。[②]

西塞罗转身折回了意大利。8月17日，他在维利亚(Velia)附近会见了布鲁图斯，后者正在为离开意大利做着最后的准备。他得知，卢奇乌斯·皮索确实在元老院里发表了讲话，但并没有任何人支持他。希望能够集合各路力量向恺撒党发起进攻的乐观愿望被无情地粉碎了。西塞罗的新决定已完全落空。然而，尽管西塞罗因毫无希望主导罗马政局而心头沉重，他仍执意返回了罗马。[③]

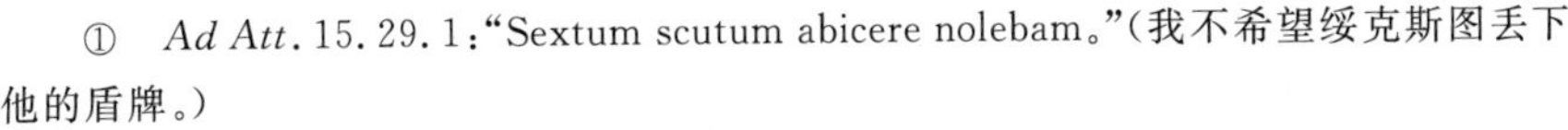

① *Ad Att*. 15. 29. 1："Sextum scutum abicere nolebam。"(我不希望绥克斯图丢下他的盾牌。)

② *Ad Att*. 16. 7. 1；*Phil*. 1. 8. 参见上文，原书第117页。

③ *Ad Att*. 16. 7. 7："nec ego nunc, ut Brutus censebat, istuc ad rem publicam capessendam venio。"(我并不像布鲁图斯所料想的那样，是为了重返政界才返回罗马的。)

他当时的心理状态就是如此，并且9月也确实没有给他带来任何真正的慰藉或自信。返回罗马后，西塞罗没有参加9月1日的元老院集会。安东尼向他发出了威胁。西塞罗在9月2日出现了，并对执政官的行为表示了抗议。他的基本看法是否定的和挑衅式的，其后果是引来了安东尼对他们之间的友谊遭到破坏的抱怨，以及对西塞罗本人过往履历的丑化(9月19日)。西塞罗认为自己还是不要现身为妙。为了挽回面子，他声称自己的人身安全受到了威胁，并创作了一篇演说词作为回应，即《第二反腓力演说词》(*Second Philippic*)的小册子。[①] 它从未被宣读过——西塞罗与安东尼这对冤家命中注定再未相见。

有人认为，通过大胆抨击安东尼的政策，西塞罗终于亮出了底牌，他坚决维护共和国的举动缔造了历史。然而，迄今为止，西塞罗并未同安东尼结下任何无法化解的仇怨，也没有采取任何具有决定性意义的行动。元老院中早已有过更加激烈的政治性谩骂，西塞罗十年前同卢奇乌斯·皮索的争吵就是一个例子。

安东尼和西塞罗之间原本没有什么旧怨，也没有必然导致他们反目成仇的深层次原因。相反，他们倒是有正当理由可以建立友谊。公元前49年，当时掌管着意大利事务的安东尼对西塞罗毕恭毕敬，劝说他不要投靠庞培，但并不限制西塞罗的自由。[②] 在法萨卢斯战役结束后，安东尼也对西塞罗保持着同样的友善态度。[③]

① *Ad Att*. 16.11.1 ff.(11月5日)。
② *Ad Att*. 10.8a(一封态度非常友好的信件)；10.10.2(另一封书信的摘编)。
③ *Ad Att*. 11.7.2.

在暗杀恺撒的事件发生后，安东尼仍旧对西塞罗十分顺从。[①] 西 141
塞罗返回罗马后确实制造了一些矛盾，但这并不说明 9 月 2 日将成为罗马政治史的一个转折点。

就目前的情况而言，一切还算风平浪静。风暴于 10 月初再度兴起。它来自另外一个地方。西塞罗的书信集中没有他从渥大维那里收到的任何信件。这一点并不令人吃惊，书信集的编辑者知道他的任务。他有必要隐瞒演说术与武力、德高望重的前执政官与唯恐天下不乱的冒险家之间的这种古怪联盟最初建立时的隐私细节。确实，受到日后历史的影响，研究者可能会把西塞罗与渥大维之间建立关系的日期确定得过早，并赋予这种关系以当事人自己都不曾在私下里想到过的重大意义。西塞罗在 4 月认识了恺撒的这位继承人。[②] 在随后的六周里，两人再无联系。但到了 6 月，西塞罗意识到，自己应该鼓励这位青年，并阻止他同安东尼结盟。[③] 到了 7 月，渥大维已经是罗马政坛上实实在在的人物与力量了。

当时的形势瞬息万变。在解释自己返回意大利的原因时，西塞罗并未提及恺撒胜利庆典竞技和随后安东尼与渥大维之间的关系破裂。但他可能已经在琉科佩特拉听说过这些事情了。它似乎不过是恺撒党内部的一次小争吵，但显然对安东尼的公共政策产生了影响。

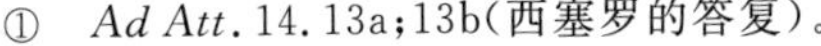

① *Ad Att*. 14. 13a；13b（西塞罗的答复）。

② 见上文，原书第 114 页。

③ *Ad Att*. 15. 12. 2："sed tamen alendus est et, ut nihil aliud, ab Antonio seiungendus."（但他必须得到支持；并且我们如果不做其他事情的话，至少也必须设法阻止他同安东尼联手。）

在下定决心返回的时候，西塞罗并不知道恺撒党内部已经恢复了团结。同样，在西塞罗反对安东尼的前两篇演说中，他只字未提恺撒的年轻继承人。然而，当西塞罗和普布利乌斯·塞尔维利乌斯攻击执政官的时候，他们必然已经将安东尼的这个对手的存在作为一个政治因素加以考虑了。

无论实际情况如何，到了 10 月初，恺撒的继承人已经成了一个十分引人注目的人物。但即便到了现在，到了 10 月和 11 月，西塞罗仍旧满腹狐疑：渥大维的实际动机究竟是什么，他有没有能力抵挡安东尼。渥大维则竭尽全力争取西塞罗的信任，或至少劝说他公开支持革命派的立场。到了 11 月初，两人开始定期通信。渥
142 大维在坎帕尼亚已拥有了一支由 3000 名老兵组成的军队。他不厌其烦地向西塞罗请求得到他的忠告，并派出他的亲信、沃拉特雷的凯奇纳，要求与西塞罗会面，因为后者离他很近。[①] 西塞罗拒绝与渥大维公开联手。随后渥大维请求西塞罗前往罗马以再次拯救国家，并唤醒世人对光荣的 12 月 5 日祈祷活动的记忆。[②]

西塞罗是不会任人摆布的。他预见到了即将到来的麻烦，于是离开了坎帕尼亚，在阿尔皮努姆隐居起来。继凯奇纳之后，渥大维又派出奥皮乌斯去邀请西塞罗，但毫无效果。[③] 菲利普与马塞卢斯的榜样或规劝同样分量不够。[④] 西塞罗的行程确实途经阿奎

---

① *Ad Att*. 16.8(11 月 2 日)，参见 16.9(写于一两天后)。

② *Ad Att*. 16.11.6.

③ *Ad Att*. 16.15.3.

④ *Ad Att*. 16.14.2："nec me Philippus aut Marcellus movet. alia enim eorum ratio ⟨est⟩：et，si non est，tamen videtur。"(我是不会被菲利普或马塞卢斯动摇的。他们所持的立场与我并不一致。即便真实情况不是如此的话，至少看上去是这样。)

努姆(Aquinum),但他想要见到的显然是希尔提乌斯和巴尔布斯。这两个人此时无疑正在取道水路前往坎帕尼亚。[①] 凡是有麻烦的地方,我们总能在幕后找到秘密特使巴尔布斯。西塞罗担心安东尼将率领军队从布伦迪西乌姆杀回来,认为远离大道的阿尔皮努姆更为安全。于是年轻的革命者渥大维在没有西塞罗陪同的情况下径直向罗马进军了。

西塞罗确实对渥大维充满了怀疑。老兵们确实响应了这位恺撒继承人的号召;坎帕尼亚地区的人们也充满了热情。渥大维在平民中拥有大批追随者,并且他也有望得到更加德高望重的人的支持。"但你们看看他的年纪和名字吧。"[②]西塞罗如是说。渥大维还只是一个青年,他缺乏权威。此外,他还是恺撒的继承人,一个宣称要为恺撒复仇的革命者。他的这一动机是无秘密可言的和不加掩饰的。诚然,他给保守派吃了一颗定心丸,准许谋杀恺撒的一名凶手当选了保民官。[③] 但这只是一种政治姿态,做起来容易,撤销也简单。而更重要的和令人不安的则是他在罗马发表的演说,是他向独裁者恺撒的雕像伸出手臂时所立下的庄严誓言。[④] 警醒的西塞罗承认了自己的两难处境:"如果渥大维战胜并夺取了权力,那么恺撒的所作所为将会比在 3 月 17 日时得到更为彻底的肯定;如果他失败了,那么安东尼将变得令人无法容忍。"[⑤]

① *Ad fam*. 16. 24. 2——具体日期不详,但符合当年 11 月的背景。

② *Ad Att*. 16. 8. 1,参见 16. 14. 2.

③ *Ad Att*. 16. 15. 3.

④ *Ad Att*. 16. 15. 3.

⑤ *Ad Att*. 16. 14. 1.

西塞罗是经常过度迷信自己的政治判断力的。但他这一次没有贸然表示乐观，而是准确地估计到了支持那位恺撒党革命者的
143 风险。渥大维向西塞罗披露了自己的赤胆忠心，并称西塞罗为“父亲”——严厉的布鲁图斯日后曾满腔怒火地回想起这个称谓。[①]人们有时会谴责渥大维，认为他冷酷地、残忍地欺骗了西塞罗这位父辈和帮手。这种天真的、带有倾向性的解释不仅抹黑了渥大维，而且也不符合历史事实。渥大维和西塞罗结成的政治联盟并不仅仅是那个狡猾的、无所顾忌的青年一手设计出来的。

西塞罗一直对其智慧盲目自信：他一直希望能够成为共和国某位将领的谋士。当庞培用罗马的武力征服了东方后，他听到了这样一条令人警惕的建议：对于庞培这个西庇阿式的人物，西塞罗将扮演助手雷利乌斯(Laelius)的角色。随后，在从放逐生涯中返回后，西塞罗又希望庞培能够与自己从前的盟友重修旧好，抛弃恺撒，接受国家权威的节制。他迅速成为了庞培的附庸，其作为政治家的影响力也毁于一旦。独裁者恺撒在组织共和国事务时并没有向这位无党派政治家的经验与智慧求助。安东尼也没有受到他多少影响。西塞罗不得不把他的财富浪费在一个价值较低的对象身上——公元前 44 年 4 月，他给多拉贝拉写了一封信，表达了对后者的祝贺，向他提出了告诫，并建议他与自己这位老牌政治家

① *Ad M. Brutum*, 1. 17. 5："licet ergo patrem appellet Octavius Ciceronem, referat omnia, laudet, gratias agat, tamen illud apparebit verba rebus esse contraria。"(尽管渥大维称西塞罗为父亲，向他咨询一切，称赞他，感激他；但此人的言行却完全相反。) 参见 Plutarch, *Cicero*, 45。

联手。[1]

西塞罗是无法摆脱这种永无休止的错觉的。他明知存在着风险，还是想利用渥大维来对付安东尼；如果渥大维日后不听指挥的话，到时候再甩掉他也不迟。这是加图致命计划的翻版——西塞罗认为安东尼的厄运可以警示青年渥大维不去追求建立军事独裁，并向他展示共和国依旧残存着力量。在公开发言中，西塞罗为这位冒险家的良好举止和忠诚进行了辩护；[2]在私人书信中，他不断吹嘘自己拟订的计划如何完美。我们有理由怀疑，西塞罗在任何时候都不信任渥大维。双方其实都没有上当受骗。

当西塞罗听到向罗马的进军以失败告终的消息时，他一定会 144
为自己成功地抵制住了诱惑、没有贸然出头担任共和派的领袖而感到庆幸。他打定主意，要一直等到来年1月1日再去元老院里露面。但渥大维和德奇姆斯·布鲁图斯都还在坚持抵抗——前者带着他的非法军队盘踞在埃特鲁里亚，已陷入绝境；布鲁图斯则逗留在山南高卢，桀骜不驯地与一名执政官对抗。由于他们都是以私人身份为拯救国家而战的，他们都叫嚷着要让自己的地位合法化。因此，西塞罗对安东尼的攻势便提前发动了。

西塞罗漫长且充满波折的公共生活的最后一个英雄时刻到来了。他积累了全部演说技巧和精力同安东尼展开斗争；他渴望战

---

① *Ad fam*. 9.14.

② *Phil*. 5.50："omnis habeo cognitos sensus adulescentis. nihil est illi re publica carius，nihil vestra auctoritate gravius，nihil bonorum virorum iudicio optatius，nihil vera gloria dulcius。"（我完全了解这个年轻人的一切思想。他最珍视的东西是共和国，最尊重的是你们的权威，最渴望得到的是义人们的首肯，最喜爱的是真正的光荣。）

争、拒绝和解，听不进跟和平或妥协有关的任何规劝。他逼迫安东尼在投降和灭亡之间做出抉择。六年前，同样的策略曾促使政府同行省总督恺撒之间兵戎相见。

这种狂热的冲动似乎是同西塞罗的天性格格不入的，在他之前的生涯中从未出现过——但如今情况变化，原因也恰恰就在于此。由于铭记着自己过去遭受的一切屈辱——放逐、在庞培统治期间对政治形势判断的致命失误、恺撒专制时期被迫为独裁统治爪牙们（巴尔布斯、瓦提尼乌斯和伽比尼乌斯）辩护所发表的演说，以及对自己近期无所事事的内心愧疚感，西塞罗下定决心要采取孤注一掷的举动。他很清楚，尽管自己才华横溢、毕生从政，但本人为共和国所做的贡献却乏善可陈；他也明白，在3月17日之后，当和谐与有序的政府还有可能被重建时，自己放弃岗位逃跑的行为究竟有多么可耻。

现在，弥补一切过失、夺取领导权的机会终于来了；国家兴亡在此一举。西塞罗曾经撰文讨论过理想政治家的形象。政治上的失败迫使西塞罗回归自我，在文学和理论中寻找和创造慰藉；他所描述的理想即为脱胎于其个人经历中的种种遗憾。在《论共和国》（*Republic*）中，他所勾勒出的轮廓与模式并不符合当时的任何一种政治体制，而是一个世纪之前的古老罗马政体（或罗马政体应当具备的面貌），也就是一个元老院与人们各司其职、齐心向善，且服从开明贵族寡头指挥的，稳定、平衡的国家。[①] 拥有各种才能、擅

① 关于《论共和国》中的这一观念（对这部作品的论述可谓汗牛充栋），参见 R. Heinze, *Hermes* LIX(1924), 73 ff. = *Vom Geist des Römertums*(1938), 142 ff.。

长处理市政与军事事务的人都有机会跻身这个国家的精英统治阶
层(ranks of the principes);功绩和出身都可以作为政治晋升的资 145
本。在这样的环境里,优秀的政治家将不会被同事抛弃,不会被手握军权的巨头胁迫,也不会受到保民官的折磨。

这篇论文发表于公元前 51 年。大约在同一时期,西塞罗也在撰写《论法律》。这部作品详细描述了一个自由但不平等的国家中传统但自由的寡头制度。恺撒独裁期间,西塞罗又重新投入到了该书的写作中去;[①]但他从未出版、或许也从未完成过这部《论共和国》的续篇。然而,3 月 15 日的谋杀事件过后,西塞罗重新找到了动力,想要展示他关于良好秩序国家的观念,并用最近发生的历史事件加以佐证。《论义务》(*De officiis*)是研究公民对共和国义务的一次理论探讨,也就是一份历数公民美德的手册。理想的政治家再一次被描述成处理市政事务的长官,而不是金戈铁马的军事将领;毫无顾忌的要人的野心则受到强烈谴责。[②] 对权力的追求终止于暴君统治,它代表了对自由、法律和一切公民生活的否定。[③] 恺撒专制就是这样的例子。

① *Ad fam*. 9. 2. 5.

② *De officiis*, 1. 25(我们需要引入克拉苏将金钱描述为一位巨头的定义);*De officiis*, 1. 26(论恺撒的"鲁莽"[temeritas])。

③ *De officiis*, 3. 83:"ecce tibi qui rex populi Romani dominusque omnium gentium esse concupiverit idque perfecerit. hanc cupiditatem si honestam quis esse dicit, amens est; probat enim legume et libertatis interitum earumque oppressionem taetram et detestabilem gloriosam putat。"(你看到一个人追求国王对罗马人民所拥有的权力,同时希望能够成为万邦的主宰,并最终实现了这个愿望。如果一个人直白地表达了这样的愿望的话,那么他就是一个疯子;因为他试图摧毁法律和自由,并将对它们的可怕、可恶的压迫视为光荣。)

对名誉的渴望本身并不是一种弱点或罪恶。雄心壮志有时是合法的和值得称赞的。作为《论义务》的补编，《论荣誉》(*De gloria*)是在同一年写就的。[①] 西塞罗界定了荣誉的本质，并且无疑还证明了，尽管克拉苏、恺撒和庞培等政治巨头拥有巨大的荣耀和权力，但他们并不具备真正的声望。优秀的政治家是不会效法那些军阀的；但他也需要声名和赞美来激励自己为国效劳——并且他也配得上得到所有这些嘉奖。[②]

以上便是西塞罗在公元前44年夏、秋两季的思想和工作。当战争临近之际，阿提库斯有了警觉，劝说西塞罗不要轻举妄动。到了11月，阿提库斯劝说他的朋友转而撰写历史。[③] 但西塞罗仍一
146 意孤行：他所憧憬的乃是缔造历史。责任感和荣誉感激励着这位年迈的政治家去进行最后一场勇敢的战斗；他相信这是一场共和国、自由和法律同无政府主义和专制主义势力的决战。他将像从前的加图一样立场坚定；他将成为罗马权贵们的领袖。

如果有人质疑西塞罗的品行的话，那么人们完全有理由宣称，西塞罗现在的举动已充分弥补了他早年的失败与变节的过失。事实上，并没有出现过这样的质疑：同情西塞罗的态度是非常自然的，甚至是值得赞许的。而西塞罗永远支持"相对较好的派别"的这个说法可以取代种种具体的和笼统的辩解。当西塞罗跳出了演

---

① 但这部作品是先完成的，并于7月被送给了阿提库斯(*Ad Att*. 16. 2. 6)，《论义务》则迟至11月方才完成(*Ad Att*. 16. 11. 4)。

② 圣奥古斯丁(St. Augustine)对《论共和国》的记载(*De civ. dei*, 5. 13)或许可以支持这一观点："他(西塞罗)在讨论城邦领导人的教育问题时说，应该培养这类人的荣誉感。"(loquitur de instituendo principe civitatis quem dicit alendum esse gloria)

③ *Ad Att*. 16. 13b. 2.

说家的角色，开始为自己的政策辩解时，他的个人美德、他在罗马文坛的威望和他在文明史上的地位都会吸引人们为他回护，并且这种行为也会得到世人的理解。人们会说，我们根本没有资格对这样一位伟大逝者说三道四；我们也不应当把不符合西塞罗生活时代、阶级和社会地位的任何评判标准强加到他身上。然而，即便在同时代人眼中，西塞罗也是有缺陷的；他并未效法恺撒和加图彼此对立的两种美德中的任何一种，而正直的、并无贬损西塞罗之意的撒路斯提乌斯也将恺撒和加图视为那个时代最伟大的两位罗马人。[①] 西塞罗一方面渴望保持其作为前执政官的尊严，努力追求作为演说家和政治家所能获得的荣耀；另一方面，他又无法真心实意地、矢志不渝地展示罗马人的美德和贵族的大度，而只有这些品质才能证明他过分强烈的个人野心的正当性。

《第二反腓力演说词》虽然在技巧上是完美无缺的，却并不是一篇政治演说词，因为它从未被当众宣读过。像对皮索的咒骂一样，这是一篇由狭隘的仇恨情感和粗鲁的诽谤技巧支撑起来的修辞练习。然而，反对安东尼的其他演说词在力度、热情和紧凑性等方面都可称得上最杰出的演说词。但对后人、作者和听众而言，演说术可以构成一种威胁。当时的罗马政坛上还有另外一个派别，其中不仅有安东尼，还有中立派。西塞罗并非唯一一位宣称自己在捍卫罗马人民最高利益的前执政官。由于《反腓力演说词》诸篇流传到了今天，我们对历史的判断便受到了它的蒙蔽，而真正合乎历史的视角也就被它破坏了。

① *BC*，53. 6. 参见上文，原书第 25 页。

干净利落、充满自信、令人折服的《反腓力演说词》诸篇带给世人这样一种印象，即创作它们的勇敢作者是国家政治的唯一引导者。实际形势其实要复杂得多。当时的种种事务盘根错节，不同
147 派系与人物之间矛盾重重。西塞罗不容置疑的雄辩并不能消除对他的性格和前科了如指掌的人们的怀疑与担忧。他对安东尼的敌意是公开的和猛烈的。但西塞罗的政治仇怨无论乍看起来是多么气吞山河，却并不总是能够一以贯之的。[①] 西塞罗或许有理由责备其他前执政官，但这些拥护和谐和妥协交好的人并非傻瓜或叛徒。如果他们当时遵循了西塞罗的意见的话，那么这场风波还不知道将会如何收场。当共和派不信任西塞罗这位政治家，并反对他的方法时，他或许可以揣摩一下恺撒党的态度。但恺撒党内部的立场也是存在分歧的：有人支持安东尼，有人支持渥大维，也有人主张维持和平。新执政官们如果足够强大的话，也将会推行他们自己的政策。

针对上层政策发表的公开宣言无论具有多强烈的党派色彩，也不可能完全压倒另一派的观点，即便他们为此采用诬陷或禁止言论等手段也无济于事；因为他们经常会暴露自己极力想要隐瞒的真相。但有些并非无关紧要的议题是从来没有得到过公开讨论的。元老院听取发言并通过决议；而摆脱了军事专制的共和国也重新恢复了她的权利。也就是说，个人野心、家族政治和上层金钱交易在幕后继续玩着它们从前的游戏。西塞罗及共和国与一位桀

① 正如波利奥所说的那样：“他试图展示出比对手更昂扬的精神，但并不真正拥有这样的斗志。”(Maiore enim simultates adpetebat animo quam gerebat)

骜不驯的行省总督之间令人难以捉摸的斗争占据着舞台中心，吸引了历史记载的注意力。但在不时闪现出来的背景中，菲利普、塞尔维利乌斯和其他谋士都十分重要，但他们很少得到过注意；而巴尔布斯根本没有被提及过。

共和国拥有了西塞罗这样一个狂热且危险的领袖，他大胆地宣称自己会对渥大维的行动负责。[①] 他的策略破坏了公共法律——从长远或从眼前的形势进行考虑的话，他究竟握有几成胜算呢？关于西塞罗扶植恺撒的继承人、通过暴力和非法武装对抗安东尼的做法是否明智的问题，显然存在着两种不同的观点。渥大维向罗马进军了。但布鲁图斯在哪里呢？他错过了多好的一次机会！[②]当布鲁图斯听说了这些令人不安的交易时，他对此表示强烈抗议。[③] 无论我们如何看待布鲁图斯的这些品质（同时代人将它们视为贵族美德的固有成分，但它们并不总能说服后人，或合乎 148
另一个时代的道德标准），我们必须明白，布鲁图斯不只是维护法律方面的一位真诚的、始终如一的领袖，他也是一位对人和政治形势具有深刻洞察力的法官。内战是令人深恶痛绝的。任何一方都必须使用和敌人手中一样的武器才能赢得胜利；并且结局无论胜败与否，正直人士与爱国者所珍视的一切都将面临灭顶之灾。但布鲁图斯已经走得太远了。

---

① *Phil*. 3. 19："quorum consiliorum Caesari me auctorem et hortatorem et esse et fuisse fateor。"（我承认自己过去是，并且现在仍然是恺撒的谋士和支持者。）

② *Ad Att*. 16. 8. 2："O Brute，ubi es? quantam εὐκαιρίαν amittis。"（布鲁图斯啊，你在何方？你将错过怎样的一个绝佳机会！）

③ 关于他对西塞罗与渥大维联盟的看法，特别参见 *Ad M. Brutum*，1. 16，1. 17（公元前 43 年夏）。

冬季的到来暂停了北方的战事，使得人们有时间去策划种种可怕的阴谋。当希尔提乌斯着手完成恺撒的回忆录时，他承认自己不知道内战何时才能完结。[1] 人们回忆起的不仅仅是恺撒，还有雷必达和以自由的名义招募的军队，庞培的所作所为，以及被围困在穆提纳的布鲁图斯。当时的形势是间不容发的：在罗马城内，斗争在法律、正义和国家利益的幌子下继续以密谋和公开争吵的形式进行着。

① *BG*，8，*praef*. 2："usque ad exitum non quidem civilis dissensionis，cuius finem nullum videmus，sed vitae Caesaris。"（本书并不终结于内乱的结束[我们并不知道它何时才能完结]，而是终结于恺撒之死。）

第 11 章　政治宣传 149

在共和时代的罗马，由于不存在任何针对诽谤罪的法律约束，政治文学作品很少是枯燥乏味、虚伪矫饰或充满说教的。在人民面前接受评判与审核的不是各种纲领，而是一个个活生生的人。候选人极少做出许诺。相反，他会把官职描述成一件奖品，极力吹嘘自己的祖先。如果此人的祖上不具备这样的条件的话，他就会转而夸耀自己的优点。同样，法庭也提供了一条通过检举告发而为自己赢得政治上的晋身之阶的途径；那是一个了结各种公私仇怨的战场和演说术可以大显身手的舞台。在这个环境中，最好的辩论武器就是人身攻击。在揭露敌人令人发指的罪恶、卑鄙无耻的动机和低微下贱的出身方面，罗马政治家是毫无顾忌和不留余地的。因此，我们便看到了一幅由演说、咒骂和冷嘲热讽勾勒出来的、反映当时社会风貌的可怕图景。

共和末年的种种罪行、邪恶与腐化堕落在类型上是能够同之前时代里的道德典范完美对应起来的。这一点不足为奇，因为这些恶与善都是技艺精湛的文人炮制出来的。喀提林是个标准的恶魔——他是杀人犯，并干过种种堕落放荡的勾当。克罗狄乌斯继承了他的政策，同时也继承了他的性格；克罗狄娅则与亲兄弟乱伦，毒杀了她的丈夫。普布利乌斯·瓦提尼乌斯的滔天大罪既有

耸人听闻的人祭，也有在宴会上身穿黑色长袍等琐事。[①] 皮索和伽比尼乌斯是一对贪婪可憎的秃鹰。[②] 在公共场合，皮索的形象是威严和稳重的，但他的内心里又潜藏着许多堕落与放纵，这些与他的外表是多么不相称！皮索雇用了一位伊壁鸠鲁派哲学家来担任自己的管家和学习种种恶行的教师。并且他还腐蚀了这个早已腐化的人，强迫他去写有伤风化的诗歌。[③] 这些还只是在罗马发生的事情。他在行省的贪欲也是同他的残暴不相上下的。拜占庭最高贵家族里的处女们只有投井自尽，才能逃脱这位无耻的行省总督的魔爪。[④] 而无可指责的巴尔干地区部族首领们虽然是罗马人民的忠实盟友，却被皮索用不光彩的手段杀害了。[⑤] 皮索的同
150 僚伽比尼乌斯做了鬈发，在奢华的晚宴上安排舞蹈表演，并专横地阻止了罗马财阀巨头们对叙利亚的合法控制。[⑥] 玛库斯·安东尼不仅是暴徒、角斗士、醉鬼和浪荡公子，他还生性懦弱，带有女人气。他没有前往西班牙追随恺撒一同战斗，而是在罗马躲藏了起来。英勇的青年多拉贝拉与他是多么不同啊！[⑦]安东尼最不可饶恕的罪恶则在于——他公开向自己的发妻表示亲热，从而亵渎了罗马端庄得体的礼仪与风尚。[⑧]

---

① Cicero，*In Vatinium*，14. 30.

② “Vulturii paludati”(*Pro Sestio*，71). 参见公元前 57—前 55 年的各篇演说词，类似的描述俯拾即是。

③ *In Pisonem*，68 ff.；参见 *Or. post red. in senatu*，14 f.。

④ *De prov. cons.* 6.

⑤ *In Pisonem*，84.

⑥ *Or. post red. in senatu*，13；*De prov. cons.* 9 ff.

⑦ *Phil.*，2. 74 f.

⑧ *Phil.*，2. 77.

与罗马公共生活中的普通罪恶相比，还有更为有力的一些指控，如缺少声名显赫的祖先、从事过商业或舞台表演的劣迹、出身于意大利地方城镇的耻辱，等等。在父系方面，渥大维的曾祖父是一名释奴和以搓麻绳为业的人；在母系方面，他的祖先中有一个来自阿非利加的穷苦人，在阿里奇亚烤面包或贩卖香水。[①] 至于皮索，他的祖父并非来自古老的罗马殖民地普拉森提亚，而是来自麦蒂奥拉尼乌姆（Mediolanium）；他本人则是从事声名狼藉的拍卖商职业的因苏布雷斯高卢人（Insubrian Gaul）；[②]更糟糕的是，他还是从阿尔卑斯山以北的、穿长裤的高卢人定居地移居麦蒂奥拉尼乌姆的。[③]

辩护律师的临场需要或政治家职务、从属党派的不断变化导致了各种现存证据之间令人瞠目结舌的矛盾和人物性格形象的巨大转变。喀提林根本不是一个恶魔：他是一个复杂的神秘人物，拥有许多美德，曾一度蒙蔽过许多优秀的、不怀戒备的人，其中包括西塞罗本人。[④] 这位演说家在为反复无常的、追求时髦的青年凯利乌斯辩护的时候也是受到了欺骗。西塞罗为瓦提尼乌斯和伽比尼乌斯辩护的演说词没有被保存下来。但我们至少知道，瓦提尼乌斯身穿的古怪长袍不过是表示自己忠于毕达哥拉斯传统的一种无害标志；[⑤]伽比尼乌斯则曾经被称为“勇士”（vir fortis）和罗马海

---

① Suetonius, *Divus Aug*. 4（来自安东尼和帕尔玛的卡西乌斯的说法）。

② *In Pisonem*, fr. 11＝Asconius, 4（p. 5, Clark）.

③ *In Pisonem*, fr. 10＝Asconius, 3（p. 4, Clark）.

④ *Pro Caelio*, 12 ff.

⑤ 证据来自 *Schol. Bob.* 对 *In Vat*. 14（p. 146, St.）的评注，西塞罗对此进行了巧妙的修正（*Pro Vatinio*）。

外帝国与荣耀的支柱。[1] 卢奇乌斯·皮索曾因自己反对安东尼的
立场而获得了“好公民”的临时头衔，但这个称号仅仅由于他随后
假意与安东尼妥协的策略就被取消了。我们偶然获得的证据还揭
示了另外一个事实：皮索的伊壁鸠鲁派友人不过是无可指责的斐
洛德姆斯，此人来自以文学和学识而闻名的城镇伽达拉。[2] 安东
151 尼曾攻击过多拉贝拉，指责他有过通奸行为。这是多么无耻而邪
恶的谎言！[3] 可过了几个月，改变政治立场的多拉贝拉也暴露了
与安东尼一样可憎的真实嘴脸。他从青年时代起一直性格残暴；
他的贪欲是性情温和的人难以启齿的。[4]

在土地贵族公开信奉的理想中，积聚财富是一件肮脏且丢脸的事情。但如果银行家和商人的事业与利润足够巨大的话，那么他们也有可能被称为社会的花朵、帝国的骄傲。[5] 他们可以赢得属于自己的尊荣，拥有高于其社会地位的品德，甚至是统治阶级才配得上的大度。[6] 意大利普通城镇的出身不仅变得受人尊重，甚至还可以成为理直气壮的骄傲理由——为什么我们这批人都来自

① *De imp. Cn. Pompei*, 52; 57.

② *De imp. Cn. Pompei*, 14(p. 16, Clark). 西塞罗本人也把塞洛(Siro)和斐洛德姆斯这两位伊壁鸠鲁派哲学家称为“出类拔萃的人和学富五车的人”(cum optimos viros, tum homines doctissimos)(*De finibus*, 2. 119)。

③ *Phil.* 2. 99.

④ *Phil.* 11. 9.

⑤ *De officiis*, 1. 150 f. 是很能说明问题的：买卖人在退休并购置地产后是相当受人尊敬的。

⑥ *Pro C. Rabirio Postumo*, 3 f. 和 43 f.

外地呢！[1]外国人的情况也与此类似。德奇狄乌斯·撒克萨被嘲笑为一个凯尔特伊比利亚野人(wild Celtiberian)，[2]那是因为他是安东尼的党徒。如果他选择正确，他受到的赞美应当不亚于来自加的斯的、无可指责的巴尔布斯。让罗马海外帝国的所有精英和领袖都成为罗马公民吧！一个人的出身在罗马城是不重要的——事实上它自古以来就一直是不重要的！[3]

坚强的罗马政治家们很快便对这些粗俗的人身攻击和肆意歪曲拥有了免疫力。他们用习以为常的适应性、幽默感或以牙还牙的技巧来保护自己。无论是否令人信服，一些指控逐渐变成了标准的玩笑话，受到这些政治家的敌人与朋友的同等认可。维提狄乌斯被称为“赶骡人”；[4]对这一主题的详尽阐释实际上是在该绰号已不能再对维提狄乌斯构成任何伤害的情况下完成的。[5] 在恺撒的凯旋式上编出那些恰如其分的淫荡歌曲的也不是恺撒的仇

① *Phil*. 3. 15:“videte quam despiciamur omnes qui sumus e municipiis, id est omnes plane: quotus enim quisque nostrum non est。”(要看到我们当中来自意大利城镇的人，事实上也就是我们这个圈子中的全体成员，都受到了轻视。因为我们有谁不是来自外地呢?)

② *Phil*. 11. 12; 13. 27.

③ *Pro Balbo*, 51.

④ *Ad fam*. 10. 18. 3 (普兰库斯); Pliny *NH*, 7. 135 (西塞罗).

⑤ 盖利乌斯(15. 4. 3)引述过这些流行的诗句：

concurrite omnes augures, haruspices!
portentum inusitatum conflatum est recens:
nam mulas qui fricabat, consul factus est.

(跑来看看吧，占卜师们！预言家们！近来令人匪夷所思的异象集中到了一起：那个从前赶骡子的家伙已经当上执政官了。)

敌，而是他的亲密部下。[①]

这些辱骂的攻击对象并不总是会丧失威信或蒙受损失。相
152 反，罗马人拥有自己的幽默感和强烈的表演意识；西塞罗便在同时代人中享有机智和幽默的巨大声名。这一点是加图也不得不承认的。[②] 政治家瓦提尼乌斯完全能够以牙还牙——但他似乎并没有因《反瓦提尼乌斯》(*In Vatinium*)这篇演说词而对西塞罗怀有任何恶意。[③] 在一个自由社会里，能够欣然面对这些流言蜚语的风度是与个人荣誉联系着的。恺撒对流言十分敏感；但他对卡图鲁斯大胆地和有失体面地对自己进行冷嘲热讽的反应却是邀请这位诗人共进晚餐。[④] 言论自由乃是共和国自由美德的核心。日后在被同政治自由一并废除时，言论自由的丧失实际上是更令人惋惜的。为了和平与共同利益，所有权力都应移交到一个人手上。这还不是王权最糟糕的特征——最糟糕的乃是奴性和谄媚风气的蔓延。然而，人们还使用了一种更加巧妙的歪曲手法。如果不能欺骗罗马政治游戏圈中的行家里手的话，它起码是可以影响单纯的人和中立派的。直接指斥自己的对手试图建立王政(regnum)或大权独揽的做法未免过于简单和赤裸裸了；并且人们之前早已听

① Suetonius, *Divus Iulius*, 51:

urbani, servate uxores, moechum calvum adducimus.

aurum in Gallia effutuisti, hic sumpsisti mutuum.

(市民们，看管好你们的老婆！我们带来了一个秃头淫棍。你们在罗马借来的金子都在高卢花光了。)

② Plutarch, *Cato minor*, 21: “ὡς γελοῖον ὕπατον ἔχομεν。”(我们拥有一位多么擅长逗笑的[执政官]。)

③ 参见多年后的一封友好且幽默的书信，见 *Ad fam*. 5. 10a.

④ Suetonius, *Divus Iulius*, 73.

到过这样的说法。但如果一个党派宣称自己旨在捍卫自由、法治、和平与合法政权的话，那么人们就很容易受到它的欺骗性宣传的蒙蔽。那正是当时罗马存在的大问题——能够让全体好公民心悦诚服的合法权威究竟在哪里，又是什么样的呢？

罗马有一套不成文的政治体制。也就是说，按照希腊政治思想的标准来看，罗马是没有自己的政体的。这意味着，在罗马，革命可以在不触犯任何法律或行政体制条文的情况下发生。因而，奥古斯都建立的元首制是合法的，符合罗马政体的基本框架。这并非不可思议，而是恰恰从根本上揭示了二者的真正价值所在。

罗马政治的实质包裹在由“民主制”与“贵族制”编织成的双层遮羞布之下。在理论上，罗马人民是最高的主宰，但罗马政体的精神实质却是贵族专政。事实上，有一个寡头集团在民众的拥护和元老院的指令下进行统治。罗马的政治权威坚持两条在理论上可以和谐共存的原则——罗马人民的自由和元老院的权威。人们在
政治生活中可以利用二者中的任何一个作为其权力来源或证明自 153
己行为的合理性。[①]

元老院的权威自然是服务于有产者所组成的党派的利益。此外，元老院起初拥有向行政官员提出建议的自主权力；该权力日后被进一步扩大，涵盖了宣布国家进入紧急状态或某些个人的举动使自己成为人民公敌的权力。平民派可以抗议对这种特权的滥用，但无法质疑其有效性。

罗马人相信自己是一个尊重法律与秩序的保守民族。因此，

① 可与恺撒的言论相比较（*BC*，1.7.5 f.）。

主张变革的人并不倡导改革或进步，并不宣传抽象的权利与正义，而是支持所谓的“古风”(mos maiorum)。它并非宪法中的一个术语，而是一个含糊的、感情色彩浓重的字眼。因此，它往往会被不同党派从自己的角度进行解释，并与种种争论和骗局相联系：几乎一切求助于习俗与传统的借口都能受到认可。

我们对罗马政治生活术语的知识主要来自于西塞罗的演说词。表面上看，还有什么能比他所使用的范畴和他描述的“价值”——“好”公民与“坏”公民、人民的自由(libertas populi)、元老院的权威(auctoritas senatus)、等级和谐(concordia ordinum)、全意大利的共识(consensus Italiae)——更清晰的呢？但如果我们冷静、仔细考查，就会产生疑问：这些词汇远远不是能够同明确的政治派别或明确的政策对应起来的。它们不过是脱离实际的空谈中不可避免地会提到的一些“理想”而已。当然，西塞罗政治雄辩的内容倒也不是完全空洞的。好公民(boni)至少是存在的：他们是有产阶级，其利益大概在于让元老和骑士两个等级中最富有的成员结成联盟，以便制约民众、保护财产权并阻止革命的发生。此外，西塞罗还提出了一个颇具吸引力的理论，认为在处理罗马城的事务时不应当仅仅考虑到罗马人，还应该照顾到全意大利人的感情与利益。但这只是一种愿望，并非具体的计划。如果这一时期的政治作品更多地保存了下来，我们或许会发现，对法律、传统和现存政治制度的尊重是演说家们的一个共同特征；并且“等级和谐”与“全意大利的共识”等说法也不是西塞罗的专利，并不能展示他独有的爱国精神和政治智慧。

提出一种理想要比制定一条政策更为容易。事实上，元老院

的统治地位与特权的捍卫者并不仅仅是一小撮凶残且不开化的寡头。另外，平民派领袖中也有正直的人和真诚的改革家——但几 154
乎没有人坚信人民主权本身是个好东西。庞培也好，恺撒也罢，一旦掌握了权力，他们都会尽力去限制民众手中握有的、危险且不合时宜的自由。这是每个罗马政治家必须履行的第一职责。

在历史学家撒路斯提乌斯看来，有一个事实是非常可悲的。自从庞培和克拉苏恢复了保民官权力之后，所有的罗马政治家，无论他们声称自己支持的是罗马人民还是元老院，都不过是在逢场作戏：他们真正想要争夺的不过是权力而已。[①] 撒路斯提乌斯很快便陷入了更深的悲观主义之中。麻烦的根源出现在一百年前，当时罗马成为世界帝国道路上长期存在的对手迦太基垮台了。自此以后，少数几个野心家盗取了“元老院”、“罗马人民”等受人尊敬的名号，将它们作为建立个人统治时所使用的面具。“好公民”和“坏公民”成了带有明显党派色彩的称呼；财富和作恶的权力赋予了现存秩序下的领袖们随意扣帽子的便利。[②]

一个国家的官方政治宣传自然是维护拥有既得利益的一方的，这一点也得到了绝大多数现存证据的有力证明。在和平与繁

---

① *BC*, 38. 3：“bonum publicum simulantes pro sua quisque potentia certabant。”（在增进公共福利的表象之下，人们都在争取扩大自己的权势。）

② *Hist*. 1. 12 M：“bonique et mali cives appellati non ob merita in rem publicam omnibus partier corruptis, sed uti quisque locupletissimus et iniuria validior, quia praesentia defendebat, pro bono ducebatur。”（将一个人称作“好公民”或“坏公民”的标准已不再是他们对共和国的贡献，因为在这一方面所有人都是同样的腐化堕落；判断标准变成了谁最富有、谁更有能力损害他人；因而那些维护现存秩序的人就会被视为“好公民”。）

荣的年代里，国家有足够的手段让人们默认、甚至真心相信这些说法。革命则会撕掉这层遮羞布。然而，在罗马进行的革命并不限制或禁止政治欺骗手法的使用。恰恰相反，这套词汇经过改头换面，升级成了更为先进、更加致命的工具。正如在内战和阶级斗争中往往会出现的情况那样，言与行的关系在这里颠倒过来了。[①]党派的名称具有压倒一切的决定性；最终的成败成了衡量智慧与爱国心的唯一标准。[②] 为了自身所属党派的需要，人们精心罗列出极其冠冕堂皇的借口和无比高雅脱俗的原则。这一技巧同政治本身一样古老，操作者完全可以无师自通。这一类宣传的目的有三：为暴力行为赢得表面上的合法性；挖角敌对党派的拥护者；以及争取中立派或非政治因素的支持。

155 在这些价值元素中，最重要的是自由和有序的统治。无论一个党派打算采取何种欺骗或暴力手段，它都只有通过宣扬这两种理想才能自保并得到发展。在罗马，无人不尊崇自由，并相信它基本上可以概括共和国政府的精神和所作所为。然而，这个基本上已成为共和政体同义词的术语并没有法律条文中的定义，而是可以由各个党派加以解释的。自由其实是一个含糊、消极的观

① Thucydides，3. 82. 3："καὶ τὴν εἰωθυῖαν ἀξίωσιν τῶν ὀνομάτων ἐς τὰ ἔργα ἀντήλλαξαν τῇ δικαιώσει。"（言辞已不再具备它们通常所拥有的含义，而转变成了行动所强加给它们的意义。）

② Dio，46. 34. 5（对公元前 44—前 43 年形势的评论）："οἱ μὲν γὰρ εὖ πράξαντες καὶ εὔβουλοι καὶ φιλοπόλιδες ἐνομίσθησαν，οἱ δὲ δὴ πταίσαντες καὶ πολέμιοι τῆς πατρίδος καὶ ἀλιτήριοι ὠνομάσθησαν。"（那些胜利者被称为聪明人和爱国者，失败者则被称为祖国的敌人并受到诅咒。）跟撒路斯提乌斯一样，狄奥也认真研读过修昔底德的作品。

念——它意味着不受某位暴君或某一派别的节制。[①] 这样一来，“自由”就跟“王政”或“专制统治”一样，成了一个易于使用的政治欺骗术语。“自由”往往会被用来维护个人或享有财富、权势的阶级所建立的现存秩序。罗马贵族的“自由”便意味着该阶级的统治及其特权的万古长存。

然而，即便如此，“自由”也是不会被寡头集团（或任何当权派）所垄断的。他们的反对者完全可以宣称并证明：某个暂时控制着合法政府的派系（factio）正在压迫共和国，并利用这一政体来谋求一己之私利。于是，向自由呼吁乞援的行为应运而生。正是基于这一借口，小庞培召集了一支私人军队，宣称要将罗马和意大利从马略党的暴政之下解救出来；[②]而遭到庞培和寡头集团迫害的行省总督恺撒也决定起兵对抗现政府，“以便解放自己和罗马人民，使之免受某一党派的统治”。[③]

这一术语并不新鲜。没有哪个试图为自己攫取权力并奴役他人的罗马政治家不曾使用过“自由”及其他类似的动听字眼。[④] 公元前 44 年秋，恺撒的继承人宣称要把罗马从执政官安东尼的手中

① 参见 H. Kloesel, *Libertas*(Diss. Breslau, 1935)。

② *Bell Afr*. 22. 5:“ut se et populum Romanum faction paucorum oppressum in libertatem vindicaret。”（他要恢复饱受压迫与毁坏的意大利及罗马城的自由。）

③ Caesar, *BC*, 22. 5:“ut se et populum Romanum faction paucorum oppressum in libertatem vindicaret.”

④ Tacitus, *Hist*. 4. 73:“ceterum libertas et speciosa nomina praetexuntur; nec quisquam alienum servitium et dominationem sibi concupivit ut non eadem ista vocabula usurparet。”（“自由”和其他的动听字眼不过是他们所使用的借口；没有一个试图奴役他人或建立自己统治地位的人不曾借用过这些词汇。）

解放出来。[①] 他最终的胜利在"罗马人民自由的维护者"(Libertatis P. R. Vindex)这一铸币铭文头衔中得到了永恒的纪念。[②] 数百年后,每当"自由的维护者"(Vindex Libertatis)在铸币上出现时,就
156 意味着有人尝试或业已成功地发动了武装政变,并消灭了一个竞争对手或一名暴君。[③]

革命者提出的借口是:共和国已经陷入暴政或无政府主义统治之下,他的理想是要重建秩序。一项叛国计划中的关键环节可以被描述为"奠定有序统治的基础";而这项活动的最终成果则可被概括为自由国家已被"保全"、"建立"或" 重塑"。

除了自由与合法统治外,最重要的是和平。所有的党派都会极力强调这一点,声称自己是迫不得已才被卷入内战的。公元前44 年 3 月 17 日建立的那个不由任何一个党派主导的政府似乎预示着和谐与安宁。因此,政客们会指责对手"恐惧和平",是"和平之敌"。[④] 出于对内战的厌恶,共和派或许真心认为,不公正的和平也要比最正义的战争要好。这样一来,这个原本很好的字眼便失去了价值。在这个革命年代里,人们到处谈论和平与和谐,以至于出现了"媾和的"(pacificatorius)这样一个新词[⑤]——它并不带

---

① *Res Gestae*, 1:"annos undeviginti natus exercitum private consilio et private impensa comparavi, per quem rem publicam a domination factionis oppressam in libertatem vindicavi。"(在 19 岁那年,我主动用自己的钱财招募了一支军队,以便恢复正在遭受一个党派暴政奴役的共和国的自由。)

② *BMC*,*R. Emp*. 1. 112.

③ 参见 A. Alföld,*Zeitschr. für Num*. *XL*(1928),1 ff. 。

④ *Ad Att*. 14. 21. 2;15. 2. 3("timere otium").

⑤ *Phil*. 12. 3.

有褒义色彩。“媾和者”(pacificator)这个称呼在当时已经带有嘲讽意味了。[①]

拥护和平的人们在主张战争时就不得不放弃自己原来的口号。和平是不能与奴役混淆起来的;[②]我们有时候必须放弃与敌人谈判的做法,因为他们既危险又可耻[③]——他们可能会损害爱国者同盟的团结。[④] 这样一来,战争就变成正义的和充满英雄主义气概的了:我们应当拒绝同一位全副武装的公民妥协,放弃建立和谐保障的幻想,而要视死如归地英勇战斗;这同成为罗马人和元老一样,都是天经地义的事情。[⑤]

在公开的兵戎相见中,人们仍然能够恰当地使用和平与善意的语言,来劝说敌对党派的盟友或追随者改换门庭。为了能在共同体内部建立和谐,我们应当欣然容忍政治上最严重的背信弃义和最丑恶的阴谋诡计。除了公共福祉的需要外,这样做也可以让

① *Ad Att*. 15.7(塞尔维利乌斯·苏尔庇奇乌斯·鲁孚斯语). 另参见“ista pacificatio”(那个该死的媾和计划)(见于西塞罗写给雷必达的信,*Ad fam*. 10.27.2,下文原书第 173 页)。

② *Phil*. 2.113:“et nomen pacis dulce est et ipsa res salutaris;sed inter pacem et servitutem plurimum interest。”(和平的名字是动听的,它本身也是个好东西;但和平与奴役之间是水火不容的。)

③ *Phil*. 7.9:“cur igitur pacem nolo? quia turpis est,quia periculosa,quia esse non potest。”(那么为何我不想要和平呢? 因为它是丑恶的;因为它是危险的;因为它是无法实现的。)

④ *Phil*. 13.1:“timui ne condicio insidiosa pacis libertatis recuperandae studia restingueret。”(我担心这些充满阴谋的和约将会葬送我们恢复自由的努力。)

⑤ *Phil*. 7.14:“dicam quod dignum est et senator et Romano homine-moriamur。”(我要说,对于我们这些身为元老和罗马人的人而言,挺身赴死才是合乎我们的尊严的。)

157 自己的个人美德(如果它值得被称为一种美德的话)得到肯定——它并不是伦理意义上的道德,而是社会中的等级标准或政治效忠的标签。美德本身高于一切,当然也高于狭义的道德。

罗马的各种政治党派是被捆绑在一起的。维持它们彼此联系的不是统一的原则,而是共同利益和彼此间的义务;这种义务可以是社会地位平等的党派间的同盟义务,也可以是传统的、接近封建形式的庇护关系中下级对上级的义务。友善的人会把这种联盟称为友谊(amicitia),其他人则会称之为帮派(factio)。[1]这一类联盟反映了或将会导致个人仇怨——对于一位罗马贵族来说,挺身直面这种仇怨是他的神圣职责,或展示其正当的荣誉感的机会。

罗马的家族比国家本身还要古老;家族是一个罗马政治党派的核心。在政治上忠于血缘纽带是一项至高的义务,它往往会造成无法调和的族间血仇(vendettas)。"虔诚"、"忠诚"等字眼在历次革命战争中扮演的角色就是这样重要。当庞培党人在西班牙进行最后一战的时候,他们使用的战斗口令便是"忠诚"。[2] 庞培的小儿子则为自己取了一个绰号"玛格努斯·庞培·皮乌斯*"(Magnus Pompeius Pius),[3]以表明自己对其立场矢志不渝的忠诚。为表明自己的忠诚,恺撒的养子寻求进行血亲复仇,坚持要为

---

① Sallust, *BJ*, 31. 15:"sed haec inter bonos amicitia, inter malos factio est。"(但它在友善的人们中间被称为友谊,在充满敌意的人们那里则被叫作帮派。)

② Appian, *BC*, 2. 104. 430 (Εὐσέβεια).

* 意为虔诚。——译者

③ *BMC*, *R. Rep*. II, 370 ff.;另见 the inscr. *ILS* 8891。

恺撒报仇，[①]尽管变节的安东尼已准备好要同杀害其领袖与恩人的凶手妥协。忠诚和公共紧急状态都可以成为发动叛乱的借口。但安东尼一派至少先要保持彼此间的信用：弟弟卢奇乌斯(Lucius)便在自己的名字中加上了“忠诚”(pietas)一词，作为自己维护政治团结的最有力证明。[②]

富有荣誉感的人会服从义务与尽忠要求的召唤，即便走到内战的极端也在所不惜。在恺撒的盟友中，波利奥并非唯一的一个追随自己的朋友、但诅咒这一派别的人。然而，手足相残的无休无止和愈演愈烈是可以毁灭最牢固的个人效忠关系的。为了利益，或仅仅为了自保，改换门庭或许是必要的。恰当的借口是可以信手拈来的。解除旧的同盟关系、建立另一个同盟的做法可以用“明智”(good sense)来解释——这样做是为了得到新朋友，而不失去
旧朋友。另一个托词是崇高的爱国主义——为了公共的福祉，我 158
们应不惜结下私仇和放弃私人效忠关系。多年以前，西塞罗在解释促使自己放弃对罗马统治者——庞培、克拉苏与恺撒敌意的崇高动机时已经降格到了使用这套说辞的地步。[③] 政治巨头庞培向

① Tacitus, *Ann*. 1. 9：“pietate erga parentem et necessitudine rei publicae, in qua nullus tunc legibus locus, ad arma civilian actum。”(赤子之心和共和国的需要[它们在当时已让人们无法给法律留下空间]迫使奥古斯都拿起了发动内战的武器)；参见 *Ann*. 1. 10，那里将之描述为欺骗性的借口。

② Dio, 48. 5. 4：“διὰ γὰρ τὴν πρὸς τὸν ἀδελφὸν εὐσένβειαν καὶ ἐπωνυμίαν ἑαυτῷ Πίεταν ἐπέθετο。”(为了表示对哥哥的忠诚，他把“虔诚”作为自己的绰号。)他在自己发行的硬币正面刻上了哥哥的头像，在背面刻上“Pietas Cos.”的铭文字样(*BMC*, *R. Rep*. II, 400 ff.)。

③ *De prov. cons*. 20(约公元前 47 年)：“quid? si ipsas inimicitas depono rei publicae causa, quis me tandem iure reprehendet。”(什么？如果我为了共和国的利益而把私怨抛在一边的话，那么谁还有权利责备我呢？)西塞罗在此解释了他并非恺撒的“敌人”(inimicus)。

寡头集团出卖自己的盟友恺撒的做法是出于纯粹的爱国主义精神。[1] 为了确保自己能够得到政界认可并取得权力，渥大维也乐于暂缓神圣的复仇计划，并极力宣扬他对祖国的赤子之心。[2]

西部诸行省的将领们也决定效法这种对共和国无条件的忠诚：他们决定抛弃政府，而同一名公敌并肩作战。雷必达不失时机地在公开场合呼吁摒弃个人恩怨。[3] 普兰库斯向西塞罗保证，任何私仇都不会阻止他为了拯救国家而同自己恨之入骨的仇人结盟。[4] 普兰库斯很快就在言行两方面效法了爱国者雷必达的无可指责的榜样；波利奥的做法也是如此，尽管他并不像之前两位那么擅长圆滑的言辞。

和平年代里的政治阴谋会用各种温和手段劝说对手投靠自己，希望能让他“深明大义”、“弃暗投明”。[5] 但在罗马城内群情激

① Caesar, *BC*, 1.8.3：“semper se rei publicae commode privatis necessitudinibus habuisse potiora。”（他永远把公共利益置于私人情谊之前。）

② *Phil.* 5.50：“omnis Caesar inimicitias rei publicae condonavit。”（恺撒为了共和国而不惜同一切敌人和解。）塔西佗不失时机地、刻薄地重新翻出了这个说法：“sane Cassii et Brutorum exitus paternis inimicitiis datos, quamquam fas sit private odia publicis utilitatibus remittere。”（虽说私怨理应让位于公共利益，可卡西乌斯和布鲁图斯还是成了[奥古斯都]报杀父之仇时的刀下之鬼。）（*Ann.* 1.10）

③ *Ad fam.* 10.35.2：“ut privatis offensionibus omissis summae rei p. consulatis。”（请你们放弃私怨，考虑一下共和国的至高利益。）（这里特别指西塞罗对安东尼的仇怨。）

④ *Ad fam.* 10.11.3：“non me impediment privatae offensiones quo minus pro rei p. salute etiam cum inimicissimo consentiam。”（私人恩怨并不会阻止我为了共和国的安全而去同最大的仇敌和解。）

⑤ *Ad Att.* 14.20.4：“Hirtium per me meliorem fieri volunt。”（他们希望通过我能让希尔提乌斯变成一个好一点的人）；15.5.1：“orat ac petit ut Hirtium quam optimum faciam。”（他讲话并请求我帮助希尔提乌斯走上正道。）

昂的局面下，和谐局面捍卫者的任务就不那么轻松了；因为他必须去跟那些被他称为“疯子”、“暴徒”或“弑亲者”[①]的仇敌打交道。他需要“让他们恢复理智”。普兰库斯在这方面是一位能手。在恺撒发动内战之前数年，他曾主动帮助一位庞培派的将领恢复了理智。[②] 士兵们通常比领导他们的将领更容易晓之以理；因此，将领 159
们有时需要军队的有益兵谏来使自己由匪徒和屠夫变为保卫和谐与共和国的高尚领袖。

军团战士至少是真诚的。他们可以出于个人的忠诚而追随恺撒、安东尼这样的伟大将领。但他们是没有兴趣去为普兰库斯或雷必达等阴谋家卖命的，更不可能去为自由、政体等空洞名号抛洒热血。罗马国家在历次对外战争中铁的军纪已经彻底废弛了。无论这些士兵是被强征入伍，还是出于贫穷而为了军饷和战利品自愿参军，他们都把对将领的忠诚视为自己的选择和喜好。[③] 上流社会已经为他们树立了背信弃义的榜样；而且爱国主义的借口是万能的——无论士兵支持哪一方，他们当然都会对国家有所裨益。[④]

---

① “Ferventes latrones”and“parricidae”(*Ad fam*. 10. 23. 3, 10. 23. 5)；“furor(*Ad fam*. 10. 23. 5)”.

② *Bell. Afr*. 4. 1：“si posset aliqua ratione perduci ad sanitatem。”(如果他能够用任何手段帮助此人恢复理智的话。)

③ Appian, *BC*, 5. 17. 69：“οὔτε στρατεύεσθαι νομίζουσι μᾶλλον ἢ βοηθεῖν οἰκείᾳ χάριτι καὶ γνώμῃ。”(他们认为自己与其说是在奉命服兵役，还不如说是在根据自己的喜好和判断力去[向自己追随的将领]提供帮助。)

④ Appian, *BC*, 5. 17. 71：“ἥ τε τῶν στρατηγῶν ὑπόκρισις μία, ὡς ἁπάντων ἐς τὰ συμφέροντα τῇ πατρίδι βοηθούντων, εὐχερεστέρους ἐποίει πρὸς τὴν μεταβολὴν ὡς πανταχοῦ τῇ πατρίδι βοηθοῦντας。”(将领们常用的借口，即一个人在任何情况下都可以为国效劳，致使士兵们[在内战中]更容易变节投降，因为他们认为自己在哪个阵营里都能继续为国效力。)

共同人性的论点或许有时可以说服(或至少加速)一位军事将领变节投诚。恺撒是这一手法的创始者;他宣传仁慈的思想,一方面通过对比和对苏拉的回忆驳斥了他的苏拉派敌人,另一方面也掩饰了内战的罪恶。他很快创作了一封用于政治宣传的书信。这封信虽然表面上是写给巴尔布斯和奥皮乌斯的,但显然是为了在更广的范围内传播。这封信的主旨是要宣布,仁慈与慷慨将成为终结内战的一种新方式。① 当战火蔓延到法萨卢斯原野上的时候,恺撒党徒间彼此传递的口令是“请宽恕公民们”(parce civibus)。② 在二十年的内战史中,这条口令被不断重复和模仿。为了避免让罗马人流血,将士们把变节行为吹捧为一种庄严的职责。根据雷必达在向元老院汇报的公文中的说法,他的部下强迫自己为广大罗马民众的生命和安全着想。③ 另外一些战事通过以这种人道的、健康的方式受到了约束:七年之后,雷必达采用的借口让他自食其

160 果。在结束了所有战事后,胜利者渥大维宣称,自己没有杀害任何一个向他请求宽恕的罗马公民。④ 为数众多的、刻有“公民的救

① *Ad Att*. 9. 7c. 1:“haec nova sit ratio vincendi ut misericordia et liberalitate nos muniamus。”(但愿这能成为我们新的征服方式——用仁慈与慷慨武装我们自己。)

② Suetonius,*Divus Iulius*,75. 2.

③ *Ad fam*. 10. 35. 1:“nam exercitus cunctus consuetudinem suam in civibus conservandis communique pace seditione facta retinuit meque tantae multitudinis civium Romanorum salutis atque incolumitatis causam suscipere,ut vere dicam,coegit。”(因为我的军队集合起来发动哗变,坚持要求保护公民生命、维持共同和平,并且[我实话实说]强迫我承担保护众多罗马公民性命安全与权利的义务。)他强调“同情心”(misericordia)不应被视为罪恶。参见 Appian,*BC*,3. 84. 345(显然来自某份质量很高的史料):“εἰρήνην τε καὶ ἔλεον ἐς ἀτυχοῦντας πολίτας。”([赐予]饱受痛苦的公民和平与同情。)

④ *Res Gestae*,2.

星"(Ob cives servatos)铭文字样的钱币宣传了他的仁慈宽厚。[1]

这些伪善的人道主义者或唱高调的诡辩家的伎俩是无穷无尽的。大权在握的党派尽可以为几乎任何独断专行找到合理借口。在最糟糕的情况下,人们还可以发明一种"国家紧急状态"或"高层次的合法性"。其中只有最初几步是要冒一定风险的。一位被敌人逼入困境,试图捍卫自己荣誉的行省总督向他的军队寻求保护。一个被英雄主义精神所鼓舞的青年自己招募了一支军队。恺撒继承人渥大维的两位前辈——恺撒和庞培就是这么做的。当某个冒险家在意大利擅自(privato consilio)揭竿而起的时候,据说元老院可以立刻将这种叛国行为合法化,用公共权威(publica auctoritas)来宽恕这种私人行为。[2] 对罗马国家军队的贿赂被若无其事地描述成为公共福祉而动用世袭财产所进行的慷慨投资。[3] 当一位执政官手下的军团临阵脱逃时,为其辩护的人会试图证明这位执政官是名不副实的。[4] 这个大胆主意的始作俑者将之描述为"为共和国奠定了基础"。[5]

同样,当个人控制了行省与军队后,他们便会诉诸"高层次的合法性"的帮助——"这是天意注定的命运,也就是说,一切对国家

① *BMC*,*R. Emp*. 1. 29.

② *Phil*. 3 and 5,passim.

③ *Phil*. 3. 3:"non enim effudit:in salute rei publicae conlocavit。"(他并没有挥霍[钱财]:他当时是在为共和国的福利而进行投资。)

④ *Phil*. 3. 6,参见 4. 9。

⑤ *Phil*. 5. 30:"ieci sentential mea maximo vestro consensus fundamenta rei publicae。"(我认为你们最为关注的共同焦点便是共和国的基础。)

有利的事物都是正确的与合法的”。[1] 过分的要求是有悖于共和政体的精神的[2]——但它们对于拯救国家来说是必要的。在这方面,元老院是最高的裁决者。但如果元老院对此未加认可呢?那也没有关系,因为真正的爱国者便是他们自己的元老院。[3]

显然,“再造共和”(res publica constituta)或“重塑自由”(libertas restituta)等口号可以赋予任何暴力和阴谋以合法性和神圣性。
161 但自由、法律和政体并不能代表一切。一位政治领袖或一个党派有时会发现,敌人不断利用现存政体来反对自己。如果罗马人民在运用自由权利时受到了误导,而当时的元老院又是不可靠的、不爱国的或不具代表性的话,那又该如何呢?对此也有一个补救的办法。为了共和国的福祉,公民的个人事业被团结在了一起;它们可以在全意大利范围内形成民意,对政府施加非正式的压力。这被称为“共识”(consensus)——或许“共谋”(coniuratio)的字眼更能说明问题。如果有人认为在这个时代,请求通过政治授权来得到合法批准的做法还是不适宜的,甚至是过时的和多余的做法的话,那么更广阔范围内的呼吁已经准备好了。所有的术语、武器都会一起上阵:当共和政体覆亡之时,军队和民众的意志马上就会得

---

① *Phil.* 11.28(对布鲁图斯和卡西乌斯的评论):“qua lege, quo iure? eo quod Iuppiter ipse sanxit, ut omnia quae rei publicae salutaria essent legitima et iusta haberentur。”([有人要问]是根据什么法律、什么权利吗?天神朱庇特自己便认可这一原则:一切对共和国有利的事物都是合法且正当的。)

② *Phil.* 11.17:“nam extraordinarium imperium populare atque ventosum est, minime nostrae gravitates, minime huius ordinis。”(过分的要求是善变的民众们才会提出的,这同我们的尊严与等级不符。)

③ *Phil.* 11.27:“nam et Brutus et Cassius multis iam in rebus ipse sibi senatus fuit。”(在很多事务上,布鲁图斯和卡西乌斯就是他们自己的元老院。)

到有力的表达。

不过，就目前的情况而言，合法的权威仍旧受到尊敬，传统的术语仍是有用的和不可或缺的——难道共和国不是已被从暴政中拯救出来，重新恢复了虎虎生气了吗？渥大维已拥有了老兵、平民和恺撒名分的支持，他在元老院里的盟友们将提供他所需要的其他东西。

162 第12章　与安东尼对抗的元老院

12月20日，保民官们召集元老院开会，冠冕堂皇的借口是要采取预防措施，保护将在下一年到来之际，也就是宣布重大国家事务时即位的新执政官们的人身安全——仿佛有谁或哪个党派想要杀害希尔提乌斯和潘萨这两个优秀且无辜的人一样。真正的原因可能是山南高卢总督派来的紧急特使。

尽管西塞罗在安东尼继续担任执政官期间无事可做，但他在抓紧时间制订将来的行动计划。在法律面前，渥大维是完全没有地位的，而布鲁图斯的地位也是不稳固的。安东尼是有权要求布鲁图斯交出自己手中的行省的。西塞罗对此无话可说。因此，他只能用最厚颜无耻的方式强词夺理，发表了一篇关于叛国行径的庄严的、充满爱国主义激情的颂词。[①] 他指出，如果有人能够招募

---

① *Phil*. 3. 他在当天向公民大会发表的演说说道："此外，元老院用极其高贵的语言称赞并褒扬了抵制安东尼的高卢行省。可如果那个行省承认安东尼是执政官，却又拒绝接受他的话，这个行省便是犯下了严重的罪行：因为所有行省都属于合法的执政官，应当听从他的指挥。"（deinceps laudatur provincia Gallia meritoque ornatur verbis amplissimis ab senatu quod resistat Antonio. quem si consulem illa provincia putaret neque eum reciperet, magno scelere se adstringeret: omnes enim in consulis iure et imperio debent esse provinciae）但这又能说明什么呢？西塞罗利用这一论据来证明安东尼并非真正执政官的事实令人生疑。至少，他在这里对执政官的"重大权力"（imperium maius）的理解是咬文嚼字式的。西塞罗在两篇演说中都未提及安东尼所获得的、治理山南高卢的合法授权，即6月1日的公民大会表决。那份法令大（接下页注）

起一支私人军队来对抗安东尼，并且他的部下确实也希望反叛作乱，那么安东尼就不可能是罗马人民当之无愧的执政官。另一方面，安东尼的反对者的举动是值得受到充分肯定的，他们手下的士兵应获得土地和金钱方面的补偿。

西塞罗或许是可以为德奇姆斯·布鲁图斯的立场进行辩护的：他至少是一名行政长官，并且他是通过合法手段——独裁官恺撒的法令而获得其省份的。但他如何能让恺撒的继承人获得官方承认呢？元老们会回想起，在二十年前，执政官西塞罗曾以公共紧急状态为借口、以组织武装力量对抗国家为罪名，未经审判而处死了一批罗马公民。现在，这位从前维护共和政体的领袖居然变成 163
了一位新喀提林的帮凶，用元老院的权威和人民的自由去为叛乱者辩解。西塞罗在公民大会和库里亚大会上都做了发言。[①] 在元老院会堂上，他大胆地对安东尼倒打一耙。他说，安东尼是杀人犯、土匪和新的斯巴达克斯。他必须被铲除，并且也肯定即将被铲除，就像从前元老院、罗马人民和西塞罗合力对付喀提林时所做的那样。

简言之，西塞罗试图动用公共权威去为渥大维和德奇姆斯·布鲁图斯的非法冒险等自作主张的行为争取合法性。这意味着元

(接上页注)

概以直接或间接的方式准许安东尼在执政官任期结束之前接管那个行省。可比较普布利乌斯·伦图鲁斯(P. Lentulus)在次年所说的话："我不认为潘萨和希尔提乌斯会急着赶往行省就任，而是会留在罗马继续干完他们的执政官任期。"(qua re non puto Pansam et Hirtium inconsulatu properaturos in provincias exire sed Romae acturos consulatum)(*Ad. fam.* 12. 14. 5)。

① *Phil.* 4.

老院(具体说是元老院中的一个派别)篡夺了权力,向行省总督安东尼发起了挑战。人们饶有兴味地设想着这一局面的到来。那么,元老院有哪些资源可以用于这场斗争呢?

元老院的权威现在将要同罗马人民和军队将领一决高下。就目前的情况而言,尽管元老院的势力在恺撒党和中立派中占据优势,但它已习惯于碌碌无为;在受到威逼利诱而采取行动的情况下,这是一个不稳定因素。它表明,元老院是缺乏活力和突出的社会地位的。

在目前的前执政官名单中,法比乌斯、瓦勒里乌斯和克劳狄乌斯家族的人已经不复存在了。[①] 在科奈里乌斯家族——其诸多支系里曾产生过西庇阿家族和伦图鲁斯家族,以及苏拉与秦那——中,现在的领军人物是年轻的执政官普布利乌斯·科奈里乌斯·多拉贝拉;而在全体贵族中,在等级和社会地位方面首屈一指的是玛库斯·埃米利乌斯·雷必达。与老牌贵族的情况一样,平民新贵中的大族——苏拉时期寡头统治集团中的骨干——也受到了严重削弱,麦特鲁斯家族、李锡尼乌斯家族或尤尼乌斯家族中都没有前执政官一直活到这个年代。而马塞卢斯家族、马尔奇乌斯家族和卡尔普尼乌斯家族中活下来的前执政官中也无人能够对共和国的领导地位构成有力冲击了。

值得注意的是,有两个政治集团没有加入对抗安东尼的元老院阵营。恺撒的谋杀者已离开意大利;而加图党中的年轻人、在失

① 玛库斯·瓦勒里乌斯·麦萨拉·鲁孚斯(M. Valerius Messalla Rufus,公元前53年执政官)仍然活着,但已不复在政治中扮演任何角色。

败的寡头集团中唱主角的前执政官们的后代也跟着他们的亲戚和领袖玛库斯·尤尼乌斯·布鲁图斯一并离开了(无论他们是否与 3 月 15 日富人刺杀事件有关)。与布鲁图斯本人一样,这些显贵中的许多人也在法萨卢斯战役后背叛了庞培阵营。但这位政治巨头的个人追随者并不这样,而是狂热地坚持“忠诚”的信条。塔普苏斯(Thapsus)和穆达(Munda)战役削弱了他们的阵营:阿弗拉尼乌斯、佩特雷乌斯(Petreius)和拉比埃努斯都在战斗中牺牲了。164
这一党派的余部追随小庞培逗留在西班牙境内。

元老院的弱点突出反映在其领导人——其中的前执政官们——的个人形象上。根据传统,他们的权威应当是能够左右元老院的政策的;他们被恰如其分地称为“公共决策的制订者”(auctores publici consilii)。[①] 历次内战的浩劫在高级政治家这一等级中造成的损害是最明显的和最难以平复的。在庞培党内的前执政官(他们是一个身份显赫、但被捧得过高的群体[②])中,只有两人——西塞罗和塞尔维利乌斯·苏尔庇奇乌斯·鲁孚斯——一直活到了公元前 44 年年底。而恺撒担任独裁官的那些岁月也没有培养出足够多的、拥有才干和权威的执政官来填补这些空缺。[③] 这种人才凋零的状况可以说明,西塞罗为何能在其老年时代、在其著名的执政官任期过去二十年后,在经历了二十年的屈辱与失意

---

① *Ad fam*. 12. 2. 2.

② *Phil*. 13. 29,另见上文,原书第 45 页。

③ 见上文,原书第 94 页。其中一位,即老牌贵族昆图斯·法比乌斯·马克西穆斯(公元前 45 年执政官),在任职期间去世了。因此,公元前 48—前 45 年共留下六位前执政官。

后，终于赢得了首屈一指的声名（尽管或许并非实实在在的首要地位）。到了公元前 44 年 12 月，前执政官的总人数已下降到 17 名；他们的真正实力还要更弱。他们在性格、社会地位和所属阵营等方面各异，作为一个团体明显缺乏魄力、决断力和威信。在咆哮着要放手一搏的那几个月里，西塞罗反复发出的一句痛苦抱怨是："我们已经被要人们整垮了。"[①]"执政官是无限风光的，但前执政官则被弃若敝屣。"[②]元老院的姿态是英勇无畏的，但前执政官们则略显胆怯，立场也不够坚定。[③] 更糟糕的是，其中还有一些人受到了卑劣情感和对西塞罗声名忌妒心的败坏。[④]

在目前还活着的前执政官中，特瑞波尼乌斯、雷必达和瓦提尼乌斯三人不在意大利。留在意大利的有 14 人，但他们之中并没有几个人能够在这场由元老院组织的最后一场斗争中，在言行方面留下任何正面的或哪怕负面的名声。西塞罗在写给卡西乌斯的书信中承认，这些人中只有三位配得上被称为政治家与爱国者——他自己、卢奇乌斯·皮索和普布利乌斯·塞尔维利乌斯。[⑤] 其他的人都指望不上。出于不同的原因，西塞罗不信任雷必达的兄弟

---

① *Phil.* 8. 22.

② *Ad fam.* 12. 4. 1.

③ *Ad fam.* 10. 28. 3.

④ *Phil.* 8. 30："nam illud quidem non adducor ut credam, esse quosdam, qui invideant alicuius constantiae, qui labori eius, qui eius perpetuam in re publica adiuvanda voluntatem et senatui et populo Romano probari moleste ferant。"（我其实并不愿意相信，有人会忌妒他人的表里如一和勤勉敬业，忌妒那些矢志不渝地为共和国效力，并得到元老院和罗马人民赞赏的人）；*Ad fam.* 12. 5. 3："non nulli invident eorum laudi quos in re publica probari vident。"（并非没有人忌妒那些在他们眼中受到共和国赞美的人物。）

⑤ *Ad fam.* 12. 5. 2，参见 Mommsen，Ges. *Schriften* IV，176 ff. 。

保卢斯(Paullus)和渥大维的亲戚——菲利普和盖约·克劳狄乌斯·马塞卢斯(C. Claudius Marcellus)。三位杰出人物——卢奇乌斯·奥勒里乌斯·科塔、卢奇乌斯·恺撒(L. Caesar)和塞尔维利乌斯·苏尔庇奇乌斯·鲁孚斯分别因为年事已高、身体虚弱和对政治前途绝望,已经很少出现在元老院会堂中了。西塞罗压根 165
没有把剩下的五人算作前执政官;也就是说,他们都是恺撒党徒。下面这些事实可以反映西塞罗使用的标准有多么苛刻:在这五人中,其实只有一人是他的老冤家,也就是说会对西塞罗造成妨碍或为安东尼效劳。此人是恺撒手下的将领昆图斯·弗菲乌斯·卡勒努斯——一位聪明的政治家和有些灵性的演说家。[①]

元老院和高级政治家们的情况就是如此。如果没有来自行省的武力援助,或至少是行省总督们的真心支持的话,他们在罗马夺取权力的计划是注定要破产的。山南高卢控制着意大利;而西部诸行省中的将领们则可以最终决定争夺山南高卢的结果。尽管有西塞罗的保证与激励,尽管将领们都做出忠于共和国的姿态,但他们的真正态度仍是暧昧不明、令人忧虑的:很难设想从前恺撒部下的将领和老兵会爽快地协助打击安东尼、恢复共和国、接受庞培党的立场。

在西部行省中有普兰库斯、雷必达和波利奥三人,他们都是恺

---

① 其他人是盖约·安东尼(公元前 63 年执政官)、盖约·卡尼尼乌斯·雷比鲁斯(公元前 45 年递补执政官);以及公元前 53 年的两名执政官——默默无闻、缺乏史料记载(我们只知道他当过 55 年的占卜师)的玛库斯·瓦勒里乌斯·麦萨拉·鲁孚斯和在 3 月 15 日谋杀事件后的 30 个月里没有被任何材料提及,但此后还是有所作为的格涅乌斯·多米提乌斯·卡尔维努斯(Cn. Domitius Calvinus)。

撒党徒,但其性格、能力和地位各不相同。并且这三个人都注定要经历革命岁月:雷必达将要遭受放逐,陷入屈辱的境地;普兰库斯将成为新秩序下的奴仆,表面上受人尊敬,背地里却受到鄙夷;波利奥则保持着傲然独立。

已当选公元前42年执政官的卢奇乌斯·穆纳提乌斯·普兰库斯控制着长发高卢地区,他是西塞罗通信对象中文风最为优雅的——或许他一心想要在一定程度上模仿那位文笔流畅的作家典范。曾在高卢战争和内战中担任过恺撒副手的普兰库斯代表着好斗性格的对立面。精明强干的性格和明哲保身的本领使得他做出了一系列恰到好处的背叛投敌行为,从而得以安享晚年。普兰库斯写了一系列公文与信件,申明自己对和平的热爱和对共和国的忠诚——当时谁不这样做呢?但很明显,普兰库斯是在冷静地伺机而动。他即便在当时就已经享有墙头草的名声了。[①]

玛库斯·埃米利乌斯·雷必达——纳旁高卢和近西班牙行省
166 的总督则更不可靠。雷必达的立场(如果这个反复无常的家伙还有立场的话)是支持安东尼的,那是他在3月15日刺杀事件以后结交的盟友;他也认识到,自己是仅次于安东尼的、最遭人痛恨的恺撒党领袖;他缺乏与其野心相称的荣耀、勇气和能力,这一点使他尤其令人生厌和为人不齿。[②] 埃米利乌斯家族的名字、他的家

---

① *Ad fam*. 10. 3. 3:"scis profecto—nihil enim te fugere potuit—fuisse quoddam tempus cum homines existimsrent te nimis servire temporibus。"(你当然知道——因为你总是明察秋毫的——人们一度评价你过分注意相时而动。)

② 德奇姆斯·布鲁图斯称他为"极其善变的人"(homo ventosissimus,*Ad fam*. 11. 9. 1);西塞罗从前称之为"那个丑陋无比和肮脏龌龊的家伙"(iste omnium turpissimus et sordidissimus。)(*Ad Att*. 9. 9. 3)

族联系和坐拥一支大军使得这个原本无足重轻的小人物变成了一个足以影响政局的因素。两方都极力想赢得雷必达的支持；后者现在则处于十分有利的地位：他刚刚劝说冒险家绥克斯图·庞培放下武器，与罗马政府媾和——对共和派来说，这是一个沉重打击。安东尼向他保证，自己可以让元老院投票感谢他的贡献。安东尼的敌人很快也加入了这场争夺。西塞罗在1月采取的最早行动之一便是提出议案，建议为感谢雷必达为罗马共和国做出的贡献，应该在罗马广场的讲坛（Rostra）上或雷必达指定的任何其他地方为他竖立一座镀金雕像。雷必达此时尽可以待价而沽。

比雷必达和普兰库斯都更为强大的一个人物是驻守远西班牙行省的盖约·阿西尼乌斯·波利奥；但他的行省过于遥远，其兵力也十分薄弱。作为一个学者和聪明、诚实的人，同时作为恺撒、安东尼的朋友和一个共和派，波利奥发现自己的效忠对象存在着矛盾，或者说是与当前形势不相符的——显然，他对任何一个党派都毫无用处。他认识所有这些人。这个天性悲观、目光敏锐的共和派对西塞罗用那套他极度反感的、华丽空洞、矫揉造作的演说术所鼓吹的信条毫无信心。但即便波利奥不能为共和国效力，他起码能够在维护和平方面发挥作用：在政治协商中，他毫无保留的率真性格是受人欢迎的，这比西塞罗式的外交辞令或令敌友双方都满腹狐疑的普兰库斯式行事风格要好得多。

元老院在西部诸行省中获得帮助的希望十分渺茫。此外，阿非利加和伊吕利库姆的军队都掌握在恺撒党手中。马其顿境内的军事要塞几乎已被全部撤除。安东尼的盟友多拉贝拉正在向东推进，并且已经先行派出两批副手，一队前往叙利亚，另一队前去为

他争取驻扎在埃及的军团。但对于共和派来说，东方并不是毫无希望的。在公元前44年年底，居住在罗马的人还不清楚自由派的具体下落。人们有理由猜测，他们事实上并没有前往自己分到的那两个无足轻重的小行省——克里特和昔兰尼。10月份的时候，
167 埃及那边曾经传出一些谣言，但没有得到证实。然而，冬季的到来一方面延迟消息传递的速度，另一方面也正好有利于可能在东方掀起的革命的发展。留在罗马的布鲁图斯、卡西乌斯的亲友们无论获知了什么信息，他们也许都会谨慎地保持沉默。马其顿比叙利亚和埃及更靠近罗马，并且那里即将传来的并不仅仅是谣言。然而，没有任何证据表明，自由派和罗马的共和派曾经一同制订过什么计划——相反，双方在策略和目标两方面都是存在着分歧的。

西塞罗的计划已经拟订完毕，并已在12月20日公之于众。次年1月1日便是行动开始的时间。希尔提乌斯和潘萨拉开了辩论的序幕。争论足足持续了四天。卡勒努斯为安东尼辩护，西塞罗则主张开战；①卢奇乌斯·皮索两度在提及合法性问题时介入了讨论，力主实现妥协。

辩论的结果其实算不得西塞罗的大捷。他的确实现了一个目标——德奇姆斯·布鲁图斯和渥大维麾下的军队成了国家所认可的合法军队；渥大维提出的、希望得到金钱支持的愿望被庄严地批准了；此外，他还得到了在战役结束后才卸任，并将获得意大利境内地产的保证。会议还决定，现任行省总督们应继续治理他们的

---

① *Phil.* 5. 我们至少可以从狄奥的作品中（Dio，46.1.1 ff.）复原卡勒努斯演说词的部分内容。

行省，直到元老院下令终止他们的职权为止。但这其中便包括控制着山南高卢的布鲁图斯。在为渥大维辩护方面，西塞罗为赞美这位青年和他的业绩、爱国精神而精心列举了大量历史典范，却发现普布利乌斯·塞尔维利乌斯的议案让自己的相形见绌。元老院把渥大维吸纳为元老，并任命他跟执政官们一道出兵攻打安东尼，并授予他“代行大法官”(pro-praetor)的头衔。[1] 此外，通过一道特许令，渥大维可以在达到法定年龄十年之前担任执政官。渥大维现在只有 19 岁，他原本还需要等待十三年。在拥有了这些荣誉之后，菲利普提出的、为渥大维竖立镀金雕像的议案获得通过的喜讯便不值一提了。

保守派政治家们宣称（他们的敌人也普遍承认这一点），在紧急状态下，元老院拥有便宜行事的权力。元老院从前也曾有过授予未担任任何官职的人军事指挥权和开战权的先例。但这类行为也是要有限度的。元老院从未这样指派过自己的成员，也没有规定过他们之间的上下级关系。没有任何已知的先例或理论规定， 168
元老院的权威可以把一名普通公民提拔进元老阶层。即便庞培也不曾享受过这样的待遇。在民主制或贵族制的共和国里，完全由人民自行投票来决定行政官员人选和进入元老院资格的规矩是一条基本原则。[2]

这还不是宣称要“在坚实基础上建立共和国”的共和派唯一有悖于常规的举止。在担任执政官期间，安东尼的人身安全当然是

---

① *Res Gestae*，1；Livy，*Per*. 118；Dio，46. 29. 2. 关于西塞罗的提议，见 *Phil*. 5. 46。

② *Pro Sestio*，137：“deligerentur autem in id consilium ab universe populo。”（他们是根据全体人民的意见而被选举出来的。）

不可侵犯的；当他成为行省总督之后，他的地位虽然不再那么稳固了，但仍然是应当受到法律保护的。这是因为，他的指挥大权是公民大会集体投票授予的，跟从前庞培与恺撒的情况并无二致。[①]质疑这种权力授予的合法性本身就是一个大问题，何况它还与公开批准一位个人冒险家对抗罗马人民行省总督的决议联系在一起。

西塞罗计划中最极端的一项提议，即宣布安东尼为法外之徒，构成了对私法和公法的双重侵犯。正如皮索所指出的那样(他可能尖锐地提醒人们要想想喀提林同党的下场)，在一名罗马公民缺席的情况下将他定罪的做法是不妥当的。安东尼至少应该接受审判，并针对他人对他的罪行提出的指控进行答辩。元老院最终接受了安东尼的朋友昆图斯·弗菲乌斯·卡勒努斯的建议，将向安东尼派出信使，敦促他从布鲁图斯的行省撤兵，退回到离罗马城200英里的地方，随后向政府交出权力。

① 因此，直到安东尼(及其党羽)的立法被宣布无效之前，这项任命都是合法的。而那项宣布是2月初才发生的事情。因此，西塞罗在1月1日提出的、要求干脆对这项法令置之不理的说法绝不是理直气壮的和毫无疑点的(*Phil*. 5.7 ff.)。首先，这项法令确实与恺撒规定执政官卸任后只能担任两年行省总督的《行省法案》(*Lex de provinciis*)存在着矛盾：但这种分歧是可以理解的，因为安东尼得到的授权并非通常意义上执政官卸任后担任行省总督的任命，它不是由元老院下达的，因此并不受恺撒法令的约束。其次，西塞罗认为人们在通过这项法令时亵渎了占卜结果的神圣性，但这个论点也十分脆弱，因为神圣法律的权威性在很大程度上已被各党派对它肆无忌惮的利用破坏了；并且安东尼可以争辩说，公元前58年通过的、禁止再用占卜的方法阻挠法令通过做法的《克罗狄乌斯法案》(*Lex Clodia*)仍旧有效。参见S. Weinstock, *JRS* XXVII(1937), 221。总之，西塞罗要求将行省总督宣布为法外之徒的提案很难说是合法的。施瓦茨(Schwartz)称之为“一项在正常国家法律体系中根本不可能存在的提案”(Eine staatsrechtliche Unmöglichkeit)，见*Hermes* XXXIII(1898), 195。

这当然是一个态度坚决的、带有威胁意味的要求。然而，对于安东尼的朋友们来说，这意味着公开的宣战已经得到了避免，从而为安东尼这一派宣传和谐、准备战事和争取和谈赢得了时间。即便到了现在，形势也不是毫无希望的。恺撒党和中立派都预料穆 169
提纳会很快失守。这一既成事实将是谁也无力扭转的。到了那时，其权利和声望都受到尊重的安东尼就可以做出乐于接受调解的姿态。七年前，元老院里的一小撮当权派曾拒绝同一位抗命不从的行省总督谈判，结果把整个罗马世界卷入了战争。这个教训肯定可以为应避免采用极端手段的观点提供佐证。

在战争的威胁面前，和解或许是可以保全各方的体面的，但这不合西塞罗的心思。他公开预言，并且私下里也希望代表们的斡旋努力以失败告终。[①]

使团出发了。其中包括三位前执政官——皮索、菲利普和塞尔维利乌斯·苏尔庇奇乌斯——一位受人尊敬且举止谨慎的法学家，没有什么明显的政治纽带与好恶。在北方，冬季依旧妨碍着军事行动的开展。在罗马 1 月份余下的日子里，政坛上也一直风平浪静。但西塞罗不肯罢手。他宣称要重塑元老院的权威、平民的忠诚和意大利的团结。共和国现在已经拥有了气魄、领导权、军队和将领。胆怯和妥协都是不必要的。至于对手们可能会提出的条件，他判断安东尼可能会交出山南高卢，但还会坚持要保留长发高卢。[②] 这将是一个危险的骗局——对安东尼不能做出任何妥协，

① *Phil.* 6 and 7.

② *Phil.* 7.3；参见 5.5。

因为安东尼在本质上就是一个人民公敌和法外之徒。西塞罗本人一直是主张和平的。但这次的情况有所变化——他要倡导一场正义的圣战。上述即是他对元老院采用的说辞;他对渥大维和德奇姆斯·布鲁图斯则不断写信加以鼓励。

战争需要人力和财力,以及精力和热情。共和国进行了征兵活动。希尔提乌斯尽管刚从病榻上起来,身体依旧虚弱,却仍旧领兵出征,取道弗拉米尼乌斯大道抵达阿尔米努姆——但他肯定会尽力避战。希尔提乌斯或许能够劝说西塞罗和安东尼双方和解。但他不能阻止战争动员。爱国精神和个人野心、恐惧、欺诈和贿赂已在意大利的土地上蔓延开来。全意大利都要团结起来去维护"合法政府";因此,人们采用了各种手段去塑造"共识"(consensus)。各城镇通过了一系列法令。菲尔穆姆(Firmum)的居民率先承诺将为战争捐款;马鲁奇尼人(或许只是其中与波利奥为敌的一派)出于丧失公民权的痛苦而发起了募兵活动。此外,一位著名骑士和卓越的爱国者——曾在西塞罗担任执政官期间负责保护其人身
170 安全的卢奇乌斯·维希狄乌斯——不仅鼓励自己的左邻右舍报名参军,还为他们每人提供一笔津贴。[①]

到了2月1日或2日,信使们回来了,但队伍中已经缺少了在艰苦旅途中死去的苏尔庇奇乌斯。他们宣读了令西塞罗火冒三丈的谈判条件。"皮索和菲利普执行任务时的表现在颜面扫地和令人作呕方面简直无出其右。"[②]安东尼打算接受的谈判条件如下:[③]

---

① *Phil*. 7. 24:"vicinos suos non cohortatus est solum ut milites fierent sed etiam facultatibus suis sublevavit."(他不仅鼓励他的邻居们从军,还动用自己的资财支持他们。)

② *Ad fam*. 12. 4. 1:"nihil autem foedius Philippo et Pisone legatis, nihil flagitiosius."

③ *Phil*. 8. 27.

他同意放弃山南高卢，但坚持保留长发高卢，并要求在今后五年里一直控制这一行省，直至布鲁图斯和卡西乌斯成为执政官并腾空他们现在治理着的行省为止（具体的时间点是公元前 39 年年底，那可能是原先在 6 月 1 日进行的公民大会投票所表决通过的日程表所规定的）。

安东尼的提议并非蛮不讲理或触犯权威。鉴于罗马的司法从属于政治，合法性不过是一个见仁见智的或充满党派色彩的问题——安东尼需要的是保证：他要考虑的不仅是自己的“尊荣”，还有他的人身安全（salus）。而安全的唯一可靠保障便是拥有一支军队。交出自己的军队，并向一个自称代表政府的党派所发布的命令低头的做法是疯狂的，极为罕见的。考虑到敌人在罗马和意大利近来的举动，为了补偿他所失去的、原本由罗马人民的法律授予他的、对山南高卢所拥有的权利，安东尼完全有理由要求通过这种方式来保护自己的人身自由——何况元老院还要他对授予一个私人冒险家元老身份的违法行为假装视而不见。对于布鲁图斯和卡西乌斯，安东尼似乎已认可他们在公元前 41 年担任执政官的权利。双方的裂痕并非不可修复。

但元老院继续执迷不悟。元老们否决了这项提议，通过了最后的指令——执政官们要为国家安全采取行动。与执政官们并肩作战的还有渥大维。然而，在前执政官卢奇乌斯·尤利乌斯·恺撒（L. JuliusCaesar）、安东尼的舅父、一位德高望重的高寿元老和共和派的恳请下（潘萨也对他表示支持），最出格的一项议案没有得到通过。于是安东尼并没有被宣告为公敌。但西塞罗还不肯善罢甘休。为了彰显自己的爱国心，他在同一天还提议在罗马广场

上为死去的使节苏尔庇奇乌斯·鲁乎斯另外竖立一座雕像，并为
171 此同普布利乌斯·塞尔维利乌斯发生了口角。[①]

元老院随后宣布进入战争状态。它已经是事实。然而，到目前为止，北方的军事形势还没有任何变化。东部行省那边则迅速传来捷报。当元老院同安东尼协商的时候，布鲁图斯和卡西乌斯已经采取了行动：他们控制了从伊吕利库姆到埃及的所有土地（海域除外）上的军队。在2月初，出现关于卡西乌斯的、讲得活灵活现的一些谣言；[②]布鲁图斯则向元老院派出了一个正式使团，可能于2月里的第二周内抵达了罗马。[③]

离开意大利后，布鲁图斯前往雅典，在那里聆听了哲学家们的各种讲座。我们可以料想，他的代理人此刻正在马其顿等地活动。帮助他的人有已退休的马其顿行省总督霍腾西乌斯——伟大演说家霍腾西乌斯的儿子和布鲁图斯本人的近亲。[④] 当万事俱备，最终下定决心之后，布鲁图斯开始雷厉风行地行动起来。亚细亚行省和叙利亚行省的财务官们在押运着这些省份的赋税返回罗马途中遭到了拦截，并被说服将手中的财富贡献出来[⑤]——当然是为了拯救共和国的需要。到了公元前44年年底，几乎整个马其顿都

① *Phil*. 9.

② *Ad fam*. 12. 2（2月2日）；3（2月晚些时候）。

③ *Phil*. 10，具体时间不详。

④ *Phil*. 10. 13；*ILS* 9460(Delos). 关于他同布鲁图斯的关系，参见 Münzer, *RA*, 342 ff.。

⑤ 玛库斯·阿普列乌斯（M. Appuleius, *Phil*. 10. 24）可能是亚细亚行省的财务官，盖约·安提斯提乌斯·维图斯（*Ad M. Brutum*, 1. 11. 1；Plutarch, *Brutus*, 25）。特瑞波尼乌斯的财务官普布利乌斯·伦图鲁斯宣称自己帮助了卡西乌斯（*Ad fam*. 12. 14. 6）。

已落入布鲁图斯手中；他获得的还不仅仅是马其顿——伊吕利库姆的行省总督瓦提尼乌斯已无力阻止自己麾下的军团变节投诚。盖约·安东尼在于 1 月初在都拉基乌姆（Dyrrhachium）登陆，打算接管马其顿行省时面临的就是这样的局势。布鲁图斯迅速击败了安东尼，把他赶往南方，封锁在阿波罗尼亚城中。

卡西乌斯的成功更为可观。他去了叙利亚行省——他在那里的知名度和受尊敬程度要高于多拉贝拉。他在那里找到了恺撒党将领斯塔伊乌斯·穆尔库斯和马尔奇乌斯·克瑞斯普斯（Marcius Crispus）率领的六个军团。这支队伍正驻扎在阿帕梅亚（Apamea）城外，而庞培党冒险家凯奇利乌斯·巴苏斯则带领着一个军团在城里负隅顽抗。[①] 结果，围攻者和被围困者都加入了卡西乌斯的队伍。这还不是全部。恺撒党将领奥鲁斯·阿里埃努斯正率领四个军团从埃及向北进发，打算穿越巴勒斯坦地区去与多拉贝拉会 172
师。他们同样被卡西乌斯的军队收编了。

布鲁图斯的使团抵达后，元老院召开了集会。西塞罗压倒了亲安东尼的卡勒努斯的反对意见，坚持为布鲁图斯辩护，成功地将后者夺取的军事指挥权合法化了。[②] 布鲁图斯被任命为马其顿、伊吕利库姆和阿凯亚（Achaia）三个行省的总督。西塞罗在这样的场合如鱼得水，口若悬河地阐述了爱国主义立场和高层次的合法性理论。至于卡西乌斯，元老院还没有收到关于其胜利的确切消息：他在东方夺取的土地和收编 12 个军团的行为直到两个多月后

---

① 关于此人，见上文，原书第 111 页。

② *Phil.* 10.25 f.

才得到了承认。

在共和派眼中，最后的胜利似乎已唾手可得。安东尼的盟友，众多恺撒党徒和没有被当时的党派情绪所感染的、真心实意地谋求和平的人们都陷入了恐慌。从长远看，由于即将经历一场比在山南高卢正在进行的那场算不上激烈的战役可怕得多的战争，罗马世界的前景是令人担忧的。但西塞罗仍在利用自己占据上风的时机得寸进尺。3月初传来的消息称，多拉贝拉在打算穿过亚细亚行省前往叙利亚行省途中遭到了当地行省总督特瑞波尼乌斯的阻挠；于是多拉贝拉俘虏了特瑞波尼乌斯，并在草草审讯后将他就地处决了；[①]罪名可能是“严重叛国行为”，特瑞波尼乌斯和他手下的财务官支持布鲁图斯和卡西乌斯的事业。元老院产生了一阵恐慌。共和派抓住机会，宣称这是一桩暴行——他们还一口咬定：多拉贝拉曾对不幸的特瑞波尼乌斯施以酷刑。这样一来，恺撒党徒不得不否认自己已建立了一个致力于妥协和解的联盟。提出议案，控诉多拉贝拉是公敌的不是别人，正是卡勒努斯自己。这种外交姿态上的退让促使潘萨等元老院中的温和派反对西塞罗的提议，后者主张任命卡西乌斯对多拉贝拉开战，并授予他统治东方所有行省的特别权力。

在东方发生的革命性变化提醒了安东尼的朋友们：形势已经间不容发。在北方，从一开始，敌对双方之间的强烈仇恨就排除了一切妥协的可能。人们在3月份进行过两次斡旋努力。皮索和卡勒努斯在罗马提出建议，要求派出一个使团去跟安东尼谈判。元

① *Phil.* 11(时间大概是3月6日)。

老院指定了五位前执政官作为谈判代表：卡勒努斯、西塞罗、皮索、普布利乌斯·塞尔维利乌斯和卢奇乌斯·恺撒。但西塞罗后来改变了主意，打了退堂鼓。他声称，这个使团将毫无用处：在这个阶 173
段继续谈判下去只会挫伤爱国阵营的斗志。[①] 和解计划搁浅了。

3 月 20 日，雷必达和普兰库斯分别派出代表前往元老院。两人可能之前已经商量好，或许还跟安东尼有过交流。至少雷必达毫不掩饰自己与安东尼立场一致的事实——如果安东尼垮台了，他将成为下一个遭到攻击的恺撒党将领。他们极力宣扬自己对共和国的忠诚和对和谐的渴望。为此，他们敦促元老院做出让步。塞尔维利乌斯发言对此表示反对。西塞罗支持塞尔维利乌斯的意见。他对高尚的爱国公民雷必达和普兰库斯毫不吝惜赞美之词，但同时强调，只要安东尼还保留着军队，一切和解的念头都是妄想。[②] 西塞罗手中握有一封安东尼致希尔提乌斯和渥大维的公开信，内容充满激情、掷地有声，且咄咄逼人。安东尼警告他们，庞培党正在利用他们来消灭恺撒党，向他们保证将领们都会与自己站在一起，并反复强调自己将不失信于雷必达、普兰库斯和多拉贝拉。[③] 西塞罗是不会放弃如此好的施展自己才华的机会的。他引述、嘲弄并回击了安东尼的宣言。当天晚上，他用痛苦惊讶和热情鼓励的笔调给普兰库斯写了一封信。[④] 他写给雷必达的信件则是

① *Phil*. 12(时间可能是 3 月 10 日?)。

② *Phil*. 13.

③ *Phil*. 13. 22 ff.

④ *Ad fam*. 10. 6. 3："haec impulsus benevolentia scripsi paulo severius。"(我在善良愿望的驱使下写了这封信，它的语气或许略显过于沉重了。)

简短、专横的——“在我看来，你犯不着多管闲事，去提出什么和平建议：元老院、罗马人民和一切爱国公民都不赞成这一套”[1]。雷必达没有忘记这次对其尊荣的侮辱。

3 月末的形势就是如此。发自真心或代表某党派利益的外交努力全部失败了。最终的结果只能诉诸武力。

2 月，执政官希尔提乌斯和代行大法官渥大维的兵力部署在埃米利乌斯大道至波诺尼亚东南部一线，包括克拉特纳(Claterna)和科奈里乌斯广场镇等地。到 3 月，他们开始向穆提纳方向前进，穿过安东尼被迫放弃的波诺尼亚地区；但安东尼也把自己的阵线布置到距离穆提纳更近的地点了。

渥大维和希尔提乌斯避免过早开战，等待着潘萨带着他招募的四个军团前来。潘萨在 3 月 19 号前后离开了罗马。安东尼则计划首先集中力量打垮潘萨。他在位于穆提纳东南方向约七英里
174 的伽伦鲁姆广场村(Forum Gallorum)遭遇并击败了潘萨的军队。潘萨本人在战斗中负了伤，但希尔提乌斯在傍晚扑向已获胜利且军容不整的安东尼军队，从而挽回了这一天的败局；他的部下中没有著名的或雄心勃勃的士兵，但他们都坚守阵地、忠于职守。伟大的将军安东尼在蒙受了惨重损失后才得以逃脱。与此同时，渥大维则占据并守卫着穆提纳附近的军营。伽伦鲁姆广场村战役(4 月 14 日)的结果就是如此。[2]

---

① *Ad fam*. 27. 2：“ itaque sapientius meo quidem iudicio facies si te in istam pacificationem non interpones, quae neque senatui neque populo nec cuiquam bono probatur.”

② *Ad fam*. 10. 30(来自伽尔巴的报道)。

七天后，安东尼被迫在穆提纳冒险一战。他被击败了，但还没有被打垮。而在他的对手方面，希尔提乌斯阵亡了。安东尼在战场上是当机立断的。战败后的第二天，他整顿好自己的残部，沿着埃米利乌斯大道向西前往纳旁高卢，寻求雷必达和普兰库斯的支持；两人一个月前答应向他提供帮助，但这个许诺现在已经变得十分可疑了。

在罗马，人们陷入了尽情的狂欢。安东尼和他的党羽终于被宣布为公敌。元老院为其事业最终取得胜利的共和派领袖们（无论他们仍旧在世还是已经死亡）设计了新的光辉荣誉头衔。[①] 元老院还颁布了向不朽诸神谢恩 50 天的法令——这是史无前例的，对于公民间的内战来说显然不合时宜，并且苏拉或恺撒也从未要求过这样的庆祝胜利方式。对于深思熟虑的爱国者而言，现在显然不是欢庆的时候。身在西班牙的波利奥写道："还是多想想意大利的破败和所有那些遭受屠杀的优秀士兵吧。"[②]西塞罗曾在元老院里吹嘘说，恺撒的老兵们已经"廉颇老矣"，根本不是新招募的意大利共和军的爱国热情的对手。[③] 可当穆提纳战役真正打响时，

① *Phil*. 14（4 月 21 日）。

② *Ad fam*. 10. 33. 1："quo si qui laetantur in praesentia, quia videntur et duces et veteran Caesaris partium interisse, tamen postmodo necesse est doleant cum vastitatem Italiae respexerint. nam et robur et suboles militum interiit。"（如果有谁因为恺撒党的领袖们和老兵们似乎已被击败而得意忘形的话，那么他们如果日后想到意大利遭受的劫难，也一定会感到痛苦。因为意大利已失去作为她的精华与根基的士兵。）

③ *Phil*. 11. 39："nihil enim semper floret; aetas succedit aetati; diu legions Caesaris viguerunt; nunc vigent Pansae, vigent Hirti, vigent Caesaris fili, vigent Planci; vincunt numero, vincunt aetatibus; nimirum etiam auctoritate vincunt。"（任何事物都不可能长盛不衰；新的时代将取代之前的时代。恺撒的军团已经称雄许久了；但现在称雄的则是潘萨的军队、希尔提乌斯的军队、恺撒之子的军队、普兰库斯的军队。他们在人数和年龄上都占据上风；更重要的是，他们在合法性方面也占据上风。）

老兵们不声不响使出的、招招致命的武艺令刚刚应征入伍的新兵胆战心惊。[①] 后者付出的伤亡是极为惨重的。

由于共和派的军队取得了一场光荣的大捷，并且所有东方行省都已落入布鲁图斯和卡西乌斯手中，共和派似乎将一路凯歌高
175 奏。可事实上，穆提纳战役的胜利是迷惑性的和毁灭性的。西部诸行省的将军们和自由派其实都不认可消灭安东尼、扶植恺撒继承人的天才计划；并且西塞罗和他的朋友们也低估了当时最伟大的罗马将领手中握有的军事资源和青年渥大维在政治上的老成。革命领袖渥大维与共和派原本就有悖自然规律的联盟土崩瓦解了。

① Appian, *BC*, 3. 68. 281："θάμβος τε ἦν τοῖς νεήλυσιν ἐπελθοσι, τοιάδε ἔργα σὺν εὐταξίᾳ κα σιωπῇ γιγνόμενα ἐφορῶσιν。"（[老兵们]使新兵们陷入了恐慌，因为他们虽然沉默不语，却展示出了精湛的武艺和严明的纪律。）

第 13 章　第二次向罗马进军 176

人民公敌正在逃窜。元老院要做的就是对他展开追击。如果控制着西部行省的雷必达和普兰库斯继续坚定地支持元老院的话，那么意大利北部共和派联军的任务就会变得十分轻松。目前的形势看上去正是这样。4 月 22 日，安东尼率军沿着埃米利乌斯大道撤退。他比追击的共和派军队提前两天出发，因为德奇姆斯·布鲁图斯要先向身在波诺尼亚的潘萨请示，结果发现这位执政官已经身负重伤死去了；随后，安东尼又迅速拉大了与追击者之间的距离，因为他军中的骑兵十分强大。布鲁图斯手下完全没有骑兵，并且一场胜利（他手下的军团的贡献）带来的喜悦是无法抵消长期围困对这支队伍所造成的伤害的。

这还不是最糟糕的。两位执政官在战争中的表现暂时盖过了渥大维本人的风头。作为军队统帅的希尔提乌斯和潘萨在打败安东尼后原本有可能限制恺撒的继承人，对他进行一定程度上的约束。他们是真诚的爱国者。但他们命中注定要在此时死去，于是冒险家又出头了，他将出人意料地成为这场上层政治博弈的主导者。

布鲁图斯敦促渥大维向南进军，翻越亚平宁山脉进入埃特鲁里亚地区，以便切断维提狄乌斯的进军线路，阻止他向西移动并与安东尼会师。作为穆提纳战役中的一个举足轻重、但有时被忽视的因素，维提狄乌斯此时正带着从他的家乡皮克努姆招募来的三个老兵军团，尾随着共和派军队。恺撒的继承人拒绝接受刺杀恺撒的凶手的指令；并且即便他想服从调遣，他手下的部队也未必会答应。[①] 于是维提狄乌斯就这样溜走了。

不久以前，渥大维刚刚从罗马得到一些消息，它们在很大程度上证实了他的判断：如果他老老实实地实现了安东尼的敌人的意图的话，这些人马上就会对他过河拆桥。他至少从穆提纳战役的捷报传到罗马后，元老院所通过的那些决议中推测出如下信息：在战胜的荣誉方面，渥大维只能享受民众的欢呼迎接，而德奇姆斯·布鲁图斯则将获得凯旋式的礼遇、整场战争的指挥权和阵亡执政

177 官们手下的军团。[②] 为了缅怀光荣的死者，元老院安排了一系列演说，并建造了一座纪念碑。[③] 死者活下来的战友希望能够获得更实惠的报酬。但元老院克扣了原本慷慨许诺给共和派军队的丰

① *Ad fam*. 11. 10. 4："sed neque Caesari imperari potest nec Caesar exercitui suo，quod utrumque pessimum est。"（但谁也指挥不动恺撒，恺撒也指挥不了他手下的士兵——双方都是极其糟糕的。）

② 元老院中的一些共和派反对这种草率的欢呼迎接方式，该提案或许还被元老院否决了（*Ad M. Brutum*，1. 15. 9）。无论实情如何，奥古斯都的《自传》为了替自己辩护，极尽夸张之能事，指责元老院对他是如何轻慢。参见 F. Blumenthal，*Wiener Studien* XXXV(1913)，270 f.。

③ *Phil*. 14. 33（伽伦鲁姆广场村战役之后）："erit igitur exstructa moles opere magnifico incisaeque litterae divinae virtutis testes sempiternae，numquam de vobis eorum qui aut videbunt vestrum monumentum aut audient，gratissimus sermo conticescet. ita pro mortali condicione vitae inmortalitatem estis consecuti。"（因此我们要大兴土木建造一座宏伟的纪念碑，并在上面镌刻铭文，作为你们神圣美德的见证，让看到或听说你们纪念碑的人永远不会吝惜口中的赞美之词。你们牺牲了尘世间的生命，却赢得了永垂不朽的声名。）

厚奖赏，并组织了一个委员会来分配这些奖励。渥大维不是委员会的成员——连德奇姆斯·布鲁图斯也不是。元老院要求这些代表直接前往部队营地。

士兵们无法容忍对他们的领袖、庇护人和朋友如此轻慢。渥大维拒绝把潘萨的军团交给德奇姆斯·布鲁图斯，而是收编了它们，壮大了自己的力量。他现在决定按兵不动，尽管自己的处境十分危险。安东尼确实可能会被消灭——那样的话，恺撒党就完了，恺撒的继承人很快也将遭受灭顶之灾。安东尼之前便警告过渥大维这一点，并且他说的也是显而易见的事实。[①] 如果根据人际与利益关系进行理性推断的话，那么安东尼很可能会重新获得雷必达和普兰库斯的支持。安东尼和自由派甚至有可能联合起来反对他们的共同敌人渥大维——人们在历次战争中已经见证过这类古怪的纵横捭阖。[②] 即便这种情况没有发生，渥大维也有可能在西方的恺撒党和东方的共和派夹击下灭亡。如果布鲁图斯和卡西乌斯带着麾下的17个军团来到意大利的话，那么渥大维的"父亲"西塞罗会毫不内疚地宣布这个青年为公敌。危险是显而易见的。身为恺撒党徒的执政官潘萨根本没有必要在临终前的病榻上向恺撒

① *Phil*. 13.40（安东尼自己的话）："quibus，utri nostrum ceciderint，lucro futurum est，quod spectaculum adhuc ipsa Fortuna vitavit，ne videret unius corporis duas acies lanista Cicerone dimicantis。"（有些人认为我们的毁灭将对他们有利；命运女神自己正在努力避免出现这样的场景：她不想看到本是同根生的两支军队在西塞罗那个驯兽师的遥控下自相残杀。）将西塞罗称为"驯兽师"（lanista）的叫法是对此人称安东尼为"角斗士"（gladiator）的习惯的恰当且巧妙的回应。

② 根据威利乌斯（Velleius，2.65.1）的说法，安东尼曾用这种可能威胁过渥大维。

的继承人提出忠告(无论是否真有其事)。[①]

现在,对于渥大维之外的其他人而言,来自东方的威胁同样可怕。元老院里的共和派已经蠢蠢欲动。玛库斯·布鲁图斯的地位
178 已经得到合法承认。穆提纳战役的消息刚刚传出,东方的行省和军队就全部投奔到卡西乌斯麾下。这还不是全部。绥克斯图·庞培已经承诺,要帮助共和派对抗安东尼。元老院为此在3月20日投票决定对他表示感谢,并授予绥克斯图·庞培对舰队和罗马境内沿海地区的巨大领导权。

现在到了恺撒党亡羊补牢、重新团结起来的关键时刻了。渥大维并没有行动。他继续留在波诺尼亚近郊,耐心地等待着德奇姆斯·布鲁图斯的灭亡和西方恺撒党军队之间外交谈判的成功。

安东尼迅速西进,途经帕尔玛和普拉森提亚,抵达了德尔托纳(Dertona);随后,他折向南方,取道险峻的小路翻越山岭到达萨巴提亚浅滩(Vada Sabatia,位于热那亚西南方向约30英里)。于3月3日在这里同忠诚的维提狄乌斯和他麾下的三个老兵军团会师。这样一来,他已赢下了第一回合。下一个任务是带领这支疲惫之师平安穿过夹在山地和大海之间的利古里亚狭道。安东尼派骑兵再度向北穿越亚平宁山前往波勒提亚(Pollentia)。布鲁图斯陷入了圈套,向西部进军。于是,安东尼得以在不受任何骚扰的情况下进入纳旁高卢,3月中旬抵达尤利乌斯广场镇。

不久,安东尼与雷必达的军队遭遇了。雷必达在穆提纳战役

① Appian, *BC*, 3. 75. 305 ff. ——可能是后人杜撰的。参见 E. Schwartz, *Hermes* XXXIII(1898), 230; F. Blumenthal, *Wiener Studien* XXXV(1913), 269。

期间派到安东尼那里的一员大将一直陪伴着安东尼；另一位则一直留意着保持通往纳旁高卢道路的畅通。[①] 到了 3 月，雷必达敦促元老院接受他的调停；安东尼则公开声称，雷必达是站在自己一边的。他们之间显而易见的共同利益，加上共和派、庞培党重新抬头的形势，使得雷必达不断向元老院派出的、表达自己忠心的代表骗不过任何人的眼睛。

两军的营地之间隔着一条小河。双方士兵都是同胞，因而，动听言辞的力量便抵得上几个军团。在阿尔巴尼亚境内阿普苏斯(Apusus)河畔，恺撒手下的将领瓦提尼乌斯尝试向庞培手下的士兵们发表充满激情的演说；[②]但时间并不长——因为拉比埃努斯 179
介入了进来。雷必达并不像庞培手下的将领对结盟的危险充满警惕。他不打算对安东尼心存戒备——不然的话，他就不可能赢得恺撒党将士们的同情：这些人之所以追随雷必达，并不是出于对他的仰慕与爱戴，而是因为雷必达是恺撒党徒。安东尼指挥过的第十军团率先把他迎进军营。[③] 雷必达默许了这种做法。他手下的一员大将、真诚的共和派尤文提乌斯·拉特雷西斯(Juventius Laterensis)随即伏剑自尽。雷必达现在向元老院派出了一个使

① 他的亲戚玛库斯·尤尼乌斯·西拉努斯便参加了穆提纳战役(*Ad fam*. 10.30.1)。昆图斯·泰伦提乌斯·库勒奥(Q. Terentius Culleo)没有阻止安东尼对纳旁高卢的侵略，反而加入了后者的队伍。雷必达宣称自己为这些人的表现而痛心疾首，但他还是会以慈悲为怀——“他们给了我们沉重一击，违背我们的意志投奔了安东尼；但由于我慈悲为怀和顾念旧情，我还是决定保全他们的性命。”(nos etsi graviter ab iis alesi eramus, quod contra nostram voluntatem ad Antonium ierant, tamen nostrae humanitatis et necessitudinis causa eorum salutis rationem habuimus)(*Ad fam*. 10.34.2)

② Caesar, *BC*, 3.19.

③ Appian, *BC*, 3.83.341 ff.

团，解释说在目前群情激昂的情况下，他麾下的士兵不愿意动手杀害自己的同胞。这封信件以一个尖刻的句子作为结尾，它针对的无疑是西塞罗之前对自己提出的和平建议所表达的坚决反对意见。[①]

3 月 30 日，安东尼和雷必达实现了他们的和平政变。他们现在需要考虑如何对付普兰库斯了。到了 4 月，这位长发高卢总督整顿好军队，做出将要代表共和国进军意大利北部的姿态。4 月 26 日，他渡过罗讷河向东南方向前进，似乎要跟雷必达会师，并前进到距后者的军营 40 英里之内的地方。雷必达鼓励普兰库斯加入自己的阵营。但普兰库斯害怕其中有诈——他太了解雷必达了。[②] 并且拉特雷西斯也向他发出警告，声称雷必达和他的部下都不可靠。于是，普兰库斯掉头撤军，在库拉罗（Cularo，即格勒诺布尔[Grenoble]）驻扎下来。他在那里等待德奇姆斯·布鲁图斯穿过小圣伯纳德狭道（pass of Little St. Bernard）与自己会合。如果普兰库斯当时就已决定投靠安东尼的话，那么他的计划是巧妙且宏伟的——在不发一矢的情况下将布鲁图斯引入死地。布鲁图斯在士气低落、鞍马劳顿、被新兵拖后腿、缺少钱财的状态下，被急不可耐的西塞罗寄来的信件催促着前进。他在 6 月底到达了普兰库斯驻扎的地方。他们的联军合起来共有 14 个军团，但这不过是名义上的数目。其中只有四个老兵军团，剩下的都是新招募的士

① *Ad fam*. 10. 35. 2："quod si salutis omnium ac dignitatis rationem habueritis, melius et vobis et rei p. consuletis。"（但如果你们认真考虑一下全体人民的安危和尊严的话，你们应当能为自己和共和国考虑得更周全一点。）

② *Ad fam*. 10. 23. 1："Lepidum enim pulchre noram。"（我太了解雷必达了。）

兵。普兰库斯是清楚新兵的价值有多么微不足道的。[①]

接下来是一段风平浪静的时期。安东尼并不急于求战。他耐心地等待足以瓦解敌人兵力的时机、恐慌与政治宣传。7 月 28 日,普兰库斯写下了保存至今的、给西塞罗的最后一封信。他的文 180
风依旧不失优雅:他极力表白自己的善意与忠心,解释自己的兵力有多么薄弱,还指责年轻的渥大维放跑了安东尼并同雷必达结盟,用十分激烈的言辞咒骂了他的狼子野心。[②]

波利奥在这个时候带着两个军团从远西班牙行省赶到了。在当年稍早的时候,他曾抱怨说,元老院并未给他任何指令;他也不能违背态度暧昧不明的雷必达的意志而向意大利进军。此外,安东尼和雷必达也派出代表去请求波利奥增援。[③]

波利奥受到与安东尼私交关系的束缚;并且他现在已同普兰库斯和安东尼和解。于是,普兰库斯也加入了最近还被他称为"弑亲者"和"匪帮"的阵营。倒霉的布鲁图斯受到普兰库斯的欺骗和部下的背叛,一路向北逃窜,希望能够穿过阿尔卑斯山区,兜个圈子前往马其顿。结果,他被一个高卢部落酋长设伏杀害了。

指责恺撒党的首领们缺乏英雄主义气概和毫无原则是件易如反掌、但毫无意义的事情。他们原本就跟安东尼没有什么严重冲突;建立一个咄咄逼人的新阵营,动用私人军队和法律权威去进攻一位行省总督的并不是他们。这些将领是无法辨别罗马共和国的

① *Ad fam*. 10. 24. 3:"quantum autem in acie tironi sit committendum, nimium saepe expertum habemus."(我们并不十分清楚,可以在多大程度上信赖战场上的新兵。)

② *Ad fam*. 10. 24. 其中对渥大维的评论见信中第五节以下。

③ 参见他的书信,*Ad fam*. 10. 31-3。

合法政府与权威到底在哪里，代表它们的又是哪些人的。如果我们一定要评判这些人的话，我们也有充分理由证明，他们是在理性地审时度势后才做出各自的举动的。并且他们还有更多的辩解理由。如果原本可以保持中立的波利奥、谨慎且擅长外交手腕的普兰库斯，甚至背信弃义和为人不齿的雷必达真的忠于罗马人民的话，那么他们也一定会选择背叛，因为当时的人正在利用爱国主义等崇高原则去鼓吹会使罗马人流血牺牲的内战。法沃尼乌斯曾声称内战实乃最大的罪恶，甚至比接受暴君专制还要糟糕；而他并不是一个见风使舵之徒或野心家，而是一名斯多葛派哲学家，是加图、布鲁图斯的朋友。[①]

在公民之间爆发的内战中，将领和政治家们发现自己随时会受到士兵们呼声（有些针对具体问题，有些则牵涉到党派立场）的限制，从而不至于在作恶方面走向极端。安东尼的敌人极其反感
181 老兵们的影响。[②] 老兵们不愿意打仗——他们已经拥有自己的土地；并且在军团里服役的士兵们希望能在无须真刀真枪厮杀的情况下从将领手中领取最终的报酬。士兵们不愿意盲从被某个党派所利用的政治原则，也不希望同胞手足相残；为此，他们被安东尼的敌人称作“疯子”。[③] 他们其实配得上更友好的称呼。军队的表现比政客们在党派利益驱使下所做的发言更真实地反映了罗马人

---

① Plutarch，*Brutus*，12：“χεῖρον εἶναι μοναρχίας παρανόμου πόλεμον ἐμφύλιον。”（内战比非法的独裁还要糟糕。）

② *Phil*. 10. 18.

③ *Ad fam*. 10. 11. 2（其中使用了“疯狂”[furor]、“发疯的”[furiosus]等字眼）。

民的情感，后者只会鼓吹“罗马人民和全意大利令人惊异的同仇敌忾”。[1]

安东尼本人的旺盛精力、恺撒麾下军团对他的忠诚，以及西部诸行省总督的胆小怕事、利益需求或爱国热情都使得他得以免受一个反常联盟的武力伤害。在意大利，这个联盟已经瓦解；恺撒的继承人调转兵锋开始攻打自己从前的盟友，并向罗马进军。命运正在塑造一个新的、更为牢固的利益和感情同盟，卷土重来的恺撒党可以借此重建独裁官制度。由于这次重建工作是通过革命的精神与行动完成的，因此它无须尊重生命与财产。

4 月 27 日，罗马全城还在庆祝穆提纳战役的光荣胜利。随着 5 月的到来，欣喜逐渐被幻灭所取代。安东尼已逃到西方。人们纷纷责备德奇姆斯·布鲁图斯的动作迟缓和优柔寡断；他则主张从马其顿召回玛库斯·布鲁图斯。其他人也已经开始谈论是否应征召布置在阿非利加的军团了。

在罗马，共和派阵营的逐步瓦解影响了公共议事活动的正常进行。元老院没有选举下一年的执政官。那里已经没有领导权，没有政策可言。政府为解决共和国军队的开销问题而征收了财产税。但回报是微不足道、令人气愤的；[2]并且自由派的代理人已截留了东方各行省的税收。正如西塞罗在 5 月底所写的那样，元老院已成为他手中的一件折断了的兵器。[3]

① *Ad fam*. 12. 4. 3："populi vero Romani totiusque Italiae mira consensio est."

② 征税的数额其实很小(只有 1%)，但富人拒绝支付(*Ad M. Brutum*, 1. 18. 5)。

③ *Ad fam*. 11. 14. 1："ὄργανον enim erat meum senatus: id iam est dissolutum。"(元老院是我的一件武器，但它现在已经折断了。)

制造骚乱的罪魁祸首是西塞罗的被保护人——那位“上天派来拯救共和国的神圣青年”。[①] 渥大维和他的军队已变得越来越
182 危险。这位青年已经学会了一点西塞罗的俏皮话风格——他应当受到赞美、尊崇，被捧得高高，之后被摔下深渊。[②] 西塞罗或许从来没有说过这样的话。那也没有关系。这一巧妙的设计明白无疑地表明了利用恺撒继承人来消灭恺撒党的天才计划。渥大维并不打算坐以待毙；何况他公开的敌人和虚伪的朋友对他过于年轻这一点的强调已变得越来越令人生厌。渥大维要露一手给他们看看了。

西塞罗在最初与渥大维结盟的时候是清楚地意识到这一充满变数的联盟的危险的。当时他还没有受到蒙蔽。[③] 在穆提纳战役结束后的几个月里，面对着渥大维立场转变的明显迹象，他依旧相信自己的策略是明智的，并且这个联盟已经取得的成绩是值得的。西塞罗指望渥大维会继续支持元老院——尽管它已明目张胆地变为庞培党和共和派。[④]

执政官席位目前空缺着，但并非没有人在争夺。渥大维希望

① *Phil.* 5. 43："quis tum nobis, quis populo Romano obtulit hunc divinum adulescentem deus。"（如果不是神明的话，谁又能赐予我们和罗马人民这样一位神圣青年呢？）

② *Ad fam.* 11. 20. 1："laudandum adulescentem, ornandum, tollendum。"（这个年轻人应被赞美、吹捧，随后被除掉[tollo 一词兼具“抬举”和“除掉”两种含义，西塞罗是在故意使用双关语。——译者]）。西塞罗（*Ad fam.* 11. 21. 1）并没有明确否认自己说过这样的话。

③ 见上文，原书第 143 页。

④ *Ad M. Brutum*, 1. 15. 6（写于 7 月中旬）："tantum dico, Caesarem hunc adulescentem, per quem adhuc sumus si verum fateri volumus, fluxisse ex fonte consiliorum meorum。"（我要说的是，如果我们尊重客观事实的话，那么我们应当承认自己是靠着这位年轻的恺撒才取得现在的成就的，他是我的策略之泉里淌出的一股溪流。）

获得这一荣誉；如果他能够如愿以偿，人们显然需要为这个青年安排一位年长的前执政官作为同僚。在与这件事相关的阴谋方面，我们手头拥有的证据较为稀缺，但十分引人注目。大概在 6 月的时候，西塞罗谴责了某些“叛国阴谋”，揭发了它们的设计者，并当面谴责了似乎正在帮助渥大维实现其野心的恺撒亲戚们（大概是菲利普和马塞卢斯）。[①] 即将成为渥大维同僚的人是谁呢？他很可能是态度暧昧的普布利乌斯・塞尔维利乌斯；因为他恰好在这个夏天（如果不是更早的话）做出了一桩引人注目的政治举动：他让自己的女儿同这个年轻的冒险家订婚了。[②] 西塞罗已经不止一次与塞尔维利乌斯发生过冲突；就在 4 月初，在围绕一项讨好普兰库斯的议案所进行的争吵中，他把塞尔维利乌斯描述为“一个疯狂的家伙”（homo furiosus）。[③]

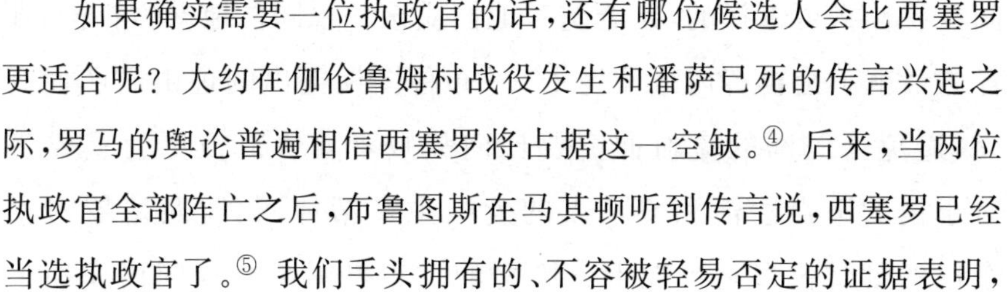

如果确实需要一位执政官的话，还有哪位候选人会比西塞罗更适合呢？大约在伽伦鲁姆村战役发生和潘萨已死的传言兴起之际，罗马的舆论普遍相信西塞罗将占据这一空缺。[④] 后来，当两位 183
执政官全部阵亡之后，布鲁图斯在马其顿听到传言说，西塞罗已经当选执政官了。[⑤] 我们手头拥有的、不容被轻易否定的证据表明，

① *Ad M. Brutum*, 1. 10. 3. 他在那封信中将渥大维描述为“一个始终接受我的指导、拥有罕见的高贵品质和令人敬佩的坚定意志的人”（meis consiliis adhuc gubernatum, praeclara ipsum indole admirabilique constantia）。

② Suetonius, *Divus Aug*. 62. 1. 这是唯一的现存证据，已无法考证。

③ *Ad M. Brutum*, 2. 2. 3. 经过长达两天的辩论后，塞尔维利乌斯终于被击败了——“他被我彻底驳倒了，我希望自己已经给了他永久性的教训，使他今后更讲道理一点”（a me ita fractus est ut eum in perpetuum modestiorem sperem fore）。

④ 这条谣言是西塞罗的敌人们散布的，见 *Phil*. 14. 15 f.。

⑤ *Ad M. Brutum*, 1. 4a. 4（5 月 15 日）。

后来确实有人提出了这个建议。[1] 西塞罗和渥大维应当共同成为执政官。显然，这位年长政治家的成熟智慧可以很好地引导和压制那位青年过分膨胀的野心。西塞罗也一直怀有这样的大胆想法，希望能成为一位军事将领的政治谋士；这与他从去年秋天开始实施的一系列计划是一脉相承的。

布鲁图斯显然是害怕类似的安排的。[2] 他继续留在马其顿，尽管元老院在穆提纳战役后已表决征召他返回意大利。到了6月，西塞罗写信敦促他返回。布鲁图斯拒绝了。两人性格上的不能相容由于他们的目标和策略的完全相左而被进一步放大了。两起偶然事件清晰地反映了这一事实。围绕着如何处置布鲁图斯在马其顿逮捕盖约·安东尼的问题，两人已经彼此出言不逊了。西塞罗坚持认为该罪犯应被处决：在多拉贝拉和安东尼三兄弟之间没有什么可选择的，元老院对他们应该一视同仁地严厉打击，那样的话就不会再有内战发生了。[3] 布鲁图斯提出的理由简明而高尚：避免公民间的流血冲突要比向战败者复仇泄愤更为重要。[4] 对于他的坚强性格和罗马人的爱国主义精神而言，西塞罗对安东尼的刻骨仇恨是令他十分厌恶的。布鲁图斯并未同玛库斯·

① Appian, *BC*, 3. 82. 337 ff.; Dio, 46. 42. 2; Plutarch, *Cicero*, 45 f. 如果我们相信普鲁塔克的话，那么奥古斯都曾经承认，自己利用了西塞罗想要担任执政官的野心。

② *Ad M. Brutum*, 1. 4a. 4（3 月 15 日）。

③ *Ad M. Brutum*, 1. 2a. 2："salutaris severitas vincit inanem speciem clementiae. quod si exercendam。"（正直的严厉是优于毫无意义的仁慈姿态的。如果我们当真心慈手软的话，我们就永远也摆脱不了内战。）

④ *Ad M. Brutum*, 1. 2a. 2："acrius prohibenda bella civilian esse quam in superatos iracundiam exercendam。"（我们应当把更多的精力放在阻止内战上，而不是向被征服者泄愤。）

安东尼断绝一切关系——他或许还希望有朝一日能同安东尼和解：[1]到那个时候，这位恺撒党领袖的弟弟将是一名十分有用的人质。

布鲁图斯竭尽全力想要避免挑起内战，甚至乐意为了维持和谐而自愿忍受放逐的命运。[2] 事态的发展逐渐迫使他做出一个决 184
定。当他在公元前 44 年 8 月离开意大利时，他还没有打算要集合东方的军队，进入意大利，以武力重建共和国。他并不相信暴力的作用。他在雅典寻找盟友，与行省总督们开启了谈判，但并未马上行动起来。意大利起兵和恺撒继承人向罗马进军的消息终于使他相信，继续投鼠忌器或使用合法手段已经不合时宜了。[3] 但即便到了这个时候，对于布鲁图斯来说，掌控马其顿行省和军队也不是为了打仗，而是保护自己的手段与和谈时讨价还价的筹码。他不愿意动用武力，也不想过早堵死妥协的道路——在这方面，他或许同态度更为坚决的卡西乌斯也存在着矛盾。[4] 在任何情况下，原

[1] Gelzer，P-W X，1003 f. 安东尼在 2 月份的时候认可了布鲁图斯和卡西乌斯担任公元前 41 年执政官的要求，见 Phil. 8. 27，参见 Dio，46. 30. 4；35. 3。

[2] 可比较自由派发布的最后一份宣言（Velleius，2. 62. 3）："libenter se vel in perpetuo exilio victuros，dum res publica constaret et concordia，nec ullam belli civilis praebituros materiam."（为了共和国的长治久安，他们宁可终生忍受放逐，也不愿意为内战留下口实。）

[3] 现存史料不足以帮助我们确定布鲁图斯控制马其顿行省（以及卡西乌斯控制叙利亚行省）的具体时间。根据格尔泽尔（Gelzer）的看法，布鲁图斯直到获悉了 11 月 28 日的事件（即安东尼剥夺了布鲁图斯和卡西乌斯拒绝前往就任的、他们作为大法官卸任后理应获得的行省）后才开始行动。这个日期或许晚于实际情况，因为在冬季条件下，这个假设恐怕不符合当时的消息传播速度和部队调动速度。

[4] 这或许可以说明，他为何不急于在罗马公布卡西乌斯已夺取东方兵权的消息（*Ad M. Brutum*，2. 4. 5）。

则和荣誉感都会要求一位真正的共和派尽量避免最糟糕的内战。雷必达是恺撒党徒，但他也是布鲁图斯同母异父妹妹的丈夫，布鲁图斯并不愿意下令逮捕他的家人。在罗马贵族进行的内战中，家族纽带的重要性是高于政治仇怨的。[①] 6 月 30 日，雷必达被宣布为公敌。在听说这个消息之前，预见到将要出现这一情况的布鲁图斯曾写信给西塞罗，为自己的妹夫说情。西塞罗给他的答复是一通指责。[②]

对于共和国而言，渥大维比安东尼更加危险，这是忧郁但富有洞察力的布鲁图斯的看法。他留下来的两封书信反映了他在这个问题上的远见卓识。[③] 其中一封是写给阿提库斯的："推翻安东尼，用渥大维的个人统治取而代之究竟有什么好处呢？西塞罗跟萨尔维狄埃努斯一样糟糕。这些人太畏惧死亡、流放和贫困了。西塞罗这个人可以放弃他的一切原则，心甘情愿地忍受奴役，投靠一位合乎自己心意的主子。可我布鲁图斯则要继续同一切让个人凌驾于法律之上的权力斗争到底。"[④]

在得悉西塞罗写给渥大维的一封信件的大致内容后，这位真
185 正的罗马人和共和派也失去了最后的耐心："重读一遍你写下的那

① 见上文，原书第 64 页。

② *Ad M. Brutum*, 1. 15. 10 f.

③ *Ad M. Brutum*, 1. 16 and 17（可能写于 7 月初？）。关于这两封书信的真实性问题存在着争论，但双方的理由都不充足。

④ *Ad M. Brutum*, 1. 17.

些话吧，你敢说那不是奴才向主子发出的哀求吗？"[①]西塞罗曾认为他能够说服渥大维原谅刺杀恺撒的凶手。"我宁可去死，也不愿活着得到他的宽恕；[②]还是让西塞罗在耻辱中继续苟活吧。"[③]

即便到了 7 月中旬，当图穷匕见的日子已经临近时，西塞罗仍不愿意向布鲁图斯承认，他与恺撒继承人的联盟是一个灾难性的失败。他声称自己会对这一策略负责。但信的内容揭示了他的心虚——他不停地催促布鲁图斯返回意大利。在同塞维莉娅会晤后，西塞罗于 7 月 27 日向布鲁图斯发出了最后一次请求。[④] 但此时的布鲁图斯已经远在天边。他在 5 月底之前开始穿越马其顿行省向东行进，以便整顿色雷斯地区的事务，从多拉贝拉手中重新夺取亚细亚行省，并同卡西乌斯会师。如果没有卡西乌斯和东方资源的话，返回意大利将是一步致命的失策。恺撒党的将领们马上

① *Ad M. Brutum*, 1. 16. 1: "pudet condicionis ac fortunae sed tamen scribendum est: commendas nostrum salute illi, quae morte qua non perniciosior? ut prorsus prae te feras non sublatam dominationem sed dominum commutatum esse. verba tua recognosce et aude negare servientis adversus regem istas esse preces."（我为自己的处境和命运感到惭愧，但我还是要给你写信：难道你把我们的安全托付给了那个家伙，那个比死亡更可怕的祸害吗？你所做的不是废除独裁统治，而只是更换一个主人而已。重读一遍你写下的那些话吧，你敢说那不是奴才向主子发出的哀求吗？）

② *Ad M. Brutum*, 1. 16. 1: "atqui non esse quam per illum prestart."西塞罗本人曾在前一年的 11 月写过"这个家伙可不是我们的救星"（μηδὲ σωθείην ὑπό γε τοιούτου）（*Ad Att.* 16. 15. 3）的话。

③ *Ad M. Brutum*, 1. 16. 8: "longe a servientibus abero mihique esse iudicabo Romam, ubicumque liberum esse licebit, ac vestri miserebor, quibus nec aetas neque honores nec virtus aliena dulcedinem vivendi minuere potuerit."（我将把能够享有自由、长期远离奴役的任何地方视为罗马。并且我将为你们感到可怜，因为时代、荣誉和他人的良好榜样都不能让你们视死如归。）

④ *Ad M. Brutum*, 1. 18. 1 ff.

就会联合起来消灭他——渥大维将会暴露其本来面目，公开站在恺撒党一边去对付刺杀恺撒的凶手。

在5月份的时候，已经有人怀疑过渥大维打算谋求执政官的计划；他的阴谋在6月份则已昭然若揭。到了7月，一批古怪的、由400余名百夫长和士兵组成的请愿者队伍向元老院发起冲击，随身带着军队的委托书和恺撒继承人的议案。他们为自己要求政府许诺过的报酬，为渥大维要求的则是执政官职位。他们推举渥大维担任执政官的理由是大量类似的历史先例。[①] 西塞罗自己已经使用过年富力强和功勋卓著等论据了。[②] 元老院拒绝了他们的要求。一切即将由刀剑来决定。[③]

在短短的10个月里，这位恺撒继承人第二次向罗马进军。他统率八个军团渡过卢比孔河，以跟恺撒一样的机动性率领精兵强将快速推进。罗马城陷入一片恐慌。元老院派出信使，建议让渥
186 大维代行执政官之权[④]——这可能是西塞罗提出来的和解方案，他仍然相信这个冒险家是有可能通过合法手段争取过来的。但渥大维并没有停止进军的脚步。

此刻，一道带有迷惑性的希望之光掠过共和国这条即将沉没的大船。从阿非利加行省赶来的两个老兵军团抵达了奥斯提亚。他们同一个新兵军团一起驻扎在雅尼库鲁姆山(Janiculum)，罗马

---

① Appian, *BC*, 3. 88. 361.

② Phil. 5. 47，另见上文，原书第167页。

③ Suetonius, *Divus Aug*. 26. 1 &c.（其中包含了一名百夫长在元老院里做出戏剧性动作的惟妙惟肖、但可能属于添油加醋的描述）。

④ Dio, 46. 44. 2.

城也做出了防守的姿态。史料中没有提及元老院当时是否已宣布渥大维为公敌：在残酷的内战中，这些表面文章已经变得越来越不重要了。渥大维沿着弗拉米尼乌斯大道一路南下，未遭任何抵抗就进入了罗马城。共和国的三个军团毫不犹豫地叛变投敌了。一个大法官伏剑自刎——这是整个过程中唯一的一起流血事件。元老们争先恐后地冲出城去向渥大维投诚；西塞罗也在队伍之中，但并不在前列。“啊，我的最后一位朋友。”年轻人如是说。[①]

即便到了这个时候，有些人仍不死心。当天晚上，有消息称，曾在去年 11 月背叛执政官安东尼、加入渥大维阵营的第四军团和玛提乌斯军团——西塞罗称之为“上天派来的军团”——已宣布将为共和国而战。元老们仓促召开了集会。一个身为西塞罗朋友的保民官向罗马广场上的民众宣布了这个鼓舞人心的消息；元老院还派出一位官员前往皮克努姆地区募兵。但这条消息不过是谣传而已。[②]

第二天，渥大维决定在不带贴身卫士的情况下进入罗马城，以便确保进行一场“自由的选举”。民众选举他和昆图斯 · 佩狄乌斯为执政官——后者是渥大维的一个默默无闻的亲戚，其事迹已不可考；他担任执政官几个月后就去世了。新任的执政官进入罗马，向不朽的诸神献了祭。人们在天空中看到了十二只秃鹰，那是罗马建城者罗慕路斯的象征。[③] 这一天是 8 月 19 日。渥大维那时还不满 20 岁。

---

① Appian，*BC*，3. 92. 382. 这一情节可能是后人杜撰的。

② Appian，*BC*，3. 93. 383 ff.

③ Suetonius，*Divus Aug*. 95.

187 # 第 14 章　公敌宣告运动

在 10 个月内，恺撒的继承人第二次尝试控制罗马。第一次的时候，他曾试图以政坛要人和共和派为后盾。现在，他已经成为执政官，对他仅存的威胁只有作为对手的军队将领了。

目前，他需要完成一些简短的、走形式的工作。为了审判并惩罚杀害恺撒的凶手，执政官佩狄乌斯颁布法令，设立了一个特别法庭；该法庭很自然地编织罪名，把共和派将领绥克斯图·庞培和这些国家重犯归于一类。野心勃勃或厚颜无耻的人极力表白自己的忠心，争先恐后地要求获得处决犯人的权利。阿格里帕控告了卡西乌斯；[①]一个名叫卢奇乌斯·科尼菲奇乌斯的人将布鲁图斯作为他的陷害对象。[②] 尽管陪审团是精心挑选出来的，其中还是有一个人投票主张赦免这些被告，并且他直到公敌宣告运动按部就班地开展起来的时候仍不为所动。渥大维还有时间耐心等待，好把自己主要的和次要的敌人一并清算。

罗马或许已经提前嗅到了合法谋杀的气味。大法官昆图斯·伽利乌斯(Q. Gallius)被指控试图谋杀执政官渥大维。义愤填膺的同僚罢免了这个罪犯，暴民洗劫了他的住宅；显然已经非法越权

① Velleius，2. 69. 5. 威利乌斯的一位叔父或舅父参与了此事。

② Plutarch，*Brutus*，27.

了的元老院判处了他死刑。[①] 昆图斯·伽利乌斯较幸运的一点是他没有被处决，而是乘船离开了；他的死亡就由海盗或沉船事件来负责了。[②]

渥大维曾经为国家贡献了他继承的遗产，现在国家理应对他予以回报。他夺取了国库。国库尽管已几近枯竭，但还是能为他的每个士兵提供 2500 第纳尔——这个数额超过他们每年军饷的十倍。[③] 之后，他们还应得到同样数目的钱财。在拥有一支已经壮大到 11 个军团的忠诚部队的情况下，执政官离开罗马去迎接安东尼——现在他可以与安东尼平起平坐了。安东尼在穆提纳遭受了挫折，被打败了。对于渥大维来说那已经足够。恺撒的继承人并不打算，也没有实力去消灭最强大的恺撒党将领。因此，渥大维

在穆提纳战役结束后迅速改换了阵营。据说他十分优待沦为自己 188
阶下囚的安东尼部下，并派出一名官员去向安东尼示好。[④] 安东尼和雷必达的结盟扫清了一切障碍；各方可能在这一时期进行了沟通。渥大维很快发出了明确信号。当渥大维沿着弗拉米尼乌斯大道北上时，他命令另一位执政官撤销宣布安东尼和雷必达不受法律保护的法令——雷必达当时已被宣布为公敌。

安东尼担任执政官的后六个月彻底摧毁了 3 月 17 日建立的联盟，并暂时造成了恺撒党的分裂。随着罗马城中庞培党势力的

---

① Appian, *BC*, 3. 95. 394.

② Suetonius, *Divus Aug*. 27. 4.

③ Appian, *BC*, 3. 94. 387；参见 74. 303。

④ Appian, *BC*, 3. 80. 329（此人名叫普布利乌斯·德奇乌斯[P. Decius]，其相关记载参见 *Phil*. 11. 13；13. 27）。

死灰复燃和布鲁图斯、卡西乌斯在东方的羽翼日丰，恺撒党的领袖们不可避免地重新走到了一起。与其说他们是代理人，还不如说他们只是工具。站在他们身后的是军团和革命力量。

渥大维翻越了亚平宁山，带着精锐的先锋部队再度进入山南高卢地区。在总兵力方面，雷必达和安东尼可能对年轻的执政官占有压倒性优势。但名分和好运再次佑助了渥大维。他如今在谈判中已经可以同另外两人平起平坐；但权力的最终分配结果还是反映了三位领袖之间的真正关系。

在为保护人身安全而采取了精细缜密的、显然不可或缺的防护措施后，三位巨头在波诺尼亚附近的一个河心岛上举行了会晤。日程紧凑的两天会谈决定了罗马世界的命运。安东尼在担任执政官时曾永久性地废除了独裁官头衔。这个专权的职位又通过另一个头衔——“维护共和国法治的三巨头”(tresviri rei publicae constituendae)而复活了：这三个人将在维持罗马国家秩序这一老生常谈的借口下掌握绝对专制权力达五年之久。当一个同盟在罗马攫取了权力之后，它可资利用的统治工具包括罗马城内的上层行政机构和行省中的军队。由于独裁官之职实际上已被恢复，执政官头衔已经变得有名无实，此后再也不曾恢复自己的权威。但它仍旧是声望和贵族身份的标志。三巨头为今后几年的官职人选提前做好了安排，以便建立权力和影响力等方面的真正平衡。

安东尼迫使渥大维放弃了自己已经取得的执政官头衔。是年剩余时间里的执政官职务由普布利乌斯·维提狄乌斯和盖约·卡
189 里纳斯担任。这两位执政官让人想起了意大利同盟战争和马略

党。雷必达似乎压根没有几个有名望的或出类拔萃的党徒，这并不令人吃惊。在他麾下的将领中，拉特雷西斯已在羞愧中自尽；普布利乌斯·卡尼狄乌斯·克拉苏（P. Canidius Crassus）和鲁弗雷努斯（Rufrenus）是执着的安东尼党徒；[①]曾代表他向安东尼通风报信的玛库斯·西拉努斯（M. Silanus）很快倒向了共和派。[②] 剩下的党羽都无足轻重。然而，雷必达本人将在下一年第二次当选执政官，其同僚为普兰库斯。公元前 41 年的执政官头衔将属于普布利乌斯·塞尔维利乌斯·伊苏里库斯和卢奇乌斯·安东尼；公元前 40 年的执政官为波利奥和格涅乌斯·多米提乌斯·卡尔维努斯。恺撒党羽塞尔维利乌斯和卡尔维努斯已经是前执政官和显贵阶层的成员了。显贵阶层内部的政治盟约从来都是与政治联姻共同存在的，并且在这个时候，军队也要求采取措施来预防恺撒党的分裂。渥大维抛弃了已同他订婚的塞尔维利乌斯之女，转而迎娶了克罗狄乌斯和福尔维娅的女儿、安东尼的继女克劳狄娅。[③]

在西部诸行省中，安东尼暂时控制着他通过公民大会投票获得的领土，即山南高卢和长发高卢两个行省；从地理位置和军力看，这两个省份是具有决定性意义的。安东尼似乎把山南高卢总督的职位留给了自己的党羽波利奥，或许让他在那里就任两年，直

① *Ad fam*. 10. 21. 4.

② 他至少在公元前 39 年与绥克斯图·庞培在一起（Velleius，2. 77. 3）。

③ Suetonius，*Divus Aug*. 62. 1.

到他在公元前 40 年担任执政官为止。[①] 雷必达保住了他之前对纳旁高卢和近西班牙两个行省的控制权，此外还加上了远西班牙——因为波利奥离开了这个行省。渥大维分到的部分少得可怜——阿非利加行省和西西里、撒丁岛与科西嘉岛。当时，阿非利加行省的归属权还未可知，在一场长达数年的地区性内战中几度易手。[②] 至于那些岛屿，人们当时已经开始担心、并且很快就变为现实的情况是：其中一些被冒险家绥克斯图·庞培夺取了，后者在事实上掌握着元老院在当年早些时候对抗安东尼的战争中授予他
190 的海军指挥权。

庞培在公元前 60 年后之所以能够成为政治巨头，是因为他公开或秘密地控制了各种国家机构。庞培及其盟友并不宣称自己要代表国家政府：只要能够限制、削弱他们的对手就够了。独裁官恺撒原谅了他的敌人，甚至帮助他们重返政坛。然而，三巨头却决定将其对手斩草除根，其理由是庞培党徒曾对恺撒的仁慈忘恩负义。[③] 恺撒党的领袖们已经违背了公法；他们现在又侵犯了公民

---

① 另外一种可能是卢奇乌斯·安东尼在公元前 42 年还统治着山南高卢，波利奥直到公元前 41 年才成为那里的行省总督。到了公元前 41 年 1 月 1 日，卢奇乌斯·安东尼用一场庆祝自己打败亚平宁山区部族的凯旋式为自己的执政官就职仪式剪彩。然而，狄奥却说“他完全不曾治理过那个地区”（οὔθ' ὅλως ἡγεμονίαν ἐν τοῖς χωρίοις ἐκείνοις ἔσχε），这个说法可能是错误的。公元前 43 年，瓦里乌斯·科图拉（Varius Cotyla）留下来治理长发高卢地区（Plutarch，*Antonius*，18）；公元前 41 年的时候，维提狄乌斯和卡勒努斯驻守在那里。

② 从前的恺撒党徒昆图斯·科尼菲奇乌斯、公元前 44 年的旧阿非利加行省总督仍留在那里；他忠于元老院，反对安东尼，拒绝承认后三头的地位。他随后还同新阿非利加行省总督提图斯·绥克提乌斯进行过战斗。

③ 阿庇安（Appian，*BC*，4. 8. 31 ff.）记载了他们公开宣言中的要点。

的私人权利——不过对于那些曾被宣布为公敌的人来说，这样的报复也算不得过分。

罗马城在恐惧和种种异象中瑟瑟发抖。元老院火速从埃特鲁里亚地区招来了一批占卜师。其中最受尊敬的一位惊呼古老的王政正在重新降临，并当场自尽身亡。[①] 这一场景可能颇具感染力，但占卜师的预言却毫无用处。三位将领向罗马行进，分别在不同日期举行的庆典仪式中进城。于 11 月 27 日表决通过的《提提乌斯法案》(*Lex Titia*)确立了波诺尼亚协定中提出的三头政治。当时活着的人中有许多还记得苏拉。之前的公敌宣告运动往往是秘密恐惧的结果、敌对宣传中的借口或公开威胁的表现形式——“苏拉过去可以，如今我为何不能”(Sulla potuit，ego non potero)？[②] 但这一次运动超越了之前的所有记忆和恐惧。仿佛为了展示自己的冷酷无情一样，三巨头通过逮捕、处决一位罗马平民保民官的方式拉开了公敌宣告运动的序幕。[③]

恐惧下的罗马社会见证了复仇的残酷欲望和贪得无厌、背信弃义等可耻罪恶的胜利。罗马的法律和政治体制已被颠覆。它们的殉葬品还有荣誉和安宁、亲情和友谊。但恐惧并未压倒一切。这一时期的历史也记载了一些英勇无畏、不畏强暴的光辉事例；提到了忠贞的妻子和诚实的奴隶；[④]而关于兴衰变迁和神奇逃脱的

① Appian，*BC*，4. 4. 15——此人或许就是塞尔维乌斯(Servius，*Ecl*. 9. 47)提及过的占卜师伍尔卡尼乌斯(*haruspex* Vulcanius)。

② *Ad Att*. 9. 10. 2.

③ Appian，*BC*，4. 17. 65.

④ 如在 *ILS* 8393 中受到赞美的妻子。

191 逸事也为记载这段材料空前丰富时期的著作增添了光彩。①

对于接受过严格教育、受到法律约束，且未曾经历过让最高贵的罗马人血流成河的惨烈战事的青年渥大维，后世记载有时会对他表示同情，甚至为他辩护。他本人日后撰写过一部自传；其他辩护者则巧妙地表明，慈悲为怀的渥大维原本不想大开杀戒，只是拗不过更为年长、更加心狠手辣的同僚们的残忍要求而已。人们为此还讲述了福尔维娅贪婪嗜血的可怕故事。我们很难确信渥大维的同时代人会赞同这样的看法。如果他们真的有闲暇和兴致去将那三位恐怖分子区别对待的话，他们恐怕不大可能会对渥大维格外宽容。他们大概会惋惜，像安东尼这样的优秀士兵和罗马贵族何以会堕落到加入这样一个同盟，并采纳如此不负责任的权宜之计。但安东尼至少还拥有某些借口——他在担任执政官的时候受到过党争和叛国阴谋的骚扰；他在担任行省总督时被宣布为法外之徒。渥大维则没有受过这些委屈，他除了自己的名字外也没有建立过任何功业——“你是个依靠自己的名字获得一切的男孩”(puer qui omnia nomini debes)，安东尼和其他许多人都这样说。这个光辉的名字现在也染上了污点。恺撒的继承人已不再是一个举止冒失的少年，而是一个冷酷且成熟的恐怖分子。② 然而，对他

① Appian, *BC*, 4. 16. 64：“πολλὰ δ᾽ ἐστί, καὶ πολλοὶ ῾Ρωμαίων ἐν πολλαῖς βίβλοις αὐτὰ συνέγραψαν ἐφ᾽ ἑαυτῶν。”(这一类的事迹是很多的，并且许多罗马人在大量作品中反复记载着这些事件。)这些故事经历了漫长的流传历程，最终弥补了罗马人缺乏散文小说的遗憾。

② Suetonius, *Divus Aug*. 27. 1：“restitit quidem aliquamdiu collegis ne qua fieret proscription, sed inceptam utroque acerbius exercuit。”(尽管他曾劝阻同僚们不要发动公敌宣告运动；但当这场运动开始的时候，他却干得比其他人更为冷酷无情。)

的一味谴责和为他进行的巧言辩护都是不恰当的。[①]

后三头是无情的、讲逻辑的和前后举止一致的。在已知的公敌名单中，他们列入了 130 名元老和大量罗马骑士。[②] 他们的胜利属于一个党派。[③] 但他们的首要目标并非将政治对手和不肯支持自己的中立派一网打尽。并且牺牲者的总数或许也没有亲历者在恐慌中所设想的，或后世的小说、史书不加甄别地接受的数目那样巨大。日后，许多受到恺撒党保护，甚至提携的奸猾之徒杜撰或夸大了公敌宣告运动时期的生命危险和财产损失。 192

当看到雷必达把他的兄弟保卢斯(Paullus)，安东尼把他的舅父、年迈且毫无过错的共和派卢奇乌斯·尤利乌斯·恺撒列入公敌名单时，我们可以说，罗马的阶级感情和普世的人性确实已被颠覆。但两个人都没有被处死。凶手们杀害的前执政官只有一个人——玛库斯·图利乌斯·西塞罗。恺撒党的领袖们之所以把他们的亲戚和社会名流列入公敌名单，主要是为了巩固内部团结和恐吓敌人和不满者，并不是为了大开杀戒。许多被通告为公敌的人安然无恙地逃脱了，跑到东方的自由派或控制着西方海域和岛

① Rice Holmes, *The Architect of the Roman Empire*, 1. 71.

② Livy, *Per.* 120(参见 Orosius, 6. 18. 10; Florus, 2. 16. 3)——这个数字可能过低了。阿庇安给出的数字是 300 名元老(Appian, *BC*, 4. 5. 20; 参见 7. 28)和 200 名骑士。普鲁塔克提供的数字在 200 人至 300 人之间(Plutarch, *Cicero*, 46; *Brutus*, 27; *Antonius*, 20)——他指的应该是元老。令人遗憾的是，与骑士阶层这一重要群体相关的材料极其匮乏。现存史料中保存的公敌名字总共接近 100 个(Drumann-Groebe, *Gesch. Roms* I^2, 470 ff.; H. Kloevekorn, *De proscriptionibus*, &c., Diss. Königsberg, 1891)。

③ 关于这一问题，特别参见 M. A. Levi, *Ottaviano Copoparte* I, 229 ff.。——尽管该作者或许过分强调了公敌宣告运动的非个人色彩。

屿的绥克斯图·庞培那里。在对公敌的迫害发动之前，后三头拖延和发出警告的时间已经够长了。对于后三头而言，他们必须要做的不过是把政敌赶出意大利，以便当他们与自由派决一死战的时候不会在意大利发生任何武装起义。西塞罗原本也可以逃脱——但他因为优柔寡断而拖延得太久了。对西塞罗的谋杀使后三头蒙上了污点，并丰富了关于这一不朽主题的文学创作。[①]

但逃亡者并不能随身带着自己的全部财产。有些公敌彼此串通，或在保护下继续留在意大利；另一些人很快又返回了意大利，保住了性命，但损失了钱财。[②] 在罗马的党争中存在着一个缓冲因素，它在有些情况下、至少在贵族当中能够避免最糟糕的极端情况。苏拉在显贵中有很多敌人；但其中最著名的一些人，如布鲁图斯的父亲等，通过家族联系和社会影响得以避免被宣布为公敌。法律权威的沦丧和无时不在的内战威胁使得人际关系变得更加宝贵，并驱使人们去提前寻求强者的保护。例如，银行家阿提库斯并没有因为一视同仁或杀鸡儆猴的需要而被宣告为公敌，那是因为他最近对公敌安东尼的妻子和家人十分友善。他为此在某些社交

① 关于西塞罗死亡的详细记述中有李维的作品(被塞涅卡转引[Seneca, *Suasoriae*, 6. 17])；以及 Plutarch, *Cicero*, 47 f.; Appian, *BC*, 4. 19. 73 ff. 对这一主题的最好记载来自波利奥(引自 Seneca, *Suasoriae*, 6. 24)，他指出了西塞罗的过失，但对此加以宽恕："但既然任何凡人所拥有的美德都不是完美无缺的，那么只要一个人的整体品质在一生中的大部分时间里是合乎道德的，我们就应当认为他是位正人君子。"(sed quando mortalium nulli virtus perfecta contigit, qua maior pars vitae atque ingenii stetit, ea iudicandum de homine est)

② *ILS* 8393 可以证实存在着这类宽恕和在一年后返回家乡的例子。

圈里引起了非议，[1]但他仍旧不为所动。此外，阿提库斯也准备好了在共和派获胜的情况下如何自保——他庇护了布鲁图斯的母亲。[2] 阿提库斯还成功地拯救了骑士卢奇乌斯·尤利乌斯·卡利 193
杜斯（L. Julius Calidus，此人享有诗人的声名，但只在同时代人中）。[3] 而年迈的玛库斯·泰伦提乌斯·瓦罗（他从前当过军人和行省总督，但现在是一位与世无争的博古学者）则在卡勒努斯家中得到了庇护。[4]

远见和正确的投资保全了阿提库斯——否则的话，家财万贯这一条就足以致他死命。恺撒党正在罗马与共和派战斗；很快又要在东方同他们交手。但这场斗争的性质并不纯粹是政治的：它类似于一场阶级斗争，逐渐使恺撒党完成了蜕变与巩固。

然而，任何一个地方都存在着个人立场与地域帮派。在忠于党派利益的幌子下，人们也会为了谋利或报复而把自己的私敌拉入公敌名单。在意大利各城镇里，许多围绕财富和权力所展开的长期斗争现在终于尘埃落定了。科普尼乌斯家族（Coponii）是提布尔的一个古老家族，[5]而将一位科普尼乌斯列入公敌名单的事情很可能是普兰库斯干的。[6] 普兰库斯的一个兄弟和一个外甥也

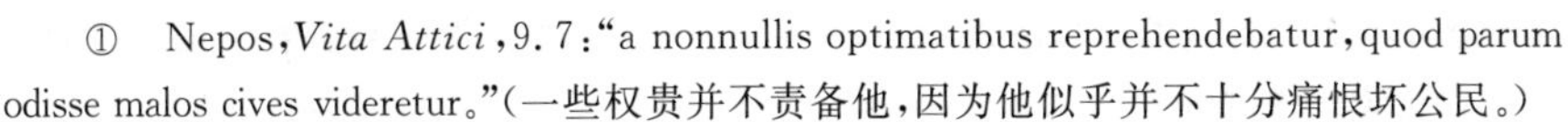

① Nepos, *Vita Attici*, 9.7: "a nonnullis optimatibus reprehendebatur, quod parum odisse malos cives videretur."（一些权贵并不责备他，因为他似乎并不十分痛恨坏公民。）

② Nepos, *Vita Attici*, 11.4.

③ Nepos, *Vita Attici*, 12.4. 根据奈波斯的说法，他是卢克莱修和卡图鲁斯之后风格最高雅的诗人。他在其他方面的事迹大都不为我们所知。

④ Appian, *BC*, 4.47.202 f.

⑤ *Pro Balbo*, 53；参见 *ILS* 3700（那个家族中产生的一名市政官）。

⑥ Appian, *BC*, 4.40.170. 关于那个家族对普兰库斯产生的敌意，参见 Velleius, 2.83.3；下文，原书第 283 页。

在名单当中。[①] 波利奥在马鲁奇尼人中的对手很可能被列入了公敌名单，[②]而他的岳父也被宣布为公敌。[③] 这些著名的例子使得意大利各城镇中的有产阶级——他们在公开场合因自己的古老美德而受到赞美，其私下里的表现却是贪得无厌和不择手段的——获得了作恶和谋杀的许可（如果这些行为还需要许可的话）。拉瑞努姆镇（Larinum）即将表现出自己是配得上其声名的。[④] 在其他地方，早期斗争中战败的和陷于贫困的幸存者卷土重来；他们贪得无厌，怀着满腔仇恨。凶恶的玛尔西人和佩利尼人拥有了长久的和痛苦的记忆。但有些被宣告为公敌的人凭借在日常生活中展示出的美德、个人影响力或对家乡同胞的手足之情而得救。卡勒斯城
194 的市民们戍卫着城墙，拒绝交出希提乌斯（Sittius）。[⑤] 大地主卢奇利乌斯·希鲁斯指挥着他的追随者和佃户，武装了手下的奴隶，杀开一条血路，终于成功穿越意大利内陆地区而抵达了海岸。[⑥]

① 他的兄弟盖约（Gaius，另名卢奇乌斯·普罗提乌斯·普兰库斯［L. Plotius Plancus］）被宣布为公敌，并被杀害了（Pliny，*NH*，13. 25）。但他的外甥玛库斯·提提乌斯（M. Titius）却成功脱逃（Dio，48. 30. 5），后来与普兰库斯一道交了好运。

② 乌尔比尼乌斯·帕纳皮奥（Urbinius Panapio，Val. Max. 6. 8. 6）很可能就是马鲁奇努斯家族的人；肯定有一位名叫乌尔比尼娅（Urbinia）的姑娘嫁给了来自马鲁奇努斯家族的克鲁西尼乌斯（Clusinius，Quintilian，7. 2. 26），波利奥日后曾在一场著名的法庭诉讼中为她做过辩护。

③ 即卢奇乌斯·昆克提乌斯（L. Quinctius），其出身不详，后来死在海上（Appian，*BC*，4. 27. 114）。

④ *Pro Cluentio*，*passim*.

⑤ Appian，*BC*，4. 47. 201 f. 这位希提乌斯——可能是努克里亚的普布利乌斯·希提乌斯（P. Sittius of Nuceria）的亲戚——曾在卡勒斯进行过投资。

⑥ Appian，*BC*，4. 43. 180. 关于伟人庞培的这位堂兄弟，参见上文，第 48 页注②，原书第 31 页注 1。

阿伦提乌斯(Arruntius)也做到了同样的事情。[1] 阿伦提乌斯家族(Arruntii)是沃尔西城镇阿提纳的一个富裕家庭,或许还不属于元老阶层。[2] 当地贵族大多支持恺撒;[3]其中一些肯定会继续支持后来的恺撒党。一些富有的家族,如来自福尔米埃的埃利乌斯·拉米亚家族或来自卡勒斯的维尼奇乌斯家族(Vinicii),似乎并未被宣告为公敌;他们要么已经获得了保护,要么就是通过出钱换来了庇护。[4]

庞培、恺撒等将领的野心引发了内战,但他们并不打算挑起或引发革命。同强大财阀和拥有大地产的士绅代表关系密切的恺撒是反对对意大利境内的财产进行大规模的重新瓜分的。他保留了苏拉馈赠的财产。此外,他的许多殖民地都建立在行省地区,没有设在意大利境内。恺撒击败庞培后,他的党派兴起了;但恺撒的追随者是千差万别的,独裁官的地位高于各党派。他并没有领导一个阶级去对抗另一阶级。如果说他确实挑起了一场革命的话,那么他接下来的举动就是阻止它的发展,巩固既成秩序。可即便安东尼及其盟友没有发动公敌宣告运动的话,他们也不可能用任何其他方式建立安全与权威。现在,强迫一名将领动用军队来保护

① Appian, *BC*, 4.46.195.

② 参见 *ILS* 5349。这是公元前 22 年执政官、庞培党人卢奇乌斯·阿伦提乌斯(L. Arruntius)的家族。见下文,原书第 425 页。

③ 见上文,原书第 82 页。

④ 关于埃利乌斯·拉米亚家族,参见上文,原书第 81、83 页;关于维尼奇乌斯家族(卢奇乌斯·维尼奇乌斯(L. Vinicius)是公元前 33 年的递补执政官;玛库斯·维尼奇乌斯(M. Vinicius)则是公元前 19 年的递补执政官)的起源,参见 Tacitus, *Ann.* 6.15。来自卡勒斯的一份铭文(*L'ann. ép.*, 1929, 166)提到了于公元前 30 年、公元前 45 年两度担任执政官的玛库斯·维尼奇乌斯。

自己生命、荣誉的后果已经显而易见——这些将领无可奈何地听凭军团的摆布。长期遭受剥削、压迫的意大利无产者现在夺取了他们认为理应属于自己的东西。现在发生的是一场分两步走的社会革命，第一步是为进行战争筹集资金，第二步是在胜利后犒赏恺撒党的军团。

战争与课税、财产充公的威胁迫使大量钱财被转入地下。必须用某种办法把它再度引诱出来。只有好的投资机会才能吸引资本。因此，恺撒党的领袖没收了宅邸和地产，把它们投入市场进行
195 出售。他们的党羽、商人阶级中机智的中立派和释奴用金钱换取了实实在在的地产，从而保全了其价值。像在通常情况下一样，释奴是用公民的鲜血养肥自己的。[①]

公敌宣告运动完全可以被理解为一种以敛财为目的和本质的手段。跟苏拉公敌宣告运动中的情况一样，后三头公敌宣告名单中排在前列的是显贵及其政敌；而大部分公敌则是名气不大的元老或罗马骑士。显贵倒并不一定是最富裕的公民；而有产者（无论他们的立场如何）则是后三头的真正敌人。元老和商人一致支持现在的秩序，阻挠在意大利境内更为公平地分配地产，从而重建往昔的罗马公民集体的做法。他们如今在灾难中首当其冲。这些曾蒙受苏拉恩惠的人最终成了牺牲品。后三头对这些富人一视同仁

---

① Pliny, *NH*, 35. 201: "quos enumerare iam non est, sanguine Quiritium et proscriptionum licentia ditatos."（谁也无法说清，释奴们是靠着多少罗马人的鲜血和公敌宣告运动而自肥的。）

地大开杀戒，[1]即便他们是默默无闻、安分守己的元老或生性和平的骑士，即便他们曾极力避免与罗马政治染上任何瓜葛。这些东西都无法保护他们。

瓦罗从前曾是庞培党，在政治上一直不曾惹是生非；但他也是一个大地产所有者。[2] 像庞培的亲戚卢奇利乌斯·希鲁斯一样，瓦罗也以他的鱼池闻名于世。[3] 年逾八旬的萨谟奈人斯塔提乌斯从意大利战争中幸存了下来，成了一名罗马元老；他现在因为自己的财富而命丧黄泉。[4] 曾被苏拉宣布为公敌的玛库斯·费杜斯提乌斯(M. Fidustius)和臭名昭著的富有流亡者盖约·维勒斯(C. Verres)也遭受了同样的厄运。[5] 骑士卡利杜斯在阿非利加行省拥有地产。[6] 西塞罗尽管手头经常缺少现钱，却是一个十分富有的人。他的乡间别墅和从前属于李维·德鲁苏斯的豪华庭院是足以吸引公敌宣告者的注意力的。[7]

但是敛财行为的结果往往事与愿违。后三头很快发现，公敌

① Dio，47. 6. 5："κοινήν τινα κατὰ τῶν πλουσίων ἔχθραν προσέθεντο。"（他们不分青红皂白，对富人一律恨之入骨。）

② 德奇姆斯·布鲁图斯(D. Brutus)曾称他为"富有的瓦罗"(Varronis thensauros)(*Ad fam*. 11. 10. 5)。关于瓦罗的朋友们——那些富有的土地所有者，参见上文，原书第 31 页。

③ 在公元前 45 年，他曾经向恺撒提供 6000 条鳝鱼，供后者举办凯旋宴席使用(Pliny，*NH*，9. 171)。

④ Appian，*BC*，4. 25. 102.

⑤ Pliny，*NH*，7. 134；34. 6.

⑥ Nepos，*Vita Attici*，12. 4. 安东尼的代理人普布利乌斯·沃鲁姆尼乌斯·攸特拉佩鲁斯(P. Volumnius Eutrapelus)早已觊觎这份财产。

⑦ 他耗费 35 万塞斯特斯在镇上建造的豪宅落入了安东尼派贵族卢奇乌斯·马尔奇乌斯·肯索里努斯(L. Marcius Censorinus)之手(Velleius，2. 14. 3)。

宣告运动的收益是令人失望的。出于正义感或谨慎心理，人们拒绝购买在市场上出售的产业。货币的价格一路飞涨。后三头随即开始剥夺富裕女子的财产，引起了世人义愤填膺的抗议。[①] 在遭到一个由共和派名流、演说家霍腾西乌斯之女率领的代表团的恐吓之后，恺撒党的要求有所收敛，但并未放弃原则。他们又新设了一些繁重的捐税名目，如扣除每个被列入罗马骑士名单的人一年
196 的收入；[②]他们在下一年年初的时候列出了一个新名单，改为只没收现成的产业。[③]

迄今为止，罗马城内的政治斗争一直是靠来自行省的战利品维持的。元老和骑士通过竞争或串通的手段榨取了这些资源。元老们会为了维持自己的排场、或讨取罗马平民的欢心而把它们花出去；骑士们则把财富积蓄起来购置地产。意大利的罗马公民是不缴纳任何直接税或间接税的。但罗马和意大利现在则要用金钱和土地为内战的费用买单。恺撒党已没有别的资源可资利用了，因为西部诸行省的财富已经耗尽，东方的收入则掌握在共和派手中。因此，他们必须从意大利找出钱来，以便向恺撒党手下多达43 个军团的部下支付饷金。这样也只能应付眼前的需要。而为了将来能够犒赏那些前去进攻共和派的军团，后三头专门拨出了18 座最富裕的意大利城市。[④] 刚刚发生过的事情已经足够恶劣

① Appian，*BC*，4. 32. 136 ff.

② Appian，*BC*，4. 34. 146；Dio，47. 14. 2.

③ Dio，47. 16. 1.

④ Appian，*BC*，4. 3. 10 f. 它们中包括卡普亚、雷吉乌姆、维努西亚、贝内文托、努克里亚、阿里米努姆和维波・瓦伦提亚（Vibo Valentia）。

了。而在恺撒党的胜利后，这场社会革命的第二幕即将上演。

后三头的新秩序是用公民的鲜血奠基，以专制暴政为支撑的；它的丑恶足以让世人将恺撒担任独裁官的时期视为黄金时代。[①] 由于元老院在战争和公敌宣告运动中严重减员，它现在补充进了大批后三头麾下的党羽，其数目很快就超过了 1000 人。[②] 独裁官恺撒提拔的元老曾饱受非议与嘲弄；但这些是无法同后三头时代新元老所遭受的侮辱相提并论的。这批人中不仅有异邦人、出身低微者和臭名昭著的人物，甚至还有在逃奴隶。[③] 而在元老院的人选补充方面，后三头在选择行政长官时已不再理会任何规则与传统了。这些人都是被任命的，不是被选举出来的。恺撒任命了 197
16 名大法官，这是一项合理甚至必要的改革；后三头则在一年里就任命了 67 名大法官。[④] 后三头很快又养成了在一年里任命好几对执政官的习惯，并且早早地就安排好对他们的委任。

此时，元老院里已几乎没有前执政官和有威信的人物了；这种局面与秦那统治罗马时的情形相似。到了公元前 44 年 12 月，元老院中只剩下了 17 名前执政官，其中大部分不在罗马、健康欠佳或已远离政治纷争。[⑤] 之后一年的光景又夺走了塞尔维利乌斯·

① Dio，47. 15. 4："ὥστε χρυσὸν τὴν τοῦ Καίσαρος μοναρχίαν φανῆναι。"（恺撒的独裁统治似乎已成了黄金时代。）

② Suetonius，*Divus Aug*. 35. 1；Dio，52. 42. 1.

③ Dio，48. 34. 5；Jerome，*Chron*.，p. 158 H；*Digest*，1. 14. 3. 一个名叫巴巴利乌斯·菲利普（Barbarius Philippus）的人实际当上了大法官（*Dig*. 1. 14. 3）；他并非公元前 40 年安东尼手下的财务官玛库斯·巴巴提乌斯·波利奥（M. Barbatius Pollio）。参见 *PIR*^{2}，B 50。

④ Dio，48. 43. 2.

⑤ 见上文，原书第 164 页。

苏尔庇奇乌斯·鲁孚斯、特瑞波尼乌斯和西塞罗三位前执政官,却没有一个知名人物顶替上来——去年的执政官希尔提乌斯、潘萨和多拉贝拉已经在战争中阵亡了;今年的新执政官昆图斯·佩狄乌斯任职后不久就死去了,据说是被羞愧和恐惧吓死的——因为宣读公敌名单的职责落在了他的头上。[①] 除了后三头之外,幸存下来的前执政官至多只有12人,也许还要更少。普布利乌斯·瓦提尼乌斯在公元前42年庆祝了一次凯旋式;[②]后三头之一安东尼的叔叔盖约·安东尼于同年当选了监察官。此后这两个人都销声匿迹了。[③] 两位正直人士——卢奇乌斯·皮索和卢奇乌斯·恺撒已完全不见于任何史料记载。菲利普和马塞卢斯已完成了辅佐恺撒继承人的任务,他们现在离开政坛安享天年去了。雷必达的兄弟、被宣布为公敌的保卢斯跑到米利都隐居起来,在那里度过了一段宁静的时光。[④]

在可能活下来的12名前执政官中,只有三位在记载后续事件的史料中被提及;继续保持长期活跃的只有一人。加图党的叛徒普布利乌斯·塞尔维利乌斯凭借其阴谋和野心赢得了报酬——他在后三头时期第二次担任了执政官(公元前41年),如同他在恺撒统治时期第一次担任执政官一样。此后,我们再也没有听到过关于他的消息。安东尼的追随者昆图斯·弗菲乌斯·卡勒努斯掌握了军权,死于公元前40年。但身为显贵的恺撒党徒格涅乌斯·多

① Appian,*BC*,4.6.26.

② *CIL* I^2,p.50.

③ *CIL* I^2,p.64,参见 *ILS* 6204。

④ Appian,*BC*,4.37.155.

米提乌斯·卡尔维努斯在此之后继续维持了长期的活跃政治生涯，成为并不遥远的过去遗留下来的唯一活化石。

其他阶层、等级中出现的裂痕并不像要人团体(principes)的轰然崩塌那样壮观，但同样是值得我们探究的。显贵集团中的大多数人，无论他们之前是庞培党徒还是恺撒的附庸，都已被放逐出意大利，加入了自由派或绥克斯图·庞培的阵营。他们在绥克斯图·庞培那里可以找到容身之所，在布鲁图斯和卡西乌斯那里则找到了党派和立场，找到了罗马军团和复仇的希望。 198

当内战似乎还只是罗马贵族集团内部的党争时，许多有抱负的、出类拔萃的青年人是宁愿追随恺撒，也不愿追随庞培和寡头集团的。但他们无法容忍那些谎称自己为恺撒政治继承人的、本阶级的公开敌人。老一辈人已经去世、遭受凌辱或行将就木；年轻一辈的显贵则集体投奔到布鲁图斯和卡西乌斯帐下，他们跃跃欲试，或准备孤注一掷。六年前，同一批前执政官和加图党联手的庞培曾在海外为共和国而战。[①] 时过境迁，麦特鲁斯家族、西庇阿家族、伦图鲁斯家族和马塞卢斯家族都已日薄西山，这些家族的首领大多已经夭亡，并且没有留下几个男嗣。[②] 这个党派中已经没有一位前执政官了；它的核心与领导人是加图党中的青年，他们几乎都是玛库斯·布鲁图斯的亲属。

① 见上文，原书第 43 页。

② 盖约·马塞卢斯(C. Marcellus，公元前 50 年执政官)仍然活着；关于其他人的儿子和亲戚，公元前 43—前 39 年仅有的记录是公敌名单中的一位麦特鲁斯家族成员和一位伦图鲁斯家族成员(Appian, *BC*, 4. 42. 175；4. 39. 164)以及特瑞波尼乌斯手下的财务官、斯宾特尔之子(见上文，原书第 171 页)。

当布鲁图斯离开意大利时，陪伴或追随他的有其亲戚格涅乌斯·多米提乌斯·埃诺巴布斯和玛库斯·李锡尼乌斯·卢库鲁斯，[1]其政治追随者，如与之形影不离的法沃尼乌斯，他的私交和骑士阶层中的代理人，如并不喜欢战争却忠诚地陪伴布鲁图斯到最后的银行家盖约·弗拉维乌斯。[2] 他在雅典受到了在那里接受高等教育的罗马青年，如布鲁图斯本人的继子卢奇乌斯·毕布鲁斯(L. Bibulus)和玛库斯·西塞罗等元老的儿子，[3]以及诸多地位较低的人的欢迎与支持。[4] 随后，一些恺撒党官员也加入了他的阵营，首先是马其顿行省总督霍腾西乌斯，后来还有已卸任的亚细亚、叙利亚行省财务官们。[5] 另外还有一些同情他的人从意大利赶来，其中包括才华和地位都很出众的高贵青年玛库斯·瓦勒里乌斯·麦萨拉(M. Valerius Messalla)。[6] 三位恺撒党将领在叙利亚加入了卡西乌斯的队伍。[7] 亚细亚行省总督特瑞波尼乌斯已被多拉贝拉处死；但他手下的财务官、斯宾特尔之子普布利乌斯·伦图鲁斯却继续带着一支舰队为共和派而战。[8] 显然，大部分刺杀
199 恺撒的凶手很早就离开了意大利；这个阵营的实力又因形形色色、

① *Ad Att*. 16. 4. 4(埃诺巴布斯)；Velleius，2. 71. 2(卢库鲁斯)。

② *Ad M. Brutum*，1. 17. 3. 他在战斗中牺牲了，见 Plutarch，*Brutus*，51。

③ *Ad M. Brutum*，1. 14. 1.

④ 如释奴之子昆图斯·贺拉斯·弗拉库斯(Q. Horatius Flaccus)。

⑤ 见上文，原书第 171 页。

⑥ *Ad M. Brutum*，1. 12. 1，参见 15. 1。他是公元前 61 年执政官的儿子。他的同母异父兄弟卢奇乌斯·盖利乌斯·普布利可拉(L. Gellius Poplicola)也曾一度追随布鲁图斯，但后来变节投降了(Dio，47. 24. 3 ff.)。

⑦ 见上文，原书第 171 页。

⑧ *Ad fam*. 12. 14 f.；*BMC*，*R. Rep*. II，481 ff.

年龄各异的共和派、庞培党贵族的加入而进一步壮大。[①]

恺撒党虽然在几经波折后重新团结起来了，但它在能力与声望方面已大伤元气，并且其构成和政策也反映了它的革命性。后三头从意大利驱逐的不光有他们的政敌显贵阶层，还有他们制造的牺牲品——意大利城镇中的那些家道殷实且享有盛名的人物。

我们从军队统帅身上能够最明显地看到命运的风云变幻。在高卢战争中侍奉恺撒左右的那些神气十足的副将[②]中，几乎所有人都死去了。后三头统治建立后，其中还有四个人手握重兵。在这四位中，提图斯·绥克提乌斯和昆图斯·弗菲乌斯·卡勒努斯很快就销声匿迹了。只有安东尼和普兰库斯还在。独裁官手下的行省总督和他在内战中的将领们自然要更风光些；[③]但其中至少有两位已由于变节投靠自由派而在劫难逃了。[④]

事实上，在后三头统治时期跻身社会顶层的人中，几乎没有几

① 如玛库斯·李维·德鲁苏斯·克劳狄亚努斯(M. Livius Drusus Claudianus)和绥克斯图·昆克提利乌斯·瓦鲁斯(Sex. Quinctilius Varus)(Velleius，2. 71. 3)；此外还有立场坚定的庞培党青年格涅乌斯·卡尔普尼乌斯·皮索(Cn. Calpurnius Piso，Tacitus，*Ann.* 2. 43)。关于自由派领袖及其麾下将领的铸币头像，参见 *BMC*，*R. Rep.* II，471 ff.。

② 见上文，原书第 67 页。

③ 如盖约·卡尔维修斯·萨比努斯、盖约·卡里纳斯(C. Carrinas)和绥克斯图·佩杜凯乌斯。此外还有卢奇乌斯·诺尼乌斯·阿斯普雷纳斯(我们现在已经得知，他是公元前 36 年的递补执政官，参见新的《递补执政官年表》[*Fasti of the Vicomagistri*]，*L'ann. ép.*，1937，62. 它很快将由德格拉西[A. Degrassi]在 *Inscr. It.* XIII，Part I 中出版)；或许还有昆图斯·马尔奇乌斯·克瑞斯普斯，如果他就是在那一年担任递补执政官的马尔奇乌斯(Marcius)的话。我们完全不知道阿斯普雷纳斯或任何名叫马尔奇乌斯的人为后三头做过哪些事情。

④ 卢奇乌斯·斯塔伊乌斯·穆尔库斯为共和派效力，最终被绥克斯图·庞培杀害。奥鲁斯·阿利埃努斯在公元前 43 年之后完全销声匿迹了。

个在内战爆发前是元老。而执政官席位则往往落在这些新人中资历最浅的一批人头上，也就是独裁官恺撒任命的，或在他死后进入元老院的元老，其中的大多数在公元前44年之前是完全无史可考的。维提狄乌斯和卡里纳斯是他们中的领军人物和这个时代的缩影——这些执政官象征着寡头统治集团最后的、回光返照式的辉煌：拥有外来词根或词尾的古怪名字如今大量涌入了罗马人的《执政官年表》，使它变得面目全非。

新一代将领们步入了疆场，他们中几乎所有人的名字都不源自拉丁语。有些人曾在恺撒麾下获得过独立的军事指挥权，其中的阿利埃努斯和斯塔伊乌斯（Staius）很快就销声匿迹了，但盖
200 约·卡尔维修斯·萨比努斯（C. Calvisius Sabinus）此后依旧活跃。[①] 其他那些从之前的副将地位上获得晋升的将领似乎必将前程远大，但他们并没有幸存下来。撒克萨和芬哥已得到了即将担任执政官的承诺，却在年纪轻轻时突然夭亡了。玛尔西人渥大维（Octavius），“那个该受诅咒的土匪”，跟多拉贝拉一同阵亡。[②] 另外一个玛尔西人波佩狄乌斯·希洛所享受的荣誉转瞬即逝。[③] 风云变幻的速度令人目不暇接，竞争极其惨烈。由于战事、败仗和变节制造了大批牺牲品和空缺职位，武将们总有获得升迁的机会。

① 作为公元前39年的执政官和渥大维在西西里战争中的副将，卡尔维修斯是第一位使用非拉丁语的“-isius”族名结尾的执政官，参见姓名“卡里修斯”（Carisius）。我们不清楚他的起源。*ILS* 925（斯波勒提乌姆[Spoletium]）中的献词可能是给他的（见下文，原书第221页）；但 *CIL* IX，414（卡努西乌姆[Canusium]）可能是献给他的儿子或孙子的。

② Dio，47.30.5. 参见 Cicero，*Phil.* 11.4。

③ Dio，48.41.1 ff.

一些长期默默无闻的人也在不久以前突然爬上了执政官的高位，如普布利乌斯·卡尼狄乌斯·克拉苏、来自被宣告为公敌的家族的盖约·诺巴努斯·弗拉库斯和可能来自皮克努姆的盖约·索西乌斯(C. Sosius)等。所有这些人在恺撒去世前都默默无闻。[①] 另外一个新贵是神秘的科切乌斯(Cocceii)家族，它为安东尼提供了多位将领和外交官，并两度获得执政官席位。[②] 他们起源于翁布里亚地区。[③] 这些是我们最早发现的新贵。随后，其他将领和执政官出现了——他们中有卢奇乌斯·科尼菲奇乌斯，其不为人知的祖先赋予了他获取成功的天赋；有作为海军将领受人纪念的昆图斯·拉罗尼乌斯(Q. Laronius)和可怕的提图斯·斯塔提利乌斯·陶鲁斯。[④] 其他的新执政官至今仍旧是谜一样的人物——如卢奇乌斯·卡尼尼乌斯·伽鲁斯、提图斯·佩杜凯乌斯(T. Peducaeus)、皮克努姆人玛库斯·赫勒尼乌斯(M. Herenius)和卢奇乌斯·维

① 盖约·诺巴努斯受到过恺撒的提拔；他的族名词尾显然不属于拉丁语，可能反映了埃特鲁里亚的起源或影响，参见 W. Schulze, *LE*, 531 ff.。但闵采尔声称他来自古代殖民地诺巴(Norba)，见 P-W XVII, 926。卡尼狄乌斯(Canidius)可能就是于公元前 57 年在塞浦路斯岛上陪伴着加图的那个人(Plutarch, *Cato Minor*, 35)。通过贺拉斯笔下的女巫形象卡尼狄娅(Canidia)而在文学中广为人知的名字“卡尼狄乌斯”，在现实生活中其实极为罕见：舒尔茨甚至没能找到这个名字在铭文中存在的证据。我们不清楚盖约·索西乌斯的出身，但我们知道，来自皮克努姆的罗马骑士昆图斯·索西乌斯(Q. Sosius)曾试图纵火焚毁公共档案馆(Cicero, *De natura deorum*, 3. 74)。

② 代表人物为盖约·科切乌斯·巴尔布斯(C. Cocceius Balbus，公元前 39 年递补执政官)、玛库斯·科切乌斯·涅尔瓦(M. Cocceius Nerva，公元前 36 年递补执政官)和卢奇乌斯·科切乌斯·涅尔瓦(从未担任过执政官)。新发现的《执政官年表》说明了担任公元前 39 年执政官的究竟是哪个科切乌斯。另见下文，原书第 267 页。

③ 具体而言是来自于纳尼亚(Narnia)，参见 Victor, *Epit. de Caes*. 12. 1。

④ 关于此人的情况，参见下文，原书第 237 页。斯塔提利乌斯可能起源于卢卡尼亚地区。

尼奇乌斯。这些人物在为罗马统治者效劳方面没有留下过任何记载;他们存在过的唯一坚实证据只有在《执政官年表》中出现的名字。[①]

安东尼的党羽德奇狄乌斯、维提狄乌斯和卡尼狄乌斯都以在
201 东方战事中的胜利或失败而闻名;他们是革命年代里新人队伍中著名的三人组。[②] 这是很自然的,因为他们的家姓极为罕见,并且词尾也不符合拉丁语的规律。但安东尼的党徒还不是最差的。闻所未闻的亨通官运如今在向那些贪得无厌的、心狠手辣的、不择手段的社会渣滓微笑。甚至年轻也可以成为一种优势,因为摆脱了传统和产业负担的人在下手时可以更加肆无忌惮。渥大维党从一开始就注意吸收那些在战争和冒险中没有什么可失去的人,其"奠基者"阿格里帕和萨尔维狄埃努斯·鲁孚斯便属于此类人物。渥大维本人才刚刚度过他的20岁生日;阿格里帕与他的年龄差距也不到一岁。渥大维的将领中资格最老的和最伟大的萨尔维狄埃努斯虽然比阿格里帕更为年长、更加富于军事经验,其出身却并不比阿格里帕更为显赫。他的事例表明,元老身份并非指挥罗马军团的必要条件。但萨尔维狄埃努斯并不是独一无二的例子:在革命

① 我们所知的,关于卢奇乌斯·卡尼尼乌斯·伽鲁斯(L. Caninius Gallus,公元前37年执政官)的情况只有他的父亲迎娶了玛库斯·安东尼最年长的表姐妹(Val. Max. 4. 2. 6)。关于提图斯·佩杜凯乌斯(公元前35年递补执政官)的家世,见下文,原书第235页。玛库斯·赫勒尼乌斯(公元前34年递补执政官)应当来自皮克努姆,参见上文,原书第92页。另一个血统高贵些、但同样在历史记载中无据可查的人物是绥克斯图·庞培(公元前35年执政官)、庞培·斯特拉波(Pompeius Strabo)的侄孙。关于维尼奇乌斯家族,见上文,原书第194页。

② Seneca, *Suasoriae*, 7. 3:" vivet inter Ventidios et Canidios et Saxas."(他生活在维提狄乌斯、卡尼狄乌斯和撒克萨三人中间。)

年代里的战争中，异邦人或释奴完全是可以同骑士竞争军事指挥权的。①

共和国已经灭亡了。无论军事斗争的最终结果如何，它都永远不可能得到重建。专制主义在暴力和公敌宣告的支持下进行着统治。最优秀的人物要么已经死去，要么已被宣布为公敌。元老院里现在充斥着地痞无赖；从前曾作为美德勋章的执政官头衔现在已沦为对诡计或罪恶的犒赏。

“此时已没有道德，没有法律”（Non mos，non ius）。② 我们确实可以如此描述这个时代。但恺撒党却要完成一项压倒一切的职责——为恺撒复仇。忠诚占据了上风。王权在恺撒的血泊中诞生了。

① 如为安东尼效力的德米特里乌斯（Demetrius，Dio，48. 40. 5 f.）和为渥大维效力的赫勒努斯（Helenus，Dio，48. 30. 8，参见 45. 5；Appian，*BC*，5. 66. 277；*ILS* 6267）。此外还有埃多姆的希律（Herod the Idumaean），维提狄乌斯曾把两个原本由神秘的异族将领玛凯拉斯（Machaeras）节制的罗马军团交给他临时指挥（Josephus，*BJ*，1. 317，&c.）。正确的姓名拼写形式或许是“玛凯瑞斯”（Machares），它曾在本都王宫里出现过。

② Tacitus，*Ann.* 3. 28.

202 第15章 腓力比和佩鲁西亚

在新年(公元前42年)的第一天里,元老院和行政官员们立下了庄严的誓言,保证将维护独裁官恺撒的各项法令。此外,恺撒还被列为罗马国家崇拜的神明之一。[①] 人们在罗马广场上为这位新神祇——神圣的尤利乌斯修建了一座神庙;另一道法令则要求在意大利各城镇设立对恺撒的崇拜。[②] 年轻的恺撒继承人现在可以自称"神明之子"(Divi filius)了。

恺撒党的军队聚集在复仇的旗帜下,开始准备战争。将领们决定动用28个军团。他们派出八个军团作为先锋部队,在盖约·诺巴努斯·弗拉库斯和卢奇乌斯·德奇狄乌斯·撒克萨的率领下先行穿过亚得里亚海,沿着埃格纳修斯大道(Via Egnatia)穿过马其顿地区,越过腓力比,占据了有利地形。安东尼和渥大维亲自率军跟进。他们的同僚雷必达留了下来,在名义上掌管罗马和意大利。但实际的控制权掌握在安东尼手里,因为他的党徒卡勒努斯似乎掌握着意大利的两个军团,[③]而波利奥则在山南高卢握有

---

① Dio,47.18.3.

② The *Lex Rufrena*, *ILS* 73 and 73a.鲁弗雷努斯是恺撒党徒(*Ad fam*.10.21.4;上文,原书第189页)。

③ Appian,*BC*,5.12.46,参见 Dio,48.2.3。

重兵。[①]

他们的行动起初受到了一些耽搁。渥大维需要腾出手去应付现在已控制西西里岛全境的绥克斯图·庞培，他派遣萨尔维狄埃努斯去与庞培抗衡。[②] 由于缺少船只，萨尔维狄埃努斯无法直接进攻该岛。安东尼则在布伦迪西乌姆被共和派将领斯塔伊乌斯·穆尔库斯率领的敌对海军拦住了去路。当渥大维赶到时，恺撒党的舰队已经强大到足以杀开一条血路。但他们拥有的制海权转瞬即逝。绥克斯图·庞培倒是的确没有捣乱；但率领布鲁图斯和卡西乌斯麾下大部分舰只赶来的格涅乌斯·多米提乌斯·埃诺巴布斯增强了穆尔库斯的实力，帮助共和派完全控制了意大利和巴尔干半岛之间的所有海域。恺撒党之间的联系被切断了。他们必须不断前进，寄希望于在陆地上速战速决。安东尼率军步步推进；但年轻的渥大维却由于疾病缠身，在都拉基乌姆裹足不前。 203

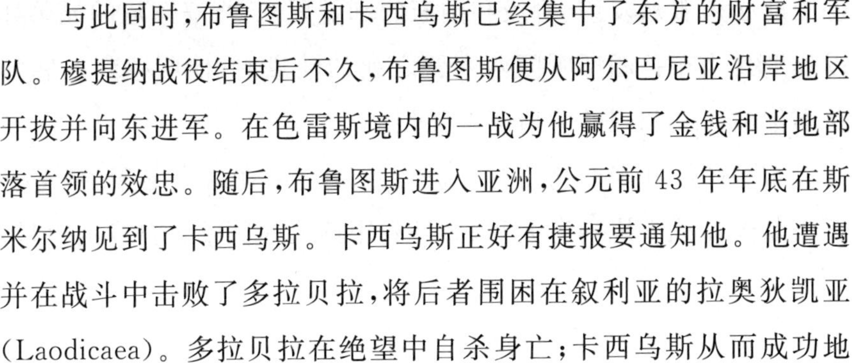

与此同时，布鲁图斯和卡西乌斯已经集中了东方的财富和军队。穆提纳战役结束后不久，布鲁图斯便从阿尔巴尼亚沿岸地区开拔并向东进军。在色雷斯境内的一战为他赢得了金钱和当地部落首领的效忠。随后，布鲁图斯进入亚洲，公元前 43 年年底在斯米尔纳见到了卡西乌斯。卡西乌斯正好有捷报要通知他。他遭遇并在战斗中击败了多拉贝拉，将后者围困在叙利亚的拉奥狄凯亚(Laodicaea)。多拉贝拉在绝望中自杀身亡；卡西乌斯从而成功地

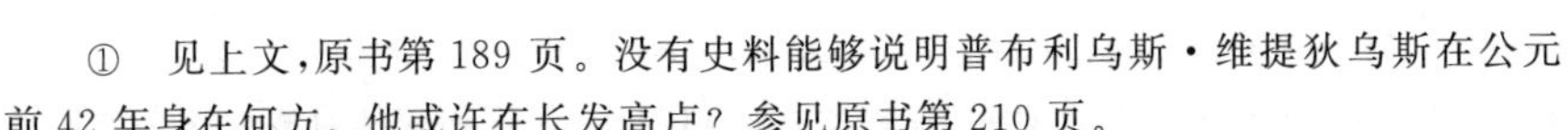

① 见上文，原书第 189 页。没有史料能够说明普布利乌斯·维提狄乌斯在公元前 42 年身在何方。他或许在长发高卢？参见原书第 210 页。

② Appian, *BC*, 4. 85. 358; Dio, 48. 18. 1. 我们在雷吉乌姆附近发现过刻有“Q. Sal. im(p.)”字样的投石。见 *CIL* X, 8337, p. 1001。

为特瑞波尼乌斯报仇雪恨。除了埃及(那里的女王曾帮助过多拉贝拉)和罗得岛、吕基亚(Lycia)诸城市里负隅顽抗的敌军外,恺撒党已彻底失去了对东方的控制。

布鲁图斯和卡西乌斯现在开始商议作战的事情。即便在安东尼同雷必达、普兰库斯联手后,布鲁图斯或许仍未彻底放弃议和的希望——既然共和派与恺撒党恰好各自占据了东西方的半壁江山,那么一场可能会旷日持久并摧毁一切的战事的不确定前景是很有希望说服人们选择和解的。布鲁图斯和安东尼是有可能彼此谅解,为了和平与罗马而选择妥协的。即便在安东尼担任执政官期间,他也没有打算要为恺撒复仇并将自由派斩草除根。但自由派是不可能同恺撒的继承人议和的。[①] 当恺撒党的领袖们联合起来建立了军事独裁并发动一场阶级战争时,自由派已经没有什么可犹豫的了。在此等罪行面前,身为罗马贵族和罗马爱国者的布鲁图斯必须服从友谊、阶级和国家的利益要求,将安东尼的兄弟处以死刑。当布鲁图斯听闻西塞罗之死的消息时,他所感到的悲痛并不像他对共和国的感情那么强烈。[②]

布鲁图斯和卡西乌斯有充分理由决定不在这个冬天,甚至是下个夏天让战火烧到意大利,而是利用这段时间整合自身的力量,

① 参见布鲁图斯自己的话(*Ad M. Brutum*,1. 16 f.,另见上文,原书第 184 页)。

② Plutarch,*Brutus*,28:“τῇ αἰτίᾳ φησὶν αἰσχύνεσθαι μᾶλλον ἢ τῷ πάθει συναλγεῖν, ἐγκαλεῖν δὲ τοῖς ἐπὶ Ῥώμης φίλοις · δουλεύειν γὰρ αὐτῶν αἰτίᾳ μᾶλλον ἢ τῶν τυραννούντων。”(与其说[布鲁图斯]对[西塞罗的]不幸遭遇感到悲伤,还不如说他对酿成这一悲剧的根源感到羞耻。他责备自己在罗马的朋友,认为他们遭受奴役不能责怪独裁者,而只能归咎于自己。)

并积累更多的资金。因此，在下一年的前几个月里，自由派都把精力放在惩罚罗得岛人和吕基亚人，以及榨干亚洲的财富上了。布鲁图斯和卡西乌斯在以弗所再度会面。到了公元前 42 年暮夏，他们麾下的军队终于渡过了赫勒斯滂海峡，其军队由 19 个军团和依附于他们的东方王公们派来的众多士兵所组成。

后见之明会把形势看得过于简单——人们会觉得共和派从一 204
开始就是在劫难逃的；他们的失败不可避免。不仅如此，受到恺撒阴魂警告的布鲁图斯早已预知自己的下场，并感到心灰意冷。事实恰恰相反，布鲁图斯至少是沉着坚定的。在恺撒党夺取胜利并发动公敌宣告运动后，他也清楚自己的立场了。

布鲁图斯本人算不上著名的战士，也不擅长担任集体领袖。但共和派的将士们了解并且尊敬卡西乌斯久经考验的将才。诚然，最优秀的罗马军团是由恺撒的老兵们组成的。但士兵们在卡西乌斯 18 个多月前抵达叙利亚时对他表示欢迎，并迅速在他身边集结起来。共和国军队仅有的弱点在于：军团似乎难以抵制恺撒声望的吸引力。为了解决这个问题，卡西乌斯从作战资金中拨款，向每名士兵提供了 1500 第纳尔，并承诺将来会给他们更多的奖赏。[①]

除此之外，布鲁图斯和卡西乌斯的前途似乎没有什么可让人担心的。他们的计划十分简单——拦住敌人并避免战斗。他们已经控制了爱奥尼亚海和爱琴海。如果他们能把战争拖延到冬天的话，那么缺乏补给的恺撒党军团要么将会在贫瘠的马其顿高地上作鸟兽散，要么就得在贫困希腊的狭小天地里作茧自缚。

① Appian，*BC*，4. 100. 422.

布鲁图斯和卡西乌斯向西进军。他们避开了诺巴努斯和撒克萨率领的恺撒党军队前哨，把后者甩在身后，抵达了腓力比近郊地区，在埃格纳修斯大道边上占据了一个易守难攻的据点。那里北倚群山，南抵沼泽，因此其侧翼是不可能被攻破的。布鲁图斯在右翼扎营，卡西乌斯占据了左翼。他们还有充足的时间会面并巩固阵线。

随后，安东尼赶到了。他成功地穿越南边的沼泽，逼近了卡西乌斯的阵线，终于迫使对手与自己开战。渥大维现在也赶到了——尽管他健康状况欠佳，并且从来也不是一名战士，但他是不能容忍安东尼独享头功的。战斗的结果是胜负未分。右翼的布鲁图斯冲垮了恺撒党军队的阵线，夺取了渥大维的军营——后者本人并不在营内。此时，渥大维受到了某种神秘力量的支配，居然自
205 愿遵从了他最信赖的医生所接到的梦中警示。[①] 恺撒党军队的另一翼则在安东尼率领下突破了卡西乌斯的防线，夺取了他的营帐。卡西乌斯过早地陷入了绝望。他并不知晓布鲁图斯在右翼所取得的辉煌胜利（一份报道宣传是因为他受到了自己目力欠佳状况的拖累），[②]认为大势已去，于是伏剑自刎。第一次腓力比战役（10 月 23 日）即是如此。[③]

---

① 甚至连为渥大维辩护的威利乌斯（Velleius，2. 70. 1）也承认这一点。奥古斯都《自传》中的说法有许多需要澄清之处，参见 F. Blumenthal，*Wiener Studien* XXXV（1913），280 f. 。阿格里帕和梅塞纳斯并不否认渥大维躲藏在沼泽地里的狼狈窘况（Pliny，*NH*，7. 148）。

② Plutarch，*Brutus*，43.

③ 普雷内斯特的年份（Calendar of Praeneste）给出了具体日期，见 *L'ann. ép.*，1922，96。参见 C. Hülsen，*Strena Buliciana*（1924），193 ff. 。

元气大伤、满腔仇恨的两军鸣金收兵了。随后的三周在双方均按兵不动或行动谨小慎微的相持状态下度过，优势逐渐转移到了恺撒党一方。倘若不是这样，他们的处境将会变得极其危险。因为在第一次腓力比战役的当天，爱奥尼亚海上的共和派将领们拦截并摧毁了运载两个军团前往都拉基乌姆的多米提乌斯·卡尔维努斯舰队。[①] 令共和派遭受灭顶之灾的并不是恺撒的鬼魂，而是无法预料的一起偶然事件——卡西乌斯的自尽。布鲁图斯能够打赢一场战役，但他是无法赢得整场战争的。由于被恺撒党的战争宣传和激将叫阵所激怒，并且由于战事拖延而失去耐心，共和派的将士们吵嚷着要求布鲁图斯再次出战。此外，来自东方的王公们和他们带来的士兵正在不断变节。布鲁图斯最终屈服了。

在一场胶着、血腥的激战过后，恺撒党的军队取得了胜利。巴尔干半岛的土地再次见证了罗马的灾难，并成为共和派军队的葬身之地——"罗马人的坟场"(Romani bustum populi)[②]。这是自由国家的最后挣扎，其失败是终极性的和无可挽回的。此后发生的一切都是独裁者在自由的尸体身旁进行的争斗而已。在腓力比牺牲的这批人是为了自己的原则、传统和阶级而战的——他们或许是狭隘的、有缺陷的和过时的，但他们毕竟代表了罗马的灵魂和精神。

在所有内战中，腓力比战役对贵族阶层的伤害是最为严重的。[③] 阵亡者名单中包括最高贵的一批罗马人的名字。诚然，死者中没有一名前执政官。那是因为权贵中最优秀的那些人早已死

① Appian, *BC*, 4. 115. 479 ff. ; Dio, 47. 47. 4; Plutarch, *Brutus*, 47.

② 这是诗人卢坎对法萨卢斯的评价(7. 862)。

③ Velleius, 2. 71. 2: "non aliud bellum cruentius caede clarissimorum virorum fuit."(没有哪次战争比这场恶战牺牲了更多的光辉人物、更加血腥的了。)

去。这一阶层中剩下的、屈指可数的几个人要么胆小怕事，留在罗马被人遗忘；要么同他们的新盟友和同僚维提狄乌斯、卡里纳斯一起指挥军队毁灭了共和国。死在腓力比战场上的，有从前的恺撒
206 党小霍腾西乌斯、加图之子、卢库鲁斯和李维·德鲁苏斯。他们的领袖布鲁图斯自杀了。[①] “美德”最终被证明只不过是一个苍白无力的字眼。[②]

胜利者安东尼脱下了自己的紫袍，把它盖在布鲁图斯的尸体上。[③] 他们从前曾是朋友。当安东尼忧伤地盯着这位同为罗马人的死者时，他或许也想到了自己可能面临的悲惨命运。布鲁图斯早已预言过这一点：他说，人们原本会把安东尼同加图、布鲁图斯和卡西乌斯的美名相提并论，但他投靠了渥大维，他将为自己的这一愚蠢行为付出代价。[④]

① Velleius，2.71.2 f.这些人（包括德鲁苏斯）彼此间都是亲戚。显贵阶层中阵亡的有绥克斯图·昆克提利乌斯·瓦鲁斯（Velleius，2.71.2 f.），可能还有年轻的普布利乌斯·伦图鲁斯·斯宾特尔（P. Lentulus Spinther）。一些刺杀恺撒的凶手，如提利乌斯·辛姆贝尔和昆图斯·利伽里乌斯（Q. Ligarius），从此便杳无音讯了。

② 正如布鲁图斯所引述的一部现已失传的悲剧所说的那样（Dio，47.49.2）：

ὦ τλῆμον ἀρετή，λόγος ἄρ᾽ ἦσθ᾽，ἐγὼ δέσε

ώς ἔργον ἤσκουν · σὺ δ᾽ ἄρ᾽ ἐδούλευες τύχῃ.

（可悲的美德啊，你不过是一个空洞的名字；我曾把你当真，可你却只是命运的奴仆。）

③ Plutarch，*Brutus*，53.

④ Plutarch，*Brutus*，29："Μᾶρκον δ᾽ Ἀντώνιον ἀξίαν φησὶ τῆς ἀνοίας διδόναι δίκην，ὃς ἐν Βρούτοις καὶ Κασσίοις καὶ Κάτωσι συναριθμεῖσθαι δυνάμενος προσθήκην ἑαυτὸν Ὀκταβίῳ δέδωκε · κἂν μὴ νῦν ἡττηθῇ μετ᾽ ἐκεένου，μικρὸν ὕστερον ἐκείνῳ μαχεῖται。"（他说，玛库斯·安东尼会为自己的愚蠢付出罪有应得的代价，原本可以与布鲁图斯、卡西乌斯和加图相提并论的他却自愿投靠了渥大维。如果他这次没有跟着渥大维被一起击败的话，那么要不了多久他也会同后者互相厮杀起来。）

当被俘虏的共和派领袖从胜利者面前走过时，据说他们尊称安东尼为“凯旋将军”(imperator)，却对渥大维加以辱骂。他们中有些人被处死了。[①] 卢奇乌斯・卡尔普尼乌斯・毕布鲁斯(L. Calpurnius Bibulus)、玛库斯・瓦勒里乌斯・麦萨拉等一批贵族逃到了萨索斯岛(island of Thasos)上。[②] 经过协商，他们体面地、有条件地向安东尼投降了，一些人还转而为安东尼效劳。布鲁图斯的一位朋友、忠诚的卢奇利乌斯(Lucilius)此后一直追随着安东尼。[③] 其他一些拒绝妥协或没有希望获得宽大的人逃跑并加入了共和派海军将领——爱奥尼亚海上的穆尔库斯和埃诺巴布斯、西西里的绥克斯图・庞培的队伍。[④]

腓力比战役是一场大捷。罗马人之前从未进行过这样的战争。[⑤] 它的荣誉属于安东尼，整整伴随了他十年之久。恺撒党的领袖们现在不得不满足其士兵们对土地和金钱的要求。渥大维要返回意大利安置老兵，安东尼需要管理东方事务，进行必要的拨款。他们架空了雷必达，对西方诸行省进行了如下处理：他们援引 207
或杜撰了独裁官恺撒的提议，决定山南高卢不能再成为政治争夺的对象，而应变成意大利的一部分。[⑥] 于是，安东尼承诺自己将放

---

① Suetonius, *Divus Aug*. 13.2（如忠诚的加图党徒玛库斯・法沃尼乌斯）。

② Appian, *BC*, 4.136.575.

③ Plutarch, *Brutus*, 50.

④ Appian, *BC*, 5.2.4 ff. 其中有西塞罗的儿子和刺杀恺撒的凶手帕尔玛的卡西乌斯与图鲁利乌斯。格涅乌斯・皮索(Cn. Piso)、盖约・安提斯提乌斯・维图斯和卢奇乌斯・塞斯提乌斯(L. Sestius)也活了下来。

⑤ Appian, *BC*, 4.137.577 f.

⑥ Appian, *BC*, 5.3.12；参见 22.87. Dio, 48.12.5。

弃山南高卢。但他继续保留了长发高卢,并从雷必达手中夺走了纳旁高卢。渥大维也从雷必达手中夺取了西班牙,尽管该行省的大部分地区已掌握在绥克斯图·庞培手中。如果雷必达心怀不满的话,他可以拥有阿非利加行省作为补偿。这些安排都被记录成文——这是必要的预防措施,但还是无法避免背信弃义与种种争端。随后,安东尼出发前往东方诸行省,而把在意大利继续组织公敌宣告运动这一费力不讨好的任务留给他的年轻同僚渥大维去处理。

作为一个缺少胜利的荣誉与信心的战胜者,渥大维返回了意大利。他在路上再度染病,在布伦迪西乌姆逗留了许久,无力继续前行。[①] 人们到处散布着他已经死去的谣言。他们高兴得太早了。渥大维抵达罗马后,元老院和罗马人民马上忙不迭地转而庆祝腓力比大捷。疾病缠身、灰心丧气且霉运不断的渥大维接手了没收意大利公敌财产和安置参加腓力比战役的老兵——28 个军团中的幸存者的任务。在后三头的任务与使命分配中,恺撒继承人负责的部分是艰巨的、不得人心的和极易引火烧身的。没有人能够料到,他居然能够顺利经历这个多事之秋的种种风险,走向强大与胜利。

预先被划出来满足老兵要求的那 18 座意大利城市迅速提出了公开抗议。它们认为应当扩大承担这项义务的范围,并且每座城市所承受的压力也应当是平等的。这样一来,感到警觉的其他城市也加入了抗议的行列。土地所有者拖家带口涌进罗马城,时

① Dio,48. 3. 1 ff.

而苦苦哀求，时而大吵大嚷。[①] 罗马城的平民乐不可支地加入了进来，向后三头不得人心的暴政表示抗议。渥大维在元老院里提出了减轻城市负担和进行妥协的方案，其效果不过是引起了老兵们对他的猜疑。一时间骚乱四起，渥大维的人身安全也面临着威胁。

士兵与平民街头发生了流血冲突，罗马和全意大利陷入了混乱。[②] 意大利诸城镇和地方贵族纷纷武装起来以图自保。他们反对渥大维的举动并不仅仅是中产阶级对后三头军事独裁的反抗，或有产者组成的既得利益联盟对抗手持武器的、贪得无厌的无产 208 
者的斗争；它还同往昔的恩怨混合在一起，看上去仿佛是旧日动乱的延续。罗马的政治斗争及其演变成的历次内战最终是由意大利来买单的。在正义和自由受到侵害的情况下，意大利最后一次发动了反抗罗马的斗争。这次参加的不再是意大利同盟战争中的那些桀骜不驯的部族，而是更为富庶和开化的地区——翁布里亚、埃特鲁里亚和萨宾，它们忠于罗马，但曾经与马略党站在一起对抗过苏拉。现在，一位新的苏拉耗尽了他们的气力，消磨了他们的精神。

渥大维从后三头同盟中的雷必达和执政官普布利乌斯·塞尔维利乌斯那里得不到任何帮助。他还明显受到另一位执政官卢奇乌斯·安东尼的掣肘；后者在忠实且飞扬跋扈的福尔维娅（玛库

① Appian, *BC*, 5. 12. 49：“ἐθρήνουν, οὐδὲν μὲν ἀδικῆσαι λέγοντες, Ἰταλιῶται δὲ ὄντες ἀνίστασθαι γῆς τε καὶ ἑστίας οἷα δορίληπτοι.”（他们哀哭说自己并未做错过什么，因此他们这些意大利人不应当像战败者那样被从自己的土地上和住宅中赶走。）

② Dio, 48. 9. 4 f.

斯·安东尼的妻子)及其附庸玛尼乌斯(Manius)的帮助下,试图浑水摸鱼,为他远在东方的哥哥谋求利益。[①] 他们在玩一场首鼠两端的游戏。他们在老兵面前指责渥大维,坚持声称安东尼才拥有最后的决定权——腓力比战役胜利者的荣耀是压倒一切的。另一方面,他们又呼吁保护那些财产蒙受损失的人们的自由和权利——在这种场合下,他们同样少不了要提到深得民心的安东尼的名字和"忠诚"的概念。[②] 福尔维娅比任何人都更了解她的丈夫的性格:他永远不会、也不可能走回头路,与渥大维重建他所声称的那种联盟关系了。她必须强迫安东尼去贬低(如果不是毁灭的话)同他竞争的这位恺撒党领袖,从而为自己远在天边的忠诚伴侣赢得他似乎并不稀罕的独裁大权。

渥大维在执行恺撒党的政策时,似乎面临着回归他在近三年前起兵攻打安东尼时建立的恺撒党-共和派联盟的危险。警觉的他派出自己的亲信、沃拉特雷的凯奇纳和安东尼的私交卢奇乌斯·科切乌斯·涅尔瓦(L. Cocceius Nerva)作为紧急特使前往叙

209 利亚。[③] 凯奇纳无功而返,没有带回明确的消息;而涅尔瓦则留在安东尼那里了。

---

① 我们已不可能最终发现这些交易的真相了。渥大维编造的、并不高明的政治宣传夸大了福尔维娅在当时和之后的重要性,使得福尔维娅本人和她的一切活动都受到憎恶;以至于后来的一切作家都没有出于尊重史实或哪怕党派宣传的目的而为她说过什么好话(关于对福尔维娅——这个在罗马政坛上举足轻重的家族中的最后一位人物的较为温和的评价,参见 Münzer,P-W VII,283 f.)。此外,在阿庇安的叙述中,卢奇乌斯·安东尼则被理想化了,成了代表自由反对军事独裁、代表执政官权力反对后三头的领袖(*BC*,5. 19. 74;43. 179 ff.;54. 226 ff.)。

② Dio,48. 5. 4;*BMC*,*R. Rep.* II,400 ff.

③ Appian,*BC*,5. 60. 251.

随着时间的推移,形势每况愈下。老兵们开始转而支持渥大维——也确实合乎其利益。渥大维则休弃了他不喜欢且未曾同房过的新娘、福尔维娅的女儿。但不肯善罢甘休的执政官和福尔维娅自称得到了玛库斯·安东尼的指示,开始推行共和派的政治纲领。官员们插手干预并组织了一次会议。双方达成了妥协,但迟迟未能制订较为重要的一些条款。战争的味道在空气中蔓延。双方都在厉兵秣马,攫取神庙的财富。执政官卢奇乌斯·安东尼退守罗马近郊的普雷内斯特战略要地。此时,老兵们也插手干预了——驻守安科纳的恺撒老兵、安东尼的部下派来一个代表团,安排双方在位于罗马与普雷内斯特之间的伽比(Gabii)会谈。由于双方彼此不信任和互相投掷武器,①这次会谈被迫搁浅了。玛尼乌斯提供或伪造了一份来自安东尼的书信,声称准许为维护他的尊严而发动战争。②

执政官向罗马进军,轻而易举地击溃了雷必达。罗马人民和元老院狂热地欢迎他,其待遇是不久前三位将罗马从一个党派的统治下解放出来的巨头们不曾享受过的。但卢奇乌斯·安东尼控制罗马城的时间并不长。他继续向北推进,希望能同哥哥手下那些驻扎在高卢地区的将领们合兵一处。

渥大维在阿格里帕陪伴下逃到了埃特鲁里亚南部。他的处境十分危殆。他已经召回了自己的大将、正在率领六个军团前去接

① Appian,*BC*,5.23.92 ff. 根据狄奥(Dio,48.12.3)的说法,安东尼和福尔维娅讥笑了士兵们,称他们为“穿靴子的元老”(βουλὴν καλιγᾶταν)。

② Appian,*BC*,5.29.112:“πολεμεῖν ἐάν τις αὐτοῦ τὴν ἀξίωσιν καθαιρῇ 。”(如果有人损害了他本人的名誉的话,那就不惜一战。)

管西班牙的萨尔维狄埃努斯。即便萨尔维狄埃努斯及时赶到，并且两人在会师后打败了卢奇乌斯·安东尼，渥大维也仅仅能够解决相对而言最容易处理的一个难题。随后，他很可能会被久负盛名、兵多将广的安东尼部下一口吃掉。

但安东尼派将领们彼此间距离很远，意见也不统一。波利奥在山南高卢统领着一支由七个军团组成的军队。撤销这一行省，将它与意大利本土合并的决议似乎还没有被执行。这可能与波利奥的抗命不从有关。这位将领在当年早些时候的立场是可疑的和
210 令人不安的。他一度拒绝让萨尔维狄埃努斯穿过山南高卢前往西班牙；[①]现在他也可以阻止这位渥大维手下最优秀的将领和承载着他的最后希望的返程。后三头之一安东尼本人的行省——纳旁高卢由统率着大军的卡勒努斯和维提狄乌斯代管；这两个人也是萨尔维狄埃努斯的死对头。[②]

但这并非全部。共和派的舰队正统治着海洋。埃诺巴布斯在亚得里亚海上，穆尔库斯则跟绥克斯图·庞培在一起。绥克斯图·庞培似乎又一次坐失良机了。如果安东尼派和共和派的军队精诚合作的话，他们在意大利及其毗邻海域发起的夹击大概能够摧毁渥大维。但渥大维形形色色的对手既缺乏统一指挥，也没有一致的目的。没有收到正式指令的、驻守意大利和西部诸行省的安东尼部下将领们普遍怀疑他的弟弟与妻子所传达命令的真实性。

---

① Appian, *BC*, 5. 20. 80 f.

② Dio, 48. 10. 1.

萨尔维狄埃努斯最终还是穿过山南高卢，从西班牙返回了。波利奥和维提狄乌斯一路尾随他，行动缓慢，但充满威胁意味。战争已经在意大利境内打响了。[1] 埃特鲁里亚、翁布里亚和萨宾地区的居民目睹了一连串混乱的进攻与反击、武装冲突与围城战。盖约·福尔尼乌斯(C. Furnius)想为安东尼守住森提努姆(Sentinum)；结果萨尔维狄埃努斯攻陷了这座城镇，将它夷为平地。[2] 位于萨宾境内偏远地区的努尔西亚为了自由而在提西埃努斯·伽鲁斯(Tisienus Gallus)指挥下顽强抵抗，但最终还是被迫开门投降。[3] 这些不过是插曲而已，卢奇乌斯·安东尼才是故事的主人公。他试图突破封锁逃往北方。但阿格里帕和萨尔维狄埃努斯拦住了他。执政官同福尔尼乌斯、提西埃努斯和数位安东尼派或共和派党徒一并躲进了固若金汤的佩鲁西亚城，打算在里面短期坚守一阵，以为波利奥和维提狄乌斯很快就会赶来救援。他很快便意识到自己错了。渥大维迅速在佩鲁西亚周围建起了一圈精良的围城工事。随后，他带领阿格里帕向东北方向进军，以便迎击波利奥和维提狄乌斯。主意未定且意见相左的那两位将领拒绝作战，穿越亚平宁山区撤军了。[4] 来自南方的支援也不够及时或有力。安东尼手下的另一位将领普兰库斯率领着老兵们驻扎在贝内文托附近，应福尔维娅的请求招募了一支军队；[5]共和派将领提比略·克

① 我们是很难用文字或地图去重构这些军事活动过程的。

② Appian，*BC*，5. 30. 116；Dio，48. 13. 4 ff.

③ Dio，48. 13. 2；6.

④ Appian，*BC*，5，33. 130 ff.

⑤ Appian，*BC*，5. 33. 131；参见 *ILS* 886。

劳狄乌斯·尼禄也在坎帕尼亚举起了义旗。[①] 普兰库斯向北进军一段后便在斯波勒提乌姆(Spoletium)驻守观望,这一举动与他的
211 性格十分相符。

东方还没有任何动静。执政官在佩鲁西亚承认自己是在为兄长而战;他的士兵则在投石上刻下了玛库斯·安东尼是他们的凯旋将军的字样。[②] 围城者拥护神圣的尤利乌斯,辱骂福尔维娅和卢奇乌斯·安东尼的秃头。[③] 政要人物的政治宣传也不曾停歇。渥大维在带有"罗马式的直率风格"的诗句中嘲弄了远在东方的安东尼(当然没有放过他的卡帕多西亚情妇),并侮辱了他的妻子福尔维娅。[④] 此外,他还写了一些关于波利奥的、传统且格调下流的诗歌;波利奥机智地嘲讽了这个发动公敌宣告运动的政治家,化解了攻击。[⑤]

随着围城的继续,守城者开始感到了饥饿之苦。于是,维提狄乌斯和波利奥决定尝试与普兰库斯会合,解除佩鲁西亚之围。翻越亚平宁山区后,他们被阿格里帕和萨尔维狄埃努斯在距离佩鲁

---

① Velleius,2.75.

② *CIL* XI,6721[1]:' M. Ant. imp. ' 还有对渥大维的粗鲁辱骂,*CIL* XI,6721[7] 和 *CIL* XI,6721[11]。

③ *CIL* XI,6721[26]:"L(eg.) XI|Divom Iulium。"(第 11 军团|神圣的尤利乌斯);*CIL* XI,6721[5](攻击了福尔维娅);*CIL* XI,6721[13]:"L. Antoni calve peristi | C. Caesarus victoria。"(愿秃子卢奇乌斯·安东尼万劫不复 | 胜利属于盖约·恺撒一方。)

④ 玛提阿尔(Martial,11.20)称赞了它们的"罗马式的直率风格"(Romana simplicitas),并引述了一些相当可信的例子。

⑤ Macrobius,2.4.21:"at ego taceo,non est enim facile in eum scribere qui potest proscribere。"(我宁愿保持沉默,因为想要描写那个能够发动公敌宣告运动的家伙可不是一桩容易的事。)

西亚不到 20 英里的福尔吉尼埃(Fulginiae)拦住了去路——被围困者已经看到了他们用火发出的信号。维提狄乌斯和波利奥准备开战。但普兰库斯的谨小慎微最终说服了他们。[1]

安东尼手下的将领并不相互信任。勇武的维提狄乌斯知道普兰库斯曾称呼自己为赶骡人和土匪;波利奥则痛恨普兰库斯。但当时还存在着一个比将领们之间的猜疑与分歧更重要的因素——他们手下的士兵十分清楚自己的利益所在,并且极度厌战。对于他们来说,为卢奇乌斯·安东尼和意大利的有产阶级而战实属疯狂的想法。

波利奥、普兰库斯和维提狄乌斯分头撤兵,撇下佩鲁西亚去听凭命运摆布。在最后尝试了一次徒劳的突围后,卢奇乌斯·安东尼投降了(时间或许是 2 月底)。渥大维对其同僚的弟弟以礼相待,派他去担任自己麾下的西班牙行省总督(此人不久以后便在西班牙去世)。[2] 留给佩鲁西亚的命运当然是遭受洗劫。最终迫使烧杀抢掠的士兵们罢手的是一位当地显要公民的自杀,因为此人的巨大火葬堆点燃了一场最终焚毁全城的烈火。[3] 佩鲁西亚这座埃特鲁里亚人的古老、富庶城市的归宿便是如此。 212

如何处置战俘成了一个难题。许多地位显赫的元老和罗马骑士都主张捍卫自由和保护自己的产业。其中大多数人的逃跑恐怕并未受到认真的阻拦。剩下的人被处死了——其中包括提比略·卡努提乌斯,那位在恺撒继承人第一次向罗马进军时把他介绍给

---

① Appian, *BC*, 5. 35. 139 ff.

② Appian, *BC*, 5. 54. 229.

③ Velleius, 2. 74. 4; Appian, *BC*, 5. 49. 204 ff.

罗马人民的保民官。[1] 佩鲁西亚城市议事会的全体成员也被处以死刑，据说其中被豁免的只有一个人，因为这个精明的家伙在罗马负责给谋杀恺撒的凶手定罪的陪审团中为自己保留了一个席位。[2] 这些合法的谋杀被流言和无稽之谈进一步夸大，演变成了300名元老和骑士于3月15日在敬奉"神圣的尤利乌斯"的祭坛前所举行的庄严宗教仪式中引颈受戮的荒诞传说。[3]

全意大利惊恐地在佩鲁西亚、悲伤地在努尔西亚看清了恺撒继承人的立场。在纪念这场战争的纪念碑上，努尔西亚人加上了一条铭文，宣称他们的死者是为自由而牺牲的。于是渥大维马上对这座城市课以重税。[4]

安东尼的将领们纷纷作鸟兽散。普兰库斯抛下自己的军队，同福尔维娅一起逃到了希腊。维提狄乌斯和波利奥退往亚得里亚海沿岸地区。我们不清楚维提狄乌斯的行军路线与活动情况。关于波利奥，我们知道他向东北方向撤退，在威尼斯抵挡过一阵渥大维的将领们。后来的事情我们就无从知晓了，唯一的信息是他同用舰队控制着亚得里亚海的共和派海军将领埃诺巴布斯进行过谈判，并成功地说服后者支持安东尼。[5]

年轻的渥大维、他的同龄人阿格里帕和比他们年长的萨尔维狄埃努斯·鲁孚斯的同盟克服了千难万险。在他们的锐气和坚定

---

① Dio，48. 14. 4；Appian，*BC*，5. 49. 207.

② Appian，*BC*，5. 48. 203.

③ Suetonius，*Divus Aug*. 15；Dio，48. 14. 4；参见 Seneca，*De clem*. 1. 11（"Arae Perusinae"[屠杀佩鲁西亚战俘的祭坛]）。

④ Dio，48. 13. 6. Suetonius，*Divus Aug*. 12 对这起事件的时间记载有误。

⑤ Velleius，2. 76. 2；Appian，*BC*，5. 50. 212.

意志面前,安东尼手下最著名的和经验最丰富的党徒一败涂地。其中包括两名前执政官——勇武的维提狄乌斯和足智多谋的普兰库斯,以及一位现任执政官——波利奥担任执政官的辉煌年头已经到了。

不过,渥大维仍未解决所有难题。他成了意大利的主人,但那已是一片饥饿、破败和绝望的土地。并且意大利还处于敌人的包围之中。安东尼正在率领部队从东方赶来;安东尼的部下卡勒努 213
斯仍然控制着阿尔卑斯山以北的高卢全境。在海上,埃诺巴布斯威胁着意大利的东海岸,绥克斯图·庞培则威胁着意大利的南海岸和西海岸。如果渥大维尚能承受如此巨大压力的话,那么他还要应对自己手中的所有行省同时遭到攻击的局面。绥克斯图·庞培逐走了玛库斯·卢里乌斯(M. Lurius),夺取了撒丁岛。[1] 在远西班牙行省,渥大维手下的将领卡里纳斯正在面临受到卢奇乌斯·安东尼和福尔维娅教唆的一位摩尔人酋长的入侵。[2] 在阿非利加行省,并不缺乏勇气与资源的前百夫长福菲奇乌斯·芬哥正在与前行省总督提图斯·绥克提乌斯进行混战,后者卸任后继续留在行省内,最终兵败身死。[3] 看起来,恺撒的继承人很快就会陷入泥潭,最终走向灭亡。这条轨迹看上去是命中注定的,也是大多数人所希望看到的。

---

① Dio,48.30.7.

② Appian,*BC*,5.26.103.

③ Appian,*BC*,5.26.102;Dio,48.22.1 ff. 提图斯·绥克提乌斯最终打败了昆图斯·科尼菲奇乌斯,为恺撒党赢得了阿非利加行省。参见上文,第 248 页注③,即原书第 189 页注 5。腓力比战役结束后,渥大维曾派芬哥去接替绥克提乌斯。

困境中的渥大维争取一切可能获得的援助，试图同海上的主宰妥协。他派出外交代表梅塞纳斯前往西西里谈判。为了表达自己的诚意，他还迎娶了斯克瑞波尼娅（Scribonia）[①]——绥克斯图·庞培从前的岳父利波（Libo）的姐妹。但他很快发现，绥克斯图·庞培已经在同安东尼进行谈判了。

恺撒的继承人再次被名分带给他的好运拯救了。此时，卡勒努斯恰好去世了。他的儿子由于缺乏经验或自信，在劝说下向渥大维交出了高卢和手头的 11 个军团。[②] 渥大维亲自离开意大利去笑纳这份大礼。他任命萨尔维狄埃努斯掌管高卢，毫不怀疑自己这位朋友的忠诚。

当渥大维于暮夏时分返回罗马时，他发现安东尼已经从东方赶来，正在围攻布伦迪西乌姆，并同埃诺巴布斯和绥克斯图·庞培公开建立了联盟。安东尼派在佩鲁西亚的失败是因为指挥失当。这一次，渥大维的敌人终于有了自己的首领。对恺撒遗产最后的武力争夺似乎已在所难免；罗马要在两个主人之间做出选择。至于他们中的哪一位得到全意大利的同情，答案是显而易见的。尽管伟大的安东尼失去了高卢的那些军团，军事优势依旧掌控在他的手上。

---

① Appian，*BC*，5.53.222；见下文，原书第 228 页。

② Dio，48.20.3；Appian，*BC*，5.51.213 f.

第 16 章　安东尼的统治地位 214

腓力比之战的胜利者威风凛凛地向东前进，以便重建罗马的统治秩序，并从东方的富庶城市——罗马内战中先后被共和派和恺撒党赢得的战利品——中为军队榨取更多的财富。他向那些城市征收了九年的贡赋，要求它们在两年内付清。安东尼在东方摊派罚金、分配特权、奖励朋友、惩罚敌人、扶持并废黜各地区的王侯。[①] 他在腓力比战役结束后的那个冬天一直忙于这些事务。随后，他前往西里西亚地区的塔尔苏斯城（Tarsus）。通过多才多艺的代表昆图斯·德利乌斯（Q. Dellius），他在那里召见了自己麾下一位重要的附庸——埃及女王，要求她表明自己的政治立场。[②]

克莉奥帕特拉精明且富于魅力。[③] 刚刚离开卡帕多西亚美女格拉芙拉（Glaphyra）[④]的安东尼向她表达了良好的祝愿，但并未堕入爱河。表达了对恺撒党忠心的女王在得到了可以继续保有其领土的确认后离开了。安东尼对叙利亚和巴勒斯坦等地区的事务进行了必要的安排，随后悠闲地前往埃及。他在亚历山大里亚度过了一个短暂但愉快的冬季，于公元前 40 年的早春时节离开了埃

---

① Appian, *BC*, 5.4.15 ff.

② Plutarch, *Antonius*, 25.

③ 在此复述普鲁塔克对于二人相遇场景的戏剧性浪漫描写恐怕是不必要的。

④ Appian, *BC*, 5.7.31; Martial, 11.20. 她是科马纳（Comana）地方权贵的情妇。

及。到此时为止，还没有任何迹象表明，安东尼已同克莉奥帕特拉建立了比他跟格拉芙拉之间更为亲密的关系。他再次见到这位埃及女王已经是四年后的事情了。

除内战造成的破坏之外，罗马现在又面临着一个外敌的入侵。帕提亚人在罗马叛徒的陪同下，大批涌进叙利亚地区，迫使那里的行省总督德奇狄乌斯·撒克萨退守海峡地区。安东尼抵达了推罗(Tyre)。在意大利的各种麻烦中，最令人不安的一些流言已经传到了安东尼耳中。他很快便得知，自己的部下已经同恺撒党领袖渥大维开始了一场新的、十分危险的内战。[①]

一方面，安东尼从叙利亚前往埃及并羁留在那里；另一方面，
215 他的妻子和弟弟在意大利却不仅代表着他的立场并赢得了共和派的支持，而且还挑起了内战，满怀希望能够消灭敌对的恺撒党领袖。这些看似相互矛盾的事件似乎是需要解释的。理由当然是可以信手拈来的——安东尼沉溺在亚历山大里亚的花天酒地中，倾倒于一位异域艳后的迷人魅力；[②]或是他早已与弟弟订好密谋，只是没有公开宣布而已。诸如此类的、煞有介事的对安东尼邪恶品质和两面三刀做派的责难或许并不公平；更合理的原因恐怕在于安东尼一言九鼎、襟怀坦荡的性格，他作为渥大维盟友的身份，以及严冬时节海路交通的缓慢等因素。安东尼完全了解这些纷争的缘起。他是不能进行干涉的——因为公敌宣告运动和为参加过腓力比战役的老兵分配土地是渥大维承担的任务，后三头需要共同为这些政策负责。腓力比战役的胜利者是不能食言或抛弃自己的

① Appian, *BC*, 5.52.216.

② Dio, 48.27.1:“ὑπό τε τοῦ ἔρωτος καὶ ὑπὸ τῆς μέθης。”(由于情欲和美酒。)

部下的。他的分内职责是在东方筹款——或许他在这方面做得并不十分成功。[1] 他感觉自己是身处意大利的这些纠纷之外的。至于意大利后来发生的事件、在埃特鲁里亚进行的战争，以及对佩鲁西亚的围困，安东尼或许在他于公元前 40 年 2 月抵达推罗时还一无所知，直到乘船离开那里前往塞浦路斯和雅典时才得到了这些消息。[2] 即便在当时人眼中，佩鲁西亚战争也是混乱的和难以解释的。[3] 各方在事后都有很多需要辩解或掩饰的东西。如果安东尼充分掌握了信息，他仍有可能选择继续坐待事态发展。[4] 他最后终于动身了。

来自帕提亚人的威胁尚未解除，但可以暂时被搁置。安东尼集结兵力，乘船前往希腊。他在雅典见到了福尔维娅和普兰库斯。他听取了一方的指责和另一方的辩解，充分了解了事态的严重性。无论是为了复仇还是为了施加外交压力，他都必须把自己武装得十分强大。他组建了一支舰队，并四处寻找盟友。绥克斯图·庞培派来了信使，提出了结盟的建议。[5] 安东尼一方面拒绝签署一 216

① 参见 E. Groag, *Klio* XIV(1914), 43 ff.

② W. W. Tarn, *CAH* X, 41 f.

③ 甚至有一种观点认为，渥大维和卢奇乌斯·安东尼事先已经串通好，想要强行发动战争，以便他们能够更容易地和更理直气壮地开展公敌宣告运动(Suetonius, *Divus Aug*. 15)。

④ E. Groag, *Klio* XIV(1914), 43 ff. 就是这样认为的。他相信安东尼犯下了一个严重的、无可补救的政治决策错误——实际情况倒并不一定如此。

⑤ 信使们是卢奇乌斯·斯克里波尼乌斯·利波和森提乌斯·萨图尔尼努斯(Sentius Saturninus)(Appian, *BC*, 5. 52. 217)。他们还带来了之前逃到西西里去的、安东尼的母亲尤利娅。提比略·克劳狄乌斯·尼禄和他的妻子大概也在这一时期来到了希腊。

份将绥克斯图·庞培包括在内的和约，另一方面却同意与后者进行军事合作。当安东尼带着几条战船先行从伊庇鲁斯境内的一个港口出发时，他发现军力强于自己的埃诺巴布斯舰队正在向自己驶来。安东尼继续前进，这令普兰库斯十分害怕。埃诺巴布斯降下旗帜，加入了安东尼的队伍。[1] 因为他已经在波利奥的劝说下决定归顺了。[2]

意大利的门户布伦迪西乌姆港拒绝接纳安东尼。他对这座城市进行了围攻。随后，绥克斯图·庞培伸出了援手。他此时已经从撒丁岛逐走了渥大维的党徒玛库斯·卢利乌斯，正在南下迫近意大利南海岸。

联盟关系的急转直下改变了罗马政局的面貌(但并未改变其实质)。冒险家渥大维曾在反抗安东尼的统治时得到过共和派的帮助，但他在一年前背叛了自己的朋友，将他们宣告为公敌。现在，他又作为暴露了本来面目的、冷酷无情的革命领袖将罗马和意大利的自由消灭在血泊和废墟之中。而从前的公敌安东尼则正在跟共和派军队残部一道进攻意大利。他麾下的海军将领是埃诺巴布斯、加图的外甥，因参与谋杀恺撒而被判处了死刑。他的公开盟友则是绥克斯图·庞培，后者身旁簇拥着一批罗马贵族和受人尊敬的骑士，他们是公敌宣告运动、腓力比战役和佩鲁西亚战役的幸存者。

安东尼在这种道义支持下前去迎战他在恺撒党中的对手。就

① Appian, *BC*, 5. 55. 230 ff.

② Velleius, 2. 76. 2.

战争形势而言，他现在所处的地位已经不能再好；而一队敌军骑兵的突然溃逃也很快证明了他从前的将才。[①] 他的弟弟曾试图保护意大利的有产阶级免受士兵损害；而安东尼本人却在佩鲁西亚战役中按兵不动。他从前的错误曾使得渥大维有机会站在维护军团利益的立场上，从而表明自己才是真正的恺撒党。但他的错误并不是致命的——渥大维很难劝说散居到各处殖民地里的老兵集合起来向安东尼开战；有些人开小差逃跑了。[②] 渥大维或许率领着许多军团，但那些士兵饥肠辘辘，并不可靠；而且渥大维完全没有战船。安东尼不仅控制着海洋，围困着意大利；并且统率着全高卢军队的萨尔维狄埃努斯也在与安东尼谈判，并准备归顺。萨尔维 217
狄埃努斯应该比任何人都更清楚两军的胜算如何。然而，恺撒党领导的军团再次迫使恺撒党的领袖们屈从于自己的意志并保全罗马公民的性命。他们拒绝战斗。双方阵营里都有一些士兵代表表达了自己的想法。[③] 随后，两军进行了试探性的谈判。作为示好的信号，安东尼打发会连累自己声誉的副将埃诺巴布斯去担任比提尼亚行省的总督，并指示绥克斯图·庞培撤走他的舰队。真正的会谈随即开始。代表安东尼的是其部下中最为诚实的波利奥；代表渥大维的则是擅长外交的梅塞纳斯。安东尼的朋友、渥大维一派也能接受的人物卢奇乌斯·科切乌斯·涅尔瓦也在谈判现场。[④]

① Dio，48. 28. 1；Appian，*BC*，5. 58. 245.

② Appian，*BC*，5. 53. 220. 但阿庇安或许夸大了安东尼的威名。

③ Appian，*BC*，5. 59. 246 ff.

④ Appian，*BC*，5. 64. 272.

在这些人的斡旋下，双方达成了全面和解。[①] 后三头体系重新建立起来了。意大利成为共管的领土，两位领袖都可以从意大利征兵。安东尼获得了马其顿以东的所有行省；渥大维则获得了从西班牙到伊吕利库姆的全部西方行省。双方的边界由阿尔巴尼亚北部的德林河(Drin)下游和伊吕利库姆与马其顿行省间的边界构成。至于相对弱小的雷必达，两位政治巨头让他获得了阿非利加行省，那里三年以来一直是党派立场可疑的将领们混战的舞台。巩固这项和约的是一场政治联姻。安东尼的发妻福尔维娅前不久已在希腊去世了。安东尼娶了同僚渥大维的姐姐——美丽贤淑的渥大维娅，后者由于丈夫盖约・马塞卢斯当年的突然去世而成了寡妇，拉扯着尚在襁褓中的儿子。

布伦迪西乌姆和约的内容就是如此。在波利奥与卡尔维努斯担任执政官的这一年 9 月，新的恺撒党同盟建立起来了。[②] 这一切原本可能不会发生：满腔怒火的政治巨头们在布伦迪西乌姆的剑拔弩张预示着新一轮的战争、公敌宣告和对意大利的摧毁即将重启，最后的胜利者将比他战败的对手更加糟糕，并且注定要很快步前者的后尘而走向灭亡。罗马和罗马人民将走向毁灭；跟亚历
218 山大帝国一样辽阔的世界性帝国将会在群雄逐鹿中分崩离析，肢解为几个王国和彼此敌对的王朝。公民之间的斗争是否会无休无止呢？从前意大利、玛尔西和埃特鲁里亚，以及境外的敌人都不曾

① Dio，48. 28. 4；Appian，*BC*，5. 65. 274.

② 反映这一事件大致日期的事实是卡西努姆殖民地的行政官员们在 10 月 12 日建立了一座“和谐纪念碑”(signum concordiae)(*ILS* 3784)。

毁灭罗马。她自己的力量与公民却把她削弱到了这步田地。[1] 阶级之间的战争、暴乱四起的乱象、一切神圣与世俗规矩的废弛和种种恐怖引发了负罪与绝望的感觉。人们四处逃窜，可能是希望逃到世界西部边缘之外的某个没有劳役、战争和罪恶，充满和平的幸福岛上去。

现实愈是黑暗，黎明的曙光就愈是近在眼前。根据几种世界演化理论的说法，人们坚定不移地相信，一个时代正在逝去，而新时代即将来临。埃特鲁里亚占星术士的演算和毕达哥拉斯派哲学家的思考或许同恺撒遇刺后出现在天空中的彗星——“尤利乌斯之星”(Julium sidus)、新时代的迹象与使者同时对世人的心理产生了作用。[2] 世界统治者们迅速采用了一些若有若无的暗示和巫术来进行政治宣传。公元前 43 年发行的钱币上已经刻上了权力、丰产和黄金时代的图样。[3]

① Horace, *Epodes*, 16. 1 f. : altera iam teritur bellis civilibus aetas
suis et ipsa Roma viribus ruit.
（现在，又一代人被内战所击垮；罗马被自己的力量所摧毁。）

我们在这里引用了《长短句诗》，尽管它的创作日期很可能是在几年之后。关于《长短句诗》和维吉尔《牧歌・篇四》在创作年代上孰先孰后的问题是很难解答的。斯奈尔(B. Snell)提出了十分有力的证据，认为维吉尔的诗歌年代较早(B. Snell, *Hermes* LXXIII(1938), 237 ff.)。

② 罗马的上一次轮回庆典(*Ludi Saeculares*)举办于公元前 149 年。因此，下一次应当于公元前 39 年到来——至少根据某一种计算方式来看是这样。埃特鲁里亚的卜者弗尔卡尼乌斯宣布了第九轮回的终结(Servius on *Ecl*. 9. 47)并当场自尽。人们往往把这一事件同彗星联系起来——据说奥古斯都的《自传》便提及了这一点。关于毕达哥拉斯派的教义，参见 J. Carcopino, *Virgile et le mystère de la IVe églogue*(1930), 57 ff.。

③ 参见 A. Alföldi, *Hermes* LXV(1930), 369。

正是在这种充满弥赛亚式希望(和平的到来使之显得更为真实,而世人的欣慰与狂喜则为它增添了光辉色彩)的氛围中,诗人维吉尔创作了他牧歌中最著名,也是最神秘的一首。《牧歌·篇四》讴歌了新时代的到来,这个时代不仅始于他的庇护人波利奥担任执政官之年,并且正是由波利奥奠定基础的。“你放手去干吧”(te duce)。黄金时代将由一个即将诞生的孩子去实现,或至少是开启。

这个孩子似乎并不只是一个诞生中的时代的人格化;他的父
219 母也不是从天而降的或超自然的,而是把美德传给儿子的罗马父亲和同样有血有肉的罗马母亲。[①] 对这位命运之子的身份确认工作让两千年来的学者和预言家挖空心思——同时也昭示了他们的轻信与无知。使问题变得更糟的是,这段叙述在本质上确实十分接近于预言文学,在没有或不曾及时地完全实现的情况下还会被后人不断利用。[②]

我们可以用三言两语排除这个弥赛亚式人物的几个证据不实或毫无依据的候选人。波利奥的儿子伽鲁斯(Gallus,可能生于公元前 41 年)告诉博学的阿斯科尼乌斯(Asconius)说,事实上他本人就是这个神奇的婴孩。[③] 没有任何证据表明阿斯科尼乌斯相信他所说的话。古典时代晚期的维吉尔评注家们满怀自信地认为,

---

① *Ecl*. 4. 26 f. :at simul heroum laudes et facta parentis
iam legere et quae sit poteris cognoscere virtus.
(你会读到对英雄们的赞美,以及你父亲的事迹;之后你将会知晓美德究竟为何物。)

② 它有可能被人改写过,因此在形式上更像一首预言诗。

③ Servius on *Ecl*. 4. 1.

此人是波利奥更小的一个儿子萨洛尼努斯(Saloninus)。此人的出生与维吉尔的创作时间吻合,此后不久便夭折了。[①] 但萨洛尼努斯与这首诗的关系,甚至此人是否真正存在过,都是非常可疑的。[②] 此外,我们没有理由设想,波利奥会指望自己的哪个儿子将来会统治世界,并且维吉尔也没有说诗中提及的执政官很快就会当上父亲。渥大维的姐姐为她之前担任过执政官的丈夫生了一个儿子马塞卢斯;但马塞卢斯的出生比那首诗的创作时间早了两年。[③] 诚然,渥大维本人倒是在公元前 40 年与斯克里波尼娅订了婚;他的独生女尤利娅于次年降生。

但恺撒党这次签订的内部和约比它之前同庞培那次令人失望的、临时性的联盟更为重要;它所促成的政治联姻也比从前并非心甘情愿的新郎与闷闷不乐的庞培岳父之女的婚姻更有光彩。我们有理由相信,《牧歌·篇四》是宣布和平降临,预告水到渠成的,并且也是势在必行的安东尼与渥大维娅的婚礼的。[④] 执政官波利奥是安东尼手下的人,并且波利奥在签订条约过程中发挥了重要作用——他是一名与会代表,并不只是名年符号。安东尼的儿子、恺撒党领导权的继承者确实应当统治这个依靠他父亲的勇武建立了 220
和平的世界——

① Servius on *Ecl*. 4. 1.

② 参见 R. Syme,*CQ* XXXI(1937),39 ff.。

③ Propertius,3. 18. 15;PIR^2,C 925.

④ 正如 W. W. Tarn,*JRS* XXII(1932),135 ff. 颇具说服力地指出的那样。十分流行的、认为维吉尔所描述的必定为渥大维之子的观念其实基于对公元前 40 年历史形势的、年代次序颠倒了的错误观念。

pacatumque reget patriis virtutibus orbem.[①]

（他将依靠父亲的美德统治这个和平的世界。）

大家盼望的孩子确实诞生了，不过是个女孩（大女儿安东尼娅[Antonia]，生于公元前39年）。政治巨头间的和解不过是斗争中的一个间歇期。但人们当时还不知道会是这个情况。到了公元前40年末，建立在领导人与士兵共同利益之上的，并通过极具约束力的个人誓约得到巩固的恺撒党统治似乎终于使人们看到了和谐的希望。

言归于好的领袖们由各自的主要下属护送，向罗马前进。在安东尼的部下中，从前的共和派党徒埃诺巴布斯已被打发到比提尼亚，以便恺撒党内部的和约能够更加顺利地签订。[②] 普兰库斯很快也被派往亚细亚行省担任总督。[③] 和约一签订，安东尼马上派出自己最优秀的将领维提狄乌斯去驱逐帕提亚人。[④] 波利奥可能在差不多同时去了马其顿——如果他前往罗马是为了有机会佩戴一下执政官徽章的话，那么他也佩戴不了多久了。因为后三头在年底前就任命了两位新执政官——来自加的斯的巴尔布斯（他已经从历史记载中消失达四年之久了）和安东尼党徒普布利乌斯·卡尼狄乌斯·克拉苏。[⑤] 他们在任职期间完成了多种重要工

① *Ecl.* 4.17.

② Appian，*BC*，5.63.269.

③ 这一点可以从狄奥的描述中推断出来，见 Dio，48.26.3。

④ Appian，*BC*，5.65.276.

⑤ Dio，48.32.1. 他们的任职期极为短暂。

作，但现存史料基本没有把这些事迹保存下来。

渥大维现在获悉了自己曾经面对的潜藏威胁。在安东尼对新联盟关系还比较信任的时候，他透露了萨尔维狄埃努斯变节的信息。萨尔维狄埃努斯在元老院里被指控犯有严重的叛国罪，随后被判处死刑。[①] 这就是与阿格里帕和维提狄乌斯齐名的、或许是革命中最著名的将领昆图斯·萨尔维狄埃努斯·鲁孚斯最终的命运。跟巴尔布斯一样，他还没有担任过能使自己进入元老院的官职——连绵不断的战事使他无暇顾及这些事情。但渥大维原本已经安排他担任下一年的执政官。而后来代替他出任执政官的盖 221
约·卡尔维修斯·萨比努斯和卢奇乌斯·马尔奇乌斯·肯索里努斯(L. Marcius Censorinus)无疑可以起到表彰恺撒党徒忠心的效果——在元老中，他们是在独裁官恺撒被自由派刺杀之际仅有的试图保护他的两个人。[②]

在同时代人的眼中，安东尼是三位政治巨头中地位最高的，他

① Velleius，2. 76. 4："per quae tempora Rufi Salvidieni scelesta consilia patefacta sunt，qui natus obscurissimus initiis parum habebat summa accepisse et proximus a Cn. Pompeio ipsoque Caesare equestris ordinis consul creates esse，nisi in id ascendisset，e quo infra se et Caesarem videret et rem publicam。"（在这个时候，鲁孚斯·萨尔维狄埃努斯的邪恶阴谋败露了。此人出身极其低微，却已拥有了至高荣誉；他原本可以成为继格涅乌斯·庞培和恺撒本人之后第一位当选执政官的骑士，要不是他企图更上一层楼，把恺撒和共和国统统踩在脚下的话。）参见 Livy，*Per.* 127；Dio，48. 33. 3；Suetonius，*Divus Aug.* 66. 2；Appian，*BC*，5. 66. 278 f. ，以及刻有"Q. Salvius imp. cos. Design"（已当选执政官的统帅昆图斯·萨尔维乌斯）字样的硬币（*BMC*，*R. Rep.* II，407 f. ）。无须多言的是，我们能见到的只有萨尔维狄埃努斯叛国的"官方"版本。

② Nicolaus，*Vita Caesaris*，26. 96. 铭文 *ILS* 925（Spoletium）证明存在过纪念盖约·卡尔维修斯·萨比努斯之忠诚的献词。其中说的显然是公元前 39 年的执政官，并不是他的儿子，像人们通常所认为的那样（如 PIR^2，C 353）。

的声望与人气盖过了年轻的恺撒继承人。雷必达根本无足挂齿：他拥有家族影响，并且从未放弃自己的野心；但他缺乏属于自己的党派和以死效忠的军团。他从政的风格现在已经过时了。安东尼仍然是腓力比战役的胜利者。他的军事名声使他抢走了缔造和平的大部分功劳，因为当时的战局显然是对安东尼更为有利的。

罗马城中爆发的动乱很快就为后三头的盲目乐观和安东尼的婚礼蒙上了阴影。渥大维的人身安全受到了威胁。不得人心的课税、飞涨的物价和粮食短缺引发了严重的骚乱。绥克斯图·庞培将试图为渥大维重新夺回失地的释奴赫勒努斯赶出了撒丁岛，[1]并重新封锁了意大利海岸。平民们吵嚷着要求面包与和平。他们效法士兵们树立的、无可指责的榜样，强迫恺撒党的领袖们同绥克斯图·庞培进行公开谈判。后三头别无选择——他们的统治是以民众和军队为基础的。

在彼此互通了书信和代表后，后三头和绥克斯图·庞培于公元前 39 年夏在普特奥利(Puteoli)附近进行了会晤。他们进行了争论和讨价还价，在那位海军将领停靠在岸边的船上举行了宴会。如果绥克斯图·庞培此时切断缆索，他就会把全地中海世界的主人攥在自己的手心里——这是一个很适合编造趣闻逸事的题材。

普特奥利和约使后三头的阵营扩大为四人。已经占有了众多岛屿的绥克斯图·庞培还将获得伯罗奔尼撒半岛。他和利波还获得了金钱补偿，并会在未来取得执政官席位。公敌和逃亡者也可以回家了。

---

① Appian, *BC*, 5.66.277.

对于此时迫切需要前往东方的安东尼来说，这份新和约使他在西方拥有了一个比雷必达更有价值的盟友，可以遏制他那野心勃勃的、觊觎恺撒党领导权的对手。拥有平民和老兵支持的年轻恺撒继承人还有待观察。而在元老和骑士阶层中，安东尼的优势 222
似乎是不可撼动的——统治他手中行省的是其党派中最得力的干将——前执政官波利奥、普兰库斯和维提狄乌斯，当然还有埃诺巴布斯和党派首领安东尼本人。共和派中的大部分人现在都支持安东尼。腓力比战役结束后，瓦勒里乌斯·麦萨拉、毕布鲁斯等人纷纷转投安东尼帐下。后者虽然是恺撒党，却至少还是他们当中的一员，是一名军人和取得过荣誉的人。与绥克斯图·庞培议和的举动使安东尼拥有了更多的盟友。[①] 贵族们是耻于同年轻的冒险家渥大维结盟的，因为此人依靠阴谋诡计发迹，借用了恺撒的名号，赢得了罗马平民和意大利武装起来的无产者的支持，从而成了极度血腥与丑恶的恺撒政策与革命的代表。全意大利的中产阶级和有产者也分享了他们的这种不无道理的、针对渥大维的厌恶情绪。

在两个党派中最优秀人物的同情或援助下，安东尼起初占据绝对优势。随着时间的推移和安东尼在东方的长期逗留，这种优势被不断削弱。渥大维得以从恺撒党、共和派和中立派中争取到越来越多的主要元老的支持。[②] 然而，就目前的情况而言，这种变

---

① 见下文，原书第 227 页。

② 关于后三头麾下的行省总督与党徒们，参见 L. Ganter, *Die Provinzialverwaltung der Triumvirn* (Dass. Strassburg, 1892); A. E. Glauning, *Die Anhängerschaft des Antonius und des Octavian*(Diss. Leipzig,1936。) 另参见下文，原书第 234 页以下、266 页以下。

化的迹象尚未出现。渥大维前往高卢做短期逗留，雷必达则去了阿非利加行省。安东尼带着年轻貌美的新娘前往东方诸行省，在她的陪伴下度过了公元前39年的冬季，享受着对他而言少有的温柔乡的乐趣和一座学术重镇的安详休闲生活。安东尼在雅典度过了两个冬天，在那里耗费了近两年的时间（公元前39—前37年）。在此期间，除了两度前往意大利海岸去会见后三头同盟的同僚外，安东尼一直在雅典整顿东方事务。

饱受来自阿尔巴尼亚与塞尔维亚南部（southern Serbia）的诸部族劫掠之苦的马其顿北部边疆地区在内战中长期受到忽视，现在迫切需要得到妥善治理。腓力比战役结束后，安东尼留下卢奇乌斯·马尔奇乌斯·肯索里努斯担任马其顿行省总督。[①] 在公元前39年的第一天里，肯索里努斯就用一场凯旋式庆祝了自己执政
223 官任期的开始。[②] 当年晚些时候，下一任行省总督波利奥又庆祝了对居住在都拉基乌姆内陆地区的土著居民帕提尼人（Parthini）取得的胜利。[③] 达尔达尼人（Dardani）也将感受到罗马军队的威慑力——安东尼在巴尔干地区建造了一座大型要塞，里面可能布置

① Plutarch, *Antonius*, 24.

② *CIL* I^2, p. 50.

③ *CIL* I^2, p. 50; Dio, 48. 41. 7. 狄奥和《凯旋式年表》(*Acta Triumphalia*)都提到并且仅仅提到了帕提尼人（我们知道这个部落的居住地点）。维吉尔的评注者们所谓的夺取远在达尔马提亚（Dalmatia）的萨洛涅（Salonae）城事件不过是根据波利奥短命的、或许从未存在过的儿子萨洛尼努斯的名字所做出的推测。波利奥治理的行省显然是马其顿，不是伊吕利库姆；后者属于渥大维的势力范围，参见 *CQ* XXXI(1937), 39 ff.。

了七个军团。[①] 安东尼统治地区的西部边界是海洋。他保留了一支庞大的舰队，用于保护从阿尔巴尼亚到伯罗奔尼撒半岛之间的海岸线。其中的据点之一是扎库苏斯岛(island of Zacynthus)，由他的海军将领盖约·索西乌斯(C. Sosius)把守。[②]

但巴尔干半岛并非安东尼的统治重心。帝国东部边境的形势正陷于混乱。佩鲁西亚战争使得帕提亚人有机会在不受安东尼干涉的情况下侵入叙利亚。在王子帕科鲁斯(Pacorus)和罗马叛将昆图斯·拉比埃努斯(Q. Labienus，自称"帕提亚人的凯旋将军")[③]的率领下，帕提亚铁骑席卷叙利亚全境，杀死了行省总督德奇狄乌斯·撒克萨；随后，他们又蹂躏了亚细亚行省南部，向西一直推进到卡里亚(Caria)海岸，向南历经叙利亚各处领土，最终抵达耶路撒冷。当地的大部分藩王要么望风而降，要么无力抵抗。行省总督普兰库斯逃到爱琴海中的一座岛屿上躲了起来，[④]于是亚细亚行省的防务只能交给当地希腊城市中的亲罗马派或地方上的亡命之徒了。帕科鲁斯在耶路撒冷扶植了一名国王、王室庶子安提柯(Antigonus)。这次入侵带来的损害和羞辱是巨大的。但游牧民族的统治时期转瞬即逝。布伦迪西乌姆和约使得罗马可以腾出

① W. W. Tarn, *CQ* XXVI(1932), 75 ff. 阿庇安(Appian, *BC*, 5. 75. 320)提及了达尔达尼人，但没有罗马针对他们开展过任何军事行动的记载。公元前 38—前 32 年的马其顿行省史是一片空白。

② 索西乌斯从担任财务官(公元前 40 年或前 39 年)到担任执政官(公元前 32 年)间发行的钱币都是在扎库苏斯岛上铸刻的，见 *BMC*, *R. Rep.* II, 500; 504; 508; 524。但索西乌斯并不一直待在岛上——他在公元前 38—前 36 年为安东尼管理过叙利亚行省。

③ Dio, 48. 26. 5; Strabo, p. 660; *BMC*, *R. Rep.* II, 500.

④ Dio, 48. 26. 3 (其中的年代有误)。

手来应对外敌侵略了。

安东尼迅速派出维提狄乌斯御敌；玛尔西人波佩狄乌斯·希洛以副手和财务官的身份陪伴着维提狄乌斯。[①] 维提狄乌斯曾为恺撒效力，他的行动也跟恺撒一样当机立断、迅如闪电。凭借在西里西亚隘口、阿玛努斯山（Mount Amanus）（公元前39年）和金达鲁斯（Gindarus，公元前38年）的三场大战，维提狄乌斯击溃并赶走了帕提亚人。帕科鲁斯和拉比埃努斯都战死了。金达鲁斯战役结束后，维提狄乌斯又前进到幼发拉底河畔的萨摩萨塔（Samosata），
224 对那里进行了围攻。这次围城历时甚久——有传言称维提狄乌斯收受了科玛格涅（Commagene）王侯的贿赂。安东尼随后赶到，亲自接受了萨摩萨塔城的投降。维提狄乌斯离开了。到了11月，这个曾在五十一年前沦为庞培·斯特拉波阶下囚的皮克努姆人在罗马举行了饱受争议的凯旋式。[②]

此后，我们再也没有听到过关于维提狄乌斯的消息，只知道他去世时享受了公共葬礼的殊荣。[③] 索西乌斯接替了他的叙利亚行省总督职务，[④]并在希律王（Herod）的协助下逐步平定了犹太地区（Judaea）。在经历了长期围困后，耶路撒冷最终投降了（公元前37年7月）。

罗马的权威重新建立起来了。接下来的任务是在一个坚实的

---

① Dio，48.41.1；Josephus，*AJ*，14.393 ff.

② *CIL* I²，p.50，参见 p.180。对维提狄乌斯功绩最全面的记载来自狄奥，见Dio，48.39.3 ff.；49.19.1 ff. 根据弗隆托（Fronto，p.123 N）的说法，撒路斯提乌斯曾为维提狄乌斯写过公开宣读的颂词。

③ Gellius，15.4.4.

④ Dio，49.22.3 f.，&c.

基础上整顿东方事务，并为了报复、荣誉和安全向帕提亚人开战。攻占萨摩萨塔后，安东尼将若干军团留在北方。公元前 37 年，安东尼部下的将领卡尼狄乌斯平定了亚美尼亚，并向高加索山区展开攻势。[①] 在处理罗马的若干藩属王国时，安东尼已经做出了某些安排。他在下一年里又修改并完善了这些计划。我们将在后文方便的时候介绍安东尼关于这些领土与王国的布局。[②]

安东尼的统治地位得到了保障与巩固；但其政策的推行已经开始受到年轻同僚言行的阻挠；在其革命活动的起始阶段，挑起事端是完全符合渥大维的利益的。渥大维很快意识到，他应当、甚至必须向绥克斯图·庞培开战。他在公元前 38 年春邀请安东尼来意大利开会。安东尼抵达了布伦迪西乌姆，却没有在那里找到他的同僚。在请求进城遭到拒绝的情况下，安东尼马上离开那里，处理帕提亚事务去了。他写信警告渥大维，要求他不要破坏与绥克斯图·庞培之间的和约。渥大维却固执己见，结果酿成了可怕的灾难（公元前 38 年），不得不向安东尼求助，派遣梅塞纳斯出使希腊。希望能够摆脱西方事务烦扰，并且需要意大利的军团来支持自己进行的战争的安东尼同意会见自己的同僚。225

冬季过去了。到了公元前 37 年春，安东尼率领一支强大的舰队自雅典前往意大利。他再次在布伦迪西乌姆吃了闭门羹。安东尼不打算、也没有什么借口发动战争，但他心里十分窝火。他再次被迫为了一个态度暧昧的盟友的利益暂时搁置了自己彻底平定东

① Dio, 49. 24. 1; Plutarch, *Antonius*, 34; Strabo, p. 501.

② 见下文，原书第 260 页。

方的事业。恺撒的继承人带着形形色色的随从赶来迎接他，这些随员包括梅塞纳斯和布伦迪西乌姆和谈中的斡旋者卢奇乌斯·科切乌斯·涅尔瓦（他当时可能仍然属于中立派），以及安东尼党徒盖约·福泰乌斯·卡庇托（C. Fonteius Capito）和一批诗人。[①] 波利奥并不在场。如果受到邀请的话，他也会出于厌恶政治的理由而一口回绝的。

心怀怨怒、满腹狐疑的政治巨头们在塔兰托（Tarentum）进行了会晤。安东尼的耐心已经耗尽，梅塞纳斯的外交手腕也已黔驴技穷。最后，人们不得不请出渥大维娅来居中调解，方能让她的弟弟和丈夫和平相处——至少旨在展示安东尼咄咄逼人的架势和他的嫉妒之心的传言是这么说的。[②]《提提乌斯法案》（*Lex Titia*）授予后三头的权力其实已在前一年年底过期了。但没有人理会这一点。后三头同盟的期限现在又延长了五年（至公元前 33 年年底）。[③] 人们认为，到那个时候，国家秩序就能重新建立起来；各政府机构也应该已经得到修复——或者认为恺撒党领袖们的地位到那时已经能够得到巩固，可以放弃后三头令人忌恨的独裁权力。

① Horace, *Sat*. 1. 5. 31 ff. 这些诗人是维吉尔、贺拉斯和卢奇乌斯·瓦里乌斯·鲁孚斯（L. Varius Rufus）。维吉尔的朋友普罗提乌斯·图卡（Plotius Tucca）和他们在一起。此外还有一个名叫穆雷纳（Murena）的人，可能就是日后声名狼藉的那位梅塞纳斯的连襟。

② Dio, 48. 54. 1 f. 和 Plutarch, *Antonius*, 35 中的记载显然对安东尼怀有敌意。它们可能来自奥古斯都的《自传》。参见 F. Blumenthal, *Wiener Studien* XXXVI (1914), 84 f.，或至少受到了美化渥大维在谈判中角色的宫廷政治宣传的影响。参见 M. A. Levi, *Ottaviano Capoparte* II, 71。

③ 关于这个问题，参见 Rice Holmes, *The Architect of the Roman Empire* I, 231 ff.; M. A. Levi, *Ottaviano Capoparte* II, 71 f.。

早早预定的公元前 32 年执政官人选是安东尼的党徒格涅乌斯·多米提乌斯·埃诺巴布斯和盖约·索西乌斯。但在革命年代里，五年可是一段相当长的时期。渥大维认为，拖延时间将对自己有利。就目前的情况而言，他的同僚已承诺支持他对绥克斯图·庞培作战。安东尼从其舰队中拨出了 120 条战船，以换取渥大维许诺的两万士兵。但他一直也没有得到过这些士兵。

安东尼离开了。过了不久，他便意识到自己被挫败和欺骗了。
他原本希望自己的军事天才和舰队会被用来对付绥克斯图·庞 226
培。但渥大维并没有这样做。此外，从对盟友和恺撒党的义务看，安东尼已浪费了两年中最好的一段时间，牺牲了自己的野心、利益与权力。他并未想到要诉诸武力——三年之前，命运、福尔维娅和萨尔维狄埃努斯一再向他提供消灭恺撒继承人的机会；但均被他拒绝了。

然而，迄今为止，安东尼的统治地位及其声望都还没有受到严重威胁；并且东方也还有许多工作有待完成。安东尼动身前往叙利亚去了。到了当年的暮夏时节，他把渥大维娅送回了意大利。他当时也许已经对渥大维娅厌倦了。任何能使他想到她弟弟的事物必然都是极其可憎的。他的未来和命运在于东方，并同另一个女人紧密相连。但这一切当时还不明朗，至少对安东尼本人而言是这样。

227 第 17 章　渥大维的崛起

在布伦迪西乌姆，恺撒的继承人凭借恺撒的名号、运气和老兵，朋友们的运筹帷幄和自己的坚定意志而再次得救，当然还有机缘巧合、敌人自身的弱点、弗菲乌斯·卡勒努斯的意外去世和萨尔维狄埃努斯的致命失误。与安东尼的和约使他获得了身份、地位和对西方诸行省的控制权。他马上把自己党派中最得力的两员干将——忠心耿耿、出身平民，但已经担任过大法官的阿格里帕和刚刚卸任第二届执政官、战争经验丰富，但战果不多的贵族多米提乌斯·卡尔维努斯分别派往高卢和西班牙。

普特奥利和约使得意大利终于得以免受劫掠与饥馑之苦，也使渥大维意外获得了一个也许来得有些晚的优势——最著名的那些共和派人士(他们出身于古老的罗马贵族家族或意大利城镇贵族家庭)现在回到了罗马。渥大维可以同他们建立一些举足轻重的联盟，从中找到迟早能够派得上用场的人物。[①] 另外一些人并不急于一窝蜂似的追随罗马的新主人。其中一部分又重投绥克斯图·庞培帐下，还有许多人选择为安东尼效劳，直到他们最终认识

---

① 威利乌斯(Velleius，2.77.3)提到了提比略·克劳狄乌斯·尼禄、玛库斯·尤尼乌斯·西拉努斯、卢奇乌斯·阿伦提乌斯、玛库斯·提提乌斯和盖约·森提乌斯·萨图尔尼努斯(C. Sentius Saturninus)。从任何意义上讲，这份名单都是名不副实的。尼禄当时已经离开了绥克斯图·庞培，转投到安东尼帐下了(Suetonius，*Tib*. 4.3)。

到，为了自保，支持渥大维才是更正确的、“更好的和更有利的”(meliora et utiliora)立场。[①]

许多元老和骑士属于有产阶级中的温和派，已受够颠沛流离之苦，便欣然离开了绥克斯图·庞培的阵营。事实上，被迫或受骗而走上与庞培党联手的不归路的共和派中，很少有人能够做到对庞培家族中任何一位的纲领矢志不渝（如果他们曾经真心信仰过这些原则的话）。连埃诺巴布斯也抛弃了绥克斯图·庞培，因为后者不但无法成为战场上的常胜将军，甚至也无法保障部下的人身安全——绥克斯图·庞培最近还以谋反的罪名处决了共和派海军将领斯塔伊乌斯·穆尔库斯。[②]

庞培家族及其党派在法萨卢斯战败了，不过尚未被彻底摧毁。此后，困兽犹斗的他们又在塔普苏斯和穆达蒙受了惨重损失。意大利境外的国王们或地方诸侯纷纷倒向恺撒党。绥克斯图·庞培的哥哥和来自皮克努姆的忠诚庞培党徒阿弗拉尼乌斯、拉比埃努 228
斯都已经死了。但绥克斯图·庞培的亲友和追随者中仍有一些出类拔萃的人物。[③] 他的同母异父弟弟斯考鲁斯(Scaurus)，以及他

① 这是一种官方措辞，参见 Velleius，2.84.3。

② Velleius，2.77.4.

③ 阿庇安(Appian，*BC*，5.139.579）列举了他在亚细亚行省时（公元前 35 年）的最后一批同伴：帕尔玛的卡西乌斯、纳西狄乌斯(Nasidius)、萨图尔尼努斯、特尔姆斯(Thermus)、安提斯提乌斯(Antistius)、法尼乌斯(Fannius)和利波。我们认得其中的大部分人物。唯一的困难在于，我们不知道这个萨图尔尼努斯究竟是被宣告为公敌的、于公元前 40 年同利波一起带着安东尼的母亲尤利娅前往希腊的森提乌斯·萨图尔尼努斯·维图洛(Sentius Saturninus Vetulo)，抑或是他的儿子、我们所知更多(Velleius，2.77.3)的盖约·森提乌斯·萨图尔尼努斯(C. Sentius Saturninus，公元前 19 年执政官)。森提乌斯家族跟利波是亲戚(*ILS* 8892)。

的岳父利波都和他在一起。[①] 若干共和派和刺杀恺撒的凶手也在绥克斯图·庞培的阵营中,因为他们不可能得到恺撒继承人的原谅,无法返回罗马。但绥克斯图·庞培的处事风格十分专横,喜欢玩弄权术,并且像他的父亲一样,宁愿信任异国的或来自意大利各城镇的追随者。或许是有意为之,或许是迫不得已,总之他越来越多地依赖自己手下的希腊释奴。此后在西西里进行的几次战役中,他任命的高级将领中只有两个罗马人——来自萨宾和努尔西亚(属于共和派的势力范围)的流亡者提西埃努斯·伽鲁斯和一个名叫卢奇乌斯·普林尼·鲁孚斯(L. Plinius Rufus)的人。[②]

腓力比战役和佩鲁西亚战役中的战败者一度认为,绥克斯图·庞培可以成为共和派的领导人。但这个伟人之子继承的只是一个名字而已,而伟人庞培的赫赫威名只属于上一个时代。仅靠忠诚还是远远不够的。希腊释奴们成了他的谋士、代理人和海军将领,他的战船和鱼龙混杂的军团里也到处都是希腊释奴。绥克斯图·庞培可以在海上威风八面,赢得海神尼普顿(Neptune)的青睐并打着他的旗号;[③]罗马平民会打着他的旗号发动暴乱——但那只

① 玛库斯·埃米利乌斯·斯考鲁斯是庞培的第三位妻子穆齐娅同她的第二任丈夫生的儿子。绥克斯图·庞培在公元前55年前后娶了卢奇乌斯·斯克里波尼乌斯·利波的女儿。

② 提西埃努斯·伽鲁斯见 Dio,49.8.1 ff.;Appian,*BC*,5.104.432,&c。卢奇乌斯·普林尼·鲁孚斯见 Appian,*BC*,5.97.405,&c.;*ILS* 8891。我们或许还应该加上格涅乌斯·科奈里乌斯·伦图鲁斯(见 *CIL* XI,6058)和昆图斯·纳西狄乌斯(Q. Nasidius,他和他的父亲都是庞培手下的海军将领,见 *BMC*,*R. Rep*. II,564 f.)。

③ Horace,*Epodes*,9.7 f.:"Neptunius dux。"(尼普顿保佑的领袖);Dio,48.31.5 and 48.5;Appian,*BC*,5.100.416;*BMC*,*R. Rep*. II,564 f.(其中收录了他手下的海军将领昆图斯·纳西狄乌斯[Q. Nasidius]发行的钱币,它们把伟人庞培和海神放在一起进行纪念)。

是出于他们对恺撒继承人的仇恨。绥克斯图·庞培在本质上不过是一个亡命之徒，人们有充分理由仅仅把他视为一名海盗。[①]

意大利周边海域上的和平局面并没有持续很长时间。在和约签订当年结束之前，两边关于对方不守信用的指责便被公然破坏和约的行为所激化或证实了。联姻与离婚向来是政治结盟或关系破裂的公开信号。渥大维突然休弃了比自己年长许多并且令人生 229
厌的斯克里波尼娅。[②] 随后，他以闪电般的速度缔结了一门可以同时满足他的头脑、心愿和理智的亲事，结果从此以后一直忍受着无可补救的苦难。在渥大维的一生中，即便在他屈从于自己的情感的时候，他也一定要确保这样的做法在政治上是对自己有利的。他爱上了里维娅·德鲁西拉(Livia Drusilla)、一位兼具美貌、智慧与家族影响力的年轻已婚妇女。她本人是克劳狄乌斯家族的直系后代(她的战死在腓力比的父亲原本属于克劳狄乌斯家族，但在童年时期被保民官李维·德鲁苏斯过继了)，[③]嫁给了一位亲戚，曾帮助恺撒对抗庞培，并在佩鲁西亚战争中为卢奇乌斯·安东尼与共和派效劳的提比略·克劳狄乌斯·尼禄。里维娅之前曾跟丈夫、儿子提比略一道从渥大维的军队中逃到绥克斯图·庞培那里避难。[④] 里维娅当时即将产下另一名男婴——但这在上层政治中

① *Res Gestae*，25："mare pacavia praedonibus。"(我保护了海洋免遭劫掠)；参见 Horace，*Epodes*，4. 19：" contra latrones atque servilem manum。"(防止土匪和奴隶为害一方。)

② Suetonius，*Divus Aug*. 62. 2："cum hac quoque divortium fecit，pertaesus，ut scribit，morum perversitatem eius。"([奥古斯都]与她离了婚，他自己后来写道，那是由于他对这个女人的泼妇习气已忍无可忍。)

③ P-W XIII，881 ff.

④ Velleius，2. 75；Suetonius，*Tib*. 4.

并不成为问题。祭司集团在被征求意见时用政治辞令予以搪塞，而里维娅的原配丈夫也默许了此事。渥大维和里维娅马上举行了婚礼(公元前 38 年 1 月 17 日)，为社交界的流言蜚语提供了新的素材。[1]

作为一名意大利小镇上银行家的孙子，渥大维以过继的方式进入了尤利乌斯家族，又通过联姻进入了克劳狄乌斯家族。于是，他的党派现在开始能够吸引野心勃勃的上层贵族了，其中最早的一位是当年的执政官之一、出身于克劳狄乌斯家族另一支系的阿皮乌斯·克劳狄乌斯·普尔切。[2]

卢奇乌斯·马尔奇乌斯·菲利普递补担任了执政官。他之前可能效法了父辈与祖辈的榜样，奉行谨慎的、模棱两可的策略，不急于跟自己同父异母的兄弟渥大维走得太近。他的父亲千方百计想让他尽早当上执政官。[3] 他现在终于如愿以偿，并且他的忠心
230 也是无可怀疑的。现存史料并未告诉我们被抛弃的斯克里波尼娅之后是否改嫁他人了。[4]

---

① 维鲁勒的年表(Calendar of Verulae)给出了具体日期(*L'ann. ép.*, 1923, 25)。关于将它同文献材料中记载的德鲁苏斯出生年代统一起来的困难，参见 E. Groag, *PIR*², C 857。

② 公元前 54 年执政官阿皮乌斯·克劳狄乌斯·普尔切的侄子。

③ *Ad fam*. 12. 2. 2.

④ 关于斯克里波尼娅历任丈夫的问题(这一问题由于苏埃托尼乌斯声称她是“两位前执政官的妻子”[nuptam ante duobus consularibus, *Divus Aug*. 62. 2]而变得尤为棘手)，似乎是无法解决的。参见新作 E. Groag, *PIR*², C 1395。她的第一位丈夫是格涅乌斯·伦图鲁斯·马塞里努斯(Cn. Lentulus Marcellinus, 公元前 56 年执政官)。我们不清楚她的第二任丈夫是谁。她嫁给保卢斯·埃米利乌斯·雷必达(Paullus Aemilius Lepidus, 公元前 34 年执政官)的女儿科奈莉娅拥有西庇阿家族的血统(Propertius, 4. 11. 29 f.)，但她不可能是斯克里波尼娅在一场直到公元前 38 年才缔结的婚姻中生下的。有位普布利乌斯·西庇阿(P. Scipio)在公元前 35 年当上了递补执政官，他或许在公元前 40 年之前曾做过斯克里波尼娅的丈夫。

渥大维现在面临着一场战争——可能到来得比他预料得要早一些。他最优秀的部下——阿格里帕和卡尔维努斯都不在自己身边。驻守阿非利加行省的雷必达杳无音讯，或可能态度暧昧。在野心驱使下，雷必达加入了恺撒党，但他在共和派阵营中也有许多朋友和亲戚。由于雷必达在军队中缺乏权威，又不像庞培或其他恺撒党领袖那样在行省中拥有自己的附庸（clientela），因此他可能还在采用家族联盟的权力运作方式，尽管单凭这种方法就可以在罗马掌控权力的时代早已成为历史了。他的连襟、前执政官普布利乌斯·塞尔维利乌斯人微言轻（如果他当时仍在人世的话）。[①] 雷必达娶了布鲁图斯同母异父的妹妹，因此同一些现在与安东尼结盟了的著名共和派，特别是埃诺巴布斯建立了家族联系。[②] 他的儿子则同安东尼的一个女儿订了婚。此外，绥克斯图·庞培阵营中的共和派也有可能会影响安东尼或雷必达，他们此前便这样做了。对渥大维而言，安东尼、雷必达和绥克斯图·庞培重建共和派联盟，遏制或消灭自己的危险仍旧存在。因此，消灭绥克斯图·庞培成了刻不容缓的任务。目前，安东尼还是忠于恺撒党联盟的；但已经来到布伦迪西乌姆、却在没有参加会议的情况下离去的安东尼是不会向渥大维提供任何帮助的。安东尼反对向绥克

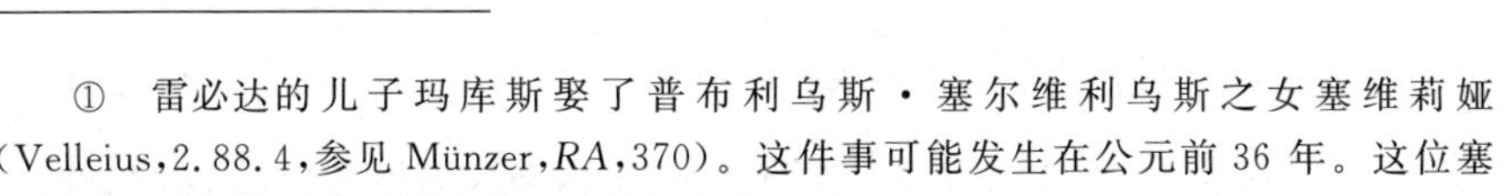

① 雷必达的儿子玛库斯娶了普布利乌斯·塞尔维利乌斯之女塞维莉娅（Velleius，2.88.4，参见 Münzer，*RA*，370）。这件事可能发生在公元前 36 年。这位塞维莉娅很可能就是曾同渥大维订过婚的那位女子。

② 雷必达有好几个孩子。除长子外，我们不清楚其他子女的命运如何。他们显然很早就成了权力联盟中的筹码。我们不知道格涅乌斯·多米提乌斯·埃诺巴布斯娶了其中哪一个；但他的孙女、卢奇乌斯·多米提乌斯（L. Domitius）和安东尼娅的女儿名叫多米提娅·雷必达（Domitia Lepida）。

斯图·庞培开战，后者也确信安东尼是不会支援他的同僚的。

然而，受到起初所占优势——绥克斯图·庞培最信任的一名释奴向他投降并交出了撒丁岛、一支舰队和三个军团——的鼓舞，年轻的渥大维还是决定进行这场战争。渥大维（也可能是他手下的海军将领卢奇乌斯·科尼菲奇乌斯和盖约·卡尔维修斯·萨比努斯）制订了一个入侵西西里的计划。这场战争的结果是灾难性的。绥克斯图·庞培在渥大维的舰队从塔兰托出发、正要穿越麦萨纳海峡（Straits of Messana）去同从那不勒斯湾（Bay of Naples）赶来的另一部分舰队会师时发动了攻击。绥克斯图·庞培轻而易举地赢得了胜利。到了晚上，又有一场暴风雨袭来，摧毁了恺撒党舰队的残部。绥克斯图·庞培向他的保护神祇谢恩；罗马的暴民

231 则掀起了反对渥大维和这场战争的骚乱。

恺撒的继承人元气大伤，威信扫地。安东尼的军事荣誉则通过其部下维提狄乌斯战胜帕提亚人后所举行的凯旋式而重新被人记起。立下军功后从高卢载誉归来，并凭借功绩而成为次年执政官的阿格里帕并没有举行可以雪中送炭、冲淡渥大维惨败不良影响的凯旋式。[①] 年轻的恺撒继承人现在迫切需要阿格里帕的将才和梅塞纳斯的外交才能。缺少其中任何一个，渥大维可能就完了。他成功地说服安东尼于次年（公元前 37 年）春季来到塔兰托。原本摇摇欲坠的联盟随后得到了巩固。安东尼把舰队和海军将领——卢奇乌斯·卡尔普尼乌斯·毕布鲁斯、玛库斯·奥皮乌斯·卡庇托和卢奇乌斯·森普罗尼乌斯·阿特拉提努斯（L. Sempronius

---

① Dio，48. 49. 4.

Atratinus)借给了渥大维。[1] 雷必达也同渥大维言归于好(或暂时被稳住了),安东尼或许在其中发挥了作用。

渥大维现在有了战船。他还需要海员和港口。他强迫两万名释奴担任水手;阿格里帕则在那不勒斯湾中毗邻普特奥利的卢克林湖(Lucrine Lake)上修建了一处大型港口。整个公元前 37 年都在紧锣密鼓的备战中度过。恺撒党这次没有再犯错误。阿格里帕在公元前 36 年夏制订了一个三面夹击西西里岛的宏伟计划:渥大维从普特奥利出征,斯塔提利乌斯·陶鲁斯从塔兰托发动攻击,雷必达则带着阿非利加行省的 14 个军团从南方侵入西西里。军事行动从 7 月 1 日展开。战局十分复杂混乱。阿格里帕在米莱(Mylae)取得胜利;但渥大维本人在海峡处的一场大战中被击败,费劲九牛二虎之力方才逃脱,仓皇退回意大利本土去了。[2] 科尼菲奇乌斯保住了其舰队的残部。但希望很快死灰复燃。渥大维手下的将领和雷必达终于在西西里岛上牢牢站稳了脚跟。他们旋即蹂躏了该岛的大部分地区。绥克斯图·庞培被迫孤注一掷,冒险尝试进行另一场海战。人多势众加上阿格里帕的精明战术决定了瑙洛库斯(Naulochus)战役(9 月 3 日)的最终结局。

绥克斯图·庞培逃跑了。由于迷信自己的父亲在东方的声名,他又在亚细亚行省组织了一支拥有三个军团的私家军队,同安

① 关于毕布鲁斯,见 Appian, *BC*, 4. 38. 162; 5. 132. 549 及一些钱币(*BMC*, *R. Rep.* II, 510 ff.;关于与奥皮乌斯有关的钱币,见 *BMC*, *R. Rep.* II, 517 ff.)。我们也可从阿特拉提努斯(Atratinus)发行的钱币中推断出他当时正在西地中海水域活动(*BMC*, *R. Rep.* II, 515 f.; *Greek Coins*, *Sicily*, 61; 95)。

② 渥大维的倒霉遭遇为安东尼提供了充足的嘲讽他的笑料(引自 Suetonius, *Divus Aug.* 16)。

232 东尼手下的将领们周旋了一阵。福尔尼乌斯、提提乌斯和加拉提亚的王公阿米塔斯(Galatian prince Amyntas)步步为营、毫不留情地缩小对他的包围圈。绥克斯图·庞培拒绝妥协;于是他的朋友和同盟者,甚至他的连襟利波都背叛了这位亡命之徒,与安东尼媾和了;其中有些人还转而为安东尼效劳。[①] 最后,提提乌斯擒获并处死了绥克斯图·庞培。处死庞培可能是提提乌斯自己的主意,也可能是他受到了其舅父、叙利亚行省总督普兰库斯教唆。[②] 罗马人民永远不能原谅残暴的和忘恩负义的提提乌斯。要知道,几年前,他的性命正是由绥克斯图·庞培搭救的。[③]

年轻的恺撒继承人征服了西西里岛。好运又使他捕获了更重要的猎物。中了邪的雷必达突然想要出出风头。当带着八个军团被包围在麦萨纳的绥克斯图·庞培副将普林尼·鲁孚斯投降时,雷必达居然无视在场的阿格里帕,打算以自己的名义受降。渥大维对此表示反对。自恃拥有 22 个军团的雷必达勒令渥大维离开西西里。但渥大维学来并苦练的煽动军队的本领无人匹敌。他闯进了雷必达的军营,其唯一的防身手段只有恺撒的名号,但这就够了。[④] 士兵们根本没有把雷必达放在眼里,而且站在雷必达对面的则是恺撒果决行事风格和名号当之无愧的继承人。我们再一次听到了兵士们的声音,他们呼喊着要求和平。避免让罗马人流血

---

① Appian,*BC*,5.139.579.利波于公元前 34 年当上了执政官。

② Appian,*BC*,5.144.598 ff.

③ Dio,48.30.5 ff.当提提乌斯在庞培大剧场里举行庆祝性的竞技活动时,义愤填膺的观众们一哄而起,把他赶了出去(Velleius)。

④ Velleius,2.80.3:“praeter nomen nihil trahens。”(除名号外,他一无所有。)

的理由再次说服了雷必达。雷必达的尊严已经荡然无存，居然当众跪地求饶。[①] 雷必达作为后三头之一的权力被剥夺，但保留了大祭司长的头衔，随后被流放到基尔克海角(Circeii)。这一温和处置使得雷必达在名誉扫地后又苟活了 24 个年头。

毫无疑问，雷必达的垮台是渥大维精心策划的。其始作俑者并不承担什么风险，却可以充分展示自己的超凡勇气。[②] 对付士
兵反而要比对付将领困难一些。西西里岛上现在驻扎着 40 多个 233
经历、来源各不相同的军团，但它们要求分配战利品和土地的呼声是一致的。渥大维是慷慨的，但态度也十分强硬。[③] 他现在解除了参加过穆提纳战役和腓力比战役的老兵们的兵役，为他们分配土地、建立殖民地(这些殖民地大多在行省里，不在意大利本土)。这是一种政治姿态，或许也是必要的。

在绥克斯图·庞培的军团士兵中，很多人出身于奴隶，没有任何权利和社会地位。他们被交还给从前的主人；找不到主人，这些人就被钉在尖桩上处死。绥克斯图·庞培的一些来自元老、骑士阶层的追随者也被处死了。[④] 执行完这些严厉措施后，渥大维派陶鲁斯去占领阿非利加行省，自己则凯旋班师返回罗马。

---

① Velleius, 2. 80. 4:“spoliata, quam tueri non poterat, dignitas。”([雷必达]被剥夺了他已无力维持的尊贵地位。)威利乌斯称雷必达为“一个极其华而不实的人”(vir omnium vanissimus)，这个看法跟雷必达同时代人对他的评价和态度是一致的。

② 阿庇安认为有人预先精心地对士兵们做了工作(Appian, *BC*, 5. 124. 513)；狄奥(Dio, 49. 12. 1)则对整个交易过程冷嘲热讽：“[奥古斯都]明白道义和武力上的优势其实都在自己一方，因为他本人比雷必达更为强大。”(νομίσας δὲ δὴ πάντα τὰ δίκαια παρά τε ἑαυτῷ καὶ παρὰ τοῖς ὅπλοις, ἅτε καὶ ἰσχυρότερος αὐτοῦ ὤν, ἔχειν。)

③ Dio, 49. 13; Appian, *BC*, 5. 128. 528 ff.

④ Dio, 49. 12. 4.

当渥大维抵达罗马后，迎接他的是群众的欢呼，其真诚程度对他而言是前所未有的。毫无疑问，各个阶级中之前都有许多人同情伟人庞培的儿子，拒绝原谅发动公敌宣告运动的渥大维。在整个西西里战役期间，梅塞纳斯都不得不留在罗马，以便稳定十分紧张的局势；[①]埃特鲁里亚地区还发生了骚动。[②] 战争的停歇、海上封锁的解除和罗马饥馑的结束笼络了从前多次发动针对后三头的骚乱的罗马平民。后三头在意大利推行的铁血统治虽然摧残了自由，却至少在布伦迪西乌姆和约签订后的四年里维持了和平的表象。已经没有哪个有理智的人还指望能够建立一个合乎传统罗马政体精神和职能的政权了。目前的政府至少还是有序的，这就够了。

罗马民众欢呼着年轻的恺撒继承人的名字，神化他的名号，表达着自己的感激之情。[③] 忠诚或被迫屈从的意大利各地方政府把渥大维的雕像放进了神庙里。[④] 在罗马，官方法令与宗教许可对人们崇拜这位军事领袖与和平守护者起到了推波助澜的作用。恺撒的继承人被授予了同平民保民官一样的、神圣不可侵犯的权利。[⑤] 他已经迫不及待地在自己的名号前面加上了军事头衔，自称“凯旋将军恺撒”。[⑥]

---

① Appian, *BC*, 5. 112. 470.

② Dio, 49. 15. 1.

③ Virgil, *Ecl*. 1. 6："deus nobis haec otia fecit。"（神明赐予我们这份和平。）

④ Appian, *BC*, 5. 132. 546："καὶ αὐτὸν αἱ πόλεις τοῖς σφετέροις θεοῖς συνίδρυον。"（各座城市都把他[渥大维]奉为自己的守护神。）

⑤ Dio, 49. 15. 5 f.

⑥ 见上文，原书第 113 页。

元老院和罗马公民大会——在举行庆典或发布政府公告时，同时召集这两个组织开会是再合适不过的了——还发布了一条指令，要求在罗马广场上建造一座金像，像上的铭文宣称，在经历过 234
长期动荡后，陆地与海洋上的秩序终于得到了重建。[1] 这个程式化的宣传倒也算不上浮夸，但恐怕高兴得太早了。这份宣传中包含着一个纲领。渥大维减免了债务和税款；给公众造成这样一种印象，即自由国家很快就会被重建起来。只要等后三头中的同僚安东尼履行了他的职责，征服了帕提亚人，恺撒党就会毫不迟疑地重建共和政体。[2] 没有几个元老会真心相信这些许诺。但没有关系。渥大维已经开始利用这种宣传和民众的感情，它们日后将会帮助他去对付安东尼，将他的个人统治隐藏在自由的名义与借口之下。

这位年轻的军事统帅重新建立了自信。诚然，在他所取得的胜利中，绝大部分都是他的部下的功劳。他的健康状况一直欠佳；而他的军事才能其实是很逊色的。但计谋和外交手腕、充足的勇气和使命感比无从预测的机缘巧合在渥大维的成功过程中发挥了更大的作用。他拥有阿格里帕、梅塞纳斯这样永远可以信赖的忠诚朋友，由老牌贵族家族提供的核心支持力量和一个在罗马和全意大利范围内不断成长壮大的党派。

我们已经描述过，渥大维在佩鲁西亚战争中曾陷入过多么令人绝望的困境。在军事、外交斗争中拯救渥大维的是他本人的胆

① Appian, *BC*, 5. 130. 541 f.

② Appian, *BC*, 5. 132. 548.

识和三位朋友的忠心。阿格里帕是那一年的大法官，但梅塞纳斯和萨尔维狄埃努斯当时甚至还不是元老。在布伦迪西乌姆他的地位再次受到考验。恺撒的继承人拥有军队和平民的支持，并且他的部下对他忠诚不贰；但即便在他建立自己的党派并第一次发动冒险的革命尝试四年之后，他的阵营中也没有几位知名元老。双方阵营中的前执政官都很少。其中最著名的波利奥、维提狄乌斯和普兰库斯都在安东尼的阵营之中。而在渥大维帐下，前执政官只有两位——武人盖约·卡里纳斯和格涅乌斯·多米提乌斯·卡尔维努斯。卡里纳斯来自一个被苏拉宣告为公敌的家庭，恺撒为他恢复了名誉。他为独裁官恺撒指挥过军队，并成为后三头时期的第一位执政官。[①] 出身高贵的卡尔维努斯是个遗世独立的神秘人物。恺撒在 3 月 15 日被刺杀之前正是从他的家里出来的。[②]

235 恺撒还曾指定他担任过代理自己独裁官权力的职务——骑兵总指挥(magister equitum)。[③] 从此以后，直到他试图率领军团渡过爱奥尼亚海参加腓力比战役之前，现存史料中没有关于这位著名的前执政官的任何记载或暗示。之后的记载又是一片空白，直到我们听说他在公元前 40 年再度担任执政官(但没有对他政绩的任何记录)，并于次年为渥大维担任全西班牙总督为止。

在布伦迪西乌姆和约签订之前的四年里，我们在恺撒继承人手下的军事将领中几乎找不到其他显贵。唯一有可能符合这一标

---

① 见上文，原书第 90、188 页。他曾经在公元前 41 年为渥大维在西班牙作战(Appian, *BC*, 4. 83. 351)，后来又参与了西西里战争(Bellum Siculum, Appian, *BC*, 5. 112. 469)。

② Val. Max. 8. 11. 2.

③ *CIL* I^2, p. 42.

准的是被宣告为公敌的马略党执政官之孙诺巴努斯。诺巴努斯同撒克萨一道在马其顿发动了对自由派的军事行动。元老们的后裔在革命党中也并不多见。佩杜凯乌斯家族(Peducaei)是一个虽算不得权倾朝野、但十分著名的元老家族,与西塞罗、阿提库斯和巴尔布斯都保持着友谊。[①] 这个家族中的一员——盖约·佩杜凯乌斯(C. Peducaeus)在穆提纳为共和派(或为渥大维)战死了。[②] 曾在内战中为恺撒效力的绥克斯图·佩杜凯乌斯是佩鲁西亚战争后在西班牙诸行省中活动的一位渥大维副将。[③] 提图斯·佩杜凯乌斯则在公元前 35 年递补担任了执政官;他在其他方面没有留下过任何记载。[④]

此外,根据较为可靠的史料看,渥大维手下最早的一批将领往往是各自家族中进入元老院的第一人。穆提纳战役中的意外因素、令人敬佩的德奇姆斯·卡福勒努斯和在为渥大维坚守阿非利加行省时阵亡的盖约·福菲奇乌斯·芬哥都是独裁官恺撒提拔起来的新元老。小巴尔布斯可能跟佩杜凯乌斯同时在西班牙活动;[⑤]神秘的海军将领玛库斯·卢利乌斯(他此前从未在史料记载

① Münzer, P-W XIX, 45 ff.

② *Ad fam*. 10. 33. 4.

③ Appian, *BC*, 5. 54. 229 f.,参见 Münzer, P-W XIV, 46 f. and 51。此人曾于公元前 32 年跟阿格里帕、巴尔布斯一同出现在阿提库斯的临终床头。

④ 具体时间来自新的《执政官年表》(*Fasti*), *L'ann. ép.*, p., 1937, 62。

⑤ Appian, *BC*, 5. 54. 229;参见 Groag, *PIR*^{2}, C 1331。我们不清楚他是否或于何时担任过执政官,因为威利乌斯称他"已卸任'私人执政官'"(ex private consularis)。在这一时期里,有两个名叫卢奇乌斯·科奈里乌斯(L. Cornelius)的人分别于公元前 38 年和公元前 32 年担任过递补执政官。其中前者的身份难以确定,后者则可能是卢奇乌斯·科奈里乌斯·秦那。关于巴尔布斯本人在公元前 40—前 19 年的活动,史料中没有留下任何记载。

中出现过，之后也仅仅出现了一次）统治着撒丁岛。[①] 跟这个交友不多、默默无闻的海员情况相似的可能还有普布利乌斯·阿尔菲
236 努斯·瓦鲁斯（公元前 39 年递补执政官），这也是一个新名字。[②]

现在，自布伦迪西乌姆和约签订后，总是吉星高照的萨尔维狄埃努斯和芬哥已经死了；年轻的领袖手下缺少好帮手。与安东尼的和约、他常驻意大利、对他有利的联盟关系和对庇护关系的日常控制使他的前途变得更加光明。在从布伦迪西乌姆和约到渥大维赢得西西里战争的四年里，这个新党派获得了崇高的声望，内部也得到了巩固。拉拢中立派和策反共和派、安东尼党（这二者有时是一回事）的事业也有了进展；渥大维的追随者鲜明地分成相辅相成、但目前还彼此对立的两个支系——拥有能力和野心的新人和出身古老家族的贵族。

许多次要党徒也帮了渥大维很多忙；他们在短期内蒙受恶名，很快得到了酬谢，随后又变得默默无闻。我们只是依靠巧合才得知其中的一些名字，如来自渥大维本乡维利特雷的海军将领玛库斯·明狄乌斯·马塞卢斯。[③] 当然，渥大维还任用了一批异邦人

---

① Dio，48. 30. 7. 他后来在亚克兴担任了海军将领（Velleius，2. 85. 2）。

② 波菲里奥（Porphyrio）对 Horace，*Sat*. 1. 3. 130 的注疏称他来自克里莫纳。维吉尔把《牧歌·篇六》题献给了他。此后，关于维吉尔的各种传记和注疏都宣称他是一名土地管理员。对这个神秘人物政治立场的记载是模棱两可的。

③ Appian，*BC*，5. 102. 422；*SEG* VI. 102＝*L'ann. ép*. ，1925，93（Velitrae）. 此外还有提提尼乌斯（Titinius）和卡里修斯（Carisius）（Appian，*BC*，5. 111. 463）。提提尼乌斯的情况不详。卡里修斯可能是普布利乌斯·卡里修斯（P. Carisius）、那个奥古斯都在西班牙的臭名昭著的副将（Dio，53. 25. 8）。他的这个有趣且罕见的人名词尾显然最初不是拉丁语。雷比鲁斯（Rebilus，Appian，*BC*，5. 101. 422）可能是公元前 45 年递补执政官盖约·卡尼尼乌斯·雷比鲁斯之子。

和释奴(绥克斯图·庞培并不是唯一依靠他们的人,政治家在这方面大都彼此彼此)。[1] 然而,虽然只是一名罗马骑士、但拥有很高的声望和影响力的盖约·普罗库雷乌斯(C. Proculeius)出现了。[2] 无论如何,对西西里战役的详细记载表明,在渥大维的将领或活跃盟友中首次出现了七名已经担任过,或马上就要担任执政官的人物,他们中有的久负盛名,有的昙花一现;有的门第显贵,有的白手起家。[3]

作为恺撒遇刺前他手下的官员和元老,盖约·卡尔维修斯·萨比努斯(公元前 39 年执政官)是名忠诚的恺撒党徒,起初是安东尼的党羽。[4] 卢奇乌斯·科尼菲奇乌斯(公元前 35 年执政官)是名狡猾的投机分子,曾依据《佩狄乌斯法案》(*Lex Pedia*)没收了 237
不在罗马的布鲁图斯的家产。[5] 我们完全不知道昆图斯·拉罗尼乌斯(公元前 33 年递补执政官)的家世和他担任执政官后的任何

① 关于渥大维手下担任军事指挥的释奴,见上文,原书第 201 页。来自叙利亚罗苏斯(Rhosus)的海军将领塞琉古(Seleucus)仅见于铭文材料(*Syria* XV(1934),33 ff.),他可能是安东尼派去帮助其盟友的,因而当时才刚刚开始在渥大维手下效劳。参见 M. A. Levi,*Riv. di fil*. LXVI(1938),113 ff.。

② Pliny,*NH*,7.138.普罗库勒乌斯是穆雷纳的同母异父兄弟;穆雷纳的姐妹泰伦提娅则嫁给了梅塞纳斯(Dio,54.3.5)。一些日后大名鼎鼎的人物,如重要新人玛库斯·洛里乌斯(公元前 21 年执政官)、卢奇乌斯·塔里乌斯·鲁孚斯(L. Tarius Rufus,公元前 16 年递补执政官)和苏尔庇奇斯·奎里尼乌斯(P. Sulpicius Quirinius,公元前 12 年执政官)或许都是在这一时期开始为渥大维效力的。

③ 除专门注明的情况外,这些名字都来自狄奥与阿庇安的详细叙述。

④ 卡尔维修斯在公元前 44 年的时候是安东尼的党羽(*Phil*. 3.26)。没有证据告诉我们他在多久后加入了渥大维的阵营。关于他的出身,见上文,原书第 199、221 页。

⑤ Plutarch,*Brutus*,27.我们不知道他的家庭状况或党派归属。没有证据表明他与昆图斯·科尼菲奇乌斯沾亲带故。

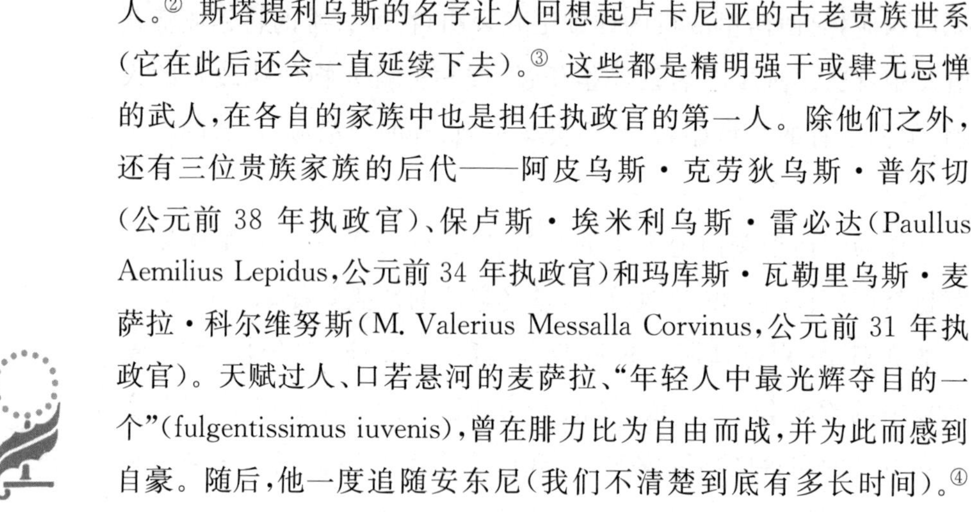

经历。[①] 提图斯·斯塔提利乌斯·陶鲁斯(公元前37年递补执政官)将来注定要在战争和行政事务中成为仅次于阿格里帕的高官。他的晋升得自卡尔维修斯的提携;后者跟他一样,都不是拉丁人。[②] 斯塔提利乌斯的名字让人回想起卢卡尼亚的古老贵族世系(它在此后还会一直延续下去)。[③] 这些都是精明强干或肆无忌惮的武人,在各自的家族中也是担任执政官的第一人。除他们之外,还有三位贵族家族的后代——阿皮乌斯·克劳狄乌斯·普尔切(公元前38年执政官)、保卢斯·埃米利乌斯·雷必达(Paullus Aemilius Lepidus,公元前34年执政官)和玛库斯·瓦勒里乌斯·麦萨拉·科尔维努斯(M. Valerius Messalla Corvinus,公元前31年执政官)。天赋过人、口若悬河的麦萨拉、"年轻人中最光辉夺目的一个"(fulgentissimus iuvenis),曾在腓力比为自由而战,并为此而感到自豪。随后,他一度追随安东尼(我们不清楚到底有多长时间)。[④]

① 除关于西西里战争的记载和他曾担任执政官的事实外,关于昆图斯·拉罗尼乌斯的唯一清晰证据是来自布鲁提乌姆(Bruttium)维波(Vibo)地区的一片瓦(*CIL* X, 8041[18]),它可能来自拉罗尼乌斯的家宅,参见 *ILS* 6463。

② 他在公元前43年第一次同卡尔维修斯一起被提及,当时他可能是后者的一名副将(*Ad fam*. 12. 25. 1:"Minotauri,id est Calvisi et Tauri。"[那些米诺牛,也就是卡尔维修斯和陶鲁斯]。)此后,他在担任执政官和海军将领之前一直默默无闻。他或许是恺撒提拔的新元老之一。

③ 他的名字让人想起指挥卢卡尼亚军队的将领们,如公元前282年的斯塔提乌斯·斯塔提利乌斯(Statius Statilius, Val. Max. 1. 8. 6)和公元前216年的马略·斯塔提利乌斯(Marius Statilius, Livy, 22. 42. 4 ff.)。卢卡尼亚的沃尔切人(Volceii)对陶鲁斯进行过供奉(*ILS* 893a)。

④ 麦萨拉可能跟毕布鲁斯和阿特拉提努斯一样,是奉安东尼之命率领舰队前来支援渥大维的。直到公元前36年,我们才有证据表明他在渥大维的帐下。他改换阵营的理由自然是不赞成安东尼与克莉奥帕特拉的亲密交往(Appian, *BC*, 4. 38. 161; Pliny, *NH*, 33. 50)。渥大维亲属昆图斯·佩狄乌斯的妻子来自麦萨拉家族(Pliny, *NH*, 35. 21)。

这位年轻的雷必达之所以追随恺撒的继承人，是因为他痛恨自己身为后三头之一、将他的父亲宣告为公敌的叔父，或是出于内战中并不罕见的、预防本家族遭到灭顶之灾的目的——当时忠于或保护本家族、保全生命和财产的动机是可以高居政治原则之上的。① 雷必达和阿皮乌斯·普尔切的早年活动都是晦暗不明的，或许并不光明正大。②

恺撒党的主要成员赢得了光荣和丰厚报偿。在公开场合，西西里战役并没有被描述为一场内战，而被视为一场对外战争，很快就成了罗马历史中的光辉一页。在西西里战争中，麦特鲁斯家族、
西庇阿家族或马塞卢斯家族都没能恢复他们从前在海上或陆上战 238
胜布匿敌人时的家族荣誉和对胜利的记忆。但科尼菲奇乌斯得到或僭取了在参加完宴会回家时乘坐大象的特权——另外一个时代的象征，是对罗马历史上第一次海军大捷的胜利者杜伊利乌斯(Duillius)的冒犯和拙劣模仿。③ 海军将领中最伟大的阿格里帕获得了极高的荣誉，获准在参加凯旋式的时候头戴金冠。④ 其他的海陆军将领都获得并保留了“凯旋将军”的头衔。⑤ 科尼菲奇乌斯在公元前 35 年年初拥有了执政官头衔；新贵拉罗尼乌斯和老牌贵

---

① 这位雷必达并不是海军将领；但他在公元前 36 年追随着渥大维(Suetonius, *Divus Aug*. 16. 3)。

② 普尔切在公元前 43 年时是安东尼的党羽，但他很乐意被推荐到德奇姆斯·布鲁图斯帐下(*Ad fam*. 11. 22)。

③ Dio, 49. 7. 6.

④ Dio, 49. 14. 3; Velleius, 2. 81. 2; Virgil, *Aen*. 8. 684.

⑤ 萨尔维狄埃努斯早在成为元老之前就已经成为凯旋将军(*BMC*, *R. Rep*. II, 407)。昆图斯·拉罗尼乌斯则是“二次凯旋将军”(imp. II)，甚至有块瓦片上也刻着这一字样(*CIL* X, 8041[18])。

族麦萨拉还要等待几年才能当上执政官——但他们等待的时间并不太长。

高级祭司职位变成了庇护人的赏赐。此前不久，大将卡尔维修斯就独占了两个这样的肥缺；陶鲁斯则效法了他亵渎神明的榜样。[①] 大部分此类职务已被后三头的党羽占满了。但没有关系——人们为麦萨拉专门另设了一个占卜官职位。[②] 渥大维挥金如土地向他的朋友们分发战利品或个人奖励；[③]与有钱有势的人家缔结婚姻也成了在政治上取得成功的象征和保证。保卢斯·埃米利乌斯·雷必达迎娶了门当户对的、拥有西庇阿家族血统的科奈莉娅。[④] 新人们现在也拥有了高攀一门亲事的好机会。不巧的是，我们不知道陶鲁斯、科尼菲奇乌斯和拉罗尼乌斯的妻子们姓甚名谁。阿格里帕则早已娶了将会继承大笔遗产的凯奇莉娅——阿提库斯的女儿。[⑤]

到目前为止，在史料中已经有所记载的渥大维盟友中，麦萨拉、阿皮乌斯·普尔切和雷必达不仅身份高贵，而且祖上从极为久

① 卡尔维修斯既是七人祭司团(septemvir epulonum)的成员，又兼任库里亚祭司长(curio maximus)的职务(*ILS* 925)。陶鲁斯可能接替了他的后一项职务，他同时也担任占卜官(*ILS* 893a)。陶鲁斯身兼“多项圣职”(complura sacerdotia)(Velleius, 2.127.1)。

② Dio, 49.16.1.

③ 阿格里帕在西西里的地产就是这样得来的(Horace, *Epp*. 1.12)。

④ 她是斯克里波尼娅的女儿，见上文，原书第229页。我们不知道普尔切的妻子是谁，但他肯定跟瓦勒里乌斯家族有一定联系，参见 *PIR*², C 982。关于麦萨拉，见下文，原书第423页。

⑤ 这门婚事得到了玛库斯·安东尼的积极支持，可能于公元前37年完婚(Nepos, *Vita Attici*, 12.2)。

远的时代起就是老牌贵族。但这并不妨碍他们为了实现其野心或在兵荒马乱中自保而选择追随一位革命领袖，或同非本阶级的人结盟。年轻的革命者渥大维正在变得引人注目，甚至受人拥 239 戴——他似乎已经能同安东尼的权势分庭抗礼（即使不是更胜一筹的话）。这些贵族投机分子（以里维娅・德鲁西拉为代表）将因他们的胆识和远见而获得极为丰厚的报酬。

不过，这个群体仍因人数稀少而显得十分另类。腓力比战役和佩鲁西亚战役中的失败者更倾向于支持安东尼；而当绥克斯图・庞培的最后一批追随者转投安东尼帐下时，安东尼阵营中的共和派力量也进一步壮大了。尽管如此，恺撒的年轻继承人还是在贵族中发展了众多党徒。显贵们的加入可以吸引跟他们身份近似的人，以及众多卑贱的势利眼或墙头草。人们看到，如果这个体制一直维持下去的话，那么为渥大维效力的人有望在十至二十年内当上执政官；这样的前景是足以吸引有能力的或野心勃勃的年轻人的。由于进入元老院的资格和其他形式的庇护资源都操持在后三头手里，所以身在罗马的渥大维的地位要比远在东方的安东尼优越。在接下来的几年里，渥大维很容易就找到了替自己镇守高卢、西班牙和阿非利加行省这些军事要地的人选。① 一个强大的恺撒党寡头集团成长起来了；相反，安东尼的党派则变得越来越像庞培党了。

① 根据《凯旋式年表》的记载（*CIL* I^2，p. 50 and p. 77），在公元前 36—前 32 年，陶鲁斯和科尼菲奇乌斯先后统治过阿非利加行省；诺巴努斯、菲利普（Philippus）与阿皮乌斯・普尔切（Ap. Pulcher）相继治理过西班牙。我们手头没有关于高卢的这方面信息。

这还不是渥大维所拥有的唯一优势。他剿灭了地中海上的海盗，铲除了雷必达的势力，并在没有祸害意大利的情况下满足了老兵们的需求。但他攫取西西里和阿非利加行省的做法破坏了权力的平衡，三巨头在瓜分世界时建立的平衡原本就很脆弱。而在只剩下两位巨头的情况下，可供他们选择的道路就是要么建立牢固的友谊，要么兵戎相见。就前者而言，由于渥大维已摆脱了安东尼的控制，二人和平相处的机会已变得日趋渺茫。而渥大维娅也没有给安东尼生下能够继承他在恺撒党中领导权和对全地中海世界的统治权的男性子嗣。这两位恺撒党领袖都不能容忍与他人平起平坐。倘若安东尼再次带着东方的舰队和大军来到布伦迪西乌姆或塔兰托的话，无论最终结果是战是和，渥大维都可以信心十足地带着与对手旗鼓相当的实力与兵力去面对。这种局面是前所未有的。

这位年轻人已经变得令人生畏。作为一名民众蛊惑家，他已
240 臻于完美；作为一名军事首领，他还需要向部下表明，他在勇气、活力和手中资源等方面是能够同安东尼匹敌的。为了实现这个目的，渥大维在公元前 35—前 34 年费尽心机。安东尼尽可以为了共和国或个人野心去进行鏖战——因为他远在东方；渥大维则宁愿坚守意大利。由于距离遥远，安东尼所取得的胜利将不免褪色，或者被渥大维巧妙地加以贬抑；而渥大维所取得的成绩则是可见的和可控的。

意大利在东北方向上越过阿尔卑斯山尤利安支脉（the Julian Alps）隘口处是最易遭到攻击的。而帝国在阿尔卑斯山和马其顿行省之间的东部边境则是狭窄、危险且疏于防范的。由于罗马在近二十年的内部纷争中一直忽视这个地区,内陆山区诸部落扩大了自己的劫掠范围,有恃无恐地蹂躏着意大利北部、伊斯特里亚和达尔马提亚沿海地区。罗马帝国的继承者必须征服伊吕利库姆全境和北抵多瑙河流域的巴尔干半岛,从而控制从意大利北部出发、取道贝尔格莱德(Belgrade)、通往萨洛尼卡(Salonika)或拜占庭的陆路。这是奥古斯都漫长的元首任期内在对外政策方面取得的首要的、最艰苦的成就之一。但渥大维现在拥有的时间很短,他的目的也很有限。渥大维在第一场战役中征服了潘诺尼亚的诸部落,夺取了易守难攻的据点西斯奇亚(Siscia),那里是保卫意大利的理想屏障。随后,渥大维又平定了达尔马提亚海岸,征服了北至阿尔卑斯山狄纳里克支脉(Dinaric Alps)一线的土著部落,但没有越过那条界线。如果战争爆发,渥大维可以在东北方向上保卫意大利免受从巴尔干半岛穿越拯救谷(valley of the Save),并翻越阿尔卑斯山尤利安支脉后发起的攻击;并且抵达达尔马提亚沿海或近海地区的敌军将得不到任何支援。在恺撒与伟人庞培之间的战争中,这些危险曾经闪现或真正发生过。凭借远见和战略,渥大维顺利实现了这个一石二鸟的目标。[①] 这并非全部。为了保证部下对他的忠诚和拥戴,这位将军其实并不一定要亲自出现在战斗前线。但渥大维在伊吕利库姆战役中冒险现身,并光荣地挂了彩。这样一来,安东尼必定就不能以恺撒品质的唯一继承人自诩,并独享良将的美誉了。

① 有些史料宣称,渥大维在这些年里对包括波斯尼亚(Bosnia)全境在内的伊吕利库姆地区进行了大规模征服。这种说法既缺乏佐证,于情于理也是不可能的。

这便是公元前35—前34年的几场战役后，意大利民众和士兵们眼中的恺撒继承人。他就是光荣的代名词。阿格里帕和陶鲁
241 斯在伊吕利库姆的功绩却没有受到公开的表彰。[①] 到了公元前33年年底，后三头（人们仍旧使用这个称呼，尽管雷必达已经从政治舞台上消失了）已注定要瓦解。最后的较量即将拉开帷幕。

西西里岛和海上的战事结束后，年轻的恺撒继承人在伊吕利库姆的军事功业进一步巩固了他的声望，为他赢得了来自各个阶级、各个党派的追随者。他此后加倍努力，让罗马见证了一场作为武装斗争前奏的、以政治表演和宣传为内容的竞赛。它其实在大约六年之前已经开始了。[②]

在起初阶段，渥大维的风头完全被盖过了。安东尼的部下在罗马举行了一次次凯旋式——肯索里努斯和波利奥从马其顿行省送来捷报（公元前39年），维提狄乌斯征服了帕提亚人（公元前38年）。随后，到了公元前36年，随着西西里战事的胜利，天平开始向渥大维一方倾斜。在接下来的几年里，渥大维乘胜追击，让他在西班牙和阿非利加行省的总督们捷报频传，兵不血刃地赢得一系列荣誉。依照传统，他们取得的战利品被用来赏赐民众和装饰罗

① Appian, *Ill.* 20; Dio, 49. 38. 3 f. 表明阿格里帕当时确实在伊吕利库姆；麦萨拉也在那里（*Penegyricus Messallae*, 108 ff.）。陶鲁斯在举行完纪念自己在阿非利加所取得大捷的凯旋式（公元前34年6月30日）后也曾前往伊吕利库姆，接管从那里离开的渥大维留下的各种事务。

② 《凯旋式年表》提供了历次凯旋式的具体日期（*CIL* 1², p. 50 and p. 77）。在记载凯旋者们兴修的各种建筑方面，最重要的史料是 Suetonius, *Divus Aug.* 29. 5。Tacitus, *Ann.* 3. 72. F. W. Shipley, *Mem. Am. Ac. Rome* IX(1931), 7 ff. 解读并讨论了这份复杂的材料。

马城。波利奥修缮了自由之厅(Artium Libertatis),在那里修建了我们所知道的第一座罗马公共图书馆——波利奥始终尊重自由,并且文学在他心目中的地位高于战争与政治。公元前 34 年举行了凯旋式的索西乌斯为阿波罗修建了一座神庙;海军将领埃诺巴布斯修建或修缮了一处海神尼普顿的圣所(这对于他的身份来说恰如其分),尽管他并未举行过凯旋式。

然而,阿波罗毕竟是年轻恺撒继承人的保护神。公元前 36 年,渥大维已经在帕拉丁山(Palatine)上为阿波罗修建了一座神庙。同年,从西班牙凯旋的格涅乌斯·多米提乌斯·卡尔维努斯重建了罗马王宫。过了不久,从阿非利加行省返回罗马并举行凯旋式(公元前 34 年)的陶鲁斯开始修建一座剧场;保卢斯·埃米利乌斯(Paullus Aemilius)则开始继续完成其父未能完全竣工的埃米利乌斯宅邸(Basilica Aemilia);而卢奇乌斯·马尔奇乌斯·菲利普则在举行了庆祝西班牙战事胜利的凯旋式(公元前 33 年)后修缮了一座赫拉克勒斯神庙。

以上我们举出的是一些(还不是全部)已经预示了帝制时代罗马城之辉煌壮丽的建筑。比安东尼更高明的是,恺撒的年轻继承人不仅为了排场和诸神而大兴土木,他也考虑到了它们的公共用
途。他的股肱之臣阿格里帕已经开始修缮宏伟的马尔奇乌斯水 242
渠。到了公元前 33 年,尽管阿格里帕在当年已出任执政官,他却同时承担起了市政官的重任,主持了众多公共设施的建设工作,整修了罗马全城的沟渠和排水通道,并新修了一座尤利乌斯水渠。[①]

① Dio,49.42.3;43.1 ff. Frontinus,*De aq*. 9;Pliny,*NH*,36.121.

与此同时，这个党派的实力也在稳步提升。公元前 33 年，渥大维第二次出任执政官。他的影响力虽然不是无所不能，但至少也是首屈一指的；关于这一点，我们可以从当年的执政官名单(其长度史无前例，一共包含了七个名字)中窥见一斑。在此之前，渥大维提拔的主要是他手下的将领、少数党羽和他在克劳狄乌斯、埃米利乌斯、西庇阿等家族中的新盟友。在这一年里，海军将领昆图斯·拉罗尼乌斯成为了执政官；而根据史料记载看，其他六人似乎并没有在后三头手下立过任何军功；并且他们(无论是显贵还是新人)日后也不曾取得过什么显赫的声名。[①] 渥大维现在可能已经开始尊奉那些罗马贵族中行为检点的人，或在意大利各城镇中有影响力的人物。通过这两项举措，他可以进一步宣传、壮大自己的力量。卢奇乌斯·维尼奇乌斯是新任执政官中的一员；我们已经有近二十年没有听到过他的名字了。我们对前一年的两位执政官——来自皮克努姆地区的玛库斯·赫勒尼乌斯(M. Herennius)和盖约·麦米乌斯(C. Memmius)——的生涯与政治立场同样一无所知。[②]

① 卢奇乌斯·沃尔卡奇乌斯·图鲁斯(L. Volcacius Tullus，公元前 46 年大法官)和玛库斯·阿奇利乌斯(M. Acilius)都是前一个世代里的执政官们的儿子；卢奇乌斯·奥特罗尼乌斯·佩图斯(L. Autronius Paetus)应当是一位公元前 65 年执政官竞选失败者的子嗣。安东尼党羽(或前党羽)盖约·福泰乌斯·卡庇托来自一个闻名遐迩的、出过大法官的家族；卢奇乌斯·维尼奇乌斯出身于卡勒斯的骑士家庭。卢奇乌斯·弗拉维乌斯是安东尼党徒(Dio，49. 44. 3)。据我们所知的情况来看，这些人中领过兵的只有奥特罗尼乌斯和玛库斯·阿奇利乌斯，两人日后分别在公元前 28 年和公元前 25 年担任过阿非利加的行省总督，见 *PIR*², A 1680，71。

② 关于赫勒尼乌斯的家世，参见上文，原书第 92 页。麦米乌斯可能是盖约·麦米乌斯(C. Memmius，公元前 58 年大法官)和苏拉的女儿福斯塔(Fausta，她的第二任丈夫是米洛)的儿子。

渥大维向元老们分配执政官头衔和凯旋式荣誉等恩惠，装点罗马城，为罗马市民提供洁净的水源或价格低廉的食品，但仅仅做到这些还是不够的。军人与工程师阿格里帕所做的工作是实实在在的和显而易见的；而渥大维的另一位股肱之臣梅塞纳斯的活动虽然更为隐秘，目的却更为明确。他的任务是逐渐引导公共舆论，以便让人们接受君主制；他不仅在为迫在眉睫的军事斗争忙碌着，同时也在为最后一场内战结束后的和平局面进行着准备。

243 第18章 后三头统治下的罗马

现在已经到了公敌宣告运动和后三头专制统治建立后的第十个年头。尽管时局动荡，但时间的流逝还是能够保证革命（这个称谓应当是准确的）的后果得以永久化和固定化。那场暴乱的受益者已在社会各阶层中占据着统治地位；他们绝不肯与别人分享自己新近获得的特权，心甘情愿地与人分一杯羹。在多达1000人的元老院成员中，居于多数的恺撒党徒是依靠后三头才获得社会地位和官职（或许还有财富）的；大批进入元老队伍的罗马骑士加强了上层有产者中各阶层间的联系。老兵们通过将领的赠予、释奴们通过出资购买而获得了地产；在有些情况下，他们的社会地位也马上或即将得到提升。西西里战争结束后，渥大维安排自己手下的百夫长们在退伍后担任自己本乡的城镇议员。① 此后，政治和社会生活中出现了一些趋于稳定的迹象。再也不会有什么公敌宣告运动了；意大利的乡绅和农民再也不会遭到放逐了。许多流放者返回了家园；其中一些还通过自身的影响力和他人的保护而收回了自己的财产。但现政府还有许多敌人——那些满腔仇恨的公敌宣告运动受害者。这些人尽管目前没有什么力量，但他们在不远的将来就可能成为威胁：一旦共和派和庞培党从东方归来，一旦

---

① Dio, 49.14.3; Appian, *BC*, 5.128.531.

安东尼为自己军团里的老兵要求土地，一旦后三头履行了自己的庄严誓言，在结束一切战事后重建了共和国，这批人就会蠢蠢欲动。尽管有一个强大的、人数众多的既得利益团体保卫着新秩序，它毕竟还缺乏内部和谐和情感共鸣。

元老院中的格局怪异且令人忧虑。在元老院的上层，即从前掌握着国家领导权的位置上坐着一排前执政官。他们尽管数目可观，但其声望不够显赫，因为这批人几乎都是最近才被扶植起来的。到了公元前 33 年年底，他们的总数达到了史无前例的 30 余人。其中的新人数目远远超过显贵。[①] 一些贵族家族已在过去的 244
二十年间断了香火；其他一些家族，特别是那些支持庞培党与共和派的家族里已找不出一个具备前执政官级别资历与地位的人物了。老牌贵族家族的短缺来得正是时候，因为渥大维趁机创造了一批新的贵族家庭——他的动机当然是培养自己的庇护关系，但他可以为此找到一个绝佳的借口。[②]

在此时的前执政官中，我们只能辨认出一位克劳狄乌斯家族和一位埃米利乌斯家族的成员，他们都是渥大维的党羽。法比乌斯家族的成员已经从这个队伍中消失了；老牌贵族科奈里乌斯家

① 关于后三头时期（公元前 43—前 33 年）的执政官人数，我们可以统计出以下的简要结果：除后三头亲自担任执政官和多次担任的情况外，这一时期总共产生了 38 位执政官。其中有三人很难进行归类（公元前 38 年执政官盖约・诺巴努斯、公元前 38 年递补执政官卢奇乌斯・科奈里乌斯[L. Cornelius]和公元前 36 年递补执政官马尔奇乌斯）。其中只有 10 人出身于执政官家族，剩下的 25 人都是各自家族中最早的执政官（当然他们并非全部来自罗马骑士家族，其中有些也是贵族名门之后）。

② Dio，49. 43. 6.

族成员至多有两人,或许只有一人。[①] 瓦勒里乌斯家族中暂时还没有前执政官,但很快会在四年中涌现出三位这样的人物。[②] 同样引人注目的是老牌平民贵族家族人才的青黄不接——权贵队伍中已没有一位麦特鲁斯、马塞卢斯、李锡尼乌斯、尤尼乌斯或卡尔普尼乌斯家族的成员。这些家族并未绝嗣,但还要等待许多年才会在执政官年表和元老院要员名单中重现自己昔日的辉煌,并且这种东山再起有时也不过是一种假象而已。

取代他们占据显要地位的是一些新的异族名字——这些人来自埃特鲁里亚、翁布里亚、皮克努姆或卢卡尼亚。[③] 罗马在近三个世纪里不断接纳着这些新人,他们大多是凭借个人的发迹和军功而被罗马社会接纳的。“贵族身份起源于武德。”(Ex virtute nobilitas coepit)[④]罗马同外敌间的历次战争使得一个新贵群体壮大了贵族的队伍。没有记载告诉我们,当显贵们注视着一个叫作维普萨尼乌斯(Vipsanius)的家伙头戴金冠和一个名为科尼菲奇乌斯的人骑着大象时,他们心头究竟是一番什么别样的滋味。依据这些人在战争中的英勇表现,以及许多此类暴发户的祖上其实

① 可以确定的人物为普布利乌斯·科奈里乌斯·西庇阿(P. Cornelius Scipio,公元前 35 年递补执政官),可能来自科奈里乌斯家族的是卢奇乌斯·科奈里乌斯(L. Cornelius,公元前 38 年递补执政官)。

② 除在公元前 31 年与渥大维一同担任执政官的麦萨拉本人外,还有两位瓦勒里乌斯家族成员分别于公元前 32 年和公元前 29 年担任了递补执政官。关于时间和身份确定等方面的问题,见 *PIR*[1],V,94 and 96。新发现的执政官年表表明,波提图斯·瓦勒里乌斯(Potitus Valerius)是公元前 29 年的执政官,玛库斯·瓦勒里乌斯是公元前 32 年的递补执政官。他们无疑都属于这一家族。

③ 见上文,原书第 199 页以下。

④ Sallust,*BJ*,85.17.

也是意大利境内与罗马人沾亲带故的各民族中的古老贵族等事实，去为他们成为罗马贵族的合理性辩护的做法，恐怕是无法让显贵们善罢甘休的。而对于前执政官巴尔布斯这样的极端情况而言，任何言辞上的解释都没有用处。

在革命时代里，元老院的下层已可以同上层和谐相处，因为上层元老已对释奴的儿子们和退伍的百夫长们见怪不怪。当权者到处赏赐有名无实的行政官职，担任这些职务的人有的仅仅在任几天，甚至从未前去就任过。[1] 元老院这个最高权力机构已经沦为 245
一个走形式的和装饰性的组织，因为军国大事都是由统治者暗箱操作或在远离罗马的地方商议的。

当时的罗马人因道德与社会的堕落而痛心疾首。真正的功绩已不再能保证成功，并且成功者和卑微者的命运都是朝不保夕的。[2] 突然冒出来的一批新人凭借心狠手辣或阴谋诡计当上了执政官。[3] 位高权重的将领们可能会在转眼间销声匿迹，他们的垮台有时候就跟其崛起一样突如其来。但也有人在纵横捭阖的派系斗争中练就了一身生存本领，尽管他们所采用的阿谀奉承手段是罗马贵族们所不齿的：正直之士是不会牺牲荣誉和独立，心甘情愿

① Dio，48.43.1 f.，参见上文，原书第 196 页。

② Sallust，*BJ*，3.1："neque virtuti honos datur neque illli，quibus per fraudem is fuit，tuti aut eo magis honesti sunt。"（人们无法凭借美德而获得荣誉，而凭借欺诈手段僭取荣誉的人又不会因此而更加受人尊敬。）

③ Sallust，*BJ*，4. 7："etiam homines novi，qui antea per virtutem soliti errant nobilitatem antevenire，furtim et per latrocinia potius quam bonis artibus ad imperia et honores nituntur。"（就连那些从前只想凭借美德而超越贵族的新人，现在也更多地依靠僭取，而非光明正大的手段去争夺权力和荣誉了。）

地去当专制暴政的走狗的。[①]

被内战中断了发展的演说术在后三头统治下的和平局面中逐渐衰微没落。它在元老院里和罗马广场上已毫无用武之地，只能用来说服桀骜不驯的士兵或消除秘密举行的政治磋商中各方的怀疑与顾虑。事实上，后三头手下的执政官中没有几个宣称或哪怕谎称自己拥有雄辩的口才；并且那些拥有值得人们静下心来好好玩味的演说才能的人，也不会因为这种本领而得到军事独裁政权的重用。在后三头最初任命的执政官中，普兰库斯和波利奥都是同时兼任军队将领和外交官的身份的。[②]

在一个自由的国度里，对法律和演说术的钻研可以获得极为丰厚的回报。在不久之前的时代里，西塞罗以较为节制、但更加宏伟而和谐的风格超越了以炫技式的亚细亚风格见长的霍腾西乌斯，从而把罗马的公共演说术带到了一个臻于完美的阶段。他的演讲即便在自己生活的时代也被视为登峰造极的经典之作。但西塞罗并不是没有对手。一些著名的政治领袖支持并维护一种同霍腾西乌斯和西塞罗都有区别的演说理念与风格，它避免追求华丽辞藻与韵律和谐，但仍能达到生动有力的效果。前途无量的年轻人——在政治演说家中名列前茅的盖约·李锡尼乌斯·卡尔乌斯(C. Licinius Calvus)和热情洋溢的凯利乌斯肯定不是罗马演说术

---

① Sallust，*BJ*，3.4："nisi forte quem inhonesta et perniciosa lubido tenet potentiae pucorum decus atque libertatem gratificari。"(除了那些自己怀有卑鄙、病态愿望的人，谁也不会为一小撮人的权势而牺牲自己的荣誉和自由。)

② 尽管普布利乌斯·阿尔菲努斯·瓦鲁斯(公元前39年递补执政官)享有或即将作为一名法学家而享有盛誉，这方面的成就却并非他获得晋升的原因。

中这种阿提卡风格的唯一代表。他们最好的一些作品是有血有肉 246
的，但也往往是贫乏、单调和乏味的。[1] 恺撒的风格与他本人相得益彰；人们通常承认，布鲁图斯选择的那种平铺直叙、开门见山式的演说风格虽不怎么引人入胜，但也能够忠实地表达他的情感。[2]布鲁图斯和卡尔乌斯都认为西塞罗的演说对他们而言不够坚定有力，缺乏男子汉气概。[3]

这些演说风格的伟大代表作都未能保存到今天；并且这些演说家留下来的、足以继承或宣传他们名声的东西也很有限。演说家使用语言的铿锵有力、音调和谐，表达观点的丰富多样和涉及主题的不断拓展很难确保他们留在下一代人的记忆中，因为一代人已经丧失了闲暇心情和想象力，并对此毫不掩饰。但直截了当、甚至有些粗暴尖刻的演讲风格或许是与战乱年代的精神十分吻合的。平实的演说风格（我们可以说它是罗马的一种传统）中至少有一些优点是仍会受到肯定的，并继续保留下来，直到它们受到审美趣味的彻底转变——如对亚细亚风格或浪漫主义风格的兴起所带来的威胁为止。波利奥在举行完自己的凯旋式后告别了公共生活，回归到自己青年时代在卡尔乌斯和卡图鲁斯的圈子里的习惯中去了。他在演说词和诗歌中再现了这些共和派的活力与独立精神，但没有展示出他们的多少优雅品位。他的文风是干涩生硬的，

① 在塔西佗的《演说家对话录》(*Dialogus*)中，卡尔乌斯、凯利乌斯、布鲁图斯、恺撒和波利奥都被视为虽配不上不朽(classical)演说家的称号、但其成就堪与西塞罗相提并论的人物。

② Tacitus, *Dial*. 25. 6.

③ Tacitus, *Dial*. 18. 5.

刻意回避使用和谐的音调，直至把自己的作品弄得支离破碎，酷似罗马早期的作品，以至于竟有人怀疑他是生活在一个世纪以前的人。[①] 波利奥和麦萨拉被视为新时代最伟大的演说家。作为波利奥的对手，麦萨拉展示了一种富有教养的和谐文风和精致的高雅品位，这与一个在政治上平安无事的时代背景十分相称。演说术即将一蹶不振的迹象已经有目共睹，它已降格为私人进行的修辞学练习手段；留在公共场合中的只剩下冠冕堂皇的颂词。言论自由的时代已经一去不复返了。

在公共荣誉和国家事务中已不复存在的自由、公正与正直只能在个人事业与私人关系中苟延残喘了。远离政治的姿态在从马略与苏拉的斗争中幸存下来的那一代人中就很明显，现在则在程度、力度对自身正当性的坚信不疑等方面有过之而无不及。人们转而料理产业与家庭，钻研文学与哲学。罗马人民的官方宗教倒
247 是还能在黑暗的岁月里向人们提供些许安慰。因为贵族集团精心地维护着这套在早些农业生产与军事活动一帆风顺时创造的仪式、规则与传统，以便借此来恫吓民众、维护自身统治和巩固共和国体制。只有哲学才能对事物的本质提供理性解释，或为逆境中的人们提供些许慰藉。斯多葛主义是一种勇敢的、贵族式的和积极的信条。但人们也可以选择提倡远离政治、培养个人美德的伊壁鸠鲁哲学。而某种形式的毕达哥拉斯主义也很适合把当时的罗马人引向神秘主义。

我们可以猜想，仍然活在人世、但在公共场合已销声匿迹的阿

① Quintilian，10.1.113.

提库斯和巴尔布斯究竟在多大程度上受到了这种倾向的影响。最博学的罗马人、知识之父和许多错误观念的传播者、年迈的瓦罗并不反对对毕达哥拉斯主义或其他任何一种信仰或生活方式，但自己在无法满足的好奇心驱使下孜孜不倦地进行学术钻研。他早已放弃了政治，除在西班牙短暂效忠过庞培外，他把全部精力都投入了学术研究，探究人间和天上的各种掌故。[①] 恺撒曾请求他帮助创建公共图书馆。[②] 在从公敌宣告运动中死里逃生后，尽管他自己的宝贵藏书遭到了洗劫，这位不知疲倦的学者仍没有停止自己的钻研。到了 80 岁后，瓦罗发现(如他亲口所说的那样)已经到了收拾好行李去做辞世之旅的时候了。[③] 于是老骥伏枥的他又创作了一部论农业理论与生产实践的不朽著作。作为一位身边拥有很多亲友的地主，瓦罗所掌握的农业知识是很丰富的。

尽管在瓦罗卷帙浩繁的汇纂作品中不乏史学和古代文物研究的著作，但他只是一位史料收集者，并未创作过什么引人注目的或传之不朽的编年史作品。这位年迈的学者缺乏生动的文字风格、足够的笔力和统领全局的思想。撰写编年史的任务是由同样来自萨宾地区的，但在性格、学识和政治立场等方面同瓦罗差异巨大的盖约・撒路斯提乌斯・克瑞斯普斯完成的。撒路斯提乌斯十分厌

---

① 最伟大的著作—41 卷的《圣俗古事记》(*Antiquitates rerum humanarum et divinarum*)大概创作于公元前 55—前 47 年。它被题献给了恺撒。

② Suetonius，*Divus Iulius*，44. 2.

③ *RR*，1. 1. 1："annus octogesimus admonet me ut sarcinas colligam antequam proficiscar e vita。"(人生的第 80 个年头告诫着我，要我提前收拾好行装，准备那次告别人世的旅行。)这说明《论农业》的创作年代应该为公元前 38 或前 37 年。此后瓦罗又活了十年之久(Jerome，*Chron.*，p. 164 H)。

恶后三头的专制。[①] 对功名的追逐曾把年轻的撒路斯提乌斯卷入
248 了危险的政治旋涡中，他成了庞培第三次担任执政官期间的一位命运多舛的保民官。他在被公元前50年的监察官逐出元老院后，追随着恺撒东山再起，获得了历次战争中的军事指挥权，并治理过一个行省。[②] 恺撒的下场使得撒路斯提乌斯的雄心壮志和对改革与进步的信念破灭了。他此前曾撰写过一些论述应如何构建和重塑足以取代显贵寡头集团狭隘、腐化统治的新政权的小册子。[③] 但恺撒遇刺后，心灰意冷的撒路斯提乌斯认为罗马又走上了苏拉式独裁的老路，于是决定退隐以独善其身。但他仍然认为以养花种草和垂钓狩猎为追求的享乐生活是可耻的，[④]便开始从事受人尊敬的历史著述活动。[⑤] 在创作了两部叙述喀提林阴谋和朱古达战争的专著后，撒路斯提乌斯决定评述苏拉死后的革命年代。尽管撒路斯提乌斯并不盲目吹捧恺撒，但我们可以判断，他这部著作的目的肯定是要揭示，在苏拉独裁和恺撒独裁统治之间建立的共和政府是如何腐化堕落和言而无信的。毁灭政治自由的并非恺撒

---

① Sallust, *BJ*, 4.

② 他在公元前46—前45年担任过新阿非利加行省总督。

③ Dio, 43. 9. 2. 但其依据或许不足以令人信服；因为它显然是以相信《致晚年恺撒书》(*Epistulae ad Caesarem senem*)这封信的历史真实性（它看上去很像是一篇真作）为基础的。

④ *BC*, 4. 1："non fuit consilium socordia atque desidia bonum otium conterere, neque vero agrum colundo aut venando, servilibus officiis, intentum aetatem agere。"（彻底享受闲暇并非我求之不得的心愿，我也不希望用种地和打猎这种属于奴隶的活计来排遣时日。）

⑤ *BJ*, 4. 1："ceterum ex aliis negotiis, quae ingenio exercentur, in primis magno usui est memoria rerum gestarum。"（在依靠聪明才智进行的各种事业中，对历史的记忆是最有用的。）

对意大利的入侵，而是庞培这个残暴人物的崛起和统治。

为了描述病态的罗马内战，撒路斯提乌斯研究并模仿了风格沉郁、笔力遒劲且感情丰富的修昔底德的经典史著。如果他确实还有别的选择余地的话，那么他也肯定做出了最佳的选择。因为他跟修昔底德一样，也是一场不顾一切原则、借口，并展示了阶级冲突真实面目的政治斗争的目击者。这位拥有处理实际事务的丰富经验、不加掩饰的道德悲观论调和对政治本质的清醒认识的罗马人是特别适合叙述革命年代的历史的。

后世的文学评论认为，撒路斯提乌斯是堪与修昔底德相提并论的人物，对他的凝重、简洁文笔，特别是使之不朽的明快叙述风格十分赞赏。[①] 他显然创造了一种自成一体的文风，自觉地避免使用能够塑造和谐笔调的正式修辞手法和韵律，自由地安排词序，刻意使用生硬、古老的词汇和突兀的短句，这可能多少反映了他本 249
人性格的桀骜不驯。有人说，撒路斯提乌斯的复古风格模仿了将这种文风发扬光大的加图；他那种故作深沉的道德论调也与他自己的早年生活形成了令人瞠目结舌的巨大反差。但这没有关系：撒路斯提乌斯很快便确立了这种精心设计的复古文风和突兀短句笔法在文坛上的地位，[②]并使自己奠定的风格和体裁形式成为此

① Quintilian, 10. 1. 101："nec opponere Thucydidi Sallustium verear。"（我对撒路斯提乌斯的尊重不亚于对修昔底德）；Quintilian, 10. 1. 102："immortalem illam Sallusti velocitatem。"（撒路斯提乌斯不朽的明快风格。）

② Seneca, *Epp.* 114. 17："Sallustio vigente amputatae sententiae et verba ante exspectatum cadentia et obscura brevitas fuere pro cultu。"（在撒路斯提乌斯的文风盛极一时之际，人们使用短句，提前用动词结束句子，并将含义晦暗不明的简短风格等同于优雅。）

后一切罗马史学作品所效法的榜样。

撒路斯提乌斯从一名道德论者和爱国者的立场出发，痛心疾首、入木三分地描述了古老美德的衰败和罗马人民的堕落。他把衰落的起源归结为罗马对迦太基的毁灭，而没有在罗马还存在着竞争霸权对手的时代中挖掘其内部失和的蛛丝马迹。他借用了希腊人的政体演化学说，但对罗马早期历史中元老院和人民的赞美未免言过其实。[①] 他并没有将较为晚近的时代理想化——因为他对那些事情知道得太清楚了。近在眼前的、触手可及的严酷现实压迫着这位历史学家，让他不得不随时想起四十年来的种种人和事——内部纷争和私家军队的招募，奴隶参军和奴隶战争，在西西里、阿非利加和西班牙无休无止的缠斗，对埃特鲁里亚诸城市的围攻和毁灭，意大利境内的荒芜凋敝，为报复或侵吞财产而发动的大屠杀和独裁统治的建立。[②] 与过去联系着的还有种种邪恶的形象与角色——皮克努姆人维提乌斯(Vettius)、文吏科奈里乌斯(Cornelius)和无法用言语形容的弗菲狄乌斯。[③] 在这位恺撒党军事领袖的心目中，外表英俊但内心邪恶的、杀人如麻且冷酷无情的小庞培正是这个时代的写照。[④]

---

① Sallust, *BJ*, 41; *BC*, 10; *Hist*. 1. 11 M.

② Sallust, *Hist*. 1. 55. 13 f. M: "leges iudicia aerarium provinciae reges penes unum, denique necis civium et vitae licentia. simul humanas hostias vidistis et sepulcra infecta sanguine civili。"(法律、法庭、公共财库、诸行省和各位国王——一言以蔽之，足以决定公民生死的一切资源都操持在一个人手中。你甚至能够看见人祭的场面和涂着公民鲜血的墓碑。)

③ Sallust, *Hist*. 1. 55. 17 and 22 M.

④ Sallust, *Hist*. 2. 16 M: "oris probi, animo inverecundo。"(外表英俊，内心却不知羞耻为何物。)

令一切言辞、规范和制度都变得苍白无力的内战泯灭了人们心中的热情，展示了人性最深处的种种丑恶。如果想要创作一部真实的历史，那么这部史书就不能只是浮光掠影地记载人口和城市归属权的变化、政治集会中的公开辩论或军队活动等内容。在撒路斯提乌斯眼中，历史主要关注的应该是世道人心，特别是世人 250
内心深处的隐秘思想和阴暗活动。只要政治事务还按照罗马和元老院的传统模式运作，这些伎俩就永远不会消失。它们十分古老，但极其精巧；它们是严肃的事情，但提供不了多少教益。

罗马人会在历史中寻找启示、获得慰藉；有时也会围绕故去的人物展开争论，为各种政治立场进行辩护。后一种传统始于围绕小加图展开的争论。此后，独裁官恺撒也一度成为文学论战的主题，直到他的继承人终止了这场对他没有什么好处的辩论为止。奥皮乌斯和巴尔布斯极力维护他们的朋友和庇护者在后人心目中的形象。[①] 撒路斯提乌斯在撰写历史时同样不会忘记自己的政治生涯和可以为自己辩解、回护的那些证据。他在论证恺撒和小加图同等伟大但风格相反时，对伟人庞培只字不提。[②] 作为回应，庞培党人对这位恺撒党作家的人品同样极尽诋毁之能事。[③]

在后三头统治的罗马，人们具有了更加强烈的历史意识。他们关注的不仅仅是最近的战争和苏拉、庞培、恺撒这样权力无边的

① Suetonius, *Divus Iulius*, 53; 81.2.

② Sallust, *BC*, 53.5 f.

③ 瓦罗在宣传关于撒路斯提乌斯与苏拉之女、米洛之妻福斯塔通奸的传闻方面最不遗余力(Gellius, 17.18)；庞培的释奴勒内乌斯(Lenaeus)则对撒路斯提乌斯进行了猛烈的人身攻击，以便为自己已故的主人辩护(Suetonius, *De gram.* 15)。

党派领袖，而是形成了一种更为宽广、同时也更具忧患意识的历史观。他们会想到马其顿国王亚历山大之死，以及继承他的将领之间旷日持久的权力斗争和亚历山大帝国的分裂；他们会把这些历史经验置于恺撒的继承人与部下面前——这些人对罗马毫无忠诚之心，谎称自己忠于一位由他们捏造出来的神祇——“神圣的尤利乌斯”，也拥有神的名号和属性，仰仗着其实并不可靠的雇佣兵占山为王。我们手头有充分证据表明，当时的罗马知识精英和普通民众都深信历史是循环发展的。就罗马史的范围内而言，苏拉独裁的时代再现了；而在更广阔的历史视野范围内来看，可以说亚历山大帝国解体后的群雄割据局面重新到来了。认识这一点其实无须多么深刻的洞察力；它其实是当时最朴实无华的作家科奈里乌斯·奈波斯（Cornelius Nepos）做出的贡献。奈波斯只是一位入门水平的简短历史人物传记的编纂者；但他能在提及老兵们的表现

251 时十分清晰地做出这种对比。[1]

创作历史著作和演说词是统治阶级成员们适宜的、事实上还是值得称赞的职业。一位退隐山林的罗马政治家完全可以通过记录那些自己在其中发挥过关键作用的重大事件，或汇编罗马人民的法律、宗教掌故来打发闲暇时光。法比乌斯、加图和卡尔普尼乌斯这些光辉人物从前都曾创作过罗马史。因此，历史著述成了一件十分引人注目的、只有元老级别的人物才适合从事的光荣任

---

① *Vita Eumenis*, 8. 3:“quod si quis illorum veteranorum legat facta, paria horum cognoscat neque rem ullam nisi tempus interesse iudicet。”（但如果有人读到了这些老兵们的所作所为的话，他会发现他们跟罗马老兵们的做法如出一辙，并认为唯一变化的只有年代。）

务——除非它是某个闯入这片圣土的下贱人物编造的无耻谰言(伟人庞培的私人教师是这一恶劣传统的始作俑者)。[①] 历史撰述在当时就是如此流行。然而,在诗歌创作方面,即便一位罗马贵族在吟诗作对时能够信手拈来,或写出成卷的诗集,人们也不会认为这样的本领或成就有多少特殊价值。但到了这个时代,诗歌也不再只是一种谩骂手段,而被改造成传递政治信息的统治工具。它不算十分引人注目,但其效果或许并不比罗马政治家们说出或写下的字句逊色。

在不到二十年间,整整一个世代或一个流派的罗马诗人几乎凋零殆尽。将伊壁鸠鲁的训诫改写为史诗的卢克莱修、热情洋溢的青年诗人卡尔乌斯和卡图卢斯都在内战爆发前夕去世了。庞杂晦涩的诗歌《斯米尔纳》(*Smyrna*)的博学作者盖约·赫尔维乌斯·秦那(C. Helvius Cinna)被误认为他是一名刺杀恺撒的凶手的罗马暴民们撕成了碎片。另一位演说家兼诗人、恺撒党徒昆图斯·科尼菲奇乌斯在为共和派领兵作战时死在了阿非利加。年轻一代诗人的导师瓦勒里乌斯·加图(Valerius Cato)和创作过短诗、哀歌体诗歌和史诗的玛库斯·弗里乌斯·毕巴库鲁斯(M. Furius Bibaculus)此时可能还活在世上。这些诗人的出身各不相同。卢克莱修是个离群索居的神秘人物;但卡尔乌斯却是显贵,而科尼菲

① 此人是卢奇乌斯·沃尔塔奇里乌斯·皮索拉奥斯(L. Voltacilius Pitholaus):"primus omnium libertinorum ut Cornelius Nepos opinatur, scribere historiam orsus, nonnisi ab honestissimo quoque scribe solitam ad id tempus。"(根据科奈里乌斯·奈波斯的说法,此人是所有释奴中第一个写作历史的人;在此之前,撰写历史的都是极其高贵诚实的人。)(Suetonius, *De rhet*. 3)

奇乌斯则出身于著名的元老世家。其他诗人都来自山南高卢行省。据说加图是一名释奴(这个说法或许并不确切);[1]其他人则是北方诸城镇——维罗纳、布瑞克西亚(Brixia)、克里莫纳——中
252 富裕的地方贵族的后代。[2]

这批新诗人信奉共同的文学准则,使用同一套写作技巧。他们的目标是通过翻译、改编亚历山大里亚诗人们所采用的主题与形式来改造拉丁诗歌,并拓展其范围。他们在政治上也站在同一阵线上。其中许多人都曾对政治巨头庞培、他的同盟者恺撒及两人扶持的瓦提尼乌斯冷嘲热讽,极尽奚落之能事。同恺撒化敌为友是可能的,同庞培和解可就没那么容易了。当内战到来之际,科尼菲奇乌斯、秦那和他们的其他一些朋友都加入了恺撒的阵营。[3]

这些人都去世了,他们建立的诗歌流派也很快失宠。年轻的普罗佩提乌斯(Propertius)出现得太晚了。但曾与这批诗人过从甚密的前执政官波利奥却活了很久。他一方面自己创作诗歌,另一方面则庇护、资助其他诗人。据说,他在后三头统治时期创作过以远古神话时代的君王们为主题的悲剧。[4] 但在此之前,伽鲁斯和维吉尔这两位诗人已经对他感恩不尽。

盖约·科奈里乌斯·伽鲁斯(C. Cornelius Gallus)来自受到希腊文化影响的纳旁高卢境内的尤利乌斯广场镇。他是一位具有

① Suetonius, *De gram*. 11.

② 卡图鲁斯来自维罗纳。我们根据秦那诗作残篇 1 可以推断,他的家乡是布瑞克西亚;并且布瑞克西亚地区的铭文中也出现过赫尔维乌斯家族成员的名字(见上文,原书第 79 页)。Jerome, *Chron*. , p. 148 H 认为克里莫纳是毕巴库鲁斯的出生地。

③ 见上文,原书第 63 页。

④ Horace, *Sat*. 1. 10. 42 f.

希腊化时代气质的文学创新者，被视为罗马哀歌体诗歌的发明者。波利奥在写给西塞罗的一封信中提到了“我的朋友科奈里乌斯·伽鲁斯”，[①]这是他第一次在现存史料中为人所提及。当波利奥为安东尼治理山内高卢时（公元前 41—前 40 年），这位诗人可能是他帐下的一名骑兵指挥官。[②]

腓力比战役结束后，在北方没收充公土地的职责落到了波利奥肩上。波利奥是维吉尔最早的庇护人，后者正是来自曼图亚的一个有产者家庭。波利奥在治理山南高卢期间或许保护或归还了这位诗人的地产。但佩鲁西亚战争的劫难又接踵而至。无论这一过程中的真相究竟如何，一位比波利奥更强大的人物（梅塞纳斯）赢得或僭取了维吉尔庇护人这个永垂不朽的光荣头衔。[③]

伽鲁斯在被情敌夺去自己心爱的女子和他创作灵感的源泉
（之前他也是从另一位情敌手中横刀夺爱的）后，[④]一气之下决定 253
弃笔从戎并追求仕途。此后，他从历史记载中消失了九年之久。当我们重新发现他的名字时，伽鲁斯已经功成名就。他可能在布

---

① *Ad fam*. 10.32.5；参见 31.6。

② 他可能担任了工程事务总长（praefectus fabrum）这一要职（参见恺撒部下巴尔布斯和玛穆拉各自在西班牙和高卢的经历）。

③ 古代传记作家和注疏家们颇有把握地断言的、关于维吉尔家产被充公的时间和场合，以及其失而复得的方式和在其中发挥作用的人物的种种彼此矛盾的说法似乎来自基于《牧歌》文本的臆测，并非权威而准确的史实记载。我们是无法利用这些说法去重构历史的。

④ 据说，他笔下的吕科丽丝（Lycoris）就是沃鲁姆妮娅（Volumnia，普布利乌斯·沃鲁姆尼乌斯·攸特拉佩鲁斯的被释女奴），她更广为人知的名字是库特丽丝（Cytheris）。这位女子从前做过安东尼的情妇。史籍没有告诉我们她后来又跟随了何人。

伦迪西乌姆和约签订后跟随安东尼去了东方；[①]没有任何证据可以说明他追随安东尼的时间究竟有多久。

但维吉尔一直坚持从事诗歌创作。他在波利奥为安东尼治理马其顿期间完成了他的《牧歌》。大约在这个时候，当波利奥已经离开山南高卢后，维吉尔受到了更加强大、或许也更富吸引力的人物的笼络。[②] 梅塞纳斯的审美趣味是真诚的和广泛的（尽管并不总是值得称道的），他一直关注着天才们的发展。他将一批诗人组织起来，向他们提供保护、建议和资助。维吉尔与梅塞纳斯建立了友谊，进入了他的社交圈。此后不久，他的诗歌便得以公开发表（公元前 38 或前 37 年）。梅塞纳斯鼓励他再接再厉。《牧歌》刻意营造的整体格调是欢快的，意在模仿希腊化时代典范作品的优雅风格。但当作品中放牧的诗人用隐喻式的语言歌颂安东尼的婚礼、布伦迪西乌姆和平及战争的终结时，它明显已经受到了时政的影响，并开始尝试处理宏大的题材。梅塞纳斯希望能利用维吉尔的诗才去为恺撒的继承人服务。这个英雄辈出、金戈铁马的时代需要一部史诗的讴歌；并且历史题材现在也是受人欢迎的。毕巴库鲁斯和来自纳旁的诗人普布利乌斯·泰伦提乌斯·瓦罗曾歌颂

① 我们并没有这方面的任何明确证据。我们不能仅仅依据《牧歌》（*Ecl*. 10）中所描绘的阿卡狄亚（Arcadia）风光断定伽鲁斯当时就在希腊。

② 维吉尔在《牧歌》（*Ecl*. 8. 6-13）向波利奥致意，希望他能够凯旋。维吉尔在那里使用的腔调和讲话方式似乎表明，整部《牧歌》都是献给波利奥的（特别参见 8. 11：“a te principium，tibi desinet。”[我将从你开始，以你结束]。）波利奥或许正是《牧歌》最初的题献对象；但根据这组诗定稿后的次序编排，其中的第一首却是赞美渥大维的。

过恺撒进行的战争；[①]另一位科奈里乌斯·塞维鲁斯(Cornelius Severus)则正在、或不久以后就要用史诗体裁记载西西里战争的历史。[②]

诗人维吉尔并不愿意这样做，他的庇护人也十分开明，并不强求。但维吉尔总得做点儿什么。如果对瓦罗捐献出来供公众利用的、蕴含着广博知识的资料不加以利用的话，未免太可惜了。如果不使用其中关于罗马民族历史掌故的信息，那么最适合进行赞美的对象便是土地和农民了。瓦罗论农业的专著刚刚问世；并且多年以来，世人已因意大利变成了一片荒漠而唏嘘不已；而西西里战争带来的经济困难局面又向人们揭示了意大利已经开始依赖谷物 254
进口的事实，这场危机促使罗马民众更加坚决地要求实现经济上的自给自足，并怀念起那个在罗马历史上曾为多愁善感的政治家们所钟爱的形象——强健质朴的农夫。然而，瓦罗并未描述意大利土地的荒芜景象，而是把意大利说成在丰产和地力方面无出其右的地区。[③] 在瓦罗的笔下，意大利几乎没有受过战争的侵扰，并且如果将当前意大利利润丰厚的葡萄、橄榄种植业改造为仅仅为维持生计而从事的谷物种植业的话，那是一种时代的倒退。但维

① 瓦罗写过一部《塞奎尼战争》(*Bellum Sequanicum*)(Priscian, *GL*, 2. 497. 10)；而《高卢战争年代记》(*Annales belli Gallici*)(特别参见 Horace, *Sat*. 2. 5. 41)的作者弗里乌斯(Furius)很可能就是毕巴库鲁斯，尽管这个问题还存在着争议。

② Quintilian, 10. 1. 89："versificator quam poeta melior。"(他是位比诗人更为优秀的韵文作家。)

③ Varro, *RR*, 1. 2. 3："vos qui multas perambulastis terras, ecquam cultiorem Italia vidistis?"(你们这些走过很多地方的人啊，你们可曾见过比意大利耕作得更好的土地？)

吉尔要创作的是一部关于意大利的诗歌，并不是技术手册。他用凝重、虔诚和爱国的笔触描述了意大利乡村和当地农民的生活。

维吉尔并非梅塞纳斯的唯一收获。过了不久，维吉尔便把贺拉斯介绍给了他的新主人。他们跟随着一批政治家、外交家和其他诗人（如悲剧作家瓦里乌斯·鲁孚斯）来到了布伦迪西乌姆，地中海世界的统治者当时正在距那里不远的塔兰托开会（公元前37年）。[1]

昆图斯·贺拉提乌斯·弗拉库斯（Q. Horatius Flaccus，即贺拉斯）是阿普利亚城市维努西亚中一位富有释奴的儿子。他的父亲相信教育的价值，并乐意为儿子的学业一掷千金。这位年轻人被送往雅典接受高等教育。贵族、爱国者和自由之友布鲁图斯的到来点燃了尊崇刺杀暴君者的雅典的激情。贺拉斯告别了哲学家们的讲堂，加入了自由派的军队。他在腓力比为共和派而战——但并不是因为他本人是共和派；一切只是因为他当时碰巧到了一个易于冲动的年纪，并且跟一批罗马贵族青年生活在雅典这个学术殿堂里，从而受到了身边氛围的影响。

共和派的惨败使贺拉斯陷入了赤贫，不得不去担任一名仰人鼻息的书吏。然而，这份工作也使得他有足够的时间和眼界去从事文学创作。贺拉斯在其早期诗篇中诉说了不幸命运带给自己的痛苦，但他自己的温和、坚韧的性格使得一切重回正轨。贺拉斯现在开始创作讽刺诗——但并不是卢奇利乌斯那种传统风格意义上的、辛辣尖刻的讽刺诗。贺拉斯的主题乃是日常生活，他的文风并

① Horace, *Sat.* 1.5.

不尖酸刻薄，而是温柔敦厚的——这与他的天性相符。并且这个时代也不再允许人们去发表政治讽刺诗或任何对国家、社会现存秩序的自由攻击言论。既然连罗马显贵们都已无法享有共和国正常体制下的自由，那么一个释奴的儿子肯定也是没有这样的资 255
格的。

贺拉斯是在战争年代中长大成人的，他也很了解这个时代。其他一些人会陷入绝望，但贺拉斯发展出了一种清明、沉静、甚至光辉四射的文字风格。他不再迷信情感，形成了一种现实主义的人生观。他作品的风格和主题始终是现实主义的。贺拉斯早已在诗歌创作中身体力行了，后来又将这一原则归纳为一套文学创作理论——他正确地同时摒弃了复古风格和亚历山大里亚流派，在玩世不恭的庸俗色情风格和陷在神话故事堆里的掉书袋式风格之外找到了一个直接观察人生的合适视角。他希望能够超越并取代罗马古代的传统诗作和上一代诗人建立的新典范。社会风尚是在急剧变化着的。真正符合时代潮流的文学不应当沉溺在反复无常的个人爱情或政治立场中，而首先应当关注这个时代的普遍观念与社会稳定。

在后三头统治下的罗马，人们很容易看到旧秩序的瓦解，却不大容易辨认出新秩序的模样。从表面上看，社会秩序在变迁和动乱过后终于得到了巩固。但在表面之下存在着各种分化与骚动，世人并未树立信心或团结起来。意大利并未与罗马言归于好，社会各阶级之间也未能化敌为友。跟苏拉独裁之后的情况一样，由之前属于不同派系的老兵们驻扎的各处殖民地一方面为政府维持着秩序，另一方面也在反复揭开内战的伤疤。这些潜藏着的矛盾

为另一场革命埋下了伏笔，在西西里战争期间险些爆发。[①] 当公共秩序走向解体，城市和个人为自卫而武装起来的时候，土匪横行便在所难免。曾经被地主武装起来，以便保护自己产业的家臣可能会逃脱主人的控制，变成令街坊邻里谈虎色变、视国家政府如无物的江湖大盗。西西里战争结束后，卡尔维修斯·萨比努斯专门领命去维持乡间秩序。[②] 他多少取得了一点成绩——几年之后，罗马法庭终于不用再处理针对某些元老的拦路抢劫指控了。[③]

恺撒党的士兵因居功自傲而不肯安分守己。他们心里十分清楚，自己的立场足以左右政权的废立。公元前 36 年和前 35 年发生了性质严重的军队哗变，[④]这是渥大维与安东尼决战前后所遇到麻烦的先兆。罗马有必要经历一场社会革命，但这场革命也应当适可而止。如果社会秩序再度遭到颠覆的话，新的革命可能会变本加厉——除穷苦罗马公民外，异邦人和奴隶也会加入进来。之前已出现过这样的危险迹象。从公敌宣告运动中获利、现在拥
256 有了财富和社会地位的新贵们十分保守，并不喜欢释奴和异邦人。异邦人已经在罗马人的军团里开始服役了，而政治巨头们也在慷慨地向他们赠予公民权。即便在和平及罗马海外霸权十分稳固的时代，罗马人也不愿意将公民权授予其他民族；而在罗马自身的地位已经摇摇欲坠的情况下，罗马人的高傲便在恐惧的刺激下转变成了对异邦人的刻骨仇恨。

---

① Dio，49. 15. 1.

② Appian，*BC*，5. 132. 547；参见 Suetonius，*Divus Aug*. 32. 1。

③ Dio，49. 43. 5.

④ Dio，49. 13. 1 ff. ；34. 3 f.

罗马人已经无法再对本民族的语言、习俗和宗教充满自信了。这些元素其实比在腓力比战役中覆灭的显贵集团的统治更为重要。罗马海外帝国的末日已近在眼前——作为统治者的罗马人将被臣服于自己的无数民族淹没。革命年代使得罗马受到了外来宗教或庸俗迷信的凶猛冲击，它们渗入了社会中的各个阶层。阿非利加的恺撒党将领提图斯·绥克提乌斯无论走到哪里都随身带着一只牛头。[①] 人们对预言和占星术的迷信程度与日俱增。后三头是无力抗拒这种潮流的——他们为了取悦民众而修建了一座敬奉埃及诸神的神庙。[②] 阿格里帕于公元前 33 年将占星术士和魔法师统统逐出了罗马。[③] 我们从这一事件中可以看出他们的势力之强，也说明罗马政府试图垄断对预言和政治宣传的主导权。

然而，在某些阶层里也出现了一种对罗马历史和古代文物制度的兴趣，这是对外来思维习惯的一种回应。这种新出现的、对历史的兴趣始于爱国精神的最初复兴，它引导人们去追溯神意主宰下罗马人的最初神圣起源。人们在文学作品中和纪念碑上可以借用古老的神话传说来为一个家族、一个政权和整个罗马民族进行宣传。[④] 而对罗马传统宗教形式和活动方式的回归也有助于重建政治稳定和民族自信。这种需要是显而易见的。但罗马的统治者宣称这份荣誉属于神明，自己则退居幕后。他们为了统治这个已

① Dio，48. 21. 3.

② Dio，47. 15. 4.

③ Dio，49. 43. 5.

④ 人们最近在埃米利乌斯家族宅邸（Basilica Aemilia）中发现的、表现罗马早期历史场景的浮雕可能是保卢斯在公元前 34 年的作品（Dio，49. 42. 2）；但它在公元前 14 年的火灾破坏后又被人修缮过（Dio，54. 24. 2 f.）。

被奴役的世界而把自己打扮成神明——恺撒的继承人是太阳神阿
257 波罗的化身，安东尼则是酒神狄奥尼索斯（Dionysus）的化身。[①]
我们并不清楚，他们如何能够调和绝对专制和爱国主义精神，调和世界帝国和罗马人民之间的矛盾的。国家和社会的新秩序仍未最终成型并成为规范。

在这个承前启后的时代，种种旧事物和新事物稀奇古怪地杂陈在一起。尽管在战争和公敌宣告运动中折损的元老很多，但元老院上层中还是有一批人在成年后目睹过在名义上和制度上仍是一个自由国家的罗马共和国。那个时代距今并不遥远。但这些人也已经随着时代的变迁而发生了迅速转变。在共和派中，那些宁为玉碎、不为瓦全的信仰坚定者已经牺牲了。苟活者都愿意与新秩序妥协；其中一些人本着听天由命的态度，另一些则是出于自己的野心。埃诺巴布斯与安东尼的结盟、麦萨拉等贵族同恺撒继承人的结盟都反映了这一点。新的独裁统治是离不开过去的寡头统治集团的帮助的。

骑士阶层从统治阶级的高压手腕和政局的安定中获得了各种好处。他们对国家和社会的态度并不需要什么根本性的调整。政治家和演说家牺牲了；但银行家和生意人活了下来，并财运亨通。阿提库斯凭借其随和性格而赢得了恺撒继承人的友谊，但他也并不需要跟安东尼撕破脸皮——这预示着在这个天下无事的国家里，有些不太光彩的品质是有助于人们取得成功，甚至博得赞誉

① 这方面的研究特别参见 L. R. Taylor, *The Divinity of the Roman Emperor* (1931), 100 ff.。

的。阿提库斯几乎是一直活到这个体制牢固建立起来之后才去世的。[①] 提图斯·庞波尼乌斯·阿提库斯于公元前 32 年以 77 岁的高龄去世；当时守在他床头的是年迈的巴尔布斯和玛库斯·阿格里帕——凯奇莉娅·阿提卡(Caecilia Attica)的丈夫。[②]

罗马帝国新型政策的轮廓已经依稀可辨；负责帝国事务的主要人物已经开始工作。但即便到了现在，我们也很难从年轻的政治巨头渥大维的所作所为中看到未来罗马元首享有的权力与荣耀。安东尼并不在意大利，但他仍是比渥大维年长的同僚。他的声望虽然已经开始走下坡路，但在公元前 33 年的时候还是令对手望而生畏的。人们很容易把渥大维在当时拥有的实力和人气估计得过高。与之前的情况比较起来，他的境遇当然好了很多，但跟安东尼比起来仍算不得强大。渥大维已不复是七年前在佩鲁西亚的那个恐怖分子，但他还不是全意大利的领袖。在这段转瞬即逝的

宁静岁月里，许多人害怕渥大维和安东尼的斗争一触即发；也有一 258
些人支持恺撒的继承人，但并没有人能够预见渥大维如何能以民族领袖的身份独占鳌头，并在斗争中真正塑造一个民族。

有一件事情是很清楚的。无论双方在斗争中打出什么样的旗号，无论胜利者将用什么头衔去称呼自己建立的统治，帝制已经建立起来了，并且还将继续存在下去。因为彼此敌对的两位恺撒党

① Nepos, *Vita Attici*, 19 f. 渥大维几乎每天都给他写信(Nepos, *Vita Attici*, 20.2)，但阿提库斯同时也与远在天边的玛库斯·安东尼长期通信(20.4)。几年前，阿提库斯安排自己尚在襁褓之中的外孙女维普萨妮娅与渥大维过继的儿子提比略·克劳狄乌斯·尼禄订了婚(19.4)。

② Nepos, *Vita Attici*, 21.4. 巴尔布斯可能过后不久便去世了。

领袖争夺的正是不折不扣的罗马帝国王位——“他所觊觎的不仅仅是罗马城的、而是全世界的统治权”(cum se uterque principem non solum Urbis Romae,sed orbis terrarium,esse cuperet.)。[①]

① Nepos,*Vita Attici*,20.5.

第 19 章　远在东方的安东尼

259

布伦迪西乌姆和约签订后，安东尼的声望如日中天。在塔兰托得以延续的后三头同盟巩固了他的主导地位——到这个联盟终结的时候，安东尼派的执政官们就将在罗马掌权。安东尼已经错过了两年的大好时机——把帕提亚人逐出亚细亚行省的本应是这位腓力比战役中的胜利者，不是维提狄乌斯。当安东尼终于腾出手来后，他前往叙利亚行省，在那里召见了罗马附庸中最有权势、最富有的埃及女王。安东尼已有近四年没有见过她了。芬泰乌斯把她带到了安条克(Antioch)。在那里安东尼和她在议事和宴饮中打发了公元前 37—前 36 年冬天的时光。[①] 他们拟订了在公元前 36 年夏天入侵米底(Media)和帕提亚的计划。

传统上，东方的附属王国可以为罗马的经济和安全提供基本保障。帕提亚人的入侵暴露了这套体系和所用之人的严重问题——多数地方诸侯要么庸碌无能，要么两面三刀。东方的许多诸侯王公并不忠于罗马，而是忠于他们的庇护者庞培。当小拉比埃努斯(young Labienus)率领着一支帕提亚军队翻越陶鲁斯山进入罗马帝国东部时，庞培党的旗帜似乎又重新竖立起来了。统治德尔贝(Derbe)的安提帕特(Antipater)和领地位于进入亚细亚行

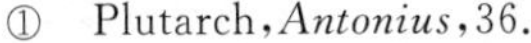

① Plutarch, *Antonius*, 36.

省要道旁的拉兰达(Laranda)没有进行任何抵抗。[1] 科玛格尼(Commagene)和卡帕多西亚的国王们甚至向入侵者伸出了援手。这些人中最具战斗力的是德奥塔鲁斯。他为人低调,上了年纪,但并未老朽不堪。他刚刚吞并了加拉提亚全境,杀死了一个小诸侯和他的妻子(也是德奥塔鲁斯的女儿)。[2] 但不巧的是,德奥塔鲁斯在帕提亚人入侵那一年去世了。[3]

在这种紧急形势下,亚细亚行省中的富人和有社会地位的人们自发地组织起武装,保卫他们的城市。这些人物中包括两位著名的演说家——米拉萨的许布雷亚斯(Hybreas of Mylasa)和拉奥狄凯亚的芝诺(Zeno of Laodicea)。[4] 还有一名来自某个不知名的弗里吉亚(Phrygia)村庄的匪首克勒昂(Cleon),在亚细亚行省和比提尼亚行省交界处劫掠并消灭了一批入侵者。[5] 逐走帕提亚人后,需要为东方各地区未来的经营安排新的统治者。安东尼找

260 到了这样一批人,把他们立为国王,没有在意他们的家庭出身或各地的王族世系。他跟恺撒一样知人善任。在签订布伦迪西乌姆和约后,后三头授予埃多姆的希律王室徽章。一年后,加拉提亚人阿米塔斯和拉奥狄凯亚的芝诺的能干儿子波勒莫(Polemo)也拥有了各自的王国。安东尼还不定期地进行过其他任命。但直至公元前 37—前 36 年冬,这些诸侯国才真正组成了一个坚实而平衡的

---

[1] Strabo, p. 569; *IGRR* IV, 1694.

[2] Strabo, p. 568.

[3] Dio, 48. 33. 5.

[4] Strabo, p. 660.

[5] Strabo, p. 574.

体系，并很有希望长久维持下去。[①]

在赫勒斯滂海峡以东，只有三个罗马行省——亚细亚、比提尼亚和叙利亚。除此之外，罗马东部领土的大部分都交给了四位君主，他们代表罗马治理当地，守卫边疆。罗马行省西里西亚被裁撤掉了；这主要是为了满足加拉提亚的阿米塔斯的利益。后者获得了包括加拉提亚、皮希狄亚(Pisidia)、吕考尼亚(Lycaonia)等地在内的、从哈吕斯河(Halys)向西南一直延伸到帕弗利亚(Pamphylia)的海岸。妩媚的格拉芙拉之子阿克拉奥斯(Aechelaus)获得了卡帕多西亚王国。波勒莫控制了东北部地区，占据着本都和小亚美尼亚。第四位君主则是希律王。这一政策和安排的人选是值得称道的。后来的历史进程和来自安东尼仇敌们的评价都证明了其合理性。

罗马的附属国中还剩下一个国家——埃及。它是亚历山大的继承者留下的最后一个王国，也是最为长治久安的一个。如果毁灭埃及，对罗马是一种损失；如果吞并埃及，罗马需要承受风险；如果安排某个人选来治理埃及，那将会制造一个隐患。安东尼采取的办法是扩大埃及的领土。他把叙利亚行省境内的一部分领土——腓尼基中部海岸和喀尔基斯(Chalcis)邦国——及塞浦路斯岛和西里西亚山区的一些城市交给了克莉奥帕特拉。安东尼划

① 关于这些战略部署，包括对埃及的领土赏赐，特别参见 J. Kromayer, *Hermes* XXIX(1894), 579 ff.; U. Kahrstedt, 'Syrische Territorien in hellenisticher Zeit', *Gött. Abh. phil.-hist. Kl.* XIX, 2(1926), 105; M. A. Levi, *Ottaviano Capoparte* II, 122; J. Dobiáš, *Mélanges Bidez*(1934), 287 ff.; W. W. Tarn, *CAH* X, 34; 66 ff.; 80。西里西亚行省在公元前39年肯定已经不复存在了(或许它此前已被并入叙利亚行省)。

给埃及的领土面积不算很大，因为克莉奥帕特拉获得的土地并不比其他国王更多；[1]但她得到的那一部分是极其富庶的。耶利哥(Jericho)附近的香脂树圣树丛和对死海沥青产品的垄断进一步增加了埃及女王的收入。但这样的慷慨仍然无法满足埃及女王的雄心与贪欲。她一次次地劝说安东尼将希律王治理的一部分领土也
261 划拨给自己。[2] 她觊觎希律王统治的整个王国，想要获得可以向北一直抵达叙利亚的那些地盘。但安东尼没有再给她更多的土地。

这些赏赐当时并未在罗马引起警觉或批评。只是到了后来，它们才变成了人们贬低安东尼时所诟病的对象和利用的借口。在克莉奥帕特拉眼中，安东尼的馈赠意味着托勒密王国声望和财富的复兴，尽管它的军事实力仍很虚弱。她已经收回了自己应得的遗产，即爱兄弟者托勒密(Ptolemy Philadelphus)从前统治的全部国土(只有犹太例外)。这是值得埃及庆祝一番的大事，它标志着一个新时代的开端。[3]

但安东尼和克莉奥帕特拉之间并不仅仅是行省总督和附属国君主的关系。当安东尼在近四年前离开埃及后，克莉奥帕特拉生下了一对双胞胎。迄今为止，这件事情都没有产生多大的影响——至少就罗马政治、安东尼在恺撒党中的对手渥大维和孩子父亲本人来说是这样。但安东尼现在承认了自己是孩子的父亲。

---

① 参见 J. Kromayer, *Hermes* XXIX(1894), 579。

② J. Kromayer, *Hermes* XXIX(1894), 585 强调了这一点。约瑟福斯提供的证据是清晰且珍贵的，见 Josephus, *AJ*, 15.75 ff.; 79; 88; 91 f.; 131。

③ W. W. Tarn, *CAH* X, 81.

母亲为两个孩子取了亚历山大·赫利奥斯(Alexander Helios)和克莉奥帕特拉·塞勒尼(Cleoptra Selene)两个雍容华贵的名字;[①]她的下一个孩子将拥有"爱兄弟者"(Philadelphus)这个具有重要历史意义的名字。有人认为,安东尼正是在此时同克莉奥帕特拉缔结了婚约,并将领土完整的托勒密王国作为这场婚姻的聘礼。[②]事实真相恐怕已很难复原了。

安东尼希望能从与埃及的联盟中获得军事活动所需的金钱和物资补给。罗马属国中最宝贵的埃及并不应被视为一个孤芳自赏、与世隔绝的地区;它是连接北至本都、西抵色雷斯的一连串王国的纽带,可以起到从正面或侧翼沟通、保护叙利亚、比提尼亚、亚细亚和马其顿等罗马行省的作用。将这些为统治和防卫需要而服务的附属国同罗马联结起来的并不是某种放诸四海而皆准的原则,而是个人效忠的纽带。利用庇护关系笼络了东方广袤地区内的众多国王、诸侯与城市的伟人庞培已经向世人显示了帝国权力的运作方式。除了那些依靠血统继承或册封而即位的诸侯外,罗马统治者的追随者中还应包括城乡中的整个贵族阶级——作为远古时代的国王、神祇后嗣的祭司家族,以及那些通过继承产业或商 262
业积累而获得堪与皇室媲美的巨大财产的人。他们自己便可以称霸一方。

恺撒曾经竭尽全力想要建立跟庞培旗鼓相当的附庸队伍,并从对手的阵营中挖角。他的办法是到处赏赐罗马公民权,并赐给

① W. W. Tarn, *JRS* XXII(1932), 144 ff.

② J. Kromayer, *Hermes* XXIX(1894), 582 ff.; W. W. Tarn, *CAH* X, 66.

城市与声望显赫的个人以能使之名利双收的恩惠。他赏赐过特奥庞普斯(Theopompus)等克尼多斯人(Cnidians)、来自米蒂利尼的列斯波纳克斯(Lesbonax)之子波塔莫(Potamo,此人可能是伟大的特奥法尼斯[Theophanes]的对手)和来自刻尔尼索斯(Chersonnesus)的萨图鲁斯(Satyrus)。[①] 加拉提亚的一位地方诸侯之子(但其实是本都国王的一位著名私生子)、波加蒙人米特拉达梯起兵支持恺撒,并为自己赢得了一个王国。[②] 曾援助过伽比尼乌斯和恺撒的埃多姆人安提帕特统治了犹太地区,尽管那里名义上的君主还是现已式微的哈斯摩王室(Hasmoneanhouse)。[③] 在东方活跃着的许多尤利乌斯的名字暴露了他们的庇护人身份。他们是些大大小小的君主,或是一些对内可以领导自己所在的城市、对外也具有相当影响力的人物。[④] 这些政治、商业和文学等领域中的弄潮儿塑造并宣传着希腊世界的公共舆论。

与前辈们相比,安东尼的做法有过之而无不及。在穆提纳战争期间,他曾公开支持恺撒的朋友特奥庞普斯。[⑤] 在接替庞培和

① M. Rostovtzeff, *JRS* VII(1917), 27 ff.,他主要关注了萨图鲁斯(*IOSPE* 1^2, 691),但也提及了东方的其他恺撒党徒。关于特奥庞普斯和卡利斯图斯(Callistus),参见 *SIG*³ 761 和其中征引的证据;关于波塔莫,见 *SIG*³ 754 and 764。

② P-W XV, 2205 f. 恺撒赐给他一个加拉提亚的侯国和博斯普鲁斯王国(*Bell. Al*. 78. 2; Strabo, p. 625)。

③ Josephus, *AJ*, 14. 137; 143; 162, &c.

④ 但我们很难判断,他们的公民权究竟是得自于恺撒还是奥古斯都。

⑤ Cicero, *Phil*. 13. 33:"magnum crimen senatus. de Theopompo, summo homine, neglex imus, qui, ubi terrarium sit, quid agat, vivat denique an mortuus sit, quis aut scit aut curat?"(这是元老院的严重罪过。我们忽视了重要人物特奥庞普斯;有谁知道或在意他在哪里、正在干什么、或是死是活呢?)安东尼还抱怨了处决恺撒的帖撒利朋友佩特雷乌斯(Petraeus)和墨涅德姆斯(Menedemus)的做法。

恺撒成为地中海东部世界的主人后，安东尼用一个庞大的王国去笼络来自拉奥狄凯亚的波勒莫(那位同名演说家的儿子)；他还把自己的女儿安东尼娅嫁给了特拉勒斯的披索多鲁斯(Pythodorus of Tralles，此人从前是庞培的朋友，在亚细亚行省拥有巨大的财富和广泛的影响力)，从而在那里建立了一个王族世系。[①]

仅仅拥有全东方的权贵和罗马、安东尼朋友们的支持是不够的。一个富有远见的统治者会力图向东方人民表明，罗马人并非野蛮的征服者，而是他们当中的一员；他不应摆出一副仅仅能够容忍他们的、居高临下的姿态，而应积极展示自己真诚的善意。为了 263
照顾希腊人的情感，统治者应当通过与希腊世界中的有产者和头面人物建立同盟，以巩固和平与和谐的局面。[②] 总有一天，亚洲各城市中的统治阶级也会希望进入罗马元老院，与来自意大利和西方诸行省的同僚们平起平坐，融合成为一个全新的帝国贵族集团。

米蒂利尼人不仅尊敬伟人庞培，称他为救星和赐福者；还对他的被保护人特奥法尼斯给予同样的待遇。[③] 这并非别出心裁或不合时宜。它揭示了一种习惯，并缔造了一种政策。在以弗所，全亚细亚行省的人共同欢呼，宣称恺撒是一位看得见的神明，是战神阿

① 参见 *PIR*¹，p. 835。他拥有的财富达 1000 万第纳尔之巨。他的女儿嫁给了本都国王波勒莫。

② 关于和谐的观念及其同王权之间的联系，参见 E. Skard, *Zwei religiös-politische Begriffe, Euergetes-Concordia*(Oslo, 1932)。

③ *SIG*³ 751 f.(庞培)；753(特奥法尼斯)："θεῷ Διὶ[᾽Ε]λε[υθε]ρίῳ φιλοπάτριδι | Θεοφάνῃ τῷ σω | τῆρι καὶ εὐεργέ | τᾳ καὶ κτιστᾷ δευ | τέρῳ τᾶς πατρίδος。"(献给自由之神，爱国者特奥法尼斯，祖国的救星、赐福者和再造者。)塔西佗把这类套话称为"希腊人的马屁"(Graeca adulatio)(Tacitus, *Ann.* 6. 18)。

瑞斯(Ares)和爱神阿佛洛狄忒(Aphrodite)的儿子、全人类的救星。[①] 安东尼宣称自己曾获得过狄奥尼索斯的恩宠;并杜撰说自己的祖先是赫拉克勒斯。这两位神明都能给凡人带来欢乐和提供救助。在希腊世界居民们的眼里,安东尼具备成为帝王的气质。他不仅仅是一位君主和一名军人,并且还是人类的造福者、艺术的保护者和诗人、演说家、演员和哲学家的慷慨资助者。他的演讲风格华丽造作,属于真正的亚细亚风格;他的生活方式是帝王式的,十分奢华——“伟大而无法效仿的安东尼”。[②] 可见,安东尼确实进一步推进了庞培与恺撒的政策,发展了(或许还强化了)罗马党派领袖与希腊化世界领导人这两个由一人兼任的角色的统一性。如果安东尼能在帕提亚取得胜利的话,那么他的后一项角色当然会得到世人更多的认可;如果战败了,他也有可能会取得同样的效果——因为那样一来,罗马人就不得不更多地依赖他们在东方的盟友。

安东尼于公元前36年春离开了叙利亚,前去进行他的宏伟战役。他的目标是为克拉苏的惨败报仇雪恨,展示罗马的国威,并为未来的罗马帝国营造安全的环境——其办法不是将新获得的领土设立为罗马行省,而是拓展罗马附属王国的范围。安东尼采用了据说由独裁官恺撒制订的战斗计划——他避免像克拉苏从前那样

---

① *SIG*³ 760:“τὸν ἀπὸ Ἄρεως καὶ Ἀφροδε[ί]της θεὸν ἐπιφανῆ καὶ κοινὸν τοῦ | ἀνθρωπίνου βίου σωτῆρα。”(天神阿瑞斯和阿佛洛狄忒的化身,全人类身家性命的救星。)关于其他城市中的类似现象,参见 L. R. Taylor, *The Divinity of the Roman Emperor*, 267 f.。

② *OGIS* 195(来自亚历山大里亚的私人铭文):“Ἀντώνιον μέγαν | κἀμίμητον.”参见 Plutarch, *Antonius*, 28。

穿越美索不达米亚的干旱平原，以免遭到骑兵和箭矢的袭击。如果安东尼重蹈克拉苏之覆辙，那么即便这支罗马军队抵达了泰西 264
封，也很可能有去无回。安东尼建议取道对罗马人友好的亚美尼亚地区，随后从西北方向侵入阿特罗帕提尼王朝统治的米底地区(Media Atropatene)。卡尼狄乌斯(Canidius)在一场出色战役中已经降伏了亚美尼亚境外通往高加索山区路上的各民族；卡尼狄乌斯现在正在率领着军团待命。这支大军正驻扎在埃尔泽鲁姆(Erzerum)附近，由16个军团，10000名高卢、西班牙骑兵和当地藩王的援军(其中最重要的是阿塔瓦斯德斯[Artavasdes]的亚美尼亚骑兵，因为他们是不可或缺的)组成。

安东尼从麾下的罗马党徒中挑选了提提乌斯、埃诺巴布斯等人随自己一同征战。[1] 提提乌斯的舅父普兰库斯可能在这场战争中担任了安东尼的参谋，尽管他是以领兵作战的才能著称的。[2]安东尼留下索西乌斯镇守叙利亚行省，安排福尔尼乌斯负责亚细亚行省事务。自布伦迪西乌姆和约签订以来，埃诺巴布斯一直担任着比提尼亚行省总督的职务；史料并未记载他在这一行省中的继任者和负责在马其顿统领安东尼的巴尔干军队的人选。

安东尼麾下的军团从他们在亚美尼亚的基地出发，开始了向远在约500英里外的米底首府弗拉斯帕(Phraaspa)的远征。安东

① Plutarch, *Antonius*, 42(提提乌斯的身份是财务官)；40(埃诺巴布斯)；42(在其他文献中未出现过的弗拉维乌斯·伽鲁斯[Flavius Gallus])；38，参见Dio, 49.25.2(奥皮乌斯·斯塔提亚努斯，可能是安东尼麾下海军将领玛库斯·奥皮乌斯·卡庇托的亲戚)。

② 普兰库斯的第二次凯旋将军庆典(*ILS* 886)可能是在较早的时候，即公元前40—前39年间举行的。

尼没有选择步步为营、在亚美尼亚境内建造一系列要塞的做法，或许他的军团数目也不够去分兵把守这些据点。因此，阿塔瓦斯德斯得以在决定胜负的关键时刻率领骑兵临阵脱逃，并且没有受到任何惩罚。帕提亚人和米底人利用计谋和机动性攻击了罗马人的交通线，击溃了由奥皮乌斯·斯塔提亚努斯(Oppius Statianus)率领的两个军团，消灭了安东尼的许多辎重和投石部队。缺少轻骑兵的安东尼无法追上并与他们交手。当安东尼出现在弗拉斯帕城下的时候，夏季已经临近结束了。这是非常危险的耽搁，因为安东尼在攻城未果后不得不选择撤退，而严冬已经降临了。罗马军团饥寒交迫，并由于行动迟缓而不断受到帕提亚追兵的骚扰；但安东尼的勇气和老兵们的坚韧还是拯救了这支队伍，使之得以狼狈不堪地逃回亚美尼亚。跟从穆提纳败退时的情形一样，安东尼在逆境中展示了自己最优秀的一面。他又从亚美尼亚马不停蹄地返回了叙利亚，因为亚美尼亚也并不安全。他准备日后再找阿塔瓦斯德斯算账。

这是一场失败，但算不上什么溃败或灾难。罗马人损失惨
265 重——最初的和不怀好意的说法称安东尼折损了四分之一的军队。[1] 我们还能找到更为夸大其词的说法——因为在米底的失败很快被安东尼的敌人用来进行政治宣传，并且幸存者也很乐意夸

① Velleius，2. 82. 3. Livy，*Per.* 130 的记载不那么危言耸听——有两个军团被击溃了，在撤退过程中又折损了 8000 人。塔恩(Tarn)（*CAH* X，75）认为损失人数占全军的 37%。

张自己经历的灾难，以便获得政治上的好处和贬低他们从前的将领。[①]

在下一年里，由于绥克斯图·庞培来到亚细亚行省，以及手头缺少训练有素的军队，安东尼被迫推迟了自己的行动日程表。一般认为，从帝国西部地区招募的士兵的素质要好得多，而从东部各行省招募来的士兵往往名声欠佳（有时未免言过其实）。但加拉提亚和马其顿的兵源是可以在勇武程度，甚至是纪律严明方面与意大利的军团一较高下的。但他们需要假以时日进行操练。安东尼打算索要渥大维曾答应提供的两万名重装步兵。他那言而无信的同僚只送来了 70 条船，但安东尼根本不需要船只。渥大维还授意他的姐姐渥大维娅带给她的丈夫 2000 名精兵。

安东尼现在面临着两难的选择。如果他接受这份杯水车薪的支援，那就纵容了渥大维破坏神圣约定的行为；但如果他拒绝接受，那就会伤害渥大维娅和罗马人的感情。渥大维娅再度成了上层政治博弈中的一个主动弃子；无论对手如何应对，局面都将对她的弟弟有利。[②] 安东尼感到愤愤不平。他收下了这支部队。渥大维娅已经到了雅典；但她的丈夫把她打发回了罗马（这是他一生中第一次有失风度）。安东尼正在同渥大维进行博弈，但他意识到得太晚了。不过，渥大维暂时还不打算利用这种对他家族的侮辱和安东尼同埃及女王的政治联盟与肉体结合对罗马的冒犯。

① 昆图斯·德利乌斯日后成了一名历史学家（Strabo, p. 523; Plutarch, *Antonius*, 59），他可能在这些说法的流传过程中发挥了重要影响。

② 跟塔兰托会议的情况一样，渥大维的角色可能被美化了。参见列维（Levi）中排除了主观感情色彩的公允评价（*Ottaviano Capoparte* II, 134 ff.）。

在下一年里，东北边疆的形势有了转机，罗马多少扭转了对米底那次灾难性远征所造成的颓势。安东尼攻入亚美尼亚，逮捕并废黜了首鼠两端的阿塔瓦斯德斯。他把该地区变成了罗马的一个行省，留下久经考验的将领卡尼狄乌斯率大军驻守在那里。安东尼现在又跟米底化敌为友，因为米底人和帕提亚人在胜利后马上
266 发生了争执。安东尼让他的儿子亚历山大·赫利奥斯同米底公主约塔佩(Iotape)订了婚。[①] 随后，到了公元前 33 年早春，为自己领土和联盟关系殚精竭虑的安东尼再度出马，同米底国王举行了会谈。他暂时搁置或彻底放弃了入侵帕提亚的念头。一个更重大的决策已经迫在眉睫。在亚美尼亚成为罗马行省、米底成为罗马盟友后，罗马的边疆似乎已经足够安全。然而，仅仅过了几个月，他与渥大维的关系已经急剧恶化，迫使安东尼派遣卡尼狄乌斯率军前往亚细亚行省沿海地区紧急待命。[②] 安东尼的军团在那里度过了公元前 33—前 32 年的冬天。

到了公元前 33 年，在整顿了边疆防务、稳定了亚洲局势后，罗马终于解除了危机，准备迎接一个繁荣新时代的到来。拥有军团、骑兵、舰船和财富的安东尼似乎是这个一分为二的大帝国中更为强大的一方。由于有强大的埃及和犹太王国镇守南方和东南方，罗马在这两个方向上可以高枕无忧，并集中精力处理北部和东北部的事务。她现在主要致力于整顿马其顿-比提尼亚-本都一线的防务，并在巴尔干半岛和黑海沿岸取得了立竿见影的效果。

---

① Dio，49. 40. 2.

② Plutarch，*Antonius*，56.

安东尼的优势地位同样可以在追随他的元老队伍——他麾下的行省总督、陆海军将领和外交家——中看到。[①] 不过，在他较早的恺撒党盟友中，大将维提狄乌斯和德奇狄乌斯已经辞世。波利奥已经告别了公共生活，或许肯索里努斯也这样做了。其他的党徒可能已经开始倒向恺撒的继承人；或由于担心两位敌对领袖间爆发新内战而变成中立派，以求自保。我们后来看到，渥大维的一些最亲密的朋友曾经是安东尼的党徒。[②] 267

① 关于安东尼手下的行省总督，见 L. Ganter, *Die Provinzialverwaltung der Triumvirn*(Diss. Strassburg, 1892), 31 ff. 甘特(Ganter)认为，叙利亚行省先后由撒克萨、维提狄乌斯、索西乌斯、普兰库斯和毕布鲁斯管辖；亚细亚行省先后由普兰库斯(公元前 39—前 37 年)和福尔尼乌斯(公元前 36—前 35 年)统治；马其顿先后由卢奇乌斯·马尔奇乌斯·肯索里努斯(公元前 40 年)和波利奥(公元前 39 年)治理；埃诺巴布斯管理过比提尼亚行省(他是这段时期内我们唯一知道的比提尼亚行省总督)。作为一个行省而言战略意义不大的昔兰尼可能由玛库斯·李锡尼乌斯·克拉苏治理着，参见钱币提供的证据：*BMC*, *R. Rep.* II, 532. 卢奇乌斯·皮纳里乌斯·斯卡普斯在公元前 31 年肯定在那里，见 Dio, 51. 5. 6; *BMC*, *R. Rep.* II, 583 ff. 。除此之外，我们或许还可以补充若干信息：玛库斯·科切乌斯·涅尔瓦可能在普兰库斯与福尔尼乌斯之间，或在普兰库斯之前担任过亚细亚行省总督(参见 *ILS* 8780: Lagina in Caria)；继福尔尼乌斯之后治理那里的是玛库斯·提提乌斯(M. Titius, *ILS* 891: Miletus)；而于公元前 31 年出现在叙利亚的昆图斯·迪狄乌斯(Dio, 51. 7. 3)或许也是安东尼任命的当地官员。没有证据表明卢奇乌斯·卡尼尼乌斯·伽鲁斯、盖约·芬泰乌斯·卡庇托和卢奇乌斯·弗拉维乌斯在这一时期治理过任何行省。关于安东尼派海军将领和行省总督们发行的钱币，特别参见 M. Bahrfeldt, Num. *Zeitschr.* XXXVII(1905), 9 ff. (毕布鲁斯、阿特拉提努斯[Atratinus]和奥皮乌斯·卡庇托); *Journ. int. d'arch. num.* XI (1908), 215 ff. (索西乌斯、普罗库勒乌斯和卡尼狄乌斯·克拉苏)。但普罗克勒乌斯肯定在亚克兴海战后为渥大维在克法勒尼亚(Cephallenia)发行过铸币，参见 *BMC*, *R. Rep.* II, 533。在这个领域里存在着诸多疑点。我们可以期待，格兰特(M. Grant)先生即将出版的、研究这一时期铜币的著作将提供有益的补充和修正。

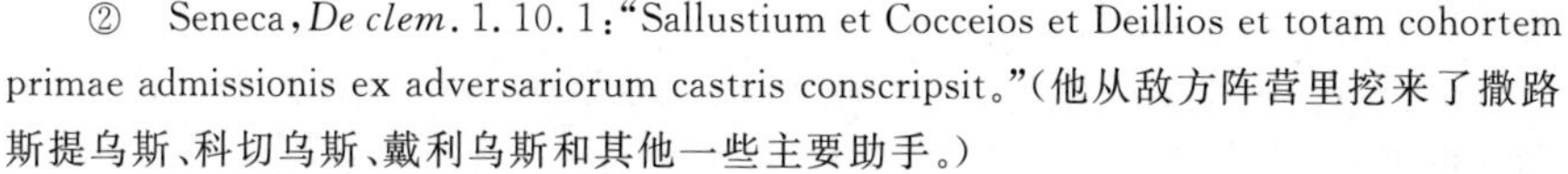
② Seneca, *De clem.* 1. 10. 1: "Sallustium et Cocceios et Deillios et totam cohortem primae admissionis ex adversariorum castris conscripsit." (他从敌方阵营里挖来了撒路斯提乌斯、科切乌斯、戴利乌斯和其他一些主要助手。)

我们手头拥有的证据十分稀缺。但我们可以推测，在四年里有两人当选执政官的新贵科切乌斯家族肯定采取了这种万全之策。玛库斯·科切乌斯·涅尔瓦和一位盖约·科切乌斯·巴尔布斯曾在安东尼手下担任过将领；[①]但为人谦恭且举止圆滑的卢奇乌斯·科切乌斯大概并未在布伦迪西姆和约签订后离开意大利。

普兰库斯继续身居高位，受到宠信。他可能立志要成为恺撒党中仅次于安东尼的、一人之下万人之上的人物。[②] 曾被宣告为公敌、并在投奔绥克斯图·庞培之前一度沦为一名单打独斗的海盗的提提乌斯，现在却跟他的舅父一样吉星高照，当上了海军将领和行省总督，并已被指定为未来的执政官。[③] 在安东尼的参谋中，同样地位显赫的还有雄辩的福尔尼乌斯，此人从前曾是西塞罗的盟友和被保护人、恺撒的党徒和普兰库斯在高卢的副将。[④] 其他的外交家有先后抛弃过多拉贝拉和卡西乌斯的昆图斯·德利乌斯

① 在卡里亚地区的拉吉纳(Lagina)城发现的一篇铭文尊称玛库斯·科切乌斯·涅尔瓦(M. Cocceius Nerva，公元前 36 年执政官)为凯旋将军(αὐτοκράτωρ)、赐福者、庇护人和救星(*ILS* 8780)。盖约·科切乌斯·巴尔布斯(C. Cocceius Balbus，公元前 39 年递补执政官)也曾获得过一次被尊奉为凯旋将军的机会(*IG* II², 4110; Athens)。卢奇乌斯·科切乌斯·涅尔瓦(L. Cocceius Nerva)没有担任过执政官。

② 他在公元前 35 年主管过安东尼的往来信件和封印(Appian, *BC*, 5. 144. 599)。普兰库斯拥有自己的追随者，如玛库斯·提提乌斯和盖约·福尔尼乌斯。另外一位涅尔瓦(可能是科切乌斯家族中的人物)也是他的死党，可能在公元前 43 年担任过他的副将(*Ad fam*. 10. 18. 1)。

③ *ILS* 891(Miletus)称他为"即将上任的执政官"和"行省总督(可能是亚细亚行省)"。提提乌斯的籍贯不详，他有可能是皮克努姆人。参见 *CIL* IX, 4191(Auximum)。他于公元前 31 年递补担任了执政官。

④ P-W VII, 375 ff. 他在公元前 35 年为安东尼治理过亚细亚行省(Dio, 49. 17. 5; Appian, *BC*, 5. 137. 567 ff.)。

和安东尼的朋友、曾从罗马前去参加塔兰托会议的盖约·芬泰乌斯·卡庇托。[①] 此外还有些在议和方面没有什么成就的武人和海军将领，如来自皮苏鲁姆的因斯泰乌斯、出身不明的昆图斯·迪狄乌斯（Q. Didius）和玛库斯·奥皮乌斯·卡庇托，以及安东尼一手培养起来的两员大将——耶路撒冷的征服者索西乌斯和曾沿着庞培的行军路线抵达高加索地区的卡尼狄乌斯。[②] 268

安东尼从前是恺撒的忠实朋友，但他并非一位狂热的恺撒党徒。为独裁官复仇并创立对恺撒的个人崇拜乃是渥大维的政策和任务，跟安东尼没有关系。共和派并非看不出这种差别。部分陷入绝望、但并不打算彻底放弃自己固有立场的加图党和庞培党残部（其中包括恺撒的敌人和尚未受到惩罚的、刺杀恺撒的凶手）都逃到安东尼那里避难，并与他建立了联盟。

加图党在同庞培的统治进行过斗争之后，意识到他们还面临

① 关于德利乌斯的变节，见 Seneca，*Suasoriae*，1.7；Velleius，2.84.2。安东尼曾委托他执行一些机密使命，如带领克莉奥帕特拉前往塔尔苏斯（Plutarch，*Antonius*，25），并于公元前 40 年（Josephus，*AJ*，14.394）和公元前 36 年（Josephus，*AJ*，15.25）两度护送她前往犹太。他还在公元前 34 年奉安东尼之命同亚美尼亚国王进行过磋商（Dio，49.39.2）。关于盖约·芬泰乌斯·卡庇托（公元前 33 年递补执政官），我们掌握的有价值信息十分有限。他是公元前 37 年塔兰托会议的谈判者之一（Horace，*Sat.* 1.5.32 f.），并于次年冬奉安东尼之命出使埃及（Plutarch，*Antonius*，36）。

② 来自皮苏鲁姆的玛库斯·因斯泰乌斯（M. Insteius）（Cicero，*Phil.* 13 26）曾在亚克兴作战过（Plutarch，*Antonius*，65）。昆图斯·迪狄乌斯曾于公元前 31 年担任过叙利亚行省总督（Dio，51.7.1）；除此之外我们对他一无所知。他可能是恺撒的副将盖约·迪狄乌斯（C. Didius，*Bell. Hisp.* 40.1，&c.）的亲戚。我们只是从钱币中才知道了玛库斯·奥皮乌斯·卡庇托的存在（*BMC*，*R. Rep.* II，517 ff.）。他可能跟安东尼入侵米底时的手下的军事将领奥皮乌斯·斯塔提亚努斯（Plutarch，*Antonius*，38）来自同一个家族。关于奥皮乌斯家族，参见 Münzer，P-W XVIII，726 ff.（将出）。关于索西乌斯和卡尼狄乌斯，见上文，原书第 200 页。

着更大的危险，便希望能够利用庞培来替共和派对抗恺撒。这个计划失败后，加图党与心怀不满的恺撒党串通起来，暗杀了独裁官恺撒，结果却只迎来了更糟糕的暴政。在这一过程中，该党派折损惨重。普布利乌斯·塞尔维利乌斯早已改换阵营；加图和毕布鲁斯、埃诺巴布斯等前执政官已经告别人世；布鲁图斯、卡西乌斯、昆图斯·霍腾西乌斯、小卢库鲁斯和旧日加图手下的海军将领法沃尼乌斯也已故去。不过，仍然有一批重要人物活了下来，为罗马国家中新的阵营组合提供了基础。

年轻的格涅乌斯·多米提乌斯·埃诺巴布斯无疑是其家族中最优秀的人物。他拒绝接受独裁官恺撒实行的大赦。即使埃诺巴布斯的行动没有跟恺撒的刺杀者步调一致，他至少在意志和情感方面是跟他们相同的。他在腓力比参加了战斗。此后，他既不认可麦萨拉关于共和国已经无药可救的观点，也不像穆尔库斯那样相信与绥克斯图·庞培联手会有什么好果子吃（他痛恨庞培全家）。埃诺巴布斯指挥着他的舰队，以一个特立独行的海军将领身份控制了亚得里亚海，并铸造刻有自己家族成员头像的钱币。[①]波利奥说服他投靠了安东尼，他也为安东尼尽职尽责地效力。他们之间的联盟关系十分紧密，并预示着埃诺巴布斯将拥有一个光明的未来——他的儿子同安东尼的长女订了婚。双方都有保持诚信的习惯。论出身和声望，埃诺巴布斯是这个新的恺撒党-共和派联盟中仅次于安东尼的人物。加图的另一位亲戚、他的外孙卢奇乌斯·卡尔普尼乌斯·毕布鲁斯（也是一位海军将领）也追随着安

① *BMC*，*R. Rep.* II，487 f.（金币和银币，有两种头像）。

东尼；[1]布鲁图斯的姻亲玛库斯·西拉努斯(M. Silanus)现在也成了安东尼党徒。[2] 269

绥克斯图·庞培的最后一批追随者向安东尼投降了。[3] 他的岳父卢奇乌斯·斯克里波尼乌斯·利波很快当上了执政官(公元前 34 年)，但此后似乎就从政坛上销声匿迹了。他的同母异父兄弟玛库斯·埃米利乌斯·斯考鲁斯和他的外甥格涅乌斯·科奈里乌斯·秦那等年轻显贵此后都一直追随着安东尼。[4] 情况类似的还有一些小人物，如绥克斯图·庞培手下的海军将领昆图斯·纳西狄乌斯和少数几个还在人世的恺撒刺杀者(其中有图鲁利乌斯和帕尔玛的卡西乌斯)。[5] 利波的亲戚、年轻的森提乌斯·萨图尔尼努斯也曾经是绥克斯图·庞培的盟友。

但安东尼党中的贵族名单并不完全由加图党和庞培党构成。前执政官卢奇乌斯·盖利乌斯·普布利可拉(L. Gellius Poplicola,

---

① *BMC*, *R. Rep.* II, 510 ff. 他于公元前 36 年带领一支舰队前往西西里去帮助渥大维，后来于公元前 32 年担任了叙利亚行省总督，并于当年去世(Appian, *BC*, 4. 38. 162; *Syr.* 51)。

② 他在一份雅典铭文中被称为"代财务官"(ἀντιταμίας)(SIG^3 767)，在钱币上则被称为"财务官兼代执政官"(q. pro cos.)(*BMC*, *R. Rep.* II, 522)。另参见 *IG* XII, 9. 916(Chalcis)。

③ Appian, *BC*, 5. 139. 579. 参见上文，原书第 228 页。

④ Dio, 51. 2. 4 f.(斯考鲁斯). Seneca, *De clem.* 1. 9. 8, &c.(秦那)。秦那是伟人庞培之女庞培娅在第二次婚姻(与卢奇乌斯·科奈里乌斯·秦那[公元前 44 年大法官，PIR^2, C 1339])中所生的儿子。

⑤ 昆图斯·纳西狄乌斯(*BMC*, *R. Rep.* II, 564 f.; Appian, *BC*, 5. 139. 579) 作为一名海军将领参加了亚克兴海战(Dio, 50. 13. 5)；关于图鲁利乌斯，参见 *BMC*, *R. Rep.* II, 531；关于帕尔玛的卡西乌斯，见 Appian, l. c., Velleius, 2. 87. 3(刺杀恺撒的凶手中剩下的最后一人)。卡西乌斯在文学史中也占有一席之地，参见 P-W III, 1743。

公元前36年执政官，麦萨拉的同母异父兄弟和背叛过布鲁图斯的朋友）和普布利可拉迎娶其姐妹的卢奇乌斯·森普罗尼乌斯·阿特拉提努斯（公元前34年递补执政官）都令人回想起那位克罗狄乌斯圈子里特立独行、放浪不羁的青年卡图鲁斯。① 能够提醒人们忆起这一文学、社会与政治传统的还有年轻人库里奥，他对生父的朋友、自己的继父安东尼十分忠诚。② 安东尼派中的其他青年显贵还有玛库斯·李锡尼乌斯·克拉苏、玛库斯·渥大维和一位无法具体确定其身份的麦特鲁斯。③

如果跟作为安东尼对手的恺撒党巨头渥大维的追随者比起来的话，安东尼党中的贵族总数是非常庞大的；但他们往往华而不实，并没有多大用处。这些贵族中的许多人还从未进入过罗马元
270 老院。当然，元老院里的从政资历现在已经无关紧要了。他们都

① 关于公元前72年庞培党执政官普布利可拉的这位儿子，参见 Münzer, P-W VII, 103 ff.。他就是遭到卡图鲁斯无情嘲弄的盖利乌斯（Gellius）（88-91）。*IG* II^{2} 866等铭文提到了他的妻子、卢奇乌斯·阿特拉提努斯（L. Atratinus）之女森普罗尼娅（Sempronia）。海军将领阿特拉提努斯于公元前36年被安东尼派往西西里；关于他的钱币，见 *BMC*, *R. Rep*. II, 501; 515 f.；另见上文，原书231页。来自帖撒利许帕塔（Hypata）的一份铭文称他为"长老和行省总督"（πρεσβευτὰν καὶ ἀντιστράτηγον）（*ILS* 9461）。论出身，他来自卡尔普尼乌斯·贝斯提亚家族（Calpurnius Bestia）。我们不太确定他的养父是否为森普罗尼乌斯·阿特拉提努斯（Sempronii Atratini）贵族家族的后代。

② Dio, 51. 2. 5.

③ 玛库斯·克拉苏（公元前70年执政官）的孙子克拉苏先后投奔过绥克斯图·庞培和安东尼（Dio, 51. 4. 3）。亚克兴海战中的海军将领玛库斯·渥大维（Plutarch, *Antonius*, 65）可能是公元前76年的执政官渥大维之子。值得注意的是，玛库斯·渥大维在公元前49—前48年时曾是庞培手下的海军将领（Caesar, *BC*, 4. 42. 175 ff.）。神秘人物麦特鲁斯在亚克兴海战后是被他的儿子搭救的（Appian, *BC*, 4. 42. 175 ff.）。我们很难对独裁官恺撒的外甥卢奇乌斯·皮纳里乌斯·斯卡普斯进行归类。关于此人，参见 F. Münzer, Hermes LXXI(1936), 229；见前文，原书第128页。

出身于显贵阶层；但现在是一个革命年代；这个时代只会垂青它自己塑造的英雄——那些真正具有活力和才干的人物。祖先的光辉形象和已故执政官留给后代的声誉是不受重视的。因此，我们大可怀疑，安东尼领导的这个经历各不相同的，由恺撒党、庞培党和共和派组成的，依靠个人效忠或家族纽带而非某种纲领或立场建立起来的复杂党派究竟能否经受得住战争的冲击。

双方的矛盾一触即发。西方的渥大维咄咄逼人，但他的盟友也并非胸无城府、毫无戒备。两边都在紧锣密鼓地备战。分歧的根源（或不如说是借口）是渥大维及其麾下不择手段、头脑清醒的“爱国者”演绎出来并公之于众的安东尼的东方政策与险恶用心。公元前 37—前 36 年的领土安排，包括扩大埃及王国领地的政策，并没有在罗马产生什么影响，或对罗马人的感情造成任何伤害。当安东尼于公元前 34 年征服亚美尼亚凯旋时选择在亚历山大里亚举行古怪的庆祝仪式时，也没有什么义愤填膺的爱国人士对此提出责难。[①] 这位罗马将领在这场类似凯旋的庆祝仪式中用金链拖着被废黜的国王阿塔瓦斯德斯，要他向克莉奥帕特拉表示效忠。这还不是全部。安东尼还在竞技场中安排了另一场庆典，宣布托勒密·恺撒（Ptolemy Caesar）确实为独裁官恺撒之子，将成为克莉奥帕特拉——东方各附属国的“万王之主”（Queen of Kings）——的共治者。各王国的所有权（它们并不都归安东尼统治或可以由他随意赏赐）被授予了克莉奥帕特拉所生的三个孩子。充满敌意

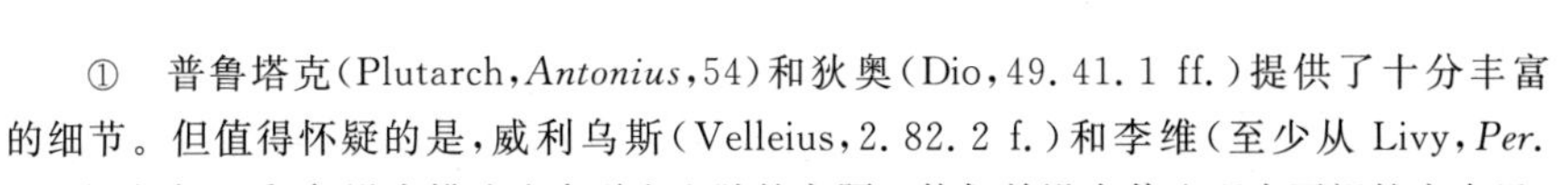

① 普鲁塔克（Plutarch，*Antonius*，54）和狄奥（Dio，49. 41. 1 ff.）提供了十分丰富的细节。但值得怀疑的是，威利乌斯（Velleius，2. 82. 2 f.）和李维（至少从 Livy，*Per.* 131 的内容上看）都没有描述这个引人入胜的主题。他们并没有什么理由要袒护安东尼。

的政治宣传已经愈演愈烈，把这些庆典扭曲得面目全非，以至于我们无法再去还原真相与细节。无论如何，这些表面上极其奢侈的赠予并未真正对东方的行省治理体系产生哪怕一星半点的影响。但即便到了现在，安东尼在罗马的敌人也没有立刻对他的这些举止和安排加以利用。时机还未完全成熟。

罗马人对亚克兴之战起因的官方解释是相当简单的、虽始终如一但却是令人怀疑的——这是一场正义的战争，其目的是为了保护自由与和平免受外敌的侵害：因为有个堕落的罗马人企图毁灭罗马人民的自由，将意大利和西方交给一位东方王后进行统治。这是一种十分简单且具有欺骗性的解释方法。但事实上，渥大维
271 才是更加咄咄逼人的角色。他在进行战争之前先发动了一场政变，因为当时的执政官和整套政治体系都是由安东尼操纵着的。[①]因此，渥大维必须证明安东尼在“道义上”是错误的，且是主动侵略的一方。在军事政治史中，每当政治家需要说服或欺骗公共舆论的时候，类似的情景和借口就会再次出现。

胜利者塑造的版本显然是不实的；但我们已无法发掘历史真相，它已被深埋在色情传奇与政治神话的双重土层之下。没有人对事实进行过秉笔直书的记载。即便有人这样做了，我们也还需了解安东尼的真实政策与动机、克莉奥帕特拉在多大程度上能够主宰他的意志，以及埃及女王自己的真正野心是怎样的。将那些虚构的动机连缀起来构成的解释模式或许是合乎逻辑的、精巧的和具有迷惑性的，但并非真正的历史。

---

① 见下文，原书第 278 页。

我们还是看看安东尼的举止。当他以主宰者的专断方式摆布各王国与侯国时，他的做法并未超出罗马行省总督的权限。事实上，安东尼也从未将任何从前属于罗马行省的、面积广阔或价值重大的领土拱手让予异族君主。他一手构建起来的附属王国与罗马行省体系似乎是非常明智且实用的。

在安东尼治理的亚洲罗马行省中，有三个是新近才获得的。兼并叙利亚是庞培的功劳；比提尼亚-本都行省和西里西亚行省来自罗马的领土扩张。安东尼的安排尽管令人钦佩，但在一些地方仍然不够成熟。事实证明，设置西里西亚行省是毫无必要的。当肃清了当地的海盗后，在小亚细亚南部设置行省指挥权的首要理由（也是最初理由）已经不复存在了。该行省幅员辽阔、无利可图，难以通行的山区众多，山间潜藏着来自伊苏里亚（Isauria）、皮希狄亚和西里西亚的众多桀骜不驯的部族，特别适合交给一位当地藩王治理。[①] 阿米塔斯正是理想的人选。而交给克莉奥帕特拉治理的西里西亚山区那一小块沿海地区直到百年之后才由罗马政府直接管辖。

向东方各地区放权的宏观策略是势在必行的。罗马在那些地方的代理者和庇护者都是国王或独立城市。对于罗马而言，放权于己有利，并且也别无选择；而当地人民也希望能够不受罗马税吏的祸害。恺撒曾取消了税吏在亚洲征收什一税的权利；[②]他还让 272
塞浦路斯岛脱离罗马的控制，把它移交给了埃及王国。[③] 安东尼

① 斯特拉波（Strabo，p. 671）对此进行了十分清晰的解释。

② Dio，42. 6. 3.

③ Dio，42. 35. 5.

在任执政官期间通过了赐予克里特岛自由的法令；[1]而他授予西西里岛全境罗马公民权的做法似乎是废除另一个罗马行省的先兆。[2]遵循这一思路，后三头奉行着同样的政策。西里西亚行省被彻底废除了。取代行省总督和税吏的国王们意味着秩序、满足与实惠——他们可以向罗马统治者提供兵源、礼品和贡赋。

罗马的海外帝国是广大的，大到了足以引发危险的程度。恺撒对高卢的征服将帝国疆界扩展到了英吉利海峡和莱茵河畔，引起了新的麻烦。因为其余的罗马北部边疆也应当随之做出调整，从而需要对巴尔干地区和伊吕利库姆进行新的征服，一直到占领多瑙河一线为止。只有到了那个时候，帝国才能拥有稳定、和谐与安全。在帝国西部，区域自治已经在高卢和西班牙得到了迅速扩展。但在其他地方，行政负担已给罗马人带来了巨大压力。如果罗马的寡头统治集团想要作为一个统治阶级继续生存下去的话，它必须抑制自己的野心，缩小其统治区域。何况，罗马不能像对待西部诸行省那样去对待东方。东方的基本情况是大不一样的，拥有自己的语言、习俗和政治统治传统。既然附属国的国王们已经久居此地了，就不妨让他们继续留下来作为罗马的统治工具。使罗马面临危险和陷入窘境的不是附属国君主的强大，恰恰是他们的虚弱。

重新复苏的埃及也可以在罗马帝国的经济中发挥作用。当罗马在东方得到了一块新领土——面对着高加索山区和附属国米底

---

① *Phil*. 2. 97.

② *Ad Att*. 14. 12. 1.

的新边疆亚美尼亚行省——之后，这种作用变得更加不可或缺。自布匿战争结束以来，新兴的罗马殖民势力出于疑惧心理，一直在利用东方各邦国间的矛盾让它们互相掣肘，从而削弱希腊化诸王国的力量。罗马在东方制造并扩大混乱，最终给自己带来了各种对外战争与内战。对于东方各民族而言，罗马的直接统治是令人生厌的和压迫性的；而对于罗马来说，行省总督们的军事野心和骑士们的贪得无厌构成了促使罗马国家解体的因素。罗马的海外帝 273
国，特别是她在东方建立的帝国葬送了共和国。

无论埃及的地盘如何扩大，它都无法构成对罗马帝国的威胁。自从罗马开始跟这个国家打交道以来，它的防务一直是虚弱的，其君主要么庸碌无能，要么滑稽可笑。庞培或恺撒原本可以把它并入罗马的版图；但他们明智地选择保护这块富庶的土地免受罗马财阀的剥削与祸害。埃及显然不适合被改造成一个罗马行省；它必须成为罗马统治者的盟友或领地。即便旧王朝灭亡了，君主制仍会在埃及继续存在下去。

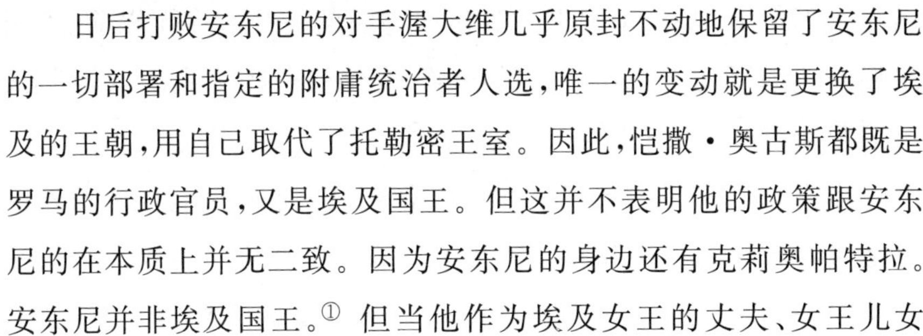

日后打败安东尼的对手渥大维几乎原封不动地保留了安东尼的一切部署和指定的附庸统治者人选，唯一的变动就是更换了埃及的王朝，用自己取代了托勒密王室。因此，恺撒·奥古斯都既是罗马的行政官员，又是埃及国王。但这并不表明他的政策跟安东尼的在本质上并无二致。因为安东尼的身边还有克莉奥帕特拉。安东尼并非埃及国王。[①] 但当他作为埃及女王的丈夫、女王儿女

① W. W. Tarn, *CAH* X, 81. 埃及的统治者是克莉奥帕特拉和她的长子托勒密·恺撒（据说为独裁官恺撒的亲生儿子，但真相或许并非如此。参见 J. Carcopino, *Ann. de l'École des Hautes Études de Gand* I(1937), 37 ff.）。

们(他们已成为国王和王后)的父亲而出现在埃及时,他作为罗马行省总督和希腊化世界政治巨头的双重身份是含糊不清、令人不安和十分脆弱的。关于他那些秘密野心的、骇人听闻的说法或许并非无中生有。

作为一名希腊化世界的君主,玛库斯·安东尼打算统治的是一个王国还是全世界呢?这些看法同样是以对安东尼意图的判断为基础的——在安东尼的共和派追随者(小加图的外甥和外孙此时仍旧追随着他)眼中,这些意图肯定不像渥大维的部下和后世历史学家所认为的那样明显。我们可以认为,安东尼的计划只针对眼前,并没有考虑得十分长远;他的计划只打算用于东方,并不准备扩展到意大利和全西方。[①] 在东方,绝对王权确实享有神明的尊荣,但这种尊荣并不是只有君主才能享有的;对于任何掌权者而言,这样的待遇都是自然的和司空见惯的。如果渥大维治理的区域是东方而非西方,他采用的政策恐怕不会跟安东尼的有什么不同。即便此人是罗马的主宰,他在统治东方的时候也不免(哪怕他内心并不情愿)要借用国王的身份或神明的特征。多年以前,当安东尼同他的罗马妻子在一起的时候,他就被欢呼为人间的神明狄
274 奥尼索斯(Dionysus incarnate)。[②]

当安东尼同渥大维娅一起住在雅典时,他的举止可被视为仅仅是对希腊化的传统和政治宣传方式表示了尊重。他跟克莉奥帕特拉在一起时的情形是有所不同的。她是一位女神,并且自己就

① 见列维的公允评论(Levi, *Ottaviano Capoparte* II, 152)——安东尼并非东方式的君主(βασιλεύς)。

② W. W. Tarn, JRS XXII (1932), 149 ff.

是女王。这种对神性的利用还较为严肃，或许确实是符合宗教观念的：狄奥尼索斯-奥西里斯(Dionysus-Osiris)正是伊西斯(Isis)女神的伴侣。但在安东尼和克莉奥帕特拉的关系这件事上，夸大其词和愚昧迷信逐渐变得肆无忌惮。有人宣称，当安东尼在塔尔苏斯与克莉奥帕特拉见面时，那是阿佛洛狄忒为了亚洲的福祉而同狄奥尼索斯会见。[①] 两人的结合也被形容为一场"神圣的婚礼"。[②]

这是明目张胆的混淆时间顺序的做法。那场"仪式性的婚礼"虽然孕育了一对双胞胎，但却是在拖延了一个冬天后才举行的，并没有产生任何政治影响。然而，到了公元前 33 年，安东尼的野心朝着这个方向又迈进了一步。他已经离开罗马六年之久了。难道是克莉奥帕特拉的影响使得他的立场和思想背离了罗马吗？如果说安东尼不能像大权独揽的君主那样执行政策的话，那么也不意味着他就是克莉奥帕特拉掌心的玩物，被她的美貌所倾倒，或被她的智慧所征服。安东尼的地位是很尴尬的。如果他不能与埃及女王和谐相处，他就必须废黜她。不过，安东尼却成功地抵制了克莉奥帕特拉一再提出的将犹太地区的部分土地划归埃及，从而壮大她自己的王国的请求。安东尼在这件事上并没有表现出盲目迷恋克莉奥帕特拉的迹象——如果他在有些场合下迷恋过她的话。受困于情欲的安东尼只是通俗文学或说教作品中的人物形象。克莉奥帕特拉其实并不年轻貌美。[③] 但二人建立的统治方式越来越出

① Plutarch, *Antonius*, "ὡς ἡ 'Αφροδίτη κωμάζοι παρὰ τὸν Διόνυσον ἐπ' ἀγαθῷ τῆς 'Ασίας"(正如阿佛洛狄忒为了亚洲的福祉而去迎接狄奥尼索斯。)

② M. A. Levi, *Ottaviano Capoparte* II, 103 f.; 144.

③ Plutarch, *Antonius*, 57.

格和危险——安东尼可能不得不屈从于埃及女王的想象力和理解力。但这些假设无史可考。为了荣誉和原则，也出于战争形势的需要，安东尼不得不始终同克莉奥帕特拉并肩作战。他跟恺撒一样，永不抛弃自己的朋友和盟友。毁灭安东尼的是他的这种高贵品质，不是他的卑劣。

我们已经说过，罗马恐惧克莉奥帕特拉，但并不害怕安东尼。埃及女王正在准备一场复仇之战，集合全东方的兵力攻打罗马，在罗马成为全地中海世界的女王并建立一个全新的世界性帝国。[①]在她的内心深处，安东尼仅仅是任凭她愚弄和摆布的工具而已。

克莉奥帕特拉的能力是毋庸置疑的。于文学和传说之外，她
275 在真实历史上的重要性乃是另一回事。或许她的野心仅限于在罗马的保护下维持并壮大她的托勒密王国。亚克兴之战的性质提供了这方面的证据——它是由渥大维党策划并发动的。它并不是一场与安东尼争霸的战争。渥大维在这个时候是不能提及安东尼的。为了确保罗马人能批准并在情感上支持这项事业，渥大维必须制造一个危及罗马一切事物的外来威胁，安东尼本人显然并不是这样的威胁。[②] 渥大维的政治宣传把克莉奥帕特拉的重要性夸大得无与伦比。为了搞垮安东尼，她不能只是一个富有魅力的塞壬仙女(siren)，她必须被描述成一位愤怒女神——“一个能够致人死命的妖怪”。[③]

这正是安东尼的致命弱点。罗马人的感情是很容易被利用和

① W. W. Tarn, *JRS* XXII(1932), 141; *CAH* X, 82 f.

② 塔恩(Tarn, *CAH* X, 82)也承认安东尼本人对罗马并不构成威胁。

③ Horace, *Odes*, 1. 37. 21.

引导的。多年以前，克莉奥帕特拉在独裁官恺撒的政策中并没有什么地位，只不过是他爱情艳史中的一个简短插曲，其角色与毛里塔尼亚王公的妻子尤诺伊(Eunoe)相近。[①] 即便到了现在，这个异族女子也仅仅是闯入两位恺撒党领袖斗争中的一名不速之客；如果没有她的话，这场斗争仍是在所难免的。如果渥大维没有机会利用克莉奥帕特拉和她的孩子们大做文章的话，那么他也肯定会退而求其次，转而依靠人们对东方君主们的厌恶和对渥大维对手的那些异族盟友——出身低贱的阿米塔斯、心狠手辣的希律王和自以为是的披索多鲁斯——的偏见来借题发挥。

创造出来的观念扭转了历史的天平。安东尼或克莉奥帕特拉的政策与野心并非亚克兴海战的真正原因；[②]它们只是权力斗争中的借口，是为确立恺撒继承人优势地位和实现所谓意大利民族复兴而编造的冠冕堂皇的谎言。无论如何，这场权力斗争很快呈现出了观念之战和东西方之战的庄严肃穆面貌。安东尼与克莉奥帕特拉似乎不过是任凭命运摆布的棋子。[③] 用来消灭安东尼的武器改变了全世界的格局。

① Carcopino，*Ann. de l'École des Hautes Études de Gand* I(1937)，37 ff. 令人信服地论证了克莉奥帕特拉跟恺撒的关系实际上无关大局的观点。

② 特别参见 J. Kromayer，*Hermes* XXXIII(1898)，50；A. E. Glauning，*Die Anhängerschaft des Antonius und des Octavian*(Diss. Leipzig，1936)，31 ff.。

③ Plutarch，*Antonius*，56："ἔδει γὰρ εἰς Καίσαρα πάντα περιελθεῖν"(命中注定，一切都将落入恺撒[渥大维]之手。)

276 # 第 20 章 “全意大利团结起来”

公元前 33 年以渥大维第二次担任执政官拉开了序幕，而到这一年结束时，后三头的联合统治即将宣告解体。敌对双方都在为争权夺利做着紧锣密鼓的准备，谁都不打算在行动或思想上妥协。渥大维率先发难。年初，他在元老院里发表了一篇演说，抨击了安东尼在东方的种种行为。[①] 作为回应，安东尼也发表了一篇宣言。宣言的重点在于强调安东尼的行为完全合法，并且是遵照后三头之前的誓约进行的（这种辩解方式是一个错误）。安东尼抱怨说，自己没能在意大利顺利地进行征兵；他的部下在分配土地时受到了忽视；而且渥大维以专横的方式废黜了后三头同盟中的一位同僚。[②] 安东尼还表示，自己愿意终结在后三头同盟中的职权，与大家合力重建共和国。[③]

由此，渥大维便避开了对自己违反誓约的指责。他选择了更加富于道德色彩和更容易煽情的主题，将攻击重心放在了安东尼与埃及王后的联盟上。之后便是冷嘲热讽：安东尼的伟大征服事业当然足够为东方的军队提供战利品或土地了。[④]

---

① 这些事件的先后次序在狄奥和普鲁塔克的作品（公元前 33 年和前 32 年史事仅有的两种详细记载）中记载得并不总是非常清楚，但在克罗玛耶那里得到了令人满意的复原（Kromayer，*Hermes* XXXIII（1898），37 ff.）。

② Dio，50. 1. 3 ff.；Plutarch，*Antonius*，55.

③ Dio，49. 41. 6.

④ Dio，50. 1. 4；Plutarch，*Antonius*，55.

安东尼在年底前将这份陈述自己所作所为和要求承认其合法性的文件交给了预先指定的下一年执政官——他所信赖的部下格涅乌斯·多米提乌斯·埃诺巴布斯和盖约·索西乌斯。我们大体上能够猜到这封信件的内容。它将在新年的第一天里被交给元老院。

近几年来，类似这样的官方文件和公开宣言十分罕见。在后三头统治期间，针对人身的讽刺与谩骂一度偃旗息鼓。现在，在政治巨头们的这些单刀直入、无所顾忌、尖酸刻薄，并且故意要公之于众的私人信件的表率作用下，这一传统瞬间复活了。在渥大维首次尝试动武时已为人所熟知、于佩鲁西亚战争期间再度抬头的
那些相互谩骂的陈词滥调此时再度愈演愈烈——卑微的身世、家 277
庭丑闻，以及个人的贪欲、残暴和怯懦等性格缺陷。[①] 渥大维特别攻击了安东尼的酗酒习惯和对克莉奥帕特拉的依恋。安东尼也反唇相讥(这并不是什么新鲜事，只是九年前的老调重弹)：克莉奥帕特拉总归是安东尼的妻子；而渥大维跟萨尔维娅·提提塞尼娅(Salvia Titisenia)、鲁菲拉(Rufilla)、特尔图拉(Tertulla)和特兰提拉(Terentilla)的风流绯闻又是怎么回事呢？[②]针对另一项指控，

① 具体细节详见 K. Scott, *Mem. Am. Ac. Rome* XI(1933), 7 ff.。

② Suetonius, *Divus Aug*. 69:“quid te mutavit, quod reginam ineo? uxor mea est. nunc coepi an abhinc annos novem? tu deinde solam Drusilla minis? ita valeas uti tu, hanc epistolam cum leges, non inieris Tertullam aut Terentillam aut Rufillam aut Salviam Titiseniam aut omnes. an refert, ubi et in qua arrigas。”(是什么改变了你的态度？是因为我跟女王同床共枕吗？她可是我的妻子。我究竟是现在才开始跟她在一起，还是从九年前起就这样了呢？难道你就只跟德鲁西拉同床共枕吗？如果你在读到这封信的时候没有跟特尔图拉、特兰提拉或鲁菲拉，抑或她们所有人厮混在一起的话，那算你走运。但你在哪里并跟何人共度良宵又有什么关系呢？)显然，这段著名的信件内容摘录(它在直率程度上与渥大维本人的一部早期作品不相上下[参见 Martial, 11. 20])并不能令人满意地界定“妻子”(uxor)一词的准确含义，或圆满解决关于安东尼“婚姻”的种种问题。信中点到的那些女子可能是渥大维某些盟友的妻室——至少特兰提拉很可能是梅塞纳斯的妻子泰伦提娅，日后广为传播的流言蜚语也提到过这一点。

他写了一本乏善可陈的小册子——《关于我的酗酒》(*De sua ebrietate*)。[①]

跃跃欲试的诗人和小册子作者们投入了战斗。安东尼宣称托勒密·恺撒是独裁官恺撒真正的继承人和亲生儿子。渥大维则授意他的恺撒党部下奥皮乌斯去驳斥恺撒为此人生父的说法。[②] 共和派党人麦萨拉用他的口才去为政治服务;[③]他很快就得到了酬谢——获得了本应属于安东尼的执政官席位。共和国的言论自由现在再次得到了短暂复兴——仿佛它不曾受到过军事独裁者政策的钳制一样。

现在,共和国仿佛从后三头的专制统治下突然回到了自由状态中。从上次预示着政局巨变的新执政官就任的年份算起,仿佛已经过了一代人的光景。上一幕场景中的主要演员大多已经故去了。但事实上,索西乌斯和多米提乌斯出任执政官只比希尔提乌斯和潘萨晚了十一年。渥大维迫切盼望着这样一个新年头的到来,因为它为这个年轻的冒险家提供了保全自己合法地位的机会。渥大维再度面临着即将丧失这种合法地位的局面,因为后三头的任期已经结束了。[④] 他并未惊慌失措,也没有采取什么将自己的

① Pliny, *NH*, 14. 148: "exiguo tempore ante proelium Actiacum id volume evomuit。"(他在亚克兴战役前不久草草写就了这本小册子。)

② Suetonius, *Divus Iulius*, 52. 2.

③ Pliny, *NH*, 33. 50——其中声称安东尼像东方帝王那样在家里和私人社交场合中使用黄金器皿。麦萨拉至少写了三部攻击安东尼的小册子(Charisius, *GL*, 104. 18; 129. 7; 146. 34)。

④ 这个庞杂的题目曾引起过极其复杂的争论,我们在此无须对它进行全面探讨。一方面,后三头是可以在规定的卸任日期后继续掌握权力的,正像他们在公元前 37 年所做的那样。安东尼在公元前 32 年也正是这样做的。另一方面,渥大维的说法和态度也是极为明确的:他担任后三头成员的时间共计十年(*Res Gestae*, 7)。一个掌握着各种政治诈术的人应当是不屑于在这一问题上进行微不足道、毫无意义的欺骗的。公元前 32 年初的两位执政官和一位保民官突然拥有的显要地位可以作为后三头同盟在当时已经终结(至少在法律意义上)的证据。

地位合法化的举措。他尊重现行法律——并且也会遵纪守法。可 278
一旦时机成熟，罗马法律体系土崩瓦解，渥大维就可以凌驾于元老院和罗马人民之上，攫取比之前更高的政治地位。

渥大维离开了罗马城。新执政官于 1 月 1 日召集元老院并就任。他们没有宣读自己在去年秋天拿到的安东尼的报告。他们或许在此之前已同渥大维妥协了；[①]更有可能的情况是，他们害怕泄露报告的内容。安东尼要求元老院批准他的一切行为，其中包括对亚美尼亚的征服，这当然是对安东尼十分有利的。但比亚美尼亚更引人注目的是安东尼对克莉奥帕特拉及其子女的馈赠；如果元老院决定效法审查庞培的先例，即庞培要求对自己针对东方诸行省与王国做出的部署予以确认，对安东尼的所作所为进行逐条讨论的话，那么这些馈赠是很容易引来敌人的攻击的。埃诺巴布斯保持着沉默，可能他更希望息事宁人。[②] 索西乌斯则抢了风头，发表了一篇赞美安东尼、猛烈抨击渥大维的演说。他还提出了弹劾渥大维的议案，结果遭到一位保民官的否决。这次集会就这样收场了。

与此同时，渥大维正在意大利各城镇中招募支持者——恺撒部下的老兵、自己的效忠者和他们的部卒。返回罗马后，渥大维主动召集元老院开会。他已放弃了后三头之一的头衔。但他仍拥有权威和武力作为自己的后盾。他进入元老院会堂的会场，身边簇

① Dio，49. 41. 4 f.

② Dio，50. 2. 3：“ὁ μὲν Δομίτιος οὐδὲν φανερῶς，ὥς γε καὶ συμφορῶν πολλῶν πεπειραμένος，ἐνεόχμωσεν”（多米提乌斯没有提出什么引人注目的新议案，因为他已是个老于世故的人。）可能恺撒党中的一些著名的前共和派人士之前跟他通过气。

拥着士兵和追随者。这些人衣着朴素，却暗藏兵器。渥大维在两位执政官中间就座，发言为自己的政策辩护，并指斥索西乌斯和安东尼。与会者无不噤若寒蝉，无人胆敢反对这位恺撒党领袖。渥大维随后解散了元老院，要求它在指定的日期再次集会，届时他将出示对安东尼不利的文本证据。

两位忿忿不平的执政官逃到了安东尼那里，随身带着那份未
279 曾宣读过的报告。追随着他们的有300余名共和派或安东尼派的元老。[①]

渥大维宣称，自己容许这些人自由地、大张旗鼓地离开。[②] 阻止和囚禁执政官毕竟是不明智的做法，并且敌人的离开也正中渥大维下怀。因为即便到了这个礼崩乐坏的时代，极度藐视元老院和罗马人民的做法仍是不可取的；执政官们在未经许可的情况下离开意大利的做法可被视为严重的渎职行为。[③] 为了填补索西乌斯和埃诺巴布斯留下的空缺，他任命了两名贵族——麦萨拉·科尔维努斯(Messala Corvinus)的亲戚玛库斯·瓦勒里乌斯(M. Valerius)和苏拉仇敌的孙子卢奇乌斯·科奈里乌斯·秦那(L. Cornelius Cinna)担任递补执政官。到了来年，他将同取代安东尼的科尔维努斯一起担任执政官。还有一位递补执政官将是苏拉的外曾孙格涅乌斯·庞培。这些老牌贵族的名字可以表明(至少在

① 在亚克兴战役中追随渥大维作战的元老共有700余人；而元老院之前的总人数是1000余人。

② Dio,50.2.7.

③ 博古学者和理想主义的共和派会忆起公元前49年时的情景，当时拥护庞培的执政官们在没有得到库里亚大会法令批准的情况下擅自离开了罗马城。

表面上）渥大维重建秩序的诚意，从而赢得罗马贵族集团的支持。①

暴力暂时可以帮助渥大维在罗马和意大利建立并不十分稳固的统治。但仅凭暴力还是不够的；渥大维仍然缺乏进行战争的道德许可和罗马人民在道义上的支持。政治巨头们围绕合法性或人身所展开的相互攻讦，对于仍能记得共和国政治竞技场中的歪曲诋毁与肆意抨击（更不消说安东尼担任执政官期间和穆提纳战争中出现的“政治”危机了）的世人而言，算不得什么新鲜事。渥大维需要给他们注入一针更为强烈的兴奋剂。

渥大维目前的处境十分艰难。允许敌人的撤离并不意味着元老院中剩下的人会死心塌地、忠心耿耿地追随他——此时的元老院中充斥一群胆小如鼠、相机而动的人物。如果他们不再惧怕渥大维的话，这些人一定会转而反对他。300 多名元老决定加入安东尼阵营是个不祥的预兆，它所反映的当然不只是这些人矢志不渝的忠诚或无可救药的愚蠢。渥大维宣布自己已放弃后三头同盟中的职位，但他仍然握有权力；这一点不光安东尼清楚，当时的所有人都心知肚明。而比渥大维更诚实的安东尼虽仍旧保留着后三头的名号，却再次像在两年前一样表示自己愿意交出权力。② 此

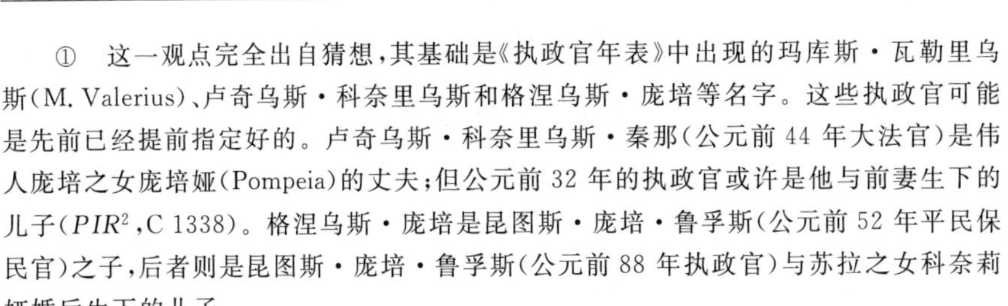

① 这一观点完全出自猜想，其基础是《执政官年表》中出现的玛库斯·瓦勒里乌斯（M. Valerius）、卢奇乌斯·科奈里乌斯和格涅乌斯·庞培等名字。这些执政官可能是先前已经提前指定好的。卢奇乌斯·科奈里乌斯·秦那（公元前 44 年大法官）是伟人庞培之女庞培娅（Pompeia）的丈夫；但公元前 32 年的执政官或许是他与前妻生下的儿子（*PIR*², C 1338）。格涅乌斯·庞培是昆图斯·庞培·鲁孚斯（公元前 52 年平民保民官）之子，后者则是昆图斯·庞培·鲁孚斯（公元前 88 年执政官）与苏拉之女科奈莉娅婚后生下的儿子。

② Dio, 50.7.1.

外，安东尼还有一个合乎法律（如果这时法律和制度还有意义的
280 话）的有利借口——两位执政官都站在他这一边。安东尼是取守势的一方，因此或许可以代表和平。没有什么证据能够表明，在米底的马失前蹄已毁掉了他的声望；而那场惨败中的物质损失也在后来的胜利和东北边境的平定中得到了补偿。渥大维还需耐心等待，指望能够找到最佳时机。他的敌人很快就不得不做出自毁前程的决策。

安东尼此时在以弗所；经过募兵补充，他的军队最近已达到 30 个军团，[①]并且还有一支庞大舰队部署在沿海地区。他正踌躇满志，随时准备应战——但或许还不打算立即开战。两位执政官于春季在以弗所与他会合了，并带来了一支几乎可以组成一个元老院的队伍。随后，两位政党领袖之间进行了激烈争吵，他们之间的矛盾由于个人仇怨和竞争关系的火上浇油而愈演愈烈。

在罗马内战中，舰队和军团并不是最重要的东西。更重要的是，战争是在什么样的名义和借口下进行的。是为罗马、执政官和共和国起而反抗渥大维的统治，还是为埃及和埃及女王而战呢？埃诺巴布斯认为应把克莉奥帕特拉送回埃及。但大将卡尼狄乌斯对此不以为然，指出克莉奥帕特拉可以为这场战争提供兵源、金钱和舰船。[②] 卡尼狄乌斯的意见占了上风；有人声称他收受了贿赂。安东尼和埃及女王间彼此妥协的同盟继续存在着。

夏初，安东尼从以弗所经萨摩斯岛辗转抵达了雅典。现在，克

---

① *BMC*, *R. Rep.*, II, 526 ff.

② Plutarch, *Antonius*, 56.

莉奥帕特拉似乎终于胜利了。安东尼正式休弃了渥大维娅。标志着他与渥大维友谊关系的终结，不啻于一纸宣战书。无论克莉奥帕特拉是否插手，这场战争其实都是不可避免的。但既然埃及女王参与了战争，那么安东尼就是她的盟友，无论两人之间纽带的实质是什么。[①]

安东尼对依靠个人效忠关系、而非原则立场所维系的党派忠诚的价值估计得过高了。作为一个慷慨大方但粗心大意的人，安东尼从前没有能够留住自己的所有党徒，或阻止他们投奔渥大维。281
在严格服从纪律方面，共和派和庞培党人也不像敌方阵营中的恺撒党主要人物那样经得起考验。毁灭的迹象很快就将出现，那预示着安东尼党的瓦解。而克莉奥帕特拉却并非这场灾难的根源。

在安东尼的阵营中，仅次于他自己的人物是共和派将领埃诺巴布斯和恺撒党徒普兰库斯；这两人分别拥有自己的追随者。他们之间毫无信任可言；两人积怨颇深，以致后来引发了灾难。[②] 埃诺巴布斯始终坚决反对奉承克莉奥帕特拉，甚至不肯称她为“女王陛下”。[③] 出于对共和派原则的信奉、或家族传统和对自己亲生儿

① 关于围绕安东尼“婚姻”问题展开的讨论，见 Rice Holmes，*The Architect of the Roman Empire* I，227 ff.；M. A. Levi，*Ottaviano Capoparte* II，139 ff.。霍尔默斯和列维似乎都反对克罗玛耶关于安东尼和埃及女王在公元前 37 或前 36 年成婚的说法。将相关概念规范化（如“妻子”（uxor）一词的具体含义）的困难将这个问题复杂化了——但这个问题或许并没有那么重要。作为一名罗马公民，安东尼无论何时都不可能跟一位异族女子缔结合法的婚姻。

② Suetonius，*Nero*，4（埃诺巴布斯之子和普兰库斯在公元前 22 年发生的一场冲突）。

③ Velleius，2. 84. 2. 克莉奥帕特拉统治的西里西亚山区境内的多米提奥波利斯城（Domitiopolis）是为纪念他而建造（或至少是命名）的。该地区存在的另一座提提奥波利斯城（Titiopolis，纪念玛库斯·提提乌斯）也证实了这种猜测。

子前途的考虑，埃诺巴布斯坚持认为安东尼的党派应当是罗马的，不能成为一个保王党。穆纳提乌斯·普兰库斯可不是这样。他极尽讨好克莉奥帕特拉之能事，在女王和安东尼的一次著名（或许是后人杜撰的）打赌中宣布她为胜利者，并在亚历山大里亚的宫廷假面舞会上展示了自己突出的社交才华。[①]

安东尼与克莉奥帕特拉并肩作战。埃诺巴布斯痛恨女王，反感这场战争。可最后叛逃的却并非埃诺巴布斯，而是普兰库斯。他同自己的外甥提提乌斯一起临阵脱逃，跑到了罗马。[②] 普兰库斯在扑朔迷离的战争危机中从未错误判断过形势。他的叛逃必然在罗马和安东尼阵营中都产生了重大影响。

安东尼的身边仍有一些坚持原则、声望卓著、才能超群的人物，他们来自从前的恺撒党、共和派或庞培党。他的一些盟友现在已经死了；另外一些人由于不在安东尼身边或受到了意大利新主人外交手腕的蛊惑，出于利益考虑而改换了阵营；或选择遁入不名誉但谁都不会得罪的中立派，如果他们还有可能抽身事外的话。然而，安东尼身边还是拥有像索西乌斯和卡尼狄乌斯这样久经考验的良将。

史籍没有记录下跟随普兰库斯和提提乌斯一起叛逃的人的名

---

① Pliny, *NH*, 9. 121；Macrobius, 3. 17. 16（关于珍珠的打赌）。Velleius, 2. 83. 1 f. 展示了一幅普兰库斯代行格劳库斯（Glaucus）职责而进行表演的生动图景。

② Plutarch, *Antonius*, 58；Dio, 50. 3. 1 ff.；Velleius, 2. 83. 狄奥没有十分清楚地解释他们叛变的原因——προσκρούσαντές τι αὐτῷ ἐκεῖνοι ἢ καὶ τῇ Κλεοπάτρᾳ τι ἀχθεσθέντες（他们对他[安东尼]本人心怀不满，或厌恶克莉奥帕特拉）（Dio, 50. 3. 2）。在记载普兰库斯经历方面一直不太可靠的威利乌斯宣称这个腐化堕落的人物、“能在任何事上被任何东西收买的家伙”（in omnia et omnibus venalis）的贪污受贿行为被安东尼发现了。

字。无论是安东尼部下的忠诚不贰还是临阵脱逃，后人有时都不 282
免懒得把这些牢记下来并传之久远。庞培党徒萨图尔尼努斯和阿伦提乌斯现在都已成了恺撒党；另外一些身为前执政官的外交官或具有外交才能的军事将领拥有比其忠诚感更为强大的政治直觉，于是跟随普兰库斯或效法他而叛逃了。举止谨慎的科切乌斯家族一直悄无声息；也没有任何迹象告诉我们阿特拉提努斯和芬泰乌斯何时改换了门庭。但若干较为年轻的显贵却继续追随着安东尼，其中有些还坚持到了最后。

十分引人注目的是，一支阵容强大的共和派队伍继续跟随着已被宣告为罗马公敌和东方专制暴君的安东尼。叙利亚行省总督毕布鲁斯已于当年去世；但以埃诺巴布斯为首的加图党余部仍立场坚定。如果埃诺巴布斯想为自己的变节寻找一个借口的话，那么安东尼拒绝遣返克莉奥帕特拉的决定就是现成的理由；但埃诺巴布斯并未那样做。不管怎样，安东尼的党派已经开始走向解体了。在普兰库斯与提提乌斯的背叛这样的大势已去的证据面前，忠诚感是无法一直延续下去的。

据说，对安东尼的秘密了如指掌的叛将们带给了渥大维一件珍贵的礼物——那是他迫切需要的文本证据。他们告诉渥大维，安东尼的身后遗嘱是由维斯塔贞女(Vestal Virgins)保管着的。在此之前，无论是对安东尼东方政策的抨击，还是罗马人民因渥大维娅遭休弃而产生的义愤情感都还不足以让渥大维如愿以偿。世人可能会认为，离婚跟结婚一样，都是上层政治中的常用手段而已。现在的这个新发现来得恰到好处——以至于人们不免要疑心

它可能出自伪造，尽管遗嘱的内容或许并非完全难以置信。[①] 渥大维运用巧取豪夺的手段，从维斯塔贞女手中获得了这份文件，并将它在罗马元老院里当众宣读。除其他安排外，安东尼在遗嘱中重申托勒密·恺撒的确是独裁官恺撒之子，把自己的遗产馈赠给克莉奥帕特拉的儿女们，并指示要让自己和埃及女王死后合葬在亚历山大里亚。[②]

新一轮攻势的信号已经发出。恺撒党武人卡尔维修斯略显鲁莽地扮演起了他并不熟悉的高雅文士角色，列举了安东尼的种种
283 出格行为，其中包括安东尼因克莉奥帕特拉乘轿经过而在最雄辩的罗马人福尔尼乌斯演讲过程中突然离开法庭，以及安东尼把拥有不少于20万册藏书的整座波加蒙图书馆赠给克莉奥帕特拉等逸事。[③] 卡尔维修斯为主尽忠的动机无法让公众相信他的说辞。至于安东尼的遗嘱，也有许多人认为，如果为了一个人的身后安排而让他在生前就受到指责，未免太过分了。还有一位特立独行的元老已经开始公开嘲讽变节的普兰库斯将从前主人的遗嘱公之于众的做法。[④]

① 事情的真相已无法复原。渥大维自己最先看到了这份文件——καὶ πρῶτον μὲν αὐτὸς ἰδίᾳ τὰ γεγραμμένα διῆλθε καὶ παρεσημήνατο τόπους τινὰς εὐκατηγορήτους（他首先自己一人浏览了这份遗嘱，并勾画出了其中应受谴责的部分）。我们不能笼统地否定该文件（至少是其中一部分）出自伪造的假说。这不是关于渥大维诚信品质的问题，而是关于操作可行性的问题——造假是否确有必要？并且这种造假行为是否很容易被人戳穿？

② Dio，50.3.5.

③ Plutarch，*Antonius*，58.

④ Velleius，2.83.3.此人是盖约·科普尼乌斯（C. Coponius），一名前庞培党徒，曾被宣告为公敌（P-W IV，1215）。他来自提布尔的一个著名世家（Cicero，*Pro Balbo*，53；*ILS* 3700），与普兰库斯关系不睦。

但人们普遍相信这份遗嘱是真的；并且它也至少在某些阶层中达到了渥大维党所预期的效果，因为它证实了某些已经在街头巷尾流传着的、意在激发中产阶级的恐惧、愤怒情绪的说法。[①] 安东尼的友人们束手无策，已无法再为他公开辩护。危言耸听的流言传遍了罗马和意大利。安东尼与克莉奥帕特拉的计划不仅仅是征服西方——安东尼还要把罗马城献给埃及女王，并迁都亚历山大里亚。[②] 人们还煞有介事地传说（并且后人也一直信以为真），克莉奥帕特拉经常挂在嘴边的一句口头禅是“但愿我能在卡皮托林山上发号施令”。[③] 无论多么下贱的罗马人，只要他的理智还正常的话，就不会堕落到做出此等叛国行径的程度。因此，人们当真相信，安东尼确实已经中魔法了。[④]

安东尼这边还在按兵不动。这并不仅仅是因为事端是由渥大维挑起的——与克莉奥帕特拉一道入侵意大利的做法会使他失去同情，证实他的敌人最恶劣的一些指控。如果不是出于这层考虑的话，当时的形势原本是对安东尼颇为有利的：后人便指责过安东尼在仇敌通过政治宣传和危言耸听建立统一战线之前坐失良机的

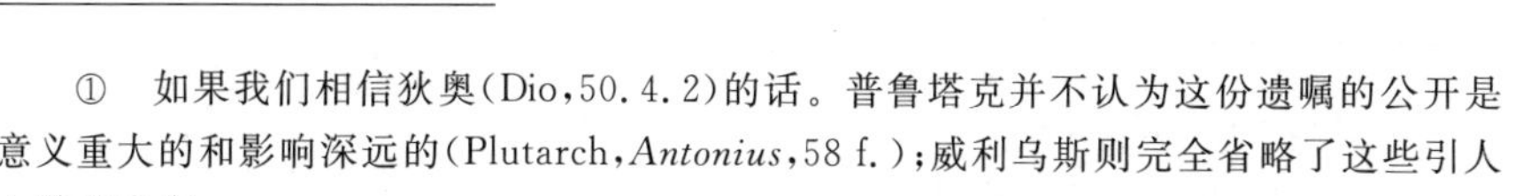

① 如果我们相信狄奥（Dio，50.4.2）的话。普鲁塔克并不认为这份遗嘱的公开是意义重大的和影响深远的（Plutarch，*Antonius*，58 f.）；威利乌斯则完全省略了这些引人入胜的内容。

② Dio，50.4.1：“δι᾽ οὖν ταῦτα ἀγανακτήσαντες ἐπίστευσαν ὅτι καὶ τἆλλα τὰ θρυλούμενα ἀληθῆ εἴη，τοῦτ᾽ ἔστιν ὅτι，ἂν κρατήσῃ，τήν τε πόλιν σφῶν τῇ Κλεοπάτρᾳ χαριεῖται καὶ τὸ κράτος ἐς τὴν Αἴγυπτον μεταθήσει”（为此而义愤填膺的［罗马人］相信当时流传着的其他说法也是真的：如果他［安东尼］战胜的话，他会把罗马城交到克莉奥帕特拉手里，并把权力中心转移到埃及去。）

③ Dio，50.5.4.

④ Dio，50.5.3；Plutarch，*Antonius*，60.

错误。[1]

全意大利都陷入了混乱。[2] 安东尼的党羽在民众和士兵中间
284 大肆行贿。于是渥大维也不得不挥金如土,借以维系麾下军团的忠诚。由于手头拮据到了无以为继的程度,渥大维向民众征课了史无前例的繁重捐税——征收每人年收入的四分之一。暴民们发动了骚乱,此外还有波及范围甚广的纵火事件。渥大维将这场火灾归咎于对新捐税抗命不从的释奴们,对他们加以严厉惩罚。[3] 平民发动的暴乱被军队镇压了——因为士兵们领到了军饷。除公共税目外,渥大维还对私人进行勒索。他劝说意大利各城镇和富有公民们向军队捐款。寄往四面八方的、盖有斯芬克斯(Sphinx)或梅塞纳斯青蛙徽章的信件显得森严可怖。[4]

“你们这群恶棍将要扑向何方”(Quo,quo scelesti ruitis)?[5] 疯狂的野心把一场又一场公民间的罪恶战争强加给了罗马人民。在这种恐怖而敏感的氛围中,渥大维试图让全民批准他的专制权力,并委派他将罗马从来自东方的威胁中拯救出来。他正在组织一场通过对他个人表示效忠的形式呈现的全民公决。

---

① Plutarch,*Antonius*,58.

② 这方面的珍贵证据见 Dio,50.10.3 ff.;Plutarch,*Antonius*,58。

③ Dio,50.10.4.

④ Pliny,*NH*,37.10:“quippe etiam Maecenatis rana per collations pecuniarum in magno terrore erat. Augustus postea ad evitanda convicia sphingis Alexandri Magni imagine signavit.”(还有为敛财而制造巨大恐惧的、梅塞纳斯的青蛙[印章]。后来为了避免他人说三道四,奥古斯都又使用了亚历山大大帝用过的斯芬克斯图案印章。)铭文材料 *ILS* 5531(Iguvium)或许可以证实为战争而进行的摊派确实存在。注意铭文中的用词“in commeatum legionibus”(用于对诸军团的补给。)

⑤ Horace,*Epodes*,1.7.1.

“全意大利一致宣誓对我效忠，并任命我为亚克兴大捷中的战争统帅。”[①]奥古斯都在那篇冠冕堂皇的、追述自己一生和功绩的自述中如是说。

当一份官方文件记载了专制政府统治下民众自愿流露出的情感时，我们完全有理由给这种说法画上一个问号。我们也不应幻想，意大利各地会像一个充满爱国热情的人那样被动员起来，高呼着要对异族敌人发动圣战。不过，另一方面，统一阵线也不是仅仅依靠恫吓就能建立起来的。关于渥大维建立这一阵线所使用的手段，我们手头没有什么史料记载。这种效忠宣誓可能不是在恺撒党领袖的一纸命令下、在全意大利同时开展并一次性完成的行为，而是那个夏季各地发生的一系列请愿运动的叠加。它虽是有人在幕后策划的，但表现出一定的自发性。渥大维对同安东尼渊源极深的波诺尼亚的大度处理也进一步说明，全意大利正在进行的是 285

一场真正意义上的全民公决。[②] 特批波诺尼亚无须宣誓的做法显示了意大利其他地区的团结一致，并给那些地区套上了奴役的枷锁。波诺尼亚或任何抗命不从的地区都将在战争结束后付出土地被充公的代价。[③]

在公元前 32 年的政治危机中，执政官与合法性都属于安东尼一派。这是很荒谬的——如果罗马的制度竟沦为了罗马敌人的工具，那么这套制度肯定是有缺陷的。像十二年前以雄辩口才证明

---

① *Res Gestae*，25：“ iuravit in mea ver[ba] tota|Italia sponte sua et me be[lli] quo vici ad Actium ducem depoposcit.”

② Suetonius，*Divus Aug*. 17. 2；Dio，50. 6. 3. 波诺尼亚是受到安东尼党庇护的。

③ 一些地区确实受到了这样的对待，见 Dio，51. 4. 6。

喀提林的党羽已经铤而走险、发动了针对执政官的武装叛乱的西塞罗那样，渥大维也可以提出“更高层次的合法性”。为了抛开那些狭隘的、过时的腐化制度，渥大维向真正的罗马人民寻求支持——这些人不是堕落的罗马平民或人满为患且名誉扫地的罗马元老院成员，而是全意大利的公民。

“全意大利”这个字眼在晚近的罗马史中已经十分常见，而它的基本观念和塑造实践则出现得更早。很久以前，罗马贵族们（不单单是老牌的克劳狄乌斯家族）就已经通过拉拢意大利各地区中声名卓著或富可敌国的人物，与他们建立个人效忠或相互扶持的关系，从而扩充自己的势力。[①] 当克劳狄乌斯家族的党派试图通过保民官的法令和分配土地的方案在罗马煽动革命之际，西庇阿·埃米利乌斯(Scipio Aemilius)和他的朋友们就领导意大利去对抗罗马平民，并得到了意大利有产者的支持，但也使得自身的地位受到了威胁。[②] 来自意大利的支援可被用于革命、反对或维护统治，甚至可以同时在这三种事业中发挥作用。为保守派效劳、并拥有一批有权有势的显贵为自己撑腰的、但也被指控为觊觎王权的保民官李维·德鲁苏斯便是借用这种力量的伟大榜样。他是意大

① 关于这个克劳狄乌斯家族成员（可能是监察官克劳狄乌斯），苏埃托尼乌斯记载道：他曾试图利用庇护关系控制意大利(Italiam per clientelas occupare temptavit)。

② Appian, *BC*, 1. 19. 78; Sallust, *BJ*, 42. 1:“per socios ac nomen Latinum。”(借助同盟者和拉丁人的帮助。)撒路斯提乌斯还记载了(Sallust, *BJ*, 40. 2)罗马显贵们如何在公元前109年雇用了来自拉丁地区和意大利同盟者聚落的人(homines nominis Latini er socios Italios)。

利各地要人的首领、朋友和庇护人；[①]他的盟友对他个人表示效忠，而意大利各城镇则公开宣誓要保护他的安全。[②] 286

当时的意大利还是异族占据的土地，德鲁苏斯的举动直接引发了战争。但在意大利战争结束后，意大利居民通过获得公民权而变成了罗马人的一部分；此时的意大利是完全可以被动员起来，借以重建罗马政治的平衡，或制约某个平民保民官或拥兵自重的野心家的。他们至少可被用来制造借口或构建信念。控制着各城镇的地方名流可以营造舆论、在地方议事会中投票，并通过金钱资助或道德说教而组建爱国“志愿”军。西塞罗的朋友们曾利用来自罗马殖民地和意大利地方城镇的投票结果来影响罗马的公共舆论，使之变得对这位流放在外的政治家较为有利。[③] 庞培也曾推动过这场运动。当庞培于公元前 50 年在那不勒斯染疾时，意大利各城镇都为他的安全祈祷，并通过了一系列相关决议，从而制造了这位政治巨头深乎民心的假象（它在日后对庞培而言是致命的）。[④] 西塞罗后来又在穆提纳战争中宣传“全意大利的共识”

① Plutarch, *Cato minor*, 2 (Poppaedius). 参见 Florus, 2. 5. 1：“totiusque Italiae consensu。”（并根据全意大利的共识）李维（Livy, *Per*. 71）记载了意大利政要们的“集会和共同誓言”（coetus coniurationesque）。

② *Auctor de vir. illustr*: 12：“vota pro illo per Italiam publice suscepta。”（全意大利同意保护他的誓言。）狄奥多鲁斯提供了一份向德鲁苏斯宣誓效忠的文本。它十分引人注目，但其措辞却不可能是真实的。参见 H. J. Rose, *Harv. Th. Rev*. XXX (1937), 165 ff.; A. v. Premerstein, “Vom Werden und Wesen des Prinzipats”, *Abh. der bayerischen Ak. der Wiss. phil. -hist. Abt.*, N. F. 15 (1937).

③ Cicero, *Post red. in sen*. 39：“cum me... Italia cuncta paene suis umeris reportarit。”（全意大利几乎一致支持准许我重返[罗马]）；“Sallust”, *In Ciceronem*, 4; Macrobius, 2. 3. 5（瓦提尼乌斯[Vatinius]的玩笑）。

④ *Ad Att*. 8. 16. 1; 9. 5. 3.

(consensus Italiae)来反对安东尼。[①] 这种做法是枉费气力,因为那种共识根本就不存在。个人影响和纽带、偶一为之的贿赂或对某个地方的恫吓是远远不够的。由于难以令人信服和缺乏组织,这些一厢情愿的尝试都以失败告终。

从它诞生之日起,意大利这个名称长期以来一直是一个地理概念。当意大利境内的各民族(他们是名副其实的意大利人[Italiae])于公元前 90 年为捍卫自由与正义起而反抗罗马统治之际,“意大利”(Italia)才首次成为一个政治的和带有感情色彩的观念。这是第一次意大利同盟(coniuratio Italiae)。尽管意大利全境都在意大利战争后获得了罗马公民权,它在感情上却并未同胜利的罗马城融合成为一个民族。意大利境内的各民族并未把罗马视为他们自己的首都,因为对旧日仇怨和近期战事的记忆在短期内是不会泯灭的;并且纯粹的罗马人也会理直气壮地鄙视那个笼统而不分畛域的称呼——“意大利人”。在亚克兴战役前后的几年里,一位爱国诗人只要一想到在克拉苏惨败(这件事情也会让人联想到安东尼)后沦为俘虏的罗马人居然能够心安理得地叛变投敌,并在帕提亚境内定居下来就感到怒不可遏:

milesne Crassi coniuge barbara?

287 (克拉苏的部下不是居然跟野蛮人沆瀣一气了吗?)

玛尔西人和阿普利亚人竟然可以忘记战神玛尔斯的盾牌、自

---

① 见上文,原书第 86 页及以下。

己的罗马名字、罗马长袍和永恒的灶神维斯塔，这是何等耻辱啊！[①]但可能并不拥有意大利血统的贺拉斯或许对晚近的意大利史过于健忘了。玛尔西人是完全没有理由依恋罗马的神祇和服饰的。

理性的意大利对罗马政治家们的种种阴谋诡计深恶痛绝，坚定地拒绝插手对自己有害无益的斗争。意大利为什么要答应恺撒或安东尼的仇敌的要求，从而牺牲自己的勇敢儿子和肥沃土地呢？罗马的政治体制可能已危如累卵——这不过是一个借口、一场骗局而已。埃特鲁里亚、皮克努姆和萨谟奈人聚居区还记得苏拉和庞培党人对他们的征服，这才是千真万确的。更晚近的一笔血债则是佩鲁西亚的浩劫。

任何一场战争都很难调动起意大利人的积极性。意大利从前跟安东尼没什么矛盾；就专制而言，与渥大维在意大利境内的军事独裁相比，来自东方君主制的威胁显得虚无缥缈，跟意大利人毫不相干。然而，通过宣传、恫吓与暴力等手段，意大利被迫参与了这场斗争，并逐渐开始相信这是一场民族战争。这场战斗是个人之间的：它起源于一对冤家争夺至高权力的、针锋相对的野心。其中较为年长的那位就像二十年前的庞培那样，虽然声望卓著，但已日薄西山：

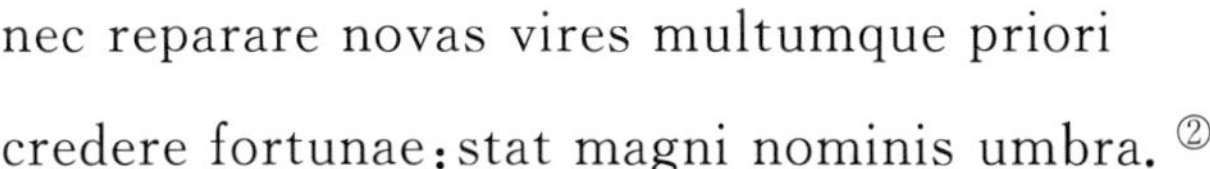

nec reparare novas vires multumque priori
credere fortunae：stat magni nominis umbra.[②]

① Horace, *Odes*, 3. 5. 5 ff.

② Lucan, *Pharsalia*, 1. 134 f.

（此人过分相信从前的好运，认为新的胜利唾手可得；他站在伟大名号的空虚阴影之中。）

而那位较为年轻的政治巨头已不再完全仰仗恺撒的名号。他现在拥有属于自己的力量和名望，以及无穷的野心。

在两位恺撒党领袖的斗争背后潜藏着罗马与东方的对立，以及离奇地通过战争与革命、饥馑与恐惧得到强化的民族主义一发而不可收拾，为这场权力角逐涂上了一层理想化的、庄严的和爱国主义的色彩。但这一切并未马上发生。

公元前 32 年的“全民公决”还不可能彻底地、立竿见影地将一个自觉且团结一致的意大利动员起来。这一举动只开了个头，余下的工作还有待元首奥古斯都逐步完成。显然，表达意大利民族主义的最坚决、最动听的那些言辞是在亚克兴战役之后、而不是之
288 前讲出来的。只有到了那时，胜利的人们才充分意识到了曾威胁着罗马和意大利的可怕危险。民族诗人庆祝胜利的华美诗句和官方铭文使用的简练语言反复讲述着这个教训。①

就目前的情况而言，由于意大利厌恶战争与军事独裁，誓言的直接目的不过是威慑反对派和拉拢中立派。但该措施并非临时抱佛脚，不是为应付当下危机而施行的权宜之计。并且这种由全意

---

① Horace, *Epodes*, 9; Odes, 1. 37. Virgil, *Aen.* 8. 671 ff.; Propertius, 3. 11. 29 ff.; 4. 6. 13 ff. 奥古斯都时代名目繁多的种种年历都会把 8 月 1 日——攻占亚历山大里亚的日子（“quod eo die imp. Caesar divi f. rem publicam tristissimo periculo liberavit”[在这一天里，凯旋将军、神圣的恺撒之子将共和国从极其可怕的危险境地中拯救了出来]）作为一个纪念日来加以庆祝（J. Gagé, *Res Gestae Divi Augusti*（Paris, 1935）, 175）。

大利的赞同所授予的权力远远超越了之前的政治家们在意大利有产阶级中组建自己党派的任何一次尝试。该誓言涵盖了社会中的一切阶层，让全体人民与一位党派领袖建立起类似门客与庇护人、士兵与统帅那样的依附关系（clientela）。它近于元老院在独裁官恺撒生前的最后一个月里对他做出的庄严承诺，或是公共紧急状态下人民在提布尔向执政官安东尼立下的誓言。[①]

这份誓言是私人性质的，我们至多只能对其含义和措辞进行合理的猜测。[②] 它对罗马国家、元老院和罗马人民只字未提。这种效忠的誓言要求政治领袖的追随者在同领袖私敌（inimici）、而非国家公敌（hostes）的斗争中对他履行义务；这样的誓言是永远也不会变化或失效的。无论这最后一位角逐王位的党派领袖以什

① Nicolaus, *Vita Caesaris*, 22. 80; Suetonius, *Divus Iulius*, 84. 2 and 86. 1; Appian, *BC*, 2. 144. 600 ff.（恺撒）；3. 46. 188（安东尼）. 参见 Premerstein, *Vom Werden und Wesen des Prinzipats*, 32 ff. 对此的解释。

② 关于这份誓言的措辞、格式和事实上的重要性，最主要的论述成果见 Premerstein, *Vom Werden und Wesen des Prinzipats*, 26 ff.。在字句和格式研究方面，他目光敏锐地参考了四份类似文献——帕弗拉戈尼亚人（Paphlagonians）于其居住地并入罗马帝国后在甘格拉（Gangra）立下的誓言（*OGIS* 532＝*ILS* 8781）、一份可能是向卡里古拉效忠的誓词（*CIL* XI, 5998a: Sestinum, in Umbria）和两份显然是对卡里古拉效忠的誓言（*OGIS* 797, Assos in the Troad; *ILS* 190，鲁斯塔尼亚[Lusitania]行省境内的阿里提乌姆[Aritium]）。我们不妨引用最后一篇的一部分文字作为例证：“ex mei animi sententia, ut ego iis inimicus | ero, quos C. Caesari Germanico inimicos esse | cognovero, et si quis periculum ei salutiq(ue) eius | in[f]ert in[f]er[e]tque, armis bello internicivo | terra mariq(ue) persequi non desinam, quoad | peonas ei persolverit, neq(ue) me [neque] liberos meos | eius salute cariores habebo。”（我以我的灵魂起誓，我将与我所知道的盖约·恺撒·日尔曼尼库斯的敌人为敌；如果有人使他陷入危险、危及他的安全，我将在陆上和海上致人死命的战争中与这些人战斗到底，直到他们受到了应得的惩罚；我会把盖约·恺撒·日尔曼尼库斯的安全看得比我自己和我儿女的性命更为重要。）（*ILS* 190, ll. 5-11）

么名号著称于世,拥有什么冠冕堂皇的公开头衔,他的统治都是建立在个人效忠关系之上的。党派首领(Dux partium)摇身一变,成了人民元首(princeps civitatis)。[①]

289 我们也不是完全无法推测渥大维使他们宣誓效忠的具体方式。在军事殖民地(它们数目众多)中,这并不困难。尽管许多老兵曾在安东尼手下服役,他们的土地却是从安东尼的对手那里取得的。这些人视恺撒的继承人为他们的庇护人和保卫者,坚定地效忠于他。此外,地方权贵也可以动用他们的影响力,敦促地方议事会通过爱国决议;他们劝说自己的邻人,收买或恐吓他们的依附者,就像从前那位十分可敬的卢奇乌斯·维希狄乌斯曾为西塞罗针对安东尼而塑造的"全意大利的共识"所做的贡献那样。[②] 许多元老已逃到安东尼那里。他们在意大利各城镇里的反对党现在可以大摇大摆地出现在光天化日之下,占据敌人离开后留下的权力空缺,并夺取他们的产业。许多地区现在已经掌握在渥大维最忠诚的一批朋友和党徒手中。只有铁骨铮铮的人(或愚蠢至极的人)才敢于在卡尔维修斯·萨比努斯或斯塔提利乌斯·陶鲁斯统治区域附近坚持自由的立场。我们也完全有理由推测,梅塞纳斯在他的祖先曾作为国王统治过的阿雷提乌姆不会遇到任何抵抗;阿普列乌斯家族(Appuleii,与渥大维沾亲带故的一个家族)和诺尼乌斯·伽鲁斯(Nonius Gallus)能够赢得萨姆尼乌姆北部埃塞尼亚(Aesernia)城的效忠;而坎帕尼亚的卡勒斯殖民地中的维尼奇乌

① A. v. Premerstein, *Vom Werden und Wesen des Prinzipats*, 53.

② Cicero, *Phil.* 7. 23 f.

斯家族(Vinicii)也可以向渥大维提供热情的支持。[①] 名气较小的党徒同样有可能发挥重要作用。佩利尼人居住的苏尔默曾在玛库斯·安东尼为恺撒率军入侵意大利之际大开城门。十七年后,当地一个有权有势的奥维狄乌斯家族(Ovidii)可能促使苏尔默采取了支持民族团结的立场。[②]

士兵们是可以被收买的,社会底层是可以被欺骗或镇压的。那么当时的社会上层与中层的真实情感究竟如何呢?他们中的许多人大概能够识别这种昭然若揭的欺骗,怀疑恺撒党的政治宣传,拒绝相信战争的真正根源是一个堕落的罗马人试图让一个蛮族女王带着她的宦官、蚊帐和各种东方奢侈品统治卡皮托林山的凶恶行径。这显然是荒谬的;并且这些人也完全清楚战争是什么样子。如果冷静估计的话,当时的形势是相当糟糕的。仅仅希望能获得 290
授权治理东方的罗马凯旋将军安东尼本人并不构成对帝国的任何威胁,相反却是有望在未来整合它的一位统治者。但在异族盟友帮助下取得战争胜利的安东尼却是另一回事。同样令人担忧的可能是实力旗鼓相当的双方将进行一场不分胜负的战斗,彼此敌对的两派在战后继续存在,变为帝国分裂后两个部分各自的统治者。

布伦迪西乌姆和约签订后两位政治巨头对东方和西方的暂时

---

① 在亚克兴战役前后在高卢地区为奥古斯都积极效劳的玛库斯·诺尼乌斯·伽鲁斯(M. Nonius Gallus,见 Dio,51.20.5)无疑来自埃塞尼亚(Aesernia,见 *ILS* 895);绥克斯图·阿普列乌斯是那座城镇的庇护人(*ILS* 894)。关于维尼奇乌斯家族的起源,见上文,原书第 194 页。

② 值得注意的是,在这一时期,曾作为骑兵指挥服过兵役的地方长官卢奇乌斯·奥维德·文特里奥(L. Ovidius Ventrio)是苏尔默一场公共葬礼中所记录的第一人(*CIL* IX,3082)。

分治损害了意大利的经济，也伤害了意大利人的感情。安东尼所建立的、将东方的统治权下放给罗马的附庸王公们，从而减轻罗马海外帝国负担的模式损害了帝国的利益，也限制了罗马财阀和税吏巧取豪夺的空间。[①] 利害关系不自觉地转变成了理直气壮、爱国主义的义愤填膺。已经获得土地的人，特别是那些新贵担心自己会重新陷入贫穷或遭遇另一场革命；生意人则兴高采烈地跃跃欲试，期待着能重新征服东方诸王国，并夺取长期以来让他们望眼欲穿的战利品——埃及的肥沃土地。对民族团结事业和征服东方事业最热心的那一部分人无疑来自罗马骑士阶层和那些跟他们有着亲戚纽带或业务往来等密切联系的元老。[②]

但如果这种二分天下的格局稳定下来的话，那又将怎样呢？两位政治巨头领土间的边界——爱奥尼亚海和陆上狭窄且难以通行的黑山(Montenegro)山脉是自然条件、历史原因、文明类型、语言差异等因素共同作用下形成的西方拉丁世界与东方希腊世界间的固有疆界。这个大帝国很容易一分为二。在后来的年代里，东西方之间的隔阂居然被掩饰得如此不露痕迹，其最终分裂被拖延了那么久，堪称罗马历史上的一大奇迹。海外领土的丧失对于依靠东方税收繁荣富裕起来的意大利而言是毁灭性的，那些税收是它通过输出士兵、财阀和行省总督而换取的回报。借以维持生计的资源一旦被切断，意大利就必然会陷入贫困和耻辱。意大利人的民族自尊心当然要对此表示抗议。进行海外扩张的共和国军团

① 参见 M. A. Levi, *Ottaviano Capoparte* II, 153。

② 可能跟十七年前恺撒入侵意大利前夕的情况一样，银行家和有产者们也得到了某种许诺。

曾击溃并横扫了东方的各路王侯，把胜利的鹰帜一直带到幼发拉底河河畔和高加索山区，难道他们为的就是今天这个结局吗？ 291

那些没有被渥大维的伪装或自己的感情所欺骗的人或许由于一种悲观主义思想而采取了同样的做法，或至少默许了这些行为的发生。意大利人民中的优秀分子是不喜欢战争或独裁统治的。但独裁已经建立起来了，并且战争也已不可避免。没有人还会相信自由能够得到重建了。但如果即将到来的斗争可以消灭最后一个与渥大维争雄的政治巨头，从而为近三十年以来的党争、和约与战事画上一个句号的话，那么尽管自由已一去不复返，和平局面却总归能够建立起来。这是值得的——不仅对中产阶级而言如此，对显贵们来说也是一样。他们的立场早已消失了——或许在法萨卢斯还没有彻底失败，但在腓力比遭到了最后的致命一击。他们知道这一点，也知道和平与生存所要付出的代价。

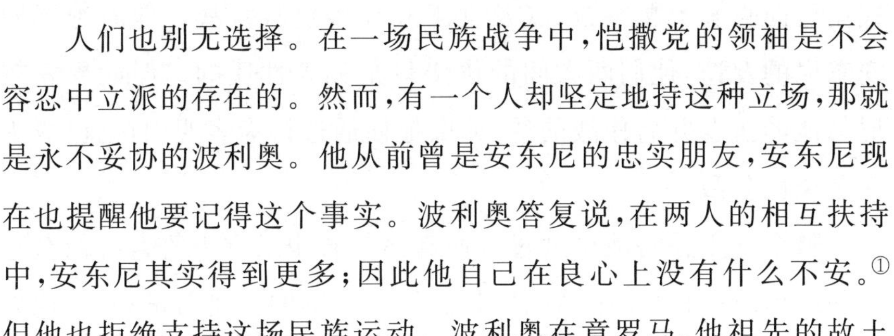

人们也别无选择。在一场民族战争中，恺撒党的领袖是不会容忍中立派的存在的。然而，有一个人却坚定地持这种立场，那就是永不妥协的波利奥。他从前曾是安东尼的忠实朋友，安东尼现在也提醒他要记得这个事实。波利奥答复说，在两人的相互扶持中，安东尼其实得到更多；因此他自己在良心上没有什么不安。[①]但他也拒绝支持这场民族运动。波利奥在意罗马、他祖先的故土

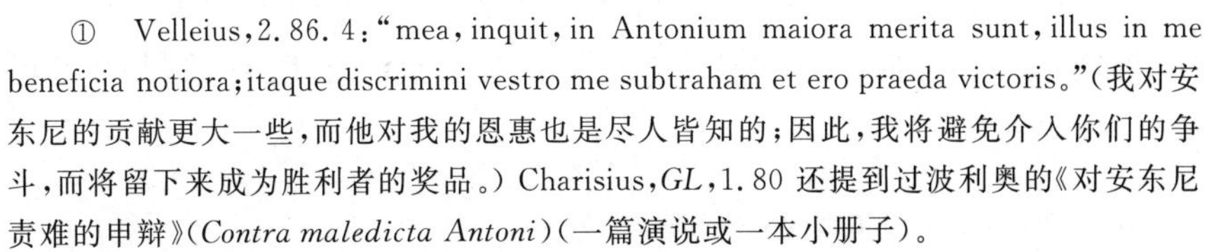

① Velleius，2. 86. 4：“mea，inquit，in Antonium maiora merita sunt，illus in me beneficia notiora；itaque discrimini vestro me subtraham et ero praeda victoris。”（我对安东尼的贡献更大一些，而他对我的恩惠也是尽人皆知的；因此，我将避免介入你们的争斗，而将留下来成为胜利者的奖品。）Charisius，*GL*，1. 80 还提到过波利奥的《对安东尼责难的申辩》（*Contra maledicta Antoni*）（一篇演说或一本小册子）。

意大利和自己的尊严，但并不关心任何党派，更不在意那些被描述得仿佛高于党派和政治利益的仇怨。过度理想化的爱国主义和虚伪的政治宣传是同他的诚实品格和睿智头脑格格不入的。他对渥大维和自己在恺撒党中的新旧朋友们、对普兰库斯或阿格里帕都不抱任何幻想。令人遗憾的是，没有任何史料为我们保存下来波利奥对于当时政局的这些风云变幻的看法；我们也完全能够理解何以会出现这样的局面：他的评论必然是一针见血、尖酸刻薄的。

在效忠誓言和“全意大利共识”的支持下，渥大维僭取了权威和一场爱国战争的指挥权。他接下来就宣布了剥夺安东尼的权力和他下一年担任执政官的资格。他把空缺的职位授予了自己麾下的贵族党羽——瓦勒里乌斯·麦萨拉；同时，为了领导罗马投入战争，他自己也第三次担任了执政官。他并未宣布安东尼已不受法律保护——那实在是多此一举。这位罗马领袖遵照古时的整套仪
292 式流程向克莉奥帕特拉、埃及女王和异族仇敌宣战。他断绝了同安东尼的友谊，他们两人间的仇怨只是私人性质的。但如果安东尼与他的盟友并肩作战的话，那么他便通过行为表明，自己已成为一名全民公敌。[①]

整个冬季在备战中度过。西部诸行省也已立下誓言。像在意大利的情况一样，军事殖民地是支持渥大维的主要力量；并且地方权贵（无论他们是罗马殖民者、生意人还是本地豪强）也都忠于恺撒党。独裁官恺撒已经把许多来自西班牙和纳旁高卢的人纳入了元老院；并且在加的斯和科尔杜巴等外省城市中也有数目相当可

① 狄奥对此有过清晰的表述（Dio，50.6.1）。

观的罗马骑士。[1] 老巴尔布斯和他的侄子在他们的本乡加的斯中无所不能,只是还没有称孤道寡而已。我们也可以推断,富有的阿涅乌斯(Annaei)家族也在科尔杜巴拥有足够的影响力。[2] 科奈里乌斯·伽鲁斯和格涅乌斯·尤利乌斯·阿古利可拉(Cn. Julius Agricola)祖先的故乡尤利乌斯广场镇在坚决支持渥大维方面也毫不含糊。各地方的民众还保持着平静:高卢诸多部落的酋长仍旧忠于他们的庇护人恺撒。公元前 32 年为庆祝卢奇乌斯·科尼菲奇乌斯和阿皮乌斯·克劳狄乌斯·普尔切分别在阿非利加和西班牙取得的胜利而举行的凯旋式加深了人们对西方安定局势和恺撒、恺撒党的权势与荣耀的印象。[3]

西方的军队掌握在渥大维忠诚可靠的党徒手里。久经考验的军人盖约·卡里纳斯和盖约·卡尔维修斯掌握着高卢和西班牙;卢奇乌斯·奥特罗尼乌斯·佩图斯(L. Autronius Paetus,或另外一个佩图斯)是阿非利加的行省总督。[4] 梅塞纳斯控制着罗马和意大利。他被授予巨大的权力,但没有担任什么官职。[5] 这样的

① 加的斯城拥有 500 名达到骑士资格标准的公民,意大利城镇中只有帕塔维乌姆(Patavium)的骑士人数超过了它(Strabo, p. 169)。公元前 48 年的一次征税则表明科尔杜巴也拥有大批骑士,参见 *Bell. Al.* 56. 4。

② 既然日后以历史学家和修辞学权威著称的骑士卢奇乌斯·阿涅乌斯·塞涅卡能够把自己的两个儿子送入元老院,那么他必然是一个家道殷实的人。

③ *CIL* I^2, p. 77.

④ *CIL* I^2, p. 77. 盖约·卡里纳斯(另参见 Dio, 51. 21. 6)于公元前 28 年 5 月 30 日举行了凯旋式;卡尔维修斯和奥特罗尼乌斯可能分别在同年的 5 月 26 日和 8 月 16 日举行了凯旋式。奥特罗尼乌斯可能并不是卢奇乌斯·科尼菲奇乌斯在阿非利加行省的直接继任者。关于公元前 32—前 28 年各行省指挥权的归属问题,见下文,原书第 302 页以下。

⑤ Dio, 51. 3. 5.

部署必须万无一失，不能潜藏着可以让某个安东尼党徒以捍卫自由的名义在意大利起事的危险，不能再出现第二次佩鲁西亚战争。
293 万无一失的保险措施也提供了冠冕堂皇的借口。[①] 渥大维带着全体元老和大批罗马骑士渡海前去作战——这些人出于信任、利益关系或恐惧而追随着他。这是一幅壮观的景象：整个民族在罗马诸神和恺撒继承人的领导下出征，他们因爱国精神而团结一致，去进行一场毕其功于一役的战斗。

Hinc Augustus agens Italos in proelia Caesar
cum patribus populoque, penatibus et magnis dis.[②]
（奥古斯都·恺撒在这里率领着意大利人投入战争，
身边跟随着贵族和民众、罗马的家神和伟大的诸神。）

① Dio, 50. 11. 5: "τοὺς μὲν ὅπως τι συμπράξωσιν αὐτῷ, τοὺς δ' ὅπως μηδὲν μονωθέντες νεοχμώσωσι, τό τε μέγιστον ὅπως ἐνδείξηται τοῖς ἀνθρώποις ὅτι καὶ τὸ πλεῖστον καὶ τὸ κράτιστον τῶν Ῥωμαίων ὁμογνωμονοῦν ἔχοι." （这样一是为了让他们跟自己同进退；二是为了防止这些人留在意大利后方制造变故；但最重要的目的则是向世人表明，大部分和最有权势的罗马人都站在自己这边。）

② Virgil, *Aen.* 8. 678 f.

第21章　军事领袖 294

渥大维的对手安东尼在希腊过了冬。他的陆军和舰队已经准备停当，但或许并不像他本应表现得那么坚毅果决。安东尼现在不得不与克莉奥帕特拉同呼吸共命运——因为他已没有回头路了。他的大本营设在科林斯湾深入大海处的帕特雷(Patrae)。他的军队依靠埃及的粮船供应食品，沿着从科基拉(Corcyra)和伊庇鲁斯到伯罗奔尼撒半岛西南端的地界排成一线。卡尼狄乌斯麾下的陆军主力包括19个军团；剩下的11个军团分别驻守埃及、昔兰尼、叙利亚和马其顿的各处要塞。[①]

安东尼有充足的理由不去主动进攻，这不仅仅是由于联手埃及女王入侵意大利会造成不良的政治影响。从军事角度考虑，在意大利登陆也是有风险的——意大利沿海缺少良港，而布伦迪西乌姆又有重兵把守。此外，采取攻势的安东尼将会丧失给养充足、援兵众多和运输线畅通等诸多有利条件。

海军和陆军的需求是紧密联系的。为了二者共同的需要，安东尼放弃了阿尔巴尼亚海岸和埃格纳修斯大路(Via Egnatia)的西段。这看起来是个错误，但也可能是故意卖的破绽。安东尼计

---

① J. Kromayer, *Hermes* XXXIII (1898), 60 ff.; XXXIV (1899), 1 ff.; W. W. Tarn. *CAH* X, 100.

划对敌人大开门户，诱使渥大维孤军深入，之后在优势海军力量的帮助下围而歼之。安东尼也不一定要通过海战达到目的：这位当时最伟大的将领或许打算复制法萨卢斯和腓力比战役中的策略，但这一次是要消灭恺撒党的军队。时间、金钱和补给等方面的优势都掌握在他的手中。他可以采取拖延的策略，打一场尽量少让罗马人流血的战争，那对于人们并不为任何信条、而只为挑选一个主人而进行的内战而言是很适宜的。

安东尼在战舰数量方面占有优势；至于陆上军团的数目，大概他的敌人也无法把一支比安东尼兵力更胜一筹的庞大部队运到亚得里亚海对面——即便他们能够平安抵达，获取补给也是一个更加棘手的难题。战斗力对比方面的情况有所不同。布伦迪西乌姆和约签订后，安东尼已无法从意大利募兵。从米底的败退又严重

295 折损了他的兵力。[①] 但他随后通过重新募兵弥补了损失，并将手

中的兵团总数增加到了 30 个。诚然，这些新兵肯定比意大利的士兵们逊色一筹；但如果他们来自骁勇善战的马其顿、加拉提亚居民的话，这支力量也是不容小觑的。也许安东尼在伊庇鲁斯招募的精兵主要来自他从前指挥过的老兵军团。[②] 但罗马士兵会为埃及

① 在米底和亚美尼亚的损失经常被夸大了。

② 正如塔恩论述的那样：*CQ* XXVI(1932)，75 ff. 然而，安东尼肯定大量招募了行省雇佣兵。例如，布鲁图斯曾招募过两个马其顿军团(Appian，*BC*，3. 79. 324)。关于安东尼的情况，孔茨(O. Cuntz，*Jahreshefte* XXV[1929]，70 ff.)根据一些具有东方血统的士兵族名(gentilicia)分析出了他们被安东尼的某些党徒授予罗马公民权的事实。值得注意的材料还有来自埃及菲雷(Philae)的铭文(*OGIS* 196，公元前 32 年)，其中提及了一位行省总督(ἔπαρχος，相当于 praefectus)盖约·尤利乌斯·帕皮乌斯(C. Julius Papius)和一些百夫长，其中包括一个名叫德米特里乌斯(Demitrius)的人。约瑟福斯作品中的一段往往被人忽视的文字(*BJ*，1. 324；参见 *AJ*，14. 449)证明公元前 38 年在叙利亚各地方有过征兵活动。

女王而战吗？他们都还保留着昔日恺撒党军团对一位跟恺撒一样果敢英勇的将领的个人忠诚；但他们没有占据道德上的制高点，不具备凝聚西方军队的那种狂热爱国精神。不过，在最糟糕的情况下，安东尼可能并不需要让这些军团去跟他们的亲人面对面厮杀。他或许可以动用自己具备压倒性优势的海军，那种优势是连之前的庞培或自由派在面对意大利的来犯之敌时都不曾具备的。

如果这当真是安东尼的如意算盘的话，那它落空了。安东尼拥有一支强大的舰队和优秀的海军将领，但他的战船和部将近年来缺乏参加海上的实战经验。渥大维的海军将领则在他们曾遭受的多次挫折中经受了历练，并通过他们在西西里战争中所取得的最后胜利而士气大振。

渥大维没有攻打都拉基乌姆或阿波罗尼亚。先发制人的他向南进军，在阿布拉齐亚（Ambracia）湾北岸的亚克兴（Actium）半岛上站稳了脚跟；而阿格里帕率领的舰队则夺取了安东尼在南方的若干据点，切断了他的运输补给线。安东尼在毗邻地区集结了兵力。随后发生的事情是晦暗不明的。在之后的几个月里发生的陆上和海上军事行动没有在现存史料中留下足够充分的记载。安东尼的海军将领索西乌斯在一场大规模海战中被阿格里帕击败了；[①]而安东尼试图从陆上包围渥大维营地并设立己方据点的企图也以失败告终。他的如意算盘到头来却成了作茧自缚——他现
在反而被包围和封锁了。饥馑和疫病威胁着他的军队。 296

屋漏偏逢连夜雨。临阵脱逃的现象又在安东尼的军队中出现

① Dio，50.14.1 f.

了。一些附庸王侯投奔了敌方阵营，其中包括率领着加拉提亚骑兵的阿米塔斯。罗马人中同样有变节投敌之徒：玛库斯·尤尼乌斯·西拉努斯和擅长审时度势的德利乌斯在见风倒方面是出了名的，但在那样一个时代里也算不得无出其右。① 前共和派玛库斯·李锡尼乌斯·克拉苏差不多也是在这个时候同渥大维媾和的——他开出的价码是要让自己当上执政官。② 连埃诺巴布斯也坐着一条小船悄悄逃跑了；安东尼随后把他的财产如数奉还。③ 普兰库斯和提提乌斯之前已出于政治考虑而改换门庭。现在的军事形势也危如累卵，预示着安东尼的伟大生涯和他的强大党派已穷途末路。此时，安东尼的身边已只剩下三个前执政官级别的人物——卡尼狄乌斯、索西乌斯和盖利乌斯·普布利可拉(Gellius Poplicola)。将领、罗马元老和东方王侯的叛变风气很快就蔓延到了海军和陆军中。卡尼狄乌斯现在主张退回马其顿，在蛮族盟友的支持下再谋他途。④ 亚克兴战役的结局在开战之前已经注定了。

事实的真相已经无人记得了。我们无法确定，安东尼进行海战的目的究竟是为了争取胜利，还是突围逃窜。⑤ 9 月 2 日清晨，

---

① Plutarch, *Antonius*, 59（其年代记载有误，参见 Dio, 50. 13. 8; Velleius, 2. 84. 2）。

② Dio, 51. 4. 3. 没有证据告诉我们他改换门庭的具体时间。他此前曾追随过绥克斯图·庞培。

③ Plutarch, *Antonius*, 63; Dio, 50. 13. 6; Velleius, 2. 84. 2; Suetonius, *Nero*, 3. 2. 此后不久，埃诺巴布斯便去世了。

④ Plutarch, *Antonius*, 63. 跟伟人庞培（*SIG*[3] 762）一样，安东尼也指望能从达西亚人(Dacians)那里获得援助。

⑤ 关于前一种观点，见 W. W. Tarn, *JRS* XXI(1931), 173 ff.; XXVIII(1938), 165 ff.; 关于后一种观点，见 J. Kromayer, *Hermes* XXXIV(1899), 1 ff.; LXVIII(1933), 361 ff.; G. W. Richardson, *JRS* XXVII(1937), 1 ff. 针对塔恩的假说，人们可以像克罗迈尔那样指出安东尼已经在海战中遭到惨败，在陆上也已陷入困境。

他的战舰出港列队，做好了战斗准备。在他的海军将领中，地位最高的是索西乌斯和普布利可拉；担任指挥的还有来自皮苏鲁姆的玛库斯·因斯泰乌斯、经验丰富的前庞培党将领昆图斯·纳西狄乌斯和出身于执政官家族的玛库斯·渥大维。[①] 渥大维的舰队也出来迎战安东尼的部下。他们将在恺撒的支持下进行这场战役——恺撒的继承人就在队伍的最前列：

> stans celsa in puppi，geminas cui tempora flammas
> laeta vomunt，patriumque aperitur vertice sidus. [②]
>
> （他站在高高的船舷前，眼中喷射出两道欢快的火焰，父亲的星象显示在他的头上。） 297

不过，渥大维虽然是名义上的“军事领袖”（dux），他指挥海战的本领却比指挥陆战更为逊色。真正指挥战事的是瑙洛库斯战役的胜利者阿格里帕；辅助他的还有执政官麦萨拉、卢奇乌斯·阿伦提乌斯、玛库斯·卢利乌斯和卢奇乌斯·塔里乌斯·鲁孚斯。另外两位将领——仅次于阿格里帕的伟大元帅斯塔提利乌斯·陶鲁斯和叛逃过来的提提乌斯指挥着渥大维党的陆上军团。

这场战役的过程、性质和持续时间都笼罩在迷雾中，并且充满争议。战斗可能算不上激烈，伤亡也相对较少。安东尼麾下的大

---

① Velleius，2. 85. 2；Plutarch，*Antonius*，65；Dio，50. 13. 5；14. 1 等史料列举了交战双方的将领姓名。另参见 Appian，*BC*，4. 38. 161（其中介绍了麦萨拉的情况）。

② Virgil，*Aen.* 8. 680 f.

部分舰只要么拒绝作战，要么在战败后被迫退回港里。[①] 安东尼本人率领40条战船成功脱身，追随着克莉奥帕特拉逃往埃及。劝降攻势在陆军中发挥了作用。将军卡尼狄乌斯力劝手下的兵士行军穿过马其顿并重整旗鼓，但毫无效果。他不得不逃往安东尼那里。几天后，安东尼的陆军投降了，期间他们可能在与敌人讨价还价——安东尼的老兵们后来也在殖民地土地的分配中分得了一杯羹。[②]

我们不清楚在海战中出卖安东尼(如果他确曾遭人出卖了的话)、避免了罗马人流血牺牲的主角是何许人。一个嫌疑人是索西乌斯。一些安东尼党徒后来被处决了；但索西乌斯被赦免了(据说赦免他的是前庞培党人卢奇乌斯·阿伦提乌斯)。[③] 这种先威胁要处死索西乌斯，随后又饶他一命的做法或许是事先精心设计好的。

争夺权力的双方都尽力避免进行真刀真枪的力战。结果也是如此。亚克兴战役是一桩毫无亮点的事件，是诋毁克莉奥帕特拉、鼓吹全意大利的誓言和神圣同盟的龌龊政治宣传的顶点。但年轻的恺撒继承人需要在罗马历史和希腊历史上前无古人的胜利荣耀。[④] 在胜利者炮制的官方版本中，亚克兴战役是波澜壮阔、激动人心的；它被塑造成了一场伟大的海战，其中包含着极其丰富的、

---

① 关于认为安东尼麾下的整个左翼拒绝作战的假说(主要基于 Horace, *Epodes*, 9.19 f.)，参见 W. W. Tarn, *JRS* XXI(1931), 173 ff.。

② Hyginus, *De limitibus constituendis*, p. 177.

③ Velleius, 2.86.2.

④ 参见 W. W. Tarn, *JRS* XXI(1931), 179 ff.。

令人信服的动人细节。此外，亚克兴海战还成了人格化的东方与西方的决斗和元首制时期神话的第一篇章。斗争中的一方是恺撒继承人、元老院和罗马人民，象征尤利乌斯家族命运的星辰在他的头上绽放光芒。而在天上，罗马诸神也在同尼罗河的兽形鬼怪进 298
行战斗。站在罗马对面的则是来自东方各地的——埃及、阿拉伯和巴克特里亚（Bactria）——光怪陆离的雇佣兵，率领他们的是一个穿着非罗马传统服饰的罗马叛徒、“统率各路军队的安东尼”（variis Antonius armis）。最糟糕的则是那个异族女人——

sequiturque，nefas，Aegyptia coniunx. ①
（身后跟着他那天怒人怨的埃及姘妇。）

这场胜利是决定性的和彻底的。战胜者已不必急于前往埃及追亡逐北。渥大维手中拥有一支大军，并且需要对许多军团进行妥善安排——支付它们的军饷、解散或雇用它们。他马上派阿格里帕返回意大利。这项工作容不得半点耽搁。渥大维本人也仅仅向东推进到了萨摩斯岛，随后自己也因意大利出现的麻烦而返回。意大利发生了一场阴谋——或至少人们声称如此。梅塞纳斯马上将它镇压了下去。② 阴谋的制造者是已被夺权的雷必达的一个儿子；他的妻子、曾同渥大维订过婚的塞维莉娅勇敢地同他一道赴死，这是真正忠于贵族传统的行为。她是那个声称自己拥有阿尔

① *Aen.* 8. 688.
② Velleius，2. 88.

巴·龙迦(Alba Longa)城的贵族血统的家族中的最后一个知名人物。更令人不安的是阿格里帕报告的消息——老兵们发起了骚动与哗变。渥大维于冬季穿过寒冷的海面抵达布伦迪西乌姆,安抚了他们的激动情绪。[①]

各地的零星战事让渥大维手下的一些军团忙得不可开交。尽管诸行省没有爆发什么严重骚乱,但人们还是很快感受到了一场罗马内战带来的连锁反应。渥大维手下的将军于这段时期内举行的凯旋式(在公元前28—前26年间至少有六次),至少有一些确实是用苦战换来的。

此后,与安东尼清算的时候到了。公元前30年夏,渥大维从叙利亚方向、科奈里乌斯·伽鲁斯从西边向埃及发起进军。安东尼在昔兰尼加(Cyrenaica)的副将皮纳里乌斯·斯卡普斯带着四个军团投降了,转而为胜利者效劳。[②] 亚克兴惨败后,安东尼和他的妻子在最后的寻欢作乐、想入非非和消沉绝望中度过了近一年的时光。在短暂的抵抗后,安东尼再次被打败,于是他自刎身死。8月1日,罗马人民的军队开进了埃及首都。这便是所谓的亚历山大里亚战争。

克莉奥帕特拉在安东尼死后又活了几天;这段日子马上成了逸事与传说的素材。对于渥大维而言,如果女王继续活下去,那会
299 让他如鲠在喉;[③]但一位罗马凯旋将军又不能下令处死一个女子。

① Dio,51.4.3 ff.

② Dio,51.9.1.关于斯卡普斯发行的钱币,见 *BMC*,*R. Rep.* II,586。*BMC*,*R. Emp.* I,III 对它进行了更正。

③ 参见 E. Groag,*Klio* XIV(1914),63.

在通过他的朋友伽鲁斯和普罗库勒乌斯进行了谈判后，他亲自会见了女王。[1] 克莉奥帕特拉用她的外交手腕、伪装的胆怯和强烈的自尊心找到了出路。托勒密王室的最后一位君主耻于在一场罗马凯旋式上被人拉拽着示众。她那态度坚决、藐视一切的死亡方式是符合刚烈（ferocia）的罗马贵族气质的，它最终确立了关于克莉奥帕特拉的神话：

deliberate morte ferocior
saevis Liburnis scilicet invidens
private deduci superbo
non humilis mulier triumpho. [2]

（她的怒火越烧越旺，宁愿一死，也不想坐上敌人的利布尔尼亚快船；这个女流之辈不肯以庶人身份被强行带到高傲的罗马人的凯旋式上。）

蛇的毒液保全了克莉奥帕特拉的名节，同时也为一位罗马政治家摆脱了麻烦。这个恶魔从前曾是多么可怕啊！最令胜利者欢欣鼓舞的并不是光荣的亚克兴战役和打败当时最伟大的军人的荣誉，而是那位异族女王、那个“致人死命的妖魔”（fatale monstrum）的死。“现在让我们尽情痛饮吧！”（Nunc est bibendum）在罗马领

① Plutarch，*Antonius*，77 f.；Dio，51. 11. 4（普罗库勒乌斯）；Plutarch，*Antonius*，79（伽鲁斯）. 亚克兴战役后，普罗库勒乌斯曾在克法勒尼亚指挥过海军，见 *BMC*，*R. Rep*. II，533。

② Horace，*Odes*，1. 37. 29 ff.

着津贴、过着悠然自得生活的诗人贺拉斯歌唱道。

安东尼的一些党羽还在人世。恺撒曾利用和采纳慈悲为怀的做法，洗刷一部分内战的罪恶。[1] 他的继承人在杀戮起不到效果的情况下也如法炮制。他甚至宣称，自己在胜利后将会宽恕所有要求赦免的罗马人。[2] 仁慈(clementia)成了渥大维的突出美德之一；威利乌斯·帕特库鲁斯(Velleius Paterculus)狂热地赞美了意大利的领袖在亚克兴战役后的仁慈做法。[3] 诚然，我们也很难纠正或驳斥这些带有党派色彩的说法。索西乌斯从亚克兴战役中得以幸存；小福尔尼乌斯和小麦特鲁斯拯救了他们各自的父亲；[4]像格涅乌斯·科奈里乌斯·秦那一样，绥克斯图·庞培同母异父的兄弟玛库斯·埃米利乌斯·斯考鲁斯也获得了原谅。[5] 但斯克里波尼乌斯·库里奥被处决了——可能是因为这位继承了其父忠诚、勇敢品格的儿子耻于跪地求饶；[6]他的母亲福尔维娅也赞同他的这种做法。还有其他牺牲品。在后来被捕的安东尼党徒中，有
300 四个人被处死了，其中包括刺杀独裁官恺撒的最后两名凶手——德奇姆斯·图鲁利乌斯和帕尔玛的卡西乌斯，这样就结束了始自

① 见上文，原书 159 页。

② *Res Gestae*，3："victorque ominibus v[eniam petentib]us civibus peperci。"(作为胜利者，我宽恕了一切向我投降的罗马公民。)

③ Velleius，2. 86. 2："victoria vero fuit clementissima nec quisquam interemptus nisi paucissimi et hi qui deprecari quidem pro se non sustinerent。"(这场胜利展示了何为真正的仁慈：没有一名[罗马公民]事后被处死，只有极少数人因为不肯向他[奥古斯都]屈服而遭到了放逐。)

④ Seneca，*De ben*. 2. 25. 1 (福尔尼乌斯)；Appian，*BC*，4. 42. 175 ff. (麦特鲁斯)。

⑤ Dio，51. 2. 4 f. (斯考鲁斯)；Seneca，*De clem*. 1. 9. 11 (秦那)。

⑥ Dio，51. 2. 5. 阿奎利乌斯·弗洛鲁斯(Aquillius Florus)和他的儿子也被杀死了。

处死亚细亚行省总督盖约·特瑞波尼乌斯的一连串复仇行动。[①] 最后一位安东尼手下的大将普布利乌斯·卡尼狄乌斯也死去了。忠于安东尼的他也批评过自己的领袖，从而落得个两边不讨好的下场。人们传说他在亚克兴海战后丢下自己的军团逃跑了，并且他的死亡方式毫无英雄气概可言。[②] 安东尼的长子也被杀死了。

克莉奥帕特拉的孩子们成了一个更微妙的问题。“出现一大群恺撒可不是什么好事。”[③]这个一针见血的认识决定了托勒密·恺撒的悲惨命运，因为许多人相信他确实是独裁官恺撒的儿子。亚历山大·赫利奥斯和克莉奥帕特拉·塞勒尼被留下来在罗马凯旋式上示众。我们此后再也没有听说过那个男孩——他可能被杀害了。女孩则成了罗马帝国政策的工具，嫁给了具有努米底亚王室血统、并成为毛里塔尼亚国王的尤巴(Juba)亲王。

埃及女王和她的儿女们、这些头戴王冠的帝室之胄的命运就是这样。罗马的凯旋将军攫取了托勒密王室的遗产。他冠冕堂皇地宣称，自己已为罗马人民的帝国开疆拓土。[④] 渥大维把埃及视为自己和元首家族的私产，通过一名代理人直接治理，不容元老院染指。第一位埃及省长为罗马骑士盖约·科奈里乌斯·伽鲁斯

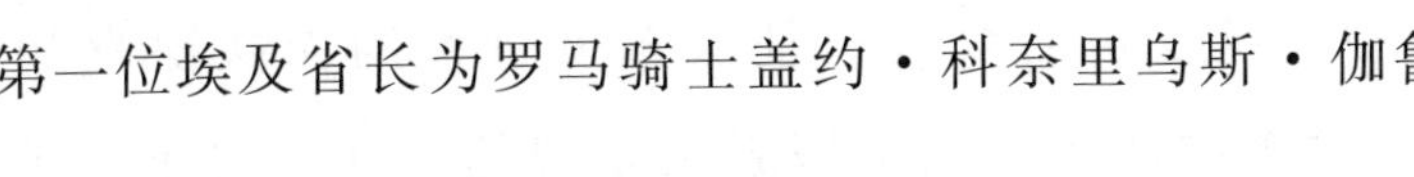

① Dio，51. 8. 2 f.（图鲁利乌斯）；Velleius，2. 87. 3（卡西乌斯）。

② Velleius，2. 87. 3："Canidius timidius decessit quam professioni eius，qua semper usus erat，congrunebat。"（卡尼狄乌斯在面对死亡时的表现比他生前经常进行的自我标榜要怯懦得多。）

③ Plutarch，*Antonius*，81.

④ *Res Gestae*，27："Aegyptum imperio populi [Ro]mani adieci。"（我把埃及的统治权交给了罗马人民）；*ILS* 91："Aegupto in potestatem|populi Romani redacta。"（对埃及的控制权重新回到了罗马人民手中。）

(C. Cornelius Gallus)。[①]

在公元前30年余下的时间和随后的冬季里，征服者继续在东方进行布局。对自己的弱小心知肚明的附庸王侯们忙不迭地向罗马人的权威与利益表示效忠，无论其代表究竟是庞培、克拉苏还是安东尼。渥大维废黜了一些地方诸侯和若干城市的专制统治者。但他很乐意将大多数附庸诸侯纳入自己的庇护体系。[②] 作为安东尼东方权力的继承者，渥大维确认了他们的名分，还扩大了他们的领土。但他之前的政治宣传中的一个核心部分是要证明，安东尼
301 把罗马人民的领土赠予了一些庸碌无能、罪恶累累的异族王公。现在这些无关紧要了。就对克莉奥帕特拉儿女们的馈赠而言，无论它们是什么，是否合理，渥大维当然都要予以取消；但除此以外，当渥大维将东方事务布置停当之后，直接由罗马管理的小亚细亚和叙利亚领土已比三十年前庞培征服东方时小了很多。跟安东尼建立的体系完全相同的是，波勒莫、阿米塔斯、阿克拉奥斯和希律王这四个人控制着广袤的国土，把守着东部边疆。罗马则在亚洲保留了亚细亚、比提尼亚-本都和叙利亚三个行省。

被大肆鼓吹的罗马再征服东方过程的赤裸裸真相即是如此。[③] 这个诡计多端的征服者把发现的东西原封不动地放了回去。要求保护罗马的海外帝国和真正罗马精神免受异族威胁的口

---

① *ILS* 8995(Philae)："C. Cornelius Cn. f. Gallu[s eq]ues Romanus pos[t] rege[s]|a Caesare deivi f. devictos praefect[us Alex]andreae et Aegypti primus。"(罗马骑士格涅乌斯之子盖约·科奈里乌斯伽鲁斯继[埃及]诸王后被神圣的恺撒之子任命为亚历山大里亚和埃及的第一任行政长官)。

② 关于这些安排的细节，参见 Tarn, *CAH* X, 113 ff.。

③ *Res Gestae*, 27. 参见 Virgil, *Georgics*, 2. 171; 3. 30; 4. 560 ff.。

号在意大利迫使恺撒继承人积极备战，甚至在和平到来后也不能放松警惕；但这些纲领在东方就被悄无声息地放弃了，渥大维只是继承了安东尼的政策，并将之进一步系统化而已。在尼西亚(Nicaea)和以弗所建造的、供奉女神罗马和“神圣尤利乌斯”的庙宇，同样也崇奉引人注目的、具有帝王气度的东方新主人渥大维。[①]

边疆问题并不是特别紧迫。安东尼原本已使亚美尼亚依附了罗马，但亚美尼亚在亚克兴之战期间又开始自行其是。渥大维并未多管闲事。他没有采取行动去收复这一地区，而只是援引并恪守罗马人的传统习惯，以此作为不曾把该地区改造为罗马行省的借口。[②]

由于渥大维已经为罗马夺取了埃及和那里的财富，他便有了资本，可以放弃亚美尼亚和安东尼东北边疆政策的一部分。他在东方的退步抽身是谨慎巧妙的。在处理同安东尼的盟友——米底的关系方面，渥大维起初继承了安东尼的政策，甚至一度把小亚美尼亚的土地也交给米底，以便它能够同时制约亚美尼亚和帕提亚。然而，渥大维并不仇恨帕提亚，也没有做出即将对帕提亚开战的姿态。相反，他与帕提亚人进行了谈判。当一名帕提亚的觊觎王位者逃到叙利亚时，他选择用这一机遇来争取和平，而不是挑起战争。

克拉苏的惨败和民族荣誉感要求罗马人对帕提亚发动复仇之战。之前的一些政治巨头——庞培、克拉苏和安东尼曾希望能让

---

① Dio，51. 20. 6 f.

② *Res Gestae*，27.

自己的声名在共和国的全体将领中鹤立鸡群，于是不惜劳师远征，
302 企图抹去世人对不久前罗马世界内部纷争的记忆。罗马期待的（诗人们也宣称如此）是一场货真价实的、完完全全的、光辉壮丽的胜利——年轻的恺撒继承人应当征服世界的尽头，让不列颠与帕提亚都臣服于罗马的统治。[①] 在亚克兴海战后的十年内，这些话题是人们谈论得最多的——但也是跟那些年的历史进程最毫无关系的。渥大维自有主见。公然藐视爱国民众的情感当然是不明智的，但哄骗他们是再容易不过的事情。克拉苏的灾难和安东尼的厄运即便不像有些人所设想的那样严重，但毕竟是痛苦的教训；并且渥大维在西方和北方还有很多工作要去忙碌。为了贯彻罗马的政策、确保东部边疆的安全，只要略施外交巧计，威胁要扶植几个帕提亚王室摇摇欲坠的宝座的竞争者就够了。事实上，这个王国尽管难于入侵，并且还因其缺乏秩序和凝聚力而不可捉摸；但它的战斗力并不强大，其政策也并不咄咄逼人。狂妄、自负和无知或许能把帕提亚帝国推到与罗马争霸的位置上，[②]但它经受不起武力（或哪怕是外交斗争）的检验。只要罗马自身的统治体系没有因为内战而发生松动，人们就无须担心帕提亚会对亚细亚和叙利亚行省发动入侵。而内战的时代已经一去不复返了。

东方的情况就是如此。它的征服者在自己漫长的统治时期内并没有在那里花费太多心思。帕提亚的威胁就像埃及的威胁一

① 如 Virgil, *Aen.* 7.606; Horace, *Odes*, 1.12.53 ff.; 3.5.2 ff.; Propertius, 2.10.13 ff.。

② 夸大帕提亚的威胁是希腊人的特别习惯。史学家李维对他们进行了驳斥(9.18.6)。

样，不过是其政策中的借口而已。

更加迫在眉睫的危险来自他那些与自己旗鼓相当的对手——那些具有战略意义的行省的总督。在一名罗马骑士掌管下的埃及是安全的（至少渥大维以为如此）。但叙利亚和马其顿的情况又如何呢？亚克兴海战后不久，麦萨拉接管了叙利亚行省；[①]没有任何史料告诉我们渥大维任命的第一位马其顿行省总督是谁——可能 303
是陶鲁斯。[②] 但不久之前，麦萨拉和陶鲁斯已前往西方，分别接替卡里纳斯和卡尔维修斯治理高卢和西班牙行省。[③] 一个构不成任何威胁的人物、淫乱且暴躁的玛库斯·图利乌斯·西塞罗（M. Tullius Cicero，公元前 30 年递补执政官）、伟大演说家西塞罗的儿子当上了叙利亚行省总督。[④] 但一个跟他反差巨大的人物、著名的叛将玛库斯·李锡尼乌斯·克拉苏（公元前 30 年执政官）担

① Dio，51. 7. 7. 参见 Tibullus，1. 7. 13 ff.。

② 我们手头没有任何证据——但陶鲁斯是都拉基乌姆二人委员会（duovirr）的名誉成员。见 *ILS* 2678。

③ 关于陶鲁斯前往西班牙的记载，见 Dio，51. 20. 5（公元前 29 年）。卡尔维修斯于公元前 28 年 5 月 26 日举行了凯旋式（*CIL* I^2，p. 77），但他治理西班牙的时间可能早于陶鲁斯。关于亚克兴战役的记载没有提到过他。至于高卢，狄奥记载过诺尼乌斯·伽鲁斯（50. 20. 5）和盖约·卡里纳斯（51. 21. 6）的活动。卡里纳斯于公元前 28 年 5 月 30 日举行了凯旋式（*CIL* I^2，p. 77）。据我们所知，诺尼乌斯没有得到过这样的待遇，但他曾被欢呼为凯旋将军（*ILS* 895）。此人职权的具体性质和任期难以确定（见 Ritterling，*Fasti des r. Deutschland unter dem Prinzipat*，3 f.）。关于麦萨拉，见 Tibullus，1. 7. 3 ff.；*CIL* I^2，p. 50 and p. 77（公元前 27 年 9 月 25 日）。

④ 根据阿庇安（Appian，*BC*，4. 51. 221）的记载，他担任过叙利亚行省总督，具体时间无据可考。他的任期很可能在公元前 29—前 27 年，但公元前 27—前 25 年的可能性也无法排除。关于他的习惯，见 Seneca，*Suasoriae*，7. 13；Pliny，*NH*，14. 147。此人曾经把一盏酒杯摔在玛库斯·阿格里帕的脸上。

任了马其顿的行省总督。[①] 东方的其他行省由于缺乏永久性的驻军要塞而没有那么重要;它们都掌握在渥大维可靠的党徒手中。[②]

公元前 29 年夏,渥大维返回了意大利,8 月 13 日进入罗马城。这座都城连续三天目睹了三场盛大的凯旋式,它们分别纪念伊吕利库姆战役、亚克兴之战和亚历山大里亚战争的胜利——它们都是罗马同外敌进行的战斗。在接下来的几年里,渥大维党派中的要人、西方诸行省的总督们所举行的凯旋式也进一步巩固了这个走向复兴的国家的武功[③]——盖约·卡尔维修斯·萨比努斯和绥克斯图·阿普列乌斯在西班牙取得胜利;卢奇乌斯·奥特罗尼乌斯·佩图斯从阿非利加传来捷报;盖约·卡里纳斯和玛库斯·瓦勒里乌斯·麦萨拉在高卢一路凯歌。马其顿行省总督玛库斯·李锡尼乌斯·克拉苏认为自己的胜利配得上特别的荣誉;但他直到公元前 27 年 7 月才得以举行属于自己的凯旋式。

任何一个在内战中获胜的党派都会宣称自己在捍卫自由与和谐。和平是世人能够亲身感受到的幸事。在一代人的光景里,各个派别都在为建立由自己主导的和平而争斗;当和平真正实现之际,它便成了胜利者的战利品与功绩。元老院已经投票通过了关闭雅努斯(Janus)神庙大门的决议,这意味着包括陆地和海洋在内

---

① Dio,51.23.2 ff. 他在公元前 29、前 28 年指挥过两场战役。

② 公元前 38 年执政官盖约·诺巴努斯·弗拉库斯在亚克兴战役后不久当上了亚细亚行省总督(Josephus,*AJ*,16.171),其任期可能为一年多;还有一位索里乌斯·弗拉库斯(Thorius Flaccus,此人仅在拉努维乌姆留下过证据)约在公元前 28 年担任过比提尼亚行省总督(P-W VI A,346)。

③ *CIL* I^2,p. 50 and p. 77.

的全世界都已建立了和平。[①] 然而，这些威风八面、历史悠久的庆祝仪式并不说明战争已经终结；因为罗马将领们还在各边疆行省中浴血奋战。一位罗马政治家为和平局面的缔造者而举行的庆祝或许证明他确实取得了胜利，但并不意味着他从此就刀枪入库。下一代人即将目睹元首将如何有条不紊地执行在罗马历史上史无
前例的理性扩张计划。对帝国扩张政策的阐释和胜利的征兆都反 304
映在元首奉献的奥古斯都和平祭坛（Ara Pacis Augustae）上。这并非佛头着粪。在罗马人的观念里，和平并不是含糊不清的空泛观念；“和平”（pax）这个字眼是很少能跟征服（或至少是强制服从）的观念分开的。罗马的帝国使命便是强迫各民族生活在由它主导的和平局面下，仁慈地对待臣服于它的民族，镇压其他桀骜不驯的邦国：

> pacisque imponere morem,
> parcere subiectis et debellare superbos. [②]
> （它［罗马］把道德与和平带给［各民族］，对臣服者宽大为怀，对高傲者严惩不贷。）

但罗马自己的军队比任何外部敌人对其自身稳定的威胁都要大。在亚克兴战役结束后，依次劝降所有对手军队的胜利者发现自己手头已拥有近 70 个军团，这是颇为令人尴尬的。对于帝国的

---

① *Res Gestae*，13. 与此同时，古代的平安女神占卜仪式（Augurium Salutis）也恢复了（Dio，51. 20. 4）。

② Virgil，*Aen*. 6. 852 f.

军事需要而言，20 余个军团已经够多了；维持更大数目的兵力既耗费钱财，又会对罗马帝国的内部和平构成威胁。渥大维似乎决定把军团总数永久性地固定在 26 个左右。其余的军团将被解散，老兵们会被安置到意大利和诸行省的殖民地中去。这些土地有些是通过没收意大利境内支持安东尼的城镇与党徒的地产得来的，或是利用战利品，特别是埃及的财富购买的。[①]

自由一去不复返了，但受人尊敬和安全无害的财产的价值却在不断增加。来自埃及的巨大财富到处发挥着显著的积极作用。[②] 最重要的是，对财产所有权的保障将成为新秩序得以建立的信号。[③] 意大利渴望革命年代的风暴能够最终平息下来。渥大维已经进行了亚克兴之战，并取得了胜利；对意大利生命与灵魂的威胁已经消除了；但得救的希望仍旧悬于一线。人们有充分的理由去祈求罗马诸神保全珍贵的生命：

hunc saltem everso iuvenem succurrere saeclo
ne prohibere. [④]

(请至少不要阻止这位青年去拯救这个黑白颠倒的时代。)

① Dio，51. 4. 6. 一些失去土地的意大利人被安置在马其顿。

② Dio，51. 17. 8：τό τε σύμπαν ἥ τε ἀρχὴἡ τῶν Ῥωμαίων ἐπλουτίσθη καὶ τὰ ἱερὰ αὐτῶν ἐκοσμήθη(罗马帝国变得富足起来，各处神庙都得到了装点。)

③ Velleius，2. 89. 4："certa cuique rerum suarum possessio。"(每个人对自己财产的所有权都得到了保障。)

④ Virgil，*Georgics*，1. 500 f.

诗人维吉尔是在亚克兴之战期间和渥大维远在东方的时候完成他的四卷《农事诗》(*Georgics*)的。《农事诗》出版时，他已开始着手创作一部讲述世界征服者罗马的起源与命运的民族史诗。天 305
神朱庇特向尤利乌斯家族的母系祖先维纳斯透露了未来的历史发展轨迹。在最辉煌的一页中，拥有特洛伊人血统的渥大维隆重登场了。他注定将要成为神明；但在此之前，他在大地上的统治将要重建人与人之间的信任和世人对诸神的敬畏，消除罗马人长期以来受到的手足相残的诅咒：

> nascetur pulchra Troianus origine Caesar
> imperium Oceano, famam qui terminet astris
> Iulius a magno demissum nomen Iulo.
> hunc tu olim caelo spoliis Orientis onustum
> accipies secura; vocabitur hic quoque votis.
> aspera tum positis mitescent saecula bellis;
> cana Fides et Vesta, Remo cum frater Quirinus
> iura dabunt. [①]

(一位特洛伊的恺撒将要从这高贵的血统中诞生，他将使帝国与海洋相连，使自己的命运与星象相连。作为尤利乌斯家族的成员，他的名字来自伟大的尤鲁斯。你将会放心地把背负着东方战利品的他接到天上；世人在祈祷时会呼唤他的名字。战争停息后，艰难的时代将变

---

① *Aen.* 1. 286 ff.

得光明起来；银发的忠诚之神、灶神维斯塔、奎里努斯和他的弟弟雷慕斯将会制定法律。）

恺撒的继承人确实是一位世界征服者，并不只是在诗歌或东方不可避免的阿谀奉承中才被描述成这一形象。跟亚历山大一样，他将自己的征服事业推进到了当时已知世界的尽头；世人也开始用曾属于亚历山大的头衔和语言来称呼他。[①] 现在，他正在台伯河畔为自己建造一座皇家陵寝；一位罗马执政官还为他的平安举行过公共祭祀。[②] 在公元前 29 年神圣尤利乌斯神庙的落成典礼上，渥大维为恺撒的复仇计划和他本人的神圣出身已得到了宣传。[③] 但他对自己军事独裁者身份和特洛伊血统的坚持却可能会令人感到不安。当后三头之一的安东尼长年居住在东方时，人们会担心罗马城将失掉自己的显赫地位。害怕帝国将会迁都其他地方。渥大维的政治宣传正是巧妙地利用了这种忧虑。这种情绪一旦被激起，就很难平息下去；人们至今仍能听到这种回音。贺拉斯提出了一条神圣戒律，规定特洛伊永远不得被重建；[④]维吉尔同样直言不讳；[⑤]李维也不失时机地讲述了卡米鲁斯如何不仅拯救了

① 参见 A. Alföldi, *RM* LII(1937), 48 ff.，其中讨论了位于罗马郊区第一门(Prima Porta)的奥古斯都雕像铠甲上的象征性装饰。诺登(Norden)认为 *Aen.* 6. 794 ff. 来自对世界征服者亚历山大的传统颂词。

② Dio, 51. 21. 2(参见 19. 2 f.)。

③ Dio, 51. 22. 2.

④ *Odes*, 3. 3. 57 ff.

⑤ *Aen.* 12. 828："occidit, occideritque sinas cum nomine Troia。"(特洛伊已经毁灭，那就让这座城市跟它的名字一起万劫不复吧。)

罗马免遭侵略,还阻止了公民们放弃天意注定的帝国都城而迁都他处的故事。[①] 在李维的著作中,卡米鲁斯像罗慕路斯一样受到赞美,被称为罗马的再造者和救星——“Romulus ac parens patriae conditorque alter Urbis”(罗慕路斯再世、祖国之父和罗马城的再造功臣)[②]。罗慕路斯本人既是一位真实存在过的民族英雄,又是 306
天神的儿子,死后也以神明奎里努斯的身份升入天界。在亚克兴战役后的若干年内,人们对这位建城者尊崇有加。恺撒从前就在奎里努斯神庙里安放了自己的雕像;恺撒的继承人则被诗人维吉尔等同于那位神明。[③] 能使一位英雄赢得生前身后的不朽圣名的并不只有金戈铁马的征服业绩,还有建造一座永恒之城的伟大功勋。这便是罗慕路斯给世人的启示;它在散文和韵文中都得到过作家们的诠释。[④]

这位东方的征服者和亚克兴的英雄现在必须致力于完成重建支离破碎的共和国、并为它注入新活力的艰巨任务。由于时运不济(或不如说是由于他们的野心、无能或缺少诚意),之前政治家们的努力都以失败告终。苏拉建立了秩序,但没有在罗马和意大利之间实现和解。庞培摧毁了苏拉的体系;而在形势危急之际,他便

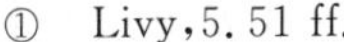

① Livy,5.51 ff.

② Livy,5.49.7.

③ *Georgics*,3.27.关于这一时期对罗慕路斯的崇拜,特别参见 J. Gagé,*Mélanges* XLVII(1930),138 ff.。

④ 哈里卡纳索斯的狄奥尼修斯对罗慕路斯的叙述(Dionysius of Halicarnassus,2.7 ff.),以及这段传说对恺撒或奥古斯都经历显而易见的预示作用,可能来自亚克兴战役后不久创作的史著。相关论述见 Premerstein,*Vom Werden und Wesen des Prinzipats*,8 ff.。

将手中的权力转而用于自私的目的。恺撒和后三头的统治宣称要在坚实的基础上重建共和国的秩序(rei publicae constituendae)。但恺撒推迟了这项工作;后三头则压根没有着手去做。至渥大维时代,他就不能再用对外用兵或内部党争等借口来逃避这项义务了。和平已经建立起来了;现存的党派只剩下一个,并且大权在握。

冠冕堂皇的铭文“罗马人民自由的维护者”(Libertatis P. R. Vindex)在钱币上出现了。[①] 没有人会被这种内战中司空见惯的胜利标志所蒙蔽。罗马和意大利需要的回报绝不是自由,而是和平、有序的统治局面;换言之,人们需要回归“正常状态”。渥大维在第六和第七次执政官任期内推行了一些政治改革;它们内容各异,人们对这些改革的解读也不尽相同。

公元前28年出现了不少令人振奋的迹象。渥大维第六次出任执政官,他的同僚是阿格里帕。在前一年里,他已经增加了贵族家族的总数;现在,这两位执政官同僚又运用他们被授予的权力展开调查,着手对元老院进行了一次净化活动。[②] 一批“不称职”的
307 元老或被驱逐,或在劝说下离开了元老院。这场“改革”的重心和意义会在日后凸显出来。渥大维本人接受了传统上属于地位最高、最有权威的元老的头衔——“首席元老”。此外政府推行了一系列复杂的立法措施,以便废除后三头推行的那些非法的、专横的

① *BMC*, *R. Emp*. 1. 112.

② Dio, 53. 1. 1 ff. 维努西亚的《执政官年表》(*Fasti of Venusia*, *ILS* 6123)表明,这项活动是在监察官的主持下完成的。贵族家族数目的增加则是通过一道《塞尼乌斯法案》(*Lex Saenia*)批准的(Tacitus, *Ann*. 11. 25)。卢奇乌斯·塞尼乌斯(L. Saenius)是公元前30年的递补执政官。

举措(当然不是全部)。赔偿行为的范围和力度将取决于政府的意愿和利益所在。

这种整顿国家秩序的活动将进行到什么程度,渥大维和他的党派又将以什么名义进行统治呢?他已放弃了后三头的名号;但如果有人穷根究底的话,就会攻击他还在继续偷偷地行使着那个职位的独裁权力。从公元前 31 年起,渥大维每年都担任执政官。但这还不是全部。这位年轻的专制统治者不仅承认,而且还到处宣称自己拥有高于整个罗马国家和整个帝国的至高权力;因为他在其第六次和第七次执政官任期内庄严宣布,他要将从前由自己控制的共和国交给元老院和罗马人民去治理。他之前有什么权利将共和国控制在自己手中呢?他声称,自己是在全体人民的赞同下获得至高的权力的(per consensum universorum potitus rerum omnium)。[①] 人们通常相信,这些话指的是公元前 32 年的共同誓言(coniuratio)。人民意志的明确表达赋予了他这种权威,那是高于过时政治体系中的条条框框和名目的。但这段话所指的对象可能更加宽泛:它不仅是指效忠誓言,还包括渥大维在亚克兴的决定性胜利和代表罗马对全东方的再征服。[②] 这种共识和誓言不仅适用于全意大利,还适用于全世界。[③] 公元前 28 年,恺撒的继承人

① *Res Gestae*, 34:"in consulate sexto et septimo, po[stquam b]ella [civil]ia exstinxeram, | per consensum universorum [potitus reru]m om[n]ium, rem publicam | ex mea potestate in senat[us populique Rom]ani [a]rbitrium transtuli。"(当我在全体人民的赞同下获得了至高权力,并结束了内战后,我在第六次和第七次执政官任期内将之前在自己权力控制下的共和国转交给元老院和罗马人民去治理。)

② 关于这一解读方式,见 H. Berve, *Hermes* LXXI(1936), 241 ff.。

③ 参见 Virgil, *Georgics*, 4.561 f.:"victorque volentes | per populos dat iura。"(他[奥古斯都]向顺从的民众提供了胜利者的法律。)

已享有至高无上的地位——“不可撼动的权势”(potentiae securus)。[①]

赤裸裸的独裁是易于遭到攻击的。凯旋将军可以依靠平民和军队的支持。但统治者也是离不开寡头集团的帮助的。如果他的统治不能得到本党派中主要人物的赞同,他的优势地位将危如累卵。为了维系他们的忠诚,渥大维慷慨地向这些人赏赐执政官席位、举行凯旋式的资格、祭司职务和钱财;有些人甚至取得了贵族
308 身份。渥大维可以无条件地信任他麾下的一些大将,如阿格里帕、卡尔维修斯和陶鲁斯。但军事寡头集团的成分是极其复杂的。前执政官中很少有人不曾做过共和派或安东尼派党徒。这些人的变节历史使得与其打交道的人不可能把他们视为讲信用的和可靠的人。任何一位统治者都不会信任普兰库斯和提提乌斯这样的人物。共和派领袖埃诺巴布斯已经死了;但麦萨拉和波利奥还拥有一定权威。如果年轻的专制统治者渥大维不肯主动采取(或至少是公布)一些与元老院和罗马人民妥协的措施的话,那么某些显要人物一定会秘密地、迅速地给他制造巨大压力的。

一些人可能在私下里交换过意见。相关的记录不大可能会被保存下来;当年发生的一起重要公共事件几乎没有得到记载,更没有多少人充分意识到它的重大意义。作为执政官(他或许还可以动用保民官的权力)[②],渥大维有能力去应付和压制一切在罗马城内发动的、仅限于政治体系框架内的反对势力。它会让人觉得不大舒服,但算不得危险。军队和行省就是另一回事了。

---

① Tacitus,*Ann.* 3. 28.

② 如果他确实在公元前 30 年接受过终身保民官特权(tribunicia potestas)的话(Dio,51. 19. 6),他似乎在公元前 23 年之前很少动用它。更多内容见下文,原书第 336 页。

马其顿行省总督玛库斯·李锡尼乌斯·克拉苏在平定了色雷斯、打败巴斯塔涅人(Bastarnae)后获得了举行凯旋式的资格。但他得寸进尺,要求得到获得“辉煌战利品”(spolia opima)这一古老荣誉,因为他在战斗中亲手杀死了敌军首领,那是罗慕路斯之后仅有两位罗马将领立下过的军功。这样的军事荣誉打破了一种垄断。政府举出一条碰巧在此时发现(或伪造出来)的铭文,驳回了克拉苏的要求。[1] 诈术或学究式的吹毛求疵剥夺了这位行省总督本应得到的“辉煌战利品”。另外一道专横的决议则剥夺了他“凯旋将军”的称号——尽管自亚克兴战役结束以来,许多其他行省总督和一位可能并非行省总督、并且肯定没有担任过执政官的将领都已获得过这一头衔。[2] 克拉苏在许久之后才仅仅获得了举行一 309
次凯旋式的资格(公元前 27 年 7 月);随后,他便从历史记载中彻底消失了。

① 根据狄奥的记载(Dio,51. 24. 4),如果克拉苏是一位全权将领的话(εἴπερ αὐτοκράτωρ στρατηγὸς ἐγεγόνει),那么他确实是有资格得到那份“辉煌战利品”的。德苏(Dessau, *Hermes* XLI[1906],142 ff.)发现此事与李维著作(Livy,4. 19 f.)之间的惊人联系。李维之前相关领域中的所有史学家都认为科奈里乌斯·科苏斯(Cornelius Cossus)在担任军事保民官期间赢得过“辉煌战利品”;但奥古斯都告诉李维说,他曾在打击者朱庇特(Juppiter Feretrius)神庙内看到过一副写有科苏斯名字的亚麻铠甲,其文字内容称呼他为执政官。这件来路不明、容易引起质疑的四百年前的遗物显然会被人用来说明,克拉苏是没有资格取得“辉煌战利品”的,因为他不是在拥有独立指挥权的情况下投入战斗的。E. Groag, P-W XIII,283 ff. 最先强调了这场争执同公元前 28—前 27 年的政治体系规划之间的联系。

② 此人是诺尼乌斯·伽鲁斯(*ILS* 895,参见 Dio,51. 20. 5)。但我们不清楚他在高卢担任什么职务(见上文,原书第 302 页)。狄奥明确指出,渥大维剥夺了克拉苏的“凯旋将军”头衔,把它算到了自己名下(Dio,51. 25. 2)。一篇操之过急的雅典铭文(*ILS* 8810)提前用这个克拉苏原本当之无愧的头衔“凯旋将军”(αὐτοκράτωρ)称呼了他。

在剥夺克拉苏凯旋将军头衔这件事上，渥大维其实提出了（或许是不合时宜地）关于他自己在公共法律中地位的微妙问题。他的权力和政策都是后三头时期的直接延续，即便那一专制职务已于多年前被撤销了。在法律上，他唯一可能拥有的、足以制约一位行省总督的权力只有加强版的前执政官权威。为了预防世人对其权限范围的争议，渥大维需要建立一套新的规则。

没有任何史料告诉我们渥大维与克拉苏反目事件所引起的政治反应；我们也看不到关于其他行省总督态度的一星半点的暗示。假使克拉苏在行省总督队伍中拥有可靠盟友或亲戚的话，历史的发展轨迹可能会是另外一个样子。[①] 这些年间还发生了一起原因无法解释、具体时间也不明确的神秘祸事。爱慕虚荣、夸夸其谈且野心勃勃的埃及省长盖约·科奈里乌斯·伽鲁斯由于自己行为不检点或仇敌（他无疑拥有很多敌人）的诽谤导致厄运。渥大维断绝
488 了与他的联系，终止了两人间的一切友谊。他在法庭上被人以严重叛国的罪名起诉；元老院随后通过了一道对这位犯上者不利的决议。伽鲁斯自杀身亡（公元前 27 年）。[②] 史家们对伽鲁斯的冒

① 麦萨拉当时已离开叙利亚行省，接替他的可能是玛库斯·图利乌斯·西塞罗（见前文，原书第 303 页）。在西方，渥大维同父异母姐姐的儿子绥克斯图·阿普列乌斯（Sex. Apuleius）继陶鲁斯之后担任了西班牙行省总督。于公元前 27 年 9 月 25 日举行了庆祝高卢大捷凯旋式的麦萨拉在克拉苏同渥大维发生龃龉时正统治着某个兵力强大的行省。接替卢奇乌斯·奥特罗尼乌斯·佩图斯担任阿非利加行省总督的人选不详。

② 哲罗姆（Jerome，*Chron.*，p. 164 H）称他死于公元前 27 年。狄奥在记载公元前 26 年史事时断断续续地记载了伽鲁斯受到指控和自杀的事情，其年代次序不甚清晰。他对法庭审判的叙述（Dio，53. 23. 7）也十分含糊——元老们一致投票赞成应该在诸法庭上定他（伽鲁斯）的罪，将此人流放，没收其产业交给奥古斯都；他们自己也决定举行献祭活动（καὶ ἡ γερουσία ἅπασα ἁλῶναί τε αὐτὸν ἐν τοῖς δικαστηρίοις καὶ φυγεῖν τῆς οὐσίας στερηθέντα καὶ ταύτην τε τῷ Αὐγούστῳ δοθῆναι καὶ ἑαυτοὺς βουθυτῆσαι ἐψηφίσατο）。

犯行为有着种种不同说法，如忘恩负义、为自己竖立雕像和在埃及
金字塔上刻写自我吹嘘的铭文，等等。[1] 石刻铭文（尽管并不是金
字塔上的）表明，这位罗马骑士曾宣称自己一路向南远征，打到了
任何罗马军队和埃及帝王都不曾涉足的地区。[2] 不过，在不至于 310
撼动自身优势地位的情况下，渥大维是能够容忍属下的过失、罪行
和邪恶品质的。因此，关于伽鲁斯究竟如何破坏了自己与渥大维
的友谊，我们其实是无从猜测的。[3] 它不大可能是一件小事，或仅
仅是辞令上的冒犯；因为苏埃托尼乌斯将他的垮台与萨尔维狄埃
努斯被处死的事件相提并论。渥大维赞美了元老院的忠诚不贰，
同时也为自己朋友的死而嗟呀不已。[4]

伽鲁斯可能在公元前 28 年已被从埃及召回了。我们不曾听说过他跟马其顿行省总督有过什么联系；唯一的瓜葛是两人都曾经当过安东尼党徒。[5] 但谁不是如此呢？俯首听命的威利乌斯·

① Suetonius, *Divus Aug*. 66. 2："ob ingratum et malivolum animum。"（此人忘恩负义、居心险恶）；Dio, 53. 23. 5（雕像和金字塔）。

② *ILS* 8995, ll. 4 ff.："exercitu ultra Nili caterhacte[n transd]ucto, in quem locum neque populo | Romano neque regibus Aegypti [arma ante s]unt prolata, Thebaide, communi omn[i]|um regum formidine, subacta。"（我带领军队穿过尼罗河上的最后一道瀑布，抵达了罗马人民或埃及君王的队伍此前都未曾涉足的地区——令一切国王谈虎色变的底比斯地区。）

③ 奥维德（Ovid, *Amores*, 3. 9. 53）称这种冒犯为"对朋友的粗暴罪过"（temerati crimen amici）。不过，伽鲁斯也有可能只是一个为安抚一批有权有势的元老情绪而遭受厄运的牺牲品。

④ Suetonius, *Divus Aug*. 66. 2.

⑤ 克拉苏家族坟墓中埋葬着一位被称为"普布利乌斯之女、伽鲁斯之妻李锡尼娅"（Licinia P. f. Galli [uxor]）的女子（*CIL* VI, 21308）。她可能是公元前 30 年执政官玛库斯·李锡尼乌斯·克拉苏（M. Licinius Crassus）最年长的表姐妹。想要确定其丈夫伽鲁斯的具体身份可能还操之过急；但像盖约·科奈里乌斯·伽鲁斯这样有权有势的骑士是很可能会迎娶一位罗马最高贵家族中的女子为妻的。

帕特库鲁斯压根就没有提到过伽鲁斯或克拉苏的名字。因此，我们就更有理由去还原潜藏在关于罗马共和政体重建的圆滑谎言背后的、遭受镇压的反抗力量。

拒绝授予克拉苏凯旋将军头衔的做法并不只是出于制度规定的考虑(确切地说，这种决定恰恰违反了制度本身)。克拉苏是出身于名门望族的贵族，是曾与庞培、恺撒平起平坐的那位克拉苏的孙子。在军功方面，他是渥大维面前半路杀出的对手；而这位新罗慕路斯正在试图将战争中的一切荣耀与胜利集中在自己身上，建立一种近乎神圣的、独一无二的凯旋将军的统治。[①] 并且他所在意的还并不只是虚名——拥有武装的行省总督是一种威胁。但全部除掉这些总督则是不明智的。渥大维决定采用折中方案。

在后三头统治时期，以及它在名义上被废止后，行省总督们得以治理幅员辽阔的行省，唯我独尊地发号施令，风风光光地举行凯旋式。渥大维现在打算除掉军事实力最强的几个行省中的总督，并将这些地区置于他本人的、行省总督式的统治权(imperium)之下。除此之外，其他行省总督表面上可以继续不受约束地进行统治。有些人仍旧可以治理那些在军事上非常重要的行省，但渥大维对此采取了一些防患于未然的预防措施——如减少在那些地方驻扎的军团数目，或选任来自后起家族而非老牌贵族家族、担任过大法官而非执政官的总督人选。并且他也不许这些人像帝王那样
311 享受欢呼礼遇或举行凯旋式。显贵集团和前执政官都成了他的敌人。

① 关于这一话题，最重要的研究成果见 J. Gagé, *Rev. hist.* CLXXI(1933), 1 ff.。

放松对若干无关紧要的帝国省份的控制，在名义上宣称它们可以自行其是；再罢免几个重要行省的总督，改由渥大维亲自进行统治的举措可以营造出重建自由的表象，并且不会失去任何有价值的东西。表面上的温和只是进一步加强集权的先期准备。渥大维是不会放弃任何权力的，他改变的只有名称和形式，并且这种改革也不是完全彻底的。

年轻的恺撒继承人曾在全体民众的准许下，作为“军事领袖”(dux)投入战斗；他现在仍是军事领袖，尽管这个称呼已失去了实际意义。但无论政体形式和法律对其权力的界定发生了怎样的变化，渥大维都希望能够保留这一头衔。“军事统帅”一词通常用来指代共和国的伟大将领；亚克兴海战的胜利者是他们当中的最后的、也是最伟大的一位。这一术语也可以用来描述一位政治首领——“党派领袖”(dux partium)。但在世人眼中，战争和政党政治都已终结并一去不复返了。对于所有人来说，这个字眼的军事色彩都未免过于浓烈了。较为明智的办法是将独裁这剂苦味猛药包裹在传统与习俗构成的无害糖衣里。军事领袖渥大维希望被人视为一名行政长官。一个足以表明其显赫地位、但并不一定要让他成为孤家寡人的称号是现成的。领导共和国的政治家通常被称为“要人”，该称呼是对他们的权威或权力的承认。① 这个名字并不总是具有褒义，因为共和时期的所谓“要人”常常是利用非法权力或“权势”建立个人统治的政治野心家。② “首脑地位”(principatus)

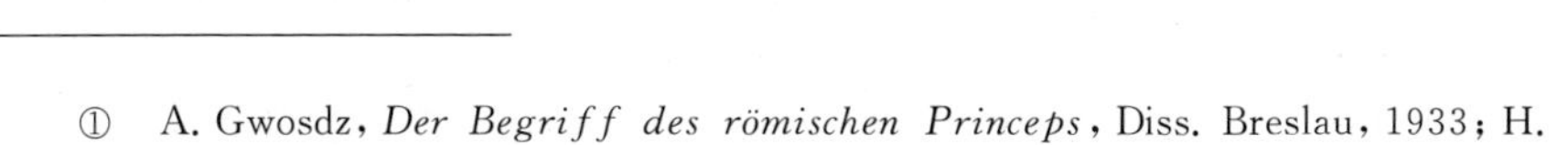

① A. Gwosdz, *Der Begriff des römischen Princeps*, Diss. Breslau, 1933; H. Wagenvoort, *Philologus* XCI(1936), 206 ff.; 323 ff.

② Cicero, *De re publica*, 1. 68: “ex nimia potentia principum。”(拥有过多权势的首脑。)

也具有“统治地位”(dominatus)的效力和含义。[①]

恺撒的继承人之前已经开始使用“首脑”这一称呼,但它并非任何意义上的官方头衔。政府里还有其他“首脑”,共和国中总是不乏此类人物的。因此贺拉斯称呼他为:

“最伟大的首脑”(maxime principum)。[②]

这个适用于含糊不清但十分广泛的权力持有者的称呼并不是在任何情况下都适用的。渥大维在成为政治元首的同时也仍旧是货真价实的军事领袖——新制度建立之初诞生的诗歌作品明确无疑地反映了这一点。这也是理所当然的,因为这位新罗慕路斯的卓越军功并不因他在第六次和第七次执政官任期间的公共建设成
312 就而被磨灭。

用于奥古斯都的“元首”(princeps)称谓在维吉尔的《埃涅阿斯纪》(*Aeneid*)中没有出现过,而在贺拉斯《颂歌》(*Odes*)的前三卷(发表于公元前 23 年)中出现得也不多。普罗佩提乌斯仅仅使用过它一次;但“ 军事领袖”一词在他的作品中至少出现了两次。[③]直到《颂歌》最后一卷出版时,这位罗马的统治者还可以被称为“军事领袖”——但其措辞已发生了变化,增加了一个褒义的、不带有军事色彩的形容词——“仁慈的统帅”(dux bone)![④] 即便晚年的奥维德在撰写《岁时记》(*Fasti*)时,也喜欢使用“统帅”这个字眼

---

① Cicero,*Phil.* 11. 36:“dominatum et principatum。”(统治地位和首脑地位。)

② *Odes*,4. 14. 6.

③ Propertius,2. 10. 4 (军事色彩);16. 20 (与提及“罗慕路斯的棚舍”[casa Romuli]的内容结合在一起)。

④ *Odes*,4. 5. 5.

(并不仅仅是为了格律上的方便)。[①] 一个世纪之后,到了弗拉维王朝时期,一位嫌弃"元首"这个头衔、追求战争荣耀的罗马君主便被手下的御用诗人们奉承为"统帅"和"指挥官"(ductor)了。[②]

罗马、统治阶级和意大利的情况就是这样。但即便在意大利,头衔中包含着"凯旋将军"字样的元首也让人想起他的恺撒党和武将身份。并且他统治诸行省的权威与行省总督的专断大权别无二致;至于这种权威究竟是建立在后三头的独裁权力之上、完全通过篡夺的手段得来,还是罗马的法律所授予的,其实无关紧要。在翻译"元首"(princeps)这个术语时,希腊人干脆就用了意为"军事领袖"(dux)的对应词。[③]

① *Fasti*,1.613;2.60;5.145;6.92.这个称谓并不像我们设想的那样,仅仅用来描述奥古斯都的胜利或权力。他对古迹的保护被描述为"我们神圣领袖具有远见卓识的关切"(sacrati provida cura ducis)(*Fasti*,2.60)。

② 这些称谓在斯塔提乌斯(Statius)《诗丛》(*Silvae*)中的频繁出现是值得注意的。

③ 古希腊文原词为 ἡγεμών。关于使用这个字眼来称呼地中海东部地区统治者的用法,参见 E. Kornemann,*Klio* XXXI(1938),81 ff.。

313

第22章　政治元首

在其第六次和第七次执政官任期内，盖约·尤利乌斯·恺撒·渥大维(C. Julius Caesar Octavianus)推行了一场无关痛痒的、雷声大雨点小的改革。这场改革于公元前27年1月13日的元老院集会上正式结束。渥大维在会上庄严地宣布，自己将放弃一切权力和一切行省，将它们还给元老院和罗马人民去自行管理。听众惊呼着提出抗议。元老们恳请渥大维不要抛下他一手保全的共和国。这位全世界的统治者颇不情愿地屈从了这些忠心耿耿的、一心为公的呼吁，勉强同意在接下来的十年里承担一项特殊使

494 命——掌管一个由西班牙、高卢和叙利亚组成的庞大行省。但他肯于接受的权力仅此而已。[①] 此外，行省总督们仍像之前那样治

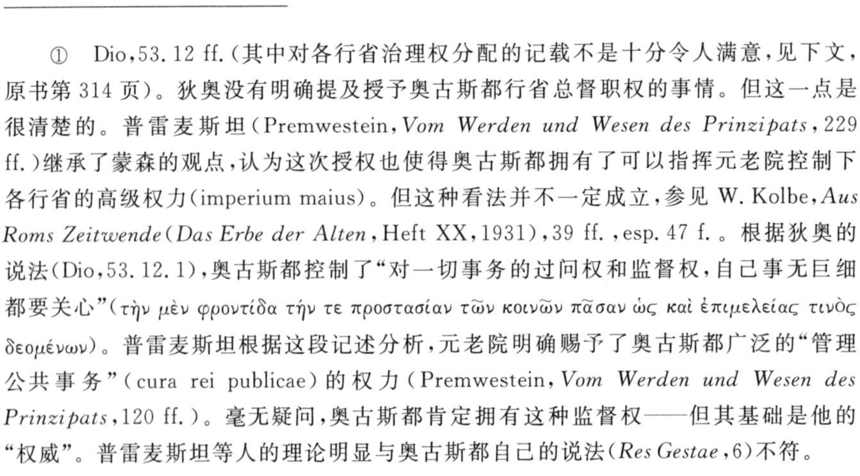

① Dio，53. 12 ff.(其中对各行省治理权分配的记载不是十分令人满意，见下文，原书第314页)。狄奥没有明确提及授予奥古斯都行省总督职权的事情。但这一点是很清楚的。普雷麦斯坦(Premwestein，*Vom Werden und Wesen des Prinzipats*，229 ff.)继承了蒙森的观点，认为这次授权也使得奥古斯都拥有了可以指挥元老院控制下各行省的高级权力(imperium maius)。但这种看法并不一定成立，参见 W. Kolbe，*Aus Roms Zeitwende*(*Das Erbe der Alten*，Heft XX，1931)，39 ff.，esp. 47 f.。根据狄奥的说法(Dio，53. 12. 1)，奥古斯都控制了"对一切事务的过问权和监督权，自己事无巨细都要关心"(τὴν μὲν φροντίδα τήν τε προστασίαν τῶν κοινῶν πᾶσαν ὡς καὶ ἐπιμελείας τινὸς δεομένων)。普雷麦斯坦根据这段记述分析，元老院明确赐予了奥古斯都广泛的"管理公共事务"(cura rei publicae)的权力(Premwestein，*Vom Werden und Wesen des Prinzipats*，120 ff.)。毫无疑问，奥古斯都肯定拥有这种监督权——但其基础是他的"权威"。普雷麦斯坦等人的理论明显与奥古斯都自己的说法(*Res Gestae*，6)不符。

理各自的省份；但他们现在只对元老院负责。这样一来，元老院、罗马人民和行政官员就可以重新各司其职了。

三天后，元老院再次举行集会，急不可耐地向国家的大救星表达谢意，并授予他荣誉。他们投票决定，要在渥大维的宅邸门柱上方悬挂月桂花环，因为他曾经拯救过众多罗马公民的生命。元老院里将挂起一面镀金盾牌，上面会铭刻渥大维的各种美德——仁慈、勇敢、正义和虔诚。[①] 他已经建立（或即将建立）一个走向复兴的罗马国家。因此，他应当被称作再世的罗慕路斯，因为那 12 只秃鹰的征兆对此早已有过预示。[②] 但罗慕路斯是位国王——一个
遭人忌恨的名字；他的手上沾着弟弟的鲜血。根据一种传说，他本 314
人在升天前也是被罗马元老们杀死的。这套情节与独裁官恺撒太相似了。此外，年轻的恺撒继承人还是一位前所未有的救星与赐福者。因此，人们设计出了一个新名号，借以表达对这位神一样的人物的特别敬意。[③] 老兵出身的政治家、前执政官卢奇乌斯·穆纳提乌斯·普兰库斯提出了议案，授予恺撒的继承人“奥古斯都”（Augustus）的称号。[④]

在准备这些表演性质的请愿活动过程中是不会出现任何意外变故的。统治者本人早已同他的朋友和盟友们（可能还有中立的

① *Res Gestae*，34，参见 *ILS* 82（皮克努姆境内波特提亚［Potentia］的复制文本）。

② 狄奥说，奥古斯都本人希望获得罗慕路斯再世的头衔（Dio，53. 16. 7）。可能有些睿智的谋士警告并劝阻了他。

③ Dio，53. 16. 8：ὡς καὶ πλεῖόν τι ἢ κατ' ἀνθρώπους ὤν（他并不仅仅是一名凡人）。参见 Ovid，*Fasti*，1. 609 ff. 罗慕路斯在“庄严的占卜仪式”（augusto augurio）中建立了罗马城（Ennius，引自 Varro，*RR*，3. 1. 2）。

④ Suetonius，*Divus Aug*. 7. 2.

政治家们)商量好了。他们知道将要发生什么事情。在名义上、表面上和理论上,元老院和罗马人民的主权得到了恢复。但人们还在观望,以便看清楚这一切究竟意味着什么。

表面上看,对于见识过恺撒和后三头专制的这一代人而言,恺撒·奥古斯都的新权力确实是有限的和无可非议的。为了表彰他从前的功绩,激励他日后继续为国效劳,元老院同意授予这位第一公民突出的社会地位与权威。恺撒·奥古斯都即将凭借行省总督的统治权去治理一个行省。作为行省总督,他在公共法律中的地位与其他总督是平起平坐的。但事实上,他统治的那个行省是庞大而可怕的;它涵盖了帝国军事力量最强的领土和大部分军团;并且埃及也应算在奥古斯都的势力范围之内。

但奥古斯都并未控制全部军团。伊吕利库姆、马其顿和阿非利加三个行省的总督也都握有兵权。[①] 这些地区都邻近意大利,

496

其地理位置足以构成威胁,并令人回想起距今并不遥远的历次内战。但奥古斯都慷慨地把它们交给了各位行省总督。此外,山南高卢已经不再是一个行省。奥古斯都自己的军队与意大利保持着一定距离,环绕在帝国的边境上——它似乎并不构成对自由政体的威胁,只不过是边疆的守卫者。人们也没有必要将这个新体系描述成一种军事独裁。在法律面前,奥古斯都并不是全军统帅,而

① 狄奥的记载存在着年代错乱的现象,容易误导读者。他声称奥古斯都把没有军队驻扎的几个行省交还给了元老院(Dio,53.12.2,参见13.1)。但在他列出的名单里出现了阿非利加、伊吕利库姆和马其顿,而史料表明,这些地区在元首制初年都是由手握重兵的行省总督控制的。同时代人斯特拉波提供的信息(p.840)也存在着年代混乱的情况。他说奥古斯都亲自控制了这些行省,并在那里驻扎军队(ση στρατιωτικῆς φρουρᾶς ἔχει χρείαν)。见下文,原书第326页。

只是一位在规定的年限内掌握着特别权力的罗马行政长官。 315

奥古斯都得到的这项授权也是理所应当的。内战固然已经结束，但帝国仍然百废待兴。面积广阔的西班牙尚未被彻底平定；高卢的居民还在为测量土地和组织管理等事务呼吁中央政府予以过问；远离罗马并暴露在帕提亚人面前的叙利亚也需要认真整顿。其他地区日后也可能需要这种有益的监管——伊吕利库姆和马其顿的边疆防务不能令任何人感到满意；而阿非利加的土地上仍未平息的战乱局面早已尽人皆知。

特别授权并不是什么引人非议的新鲜事。即便是一位严格遵循共和政体规定的政治领袖在承认这种任命必要性的情况下也不会对此提出异议。[①] 如果说从前政治巨头们的位高权重曾威胁过国家稳定的话，那也只能归咎于这些攫取非法权力、追逐荣名和利益的政客的狼子野心。政治巨头间的争斗肢解了帝国，毁灭了自由国家。他们中的唯一幸存者奥古斯都作为武力最强大的几个行省的治理者，可以确保在他的统治范围内不至于重新出现混乱的无政府状态。

奥古斯都年复一年地、不间断地同时担任着执政官和行省总督。最高行政官职——执政官头衔虽然已不像后三头时期结束时那样承载着巨大权力，却仍能为奥古斯都提供推行、引导罗马公共政策的手段，或许还能让他借助前执政官的权力去节制意大利境外的行省总督们。[②] 人们很可能会援引晚近历史上的一个十分近

---

① Cicero，*Phil*. 2. 17，参见 2. 28。

② 奥古斯都宣称，自己并不比其任何一位同僚拥有更多的权势（*Res Gestae*，34）。这个说法令人费解。普雷麦斯坦解释道（Premwestein，*Vom Werden und Wesen des Prinzipats*，227），公元前 27 年后，执政官的权力被减低到了正常的、合乎法律的程度。参见 Velleius，2. 89. 3："imperium magistratuum ad pristinum redactum modum。"（行政官员的权力受到约束，降到了古时的水平。）

似的例子来解释这种集权行为；但二者显然并不相同。

罗马民族十分尊重权威、先例与传统。罗马人从骨子里厌恶一切变化，除非有人能向他们证明这种变化并不触犯祖先的习惯。“古风”(mos maiorum)实际上就是指在世且最年长的元老们的好恶。由于缺乏任何进化论的观念——进化论在当时还没有被发明出来——罗马人厌恶、仇视一切新事物。“新”(novus)这个字眼便含有邪恶的意味。但历史记忆提醒着罗马人，变革是真实存在的，
316 尽管它进程缓慢且历经曲折。罗马独有的伟大并不基于某个人的天才或某个时代，而是在漫长的历史进程中由许多人物共同塑造的。[①] 奥古斯都试图向世人传递这样一种信念——罗马历史是一种持续、和谐的发展进程。[②]

奥古斯都本人声称，自己是不会接受任何有悖于“古风”的行政职务的。[③] 他也不需要这样做。就目前的情况而言，现有的罗马政治体系完全能够帮助他实现目的。因此，我们在奥古斯都的元首制和罗马共和国的制度与术语间并没有发现什么矛盾之处。而这些当时尚属合法的举措日后的演变进程则是另一回事。

奥古斯都、他的谋士和批评者大概不会像后世的律师、史学家

---

① Cicero，*De re publica*，2.2：“nostra autem res publica non unius esset ingenis，sed multorum，nec una hominis vita，sed aliquot constituta saeculis et aetatibus。”(我们的共和国不是只拥有一位天才，而是拥有众多天才；共和国的历史不是某个人的传记，而是由一代代人和一个个时代连缀而成的。)

② *Res Gestae*，8：“legibus novis m[e auctore l]atis m[ulta e]xempla maiorum exolescentia|iam ex nostro [saecul]o red[uxi et ipse] multarum rer[um exe]mpla imi|tanda pos[teris tradidi]。”(通过颁布新法律，我恢复了许多在我们的时代已遭废弃的古老先例，也在很多事情上制订了供后人模仿的先例。)

③ *Res Gestae*，6.

那样，一丝不苟地在故纸堆里寻找合法先例。奥古斯都清楚地知道他要的是什么，只要能找到另一种方式把这种意愿表达出来就可以，这并不十分困难。此外，他党派中的得力干将也不是什么法学家或理论家；他们是外交官、军人、工程师和财阀。法学、诡辩术和公共演说等学问在罗马早已衰落了。

不久之前的一些恶劣先例如今还历历在目。伟人庞培曾通过他的副手遥控西班牙局势。与此同时，他又在罗马取得了一个近似于独裁官的位置——庞培于公元前 52 年第三次出任执政官，并且在起初的时候还不设同僚，其借口是要匡救政坛时弊。[①] 但庞培是个居心险恶、野心勃勃的家伙。这位“首脑”(princeps)非但不能救治罗马的痼疾，相反还火上浇油。奥古斯都则大不一样，他在公众面前的形象是一名“造福人民的首脑”(salubris princeps)。[②]

二者的区别还不止于此。庞培的一生充斥着各种违法暴力行为。年方 23 岁的他组织了一支私家军队，在海外大权独揽，在罗
马拉帮结派；直到庞培第三次出任执政官，凭借武力维持其权势， 317
最终在战败后丧失权力时为止，他一直处心积虑地盘算着颠覆或

① Appian, *BC*, 2. 28. 107：ἐς θεραπείαν τῆς πόλεως ἐπικληθείς(他接受这一职位是出于为国效力的目的)；参见 Plutarch, *Pompeius*, 55；Tacitus, *Ann.* 3. 28。

② Suetonius, *Divus Aug.* 42. 1：“ut salubrem magis quam ambitiosum principem scires。”(世人公认他是一名造福公众的元首，并不认为他有多么巨大的野心)；参见 Dio, 56. 39. 2：“ὥσπερ τις ἰατρός ἀγαθὸς σῶμα νενοσηκὸς παραλαβὼν καὶ ἐξιασάμενος ἀπόδωκε πάντα ὑμῖν ὑγιᾶ ποιήσας。”(他像一位优秀的医生那样治疗了疾病缠身的身体，在它恢复健康后将它还给了原先的主人。)(来自提比略发表的葬礼演说)

终止当时的罗马政治体系。[①] 人们是不会忘记他那些杀人累累和背信弃义的罪行的。[②]

然而，除非在需要间接为奥古斯都辩护，或是某位御用历史学家打算驳斥撒路斯提乌斯消极论调的场合下，人们压根没有必要重提这些陈年旧事。与其说奥古斯都时代的文学风格接近于恺撒时期，毋宁说它更具备庞培统治时代的风格。区别仅在于奥古斯都时期文学所宣扬的是共和思想，而非绝对专制。为了建立一整套合法政权的谱系，这位恺撒继承人忍痛牺牲了对恺撒的怀念。在公共语境下，恺撒独裁和后三头专制时期都被从历史叙述体系中抹去了。[③] 这意味着对共和末年最后一个世代历史真相的回归——它在政治上其实是庞培主导的时代。作为一名革命冒险家，恺撒的继承人在青年时代曾运用诈术赢得庞培党人的支持，随后冷酷地过河拆桥，推翻了共和政府，将大批共和派宣告为公敌。成年后，这位政治家又盗用了他们的英雄旗号。

李维陷入了巨大的疑惑中——他应当把恺撒的出生描述成幸事还是祸事呢？[④] 奥古斯都曾打趣说，李维是个庞培党徒。[⑤] 元首

---

① Tacitus, *Ann.* 3. 28："tum Cn. Pompeius, tertium consul corrigendis moribus delectus et gravior remediis quam delicta errant suarumque legume auctor idem ac ubversor, quae armis tuebatur armis amisit。"（随后，庞培第三次出任执政官。他试图挽救时弊，但所用的解药却比时弊更坏；他是法律的制定者，但又是法律的推翻者；他凭借武力获得了一切，又因为武力的缘故而失去一切。）

② "Adulescentulus carnifex"（年纪轻轻的刽子手）（Val. Max. 6. 2. 8，参见上文，原书第 27 页）.

③ 塔西佗在追溯罗马立法史时（*Ann.* 3. 28），从公元前 52 年直接跳到了公元前 28 年。他认为在这两个时间点之间"没有道德也没有正义"（non mos, non ius）。

④ Seneca, *NQ*, 5. 18. 4.

⑤ Tacitus, *Ann.* 4. 34. 关于对此的解读，参见 *JRS* XXVIII(1938), 125。

和他所御用的史学家是彼此了解的。历史上真实的庞培在政治上已经被遗忘了;他被埋藏在对死者阿谀奉承的赞美声中。奥古斯都和李维所需要的并非那个野心勃勃、背信弃义的政治巨头,而是曾与恺撒为敌的、领导自由国家去对抗军事独裁统治的庞培。当维吉尔在《埃涅阿斯纪》中描述这两位彼此为敌的领袖面对面交锋时,他安排埃涅阿斯的向导劝说恺撒在庞培面前放下武器:

> tuque prior, tu parce, genus qui ducis Olympo,
> proice tela manu, sanguis meus! ①
>
> (请你先住手,来自幸福的奥林匹斯神山的后裔、我的亲骨肉,请丢下你手中的宝剑!)

除这句婉转的指责外,整部史诗中涉及恺撒的文字里没有一句提到罗马的光辉历史。作为受到罗马晚近历史深刻影响的文学形象,埃涅阿斯的盾牌使得我们可以浮光掠影地浏览一下未来的日子:一边是在阴间忍受愤怒女神们永恒折磨的喀提林;另一边是在享福的死者间进行贤明立法的、理想化的加图:

> secretosque pios, his dantem iura Catonem. ②
>
> (在远方,虔诚的加图正在主持正义。) 318

① *Aen.* 6.834 f.

② *Aen.* 8.670.

维吉尔无须交代恺撒的鬼魂属于哪一边——究竟是跟他的革命盟友在一起，还是追随那位他在此人身后诋毁其声名的可敬敌人。同样，贺拉斯在《颂歌》中也没有提到过独裁官恺撒。在他的诗篇里只出现了尤利乌斯之星——恺撒超凡脱俗的灵魂变成了一颗彗星，成为预示恺撒继承人崛起的天象征兆。[①]

这种描绘方式是一以贯之的。在奥古斯都统治时期的作家中，李维、维吉尔与贺拉斯是同政府关系最为密切的。总的来说，他们尽量对恺撒只字不提，并且也很少提到安东尼(除非将他作为罪人的代表)。奥古斯都的权力和统治身份与独裁官恺撒太相似了，即便无心提及也不能保证万无一失，直截了当地具体比较就更危险了。“神圣的尤利乌斯”的称号、特洛伊人后裔的荣耀和将恺撒与罗慕路斯相提并论的说法在亚克兴海战后流行了若干年。随后，当统治集团对这套宣传的不便之处进行冷静思考后，它们便逐渐销声匿迹，跟那场胜利本身一样丧失了基础，不再被人狂热地赞颂了。

洗清罪孽的庞培和被奉若神明的加图并不是内战牺牲品中仅有的被用来服务于共和国复兴大业的两个人物形象。从各方面看，西塞罗都是更合适的人选。将他宣告为公敌的罪名则不妨安在已经去世的和遭人唾骂的安东尼头上。奥古斯都亲口做过这样的评论：“西塞罗是位伟大的演说家，也是一位伟大的爱国者。”[②]但对西塞罗的任何官方崇拜，对于那些亲眼目睹过西塞罗晚年政

---

① *Odes*, 1. 12. 47.

② Plutarch, *Cicero*, 49.

治活动(那其实并不遥远)的人而言都是一种莫大的讽刺。尽管如此,老奸巨猾的普兰库斯无疑还是默许了这种做法,并加入了为西塞罗摇旗呐喊的队伍。而另一位前安东尼党徒和西塞罗从前公开的敌人波利奥却仍对西塞罗的性格和文笔怀恨在心;并且波利奥也厌恶普兰库斯。

这样一来,比西塞罗的真正口碑和演说成就本身更为光辉的声望在他去世十五年后又进入了世人的记忆中,并被研究思想史和制度史的学者们一直保存至今——西塞罗对罗马国家的整套设想在他死后取得了胜利,塑造了恺撒·奥古斯都统治的新共和国的面貌。①

如果这种说法不谬的话,那么它确实是令人感到欣慰的。但
我们还需分析一下西塞罗的政治思想。他在屡遭挫折、心灰意冷 319
的那些年里写了一部名为《论共和国》(*De re publica*)的论文,作品中的人物西庇阿·埃米利亚努斯和一些朋友围绕"完美秩序"(optimus status civitatis)展开了讨论。人们对这部作品的性质和用意做过许多各不相同的、往往是夸大其词的判断。西塞罗的《论共和国》甚至被视为时代发展的线索。它力主建立庞培式的集权政治,并预言了奥古斯都元首制统治下理想国家的面貌。② 这种说法颠倒了年代顺序:古代的理论家都会把他们的社会、政治乌托邦理想寄托在过去,而不是未来。更可信的看法是,在绝望和希望

---

① 特别参见 E. Meyer, *Caesars Monarchie u. das Principat des Pompejus*[3] (1922), 174 ff.。关于奥古斯都重新使用的西塞罗式用语和思想,参见 A. Oltramare, *Rev. ét. lat.* X(1932), 58 ff.。

② E. Meyer, *Caesars Monarchie*, 174 ff.; R. Reitzenstein, GGN 1917, 399 ff.; *Hermes* LIX(1924), 356 ff.

中徘徊的西塞罗写了一部描述从前存在过的理想共和国——西庇阿家族领导的罗马的作品；罗马当时的权力平衡和秩序井然曾令波利比乌斯(Polybius)钦佩不已。[①] 即便西塞罗在那部作品中容忍一人在国中居于首要地位的局面，这个人也绝不是庞培那样的首脑。

此外，我们也有理由认为，西塞罗的政治信条是通过模棱两可、不痛不痒的用语表达出来的，根本不可能被任何党派用于任何目的。革命者奥古斯都巧妙且成功地使用了罗马政治文学中的许多传统观念和神圣词汇；事实上，其中很多并非西塞罗的专利，只是他的许多同行和对手的演说词已经失传了而已。既然如此，奥古斯都政治纲领中与前一世代作品雷同的字句，甚至思想都不值得大惊小怪，也不能告诉现代研究者关于奥古斯都统治方式的任何不为同时代人所知的秘密。

就西塞罗的政治纲领而言，他基本拥护现存秩序，所做的唯一调整是在某些方面回归古代习俗。但其本质——有产阶级的紧密团结和不同社会阶级在角色和地位等方面的各就其位——并没有
320 什么变化。[②] 奥古斯都的观点也是如此，因为革命已经结束了。

---

① 见上文，原书第144页。参见 R. Heinze, *Hermes* LIX(1924), 142 ff.。关于对这一争议的扼要、清晰、令人叹为观止的梳理，见 A. v. Premerstein, *Vom Werden und Wesen des Prinzipats*, 3-12。

② 西塞罗在《论法律》里(*De legibus*, 3. 4；参见12)承认自己是在为《论共和国》中所描述的国家立法。罗马的传统政体几乎是无须修正的——"由于我们的祖先建立了十分明智、十分平正的制度，因此我没有什么可创新的，我认为至多也只能在法律中为数不多的几个点上进行革新"(quae res cum sapientissime moderatissimeque constituta esset a maioribus nostris, nihil habui sane, non 〈modo〉 multum, quod putarem novandum in legibus)(*De legibus*, 3. 12) 事实上，西塞罗所提出的修改意见为数不多，变化幅度也不大；它们基本仅限于限制保民官的权力和扩大元老院、监察官的权力——这些建议跟西塞罗本人过去的建立和对未来的憧憬是密不可分的。

元首和他的部下都已不再欢迎变革与动荡。奥古斯都确实很有可能在被问及他对加图看法的时候声称，不希望改变现状的人都是好公民。① 奥古斯都正在为维持秩序而努力，宣布他的毕生宏愿是成为“完美秩序的缔造者”(optimi status auctor)。② 渥大维自己也称之为“完美秩序”(optimus status)；但为我们记载下这些完美理想的作家苏埃托尼乌斯接下来便称之为“新秩序”(novus status)。③ 元首对此是无法矢口否认的。

奥古斯都用来安抚生者、欺瞒后世的只有鬼魂和言辞而已。在奥古斯都的新国家里，加图或布鲁图斯的那种冥顽不化的、阶级意识强烈的共和主义是无处栖身的。波利奥无所顾忌的独往独来

① 引自 Macrobius，2. 4. 28：“quisquis praesentem statum civitatis commutari non volet，et civis et vir bonus est”(任何不愿改变全体公民目前状况的人都是好公民和好人。)Plutarch，*Pompeius*，54 将公元前52年的加图描述成一个认为“一切政体都好过无政府状态”(πᾶσαν μὲν ἀρχὴν “μᾶλλον αἱρούμενος ἀναρχίας)的人。参见狄奥借奥古斯都之口表达的观点(Dio，53. 10. 1)：πρῶτον μὲν τοὺς κειμένους νόμους ἰσχυρῶς φυλάττετε καὶ μηδένα αὐτῶν μεταβάλητε. τὰ γὰρ ἐν ταὐτῷ μένοντα，κἂν χείρω ᾖ，συμφορώτερα τῶν ἀεὶ καινοτομένων，κἂν βελτίω εἶναι δοκῇ，ἐστίν。”(首先，要竭尽全力捍卫当前的法律，不要去改变它们。因为保留下来的传统即便并不完美，也要比那些变幻无常的法律要好，哪怕后者乍看上去更为可取。)

② 见 Suetonius，*Divus Aug*. 28. 2 引用的一道法令：“ita mihi salvam ac sospitem rem p. sistere in sua sede liceat，atque eius rei fructum percipere，quem peto，ut optimi status auctor dicar，et moriens ut feram mecum spem，mansura in vestigio suo fundamenta rei p. quae iecero。”(请允许我把共和国建设得安全且稳固，并取得我所期待的成果；我渴望能被称为完美秩序的缔造者，而且能在撒手人寰时有所期待，相信我为共和国建立的基础能够留下持久的痕迹。)

③ Suetonius，*Divus Aug*. 28. 2：“fecitque ipse se compotem voti，nisus omni modo，ne quem novi status paeniteret。”(他自己竭尽全力以实现其愿望，千方百计地防止他人对新秩序的破坏。)关于“秩序”(status)一词的含义和用法，参见 E. Köstermann，*Rh. M.* LXXXVI(1937)，225 ff.。

(libertas)与桀骜不驯(ferocia)在言语上提醒我们曾存在过这种传统。诚然，波利奥的确属于那种拥有豁免权的、令人生厌的家伙——但他也不是那种支持谋杀行为或为了某位政治巨头而挑起内战的人物。但真实的加图不仅是"桀骜不驯"(ferox)的，并且是"穷凶极恶"(atrox)的。[①] 他的外甥布鲁图斯、那位坚定地宣称自己要同任何自居于法律之上的权力斗争到底的人，一定是看清了元首奥古斯都之权威的真正内容及其本质的。布鲁图斯也并非帝制的拥护者。他在攻击庞培的统治时声称，人们是没有必要为了帝国的缘故而屈从于暴政的。[②]

西塞罗拒绝承认自由可以在合法的君主制下存在。[③] 但在新
321 秩序下，西塞罗可能会改变看法。至少布鲁图斯是这样认为的。[④] 在一个与恺撒独裁时代截然不同的新国度里，西塞罗或许会凭借其口才受到元首和元老院的尊崇，在重大事务上得到他们的咨询，并且永远不会出于野心去铤而走险。他不会因胜利而宽宏大量，忘记显贵们从前对自己的轻蔑。保民官也无法制止他去为政治投机家和专制独裁的走狗辩护。新时代里也已没有这样的保民官

① Horace, *Odes*, 2. 1. 23 f.："et cuncta terrarium subacta | praeter atrocem animum Catonis。"(全世界都已被征服，除了加图那穷凶极恶的灵魂。)

② 引自 Quintilian, 9. 3. 95："praestat enim nemini imperare quam alicui servire: sine illo enim vivere honeste licet, cum hoc vivendi nulla condicio est"(即便失去统治任何人的机会，那也总比做一个人的奴仆要好；因为不能役使他人的人总还可以诚实地过活，而沦为奴隶的生活是毫无价值的。)

③ *De re publica*, 2. 43："libertas, quae non in eo est ut iusto utamur domino, sed ut nullo。"(我们并非有可能在合法的个人统治下保有自由——它不能在任何个人独裁的制度下生存。)

④ *Ad M. Brutum*, 1. 17. 4(见上文，原书第 138 页)。

了——他们全部投到了国家政府麾下。西塞罗可以轻而易举地说服自己和他人相信，新秩序代表着最完美的国家；它比此前存在过的任何一个共和国都更是纯粹的共和政体，因为它诞生于全意大利的共识和等级和谐。全体好公民都会对它表示欢迎，因为它保护了财产权的神圣不可侵犯；它是罗马的和共和的，因为其权力来自法律，并且能够让共和国中的每个阶级各守本分，尊重合法权威。真正的自由并不等于为所欲为；威权（imperium）是必不可少的。那么人们还能找到比元首制更好的将自由和威权结合起来的方式吗？一位拥有"更高层次的合法性"的政治领袖是不可能触犯界定严重叛国罪行的严酷法律的。

现在到了抛开文字游戏和理论空谈的时候了。只有极其执着的人才能在奥古斯都的共和国里发现西塞罗留下的真正遗迹。[①] 事实上，根本没有多少人关注他或庞培。真正的庞培党人——他们忠于一个家族和一种立场——还存在着，但那完全是另一回事。坚持认为奥古斯都的权力拥有合法基础、在政治实践中不乏先例或符合之前政治理论预设的看法只会导致先验论和可怕的谬误。骄傲的奥古斯都并未援引任何先例去为自己辩护——他宣称自己是独一无二的。并且既然罗马人自己拥有悠久的法律传统，那么他们也无须向理论家和外国法律去讨教。[②]

---

① 维拉莫维茨曾用一个简短的脚注讨论过该问题（Wilamowitz, *Der Glaube der Hellenen* II, 428 n.）。

② 西庇阿认为罗马的古代政体是历史上存在过的政体中最优秀的（*De re publica*, 1.34）；而他对最富于智慧的希腊人的相关思考也并不完全满意（*De re publica*, 1.36）。

试图建立模棱两可的先例谱系的那些自讨苦吃、毫无益处的研究在奥古斯都的统治模式中发现了最早由斯多葛派哲学家提出的原则——“最优秀公民”的统治——的完美实践。[①] 作为真理的
322 探索者,除非这些学者已经变成阿谀奉承的马屁精,否则他们就不可能假装相信手足相残的战争和戕害无数“优秀公民”(boni viri)的公敌宣告运动会塑造出什么堪为道德楷模的公民来。尽管名字可以变换,但奥古斯都终究是一个通过内战攫取至高权力的革命领袖。至于西塞罗所能提供给他的一切,奥古斯都早已在很久之前的穆提纳战争中得到了。他在政治上的顾问是菲利普和巴尔布斯。但为了维持权力,他必须把自己的统治建立在民众的普遍拥护、有产者的支持和统治阶级的积极配合之上。为了达到这一目的,他需要调整政体形式以适应其政策,并调整政策去安抚罗马人的感情。寻找合适的方案其实非常简单——它并不存在于法律书籍或抽象的推理论证中,而只需在审时度势后进行决断。

权威是高于一切法律和成文的规则的。奥古斯都的显要地位实际上基于他的权威。[②] 权威意味着对整个元老院和个别德高望重的元老或要人(principes viri)的影响力——这种影响力并不仰仗法律维持,而是依赖于罗马政治传统。[③] 奥古斯都本人是所有

① 韦伯(W. Weber,*CAH* XI,367)认为奥古斯都继承了从帕奈提乌斯(Panaetius)到西塞罗以来的由“最优秀公民”(optimus civis)进行统治的思想。

② *Res Gestae*,34:“post id tem[pus a]uctoritae [omnibus praestiti, potes|t]atis au[tem n]ihilo ampliu[s habu]I quam cet[eri qui m]ihi quo|que in ma[gis]tra[t]u conlegae f[uerunt]。”(从此以后,我的权威鹤立鸡群;但我在权势方面并不超过任何一位跟我一同担任行政长官的人。)

③ R. Heinze,*Hermes* LX(1925),348 ff. =*Vom Geist des Römertums*,1 ff.

要人(principes)中最伟大的一位。因此,他为自己选取的非官方头衔理应也必然是"元首"(princeps)。"权威"一词带有令人肃然起敬的意味;心怀不满的批评者则会称之为"权势"(potentia)。

但权威与合法权力的结合并不能解释一切。奥古斯都的统治还是个人的——其根本基础是公元前 32 年罗马、意大利和西方(后被帝国境内的其他地区效法)对他个人立下的效忠誓言。[①] 恺撒·奥古斯都拥有种种或公开、或秘密的,令人捉摸不定的丰富资源——上一世代中的要人们也拥有同样的资源,但奥古斯都已攫取了它们并予以强化。他还是神的儿子,并且注定将成为不朽。罗马平民是奥古斯都天然的被保护人。他用施舍养活他们,用竞技取悦他们,并声称自己是保护他们免受压迫的恩人。自由选举的时代重新到来——这意味着感恩戴德的民众将毫无悬念地选举奥古斯都凭借其智慧挑选出的候选人,无论他对这些人选是否进行过正式推荐。他在事实上(尽管不是法律上)控制着罗马人民的
全部军队,并自掏腰包支付退伍老兵们应得的犒赏。奥古斯都目 323
前是帝国境内最富有的人。他像国王一样统治着埃及,不容其他任何人染指;他在各行省发行金币和银币;他为巩固自身权力而出手阔绰。意大利境内和海外的殖民地构成了对他忠诚不贰的军事据点网。意大利和诸行省的各城镇都视奥古斯都为它们的建立者或庇护人;帝国范围内的国王、诸侯和权贵都是他的盟友或被保护人。在元老们面前,他是普通公民和行政长官;在各军团面前,他是凯旋将军;在臣民面前,他是国王和神明。最重要的是,奥古斯

① 见上文,原书第 284 页。

都是一个庞大的、组织严密的政治党派首领，为自己的党徒提供庇护和晋身之阶。

这就是恺撒·奥古斯都。他的真实个人权力与法律所规定的执政官、行省总督权限之间的反差似乎是不祥的和危险的。但如果有人设想，1 月 13 日的仪式不过是一出用来欺骗白痴、恫吓奴才的阴森喜剧的话，那他就大错特错了。相反，调整后的元老院主要由奥古斯都的党羽组成，他们非常清楚正在发生什么事情。为了确保恺撒党的统治、巩固革命成果和维持和平，恺撒继承人的显要地位必须被加强和永久化。然而，他不一定非要接受独裁官或君王的头衔。[①] 社会各方都在达成一种心照不宣的默契，想要抹平现实与理论之间的鸿沟。显而易见的事实是：深入讨论这个敏感话题没有任何好处，只会招来各种危险。元首制是不需要别人对它进行定义的。

510 公元前 28 年和前 27 年的政治整顿在官方用语中被称为“再造共和”(re publica reddita)或“重塑共和”(res publica restituta)；一些罗马作家也附和这套官方说法。但塔西佗并没有这样做——在他对奥古斯都虚伪的谦和恭谨和暗中的势力膨胀的简短叙述中，他毫不妥协，完全没有沿用元首的官方用语。[②] 事实上，它只

---

① Tacitus, *Ann.* 1. 9："non regno tamen neque dictatura sed principis nomine constitutem rem publicam。"(他没有使用国王或独裁官的名号，而是使用了共和体制内的称呼“元首”。)

② Tacitus, *Ann.* 1. 2："posito triumviri nomine consulem se ferens et ad tuendam plebem tribunicio iure contentum, ubi militem donis, populum annona, cunctos dulcedine otii pellexit, insurgere paullatim。"(放弃了三头的名号后，他宣称自己只是一名执政官，并且满足于能够保护平民的保民官头衔。随后，他用馈赠收买了军队，用粮食配给制满足了平民，用幸福闲适的生活赢得了世人的好感，从而一点一点地攫取了权力。)

应被视为专制权力的合法化和强化。这至少是塔西佗对公元前28 年立法活动的看法——他所采用的表述是“和平与元首”(pax et princeps);[①]其他人则会称之为“和平与主宰”(pax et dominus)。后来的一位历史学家将这次政治整顿视为严格意义上的帝制的开端。他还注意到,在同一时期,奥古斯都支付给禁卫军的薪饷翻了 324
一番,并且这项规定是通过元老院的敕令发布的。[②]

阿谀奉承或人云亦云的习惯会严重夸大这些措施的重要性。多疑的塔西佗显然是这么看的——他永远对名不副实的现象特别敏感。在当时的罗马,并没有什么人把这一时期视为新纪元开始的标志;而在外省,人们对此根本未加注意。政府的内外政策、货币流通与经济活动并未发生重大变化。事实上,作为一名军阀,奥古斯都在掌权后所提出的、要将“共和国”(res publica)“建立在万古长存的基础之上”的说法其实并不具有什么重大意义。

在能够切身感受到罗马政治之凶险的环境中成长起来的那一代人是不会上当受骗的。元首奥古斯都大谈特谈如何重建共和国;对王朝统治俯首帖耳的史学家威利乌斯·帕特库鲁斯将之改写成一条激动人心的口号——“prisca illa et antiqua rei publicae

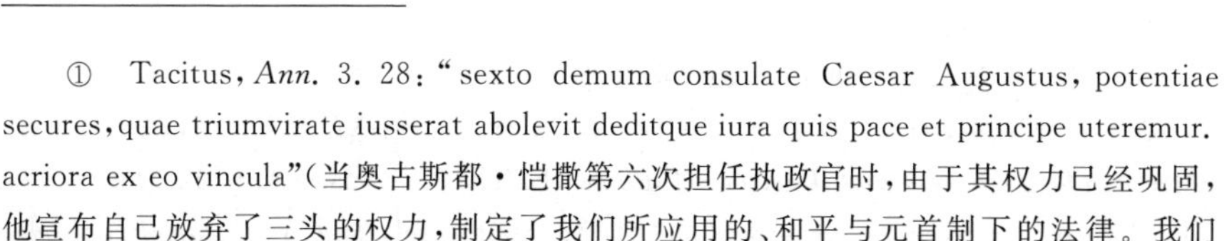

① Tacitus, *Ann.* 3. 28:“sexto demum consulate Caesar Augustus, potentiae secures, quae triumvirate iusserat abolevit deditque iura quis pace et principe uteremur. acriora ex eo vincula”(当奥古斯都·恺撒第六次担任执政官时,由于其权力已经巩固,他宣布自己放弃了三头的权力,制定了我们所应用的、和平与元首制下的法律。我们从此背上了更加沉重的枷锁。)

② Dio, 53. 11. 5;参见 53. 17. 1:“καὶ ἀπ' αὐτοῦ καὶ ἀκριβὴς μοναρχία κατέστη。”(从这时起,严格说来,已经进入帝制时代了。)

forma revocata ”(传统而古老的共和国得到了重建)[①]。这种措辞听起来倒是令人肃然起敬的和具有厚重的历史感的。但它仅停留在口头上,并且只要点到为止就够了。然而,作为一位博古学者,苏埃托尼乌斯并不完全缺乏符合史学家身份的理性观念。在他的笔下,奥古斯都只有两次想到过要重建共和国,并没有付诸实践。[②] 在苏埃托尼乌斯眼中,奥古斯都的工作是建立了一套“新秩序”(novus status)。[③]

经过岁月的沉淀,后人对此的观点变得更加公允。近年来,人们倾向于认为,奥古斯都不仅使用了共和制度下的术语,并且确实希望共和制度能够毫无阻碍地顺畅运转——结果也如他所愿,至少在奥古斯都掌权的前几年中确实如此。[④] 但奥古斯都的目的恰恰相反。他控制了罗马政府和各种庇护关系,特别是执政官席位。他的做法与之前的政治巨头们如出一辙,但更为彻底,并且无人掣

325 肘。这一次,一党独大的局面将是永久性的和无法撼动的;军阀争雄的时代已经过去了。[⑤]

选择这条路线的决策是不需要什么深思熟虑或党内会议上的激烈辩论的。奥古斯都选取了他认为对自己的规划有用的资

---

① Velleius, 2. 89. 4.

② *Divus Aug*. 28. 1.

③ *Divus Aug*. 2;参见上文,原书第 320 页。

④ E. Meyer, *Hist. Zeitschr.* XCI (1903), 385 ff. = *Kl. Schr.* 1², 423 ff.; G. Ferrero, *The Greatness and Decline of Rome* (E. T. 1907), passim; F. B. Marsh, *The Founding of the Roman Empire*² (1931); M. Hammond, *The Augustan Principate* (1933).

⑤ Dio, 52. 1. 1. 他称之前的那一时期为群雄逐鹿的时代(δυναστεῖαι)。参见 Appian, *BC*, 1. 2. 7。

源——执政官席位和若干具有重要战略意义的行省。事后，他可以按照自己喜欢的方式，随时随地修改权力的含义和对行省范围的界定。永远不会变更的只有他自己的统治基础与权力来源。

当一个党派在罗马攫取了权力后，执政官席位和行省军队便成为它维持自身“合法”优势的两大传统工具。它其实没有必要破坏法律，因为现有的政治体系自然会顺从它的需要。这一次，新法令是在最高行政长官——奥古斯都和阿格里帕授意下通过的。他们一丝不苟地监督着向自由政体的转型过程。

关注法学理论的精巧结构或追溯世代相传且永恒不变的政治智慧是饶有趣味的；更有意义的工作则是在不同时代、不同政治体制下确定负责权力运作的代理人和官吏们的身份。这项任务往往被人轻视或忽略了。

奥古斯都打算不间断地一直担任执政官。在接下来的四年里，他的同僚分别是提图斯·斯塔提利乌斯·陶鲁斯、玛库斯·尤尼乌斯·西拉努斯、盖约·诺巴努斯·弗拉库斯和名字众多的奥鲁斯·泰伦提乌斯·瓦罗·穆雷纳（A. Terentius Varro Murena）。这些人都是值得信任的，至少没有哪个候选人是元首的仇敌。作为武将和行政长官，陶鲁斯的地位仅次于阿格里帕：他曾追随那位青年将领在西西里和伊吕利库姆作战，他治理过阿非利加和西班牙两个行省；他曾三度被士兵们欢呼为凯旋将军。[1] 第二次出任执政官的资格并不是对他忠诚效劳的唯一奖赏——他在公元前

① *ILS* 893.

30 年又获得了每年提名一位大法官人选的权利。[1] 玛库斯·尤尼乌斯·西拉努斯出身贵族，但现在已是一名坚定的恺撒党徒；他的效忠对象发生过多次变化。此人先后效忠于雷必达、安东尼、绥克斯图·庞培，随后又回到安东尼帐下，最终选择了更好的主子渥大维。[2] 诺巴努斯的父亲曾跟撒克萨合作，在腓力比战役中担任将领。诺巴努斯本人迎娶了恺撒党中一位继承了巨大遗产的女
326 子——科奈里乌斯·巴尔布斯之女。[3] 穆雷纳则是梅塞纳斯的岳父。[4]

执政官的人选安排就是这样。在如何控制行省方面，不久以前的经验还可资借鉴（如果奥古斯都还需要借鉴别人的话）。卢卡议和后，庞培、克拉苏和恺撒三人控制了大部分行省。从公元前 55 年起，他们控制着高卢（山南高卢与纳旁高卢）、西班牙和叙利亚，坐拥 20 多个军团。山南高卢现在已经不是行省了。除此之

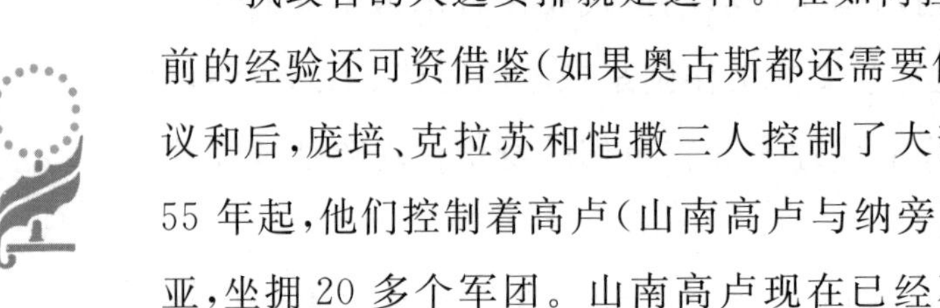

① Dio，51. 23. 1.

② 见上文，原书第 189、268 页。他的儿子可能娶了格涅乌斯·多米提乌斯·卡尔维努斯（Cn. Domitius Calvinus）的一位孙女，参见 *PIR*^{1}，D 150。

③ *CIL* VI，16357；参见 *PIR*^{1}，C 1474。

④ 这位著名人物的家世和跟其他家族的联系隐晦不明（P-W V A，706 ff.）。他的姓名前后也发生过变化。但很显然的是，公元前 23 年的执政官奥鲁斯·泰伦提乌斯·瓦罗·穆雷纳（A. T[erentius...] V[ar]ro Murena，*CIL* I^{2}，p. 28）就是狄奥（Dio，53. 25. 3）和斯特拉波（p. 205）作品中提及的泰伦提乌斯·瓦罗（Terentius Varro）和狄奥（Dio，54. 3. 3）所说的李锡尼乌斯·穆雷纳（Licinius Murena）。苏埃托尼乌斯称他为"瓦罗·穆雷纳"（Varro Murena）（Suetonius，*Divus Aug*. 19. 1；Tib. 8），威利乌斯称之为"卢奇乌斯·穆雷纳"（L. Murena）（Velleius，2. 91. 2）。相似地，贺拉斯《颂歌》3. 19. 11 中所说的"穆雷纳"可能就是《颂歌》2. 10. 1 里的"李锡尼乌斯"（Licinius）。他的全名也许是奥鲁斯·泰伦提乌斯·瓦罗·李锡尼乌斯·穆雷纳（A. Terentius Varro Licinius Murena）。

外，奥古斯都本人控制的地区在面积和军事实力两方面与前三头共有的不相上下。公元前 27 年的决议授予渥大维把西班牙、高卢和叙利亚(包括附属的塞浦路斯和西里西亚平原)作为其行省；[①] 驻扎在这些地区的大军也达到了 20 个军团(甚至可能更多)。近些年来，这些省份是由行省总督治理着的，他们通常是前执政官级别的人物。西班牙全境似乎由一位行省总督治理，他的几位副将担任着分别管理西班牙境内各行政区划的诸侯角色。[②]

如此庞大且重要的行省是需要前执政官级别的行省总督们去管理的；他们的任期往往超过一年。这是一件非常不幸的事情。[③] 前执政官中有些在家世或野心方面特别突出的危险人物。克拉苏就是近在眼前的教训。最近，奥古斯都曾动用后三头的权威和强化后的前执政官权力去控制手握重兵的行省总督们。但后三头已被废止，而执政官也仅仅拥有普通的、法律框架内的权力。对此进

① Dio, 53.12. 狄奥把西班牙的一部分——贝提卡(Baetica)列入了公元前 27 年由元老院管理的公共行省名单。但这是不可能的。斯特拉波犯的错误更加离谱。在他对最初行省分治的叙述中(p. 840)，纳旁高卢和贝提卡都是归元老院领导的。此时的叙利亚还只是安东尼控制的一个行省(包括叙利亚和西里西亚平原)，起初还包括亚克兴战役后从埃及那里夺来的塞浦路斯岛。

② L. Ganter, *Die Provinzialverwaltung der Triumvirn*, Diss. Strasburg(1892), 56 ff.

③ Suetonius, *Divus Aug*. 47. 1："provincias validiores et quas annuis magistratuum imperiis regi nec facile nec tutum erat, ipse suscepit。"(让每年一任的行政长官去治理一些较为重要的行省既不安全，又十分困难；因此元首亲自对它们进行管理。)参见 Dio, 53. 12. 2："τὰ δ' ἰσχυρότερα ὡς καὶ σφαλερὰ καὶ ἐπικίνδυνα καὶ ἤτοι πολεμίους τινὰς προσοίκους ἔχοντα ἢ καὶ αὐτὰ καθ' ἑαυτὰ μέγα τι νεωτερίσαι δυνάμενα κατέσχεν。"(他声称较强大的那些行省不够稳固、地位危险；它们或是在边境处面对着敌人，或是因自身的强大而有能力发动叛乱。)

行补救的需要是显而易见的。

公元前 27 年，奥古斯都宣布自己把各行省的统治权还给元老院，由行省总督像之前那样掌管三个具有战略意义的行省。但奥古斯都并不是在交出权力。他其实另有所图；他当时还对其真实目的秘而不宣，日后也很少有人能够猜到——他希望除掉西班牙、
327 高卢和叙利亚的各位总督，自己担任所有这些地区的行省总督。这是他对后三头统治方式的唯一直接变更。再也不会出现由一位前执政官级别的行省总督统治全西班牙的威胁了；它将由自己的两三名在地位、权势等方面略逊一筹的副将进行治理。

这种统治方式其实也并不复杂。统治者提议在自己“行省”内划分出不同区域，由自己的副将去进行管理；划分的标准是各地区的实际需要及其所能提供的人力（或所拥有人力的安全限度）。[①] 这些副将可能是前大法官或前执政官。伟人庞培就曾担任过西班牙的行省总督，并在自己不在当地的情况下依靠三位副将（一位前执政官和两位前大法官）对那里进行管理。

将罗马帝国的各行省进行更为细致的划分，把各区域交给前执政官和前大法官级别的人物去治理的办法是一种合乎逻辑的、自然而然的改革方案。奥古斯都在公元前 27 年并未突然引入一套新制度——我们可以把他的下属描述成奥古斯都所掌管的行省中的副将，而非行省总督。首先，他们多数都担任过大法官。这一点并不出人意料。曾以总督身份治理过幅员更为辽阔的行省、独

① Strabo, p. 840：“διαιρῶν ἄλλοτε ἄλλως τὰς χώρας καὶ πρὸς τοὺς καιροὺς πολιτευόμενος。”（根据当时采取的政策对行政区划进行进一步划分。）

立指挥过战事并庆祝过凯旋式的前执政官们不会觉得再去担任副将是多有光彩的事情。后三头曾壮大过前执政官的队伍——现在肯定至少已有 40 多名前执政官。而在布伦迪西乌姆和约签订后到亚克兴战役进行前的那段时期内，渥大维党或安东尼党中的前执政官们在罗马举行过不少于十次的凯旋式，在亚克兴海战后又举行过六次。其中一些人已经去世，或早已远离公众视野。前安东尼党徒波利奥、肯索里努斯、盖约·索西乌斯和玛库斯·李锡尼乌斯·克拉苏已不大可能再去指挥军队了。但除了这些活下来的败军之将外，公元前 27 年的罗马还可以夸耀自己拥有 11 位凯旋将领(viri triumphales)。其中一些武将已经上了年纪，如德高望重的前执政官卡尔维乌斯、一直活到今日的两位内战时期的恺撒副将卡里纳斯和卡尔维修斯，以及一位参加过腓力比战役的将领盖约·诺巴努斯。除此之外，还有三位显贵正当壮年，[①]以及三名新近崛起的新人。[②] 当然还有年富力强的提图斯·斯塔提利乌斯·陶鲁斯。

在这支威风凛凛、史无前例的凯旋英雄队伍中，只有一人日后重新执掌过兵权，并且还是在年老后(距其担任执政官的年代已过 328 去了二十年)才得到这样的机会。此人是元首的亲戚绥克斯图·阿普列乌斯。[③] 革命年代里和亚克兴战役结束后至第一次政治整

① 阿皮乌斯·普尔切(Ap. Pulcher)、卢奇乌斯·马尔奇乌斯·菲利普和麦萨拉·科尔维努斯(Messalla Corvinus)。

② 卢奇乌斯·科尼菲奇乌斯(L. Cornificius)、卢奇乌斯·奥特罗尼乌斯·佩图斯和绥克斯图·阿普列乌斯。

③ 绥克斯图·阿普列乌斯(*PIR*², A 961)是奥古斯都同父异母的姐姐渥大维娅的儿子(*ILS* 8963)。他在公元前 8 年在伊吕利库姆担任过副将(Cassiodorus, *Chron. min.* 2. 135)。

顿期间的其他执政官此后不再引人注目。他们当中的大多数还很年轻，因为这个时代的升迁速度是飞快的，令人瞠目结舌。但昆图斯·拉罗尼乌斯、玛库斯·赫勒尼乌斯和卢奇乌斯·维尼奇乌斯等新人都没有机会治理具有重要战略意义的行省。而像瓦勒里乌斯家族中的三位成员、秦那的孙子和独裁官苏拉的后人格涅乌斯·庞培等显贵更默默无闻。公元前28年后，这些前执政官中只有两位担任过元首行省中的副将；[①]据我们所知，只有三人担任过有权指挥军团，并在理论上有获得凯旋式希望的阿非利加行省总督。[②] 奥古斯都后来的战事主要是依靠新秩序下当选过执政官的人指挥的。

元首及其重建的共和国的地位并不像官方法令和官方历史所试图展示的那样安全和明确。他畏惧显贵集团和他的仇敌。拥兵自重的前执政官可以对元首的权力和军事荣耀构成挑战。转而依赖有求于己的下层党徒和新人的忠心乃是更好的办法。因此，十分明显的一个现象是，奥古斯都挑选的副将中很少有出身贵族或担任过前执政官的人物。他在其统治的前十二年中没有任命一位显贵担任副将；他所选择的前执政官副将也屈指可数。

交给总督管理的行省状况也与此相似。根据独裁官苏拉的设计方案，由元老院任命总督治理的行省共有十个。现在，元老院可

---

① 即盖约·安提斯提乌斯·维图斯（公元前30年递补执政官）和玛库斯·提提乌斯（公元前31年递补执政官）。然而，必须承认的是，我们手头没有奥古斯都元首制早期行省总督的完全名单。

② 即玛库斯·阿奇利乌斯·格拉布里奥（M. Acilius Glabrio，公元前33年递补执政官，公元前25年前后担任过阿非利加行省总督，见 *PIR*², A 71），以及卢奇乌斯·森普罗尼乌斯·阿特拉提努斯和卢奇乌斯·科奈里乌斯·巴尔布斯（L. Cornelius Balbus），后两人分别在公元前21年和公元前19年举行过凯旋式（*CIL* I², p. 50）。

以自主控制人事任免权的行省只剩下八个了。[①] 更重要的是，最难治理和最危险的那些地区并不在这八个行省的范围之内——元首提出的貌似合理、实则带有欺骗性质的借口是想要减轻元老院的负担。起初，元老院控制的那一部分似乎是跟元首治理的“行
省”地位旗鼓相当的——前者包括三个军事力量强大的省份：伊吕 329
利库姆、马其顿和阿非利加。这些地区并不安宁，但它们的驻军规模都很小，大概统共只有五六个军团。因此，罗马内部的政治因素延误了帝国对巴尔干半岛和多瑙河地区的征服。但元首迅速控制了伊吕利库姆和马其顿地区，那是确保帝国的东北边疆有可能向前推进到多瑙河一线的基础。[②]

在奥古斯都控制的行省内部，一套分别由前执政官和前大法官治理的行省等级体系逐渐发展起来了；我们无法确定，这套规则是否从一开始就适用于由元老院掌管的行省。到了后来，只有两个省份——阿非利加和亚细亚行省是由前执政官级别的行省总督统治的。在较早的年代里，我们有理由猜想，会有前执政官级别的人物不时被派去治理具有重要战略意义的伊吕利库姆和马其顿行省；史实也可以证明这种猜想：承担这一任务的是奥古斯都麾下的三员大将，他们都是新人出身。[③]

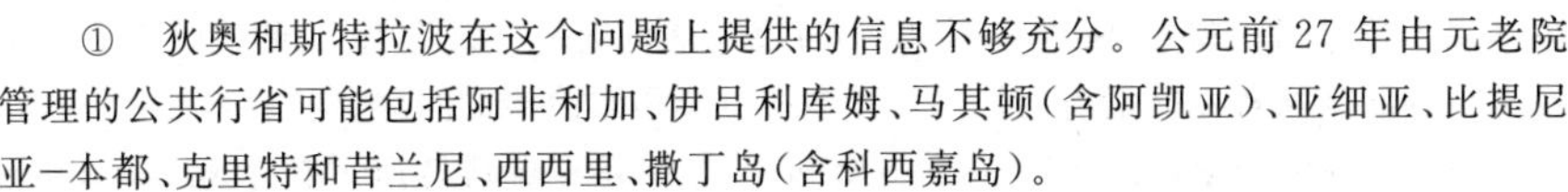

① 狄奥和斯特拉波在这个问题上提供的信息不够充分。公元前 27 年由元老院管理的公共行省可能包括阿非利加、伊吕利库姆、马其顿（含阿凯亚）、亚细亚、比提尼亚—本都、克里特和昔兰尼、西西里、撒丁岛（含科西嘉岛）。

② 见下文，原书第 394 页。

③ 玛库斯·洛里乌斯在约公元前 19—前 18 年统治过马其顿行省（Dio，54. 20. 4 ff.；参见 *L'ann. ép.*，1933，85）。普布利乌斯·希利乌斯·涅尔瓦（P. Silius Nerva，Dio，54. 20. 1 f.；参见 *ILS* 899）和玛库斯·维尼奇乌斯（Velleius，2. 96. 2 f.）分别于公元前 17—前 16 年前后和公元前 14—前 13 年前后治理过伊吕利库姆。

在后三头专制和亚克兴战役结束后的若干年里，奥古斯都的党徒们以总督身份统治着各行省，并凭借他们在西班牙、高卢、阿非利加和马其顿赢得的一场场胜利庆祝了属于自己的凯旋式。西方在尚武方面十分突出的两个行省——西班牙和高卢现在已经没有行省总督了。无论征服和维持和平的工作是否还在进行，无论当地的秩序是否已经建立起来，奥古斯都行省的领土都需要掌握在他所信赖的部将手中。意大利北部已经不再是一个行省了；但不肯安分、桀骜不驯的阿尔卑斯山区是需要有人去管理的。这项工作已经开了个头；[①]但征服活动还要继续下去。[②] 就元首所治理的、横跨东西方的行省范围内而言，我们知道在新一轮政治整顿后的最初四年（公元前 27—前 23 年）里担任过其副将的人物名字。[③]
330 在这六位“奥古斯都的前大法官副将”（legati Augusti pro praetore）

① 具体表现是盖约·安提斯提乌斯·维图斯于公元前 35 或前 34 年（Appian, *Ill.* 17）和麦萨拉·科尔维努斯在无法具体确定的一年里（Dio, 49. 38. 3 认为是在公元前 34 年，但可能有误；参见 L. Ganter, *Die Provinzialverwaltung der Triumvirn*, 69 ff.）对萨拉西人（Salassi）发动的战役。

② 公元前 25 年，瓦罗·穆雷纳降伏了萨拉西人（Dio, 53. 25. 3 f.; Strabo, p. 205）。特里登图姆（Tridentum）的铭文证实了玛库斯·阿普列乌斯（公元前 20 年执政官）的存在，他被称为“副将”（legatus），具体任职时间可能在公元前 23 年前后（*ILS* 86）。值得注意的是，还有一位行省总督——卢奇乌斯·皮索（L. Piso）曾在麦狄奥拉尼乌姆主持过司法审判（Suetonius, *De rhet.* 6），他可能是公元前 15 年的执政官。当时在意大利北部指挥军队的将领们的具体职权是个很难澄清的问题。

③ 盖约·安提斯提乌斯·维图斯和卢奇乌斯·埃利乌斯·拉米亚（L. Aelius Lamia）是近西班牙地区的副将，普布利乌斯·卡里修斯是远西班牙的副将（关于西班牙行省中的副将，见下文，原书第 332 页以下）。玛库斯·维尼奇乌斯于公元前 25 年在高卢赢得过一场胜利（Dio, 53. 26. 4）。一位名叫瓦罗（Varro）的人物于公元前 24—前 23 年前后在叙利亚地区活动过（Josephus, *BJ*, 1. 398; *AJ*, 15. 345）；加拉提亚的第一位已知副将是玛库斯·洛里乌斯（公元前 25 年，见 Eutropius, 7. 10. 2）。

中，只有一人是前执政官级别的人物。[①] 其他的人都属于前大法官级别。也没有证据表明这些人具有高贵的出身，其中一位副将的家世和婚姻状况无据可考；[②]其他人的祖先中都没有前执政官级别的人物——甚至有些人的父亲都不是元老。他们都是些默默无闻、地位低微的人。这些副将都是由奥古斯都直接任命的，只对他个人负责。可以猜想，在决定具有战略意义的伊吕利库姆、马其顿和阿非利加等行省的总督人选时（按照国家法律的规定，只要安排抽签就够了），元老院也乐得推举奥古斯都手下的人，而非那些不受元首节制的、在社会地位上可以跟他平起平坐的总督。在该时期的这一类人物中，我们所知道的一共只有两人。[③] 一些日后成为执政官的新人可能正是通过卸任大法官后担任元首副将或行省总督的方式才取得尊贵地位的。[④]

① 盖约·安提斯提乌斯·维图斯（公元前 30 年递补执政官）。此人在公元前 45 年以财务官身份为恺撒统治过叙利亚，随后在公元前 44 年底加入了自由派的队伍（见上文，原书第 171 页）。

② 即公元前 24—前 23 年前后叙利亚地区的副将瓦罗。他可能是公元前 25 年的 *SC de Mytilenaeis* 中提及的玛库斯·泰伦提乌斯·瓦罗（*IGRR* IV，33，col. C，l. 15），参见 P-W V A，691 ff.。他也可能是瓦罗·穆雷纳的兄弟。

③ 前执政官玛库斯·阿奇利乌斯·格拉布里奥在公元前 25 年前后担任过阿非利加的行省总督（*PIR*²，A 71）；情况不详的玛库斯·普瑞姆斯（M. Primus）在公元前 24—前 23 年前后担任过马其顿行省总督（Dio，54. 3. 2——其中记载的年代，即公元前 22 年是错误的）。

④ 例如，我们不知道盖约·森提乌斯·萨图尔尼努斯（公元前 19 年执政官）和普布利乌斯·希利乌斯·涅尔瓦（P. Silius Nerva，公元前 20 年执政官）等新人此前参加过任何军事活动；至于卢奇乌斯·阿伦提乌斯，我们只知道他在亚克兴指挥过军队。卢奇乌斯·塔里乌斯·鲁孚斯（L. Tarius Rufus，公元前 16 年递补执政官）和玛库斯·维尼奇乌斯（公元前 19 年递补执政官）很可能分别不止一次担任伊吕利库姆和马其顿行省的大法官。达尔马提亚地区的铭文中出现过塔里乌斯·鲁孚斯家族（Tarii Rufi）的名字（*CIL* III，2877 f.；参见下文，本书第 469 页注②，即原书第 362 页注 2）；科林斯则有一个部落是以维尼奇乌斯命名的（*L'ann. ép.*，1919，2）。

直到公元前 23 年为止，奥古斯都年复一年地担任执政官；因此，他一直有机会公开发表自己的看法，借以引导元老院中的辩论和公共政策制订——那正是约束一切行省总督的、模棱两可的传统方式。在必要的情况下，奥古斯都可以恢复执政官的巨大权力；它在共和国重建之际被严重地压缩了。

上述即是奥古斯都在担任执政官和行省总督之际所掌握的权力；这些权力是开放的、公开的和得到普遍承认的。在背后支持这一切的是他那压倒一切的权威和对这个世界性帝国进行个人统治的种种巨大资源。

第 23 章　政党与国家危机 331

元老院和罗马人民的特别授权不仅仅是出于对恺撒继承人过去举动和独尊地位的认可，也不仅仅是确保他的尊荣、保护国内安宁或既得利益——这些是有待将来完成的任务。重建后的共和国需要友善的帮助，来为它进行决策、整顿海外领土的管理；它也需要一个强有力的权威去强制推行社会、道德重建的工作。

公元前 27 年的政治整顿规范了元首权力，但并未对其进行限制。当时设计出来的权力运作模式可以作为权宜之计，奥古斯都的新国家还需要更加牢固的基础。各行省需要安定，它们的边疆需要得到保护和拓展，它们的资源也需要进行评估和征课。老兵等着复员，城市有待建造，领土需要规划。最重要的是，元首必须为罗马、意大利和全帝国建立一套足够强大的统治体系和足够庞大、团结的官吏队伍，任何变故都不能摧毁这一体系；即便共和国的统治者——元老院和罗马人民——被架空并装聋作哑，即便未来的元首是婴孩、白痴或远离罗马，国家也依然能够长治久安。

完成这些建设是需要时间的。奥古斯都的行省现在就需要整顿。他首先对付西方诸行省，他于公元前 27 年离开了罗马。不在场有时可以成为一种独特的政治优势。独裁官恺撒曾打算在巴尔干半岛和东方逗留三年，这样做其实并不仅仅是为了战事需要和博取荣誉，也是因为在他本人远离罗马的情况下，巩固政权和达成谅解会更容易和更顺利。如果他把自己不得人心的个人形象和过度膨胀的权力从罗马民众的面前移走，他就能获得时间、谅解和安全。基于同样的理由，奥古斯都也决定离开罗马。他这样做还有别的理由——他不希望亲眼目睹克拉苏的凯旋庆典和处决埃及省长的行为。在罗马，元老院和罗马人民可以享受安宁和虚假自由带来的福利；并且奥古斯都党派中的骨干人物——阿格里帕、陶鲁斯和梅塞纳斯都留在罗马，足以预防任何变故的发生。

奥古斯都抵达了高卢。当时的人们怀着一种虚妄的幻想（诗
332 人们发出了这种呼吁，史家们也对此有所记载），认为元首会下决心入侵遥远的不列颠群岛，正是他的神圣养父最早踏上并向罗马人介绍了那片土地。[①] 但奥古斯都并无征服不列颠或帕提亚的打算。他在年底之前穿过高卢南部，抵达了西班牙。

罗马军队首次入侵西班牙已是两百年前的事情了，但对这一广袤半岛的征服还远未结束。西班牙西北部的坎塔布里亚人（Cantabrians）和阿斯图里亚人（Asturians）控制着从比利牛斯山西部到葡萄牙北部的宽广地区，他们还从未领教过罗马军队的厉害。利用罗马内战的混乱局势，他们进一步向南推进，对一些享有高度文明的民族进行劫掠和征服。格涅乌斯·多米提乌斯·卡尔维努斯统治西班牙时在那里惨淡经营了三年（公元前 39—前 36 年）；[②]西班牙总督卡尔维努斯和他的五位继任者都在罗马举行了庆祝西班牙大捷的凯旋式。其中一些战役可能是为奥古斯都的征

① Dio，53.25.2.

② Velleius，2.78.3；Dio，48.42.1 ff.

伐做铺垫的；如果是那样的话，史籍对它们的记载未免太疏略了。[①]

公元前 26 年，奥古斯都亲自出征。[②] 他从布尔戈斯(Burgos)附近的基地向北出发，前去迎战坎塔布里亚人。那里的地势迫使罗马人兵分三路发起攻击；但由于所有的荣耀和所有的历史记载已经聚焦到一个人身上，因此只有奥古斯都本人领导的那一部分队伍才在史书中留下了一笔。这场战役是惨烈且艰难的。奥古斯都大病了一场。他依靠比利牛斯山的泉水得以痊愈，并通过撰写自传获得了慰藉——他很公平地把这部作品献给了阿格里帕和梅塞纳斯。在奥古斯都无法亲临前线期间，他在西班牙的两位副将(近西班牙的盖约·安提斯提乌斯·维图斯和远西班牙的普布利乌斯·卡里修斯[P. Carisius])[③]对阿斯图里亚人的领土进行了围剿。官方记载将彻底平定西班牙的功绩算在了奥古斯都头上。雅努斯神庙再度被关闭。但罗马人高兴得太早了。顽强的山民一次次揭竿而起。在远西班牙，继续指挥战事的、杀人不眨眼的普布利乌斯·卡里修斯跟他们正好棋逢对手。[④] 而之后治理近西班牙的

① 除《凯旋式年表》外，我们只拥有陶鲁斯在那里时的作战记载(Dio，51. 20. 5)。但奥罗修斯认为奥古斯都在那里的战争开始于公元前 28 年。

② 关于对这些战役的研究，见 *AJP* LV(1934)，293 ff.；关于公元前 26—前 19 年西班牙的副将人选，见 *AJP* LV(1934)，315 ff. 普布利乌斯·卡里修斯曾在埃迈瑞塔(Emerita)发行过铸币(*BMC*，*R. Emp.* I，51 ff.)。

③ Orosius，6. 21；Florus，2. 33；Dio，53. 25. 5 ff.

④ Dio，54. 5. 1 (其中提及了卡里修斯的傲慢[τρυφή]与残忍[ὠμότης]).

333 三位奥古斯都副将都经历了恶战。① 到了公元前 19 年，坚忍且冷酷的阿格里帕终于利用屠杀和奴役在一片焦土上建立了罗马统治下的和平。这就是长达十年的西班牙战事的结局（公元前 28—前 19 年）。②

身体虚弱不堪、感觉自己即将不久于人世的奥古斯都于公元前 24 年夏返回了罗马。他已离开那里达三年之久。在此期间，罗马在政治上风平浪静；人们在公共场合缄默不语，暗地里却怀着种种希望与恐惧。奥古斯都于 1 月 1 日第 11 次就任执政官，其同僚是自己麾下的显要党徒穆雷纳。是年的一起叛国罪审判、一场政治阴谋和奥古斯都的身染重疾向世人表明，当时地中海世界的和平局面是多么危如累卵。内容贫乏且混乱的各种现存史料都忘记或故意没有重构这一年的真实历史——它本可能成为奥古斯都元首制时代的末年，并且肯定是这个时代中至关重要的一年。③

① 分别是公元前 24—前 22 年的卢奇乌斯·埃利乌斯·拉米亚（L. Aelius Lamia，见 Dio，53. 29. 1. 其中的名字 Λούκιος Αἰμίλιος 可能需要改正，参见 Cassiodorus，*Chron. min.* 2. 135；另参见 *PIR*², A199）；公元前 22—前 19 年（Dio，54. 5. 1 f.）的盖约·福尔尼乌斯（C. Furnius，小福尔尼乌斯，公元前 17 年执政官）；以及公元前 19 年的普布利乌斯·希利乌斯·涅尔瓦（Velleius，2. 90. 4；参见 *CIL* II，3414[Carthago Nova]："P. Silio leg. pro|pr. patron|colonei。"[殖民地的保护者、前大法官、代表普布利乌斯·希利乌斯]。）

② Dio，54. 11. 1 ff. 不诚实的威利乌斯（Velleius，2. 90. 4）声称奥古斯都亲自指挥了对西班牙的征服（公元前 26—前 25 年），并且那里此后也不曾发生过任何叛乱——"那里此后再无盗匪"（postea etiam latrociniis vacarent）。

③ 对这些事件记载最为详细的是狄奥，但他误将对普瑞姆斯的审判和穆雷纳的阴谋发生的时间记为公元前 22 年。此外，仅有一份执政官年表——《卡皮托林执政官年表》（*Fasti Capitolini*）揭示了真相，即穆雷纳才是公元前 23 年当选的正式名年执政官（consul ordinarius）。其他年表在命名此年时都采用了递补执政官格涅乌斯·卡尔普尼乌斯·皮索的名字。

这场制度危机虽然转瞬即逝，却对恺撒党和罗马国家产生了重大影响。公元前 24 年年末或公元前 23 年年初，一位名叫玛库斯·普瑞姆斯(M. Primus)的马其顿行省总督制造了麻烦。他在法庭上被以严重叛国罪受到起诉，其罪名是在没有得到授权的情况下擅自对色雷斯王国作战。普瑞姆斯声称自己得到过元首的指示。第一公民出庭作证。他赌咒发誓说自己没有发布过这样的指示，于是那位被告便在劫难逃了。[①]

执政官瓦罗·穆雷纳曾为马其顿行省总督进行过辩护。作为一个声名狼藉、口无遮拦的人，他直言不讳地发表了自己对行使权威的看法。[②] 但这种古老的言论自由权已经不复存在。于是，穆雷纳很快就为自己的冒失(或野心)付出了代价。有人策划了一场密谋(或至少是在实施前被发觉了)。始作俑者是法尼乌斯·凯皮欧(Fannius Caepio)，其家族和他本人的情感都是同情共和的。[③] 334
穆雷纳被卷了进去。罪犯们在缺席的情况下被定了罪，尽管拒捕，却仍被擒拿并处死了。元老院凭借其“公共权威”(publica auctoritas)批准了对这些人的处决。[④]

① Dio，54. 3. 2 f.

② Dio，54. 3. 4：“ἐπειδὴ καὶ ἀκράτῳ καὶ κατακορεῖ τῇ παρρησίᾳ πρὸς πάντας ὁμοίως ἐχρῆτο。”(他肆意妄为，不分场合地口无遮拦。)

③ 但我们很难精确地断定其身份。参见 P-W VI，1993 f.。

④ Dio，54. 3. 4 ff.；Velleius，2. 91. 2：“erant tamen qui hunc felissimum statum odissent；quipped L. Murena et Fannius Caepio diversis moribus (nam Murena sine hoc facinore potuit videri bonus，Caepio et ante hoc erat pessimus) cum inissent occidendi Caesaris consilia，oppressi auctoritate publica，quod vi facere voluerant，iure passi sunt。”(然而却有些人痛恨这种极其幸福的状态；于是，之前口碑相差悬殊的卢奇乌斯·穆雷纳和法尼乌斯·凯皮欧[因为穆雷纳在做出这件事之前还可被视为正直的人；塞皮奥在此之前就已经臭名昭著]在合谋刺杀恺撒[奥古斯都]之际被国家权威制伏，并因他们试图通过暴力完成的勾当而被绳之以法。)

事实的真相已经无从得知了。即便在当时,其内幕也只有很少几个人知道,并且他们决定不公布这项国家机密。但这一变故是令人不安的。对一位执政官的处决不仅仅让我们有机会看清新共和国的性质,以及刻在金盾上并被到处宣扬的、元首的四项主要美德;也不仅仅揭示了这个"最幸福的状态"(felicissimus status)并不尽如人意。更严重的是,它触动了奥古斯都党派的真正核心。法尼乌斯从一开始便是"恶人"和共和派,死不足惜。可穆雷纳并非如此。很久以前,大将萨尔维狄埃努斯曾背叛过他的领袖和朋友。从那场祸事起直到最近的时代为止,渥大维党中的主要人物一直对恺撒的继承人忠心耿耿,甚至无须什么举措来维系他们的相互信任和友谊——他们彼此之间已足够了解,并且革命也不是感情用事。他们对奥古斯都的忠诚就是对罗马的忠诚。高贵且严肃的爱国主义是可以压倒政治原则(如果当时还有人讲原则的话)或个人的反感情绪的。但即便如此,仅仅在四年以前,奥古斯都最亲密的一位朋友——科奈里乌斯·伽鲁斯、第一位埃及省长还是被召回罗马并受到了凌辱。

木秀于林,风必摧之;雷霆也总是打击高耸的山峰。[①] 奥古斯都党派中的又一位骨干走了背运。穆雷纳是位高权重的梅塞纳斯的妻子泰伦提娅的兄弟。但梅塞纳斯和穆雷纳的同父异母兄弟、奥古斯都的亲密朋友、德行卓著且与世无争的普罗库勒乌斯都救不了他。普罗库勒乌斯曾公开哀叹过伽鲁斯的不幸命运,[②]并曾

① 贺拉斯在题献给李锡尼乌斯(Licinius)的《颂歌》中如是说(Horace, *Odes*, 2.10.9 ff.)。这个说法似乎一语成谶——可能它暗指的正是穆雷纳。

② Dio, 53.24.2.

因沾穆雷纳的光而得到过赞扬。[1] 我们不清楚穆雷纳拥有哪些朋友或追随者；大约在同时，奥古斯都在叙利亚的副将也名叫瓦罗(Varro)。[2]

共和国执政官的位置是不可长期空缺的。为了填补穆雷纳留下来的最高行政长官职位，奥古斯都指定独来独往、性情执拗的共和派格涅乌斯·卡尔普尼乌斯·皮索担任执政官。此前，皮索一 335
直远离公共生活，对官职十分轻视。这一次，大权独揽的奥古斯都提议给他执政官头衔。[3] 皮索接受了这一建议，从而表明了他默许新政治体系的态度。

随后，奥古斯都病倒了。他在西班牙元气大伤，此后虽暂时痊愈，但他的健康状况还是一天天恶化下去，终于发展成了足以危及生命的重病。似乎已到了弥留之际的奥古斯都丝毫没有立遗嘱的意思——他只是把一些关于军国大事的文件交给了执政官皮索，将他的印章戒指交给了阿格里帕。[4] 在二人的领导下，政府还可以继续运转下去——当然只是临时性的。

奥古斯都最终恢复了健康。医师安东尼·穆萨(Antonius Musa)开出的处方——冷水浴拯救了他。从那时起，元首的生龙活虎让医生们和他的敌人们都感到惊讶不已。7 月 1 日，他辞去了执政官职位。取代他的是卢奇乌斯·塞斯提乌斯——我们可以

---

① Dio，54. 3. 5；Horace，*Odes*，2. 2. 5 f.："vivit extent Proculeius aevo | notus in fratres animi paterni。"(普罗库勒乌斯得享高寿，他凭借其同父兄弟的声望而闻名于世。)

② Josephus，*BJ*，1. 398；*AJ*，15. 345.

③ Tacitus，*Ann.* 2. 43.

④ Dio，53. 30. 2.

猜想，这次职位交接又是奥古斯都动用权威操纵的；但它尽管出自专断，却伪装在貌似动听的借口之下。从前担任过布鲁图斯财务官的塞斯提乌斯曾是非常怀念自由派的。[①] 塞斯提乌斯和皮索的当选并不能表明共和政体在不受约束地运转，而是反映了从前的共和派现在已非常乐意同新政权合作。他们的动机是各种各样的——有的是出于野心，有的是为了利益，有的则是基于爱国热忱。

穆雷纳的阴谋和奥古斯都的染疾突然拉响了警报。灾祸似乎已经迫在眉睫。数年以来，狂热的官方宣传用语一直赞美全意大利发动的圣战和亚克兴战役的辉煌胜利——亚克兴战役乃是新秩序的奠基神话。在这场持续时间相当长久的庆祝活动中包含着某些并不真实的东西，仿佛世人知道它的虚假一样。在华丽的庆典背后隐藏着世人的不安和危机感，这种情绪在当时的文学创作中也有所反映。过去并不遥远，人们还感同身受——恺撒遇刺、后三头的公敌宣告运动和腓力比战役都还不过是近二十年内发生的事情。古风沦丧和传统爱国精神的衰落已经使一个伟大的民族堕落了。罗马民族最终免于毁灭，但也只是命悬一线而已。罗马帝国恢复了和平与秩序——但它能够持久吗？此外，比个人和财产安全更为重要的问题是，罗马民族的救赎和复兴何日才能到来呢？

Quem vocet divum populus ruentis

① Dio，50.32.4.他是普布利乌斯·塞斯提乌斯（P. Sestius，公元前57年平民保民官）之子。贺拉斯曾把《颂歌》（*Odes*，1.4）题献给他。

imperi rebus?[①]

(人民应呼吁哪位神明才能免于灭亡的命运?)

这种焦虑感在公开场合广为流传。李维伟大史著的序言与贺拉斯《颂歌》的若干篇章都表达了这种生动的、挥之不去的情感。[②] 336

奥古斯都党的骨干自有想法。如果恺撒的继承人患病或遇刺身亡,那么,像独裁官恺撒被谋杀后的情形一样,群雄逐鹿的局面将会再度降临,其结局将是内战和罗马的灭亡。爱国主义和个人利益都要求人们找到更为保险的预防措施和更加严格的统治模式。无论发生什么情况,新秩序都必须能经受得起大风大浪。为此,恺撒·奥古斯都以自己的名义采取了两项措施。其权威的制度基础发生了变化。更重要的是,他的党徒中能力最强的人物、他帐下的第一员大将——玛库斯·维普萨尼乌斯·阿格里帕获得了公开的显要地位,第三次担任了执政官。这便是公元前 23 年政治整顿的基本内容。

奥古斯都决定不再年复一年地担任最高行政长官的职务。他放弃了能够使自己在政策制定中居于主导地位的执政官头衔,但攫取了各式各样的其他权力,其中包括适用于帝国全境的、行省总

① Horace, *Odes*, 1. 2. 25 f.

② Livy, *Praef*. 9:"haec tempora, quibus nec vitia nostra nec remedia pati possumus."(这是如此[可悲]的时代,我们既无法忍受自己的罪恶,又无法忍受治疗这种罪恶的猛药。)Horace, *Odes*, 1. 2 也与此十分相关,尽管这首诗很可能早在公元前 29 年或前 28 年就已经写成了。

督式的统治权。① 这项权力实际上（尽管名义上并非如此）使得全体行省总督都降格为奥古斯都的副将，在罗马，奥古斯都可以在城门范围之内行使军事指挥权。这不过是整套计划中的一部分而已。奥古斯都现在设计出了一种可怕的、无限的统治工具——保民官特权（tribunicia potestas）。早在公元前 36 年他已获得担任终身保民官的神圣资格；并在公元前 30 年取得了若干法律上的权力。但迄今为止，并无证据显示奥古斯都曾动用过它们。② 直到这一年（公元前 23 年），元首才想到要利用保民官特权来部分弥补无法继续担任执政官所造成的损失，并在没有正式头衔的情况下取得一个大权独揽的官职所赋予的各项职权。从公元前 23 年 7 月 1 日起，奥古斯都开始记录自己持有保民官特权的时间，并将之写入自己的头衔。这就是合法君主制的建立者发明出来的、“表
337 示至高无上大权的字眼”（summi fastigii vocabulum）。③

出于对实效的高度重视和内心对名分、形式的轻蔑（他在公开场合却非常尊重这些东西），奥古斯都宁愿选择不确定的、十分广泛的权力，而放弃众目睽睽之下的、因而容易受到破坏的行政长官

① Dio，53. 32. 5 f.（这是我们仅有的证据）. 根据（普雷麦斯坦）（A. v. Premerstein，*Vom Werden u. Wesen des Prinzipats*，232 ff.）的解释，“一次性永久”（ἐσαεὶ καθάπαξ）授予的行省总督式统治权是终身有效的。狄奥明确记载了奥古斯都接受“至高统治权”（imperium maius）的事实，这一点毋庸置疑，并且可以（如果有必要的话）得到我们在昔兰尼发现的五条敕令的印证（其中一份的文本参见 J. G. C. Anderson in *JRS* XVII，33 ff.）。我们有充分理由相信，是年授予奥古斯都的那些权力是由一条关于统治权的法令（*lex de imperio*）授予的。

② 唯一可能的例外是他可能在公元前 29 年动用该权力把一个人排除在保民官队伍之外（Dio，52. 42. 3）。

③ Tacitus，*Ann.* 3. 56.

特权。他在公元前 28 年和前 27 年由军事统帅变身为政治元首，从而明确规定并在表面上限制了自己的权力——也就是在确保自己的权威合法化的前提下重建了法治政府。而这次新的调整牺牲了奥古斯都的执政官头衔，却建立了更加稳固的统治。保民官的特权是不可捉摸的和可怕的；而对所有行省的统治权至关重要，以至于它被精心地从对奥古斯都生平和荣誉的那些冠冕堂皇、误导读者的记载中完全抹去了。奥古斯都统治的两根支柱——行省总督式的指挥权和保民官权力正是革命本身，即军队和民众。这位拥兵自重的、帝王式的民众蛊惑家正是以这两支力量为基础的。

对于奥古斯都而言，执政官头衔只是一种装饰；而不在罗马的执政官则是不合乎规矩的。此外，他连续担任执政官的做法也会堵死他人的晋升之路。他的一些活跃的党羽要求得到犒赏，如最近立下汗马功劳的玛库斯·洛里乌斯和玛库斯·维尼奇乌斯等副将。而新一代显贵正在成长起来。他们中有些人的父亲曾在共和国的上一次战斗中牺牲，还有一些人所在的家族是将执政官头衔作为世代相袭的特权的。

尽管统治者本人刻意避免担任官职，但他在公共法律上的权力仍是行政长官式的，对这些权力周期年限的规定很精确地反映了这一点。设置同僚的举动进一步确认了其规范性。在这一年里，阿格里帕获得了五年内对所有行省的指挥权。我们无法确定这种授权的确切实质和范围。它可能涵盖了元首在东方和西方的一切领土，但并不包括由元老院直接管理的行省；[①]授权的扩展是日后才完成的。到了后来，奥古斯都甚至把自己警惕地守护着的保民官特权、名副其实的“统治秘密”(arcanum imperii)也交出来与自己的这位同僚一起分享。

元首设置同僚的做法不是摆摆样子，而是为了实际需要；他看
338 似在分权，实际上却巩固了自己手中的权力。在当年年底之前，他派遣阿格里帕前往东方。后者对阿拉伯半岛的入侵以失败告终，于是这个并不高明的主意被放弃了。罗马政府还有不那么显山露水、但更加迫切的任务要去完成。两年前，加拉提亚的统治者阿米塔斯在执行平定陶鲁斯山区野蛮部族的任务时战死。[②] 罗马继承了他的王国。玛库斯·洛里乌斯、一位办事干练、但不得人心的奥古斯都党徒奉命前去治理由加拉提亚和帕弗利亚构成的那个庞大行省。[③] 此外，向帕提亚国王施加新的外交压力、取回克拉苏的鹰帜，从而为新政府赢取唾手可得的荣耀的时机似乎也即将成熟了。[④]

---

① 参见 M. Reinhold, *Marcus Agrippa* (1933), 167 ff.。狄奥没有提及过授予阿格里帕统治权的事情。有人认为阿格里帕在较早的时期里已经对元老院负责的各行省拥有至高统治权，但该观点无法得到证明。约瑟福斯的说法——“阿格里帕被派去接替恺撒治理爱奥尼亚海以东地区”(πέμπεται δ' 'Αγρίππας τῶν πέραν 'Ιονίου διάδοχος Καίσαρι)(Josephus, *AJ*, 15. 350)。也不能说明事实真相究竟如何。对奥古斯都于公元前 23 年将对全东方的统治权交给阿格里帕的假说的一条颇具说服力的反例是：几年后(公元前 20—前 19 年)，阿格里帕并未在东方进行治理，而是出现在了高卢和西班牙(Dio, 54. 11. 1 ff.)。

② Dio, 53. 26. 3; Strabo, p. 569.

③ Eutropius, 7. 10. 2.

④ 参见 D. Magie, *CP* III(1908), 145 ff.。

情况还不仅如此。除埃及外，叙利亚是东方唯一拥有军事力量的行省，埃及看上去是安全的，由一名骑士进行治理——但也出现过科奈里乌斯·伽鲁斯这样的反面先例。与那位曾在革命战争中指挥过军队的诗人相比，接下来的两位埃及省长——玛库斯·埃利乌斯(M. Aelius)和普布利乌斯·佩特罗尼乌斯(P. Petronius)都是鲜为人知的人物。[①] 叙利亚距离罗马十分遥远，因此奥古斯都在挑选副将统治那里时十分谨慎。奥古斯都必须在不引发严重动乱的情况下挫败在首都发生的任何阴谋；如果此类阴谋得到一支外省军队的支持，那就意味着一场内战。治理叙利亚的瓦罗可能是穆雷纳的兄弟，他此后便从历史记载中消失了。当玛库斯·阿格里帕前往东方时，他通过一批副将对叙利亚进行治理，自己则住在列斯波斯岛(Lesbos)上。那是个很舒适的地方；并且对于打算同时监督巴尔干地区和东方的人来说，这也是个绝佳地点。[②]

公元前 23 年的政治整顿就是如此。它距离独裁者被除掉和罗马人民重获自由的日子——也就是恺撒继承人发动第一次政变的那一年——只有 23 个年头。自由已经一去不复返了。革命取得了胜利，并建立了一个政府；元首制的形式与内涵已经确立了。如果我们非要把帝制的确立视作单一的过程、而非一系列事件的话，那么这一年就理应被视为帝国正式建立之年。

---

① 玛库斯(?)·埃利乌斯·伽鲁斯(M[?] Aelius Gallus)可能是公元前 27—前 25 年的埃及省长，他于公元前 25 年对阿拉伯发动了一场无果而终的入侵(Dio，53. 29 &c.)；于公元前 25 年接替他职务的普布利乌斯·佩特洛尼乌斯则在埃塞俄比亚开展过军事行动(Dio，54. 5. 4 &c.)。

② Dio，53. 32. 1.

我们已经扼要描述过法律和政治模式上发生的一些变化;上文中提到的那些论点可以为它们进行辩护,以便公众能够心悦诚服地接受这些改变。但仅凭言辞还是不够的。担任执政官的人选是前共和派皮索和塞斯提乌斯,这看上去很好。但它也可能不过
339 是一种姿态。人们或许还记得,布鲁图斯的另一位朋友——盖约·安提斯提乌斯·维图斯曾经跟西塞罗嗜酒如命的儿子一道在亚克兴战役结束后的下一年就任了执政官,但那并不能让人相信共和国已经得到了重建。一位马塞卢斯家族成员(埃塞尼努斯[Aeserninus])和前庞培党人卢奇乌斯·阿伦提乌斯同时出任执政官(公元前22年)的安排也同样不能让人信服。奥古斯都还采用了若干其他的重要措施,以便制造共和国确已得到重建的假象。为了证明自己的雷厉风行、甚至他的态度诚恳,元首把一些行省重新交给总督们去治理。但它们仅仅是纳旁高卢和塞浦路斯,对于高卢和叙利亚来说并不算什么严重损失。[①] 从前,罗马人在高卢、阿尔卑斯山区和西班牙有过一些成功的军事行动,[②]但元老院负责的那些省份里却没有什么重大战事。而从此以后,似乎是为了显示其独立地位,阿非利加的行省总督们获准可以发动战争和积累军功——公元前21年,卢奇乌斯·森普罗尼乌斯·阿特拉提努斯从阿非利加返回罗马并举行了凯旋式;两年后,巴尔布斯也由于成功地深入众所周知极为遥远的伽拉曼特人(Garamantes)领土

① Dio,54.4.1(公元前22年)。

② 玛库斯·维尼奇乌斯在高卢取得过胜利(Dio,53.26.4),穆雷纳打败过萨拉西人(Dio,53.25.3 &c.)。

劫掠而获得了举行凯旋式的荣誉。①

这还不是全部。奥古斯都于公元前 22 年任命了两位监察官（保卢斯·埃米利乌斯·雷必达和卢奇乌斯·穆纳提乌斯·普兰库斯），这一举动宣告着对共和传统的回归和社会、道德改革的开始。② 这场改革被视为新纪元的开始而受到庆祝。奥古斯都或许还打算在那一年举行轮回庆典（Secular Games）；③并且（这一点至少是非常引人注目的），贺拉斯《颂歌》（出版于公元前 23 年下半年）中的若干篇章包含了对罗马所期待的那些改革（但罗马为此还需等待五年）的预言。奥古斯都再次推迟了这项计划；他可能意识到了这些任务的艰巨，或是被某些意外事件打断了手头的工作。

在前一年冬天里，洪水、饥馑和瘟疫四处肆虐，在罗马引发了骚动，并促使民众呼吁让奥古斯都担任独裁官。④ 他拒绝了这项提议，但同意效仿伟人庞培的先例，去管理罗马城的谷物供应。但他又把这项差事转交给了大法官中的两位公共事务负责人（curatores）。两位监察官随后也退位了。最后的结果是一事无成。

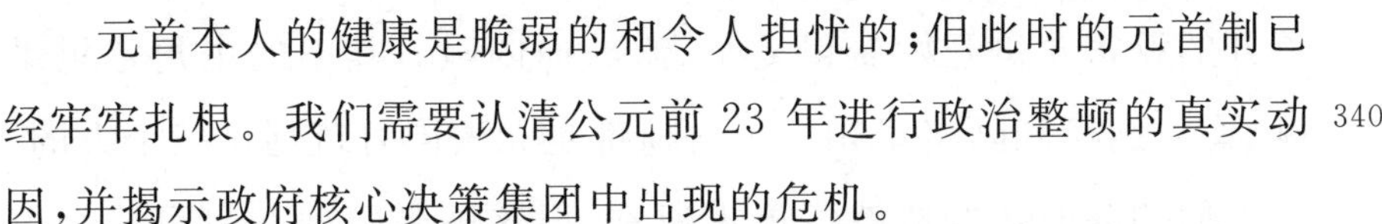

元首本人的健康是脆弱的和令人担忧的；但此时的元首制已经牢牢扎根。我们需要认清公元前 23 年进行政治整顿的真实动因，并揭示政府核心决策集团中出现的危机。 340

罗马的政治体制只是一个假象——它似乎是在共和制下运作

---

① *CIL* I², p. 50.

② Dio, 54. 2. 1.

③ 见 H. Mattingly, *CR* XLVIII (1934), 161 ff.，其中引证了维吉尔的明确证据（Virgil, *Aen.* 6. 792 f.）："aurea condet | saecula qui rursus Latio。"（他将在拉丁姆建立轮回的黄金时代。）

④ *Res Gestae*, 5; Dio, 54. 1. 1 ff.

的。但事实并不那么简单。与其说奥古斯都是一个人，还不如说他是一位英雄、一名领袖、权力的化身和崇拜的对象。奥古斯都是神的儿子，他自己的名号表明他也并非凡人；因此，奥古斯都与普通人之间已经拉开了距离。他喜欢幻想自己的目光能够引起旁观者的敬畏；凡人是不敢与他对视的。[①] 奥古斯都的雕像反映出他希望呈现在罗马人民眼中的形象——年纪轻轻，但严肃忧郁，肩负着责任和命运赋予他的重担。

奥古斯都言行中的一些真实细节被保存了下来，我们可以从被归在他名下的社会、道德规划中得出一些可信的推断，但奥古斯都的性格仍是捉摸不定的。他并不是一个傀儡，但他赖以成名的那些业绩大多是借别人之手完成的。他的独尊地位并不能掩盖支撑他的基础——奥古斯都其实是一个党派的领袖。

一个罗马政治集团的核心是其领袖（无论他是名副其实的还是徒有虚名的）的家族和亲密盟友。在穆雷纳发动阴谋和奥古斯都险些病死的那个关键年头里，他的追随者围绕影响力和权力所展开的秘密斗争开始变得复杂、激烈而凶险。其中的主角是里维娅、梅塞纳斯和阿格里帕。奥古斯都是无法同时疏远这三个人的。与他们的联盟曾经造就了奥古斯都，但这种联盟现在也可能会毁掉他。

与里维娅·德鲁西拉的婚姻本是同克劳狄乌斯家族的政治联盟（尽管并不单单是这样）。这位嘴唇紧闭、鼻子纤细、目光坚定的冰冷美人继承了曾独立掌握罗马权力的两大家族——克劳狄乌斯

① Suetonius, *Divus Aug*. 79. 2.

家族和李维家族的政治韬略。她运用手中的技巧为自己和本家族争取利益。奥古斯都在军国大事上对她言听计从。这样做是值得的，并且里维娅从不泄露秘密。里维娅没有为元首生育过孩子。她跟自己的前夫生过两个儿子——提比略·克劳狄乌斯·尼禄和尼禄·克劳狄乌斯·德鲁苏斯。她为他们的前途煞费苦心。两人已经获得过特权，在很小的时候就担任过行政长官。[1] 即便他们 341
不是元首继子的话，他们在军事、政治上的光明前途仍是有保障的；因为他们是老牌贵族克劳狄乌斯家族的一个分支——尼禄家族的直系后裔。

奥古斯都还有更近的亲戚。渥大维娅之前就曾为弟弟的利益服务，并唯奥古斯都之命是从。她有个儿子——盖约·马塞卢斯(C. Maecellus)。元首在这个孩子身上看到了建立由自己的家族、自己的血脉延续下去的王朝的希望。两年前，奥古斯都的这位外甥与他的独生女尤利娅的婚礼在罗马隆重举行。这位年轻人在公元前 23 年已经当上了市政官；他将在达到法律规定的年龄下限十年前获得执政官头衔。[2] 马塞卢斯似乎很有希望成为命中注定的大位继承人，很快将接替身体虚弱、气息奄奄的现任元首。谣言和阴谋开始包围这位青年。玛库斯·普瑞姆斯在受审时声称，马塞卢斯和奥古斯都都曾给过他秘密指令。[3] 这或许只是一个谎言，但它是令人不安的。然而，当奥古斯都感到自己将不久于人世的

---

① 提比略在公元前 24 年，即法律许可年限之前五年(Dio，53. 28. 3)便已当选下一年的财务官。

② Dio，53. 28. 3 f.

③ Dio，54. 3. 2.

时候，他做出的最后指示是将自主决策的大权交给阿格里帕和执政官，对马塞卢斯只字未提。奥古斯都康复后，他主动建议公开宣读其遗嘱，以便消除世人的一切猜疑；[1]元老院拒绝了这项提议——涉及政治问题，其处理结果也是必然的。奥古斯都可以把他的头衔和财产赏赐给任何人；但他的统治权却不行，因为那是元老院和罗马人民授予他的；他在党内的领导权也不能交给别人——阿格里帕和党内的其他显要人物对此不会毫无怨言。两种不同的理念现在出现了分歧，这令人回想起了独裁官恺撒的政治继承人、恺撒党二号人物安东尼和恺撒名号与血统继承人渥大维之间的争斗。

恺撒党的内部意见很快就大白于天下了。奥古斯都的意志最终失败了——一同失败的可能还有梅塞纳斯。元首早年的两位坚定盟友之间已经势同水火。革命时代的人物很少会受传统的羁绊；但出身平民、清教徒式的、不苟言笑的阿格里帕——“更像个农夫、不似上流人物”（vir rusticitati propior quam deliciis）[2]——看上去显然是古罗马军人、农民美德的载体。罗马人厌恶懦弱、阴险的埃特鲁里亚帝王苗裔梅塞纳斯；此人为了使自己饱受折磨的破碎灵魂得到慰藉而公开展示种种奢侈与邪恶——丝绸、宝石，和演
342 员巴图鲁斯（Bathyllus）那似乎不大正派的魅力。[3] 他对试图把一

---

[1] Dio，53.31.1.

[2] Pliny，*NH*，35.26.

[3] Velleius，2.88.2：“otio ac mollitiis paene ultra feminam fluens。”（[梅塞纳斯]在贪图享乐和追求奢靡等方面与娇弱的女子相比有过之而无不及。）特别参见塞涅卡（Seneca，*Epp*. 114.4 ff.）在解释“言辞对某一类人而言犹如性命一般重要”（talis hominibus fuit oratio quails vita）时引证的例子。关于巴图鲁斯，见 Tacitus，*Ann*. 1.54 &c。

种新美食——小驴肉引入罗马宴席的做法嗤之以鼻。[①] 梅塞纳斯麾下感激涕零(或仅仅出于友谊)的诗人们会礼赞这位文学的慷慨赞助者,赞美这位安于现状的骑士所获得的特别荣耀。民众会在剧院里向他欢呼,对他们的新主人极尽谄媚之能事,甚至以此为荣——仿佛是在赞颂民众的保护者一样。但尽管呼声很高,梅塞纳斯却同元首的另一位私人朋友——维狄乌斯·波利奥(Vedius Pollio)一样,无法成为新国家里的楷模或装饰品。他的生活方式就跟其诗风的极度自负那样,是令奥古斯都和阿格里帕十分反感的。

奥古斯都之所以还能容忍这位部下的恶行,是因为他还念着梅塞纳斯从前的功劳,并考虑到此人的计策仍有价值。但梅塞纳斯的地位已经岌岌可危。他无法忍受阿格里帕。梅塞纳斯犯下了一个致命错误——他告知了泰伦提娅的兄弟正在面临的危险。[②] 奥古斯都是无法容忍泄密行为的。梅塞纳斯的美貌妻子喜怒无常,同她过好日子并不容易。[③] 另外一个搅局者则是奥古斯都本人,这一秘密并非无人知晓。诗人贺拉斯相当露骨地描述的那些风流韵事在市井流言中四处传播着。[④]

奥古斯都可以舍弃梅塞纳斯,但不能失去阿格里帕;于是阿格里帕最终占了上风。阿格里帕并不赞成给予年纪轻轻的、未经历

① Pliny,*NH*,8.170.

② Suetonius,*Divus Aug*.66.3.

③ Seneca,*Epp*.114.6;Dial.,1.3.10:"morosae uxoris cotidiana repudia。"(他[梅塞纳斯]与自己郁郁寡欢的妻子整日吵架。)

④ *Odes*,2.12.关于公元前 16 年与泰伦提娅有关的丑闻,见 Dio,54.19.3。

练的马塞卢斯过多荣誉。在罗马，传言阿格里帕与奥古斯都两人之间出现了不和。阿格里帕前往东方的举动更是让人产生了五花八门的猜测。有人说，阿格里帕愤愤不平地撂挑子不干了；[①]又有人说，派阿格里帕驻守东方是一种看似温和、实则带有羞辱意味的放逐。[②] 这些幻想完全是无稽之谈——政治上受到猜疑的人是不可能获得行省和军队的指挥权的。

如果奥古斯都公开指定一位继承人，借以平息谣言、挫败阴谋的话，那么他至少可以应付在这个生死攸关的年头里出现的一部
343 分危机。他可以过继自己的外甥。这可能正是他内心的真实愿望，并且跟自己的谋臣们商议过。但他的意见被驳回了。阿格里帕的主张很可能在恺撒党内部获得了有力支持，从而压倒了元首及其外甥的意志。阿格里帕本人分享了元首的一部分权力。如果我们把它称之为一场暗中进行的政变的话，或许也不是毫无根据。

奥古斯都的外甥在年仅 23 岁时就当上了执政官，这个结果已经够糟糕了；收养他为元首继子则将是灾难性的。它不仅将破坏新共和国的合法外表——阿格里帕这样的人物倒是不大尊重形式和名分的，而且它将会突破罗马独裁政治的界限，变成赤裸裸的帝制，最终可能会导致恺撒党的覆灭。

史学家狄奥·卡西乌斯在其作品中插入了一段描述宫廷内部秘密辩论的文字，借以阐释他对公元前 28 年和前 27 年政治整顿的记载。他安排梅塞纳斯为君主制辩护，安排阿格里帕为共和制

---

① Velleius，2. 93. 2；Suetonius，*Divus Aug*. 66. 3；*Tib*. 10.

② Pliny，*NH*，7. 149：“pudenda Agrippae ablegatio。”（阿格里帕遭到放逐的耻辱。）提比略退隐罗得岛的事件显然影响了世人对之前历史的理解。

辩护。这段文字显然是虚构的——但并非完全荒诞无稽。

团结得到了重建，这正如令阿格里帕受益匪浅的一则论团结的罗马谚语所教导的那样。[①] 在表面上，恺撒党的领袖们像往常一样一团和气。阿格里帕继续扮演着忠诚无私的副手——“忠诚的阿卡特斯”(Achates)——的典型角色；他极少显山露水，但随时可以提出忠告或亲自上阵。阿格里帕经历过革命时代的一切战事，并赢得了其中的大多数战役。这位在谦逊方面堪为表率的瑙洛库斯战役、亚克兴战役的胜利者拒绝了种种荣誉和凯旋式，继续埋头从事他的工作；他的犒赏不是掌声或感激，而是完成职责的满足感。

玛库斯·阿格里帕的性格似乎缺乏色彩与个性——他或许就是希腊史学家和道德论者笔下的贤者阿里斯提德斯(Aristides)那样的人物。他的形象是前后一致的，同时也是合乎传统的。它注定将被用来向恭顺的公众进行展示。但平心静气的细致研究也会发现这位奥古斯都统治时期的代表人物形象中的若干裂痕和污点。

罗马式的美德必然催生雄心壮志；阿格里帕拥有罗马人的各种野心。他拒绝荣誉的做法被视为一种自谦的姿态；但这种行为其实只反映了他目的明确的野心，证明他专注于真正的权力，而不在乎公共场合中的浪得虚名。[②] 他的本性是固执己见的和盛气凌 344

① Seneca, *Epp*. 94. 46. 那句谚语跟撒路斯提乌斯用过的警句只字不差：“nam Concordia parvae res cres crescent, dis cordia maxumae dilabuntur。”(柴多火旺，孤掌难鸣。)(*BJ*, 10. 6. 这段文字之前是对“朋友”[amici]、“责任”[officium]和“忠诚”[fides]颇有见地的评论)。

② 但阿格里帕并不推辞瑙洛库斯大捷后授予自己的金冠，以及为纪念亚克兴战役胜利而发给他的天蓝色旗帜(Dio, 51. 21. 3)。

人的。他可以服从奥古斯都，但不会再服从第二个人；并且他对奥古斯都也并不总是百依百顺的。[①]

对他形象的描绘展示的是一个有血有肉的硬汉形象——暴躁易怒、飞扬跋扈、坚韧不拔。有人认为，如果奥古斯都去世的话，阿格里帕将会成为元首的小外甥的绊脚石，这种看法并不是全无依据的。[②] 贵族们往往痛恨那些令人反感的后起之秀，那种可以损害他们特权和实力的无情专制统治工具。玛库斯·维普萨尼乌斯·阿格里帕是位比一切执政官后代都更为优秀的共和派——他为公众谋求福利的理想是合乎逻辑的和令人生畏的。阿格里帕不仅仅修建了高架水渠，他还写就并出版了一份报告，主张政府应该为全体民众的福利而没收私人所有的艺术藏品。[③] 这便是图谋进行报复的新政权。显贵们束手无策，但怀恨在心；他们拒绝参加为阿格里帕举行的葬礼竞技——阿格里帕的去世比他们预料的要早得多。[④]

阿格里帕在生前没有享受过多少荣誉，在死后也没有得到什么纪念。奥古斯都从未打算这样做。对阿格里帕任何形式的尊崇都将危及领袖对声望和荣誉的垄断——也会过于露骨地揭示政治权力的本质。那在任何时候都是不可以的。玛库斯·维普萨尼乌斯·阿格里帕是文学创作中不受欢迎的题材：贺拉斯在《颂歌》的

---

① Velleius, 2. 79. 1："parendique, sed uni, scientissimus, aliis sane imperandi cupidus。"(他极其忠诚，但仅限于服从最有智慧的那个人[奥古斯都]的意见；他喜欢对其他人发号施令。)参见 Suetonius, *Divus Aug*. 66. 3 对其暴躁脾气的记载。

② Velleius, 2. 93. 1.

③ Pliny, *NH*, 35. 26.

④ Dio, 54. 29. 6.

一章中迫不及待地扔掉了这个烫手的山芋，声称自己不具备赞美一位武将功业的诗才。[1]

阿格里帕也不会自吹自擂。像精明的梅塞纳斯和冷静的里维娅·德鲁西拉一样，阿格里帕一直守口如瓶，永不透露自己对领袖的真实看法。他们三人都为了罗马而支持奥古斯都。为国效劳被描述成“高贵的奴役”。对于阿格里帕来说，他对奥古斯都的服从其实承受着巨大的压力。[2] 像后来的提比略一样，他不得不压抑自己的真实情感。史书从未记载过他们对共同主人的真实看法。但革命年代中的新人阿格里帕和克劳狄乌斯家族的继承人可能在这一点上（也包括其他方面）十分相似。

尽管克劳狄乌斯这个老牌贵族家族向来以傲慢著称于世，但
他们并不排外，而是以自己的外来者身份为荣。在政治生活中，克 345
劳狄乌斯家族并不一味守旧，而是以创新者、改革者甚至革命者而闻名的。提比略也继承了玛库斯·李维·德鲁苏斯的传统（尽管不是血统）。跟其他出身于老牌贵族家庭的罗马人一样，提比略在认清形势的时候是能够突破阶级局限，唯贤是举的。

阿格里帕身上有着与生俱来的共和精神和忠诚理想。此外还有另外一层束缚：提比略同阿格里帕的女儿维普萨妮娅订了婚（两人当时或许已经完婚）。里维娅——那位被其曾孙称为“罗马的尤

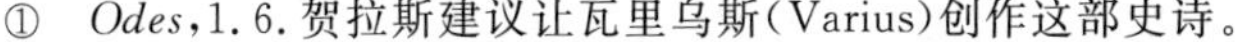

① *Odes*，1.6. 贺拉斯建议让瓦里乌斯（Varius）创作这部史诗。

② Pliny，*NH*，7.46 提到了阿格里帕所承受的、“沉重的劳役”（praegrave servitium）。可参见提比略对元首制的看法：Suetonius，*Tib.* 24.2：“miseram et onerosam iniungi sibi servitutem。”（束缚他自己的悲惨的、负担沉重的奴役。）关于将君主制视为“光荣的奴役”（ἔνδοξος δουλεία）的观念，参见 Aelian，*Varia historia*，2.20。

利西斯"的精明政治家——早已开始运作这段姻缘。[①] 她本可以为自己的儿子从全罗马最显赫的家族中择取一位女继承人;但与此相反,她最终选择了阿格里帕和凯奇莉娅的女儿,从而通过联姻把这位伟大将领同自己和奥古斯都紧密地联系在一起。里维娅展示出来的才华配得上最后的胜利。公元前 23 年的幕后政变可被视为里维娅和阿格里帕共同完成的杰作——也是两人共同取得的胜利。

"奎里努斯和他的弟弟雷慕斯同在"(Remo cum frater Quirinus)。[②] 维吉尔这样赞美手足相残时代的结束和法制的重建。一位古代评注家出于有悖常理的天才念头和不无启示意义的无知,扭曲了这些原本十分平易的字句的意思,把它说成是对奥古斯都与阿格里帕联盟的比附。[③] 这些诗句写就的时代——亚克兴海战结束后而言,这种假说是荒谬的;即便在阿格里帕的权力获得法律上的认可与界定后,这套假设仍然无法自圆其说。阿格里帕当时不是,过后也永远无法成为奥古斯都的兄弟并与之平起平坐。他不是神的儿子(Divi filius),不是"奥古斯都"。他缺少说一不二的领袖所独有的权威。因此,即便阿格里帕后来像奥古斯都一样,获得了对帝国境内所有行省进行统治的总督式权力,即便他最终甚至取得了保民官特权,他仍旧无法在一切事务上与恺撒·奥古斯都平起平坐,成为后者的同僚。

奥古斯都时期并未建立过双头共同执掌最高权力、统治全地

① Suetonius,*Caligula*,23:"Ulixem stolatum。"(身穿妇女装束的尤利西斯。)

② *Aen*. 1. 292.

③ Servius on *Aen*. 1. 292.

中海世界的体系(如一套看似严谨合理的理论所声称的那样)。[①]因此,阿格里帕也从未被明确指定为专制大权的继承人,将成为下一个奥古斯都。显贵们是无法忍受那样一种安排的。阿格里帕最 346
适合的角色还是担任奥古斯都党派中的二号人物。

奥古斯都的元首制中不可能存在父死子继的制度,这是由法律和个人原因共同决定的。奥古斯都的权力是法律授予的,其特征为行政长官;而恺撒的继承人奥古斯都、天神之子和罗马与地中海世界的救星必然是独一无二的,这是由他的自我定位所决定的。然而,元首制的延续性和人选安排事实上是通过过继和对同盟者的权力授予而完成的。但奥古斯都自己也做了精细的安排,以便保证继承人出自他本人所在的家族。他希望能建立一个王朝,并组建一种名副其实的、堂而皇之的王权。

恺撒党在马塞卢斯的事情上否定了其领袖的主张。当马塞卢斯的年龄和资历达到标准后,他还是有可能成为元首的。但就目前而言,这其实无关紧要。无论在遥远的未来将会出现什么情况,一个更为紧迫的问题正在困扰着政府。阿格里帕、里维娅和寡头统治集团中的其他显要人物都暂时避开了承受任何不成熟的世袭君主制所带来的后果的危险。他们通过秘密的强制手段重建了团结,阿格里帕继续担任恺撒党中的二号人物。即便奥古斯都突然消失,他所建立的体系也还能够继续存在。

民主制是无法统治帝国的。但一个人也无法做到这一点,尽管帝国似乎钟爱君主制。在任何一个帝国中都存在着一个寡头集

① E. Kronemann, *Doppelprinzipat u. Reichsteilung im Imperium Romanum*(1930).

团，无论其身份是公开的还是秘密的。当恺撒党军队胜出，共和国灭亡后，三位巨头瓜分并统治着罗马世界；但野心与分歧破坏了他们之间的盟约，最终建立了一人的独裁统治。然而，三巨头掌权的模式在被摧毁后马上就需要得到重建。事实证明，鼎足而立、平起平坐的格局是不能令人满意的，是毁灭性的。雷必达缺乏才能，安东尼缺少权谋和耐心；渥大维则过于野心勃勃，无法与人坦诚共事。而当一人独居高位，获得了超越他人的权力与权威后，他是可以邀请不至于成为自己对手的盟友分享其权力的。

我们很难指望一个人能够具备世界统治者所需的全部品质。一个新的三头联盟是现成的，它由可以彼此互补的奥古斯都、梅塞纳斯和阿格里帕组成。为了维系士兵的忠诚，获得民众的敬仰，统治集团需要一位深孚民心的领袖。拥有相应名号和好运的奥古斯

347 都担任这一角色是再合适不过了。奥古斯都可能无法成为第二个恺撒：他缺少那位铁腕人物的勇武和高贵气质。但他继承了恺撒的名号和光环。他需要一位管理内政的助手，此人应当善于运筹帷幄、政治嗅觉灵敏、精于引导（甚至营造）对本党派有利的舆论。梅塞纳斯正是不二人选。此外，奥古斯都既不喜欢、又不擅长指挥战争；阿格里帕恰好可以担任他的大将，指挥他的军队赢得胜利，并守卫具有战略意义的行省。如果阿格里帕无法派上用场的话，那么经验丰富的陶鲁斯也可以顶替其角色。政治家是需要干练的辅佐助手和代理人的，一位史学家在评价他们时如是说。①

① Velleius，2. 127. 2："etenim magna negotia magnis adiutoribus egent。"（举足轻重的职责需要精明强干的助手。）

这样的一个三角联盟是存在的。它并不是有什么前定和谐或政治理论创造出来的，而是由恺撒党的发展历史和帝国统治的需要所决定的。但它也不是唯一可行的模式或体系。事实上，对于治理罗马帝国而言，尤其在管理行省和军队方面，这个核心统治集团的规模有点太小了。

尽管很多权力已经下放给了东方的独立王侯或希腊城市以及西方的自治城镇，但这个帝国如果交给一个人去统治的话，还是显得过于庞大了。早在布伦迪西乌姆和约和亚克兴战役之间的那段时期里，帝国东西部之间的暂时分裂已经令人感到不安，因为这种分裂显然同两大地区间的历史与地理差异、现实的需要，以及未来可能出现的发展进程密切相关。有朝一日，帝国可能将需要两位或四位皇帝进行共治。但这个体系又必须维持统一。对此的补救办法有二：元首可以进行巡视，轮流视察各个地区。奥古斯都便在各行省、在塔拉科(Tarraco)、卢戈杜努姆(Lugdunum)和萨摩斯岛居住过很长时间。但无论如何，元首毕竟是罗马的国家首脑，需要长期留在首都。因此，人们有必要在元首制中设立副职，为东方(或许也包括西方)的各行省设立一位元首的代理人。问题还不仅限于此：西班牙的战事尚未结束，高卢和巴尔干这两个广袤地区还有许多繁重的工作有待完成，罗马政府需要为这些地方指派长期任职的、能力突出的统治者。在共和晚期和后三头统治时期延长行省总督任期的做法曾经是非常规的和危险的；但到了现在，罗马元首已经可以把它们转变成规范的、正常的行政管理权，把它们交给政府中的得力干将。

元首仅仅为自己安排一位副手的做法还是不够的。阿格里帕

迅速走马上任。要不了多久，马塞卢斯、提比略和德鲁苏斯就可以再去分担阿格里帕的责任，或取而代之。但加上他们之后的人手
348 也可能还是不够。必须在共和政体的表象背后、在元首及其家人之外建立一个庞大的统治集团。[①] 现在到了详细分析奥古斯都时期寡头统治集团的构成及成员的时候了；我们需要特别关注其中的那些“要人”。

① Dio，52.8.4（阿格里帕对奥古斯都所说的话）：“νῦν δὲ πᾶσά σε ἀνάγκη συναγωνιστὰς πολλούς，ἅτε τοσαύτης οἰκουμένης ἄρχοντα，ἔχειν。”（现在，为了统治整个有人居住的世界，您必须任用为数众多的助手。）

第 24 章　奥古斯都党 349

渥大维的党派成员出身是很低微的，从其最初主要成员的姓名上可以看出来。而党羽结构的变化也反映了这个党派此后的蒸蒸日上。随着恺撒的继承人从对手的阵营中和安东尼麾下挖角，将他们的部下发展成自己的追随者和朋友，这个党派在人数和尊贵程度等方面都在不断稳步发展。它不仅吞并了从前的恺撒党，还吸纳了一大批共和派，从而可以号称为一个代表全体罗马人民的党派。在亚克兴之战中，有 700 多位元老陪伴着这位全意大利的领袖，其中大多数人是怀恨在心的——但希望能通过这种不得不做出的谄媚姿态获得荣誉和晋身之阶。奥古斯都骄傲地声称，这批元老中至少有 83 人曾经担任过执政官，或日后将获得这一殊荣。[1]

独裁官恺撒扩大了元老院的规模，安插进了不少自己的党徒。这一措施及相应人选并没有像当时及日后人们传说的那样荒谬绝伦。恺撒毕竟还是保护贵族特权的。如果说他降低了元老院的准入门槛的话，那么这一趋势在后三头的专制统治时期进一步变本加厉——后三头非但不重视高贵出身和良好教养，还对这些资质怀有敌意。元老院在后三头时期变得过于臃肿，其成员超过了

① *Res Gestae*, 25.

1000 人。为了确保这个执掌大权的集会能在自由国家得到重建之日恢复自身的尊严与效率，渥大维和阿格里帕于公元前 28 年推行了一场净化运动。在“不称职的成员”中，有 200 余人在道德规劝下退出了元老院。①

为史学家明确证实并热烈赞美的这场净化运动的实质并未逃过当时的观察者的眼睛。削减元老院成员数目的一个十分具体的理由是：在公元前 32 年的混乱局势中，有 300 余名元老选择了站在安东尼和共和派一方。其中一些人迅速悔悟，加入了那些成功谋取高位的叛徒们（如克拉苏、提提乌斯和玛库斯·尤尼乌斯·西拉努斯）的行列。另外一些人在渥大维获胜后得到了赦免，继续保留着自己的政治、社会地位，如索西乌斯和福尔尼乌斯。② 斯考鲁
350 斯和格涅乌斯·秦那并未特别受宠——像其他共和派和庞培党人一样，斯考鲁斯从未担任执政官；秦那则直到三十余年后才获得当选执政官的机会。也有些人去世或从史料记载中消失了。我们此后再也没有听到过关于前执政官卢奇乌斯·盖利乌斯·普布利可拉（L. Gellius Poplicola）或亚克兴海战中安东尼一方的其他三位海军将领的任何消息。③

① Dio，52. 42. 1 ff.；Velleius，2. 89. 4：“senatus sine asperitate，nec sine severitate lectus.”（元老院的人选调整既不马虎草率，又不过于严苛。）

② 盖约·索西乌斯是负责筹办公元前 17 年轮回庆典的 15 名圣职人员（XV viri sacris faciundis）之一（*ILS* 5050，l. 150）。盖约·福尔尼乌斯和一位名叫盖约·克鲁维乌斯（C. Cluvius，PIR^2，C 1204）的神秘人物于公元前 29 年被特别擢升入前执政官的行列（Dio，52. 42. 4）。

③ 即玛库斯·因斯泰乌斯、昆图斯·纳西狄乌斯和玛库斯·渥大维。不过，事实上，后三头时期的执政官们几乎没有在元首制下取得过显要地位的。

奥古斯都需要利用显贵来装点元老院或复兴的共和国——现在政界中的新人实在太多了。为了展示自己的仁慈与宽宏大量，安东尼的一些较次要的党羽可能获准进入了元老院(至少在名义上是这样)。但如果他们丧失了自己的财产的话，那么只要进行资产统计，他们就将失去元老资格。亚克兴战役结束后，意大利的一些城市由于同情安东尼而受到了惩罚，其土地被没收后分配给了退伍老兵们。[①] 300 余名变节投敌或误入歧途的元老的家产并未全部因为世人对其高贵地位的尊重而得以保全；而且安东尼党中的意大利城镇权贵在地方上也有各自的敌人。

元老院净化运动中的一些受害者可能来自那批擅离职守的可怜元老。此外，这个高级集会也抛弃了一些无用的或缺乏根基的成员——他们对元首不够忠诚、没有为恺撒党立过尺寸之功或缺少上层贵人的保护。恺撒党徒和成功卖身投靠的叛徒们继续留在了政治舞台上；奇特机缘、阴谋诡计和铤而走险使得他们在革命年代里迅速飞黄腾达。

出身低微或来自行省都已不复成为政治仕途中的阻碍。在出身平民的伟大将领中，有几位已经去世——萨尔维狄埃努斯背叛了他的朋友和领袖；卡尼狄乌斯因忠于安东尼而付出了代价；撒克萨死于帕提亚人之手；维提狄乌斯则得享善终。如果他们的运气足够好，或在改换门庭时考虑得更为周全，从而活到内战结束后的话，那么他们将会在新国家的开国元勋队伍中占据显赫的一席之地，受到元首和元老院的敬重，在大庭广众之下享受民众的欢呼

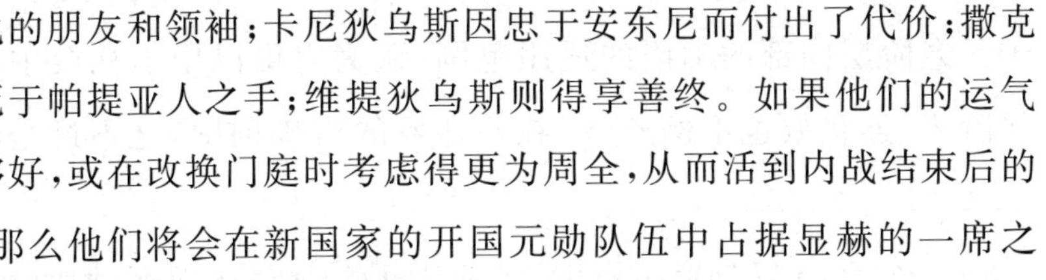

① Dio, 51. 4. 6.

(尽管会在背地里遭人忌恨)。

但在他们的同僚中,还是有足够多的人物活了下来,得以享受日后的荣誉和赏赐;其中最突出的是祖先身世不明的阿格里帕与陶鲁斯。从意大利领袖手中接管重建后的共和国的那支正派的、净化后的元老队伍并不讳言其低微出身,并且像他们这样的例子在历史上也比比皆是。那是一个由利用战争和革命自肥的、面目
351 狰狞的暴发户所组成的可怕群体。

没有任何史料暗示过共和派此时的反应究竟如何。元老们完全清楚奥古斯都采用共和制的形式与术语的真实目的,也看穿了独裁者和共和国元首这两个角色间极具讽刺意味的鲜明反差。恺撒党掌握着权力;它接下来要做的是确保自己将来的统治地位。恺撒遇刺后,为了保护手中的既得利益,各方设法避免了动乱的发生,实现了3月17日的和解。现在,既得利益的范围更加广泛,其根基更为牢固,组织体系也更为严密。拥有资本的人现在获得了安全感。此时可能已经形成了一个人数众多、鱼龙混杂的保守集团。西塞罗在定义"精英"(optimates,我们可理解为拥有财产并控制着财富分配权力的权贵)时,大胆地扩展了这个传统上只应用于元老阶层内部的术语的适用范围,认为它可以用于社会中的任何阶级,连释奴也不例外。[①] 在西塞罗的辩护词中,这不过是临时

① *Pro Sestio*, 97:"quis ergo iste optimus quisque? numero, si quaeris, innumerabiles, neque enim aliter stare possemus; sunt principes consili publici, sunt qui eorum sectam sequuntur, sunt maximorum ordinum homines, quibus patet curia, sunt municipales rusticique Romani, sunt negoti gerentes, sunt etiam libertini optimates. numerus, ut dixi, huius generis late et varie diffusus est; sed genus universum, ut tollatur(接下页注)

提出的口号或单纯的理想而已——但它如今在权力与财产的大洗牌中成为了赤裸裸的现实。由贵族统治的共和国在金钱的力量面前会故作清高，甚至有时会直截了当地说“不”；而新政权则坚定不移地奉行着拜金主义原则，尽管也并不是明目张胆的。

作为回报，忠诚地为现政权效劳的资本得到了前者的保护。比重建共和国的空壳更加大快人心的政策是废除了意大利境内的直接税。恺撒遇刺后，群雄逐鹿形势下的各党派都征收过这一毁灭性的税目；奥古斯都在为同安东尼的战争筹款时更是变本加厉地征收直接税。[①] 胜利后取得的战利品和来自东方的税收重新振兴了意大利的经济。那些自愿或被迫资助渥大维夺权的投机商和银行家得到了战败者的地产作为酬报；他们在元首制下还将获得更为丰厚的利益——因为土地的价格在一路飙升。[②] 但现政权并不只是一个由暴发户组成的、动用法律和制度武器去保护其财产的联盟。事实上，元首制正是从这方面入手，开始了向正常统治秩序的回归。革命成果需要得到巩固和扩展；这些变革最初是通过

（接上页注）

error, brevi circumscribi et definiri potest. omnes optimates sunt qui neque nocentes sunt nec natura improbi nec furiosi nec malis domesticis impediti。”（谁是那样的精英呢？如果你要询问他们的数目的话，那么他们是数不胜数的；如果不是那样的话，我们就无法生存下去了。他们是左右公共决策的要人；他们是忠于信仰的人；他们是元老院的大门为之敞开的、首屈一指的高贵人物；他们也是意大利城镇中的居民和罗马农民；他们可以是经商者；他们甚至可以是最优秀的那一部分释奴。如我之前所说的那样，这个群体的成员来源是宽泛而多样的。但为了避免错误，我们可以十分简洁地对这个无所不在的群体进行描述和界定：全体精英都并非罪人、生性邪恶者、疯子或被家内事务困扰以至于无力自拔者。）

① 见上文，原书第 284 页。

② Suetonius, *Divus Aug*. 41. 1.

一系列专制法令启动的，但现在需要在国家行政手段的严密控制
352 下演变为稳定的发展进程。

共和时期的罗马社会由三个等级构成，每个等级都拥有明确的地位、职责和特权。这种模式会继续存在下去，因为罗马人并不信仰平等。[①] 但从平民升为骑士、再从骑士升为元老的社会流动已变得相对容易了。为这种升迁提供合法依据的是他们的功绩——特别是军功。在元首制时期的社会体系内，一个普通军人所在的家族有可能在两三代人的光景里通过骑士阶层这一中间环节，最终升格为元老家族；而当上元老的人也就具备了身披紫袍的资格。随着时间的流逝，这种社会地位升迁的现象变得日益普遍，各阶段之间的间隔时间也变得越来越短。到了最后，骑士的儿子们、骑士乃至来自色雷斯和伊吕利库姆的匪徒都当上了罗马皇帝。

在军事蛊惑家野心的刺激下，由意大利无产者构成的军队所制造的喧嚣似乎要把共和国毁于一旦。然而，在他们对土地和安全的要求有可能得到实现的情况下，他们也能够阻挠政治家的意志，解除将领们的武装并避免流血冲突的发生。拥有农庄的退伍老兵现在成了军事独裁君主制的最坚强支柱。意大利的 28 个殖民地和散布在各行省的大批殖民地都奉奥古斯都为他们的庇护人和保卫者。[②]

公元前 29 年，大约就在取得最终胜利之际，渥大维向他设立

---

① Cicero, *De re publica*, 1. 43："tamen ipsa aequabilitas est iniqua cum habet nullos gradus dignitatis。"（如果没有尊卑贵贱之等差的话，那么这样的平等其实是不公平的。）

② *Res Gestae*, 28.

的殖民地中所安置的老兵们捐赠了一笔钱。[①] 从领袖那里分享这份战利品的人数不少于 12 万。这支和平体制下的非官方军队的规模逐步壮大起来。到了公元前 13 年(那是罗马军队发展史上具有划时代意义的一年),奥古斯都自掏腰包为复员的军团士兵们在意大利或行省购置了土地。此后,他设立了一项用现金支付的基金。[②] 公元前 7—前 2 年退伍的士兵共计获得了不低于 4 亿塞斯特斯的安置费。[③] 这支军队仍旧保留着革命时期私家军队的特征。直到公元 6 年,当国家需要复员大批军人时,政府才担负起了支付安置费的责任,并为此建立了退伍老兵安置基金(aerarium militare)。[④]

现役士兵将奥古斯都视为庇护人、保护者和雇主。像整支军队一样,每个军团士兵也摆脱了与政治体系和上级将领的关系,直 353
接依附于奥古斯都这位政府首脑,并通过他为罗马国家效力。有一支队伍是专门效忠于元首的;但他拥有并维持着的并不仅有这支由日耳曼人组成的私人卫队。[⑤] 还有罗马公民保护着他——罗马将领的卫队(cohors praetoria)在和平年代被固定为九支禁卫军,驻扎在罗马和意大利各处城镇里。

在向部下讲话时,奥古斯都放弃了革命年代里的同志式称呼,并强化了在内战中受到纵容的军队纪律。[⑥] 但这并不等于对军队

① *Res Gestae*,15.

② Dio,54. 25. 5 f.

③ *Res Gestae*,16.

④ *Res Gestae*,17;Dio,55. 25. 2 ff.

⑤ Suetonius,*Divus Aug*. 49. 1.

⑥ Suetonius,*Divus Aug*. 25. 1.

的轻视。奥古斯都牢记着并奖赏提拔了麾下出身十分低微的士兵。他亲自出面，在法庭上为退伍老兵斯库塔里乌斯(Scutarius)辩护；①他还将来自乌尔维努姆(Urvinum)的普通士兵提图斯·马略(T. Marius)提升为骑士。②

普通士兵的晋升之路由革命开启，并在新政权中固定下来。在共和时代的军事、社会等级制中，他有望升到百夫长的位置，但不可能爬得更高了。诚然，他在退伍后所拥有的财产可能会达到骑士阶层的标准，也就是说他还有希望成为骑士；③并且来自意大利城镇的骑士家族后代也完全有可能选择从军这条道路，得到任用并当上百夫长。但军团里的军团长和骑兵总指挥(praefectus equitum)等职务都是给骑士们(包括尚未担任过财务官的元老后代们)准备的。如果前百夫长达到了骑士阶层的财产标准(这并不困难)，他们当然也不至于被排除在外；但在军队内部是不存在从百夫长直接晋升为骑士的常规途径的。在纯粹军事需要和社会、政治因素(如安排百夫长指挥地方辅助部队的做法)的共同推动下，革命时代的情况出现了变化。奥古斯都体制下的一个常见现
354 象是，地位较高的百夫长可以直接获得"骑士武职"(militia

① Suetonius, *Divus Aug*. 56. 4. 那位老兵的名字或许是"斯克鲁塔里乌斯"(Scruttarius)，参见 C. Cichorius, *R. Studien*, 282 ff.。

② Val. Max. 7. 8. 6："ab infimo militiae loco beneficiis diui Augusti imperatoris ad summos castrensis honores perductus eorumque uberrimis quaestibus locuples factus。"(在神圣元首奥古斯都的恩惠的庇佑下，他(提图斯·马略)从默默无闻的无名小卒做起，最终取得了赫赫战功，并成为了一个极其富有的人。)参见 *CIL* XI, 6058。

③ 参见 *JRS* XXVII(1937)，128 f. 及上文，原书第 78 页。

equestris)并承担重要职务。[①] 对于那些愿意暂时屈尊俯就，担任百夫长的骑士而言，该体制为他们提供为国效劳、扬名立万和平步青云的好机会。[②]

奥古斯都军队中的骑士有两个来源。首先，普通士兵或他们的儿子可以通过军功成为骑士。来自雷特的庞培党老兵提图斯·弗拉维乌斯·佩特罗(T. Flavius Petro)的儿子、税吏提图斯·弗拉维乌斯·萨比努斯(T. Glavius Sabinus)当上了骑士，而后者的儿子就成为了罗马元首。[③] 而到了弗拉维王朝时期，一名普通兵士已经有可能爬到雷提亚行省总督的位置。[④] 第二个来源是释奴。这个经商的阶层通过购买被没收的土地而在革命时期大发横财。他们的人数和收益必定是极为可观的：奥古斯都在备战亚克兴之役的时候曾激起过他们的抵制。释奴伊西多鲁斯(Isidorus)在遗嘱中声称自己在历次内战中蒙受了巨大的经济损失——但这只是人云亦云的说法，它其实适用于奥古斯都元首制时期分属各个阶层的富人。但即便如此，伊西多鲁斯的遗产中还是包括 6000 万塞斯特斯的现金，此外还有成千上万的奴隶和牲畜。此人的葬礼花销就达 100 万塞斯特斯。[⑤]

---

① 这就是所谓的“鲜血浇铸的骑士”(sanguine factus eques，Ovid，*Amores*，3.8.10)。前百夫长当上军功骑士的早期代表如提图斯·马略(Val. Max. 7.8.6，参见 *CIL* XI，6058)和卢奇乌斯·费尔米乌斯(L. Fermius，*ILS* 2226)。关于这一主题，最重要的研究成果见 A. Stein，*Der r. Ritterstand*(1927)，136 ff.。

② 如 *ILS* 2654 and 2656 (年代不算太早)。

③ Suetonius，*Divus Vesp*. 1.

④ *ILS* 9200 (C. 维利乌斯·鲁孚斯)。

⑤ Pliny，*NH*，33.135.

在后三头统治时期,一位释奴当上了军事保民官。贺拉斯对此义愤填膺——“hoc,hoc tribuno militum ”(这个当上军事保民官的家伙)。[①] 但贺拉斯家族在一个世代之前的状况也好不到哪儿去。我们无须在此重复共和时期对出身的种种偏见了。在元首制时期,释奴的儿子们占据着各种军事要职;[②]像在共和时期一样,他们当中也有人当上了元老——并且就在奥古斯都净化后的元老院里。[③] 更重要的是,元首起用一些释奴担任其代理人和秘书,在财政事务上尤其倚重他们。[④] 在这方面,奥古斯都继承并发展了庞培和恺撒的传统。

这样一来,来自社会下层的力量使得骑士阶层逐步壮大起来;
355 反过来,骑士阶层又把自己集团中的精英送进了元老院。事实上,骑士阶层乃是新国家的整个社会、军事、政治结构中最重要的元素。在共和国最后一个世代的历史中,财阀们往往会成为在政治上制造麻烦的因素。在同元老院发生分歧时,他们可能会为攫取利益而威胁共和国的稳定。这些人联起手来,在意大利和各行省不断滥用权力、阻挠改革并挑起革命。但骑士们也在公敌宣告运动中付出了代价,因为他们是政治家搜刮财富时首当其冲的既定目标和受害者。尽管骑士的人数暂时有所下降,但随着一批成功的投机商人的加入,他们的队伍又重新壮大起来。可是,奥古斯都

① *Epodes*,4.20.

② *ILS* 1949(提比略统治时期);2703(提比略·尤利乌斯·维阿托尔(Ti. Julius Viator),“盖约·尤利乌斯·奥古斯都释奴”[C. Julius Aug. l〈ib.〉]之子)。

③ Dio,53.27.6.

④ 见下文,原书第410页关于李锡尼乌斯和维狄乌斯·波利奥(释奴之子)的内容。

已不再允许他们重玩古老的把戏。包税人的庞大队伍逐渐消亡或萎缩了。在一般情况下，只有行省中的次要税种和间接税才继续由税农承包。

奥古斯都虽然把骑士们逐出了政治舞台，却为他们提供了用武之地和尊严。骑士阶层在军事、财政和行政事务中的地位逐步得到了确立。这本身并不是什么突如其来的革新；它起源于庞培时代的惯常做法，并在革命时代和后三头统治时期的历次战争中得到了进一步的推广。

就我们所知道的情况而言，骑士在罗马军队中的作用比那些势必在公共场合中名声更为显赫的统治阶级成员——行省总督、副将和财务官——要大得多。并不是只有百夫长才长期承担军事职责——有些骑士常年活跃在军中，追随着共和国的将军们立下了汗马功劳，积累了军事经验。恺撒的部将盖约·沃鲁塞努斯·夸德拉图斯就是这样的人。[①] 此外，行省总督会选择一些骑士担任自己的助手和得力干将，并任用骑士担任工程事务总长(praefectus fabrum)这样的要职。一些此类官员的姓名本身便可作为明证。[②]

在双方都拥有老兵军团的情况下，罗马内战对机动性、物资供应和战术的要求是很高的；这就使得由骑士担任的职务显得尤为

① Caesar, *BG*, 3.5.2 &c.; *BC*, 3.60.4. 卢奇乌斯·德奇狄乌斯·撒克萨或许也可归入这一类型。还可注意普布利乌斯·孔希狄乌斯(P. Considius, *BG*, 1.21.3)，那是一位曾在苏拉和克拉苏的军队中服过役的百夫长或骑士。

② 如分别追随恺撒在西班牙和高卢服役的巴尔布斯和玛穆拉。我们还可以猜测，像维提狄乌斯、萨尔维狄埃努斯和科奈里乌斯·伽鲁斯等人都曾担任过工程事务总长。但该职务在元首制下迅速丧失了重要性。

重要。他们不仅可以指挥小分队或单个军团——萨尔维狄埃努斯·鲁孚斯和科奈里乌斯·伽鲁斯甚至可以带领整支军队取得胜
356 利。萨尔维狄埃努斯和伽鲁斯是革命的象征。和平有序的国家是不需要这批人的。然而,服军役已使得骑士们找到用武之地;并且他们所获得的奖赏也与日俱增,因为等级制和专为较高等级的军人设立的荣誉使得他们可以占据一定优势。[①] 盖约·威利乌斯·帕特库鲁斯足足担任了八年军团长和骑兵总指挥。[②] 其他人服役的时间更长——提图斯·尤尼乌斯·蒙塔努斯(T. Junius Montanus)就是一个突出的例子。[③] 此外,在元老不得染指的埃及,每个驻守在那里的军团都是由罗马骑士指挥的。[④] 这种做法并不仅限于埃及——在其他地区,为了战争的需要,出身骑士的将领也可能会临时指挥某个军团。[⑤]

① 特别参见 A. Stein, *Der r. Ritterstand*, 142 ff.。奥古斯都时代"骑士武职"(equestris militia)的内容很难澄清。卫队首领(praefectus cohortis)的职务起初并不是骑士武职的一种,而是在日后慢慢发展起来的。但值得注意的是我们经常见到担任海军指挥(praefecti classium)的骑士;而军营总管(praefectus castrorum)在骑士武职中也占有很高的地位(如 *ILS* 2688)。

② Velleius, 2. 101. 2 f.; 104. 3; 111. 2.

③ 见最近被萨里亚(B. Saria)公布的、来自埃莫纳(Emona)的重要铭文(*Glasnik muzejskega društva za Slovenijo* XVIII(1937), 134):"T. Junius D. f. | Ani. Montanus | tr. mil. VI. praef. | equit. VI, praef. | fabr. II, pro leg. II。"(提图斯·尤尼乌斯的第十子阿尼乌斯·蒙塔努斯担任过 6 次军团长、6 次骑兵队长、两次工程事务总长和两次代理军团总指挥。)

另参见 *ILS* 2707,该铭文介绍的人物是"trib. mil. leg. X geminae | in Hispania annis XVI"(来自格米努斯(第十)军团的军团长,在西班牙服役十六年。)

④ 至少起初如此,参见 *ILS* 2687. 关于这些职务的后续发展和存在的若干未解之谜,参见 J. Lesquier, *L'armée romaine d' Égypte d'Auguste à Dioclétien*(1918), 119 ff.。

⑤ 如"骑兵队长、代理军团总指挥"(praef. eq. pro leg.)(*ILS* 2677);"军团长、代理军团总指挥"(tr. mil. pro legato)(*ILS* 2678);和前引铭文(注③)。

军功也可以换来元首的嘉奖与庇护，从而在和平环境中谋得官职——具体而言便是督察官的职务。奥古斯都充分利用罗马商人的财政经验，监督自己麾下行省的税收工作。他们大都来自行省或意大利的地方贵族。因此，努克里亚的普布利乌斯·维特利乌斯（P. Vitellius）和埃克拉努姆的玛库斯·玛吉乌斯·马克西穆斯（M. Magius Maximus）都担任过督察官。[1] 玛吉乌斯十分受人尊重。有人说维特利乌斯的父亲是释奴——毫无疑问，此人是有许多私敌的。来自科尔杜巴的富人卢奇乌斯·阿涅乌斯·塞涅卡（L. Annaeus Seneca）在潜心研究修辞学之前也很可能担任过此类职务。那位米蒂利尼史学家的儿子庞培·马切尔（Pompeius Macer）是亚细亚行省的督察官。[2] 此后不久，来自纳旁高卢的两个人又通过担任这一财政职务而获得了“尊贵骑士”（equestris nobilitas）的头衔。[3]

情况还不仅如此——罗马骑士可以统治一些小行省，其权限跟次要的行省总督大体相当；有一个骑士治理的省份在所有行省
中是最为富庶和强大的。曾有一名罗马骑士率军征服了埃及，并 357
留在那里担任当地的第一任省长，统领着三个军团。此后，奥古斯都管理的其他一些行省也交给了出身骑士的省长或督察官去治理。雷提亚和诺里库姆（Noricum）即是如此。当犹太被并入罗马帝国版图时（公元 6 年），出身于提布尔望族的罗马骑士科普尼乌

① Suetonius, *Vitellius*, 2. 2; *ILS* 1335(Magius). 塔拉科嫩西斯人(Tarraconenses)的献词可以支持玛吉乌斯担任过西班牙督察官的猜想。

② Strabo, p. 618, 参见 *PIR*[1], P 472。

③ Tacitus, *Agr.* 4. 1(阿古利可拉[Agricola]的祖父和外祖父)。

斯(Coponius)成了当地的第一任殖民地长官。[①] 在另外一次紧急状态下负责统治昔兰尼的也是一位出身骑士的官员。[②] 这些行省都不足以同埃及等量齐观,并且也没有军队驻扎在那里。但到了奥古斯都统治中期,骑士阶层又取得了堪与埃及省长相提并论的职务——元首挑选了两位罗马骑士去指挥自己的禁卫军。埃及治理权和禁卫军指挥权是骑士阶层获得的两个最重要的行政职务;此后,奥古斯都又在统治末期为骑士阶层设置了一些相对次要的职责。谷物供应官(praefectus annonae)负责首都的食品供给;夜巡官(praefectus vigilum)及其主要由释奴构成的随从则承担警务、负责防治骚乱、火灾等突发事故。[③]

埃及省长可以高傲地俯视某个治理克里特或塞浦路斯的区区行省总督;禁卫军的头领也明白华而不实的官职和执政官头衔与自己手握的实权相比是多么有限。这是革命性的新变化。在此之前,元老和骑士之间也不是泾渭分明的。他们其实在社会中属于同一个阶级,但二者在公共生活中的地位和尊贵程度有所不同——又是尊荣在作怪。这原本是显而易见的事实,但它被虚伪和偏见蒙蔽了。传统意义上的罗马贵族(无论古老的贵族还是后

① Josephus,*BJ*,2.117 f.;*AJ*,18.29 ff.

② Dio,55.10a.1;撒丁岛在公元 6 年之后的情况也一样(Dio,55.28.1;参见 *ILS* 105)。

③ 最初的两名禁卫军首领昆图斯·奥斯托里乌斯·斯卡普拉(Q. Ostorius Scapula)和普布利乌斯·萨尔维乌斯·阿佩尔(P. Salvius Aper)是在公元前 2 年被任命的(Dio,55.10.10)。在奥古斯都时期,禁卫军还没有埃及那样重要;因此斯卡普拉担任埃及省长(*Riv. di fil.* LXV(1937),337)的时间理应在公元前 2 年之后。对夜巡部队的指挥权是在公元 6 年设立的(Dio,53.26.4);谷物供应官一职的设置则在此后不久,第一任谷物供应官是盖约·图拉尼乌斯(Tacitus,*Ann.* 1.7)。

起的平民新贵)鄙视骑士和来自意大利地方城镇的人，尽管这种情感并不妨碍他们与后者通婚，或影响二者间的继承关系。在最显赫的那些贵族家庭中都有着来自意大利城镇的、并不十分古老的痕迹。卢奇乌斯·皮索的外祖父是来自普拉森提亚的商人；[①]出身于老牌贵族家庭的曼利乌斯(Manlius)娶了一位来自阿斯库鲁姆的女子；[②]而根据里维娅·德鲁西拉的那位不肖曾孙的说法，她的外祖父曾在芬迪(Fundi)当过地方官。[③] 358

帝国政府很清楚其秘而不宣的拜金主义需要什么，于是主动继承了传统贵族所拥有的偏见。这些言论经常是由骑士的儿子们自己说出来的，他们在谄上欺下时往往道貌岸然、义正词严。其中一人嘲笑卢奇乌斯·埃利乌斯·塞亚努斯(L. Aelius Seianus)为暴发户，严厉斥责他那身为皇室金枝玉叶的情妇给自己的家族、祖先和子孙后代带来的耻辱，因为她投入了一个“外地来的奸夫”(municipalis adulter)的罪恶怀抱。[④] 塞亚努斯的父亲塞伊乌斯·斯特拉波(Seius Strabo)可能仅仅是一位骑士和埃特鲁里亚沃尔西人聚居区的公民；但塞伊乌斯当上了禁卫军首领和埃及省长；他的妻子来自老牌贵族科奈里乌斯·玛鲁吉嫩西斯(Cornelius

---

① Cicero, *In Pisonem*, fr. 9=Asconius, 2 (p. 2 f., Clark).

② *Pro Sulla*, 25.

③ Suetonius, *Cal.* 23.2 (他是奥菲狄乌斯·卢尔科[Aufidius Lurco]，有可能其实是阿尔菲狄乌斯[Alfidius])，里维娅的母亲名叫阿尔菲狄娅(Alfidia)，见 *ILS* 125)。

④ Tacitus, *Ann.* 4. 3:“atque illa, cui avunculus Augustus, socer Tiberius, ex Druso liberi, seque ac maiores et posteros municipali adultero foedabat.”(那个身为奥古斯都外孙女、提比略儿媳和德鲁苏斯孩子们母亲的女人跟来自意大利城镇的奸夫勾结在一起，从而玷污了她自己、她的祖先与后人。)

Maluginensis)家族。[①] 论出身的话，塞伊乌斯已经拥有了强大的家族背景——他的母亲是梅塞纳斯之妻泰伦提娅和野心勃勃并走了背运的、最好忘掉不提的执政官穆雷纳的姐妹。该势力集团中的另一位成员是盖约·普罗库勒乌斯(瓦罗·穆雷纳的同父异母兄弟)、元首早年的一位亲密朋友。相传，奥古斯都曾打算把女儿尤利娅嫁给骑士普罗库勒乌斯，他称赞后者是一个品行方面无可指责，并且没有什么政治野心的正人君子。[②]

就事论事的话，骑士进入元老院原本并不是什么新鲜事。苏拉时代之后的元老院里显然有很多出身骑士家族的成员。[③] 跟产生过前执政官的家族圈子以外的其他元老一样，这些人通常会被排除在自由国家的至高荣耀——执政官头衔之外。新人(novus homo)可以爬到大法官的位子上；但如果他想成为执政官的话，那就非得一身兼具功绩、背景和好运不可，而那种条件是很难得的。跟通常的情况一样，奥古斯都打着恢复传统的旗号，实际上却巩固了恺撒与后三头所推行的政策——"occultior，non melior"(隐藏得更深，但并不更好)，他的敌人会这样说。在新规则下，进入元老院似乎变得更加困难，因为这一资格仅限于那些出身于元老阶层(latus clavus["望族资格"])、且拥有一定数额的财产的人。实际

① *ILS* 8996(Volsinii). 参见 C. Cichorius, *Hermes*, XXXIX(1904), 461 ff.。塞亚努斯的亲戚中有几个前执政官级别的人物(Velleius, 2. 127. 3)，参见书后表 VI。

② Tacitus, *Ann.* 4. 40："C. Proculeium et quosdam in sermonibus habuit insigni tranquillitate vitae, nullis rei publicae negotiis permixtos。"(他[奥古斯都]高度评价了盖约·普罗库勒乌斯等过着宁静的生活、离群索居的人。)我们对于奥古斯都说的这番话其实不必太过当真。

③ 见上文，原书第 81 页。

情况并非如此。对罗马财阀们来说，设定的财产门槛其实很低。[①] 359
而完全依靠篡夺来的、始自恺撒独裁大权的权力起家的元首本人反过来也把“望族资格”的名分授予了原本身为骑士的年轻人，鼓励他们担任财务官并借此进入元老院。情况还不仅如此——元首也会如法炮制，以同样的方式去利用保民官的职位。[②] 对于步入政治舞台的新人而言，在最乐观的情况下，忠诚与功劳最终将使他们获得执政官的头衔，从而一劳永逸地光耀门楣。

简言之，奥古斯都的计划是使政治生涯变得安全、风光并具有吸引力。只有频繁地采用鼓励手段，罗马骑士才会乐意牺牲自己生活的安定与富足，去换取浮华、奢侈但危机四伏的元老生涯。奥古斯都那身为骑士的祖父、他的朋友梅塞纳斯和普罗库勒乌斯都提供了显而易见的证据，说明这种远离政坛的态度完全是顺理成章的。此外，意大利城镇中的每个家族通常也只能培养出一个能够进入元老院的人物。如果那些早已成为罗马国家有机组成部分的殖民地和意大利城镇的情况尚且如此，在意大利战争后才被并入罗马版图的意大利落后地区的状态又能如何呢？西塞罗曾动情地用感人肺腑的语言提到过意大利。但西塞罗是为当下的秩序效劳的——即便他有帮助意大利人的意愿，他也没有能力把众多意大利人送入元老院。恺撒为这些人提供了真正的机会。已经厌倦了空洞言辞、痛恨寡头自由派的领导人的玛尔西人、马鲁奇尼人和佩利尼人兴高采烈地在恺撒身上看到了马略党的复活。独裁与革

① 奥古斯都最初设定的底限仅为 4 万塞斯特斯，后来才提升到 10 万塞斯特斯（Dio，54. 17. 3；参见 30. 2）；Suetonius，*Divus Aug*. 41. 1 中给出的数额为 12 万塞斯特斯。

② Dio，54. 30. 2；56. 27. 1；Suetonius，*Divus Aug*. 40. 1；参见 *ILS* 916。

命打破了罗马人根深蒂固的偏见，也使得原本较为贫穷的意大利地方贵族强大起来：那些曾被庞培·斯特拉波和苏拉征服的民族中的贵族现在已经进入了元老院，并指挥着罗马人民的军队——如其祖父曾率领马鲁奇尼人对抗罗马的波利奥、来自皮克努姆的维提狄乌斯和玛尔西人波佩狄乌斯。

即便在革命和民族之战亚克兴战役结束后，意大利的统一进程仍未完成。奥古斯都希望让更多的意大利之花——来自殖民地和意大利各城镇的优秀人才得到任用，并进入元老院。[①] 他们是
360 奥古斯都党的骨干和意大利全民公决中支持渥大维的主力。这样一来，继承革命原则的新国家便可以为自己起用了数目众多、且源源不断地涌现着的新人而感到自豪。这些人中有的默默无闻，有的业已声名鹊起；有些在被赐予“望族资格”后平步青云，很快进入了元老院；另一些人则以骑士身份度过了一段军旅生涯。拥有坎帕尼亚人和萨谟奈人血统的盖约·威利乌斯·帕特库鲁斯曾在骑兵中服过役，最终当上了财务官。[②] 与他生活时代相同、经历也相似的还有另外两位来自意大利城镇的奥古斯都党徒，他们分别来

① *ILS* 212, col. 2, 1 ff：“sane | novo m[ore] et divus Aug[ustus av]onc[ulus m]eus et patruus Ti. | Caesar omnem florem ubique coloniarum ac municipiorum, bo | norum scilicet virorum et locupletium, in hac curia esse voluit。”（根据合情合理的新风尚，我的祖父神圣的奥古斯都和我的叔父提比略·恺撒孜孜不倦地将所有来自殖民地和意大利城镇的精英人物之花提拔进元老院）。但克劳狄乌斯把这项创新归功于奥古斯都和提比略的说法并不十分确切：他是不能公开援引恺撒的先例的，参见 *BSR Papers* XIV (1938), 6 ff.。关于这些人的阶级属性，参见西塞罗弟弟的用语（*Comm. pet.* 53）：“equites et boni viri ac locupletes。”（他们是骑士和优秀且富裕的人。）

② Velleius, 2. 111. 2（公元 7 年）. 关于他的家庭，见下文，原书第 383 页以下。

自皮克努姆的特雷亚和佩利尼人聚居区里的科菲尼乌姆。[①]

在庞培独裁时期，罗马元老院中意大利地方上人物的主要来源是拉丁姆、坎帕尼亚和从埃特鲁里亚向东延伸到皮克努姆和萨宾的那一地区。现在，他们来自意大利全境——从阿尔卑斯山南麓至阿普利亚、卢卡尼亚和布鲁提乌姆(Bruttium)的各个地区都产生过元老。如今，不仅久已衰落的拉丁姆古城(如拉努维乌姆)能够为罗马提供元老人选，那些偏远的、毫无名气甚至几乎没有名字的地区——如拉丁姆东部边境处赫尔尼奇人(Hernican)聚居区中的阿勒特里乌姆(Aletrium)、皮克努姆境内的特雷亚、翁布里亚境内的阿西修姆(Asisium)和萨谟奈人聚居的希斯托尼乌姆(Histonium)和拉瑞努姆等——也能培养出罗马元老。[②]

大批陌生的"小城镇怪物"从亚平宁山脉凹处和各萨贝利(Sabellian)部族中冒了出来。[③] 他们受到野心和利益的驱使，在庇护关系的利诱下穿上罗马长袍，编造着关于自己祖上美德和豪迈独立精神的谎言；但这批人多为巧取豪夺、腐化堕落、趋炎附势之徒。他们的举止和谈吐是粗鄙的；他们的异族名字是对罗马贵

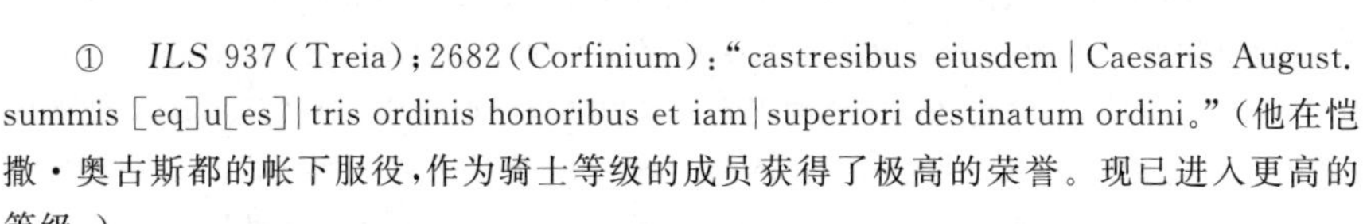

① *ILS* 937(Treia)；2682(Corfinium)："castresibus eiusdem | Caesaris August. summis [eq]u[es] | tris ordinis honoribus et iam | superiori destinatum ordini。"(他在恺撒·奥古斯都的帐下服役，作为骑士等级的成员获得了极高的荣誉。现已进入更高的等级。)

② 铸币者普布利乌斯·贝提利埃努斯·巴苏斯(P. Betilienus Bassus，*BMC*，*R. Emp.* I，49)可能出身于阿勒特里乌姆地区某城镇中的一个家庭，参见 *ILS* 5348. 关于特雷亚，见 *ILS* 937. 关于阿西修姆，见 *ILS* 947，参见 *ILS* 5346；关于希斯托尼乌姆，见 *ILS* 915；关于拉瑞努姆，见 *CIL* IX，730。

③ 弗洛鲁斯曾把意大利起义军的领袖们称作"那些小城镇怪物"(municipalia illa prodigia)(Florus，2. 6. 6)。

族的讽刺——后者尽管也知道并承认自己的萨宾或埃特鲁里亚起源，但大多早已把自己的名字精心改造成合乎拉丁姓名习惯的书写方式。新来的这批不速之客中有些是刚刚依靠烧杀抢掠而兴起的暴发户。另一些人则是各自地方上的古老贵族，或来自可以不中断地上溯到诸神和传说中的英雄的王族和祭司家族，或至少也
361 出身于历史悠久的地方势族。他们通过血缘和姻亲纽带与其他城镇中的贵族联系在一起，对自己的出身引以为傲。[①] 对于一些人而言，孕育自己的城镇或地区便证明了他们不可能是拉丁人；另一些人的氏族名字根或词尾也暴露了同样的事实。其中一人甚至直接使用翁布里亚人的首名；而氏族名为卡尔佩塔努斯(Calpetanus)、密米修斯(Mimisius)、维里亚修斯(Viriasius)和穆希狄乌斯(Mussidius)的人是无法谎称自己拥有纯正拉丁血统的。[②] 而最醒

① 来自希斯托尼乌姆的普布利乌斯·帕奎乌斯·斯凯瓦(P. Paquius Scaeva, *ILS* 915)在其巨大石棺上的铭文中自称“斯凯乌斯和弗拉维娅的儿子、孔苏斯和狄迪娅的孙子、巴尔布斯和狄鲁提娅的曾孙”(Scaevae et Flaviae filius, Consi et Didiae nepos, Barbi et Dirutiae pronepos)。来自拉瑞努姆的巴尔布斯之女狄迪娅·德库玛(Didia Decuma, *CIL* IX, 751)可能跟这个家庭沾亲带故。

② 玛米乌斯·穆里乌斯·翁贝尔([M]amius Murrius Umber, *ILS* 8968)的情况几乎肯定如此。盖约·卡尔佩塔努斯·斯塔提乌斯·鲁孚斯(C. Calpetanus Statius Rufus, *PIR*², C 236)的族名说明他的祖先来自埃特鲁里亚(Schulze, *LE*, 138)。波斯图穆斯·密米修斯·萨尔杜斯(Post. Mimisius Sardus)显然来自阿西修姆的一个地方官宦家庭，见 *ILS* 947，参见 5346。第一位用“-isius”作为姓名词尾的执政官是盖约·卡尔维修斯·萨比努斯(公元前 39 年)。而在跟普布利乌斯·维里亚修斯·纳索(P. Viriasius Naso, *ILS* 158; *ILS* 5940)有关的信息方面，已知最早的、姓名符合这一格式的人物是公元 78 年递补执政官绥克斯图·维图拉修斯·奈波斯(Sex. Vitulasius Nepos)，此人可能来自维斯提尼人(Vestini)聚居地区(*ILS* 9368，参见 *CIL* IX, 3587)。提图斯·穆希狄乌斯·波利亚努斯(T. Mussidius Pollianus)或许可以作为用“-idius”结尾姓名的人物代表。

目的则是一个毫不掩饰外来者身份的名字：来自卡努西乌姆(Canusium)的绥克斯图·索提狄乌斯·斯特拉波·利布斯奇狄乌斯(Sex. Sotidius Strabo Libuscidius)。[①]

人们在元老院中、甚至在罗马城中从未听说过这些名字怪诞、来路不明的人物。他们是各自家族的第一位元老，有时也是最后一位。这些人毫无当选执政官的希望，但他们必然会在由元首重建的、代表全意大利的国家权力机构集会上投票支持他的意志。

来自意大利各城镇的还有一些相对而言更加为人所熟知的人物，他们维持并提升着自己的尊贵地位，成为帝国历史的一部分。罗马骑士之子玛库斯·萨尔维乌斯·奥托(M. Salvius Otho)出身于埃特鲁里亚境内费兰图姆(Ferentum)的古老王族，在奥古斯都统治时期当上了元老。[②] 来自努克里亚的普布利乌斯·维特利乌斯(P. Vetellius)获得了担任奥古斯都督察官的殊荣，他的四个儿子都进入了元老院。[③] 出身萨宾凹地努尔西亚望族的韦伯芗·波利奥(Vespasius Poliio)在军队里担任骑兵长官；[④]他的儿子当上了元老，女儿嫁给了税吏提图斯·弗拉维乌斯·萨比努斯(T. Flavius Sabinus)。未来将是属于这些家族的。

其他人物已经走得更远，从奥古斯都手中获得了光耀门楣的

① *ILS* 5925. 他拥有两个族名，并且两个名字都仅见于卡努西乌姆地区（“索提狄乌斯”见 *CIL* IX, 349 and 397；“利布斯奇狄乌斯”见 *CIL* IX, 338, 348, 387, 6186）。

② Suetonius, *Otho*, 1. 1：“oppido Ferento, familia vetere et honorata atque ex principibus Etruriae。”（[他的家族]来自费兰图姆城，是当地的名门望族，祖上可追溯到埃特鲁里亚王室。）关于该家族中一位较早的成员，见 *CIL* I^2, 2511（公元前 67 年）。

③ Suetonius, *Vitellius*, 2. 2.

④ Suetonius, *Divus Vesp*. 1. 3.

362 机会。其中最突出的是一批武将；他们接替了共和战争中那些大将的角色，但并没有迅速且频繁地在《执政官年表》上留下一连串异族名字。玛库斯·维尼奇乌斯是来自殖民地卡勒斯的骑士之子。普布利乌斯·苏尔庇奇乌斯·奎里尼乌斯跟老牌贵族苏尔庇奇乌斯家族毫无关系——他来自意大利城镇拉努维乌姆。① “出身低贱”(infima natalium humilitate)的卢奇乌斯·塔里乌斯·鲁孚斯可能来自皮克努姆。② 玛库斯·洛里乌斯和普布利乌斯·希利乌斯的出身不详。③

公元前 12 年，跟奎里尼乌斯一道担任执政官的还是一位新人。④ 但在此之后，在奥古斯都元首统治中期执政官年表上出现的新名字为数寥寥，仅有的例外是帕西埃努斯(Passienus)和凯奇纳(Caecina)——两人的非拉丁姓名词尾使得我们不至于错认

① Tacitus, *Ann.* 3. 48. 拉努维乌姆距维利特雷仅 5 英里之遥。

② 我们没有确切证据。但他在皮克努姆购置了面积巨大的地产(Pliny, *NH*, 18. 37)。在埃斯特(Este)和萨格勒布(Zagreb)的博物馆里有塔里乌斯·鲁孚斯的陶瓶纹章(*CIL* V, 8112[78]; III, 12010[30])。关于达尔马提亚的塔里乌斯家族(Tarii)，见 *CIL* III, 2877 f.；关于伊斯特里亚(Istria)的塔里乌斯家族，见 *CIL* III, 3060。

③ 普布利乌斯·希利乌斯·涅尔瓦是前一世代中的一位元老的儿子，后来当上了大法官(P-W III A, 72)。玛库斯·洛里乌斯的家庭背景存在几种可能性：皮克努姆(如帕利卡努斯[Palicanus])和拉丁姆境内的费兰提努姆(特别参见 *ILS* 5342 ff.[可能是苏拉统治时期的材料？]，这些铭文说明有位奥鲁斯·希尔提乌斯和一位玛库斯·洛里乌斯担任过当地的监察官)都有洛里乌斯家族的存在。关于洛里乌斯实际上拥有贵族血统、但被一位新人收养的可能性，参见 E. Groag, P-W XIII, 1378，其中讨论了此人同麦萨拉家族间的秘密联系(Tacitus, *Ann.* 12. 22)。

④ 即出身不详的诗人盖约·瓦尔吉乌斯·鲁孚斯(C. Valgius Rufus)。在萨姆尼乌姆拥有巨大地产的普布利乌斯·塞尔维利乌斯·鲁路斯(P. Servilius Rullus，公元前 63 年平民保民官)之岳父并不属于瓦尔吉乌斯家族，而属于瓦尔古斯(昆克提乌斯)([Quinctius]Valgus)家族。

他们。[①] 但在奥古斯都统治后期出现了一个值得注意的现象——新人重新涌现，其中大多为武将出身。许多军人来自皮克努姆，这并不令人惊讶。波佩乌斯(Poppaei)两兄弟来自那里的一个不知名的地区。[②] 因亡命之徒众多而臭名昭著的拉瑞努姆现在为罗马 363
培养了两位执政官。[③] 另外一名身为萨谟奈人的执政官是出身古老王族的玛库斯·帕皮乌斯·穆提鲁斯(M. Papius Mutilus，公元9年递补执政官)。这一时期另外两位执政官的郡望无从确定，但

① 分别是公元前 4 年执政官卢奇乌斯·帕西埃努斯·鲁孚斯和公元前 1 年递补执政官奥鲁斯·凯奇纳(A. Caecina)(*L'ann. ép.*，1937，62)。帕西埃努斯是拥有这种类型姓名的第一位执政官，但其形式其实跟萨尔维狄埃努斯的名字类似。在凯奇纳之前，自公元前 92 年执政官、埃特鲁斯坎人玛库斯·佩尔佩纳后再未出现过以"-a"结尾的执政官名字。关于这位凯奇纳究竟属于这个沃拉特雷显赫氏族中哪一支系的问题，我们已无从推测。除这两个人和奎里尼乌斯、瓦尔吉乌斯外，公元前 15 年至公元 3 年间的绝大部分执政官都来自之前就产生过执政官的家族；仅有的六位新人执政官也不属于口碑不佳的新贵群体。德奇姆斯·莱利乌斯·巴鲁斯(D. Laelius Ballus，公元前 6 年执政官)的祖先是元老。卢奇乌斯·沃鲁修斯·萨图尔尼努斯(L. Volusius Saturninus，公元前 12 年递补执政官)来自一个出过大法官的老牌家族。卢奇乌斯·埃利乌斯·拉米亚(公元 3 年执政官)十分受人尊敬，其祖父曾是位"首屈一指的骑士"(equestris ordinis princeps)。关于公元前 5 年、前 4 年、前 2 年的三位递补执政官昆图斯·哈特里乌斯(Q. Haterius)、盖约·凯利乌斯(C. Caelius)和昆图斯·法布里齐乌斯(Q. Fabricius)的出身，我们手头没有任何可靠信息。凯利乌斯可能来自图斯库鲁姆，见 *CIL* XIV，2622 f.。

② 盖约·波佩乌斯·萨比努斯(C. Pppaeus Sabinus)和昆图斯·波佩乌斯·塞昆杜斯(Q. Poppaeus Secundus)，两人分别是公元 9 年的执政官和递补执政官。参见 *ILS* 5671；6562(Interamnia Praetuttianorum)。

③ 盖约·维比乌斯·波斯图穆斯(C. Vibius Postumus，公元 5 年递补执政官)和奥鲁斯·维比乌斯·哈比图斯(A. Vibius Habitus，公元 8 年递补执政官)无疑来自拉瑞努姆(*CIL* IX，730)。关于该家族中较早的成员，见 Cicero，*Pro Cluentio*，25，165。

他们肯定也来自意大利地方城镇。①

这些人是奥古斯都治下意大利的代表,其中许多人来自那个名称、民族与情感直到最近还同罗马格格不入的意大利(Italia)。但意大利如今已扩展到阿尔卑斯山区,甚至囊括了山南高卢。在古老的埃特鲁里亚、坎帕尼亚的富庶,萨姆尼乌姆和皮克努姆的勇武之外又加上了北方民族的活力。最晚并入意大利的部分——"波河以北的意大利"(Italia Transpadana)在拉丁文坛中已久负盛名,并且也开始向奥古斯都时期的元老院输出人才。早在元首制建立之初,似乎已有来自维罗纳、帕塔维乌姆、布瑞克西亚、波拉(Pola)和康科狄亚(Concordia)的五六个人开始了他们的元老生涯。②

毫无疑问,这些都是精英人物,并手握巨大的物质财富。但他们有时会令奥古斯都失望,特别是在元首有充分理由预期能够挑

① 分别是卢奇乌斯·阿普洛尼乌斯(L. Apronius,公元 8 年递补执政官)和盖约·维塞利乌斯·瓦罗(C. Visellius Varro,公元 12 年递补执政官)。关于他们的族名,参见 Schulze,*LE*,110;256。此外还有昆图斯·尤尼乌斯·布莱苏斯(Q. Junius Blaesus,公元 10 年递补执政官?)。公元 7 年递补执政官卢奇利乌斯·朗古斯(Lucilius Longus)的出身不详;他也许是布鲁图斯朋友的儿子(Plutarch,*Brutus*,50),也许是卢奇利乌斯·希鲁斯(Lucilius Hirrus)的亲戚。

② 奥古斯都时代的铸币人卢奇乌斯·瓦勒里乌斯·卡图鲁斯(L. Valerius Catullus,*BMC*,*R. Emp.* I,50)很可能跟玛库斯·福鲁提奇乌斯(M. Fruticius,*CIL* V,3339)一样来自维罗纳;瓦勒里乌斯·纳索(*CIL* V,3341)在公元 26 年之前已担任过大法官(Tacitus,*Ann.* 4. 56)。还应注意绥克斯图·帕皮尼乌斯·阿勒尼乌斯(Sex. Papinius Allenius,*ILS* 945:Patavium)、提图斯·特瑞贝勒努斯·鲁孚斯(T. Trebellenus Rufus,*ILS* 931:Concordia)和绥克斯图·帕佩利乌斯·希斯特尔(Sex. Palpellius Hister,*ILS* 946:Pola)。可能还有维比乌斯·维斯库斯家族(Vibii Visci),见 *Schol.* on Horace,*Sat.* 1. 10. 83,参见 *PIR*[1],V 108:Brixia(参见 *CIL* V,4201,家族中的释奴)?此外,盖约·庞提乌斯·佩利努斯(C. Pontius Paelignus)可能来自布瑞克西亚,参见 *ILS* 942。

选到合适的元老人选，结果却事与愿违的情况下。骑士阶层对公共生活和政治的冷漠（他们久已习惯与世无争[quies]的生活）经常是根深蒂固的。佩利尼人中有一个古老且闻名的家族——奥维德家族（Ovidii）。[①] 奥古斯都将望族地位赐予了其中的一位前程远大的青年奥维德（Ovidius）。此人并非商业暴发户，也不是从百夫长起家并提升了自己社会地位的军人。但普布利乌斯·奥维德·纳索（P. Ovidius Naso）并不乐意安分守己地为罗马人效劳。

他原本可以成为律师、罗马元老和行省总督。但他选择做一名时髦诗人，并最终为此付出了代价。由于普布利乌斯·奥维德的固执，一位名叫昆图斯·瓦里乌斯·格米努斯（Q. Varius Geminus）的人才得以获得一份殊荣。他骄傲地命人在自己的墓碑上写道，他是全体佩利尼人中的第一位元老。[②]

如上所述，奥古斯都通过两种手段肯定并巩固了有产者间的 364
联盟——为罗马骑士开启仕途之路，并降低了他们进入元老院的门槛。于是，由此实现的“等级和谐”（concordia ordinum）同时也是一种“全意大利的共识”；因为它代表着来自不同意大利城镇的各家族（无论它们是否在元老院占有一席之地）的联盟。这些人无不视罗马为首都，并将元首奉为自己的庇护人和保卫者。

意大利各城镇为罗马国家提供了士兵、官吏和元老。它们自

① 特别参见 *CIL* IX，3082（卢奇乌斯·奥维德·文特里奥）。关于该家族的古老，见 Ovid，*Tristia*，4. 10. 7；可证实这一点的还有一条佩利尼亚铭文（“Ob. Oviedis L.”，来自科菲尼乌姆，见 R. S. Conway，*The Indic Dialects* I，246，no. 225）。

② *ILS* 932：“is primus omnium Paelign. senator | factus est et eos honores gessit。”（他在全体佩利尼人中第一个成为元老，从而为他们取得了荣誉。）

身也是罗马帝国的一部分;这种统一的纽带是有机的,随着时间的推移而变得越发牢固。奥古斯都曾在内战的危机中利用过来自意大利各城镇的、值得信任的选票;它们在和平年代里也不应被忽视。奥古斯都鼓励各城镇推荐适合担任军事职务的骑士人选。[①]此外,他还制定过一个意在使罗马感受到意大利城镇影响力的制度——各城镇的议事员有权在缺席的情况下对罗马选举中的候选人进行投票。[②] 如果罗马政府进行了这方面的尝试的话,那么它也一定是很快就放弃了。这不仅仅因为选举本身不过是一场骗局——因为罗马组织的民众选举在本质上就是虚假的;还因为这种做法实在是多此一举。

政治学的研究者(尤其是其中将人民主权奉为理想的一派人)早已注意到这样一个事实,即在古代的共和国和君主国中从未出现过任何代表制政府的体系,并对此持批判态度。罗马人是不信任民主的;他们建立了一种共和政体来代替人民主权。共和政体在理论上准许任何自由公民担任官职,但在实践中却维护着世代相袭的贵族成员在选举中的优势地位。但元老院一度似乎是代表着罗马人民的,因为它是一个并不狭隘、排外的贵族统治集团。受人尊重的古代传统的分量足以证明恺撒、奥古斯都宽松政策的正当性。擢升"新人"显然并不是什么"新风尚"(novus mos)。[③] 众

① Suetonius, *Divus Aug*. 46. 可能是指在某些铭文(如 *ILS* 2677[Verona])中提及的、"来自人民的军事保民官"(tribuni militum a populo)。

② Suetonius, *Divus Aug*. 46.

③ Velleius, 2. 128. 1: "neque novus hic mos senatus populique est putandi quod optimum sit esse nobilissimum."(在元老院和罗马人民那里,将出类拔萃的人物视为高贵者并不是什么新风尚。)参见 Cicero, *Pro Balbo*, *passim*。

所周知，罗马最显赫的几个贵族家族的祖先便是拉丁人或萨宾人——罗马诸王同样如此。[①] 新秩序下来源更加广泛、实力更强大的寡头集团是罗马和意大利的代表；这种代表是间接的，但并不影响其说服力。从形式上看，该政体并非严格意义上的共和制或“民主制”；因为担任官职的资格已不复向全体公民开放，而是以拥 365
有“望族资格”为准入门槛；但它的运作模式是自由的和“进步的”。此外，社会中上起元老、下至释奴的每个阶级现在都在一个复杂的、传统的和保守的奥古斯都党中找到了自己的地位和职能，这个党派取代了由显贵集团把持的那个徒有其名的共和国。我们在这里看到的并不仅仅是稳定，还有持续不断的吐故纳新。

自由主义理论和众望所归的意大利统一或许是值得称赞和肯定的；但它们还无法从根源上解释恺撒和奥古斯都的行为。通过赏赐罗马公民权和发展其庇护关系，这些统治者继承了帝王的权术和早期罗马政治家的野心；早在无人记得的古老时代里，已经有人采用过这些做法；但独裁者们如今将它们在全帝国境内推广，并且他们已经没有对手。恺撒和奥古斯都之所以把众多意大利贵族提拔进元老院，恐怕也并不是基于什么理论信条。元老群体并不代表一个地区或一座城镇，而是代表着一个阶级——具体而言是有产阶级：“boni viri et locupletes”（正直且富有的人）。统治政党的扩大并不是实践某种理论的结果，也不是某个人凭借一己之力完成的；它不大可能是一蹴而就的。即便统治者有自己的主观想

① Livy，4. 3. 10 ff.（保民官卡努勒乌斯［Canuleius］的讲话）；*ILS* 212 and Tacitus，*Ann.* 11. 24（“元首克劳狄乌斯的演说”［Oratio Claudi Caesaris］。）参见上文，原书第 84 页以下。

法，他恐怕也没有能力去阻止一种自然演变进程的发生。至于该进程将于何时扩展到意大利境外，传播到多远的地方，哪个新王朝的效忠者（长发高卢的酋长们、亚细亚的富有贵族抑或东方的君王们？）将进入帝国元老院，这些具体问题的答案则是由时机和情势所决定的。①

现政权的热心的、与之同呼吸共命运的捍卫者——城市、权贵、君王、罗马公民和土著居民——已遍布全地中海世界。在辅助部队中服役的外省人有机会凭借其英勇表现而获得罗马公民权；许多行省居民也得以加入罗马人的军团，无论他们是否已经取得罗马公民权。通过这些方式，罗马的生活方式和民族认同感得到了传播；罗马公民集体得到了有力的巩固。最重要的是，无论在东方还是在西方，帝国各城镇中的有产阶级都坚定地站在其保护人奥古斯都的旗帜下。身为附庸的国王们尽管在名义上还是罗马人的盟友，实际上却已经成为对元首忠心耿耿的被保护人，其举手投足也完全合乎这样的角色。② 安东尼的女婿、富有教养的尤巴，性
366 情残忍但办事麻利、得到过阿格里帕盛赞的希律王，本都君主波勒莫和色雷斯的王侯都如同行省总督一样为罗马效劳。奥古斯都视

① 在狄奥笔下，梅塞纳斯建议奥古斯都把“一切民族中的精英”（τοὺς κορυφαίους ἐξ ἁπάντων τῶν ἐθνῶν）吸纳入罗马元老院（Dio，52.19.3）。他恰如其分地把这些人界定为“出身最高贵的、最优秀的和最富有的人”（τούς τε γενναιοτάτους καὶ τοὺς ἀρίστους τούς τε πλουσιωτάτους，Dio，52.19.4）。

② Suetonius，*Divus Aug.* 60：“ac saepe regnis relictis non Romae modo sed et provincias peragranti cotidiana officia togati ac sine regio insigni more clientium praestiterunt。”（他们经常抛下自己的王国，不仅前往[奥古斯都居住的]罗马城内，还在他巡视各行省时卸下王室的徽章、身穿罗马长袍、如同家仆一般每日侍奉元首左右。）

这些国王为罗马帝国统治阶级的固有成员。[①] 一个世纪后，这些君王与诸侯的后人纷纷进入了罗马帝国的元老院。[②]

在西方诸行省中，通过持续不断的移民、老兵殖民地的建立和向各地区的当地居民授予罗马公民权，罗马公民集体的队伍明显壮大起来了。西班牙、纳旁高卢和意大利北部（那里不久之前还是独立的行省）等朝气蓬勃、欣欣向荣的地区都忠于罗马政府，它们过去受到庞培的庇护，后来则获得了尤利乌斯家族的庇护。这些地区或许早在奥古斯都时代就已经在军团中占据了人数上的优势，随后又在元首制建立后的百年中逐步介入并控制了帝国的整套社会、行政等级体系，最终把来自外省的政治家推上了元首的宝座，从而开创了其统治者来自西班牙和纳旁高卢的新王朝。让这些人飞黄腾达并非奥古斯都本人的迫切愿望；但元首也没有试图遏制他们的步步高升。

人们通常认为，奥古斯都缺乏恺撒的宽广帝国视野和开明政策；他们将独裁官恺撒和元首奥古斯都视为两个极端的对立面。这种观点存在着严重的夸大其词；它或许可以满足道德论者、学究或政客的需要，但对于我们理解历史而言却是不得要领的和有害的。[③] 这两位统治者政策的不同之处大多可以从历史情势的差异中得到解释。奥古斯都大权独揽之际，革命已发展到相当深入的阶段；即便人们限制其烈度，它也不至于遇到任何反抗。他的大部

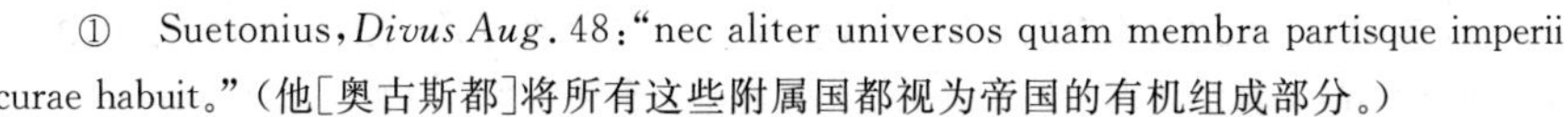

① Suetonius, *Divus Aug*. 48："nec aliter universos quam membra partisque imperii curae habuit。"（他［奥古斯都］将所有这些附属国都视为帝国的有机组成部分。）

② 如盖约·尤利乌斯·塞维鲁（C. Julius Severus, *OGIS* 544）。

③ 参见 *BSR Papers* XIV（1938），1 f.。

分党徒都已得到晋升和犒赏。

所谓的恺撒自由主义是人们根据恺撒的意图和行动臆测出来的。实际上并没有人能真正知晓恺撒本人的意图，而他的行为也可能会引起人们的误解。他最典型的做法莫过于提拔不为人知、甚至来自外省的人物来充实元老院。但就其目的和效果而言，这
367 项措施并不是革命性的或反常的；而恺撒·奥古斯都则把起用新人变成了一种永久性的和常规性的政策。

恺撒诚然起用了外省人；但也没有证据表明奥古斯都把他们全部驱逐了。来自纳旁高卢的党徒们的后人继续为奥古斯都效劳。[①] 在来自西班牙的人物中，撒克萨和老巴尔布斯已经过世；但小巴尔布斯仍旧位高权重，担任了阿非利加行省总督，并成为最后一位举行过凯旋式的元老。此外，来自西班牙的富有修辞学家、阿涅乌斯家族(Annaei)的友人尤尼乌斯·伽里奥(Junius Gallio)和亚细亚行省督察官庞培·马切尔的同名儿子也在奥古斯都统治时期进入了元老院；追随他们脚步的还有来自尼茂苏斯(Nemausus)的伟大演说家格涅乌斯·多米提乌斯·阿菲尔。[②]

① Tacitus, *Ann.* 11. 24:" manent posteri eorum。"(他们的后人还在。)

② 过继了老塞涅卡三个儿子之一的、小有名气的演说家尤尼乌斯·伽里奥(Junius Gallio)可能来自西班牙(P-W X, 1035 f.)。庞培·马切尔(昆图斯)([Q.] Pompeius Macer)是公元 15 年的大法官(Tacitus, *Ann.* 1. 72)；格涅乌斯·多米提乌斯·阿菲尔是公元 25 年的大法官(*Ann.* 4. 52)。此外还有一位米里奥塔伦图斯(Myriotalentus，显然不是罗马血统)之子奥鲁斯·卡斯特里奇乌斯(A. Castricius)至少担任过低级官职——可能是被奥古斯都起用以承担特殊任务的(*ILS* 2676)。他是"二十六人"(XXVI vir)之一。但没有证据表明他进入过元老院。

外省出身的人才可以获得骑士武职；[1]之后，在奥古斯都指挥下担任督察官和高级骑士职位，这可以使他们获得与元老生涯中的执政官身份相对应的地位。有两位（或许是三位）来自行省的人物当上了埃及省长。[2] 这些著名人物的儿子们通常都可以在新政权下进入元老院。[3] 奥古斯都确实提高了意大利的地位；但如果我们考虑到行省中具有完全公民权的殖民地的话，那么把意大利和各行省对立起来的做法是带有误导性的和错误的。因为那些殖民地无论位于何方，都是罗马国家不可分割的一部分——科尔杜巴、卢戈杜努姆，甚至还有皮希狄亚的安条克（Pisidian Antioch）都是这样的殖民地。[4] 奥古斯都绝不会轻慢西方诸行省，因为罗马公民在那里的足迹已远远超出意大利的范围了。

来自意大利地方城镇的奥古斯都在性格和习惯上都完全符合自己的出身特点。罗马的骑士们是他最亲密的朋友和最早的党羽。在成立后的最初几个月里，恺撒继承人的党派中几乎没有一 368
位元老；而在这个党派建立后的前几年里，党内响当当的人物也屈

① *ILS* 2688（来自尤利乌斯广场镇的绥克斯图·奥利埃努斯［Sex. Aulienus］）；*ILS* 9502 f.（皮希狄亚的安条克［Pisidian Antioch］的殖民地居民盖约·卡里斯塔尼乌斯·弗隆托［C. Caristanius Fronto］）。

② 扮演这种角色的并不只有伽鲁斯。盖约·图拉尼乌斯（约公元前 7—前 4 年治理埃及）来自西班牙（如果此人就是图拉尼乌斯·格拉奇利斯［Turranius Gracilis］的话［Pliny，*NH*，3. 3］），参见 A. Stein，*Der r. Ritterstand*，389。此外，盖约·尤利乌斯·阿奎拉（C. Julius Aquila，约公元前 10 年）也很可能出身于行省，可能来自比提尼亚-本都（关于该家族中的另一位成员，参见 *ILS* 5883：nr. Amastris）。

③ A. Stein，*Der r. Ritterstand*，291 ff.

④ 此外，如果那里的居民拥有意大利公民权利的话，那么它们也会被视为意大利的一部分，甚至在财政方面也是如此。

指可数。既然如此，把元首制下新人涌现的功绩都算到奥古斯都头上岂不是最顺理成章的做法吗？但这种说法其实忽略了奥古斯都的追随者对他的影响。元首本人并不完全是一个唯贤是举、不拘一格降人才的人。他是一个来自小城镇的小市民，对高贵的社会等级拥有狂热的、不可遏止的欲望。分别出身于尤利乌斯家族和克劳狄乌斯家族的恺撒和提比略则对他们所在的阶级了解得更清楚，也明白其弱点所在。

奥古斯都这位革命领袖的名分、野心与举止使得在他年轻的时候不可能获得显贵们的支持。在渥大维迎娶里维娅之前，只有一位产生过执政官家族的后代（格涅乌斯·多米提乌斯·卡尔维努斯）属于他的党派。渥大维十分清楚贵族追随者对自己而言有多么重要。他的联姻策略收到了立竿见影的成效——阿皮乌斯·克劳狄乌斯·普尔切和玛库斯·瓦勒里乌斯·麦萨拉很快便被拉拢了过来。但总的来说，贵族集团过了很久才肯原谅这个发动公敌宣告运动的家伙。元首也对此进行了报复——他对大批显贵被排除在元老院之外的状况无动于衷。但掌握着各种庇护资源的主子是可以笼络哪怕最顽固不化的显贵的；而格涅乌斯·皮索（Cn. Piso，公元前 23 年执政官）等人则可能是出于公正无私的爱国精神而加入渥大维阵营的。老牌家族在历次内战中已折损殆尽；那些死者的儿子们愿意同渥大维这个军事独裁者和平共处。

奥古斯都竭尽全力让这些青年显贵依附于他本人、他的家族和新建立的政治体系，并取得了不小的成功。但这样一来，他必然要牺牲掉自己之前的支持者——为他赢得亚克兴战役的平民、老兵和骑士们。在公元前 23 年的政治危机中，恺撒党抵制了奥古斯

都试图成为帝王的计划，阻止了他过继马塞卢斯的做法。我们可以推测，其中一些人，特别是此时占据上风的阿格里帕也会试图对奥古斯都过于偏爱贵族的倾向加以约束。

跟从前的恺撒党一样，奥古斯都的新党派也是由各种各样的元素——从最古老的老牌贵族家庭到一夜暴富的投机分子——所组成。但与恺撒的那些五花八门的追随者相比，奥古斯都的党派更加紧密地团结在一种立场、一套纲领和一位领袖之下。更重要的是，无论元首本人的命运如何，这个联盟都将继续生存下去。

369 第 25 章　庇护机制的运作

元首及其朋友们控制着所有光荣职位的任命权和元老生涯中所能获得的报酬;他们将行政职务、祭司头衔和行省的指挥权分配给自己的党羽。财务官职务可以让一个人获得政治和社会生活中的最高地位;而执政官头衔则可以使他成为贵族,并在寡头统治集团中占据一个显要的位置。

奥古斯都在公元前 27 年 1 月并未突然建立一个机构及其职能都全新的政治体系;公元前 23 年的政治整顿也没能做到这一

584 点。前一个日子在公开场合受到人们的纪念;实际上后一个日期才是更重要的。但在这两个场合下,都没有证据表明各种官职发生了任何根本性的变化;因此我们很难判断,它们的职能如何得到了解放,如何重新获得了共和时代的自由。

变化与发展显然是存在的;但较低的官职肯定没有被规范化。[①] 此外,革命时代的惯例似乎已渗入了现政体的法律体系中。独裁官苏拉可能曾经规定,年满 30 岁的人可以担任财务官,年满 42 岁的人才有资格担任执政官。但恺撒的行事风格是风风火火、独断专行的,后三头则是蛮横无理的。因此,在较为极端的情况下,从未担任过元老的人,如老巴尔布斯和萨尔维狄埃努斯·鲁孚

---

① 参见 C. Cichorius, *R. Studien*, 285 ff.。

斯都曾被指定为执政官。罗马目睹了越来越年轻的执政官的出现——波利奥在 36 岁时担任执政官，阿格里帕在 26 岁时成为执政官。共和制度始终未能在其敌人——他们自称为共和国的朋友——手中得到恢复。奥古斯都在其统治初期掩盖或减少了它的一些弊病——至少在一段时期内不再有毛头小伙子担任执政官了。但在奥古斯都最终建立起来的政治体制下，一个人可以在 25 岁时担任财务官，在 33 岁时成为执政官。对于元首所宠爱的亲戚，这一标准还可以放宽；年轻的克劳狄乌斯兄弟受到的优待还算说得过去；而马塞卢斯受到的过分照顾则难免会惹来闲言碎语。[1]尊卑贵贱的等差被保留了下来。青年显贵往往可以一到规定年龄就成为执政官；但罗马骑士的后代通常还要多等上几个年头。这在当时是天经地义的。骑士也不会对此抱怨。 370

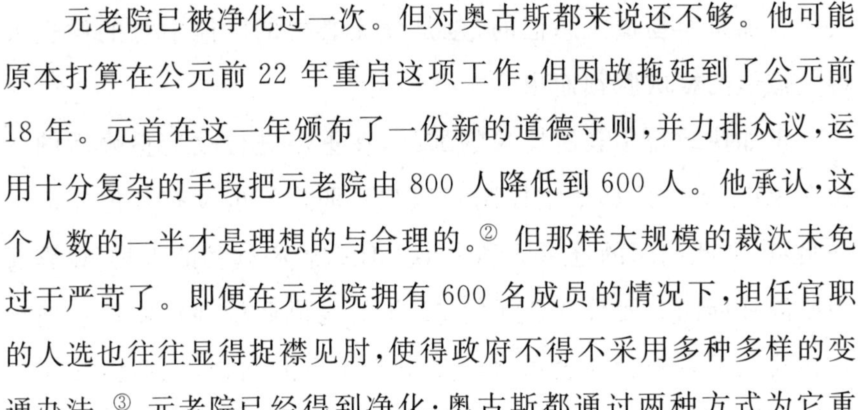

元老院已被净化过一次。但对奥古斯都来说还不够。他可能原本打算在公元前 22 年重启这项工作，但因故拖延到了公元前 18 年。元首在这一年颁布了一份新的道德守则，并力排众议，运用十分复杂的手段把元老院由 800 人降低到 600 人。他承认，这个人数的一半才是理想的与合理的。[2] 但那样大规模的裁汰未免过于严苛了。即便在元老院拥有 600 名成员的情况下，担任官职的人选也往往显得捉襟见肘，使得政府不得不采用多种多样的变通办法。[3] 元老院已经得到净化；奥古斯都通过两种方式为它重

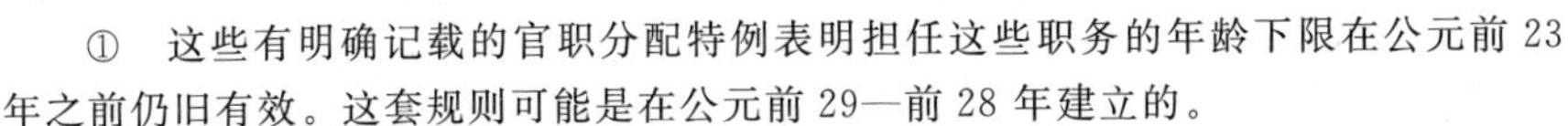

① 这些有明确记载的官职分配特例表明担任这些职务的年龄下限在公元前 23 年之前仍旧有效。这套规则可能是在公元前 29—前 28 年建立的。

② Dio，54. 14. 1.

③ Dio，53. 28. 4；54. 30. 2；56. 27. 1. Suetonius，*Divus Aug*. 40. 1.

新注入了活力:其一是赐予骑士后代们“望族资格”,并把他们送入元老院;其二是任命年轻的财务官。

尽管元老院和罗马人民在形式上是最高统治者,但实际参与官职和荣誉竞争的则是一个范围很小的寡头集团。在共和体制的遮羞布下,政治巨头们向自己的党羽分配着官职和权力。政治巨头们摧毁了共和国和他们自己,直到他们的队伍中只幸存下来最后一人——恺撒的继承者渥大维。奥古斯都将他们所有人的权力与庇护关系集于一身,轻松地重建了共和国的框架,并按照跟前人一样的方式去利用这架国家机器。奥古斯都把自由选举权还给了人民。领取了领袖的赏赐、接受了他的恭维的罗马平民知道应当怎样运用手中的这项自由。另一方面,候选人(至少是执政官的候选人)也会尽力争取得到元首的支持。奥古斯都并不提名候选人——那是容易遭人忌恨的,也是毫无必要的。他中意的候选人将凭借他的权威脱颖而出。[①]

正如执政官年表所反映的那样,在重新进行政治整顿后的最初四年里,奥古斯都牢牢控制着执政官职位。也没有其他任何证据暗示,在此期间的选举活动中出过什么野心勃勃的人物、舞弊行为或混乱局面。元首在公元前 23 年的危机后精神抖擞地重新出现在公众视野中。为表明自己是安全无害的人物,他慷慨放弃了某些相当重要的省份,可能还许诺很快将进行改革。他放弃了执政官头衔——自亚克兴战役结束以来,由于奥古斯都连年担任执

① 关于元首的推荐(commendatio)方式及其对各种行政官职人选的影响,见 *CAH* X,163 f.。

政官一职,它已成为引人注目的权威象征;再加上它已恢复每年改选一任的模式和在共和时代的尊贵地位,执政官头衔在贵族眼中重新具有了很强的吸引力。但奥古斯都这一次再也无法混淆视听了:他之前已经恢复了共和国,因而是不能把它再重建一次的。 371

阿格里帕在公元前 23 年年底之前离开了罗马,从公众眼前挪走了军事专制的一个明显证据。到了下一年,奥古斯都本人前往东部各行省巡视(公元前 22—前 19 年),而阿格里帕回到西方,在罗马短暂逗留后前往高卢和西班牙(公元前 20—前 19 年)。帝国首都一度远离了两位统治者的亲自监管。这样一来,奥古斯都党对选举的控制便有所松弛——这可能出于偶然,也可能是有意为之。奥古斯都的意图可能是值得称赞的和真心实意的——元首很可能故意想把民众选举的危险和选举中的无序竞争展示在显贵们面前,从而给他们一个深刻教训。罗马平民呼吁道,无论奥古斯都是否居住在罗马,他都应当拥有独裁官的头衔。当奥古斯都予以拒绝后,他们退而求其次,要求空缺下一年(公元前 21 年)的两个执政官席位中的一个。当时参与竞选的是两位显贵——卢奇乌斯·尤尼乌斯·西拉努斯(L. Junius Silanus)和昆图斯·雷必达(Q. Lepidus),后者最终当选。[①] 风平浪静一段时间后,同样的麻烦再次出现。公元前 19 年到来之际,奥古斯都仍旧身在东方,而任职的执政官只有一人——盖约·森提乌斯·萨图尔尼努斯

① Dio,54.6.2 ff. 公元前 22—前 19 年的执政官选举情况是相当令人费解的。当时的情况很可能是这样的:奥古斯都会扶植自己中意的候选人占据每年的一个执政官席位,而将余下的另一个席位留给其他人去自由竞争。参见恺撒对除执政官席位外其他官职的处理办法(Suetonius, *Divus Iulius*, 41.1)。

(C. Sentius Saturninus)。当时的罗马政局的确需要铁腕人物主持局面，而萨图尔尼努斯正是这样一个敢作敢为、坚定无畏的人。[①] 政府的敌人对其表现的描述没有被保留下来；其中之一被人强行抹去了。

有一位在几年前担任过市政官的埃格纳修斯·鲁孚斯(Egnatius Rufus)把自己的私家奴隶和其他合适人选组织起来，建立了一支消防队。[②] 他在暴民之间深孚众望，被选为大法官。受到成功鼓舞的鲁孚斯继续竞选公元前 19 年的执政官。萨图尔尼努斯出面阻止了他，并公开宣布，即便民众选举了他，鲁孚斯也不能担任执政官。这个被抛弃的无赖（“他从各方面看更像是角斗士，不像是一位元老”[per omnia gladiatori quam senatori propior]）很快为自己的声望和鲁莽付出了代价。他和其他一些共犯因图谋杀

372 害元首的罪名被捕，之后被投入监狱并处决。[③]

埃格纳修斯只是一个微不足道的牺牲品。公共场合的混乱局势令人忆起真正的共和国，那是与实行元首制后最初四年里秩序井然的状况截然不同的。但只要元首还掌握着军队，罗马的暴乱就不可能危及和平。并且罗马本身也没有面临什么真正严重的威胁。在统治者本人远离罗马期间（公元前 22—前 19 年），每年当选的两位执政官中都有一位是奥古斯都的党徒、武将和在各自的

---

① Velleius, 2. 92. 2: “cum alia prisca severitate summaque constantia vetere consulum more ac severitate gessisset.”（他[萨图尔尼努斯]以合乎古风的严肃与一丝不苟的态度，重塑了执政官古时的作风与严厉形象。）

② Dio, 53. 24. 4 ff. (26 B. C.).

③ Velleius, 2. 92；参见 Dio, 54. 10. 1（但其中对埃格纳修斯只字未提）。

家族中第一次获此殊荣的人物——他们分别是卢奇乌斯·阿伦提乌斯、玛库斯·洛里乌斯（M. Lollius）、普布利乌斯·希利乌斯·涅尔瓦（P. Silius Nerva）和盖约·森提乌斯·萨图尔尼努斯。而当萨图尔尼努斯于公元前 19 年年底卸任之际，接替他的又是奥古斯都手下的另一位元帅玛库斯·维尼奇乌斯。我们还不应忘记，在此期间，没有担任任何官职的大将陶鲁斯也一直住在罗马城内。[①]

奥古斯都的归来令全罗马欢欣鼓舞。他的统治现在已得到进一步巩固，开始逐步蚕食元老院和罗马人民、法律和行政官员的权力。我们此后很少再听到关于选举陷入混乱的报道了。后三头的统治曾创造过许多执政官（仅在公元前 33 年就有八人），并使得许多新人可以凭借功绩而平步青云。公元前 43 年的两位递补执政官维提狄乌斯和卡里纳斯就是绝好的例子。政治巨头们起初还有所顾忌。但签订布伦迪西乌姆和约后，他们的革命统治本质在执政官年表上留下了鲜明的烙印。在公元前 39—前 33 年这七年中任命的执政官里，新人共有 19 位，显贵则只有 9 人。[②] 在于公元前 32 年攫取权力后，渥大维垄断了所有庇护资源，不断提拔自己的党羽，在公元前 31—前 29 年扶植了四位新人执政官和五位出身显贵的执政官。在公元前 28 年执政官职位改回每年一任后，奥

① *ILS* 7448 f. 可以证明斯塔提利乌斯家族（Statilii）统领的日耳曼禁卫军也驻扎在罗马，其数目可能有 130 人。

② 关于这份统计（其中略去了若干具体的名字）的基础，见上文，原书第 243 页以下。而在整个后三头统治时期（公元前 43—前 33 年），执政官人选中新人与显贵的比例为 25∶10。

古斯都、阿格里帕和陶鲁斯起初垄断着这一职务。在公元前25—前19年的执政官中,八人出自新人家族,五人是贵族。[①] 显然,重建后的共和国并不打算重建显贵的统治:《执政官年表》上的新人与显贵比例与后三头时期相比没有太大变化。

在公元前19年后,我们可以看到某些变化。但这或许并不是因为奥古斯都自己的地位业已得到巩固,从而无须畏惧、提防显贵,而是出于巧合。作为补充那个在战争和公敌宣告运动中折损殆尽的显贵阶层的生力军,新一代人正在成长起来;与他们一道促
373 成了这一转折的还有那些在革命中获得尊贵地位的新人的后人。在公元前18—前13年,《执政官年表》上出现的新人只有两位,均立有军功;而显贵则多达11人。[②] 这些显贵中十分引人注目的是那些其父辈由于在历次内战中牺牲或战败,从而错失担任执政官机会的人物。而在这些年和随后若干年的《执政官年表》中出现了一批忠于元首制、在达到法定年龄后马上担任(有些还被特许提前担任)执政官的贵族名字——小埃诺巴布斯、提比略·克劳狄乌斯·尼禄及其兄弟尼禄·克劳狄乌斯·德鲁苏斯、普布利乌斯·科奈里乌斯·西庇阿(P. Cornelius Scipio)、科奈里乌斯·伦图鲁斯三兄弟(Cornelii Lentuli)、卢奇乌斯·卡尔普尼乌斯·皮索、尤鲁斯·安东尼(Iullus Antonius)和法比乌斯·马克西穆斯两兄弟(Fabii Maximi)。其中大部分人都已被奥古斯都的联姻和王朝政

---

① 我们姑且把瓦罗·穆雷纳排除在外。

② 分别是盖约·福尔尼乌斯(公元前17年执政官)和卢奇乌斯·塔里乌斯·鲁孚斯(公元前16年递补执政官)。

策笼络。[①]

奥古斯都一面限制罗马共和国最高行政机构的权力，一面重塑这些机构在公众视野中的正统尊贵地位。奥古斯都元首统治中期的《执政官年表》几乎同庞培和恺撒的内战爆发前的年表一样，拥有众多光辉夺目的名字。他将这一格局维持了很长时间，几乎没有指派过任何一位递补执政官。从公元前 19—前 6 年，在长达十三年的历程中，《执政官年表》中只记录了四位递补执政官，其中两人是由于现任执政官去世而被指派的。[②] 当时的形势让奥古斯都觉得十分棘手。越来越多的执政官后代步入成年，他们都要求取得符合其身份的荣誉，将之视为自己应得的权利。此外，随着他自己治下行省的管辖权日趋分化，各地区已应当被视为独立的行省并得到相应治理。其中很多区域里集结了重兵，已经需要前执政官级别的副将去指挥。至迟到了公元前 12 年，当四五个较大的独立辖区已经成为既成事实的时候，这一点已经显而易见了。[③] 此后，到了元首晚年，随着各行省的进一步分化、新征服领土的并入和默西亚(Moesia)行省的建立，奥古斯都行省的军事指挥权被一分为七，形成了稳定的体系。直到公元前 5 年之后，递补执政官才再次频繁地、反复地出现在《执政官年表》中。这个时间点不是偶然形成的：奥古斯都推行的、路人皆知的王朝统治政策迫使他去

① 见下文，原书第 378 页以下，第 421 页以下。

② 公元前 12 年的执政官玛库斯·瓦勒里乌斯·麦萨拉·巴尔巴图斯(M. Valerius Messalla Barbatus)和递补执政官盖约·卡尼尼乌斯·雷比鲁斯都于在任期间去世了。

③ 分别是叙利亚、高卢、伊吕利库姆(可能就在此时被元首亲自接管了)和西班牙(那里或许依旧驻扎着两支军队)。见下文，原书第 394 页以下。

寻求显贵们的支持。这样一来，执政官的头衔就贬值了。在实际操作中，执政官现在已开始通过指定产生。民众选举已流于形式；
374 但宣称自己重建了自由国家的政治家又不好把这种选举废除掉。这项任务将由奥古斯都的继任者来完成，并且提比略无疑是遵照奥古斯都的遗命行事的。[①] 公元 14 年标志着共和国在法律上的终结。

我们还需讲述元首制下形式上的贵族资格条件，以及庇护关系的真正运作机制。在共和制下，高贵出身、显赫军功及演讲或处理法庭诉讼方面的突出才能是争取执政官头衔的三个基本要素。一位演说家可以在力挺一名军人竞选执政官时取笑一位律师。[②] 但这些角色单凭一己之力都不可能取得成功。法律和口才都无法帮助一个人走得太远，除非显贵集团本身着实无能，不得不接受一个众望所归的候选人，以防出现更糟糕的结果；或是某位政治巨头执意要提拔自己麾下一位的确能力出众的党徒。但即使庞培也无法（或不愿）支持同样来自皮克努姆的阴谋家、饶舌的洛里乌斯·帕利卡努斯。[③] 军功最多也只能帮助一个人当上大法官，除非他能够取得强有力的保护，就像出身卑微的阿弗拉尼乌斯从庞培那里得到的那样；而亲庞培的执政官伽比尼乌斯既是政治家，又是武将。事实上，高贵出身往往能够成为压倒一切的要素，经常能够帮助一位候选人提前预订某个年份的执政官席位。如果没有卢卡协

① Tacitus, *Ann.* 1. 15.

② Cicero, *Pro Murena*, *passim*.

③ 他希望能取得公元前 67 年（Val. Max. 3. 8. 3）和公元前 65 年（*Ad Att.* 1. 1. 1）的执政官席位。

定从中作梗的话，公元前 55 年的执政官席位原本是卢奇乌斯·多米提乌斯·埃诺巴布斯的囊中之物。[①] 从理论上讲，作为自由国家中的自由公民，罗马选民可以投票支持他中意的任何候选人；但在实际竞选过程中，左右其选择的是候选人的家世与人品，而非他们提出的天花乱坠的口号或汗马功劳。

恺撒与后三头改变了这一切。但尽管发生了很多变化，旧有的框架依旧存在。[②] 执政官后代的身份甚至可以确保极其庸碌无能的人物当上执政官——并且世人还会认为这是天经地义的，因为这是对那些值得罗马人民感谢的优秀祖先们的合理酬报。[③] 但到了奥古斯都统治时期，一些缺乏真正才能的显贵已无法获取这种酬报。精通演说术和法律知识（“可以光耀门楣的技艺”[illustres domi artes]）的人物可以脱颖而出。在这种新秩序下，西塞罗或许也可以毫无悬念地赢得执政官席位，并且在无须卖弄
炫耀或经历风险的情况下履行执政官的职责，以德高望重的政治 375
家身份安享晚年，并在需要充任政府喉舌的礼仪性场合得到重用。

① Suetonius, *Divus Iulius*, 24. 1.

② 参见提比略的做法（Tacitus, *Ann.* 4. 6）：“mandabatque honores, nobilitatem maiorum, claritudinem militiae, inlustris domi artes spectando。”（他把官职授予主要贵族、军功赫赫者和在市政治理业绩方面卓然可观者。）

③ Seneca, *De ben.* 4. 30. 1：“sicut in petendis honoribus quosdam turpissmos nobilitas industriis sed novis praetulit, non sine ratione。”（正如在竞争官职的时候，一些十分庸碌的人可以凭借其高贵出身而压倒那些功绩卓著的新人，这并不是毫无道理的。）塞涅卡用来支持其论点的例子有保卢斯·法比乌斯·佩尔西库斯（Paullus Fabius Persicus，“他嘴里经常骂骂咧咧”[cuius osculum etiam impudici devitabant]）和玛迈尔库斯·埃米利乌斯·斯考鲁斯（Mamercus Aemilius Scaurus，关于此人，参见 Tacitus, *Ann.* 2. 66；6. 29）。

在元首制下，圆滑世故是必不可少的素质。独立精神则让一位诚实、博学且富于创造性的律师——玛库斯·安提斯修斯·拉贝奥(M. Antistius Labeo)失去了担任执政官的机会。[①]

随着和平与繁荣的到来，高雅的技艺开始重新受人青睐。一些老牌或新近崛起的显贵展示了自己舞文弄墨的才能。波利奥和麦萨拉仍旧统治着文坛。伽鲁斯和麦萨利努斯(Messallinus)使人想起他们的父辈，但这两个人是无法青出于蓝而胜于蓝的。多才多艺、但或许有些庸俗的保卢斯·法比乌斯·马克西穆斯(Paullus Fabius Maximus)在罗马大力传播令人厌恶的亚细亚式修辞学风格(他在这种风格的发源地担任行省总督时也乐意对它进行宣传推广)。[②] 卢奇乌斯·卡尔普尼乌斯·皮索主要是以文学赞助者的身份、而非凭借自己的作品闻名于世的。在维尼奇乌斯家族(Vinicii)的两个儿子中，一位是风格优雅的演说家和追求时髦的人，不太受奥古斯都的欣赏；[③]另一位则是苛刻的文学批评家，相传能够背诵奥维德的全部诗作。[④]

显贵们并不一定要靠精通文学艺术来打扮自己。在新人中，盖约·阿泰乌斯·卡庇托(C. Ateius Capito)主要是以政治家、而

① Tacitus, *Ann*. 3. 75.

② 关于这种“新近流行起来的瘟疫”(novicius morbus [Seneca, *Controv*. 2. 4. 11])，参见 E. Norden, *Die antike Kunstprosa*, 1. 289 f.。法比乌斯写给亚细亚诸城市的一封信件的部分内容可以通过若干份残篇得到恢复，见 *OGIS* 458。

③ 这位是公元前 33 年执政官的儿子卢奇乌斯·维尼奇乌斯。奥古斯都不喜欢他向尤利娅频频献殷勤的做法。参见 Suetonius, *Divus Aug*. 64. 2。

④ 此人是玛库斯·维尼奇乌斯(公元前 19 年递补执政官)之子普布利乌斯·维尼奇乌斯(P. Vinicius，公元 2 年递补执政官)。关于他的情况，参见 Seneca, *Controv*. 1. 2. 3；7. 5. 10；10. 4. 25。

非律师身份获得晋升机会的。[①] 而演说家昆图斯·哈特里乌斯也没有表现出什么值得一提的独立性。[②] 有些最具原创性的、最活跃的天才（如卡西乌斯·塞维鲁[Cassius Severus]）注定要成为现政权的反对派。如果我们去深究盖约·瓦尔吉乌斯·鲁孚斯、一位写过很多诗歌并将自己的一篇植物学论文题献给奥古斯都的学者到底是凭借什么功绩当上执政官的话，恐怕我们的讨论就要离题万里并毫无意义了。[③]

对于那些凭借自己的能力崛起的人物而言，“军功赫赫”(militaris industria)是最高的褒奖。战争阅历和军队指挥权为那些在革命时代的战火中经受磨砺的青年和那些抵御外敌、为新国家赢得了光荣与安宁的成年将领提供了平步青云的资本。其中一些人已经去世了，如玛库斯·洛里乌斯和普布利乌斯·卡里修斯， 376
两人都参加过攻打绥克斯图·庞培的战役和其他一些战事。但亚克兴战役中的海军将领卢奇乌斯·塔里乌斯·鲁孚斯在指挥过巴尔干地区战事后终于获得了执政官头衔。[④] 其他一些无愧于革命时代伟大将领们后人身份的新人，可以在仍有军事任务的那些行省中展示才华，随后当上执政官。玛库斯·洛里乌斯、玛库斯·维尼奇乌斯和普布利乌斯·苏尔庇奇乌斯·奎里尼乌斯等都可归入此类。

---

① Tacitus, *Ann.* 3.75.

② Tacitus, *Ann.* 1.13; 3.57.

③ *PIR*[1], V 169. 贺拉斯把他的《颂歌》(*Odes*, 2.9)献给了瓦尔吉乌斯；关于他的植物学著作，见 Pliny, *NH*, 25.4。

④ Dio, 54.20.3; *L'ann. ép.*, 1936, 18.

以上三类杰出表现是合乎传统与共和精神的，并作为证明其尊贵地位合法性的证据而在公开场合得到宣传。再没有什么能比这些功劳更毫无争议的了。但在元首制下，还有一些更隐秘、但更有效的理由，能帮助一个人在仕途中获得升迁机会。政治角逐还是在从前的那个竞技场中展开的；因此，权力与财富的竞争者也需要同样的武器——友谊、政治联姻和资金来源。

对恺撒党的庇护者和领袖的忠诚效劳仍是可靠的晋身之阶。在奥古斯都政治上的追随者中，有些人物（如提提乌斯、塔里乌斯和奎里尼乌斯）是令人生厌的，或至少是不受欢迎的。但这并不成为障碍。还有一些人并不只是奥古斯都在联手关系（amicitia）约束下的盟友，还是他的亲密挚友——元首打发闲暇时光的方式便是同玛库斯·维尼奇乌斯和普布利乌斯·希利乌斯等人玩骰子。[①] 没有他的宠幸，任何新人都休想当上执政官。在显贵中，许多最著名的人物都通过各种纽带与奥古斯都党建立了联系。其中一些人，如保卢斯·法比乌斯·马克西穆斯等，甚至可能已取得了元首的充分信任。[②] 当然，显贵们不是全都受到信任的；但元首总归不能剥夺他们的执政官资格，因为那是显贵们与生俱来的权利。因此，后三头中那位安东尼的小儿子尤鲁斯·安东尼也当上了执政官。但执政官头衔其实无关紧要。敌人只在拥有军队后才变得可怕——并且哪怕他们真的掌握了武装，这些人也很难劝说士兵们去征伐自己的庇护人和统帅。

① Suetonius, *Divus Aug*. 71. 2.

② 特别参见 E. Groag. P-W VI, 1784 中的评论。

奥古斯都一方面扶植了新的贵族家族，另一方面也像之前的苏拉与恺撒一样，复兴了一些老牌贵族和从平民等级中兴起的贵族家族。在自由国家存在的最后一百年内，瓦勒里乌斯、克劳狄乌斯、法比乌斯和埃米利乌斯等家族几乎已经无以为继，更谈不上维持其传统优势地位了。但它们的成员如今再度成为贵族君主制下的显要人物（principes viri），并同王室和在彼此间建立了联系。西庇阿家族已几乎绝嗣，但人数众多的伦图鲁斯家族成员保全并延续了老牌贵族科奈里乌斯家族的血脉。一些早已被人遗忘的家 377
族的卑微后人被重新发现并获得资助，从而摆脱了贫困，重新获得了祖先的尊贵地位。沉寂多年后，《执政官年表》上终于再度出现了昆克提乌斯（Quinctius）、昆克提利乌斯（Quinctilius）和弗里乌斯·卡米鲁斯（Furius Camillus）的名字；但他们都昙花一现，时运不济。①

在后三头统治罗马时期饱受歧视、至少毫无优势可言的高贵出身现在终于扬眉吐气了。人们重新拾起早已弃之不用的家姓，杜撰与历史上的光荣名字挂钩的首名，重新记起往日的亲缘纽带，

① 提图斯·昆克提乌斯·克瑞斯皮努斯·苏尔庇奇亚努斯（T. Quinctius Crispinus Sulpicianus，公元前 9 年执政官）是尤利娅的情人之一；普布利乌斯·昆克提利乌斯·瓦鲁斯（P. Quinctilius Varus，公元前 13 年执政官）得到过威利乌斯的专门评论（Velleius，2. 117. 2）："illustri magis quam nobili ortus familia。"（他出身的家族十分有名，但并不特别尊贵）；玛库斯·弗里乌斯·卡米鲁斯（M. Furius Camillus）是公元 8 年的执政官，他的儿子卢奇乌斯·阿伦提乌斯·卡米鲁斯·斯克里波尼亚努斯（L. Arruntius Camillus Scribonianus，*PIR*², A 1140）后来曾起兵反叛元首克劳狄乌斯。

擦亮了祖先(无论他们是真正的祖先还是自己冒称的)的肖像。[①] 被保护人或远房亲戚可以僭取高贵的社会地位,伪造谱系。这个时代的一些贵族家族的真实性存在着疑点,但只有同时代人才能看穿其中的骗局。麦萨拉在名气较小的瓦勒里乌斯支系企图把自己的族谱嫁接到他的家族中时公开提出了严正抗议。[②] 但有些骗局可能逃过了人们的眼睛。有些大家族已经无可挽回地没落了,另外一些在内战的风云变幻中丧失了财富和影响力,或冒犯了罗马的新统治者,因而再也无法推出一位执政官,或在沉寂一个世代后才得以东山再起。在奥古斯都担任元首期间,苏拉、麦特鲁斯、斯考鲁斯等贵族家族都没有产生过执政官。[③] 在元首制初年递补

① 伦图鲁斯家族中的一些成员采用了"玛鲁吉嫩西斯"(Maluginensis)这一家姓(*ILS* 8996),它显然会令人回想起那个业已消失、几乎被人遗忘的古拉丁姆地区村落。还可参见卡米鲁斯之女里维娅·麦杜丽娜(Livia Medullina)的名字(Suetonius, *Divus Claudius*, 26.1; *ILS* 199)。盖约·苏尔庇奇乌斯·伽尔巴(C. Sulpicius Galba,公元前5年递补执政官)的第一任妻子甚至名叫穆米娅·阿凯卡(Mummia Achaica, Suetonius, *Galba*, 3.4)。值得注意的是,法比乌斯家族两兄弟的首名(praenomina)——保卢斯和阿非利加努斯——分别来自埃米利乌斯家族和西庇阿家族。

② Pliny, *NH*, 35.8. 参见别的欺骗手段:老麦萨拉·鲁孚斯曾写过家族史(Pliny, *NH*, 35.8);但老普林尼指出:"但请麦萨拉家族成员们原谅我这样说:谎称古代光辉人物为自己祖先的做法毕竟也反映了他们对这些人美德的仰慕。"(sed, pace Messallarum dixisse liceat, etiam mentiri clarorum imagines erat aliquis virtutum amor)

③ 没能当上执政官的显贵如科奈里乌斯·苏拉·菲利克斯(Cornelius Sulla Felix, *PIR*², C 1463)、昆图斯(?)·麦特鲁斯(Q[?]. Metellus, *PIR*², C 62)、玛库斯·埃米利乌斯·斯考鲁斯(*PIR*², A 405)、伦图鲁斯·玛鲁吉嫩西斯(Lentulus Maluginensis,公元10年递补执政官的父亲, *PIR*², C 1393)、科奈里乌斯·多拉贝拉(Cornelius Dolabella,公元10年执政官的父亲, *PIR*², C 1345)、至少两位名叫科奈里乌斯·希塞纳(Cornelius Sisenna, *PIR*², C 1454-6)的人物,以及盖约·苏尔庇奇乌斯·伽尔巴(公元前5年递补执政官)的父亲(参见Suetonius, *Galba*, 3)。

执政官为数甚少的情况下，竞争是非常激烈的。《执政官年表》记录了最杰出的、或至少是最聪颖机智的那批显贵的名字，但并非这个集团的全体成员。

在利用政治联姻方面，奥古斯都本人在政坛上的处子秀提供了最臭名昭著的例子。渥大维先同为人谦逊的恺撒党徒普布利乌 378
斯·塞尔维利乌斯的女儿订了婚，但在接下来的四年中，他先是同安东尼的继女订立了有约束力的、但最终未能实现的婚约，随后又跟毫无可爱之处的斯克里波尼娅组成了政治联盟，最终才同有利可图且合人心意的克劳狄乌斯家族后裔里维娅结合。里维娅没有为他生育子嗣；但斯克里波尼娅为他生育的尤利娅却成了元首筹划政治联姻时的工具，先后嫁给了马塞卢斯、阿格里帕和提比略。为了迎娶尤利娅，提比略被迫同维普萨妮娅离婚；后者又投入了波利奥野心勃勃的儿子伽鲁斯的怀抱。

很难想象，倘若奥古斯都像伟大的政治家、监察官阿皮乌斯·克劳狄乌斯那样有幸拥有五个女儿用于进行政治联姻的话，他究竟会做出怎样的安排。[①] 尽管奥古斯都自己膝下子女寥寥，他还是可以利用其他人的子嗣。[②] 女儿尤利娅并非元首唯一的筹码。他的姐姐渥大维娅通过两次婚姻生育了几个子女。她在第一次婚姻中生下了盖约·马塞卢斯和玛塞拉两姐妹，他们很快就可以在

---

① Cicero, *Cato maior*, 37："quattuor robustos filios, quinque fillas, tantam domum, tantas clientelas Appius regebat et caecus et senex。"（失明且年迈的阿皮乌斯全家拥有四个健壮儿子和五个女儿，从而控制着各种庇护关系。）

② 见书后表III。

政治联姻中派上用场；她在第二次婚姻中生下了玛库斯·安东尼的女儿安东尼娅两姐妹。长女安东尼娅嫁给了卢奇乌斯·多米提乌斯·埃诺巴布斯，她从孩提时代起已同此人订婚；二女儿则嫁给了奥古斯都的继子德鲁苏斯。行为颇不检点的安东尼却生育了两个贞洁的女儿，她们每人都从一而终。在玛塞拉两姐妹中，长女先后嫁给了阿格里帕和尤鲁斯·安东尼；小女儿的两任丈夫分别是保卢斯·埃米利乌斯·雷必达和玛库斯·瓦勒里乌斯·麦萨拉·巴尔巴图斯·阿庇安(M. Valerius Messalla Barbatus Appianus)。[1]

这些是跟元首血缘关系最近的人；元首还有别的近亲。他的父亲盖约·渥大维和他的母亲阿提娅各自结过两次婚。因此渥大维还有另一位同父异母的姐姐渥大维娅；她的两个儿子是绥克斯图·阿普列乌斯和玛库斯·阿普列乌斯(M. Appuleius)，两人无疑都在很小的年龄就当上了执政官。

奥古斯都设计的广泛家族联盟是壮观且出色的。他不轻视任何卑微或遥远的亲戚，不轻视任何婚姻纽带——或离婚后继续维持的友谊。随着时间的推移，越来越多的贵族家族都跟元首的家人或追随者建立了联姻关系。在奥古斯都盟友里的年轻显贵中，最富于才干的、最闻名遐迩的和获益最多的是他的两位继子——
379 克劳狄乌斯家族两兄弟；仅次于他们的有卢奇乌斯·多米提乌斯·埃诺巴布斯、卢奇乌斯·卡尔普尼乌斯·皮索(独裁官恺撒的

---

① 关于玛赛拉两姐妹的证据，见 PIR^2，C 1102 and 1103。妹妹于公元前 16 年嫁给了失去妻子科奈莉娅的保卢斯。保卢斯不久以后也去世了；她的第二任丈夫则在担任执政官期间死去。

年轻连襟)和事业有成的保卢斯·法比乌斯·马克西穆斯。通过与里维娅的婚姻,奥古斯都早已同克劳狄乌斯家族建立了联系。而通过其他人的婚姻,他随后又笼络了科奈里乌斯·西庇阿家族、埃米利乌斯·雷必达家族、瓦勒里乌斯家族和法比乌斯家族等老牌贵族家族。随着年轻一代显贵成长起来,获得一系列政治荣誉,最终当选执政官,一批神气十足的要人簇拥在元首身边——他们为新政权带来了威信与力量,但也在寡头集团的秘密统治中制造了仇怨与不和。

当渥大维这个社会等级中的暴发户和革命时代的冒险家变成受人尊敬的人物之后,他的追随者也尝到了一人得道、鸡犬升天的滋味。阿格里帕的第一任妻子是他用历次内战中的战功换取的奖品之一。阿提库斯之女凯奇莉娅是当时罗马最富有的女继承人。此后,阿格里帕迎娶了奥古斯都的外甥女玛塞拉;最后又娶了他的女儿尤利娅。奥古斯都的其他党羽同样获得了不菲的报酬。不巧的是,现存史料并未记载奥古斯都帐下的其他元帅,如陶鲁斯、洛里乌斯、维尼奇乌斯和塔里乌斯的妻子们的情况。[①] 普布利乌斯·希利乌斯娶了一位受人尊敬的意大利城镇居民、担任过大法官的元老之女为妻。[②] 但提提乌斯娶了老牌贵族法比乌斯·马克

① 但陶鲁斯的儿子娶了一位科奈里乌斯·希塞纳家族的女儿;他的孙子(公元11 年执政官)则娶了一位瓦勒里乌斯·麦萨拉家族的女儿(具体族谱见 P-W III A, 2197)。人们还可以猜测他跟马尔奇乌斯·肯索里努斯家族(Marcii Censorini)之间建立了联系(参见 Velleius, 2. 14. 3)。玛库斯·洛里乌斯所在的家族跟麦萨拉家族间存在着某种无法解释的联系(Tacitus, *Ann.* 12. 22;参见 E. Groag, P-W XIII, 1378)。

② Velleius, 2. 83. 3 (C. 科波尼乌斯)。

西穆斯的姐妹宝琳娜(Paullina)。[①] 暴发户奎里尼乌斯的情况则是这样的:他的第一任妻子是阿皮乌斯·克劳狄乌斯家族的成员,该党派最早的一位贵族支持者的女儿。[②] 他随后爬上了更高的位置——其第二任妻子是埃米利乌斯·雷必达家族的女儿,其血管里流淌着苏拉和庞培的血液。[③] 她注定将成为元首的外孙卢奇乌斯·恺撒(L. Caesar)的新娘;但在那位青年英年早逝后,她马上改嫁了年长的奎里尼乌斯。

元首业已掌握了贵族的一切特权——权力、地位与财富。这位青年曾为了国家利益耗费自己继承得来的遗产,如今却变成了全世界最富有的人。跟从前的政治巨头一样,他把钱花在了巩固
380 权力和讲排场等方面——如取悦士兵和平民、装饰罗马城、赏赐政治盟友等。由于在竞选中已杜绝了贿选行为,因而元首的私人权力其实得到了巩固。由于奥古斯都手中掌握着通过公敌宣告运动搜刮来的财富和托勒密王室的财库,贵族们是无法与他竞争的。即便有人足够幸运,在兵荒马乱中保全了祖先留下来的产业,他还是无法通过掌握政治权力而得到从前那种损公肥己的好处;因为贵族们与财阀的联盟业已被拆散,他们不能再像从前那样从行省的收入中分得一杯羹了。奥古斯都已经足够慷慨地资助那些陷入贫困的贵族或立下过汗马功劳的新人了;这些支援可以帮助他们

① *IGRR* IV,1716=*SEG* 1,383.

② *CIL* VI,15626;参见 PIR^2,C 1059。她是奎里尼乌斯执政官同僚玛库斯·瓦勒里乌斯·麦萨拉·巴尔巴图斯·阿庇安的姐妹。

③ Tacitus,*Ann*. 3.22 f.;参见 PIR^2,A 420 和书后表 IV。

维持自己的尊贵地位和本家族的繁衍生息。通过这种方式，奥古斯都在公元 4 年将资产达到普查标准的人数增加了不下 80 人。[①]

元首利用执政官头衔和政治联姻、皇家排场的嫁妆财富所带来的社会显赫地位赏赐其党羽，使之得以步入贵族行列。埃及已归他所有，那是一块几个世代前的政治家与财阀们已经开始觊觎的肥肉。埃及的各处大地产现在正被统治集团的成员们占有并利用着；其中既有阿格里帕、梅塞纳斯这样的显赫党徒，也有海军将领玛库斯·卢利乌斯这样的无名之辈。[②]

在担任高卢行省总督和独裁官期间，恺撒在赏赐部下方面是十分慷慨的。西塞罗曾对拉比埃努斯和玛穆拉的财富与巴尔布斯的花园义愤填膺；[③]但在内战爆发之际，西塞罗自己还欠着恺撒短期借给他的债款。[④] 但后三头的极端政策很快抹去了人们对恺撒的慷慨和恺撒将战败者财产充公的举动的记忆。奥古斯都和他的党徒们霸占了公敌和战败者的地产、苑囿和乡间别墅。元首本人便住在帕拉丁山上从前霍腾西乌斯的宅邸内[⑤]——那里是不断扩建的罗马皇宫的中心，但只是那个庞大建筑群的一部分而已。西塞罗曾利用自己担任政治律师时取得的收益购置了一套豪宅（用普布利乌斯·苏拉给他的酬金支付）；安东尼党徒卢奇乌斯·马尔

① Dio，55. 13. 6.

② 具体细节见 M. Rostovtzeff，*Soc. and Ec. Hist. of the Roman Empire*（1926），573 f.。

③ *Ad Att*. 7. 7. 6.

④ *Ad Att*. 5. 1. 2.

⑤ Suetonius，*Divus Aug*. 72. 1.

奇乌斯·肯索里努斯后来拥有了它，这套别墅日后又落入了斯塔提利乌斯·陶鲁斯的家族之手。[1] 阿格里帕现在住在罗马城内，跟麦萨拉分享着安东尼的宅邸。[2] 面积宽广的游乐园证实了梅塞纳斯和撒路斯提乌斯·克瑞斯普斯(Sallustius Crispus)的富有，
381 尽管两人的社会地位还只是骑士。

位高权重的政治家们的财产是庞大的和臭名昭著的。当老巴尔布斯去世时，他甚至能够像恺撒那样向每位罗马公民遗赠同样数目的钱财——每人 25 个第纳尔。[3]但巴尔布斯毕竟从一开始就是百万富翁。阿格里帕则是白手起家，最后拥有了整个加里波利半岛(the peninsula of Gallipoli)。[4] 斯塔提利乌斯·陶鲁斯在伊斯特里亚拥有各种财产，在罗马拥有大批奴隶。[5] 生性吝啬的成功武将卢奇乌斯·塔里乌斯·鲁孚斯从奥古斯都的战利品中分得了一大笔财富，随后把这笔钱投资在皮克努姆地区的地产投机活动中。[6] 精英人物卢奇乌斯·沃鲁修斯·萨图尔尼努斯(L. Volusius Saturninus)和格涅乌斯·科奈里乌斯·伦图鲁斯(Cn. Cornelius Lentulus)通过光明正大的手段积累了财富；具体方式已无史可

① Velleius, 2. 14. 3.

② Dio, 53. 27. 5.

③ Dio, 48. 32. 2.

④ Dio, 54. 29. 5.

⑤ *CIL* V, 323; 409; 457; 及 878 阿奎利亚. 从斯塔提利乌斯家族的墓地处出土了 400 多份关于奴隶的铭文(*CIL* VI, 6213-6640 and pp. 994 ff.)，其中包括一些日耳曼禁卫军的资料(如 *ILS* 7448 f.)。

⑥ Pliny, *NH*, 18. 37. 参见上文，原书第 362 页。

考，也许是通过继承获得的。[①] 坐拥令人艳羡的巨大资财的奎里尼乌斯慢慢老去，不断受到奸诈的上流社会妇女们的敲诈勒索。[②] 在公共舆论中享有正直名声的洛里乌斯为自己的家族留下了百万家财，这些财富并不都是通过无可指责的继承方式得来的，其中也包含着从行省剥削来的收入。[③] 他的孙女、美貌的洛里娅·宝琳娜可以像一位公主那样出现在世人面前。她的习惯是在国宴乃至相对非正式的场合穿戴上自己所有的珍珠，这样一来她就无须再穿戴多少其他衣物了。有人估计她的全部服装总价值达 4000 万塞斯特斯之多。[④]

元老资格和执政官头衔并不是奥古斯都党领导人手中仅有的恩惠。除此之外，他们还可以赏赐祭司头衔、贵族身份、行政职务和行省统治权。当宗教在一个由寡头集团领导的国家中受到重视时，很显然，祭司集团内部的高级职务将不再属于虔诚与饱学之

① Tacitus, *Ann.* 3. 30（沃鲁修斯）："opumque, quis domus illa in immensum viguit, primus accumulator。"（他成了本家族中第一个积累起巨大产业的人）；4. 44（伦图鲁斯）："bene tolerata paupertas, dein magnae opes innocenter partae et modeste habitae。"（他曾经耐心地忍受过贫穷，随后积累了一大笔光明正大地得来的财富，并颇有节制地使用着这份资财。）这位伦图鲁斯可能就是公元前 14 年的执政官，参见 E. Groag in *PIR*², C 1379。但有些人对他的评价并没有塔西佗那么高（参见 Seneca, *De ben*. 2. 27. 1）。

② Tacitus, *Ann.* 3. 22. 与他离异的前妻埃米莉娅·雷必达谎称自己为他生了一个儿子。

③ Pliny, *NH*, 9. 117（关于他孙女的财富）："nec dona prodigi principis fuerant sed avitae opes, provinciarum scilicet spoliis partae。"（它们并非来自一位奢侈元首的赏赐，而是由在外省得来的战利品构成的祖传家产。）还可注意洛里乌斯家族在罗马拥有的众多奴隶（细节见 P-W XIII, 1387）。

④ Pliny, *NH*, 9. 117. 普林尼本人曾见过这位女子。

士，而将被用于谋取社会地位和政治成功。祭司们已不再专注于
382 崇拜和神圣仪式，而是转而去搞阴谋诡计——或举办奢华无度的宴会。[①] 无论人选的产生是通过增选还是民众选举的形式，出身、影响力和庇护关系始终是决定性的因素。贵族——特别是老牌贵族从很早的时代起就占据着这些职位。玛库斯·埃米利乌斯·雷必达在年仅 25 岁的时候就当上了大祭司长，[②]因为他出身于老牌贵族家庭。新人西塞罗则直到自己变成老资格的前执政官后才获得了他梦寐以求的占卜官荣誉；而玛库斯·安东尼则在自己还是财务官的时候就得到了该职位，因为安东尼是一名贵族。但安东尼为了成功当选，还需要恺撒的全力支持，因为他当年的竞争对手是埃诺巴布斯。[③]

奥古斯都之所以重设了已废弃数百年之久的古代宗教职务，并不只是为了表明自己对罗马宗教的虔诚敬奉。现在的神职人员自然多为他在革命时期的党徒；因此，这类人还会继续得到任用。[④] 卡尔维修斯和陶鲁斯每人都至少承担着两项祭司职务；[⑤]杰出的森提乌斯·萨图尔尼努斯则在轮回庆典的组织活动中担任了奥古斯都的第一副手；[⑥]而在那时负责解读西比尔预言（Sibylline

① Macrobius，3. 13. 11.

② 他至少早在公元前 64 年时已当上了大祭司长。见 Macrobius，3. 13. 11。

③ Cicero，*Ad fam*. 8. 14. 1.

④ 奥古斯都记载说，他在亚克兴之战中的约 170 名追随者获得了祭司职务的奖赏（*Res Gestae*，25）。

⑤ *ILS* 925；893a.

⑥ *CIL* I^2，p. 29.

oracle)的人物是盖约·阿泰乌斯·卡庇托——其任务无疑是证明政府选择的年代是准确无误的。[1] 但除了伟大的将领和政治家外,没有什么特殊公共业绩的贵族也会在担任神职方面占据一席之地。[2]

老牌贵族虽然一度得到过恺撒的扶植,但他们随后又在历次战争中损失惨重。到了亚克兴海战时期,他们在元老院中已只剩下 20 余人。死者的儿子们倒是很快就将成长起来。但仅凭他们还是不够的。因此,奥古斯都很快在公元前 30 年颁布法令,扶植一批新的贵族家族。[3] 在受到这种嘉奖的党徒中,有些是古老平民家族的后人,如变节投靠过来的玛库斯·尤尼乌斯·西拉努斯;但也有些是革命中涌现出来的新贵,其中比较值得注意的有举止谨慎的科切乌斯家族,以及功劳更大、但尚未培养出执政官的埃利乌斯·拉米亚家族。[4] 383 607

我们已无须赘述前一个时代里的政治巨头们是如何分配行省

① Zosimus,2.4.2.

② 例如,在其他记载中从未出现过的盖约·穆齐乌斯·斯凯沃拉(C. Mucius Scaevola)和盖约·李锡尼乌斯·斯托洛(C. Licinius Stolo)都在公元前 17 年的 15 人(XV viri)之列(*ILS* 5050,l. 150)。

③ *Res Gestae*,8. 参见 Dio,52.42.5。为了避免麻烦,奥古斯都干脆对公元前 33 年的补充名额行为略过不提。当然,那是"非常时期"里出现的情况。

④ 关于细节和相关猜测,见 H. C. Heiter, *De patriciis gentibus quae imp. R. saecc. I, II, III fuerunt* (Diss. Berlin,1909)。通过这种方式受到尊崇的古老平民贵族家庭可能有卡尔普尼乌斯家族、克劳狄乌斯·马塞卢斯家族、多米提乌斯家族、尤尼乌斯·西拉努斯家族(Junii Silani)等。新贵则有埃利乌斯·拉米亚家族、阿普列乌斯家族、阿西尼乌斯家族(Asinii)、科切乌斯家族、希利乌斯家族(Silii)和斯塔提利乌斯家族等。

指挥权的了。抽签决定行省归属权的做法很少会打乱他们的部署。在元首制时期,在决定元老院负责的行省总督人选时仍旧沿用抽签制的原则;其具体操作方式已不可考,但抽签结果显然总是能让元首满意的。此外,元老院有时也会把指定行省总督人选的权力(或某行省的管理权)让给元首本人。[①] 如果当真采用过抽签办法的话,元首制初年肩负军事重任的一些总督,如阿非利加的巴尔布斯、伊吕利库姆的普布利乌斯·希利乌斯和玛库斯·维尼奇乌斯和马其顿的玛库斯·洛里乌斯等人肯定也是从精心挑选过的、范围很小的名单中抽选出来的。元首则指派他本人的副将。不久之后,他最重要的一些行省的治理者都变成了前执政官。这些人是国家的主要治理者,因此是值得我们进行专门、细致的研究的。

奥古斯都党中的主要人物(无论他们是传统贵族还是暴发户)均获得了执政官席位,随后又以公开或秘密的方式分配自己的庇护关系。作为克劳狄乌斯家族的领军人物,无论在何种罗马政体下,提比略都会拥有自己的大批追随者。他的影响力无疑曾长期遭到奥古斯都的压制,但还是可以从公元 4 年后新人频繁当选执政官的现象中窥见一斑。[②] 然而提比略并非上层政治舞台中的唯一势力;即便陶鲁斯在新的权力分配体制下已无法保留自己每年任命一位大法官的权利,那也没有关系。因为还有其他途径。

庇护体系从前执政官向下扩展到低级元老、骑士、释奴和平头

① 具体例子见下文,原书第 406 页注 3。

② 见下文,原书第 434 页以下。

百姓，衍生出越来越多的分支。盖约·威利乌斯·帕特库鲁斯出身于坎帕尼亚和萨姆尼乌姆地方贵族中的名门望族。构成其家族一部分的萨谟奈地方贵族曾在意大利战争中支持罗马，其中的一位后人还在奥古斯都统治时期当上了埃及省长。[①] 另一方面，他的祖父曾在佩鲁西亚战争中帮助提比略·克劳狄乌斯·尼禄为自由而战，并在一败涂地后自杀身亡。[②] 这个家族的下一代人都成 384
为了恺撒党徒。他的叔伯是一名元老，曾支持阿格里帕根据《佩狄乌斯法案》(*Lex Pedia*)处决杀人凶手盖约·卡西乌斯。[③] 威利乌斯的父亲是位骑兵军官。[④] 威利乌斯本人在骑兵队伍中服过役，随后进入了元老院。[⑤] 卡勒斯人玛库斯·维尼奇乌斯可能在这一过程中发挥了一定影响。作为回报，威利乌斯创作了一部罗马史，书中狂热地赞美了现政权，并猛烈抨击失败者和政治上的替罪羊。这部作品被题献给了其庇护人的孙子。[⑥]

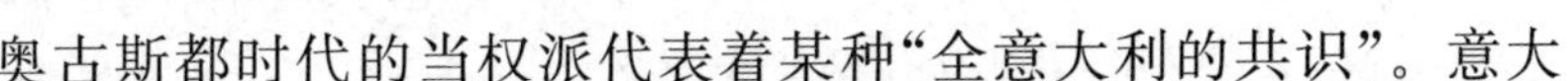

奥古斯都时代的当权派代表着某种“全意大利的共识”。意大

① 关于卡普亚的德奇乌斯·玛吉乌斯(Decius Magius of Capua)的后人埃克拉努姆的米纳图斯·玛吉乌斯(Minatus Magius of Aeclanum)及其在公元前 89 年的活动，参见 Velleius，2. 16. 3。关于他的儿子，见 *ILS* 5318. 玛库斯·玛吉乌斯·马克西穆斯(M. Magius Maximus)肯定来自埃克拉努姆(ILS 1335)。由于这一族名相当常见，因此我们不大有理由认定此人跟拉瑞努姆的格涅乌斯·玛吉乌斯(Cn. Magius of Larinum, *Pro Cluentio*，21 and 33)有什么关系。

② Velleius，2. 76. 1. 他曾担任过庞培、玛库斯·布鲁图斯和提比略·克劳狄乌斯·尼禄的工程事务总长。

③ Velleius，2. 69. 5.

④ Velleius，2. 104. 3.

⑤ Velleius，2. 111. 2.

⑥ 即玛库斯·维尼奇乌斯，公元 30、45 年两度担任执政官。

利地方城镇中获得权势的人物遵照传统模式，确保他们的朋友和追随者能够得到升迁机会，授予一批来自名门望族的和拥护现政权的青年“骑士武职”；这些人随后可能会进入元老院。我们有理由推测，意大利各城镇的爱国集会（“青年同盟组织”[collegia iuventutis]）在其中也扮演着某种角色。

在新国家中，骑士取得了跟元老平起平坐的地位，甚至有时候可以位居元老之上。因此，庇护关系有时会沿着社会等级逆向发展。新人卢奇乌斯·帕西埃努斯·鲁孚斯（L. Pasienus Rufus，公元前 4 年执政官）的地位升迁与事业成功反映了盖约·撒路斯提乌斯·克瑞斯普斯（C. Sallustius Crispus）的影响力。这位权臣还过继了其朋友的儿子，后者日后先后成为两位拥有奥古斯都血统的王室女子——多米提娅（Domitia）和小阿格里皮娜（Agrippina the Younger）——的丈夫。[①] 诗人普罗佩提乌斯的一位亲戚进入了元老院。这个人在择偶时做出了绝佳的选择——他的妻子是埃莉娅·伽拉（Aelia Galla），应当是担任第二任埃及省长、[②]随后过继了塞伊乌斯·斯特拉波之子卢奇乌斯·埃利乌斯·塞亚努斯的那位埃利乌斯·伽鲁斯的女儿。泰伦提娅之子塞伊乌斯娶了一位拥有老牌贵族血统的妻子。塞亚努斯的几位亲兄弟、堂表兄弟和

610

① 关于这个儿子，见 *PIR*[1]，P 109。他的全名是盖约·撒路斯提乌斯·帕西埃努斯·克瑞斯普斯（C. Sallustius Passienus Crispus），参见 *L'ann. ép.*，1924，72。

② 埃利亚·伽拉的丈夫波斯图穆斯（Postumus，Propertius，3. 12. 1，参见 38）应当就是元老盖约·普罗佩提乌斯·波斯图穆斯（C. Propertius Postumus，*ILS* 914）。

一位舅舅都担任过执政官。[1] 即便他日后没有当上禁卫军首领和提比略手下的得力宠臣，他手头拥有的庇护资源也是相当可观的。塞亚努斯本人后来也成了一名政党领袖。

更加隐秘、邪恶的力量也一直在悄无声息地运作着——它们来自女子和释奴们。在共和时代参政的那些伟大女子，从森普罗 385
尼娅(Sempronia)、塞维莉娅等前执政官的女儿到地位较低、但同样影响巨大的女性阴谋家(如据说曾帮助卢库鲁斯取得在东方指挥大军这一美差[2]的普雷齐娅[Praecia])都能在新国家中找到自己的后继者。而那些替政治巨头们理财和操纵国家机器的释奴，如庞培的代理人、富有的伽达拉人德米特里乌斯——据说此人的家产接近两亿塞斯特斯，各城市对他的尊敬甚至超过了对罗马人民指派的行政官吏的敬畏——所拥有的权力在帝国时代那些大权在握的释奴身上固定下来。这些释奴首先成为元首们的奴仆，随后变成了其助手乃至主人。帝国官僚集团在形式上和理论上是罗马的，完全由本民族成员构成；但它实质上是由各民族成员共同组成的宫廷。这些外人的影响力从一开始就同这个党派紧密联系在一起。尽管在奥古斯都的统治下，这些势力被精心地掩饰起来，但它们依旧十分活跃，随着独裁统治向帝制的过渡而发展壮大，终于堂而皇之地出现在了尤利乌斯-克劳狄乌斯王朝统治者的宫廷生活中。

---

① Velleius，2. 127. 3；参见 *ILS* 8996。Cichorius，*Hermes* XXXIV(1904)，470 中构建的谱系并不十分可靠，见书后表 VI。

② Plutarch，*Lucullus*，6.

一个有着自己的形式与等级的宫廷迅速发展起来了。统治者拥有自己的心腹——朋友(amici)和下属(comites),这些非正式的称呼日后几乎变成了固定头衔;并且奥古斯都的朋友中也是分成三六九等的。[①] 倘若其中有人冒犯了元首,致使他庄严宣布收回自己对此人的恩宠时,这种友谊关系的终结即标志着那位廷臣仕途的终结(往往也意味着其生命的终结)。仪式性的礼数变得日趋繁复:罗马元首的服饰变得更富装饰性,也更接近于皇袍。[②] 在以奥古斯都及其家人为描绘对象的胸像和立像上,这些人物并不永远像罗马人民严肃忠诚的仆人那样稳重谦逊;他们有时也会显得高傲、华贵和富于英雄气概。

里维娅大概很少在公共场合抛头露面。仅有的例外是她会在宗教仪式中在罗马年长贵妇人(她自己正是这一形象的代表和原型)的簇拥中出现,或是亲手为她的丈夫、罗马的行政官员奥古斯都织制衣料。但她私下里的行为却是深不可测,不是那么光明正大的。她为玛库斯·萨尔维乌斯·奥托取得了元老院席位,又为她的亲密朋友乌古拉尼娅(Urgulania)的儿子玛库斯·普劳提乌斯·希尔瓦努斯(M. Plautius Silvanus)争取到了执政官头衔。里
386 维娅在遗嘱中用馈赠财产的方式慷慨地报答了出身贵族世家的青

① Mommsen, *Ges. Schr.* IV, 311 ff. 值得注意的是那些"主要随从"(cohors primae admissionis)(Seneca, *De clem.* 1.10.1),其中包括撒路斯提乌斯·克瑞斯普斯、德利乌斯和科切乌斯兄弟。

② 关于奥托,见 Suetonius, *Otho*, 1.1。关于乌古拉尼娅对里维娅影响的证据,见 Tacitus, *Ann.* 2.34; 4.21 f.。这层关系也可从她的孙女嫁给德鲁苏斯之子克劳狄乌斯一事(Suetonius, *Divus Claudius*, 26.2)中管窥一斑。

年塞尔维利乌斯·苏尔庇奇乌斯·伽尔巴对自己献的殷勤。[①] 围绕里维娅还出现过许多更糟糕的猜疑和流言蜚语——投毒与谋杀。在她儿子统治时期，我们可以看到她的权势之大和追随者之多，这令提比略十分反感。安东尼的女儿、德鲁苏斯的遗孀则建立了一个与里维娅分庭抗礼的小圈子。在安东尼娅最死心塌地的追随者中有一位叫卢奇乌斯·维特利乌斯，此人是骑士之子，但在卡里古拉的宫廷里颇有权势，曾三次担任执政官，并曾经同他的朋友、元首克劳狄乌斯一同出任监察官。提图斯·弗拉维乌斯·韦伯芗（T. Flavius Vespasianus）同安东尼娅的被释女奴凯妮丝（Caenis）有联系；[②]并且他通过炙手可热的纳奇索斯（Narcissus）的庇护获得了一个军团的指挥权。[③] 尼禄被杀后一年内相继登基的四位元首都是宫廷中引人注目的活跃分子。

上述即是帝国体系下通向财富和荣誉的各条道路。它们无疑存在于奥古斯都的元首统治时期，但其运作机制并不总是清晰可辨的。在无处不在的庇护和裙带关系作用下，政治竞争被有效地遏制和约束住了。以此为代价，苏拉、恺撒曾梦寐以求、但未能建立起来的有序国家终于出现了。罗马人民的权力已经消亡。那些政治祸害、民众蛊惑家和武力冒险家已不复有藏身之所。但这并

---

① Suetonius，*Galba*，5.2. 伽尔巴父亲的第二任妻子里维娅·奥克丽娜（Livia Ocellina）是里维娅本家的远方亲戚。如果伽尔巴本人算不上性感的话，那么他至少是很有风度的。他跟自己的继母关系融洽，一度继承并使用了她的名字（Suetonius，*Galba*，4.1）；并且他跟自己的父亲一样，都有不少的追求者。在他的妻子（来自埃米利乌斯·雷必达家族）去世后，他拒绝了尼禄母亲阿格里皮娜的结婚建议。

② Suetonius，*Divus Vesp*. 3.

③ Suetonius，*Divus Vesp*. 4.1.

不意味着政府领导权已回到元老院和行政官员手中——元首之所以恢复它们古老的尊贵地位，并不是为了让它们重掌权力，而是另有他图。

第 26 章　政府 387

元首制在其倡导的理想支持下和众多城市林立的体系中对全意大利和幅员辽阔的帝国的统治，并不像一些人所设想得那样腐败和效率低下；但这种统治毕竟是笨拙的、浪费资源的和多灾多难的。许多缺乏高贵出身、人脉关系或巨大野心的人才都被排斥在政治之外。我们无法指责他们不求上进。执政官席位已被显贵所垄断；而除执政官席位和往往任期很短的行省总督职务外，其他的官职权力都是十分有限的。前执政官们成了“政坛要人”，他们华而不实、争吵不休、野心勃勃，却对罗马人民少有贡献。有志之士无论能否进入元老院，他们的才华与经验都显得英雄无用武之地，或在死板的政治生活中被消磨殆尽。

这个日薄西山的共和国的元首更像一位独裁者，而非国家的官员或仆人。奥古斯都控制着前执政官和现任执政官们，把他们的精力和闲暇从钩心斗角和恣意妄为引导到为罗马、意大利和诸行省效劳的正路上来。元老院变成了由行政官员构成的组织；官职的权力受到限制，蜕变为行政等级金字塔中衡量地位高低的标志。

在某种意义上，共和国的前执政官们——“公共决策的制订者”(auctores publici consilii)——代表着现政府。但这个政府很少能够在政治危机面前结成统一战线。他们或许能够团结起来反对喀提林，但无法对付庞培或恺撒。而在独裁者恺撒遇刺后需要维持公共团结的情况下，前执政官们由于私人野心与恩怨、自己的无能与人数稀少而再次遭到了可悲的失败。在公元前 43 年 12 月，活着的前执政官仅剩下 17 人，其中大多人微言轻。而到了波利奥担任执政官之年和布伦迪西乌姆和约签订的时候，他们的人数和影响力进一步下降——除安东尼、渥大维与雷必达三巨头外，只有四位前执政官在随后的历史记载中被提及过。[①]

亚克兴战役之前的那些年头填补了这种空缺。向奥古斯都和重建的共和国欢呼的元老院中拥有众多前执政官，其人数可能达到了 40 人之多。日后，这些显要人物将主要被用来装点门面。除

388 阿格里帕外，其中只有六人随后担任过副将或行省总督，指挥过军队。这一现象的出现也是不无道理的。[②]

在元首离开时，他那些没有头衔或公共权力的主要党羽仍旧可以牢牢控制罗马和意大利。诚然，陶鲁斯在公元前 26 年担任过执政官；但在幕后统治着罗马的阿格里帕、梅塞纳斯和里维娅却没有、同时也不需要任何名号与权限。这种预防措施似乎是多此一举。因为真正的权力来源和真正的危险并不存在于罗马，而在于驻扎在行省中的军队。直到亚克兴战役结束百年之后，当奥古斯都家族中的最后一位元首尼禄覆灭、伽尔巴继承了尤利乌斯-克劳狄乌斯家族的遗产后，这个重大的秘密才被昭示于天下——元首

① 见上文，原书第 197 页。

② 见上文，原书第 327 页以下。

是可以在罗马之外的其他地方被拥立的。[①] 世人对这一点其实早已心知肚明。

在第一次政治整顿后，奥古斯都完全没有放松对军队的控制，通过自己的副将控制着其中的精锐力量。诚然，有三个驻扎着军队的行省是由行省总督治理着的。但他们也是从奥古斯都自己的党羽中任命的。就目前情况而言，和平与元首制已得到了很好的保护。但单单维持秩序尚不能满足元首的野心，或证明其掌握大权的合法性。行省与边疆地区还有一些艰苦的工作有待完成；这些事务需要元首或代表其权力的副手们前往那些地方巡视。公元前 27 年，奥古斯都火速赶往西部诸行省。其元首统治前十四年中的大部分时间都用于对帝国各地的巡视，先后前往西班牙（公元前 27—前 24 年）、东方（公元前 22—前 19 年），之后又是西班牙和高卢（公元前 16—前 13 年）。他在东方的目标是荣耀，而他使用的则是外交手段。[②] 奥古斯都只需依靠实力的威慑作用即已足够。帕提亚国王同意将缴获的鹰帜和在克拉苏、安东尼的惨败中被俘的罗马士兵交还给罗马。而元首继子的远征军未发一矢便将一位罗马中意的人选推上了亚美尼亚的王座（公元前 20—前 19 年）。[③] 西班牙和高卢的情况与此不同。帝国政府必须降伏阿斯图里亚人和坎塔布里亚人，在阿尔卑斯山区打开通道，对西班牙和高卢进行

① Tacitus, *Hist.* 1. 4:"evulgato imperii arcano posse principem alibi quam Romae fieri。"（帝国的秘密已被揭开：元首也可以在罗马之外的其他地方被拥立。）

② 关于东方的政策与事件，特别参见 J. G. C. Anderson, *CAH* X, 239 ff. 。

③ Suetonius, *Tib.* 9. 1; Dio, 54. 9. 4 f. ; Velleius, 2. 94. 4 &c. 关于这方面的情况，现在可参见 L. R. Taylor, *JRS* XXVI(1936), 161 ff. 。

389 调查、组织和课税，修建道路，建造城市和安置老兵。到了公元前13年，奥古斯都及其副手们已经可以向世人展示他们在这些方面令人叹为观止的出色业绩。

公元前23年危机的解决为奥古斯都对诸行省的治理提供了一位副手和同僚。阿格里帕于公元前23—前22年活跃在东方，于公元前20—前19年活跃于西方，并完成了对西班牙的平定。但阿格里帕合法权力和实际地位的膨胀与提升很快超出了公元前23年危机中所有当事人的预料。在这一年行将结束之际，元首的外甥和尤利娅的丈夫马塞卢斯去世了。这位寡妇改嫁给了阿格里帕。正如阿格里帕的政敌梅塞纳斯指出的那样，元首之所以做出这样的安排，是因为他别无选择。奥古斯都要么接受阿格里帕成为自己的女婿，要么就毁掉他。[①] 随后，到了公元前18年，阿格里帕的统治权进一步壮大，覆盖了由元老院治理的那些行省（与公元前23年后奥古斯都的统治权一样）。更有甚者，阿格里帕居然分享了保民官特权。[②] 这位副手作为东方的代理统治者在那里逗留了四年，随后于公元前13年返回了罗马，此时奥古斯都也刚刚从西班牙和高卢返回。在过去的十四年里，两人很少同处一地。两位政治巨头天各一方的局面不仅是由统治需要所决定的，同时也可以减少二人之间的龃龉，巩固一个或许并不像他们希望罗马人民相信的那样诚挚的和牢靠的同盟关系。

在这一年中，一座被称作“和平祭坛”（Ara Pacis）的公共纪念

---

① Dio，54.6.5.

② Dio，54.12.4 f. 关于他的权力，参见 M. Reinhold，*Marcus Agrippa*（1933），98 ff.。关于他是否应当被称为共治者的争议其实只是个术语问题。

性建筑庄严落成。[1] 但和平也让人们有条件去发动新的、规模更大的战争。各支罗马军团已经年轻化，并重新接受操练；因为参加过历次内战的老兵们已被安置在意大利和诸行省的殖民地中了。年轻的兵源和更好的习惯取而代之。奥古斯都于当年颁布了军饷与兵役方面的规定，最终承认了常备军的存在，并明确禁止军队干政。士兵退伍之际的酬劳问题再也不会令政府为难，让有产者胆战心惊了——士兵们将获得用现金支付的军饷。

军队现在的数目已达 28 个军团。其中有 14—15 个布防在从高卢延伸到马其顿的北部边疆行省中：奥古斯都计划将国境线全面向北推进。[2] 伊吕利库姆是全盘计划中的核心，而将伊吕利库 390
姆的边境推进到多瑙河沿岸也是奥古斯都对外政策的首要成就。[3] 他自己从前组织的那些战役是为了防御；而玛库斯·李锡尼乌斯·克拉苏在巴尔干地区的军事行动也没有显著增加马其顿行省的领土。在元首制初年，帝国的东北边境由两个元老院管理的行省——伊吕利库姆和马其顿组成；这两个行省各有一个独立侯国（诺里库姆和色雷斯）作为策应与屏障。罗马人的领土相对狭长，且因东西向交通尤为困难而带来了很多麻烦——例如，亚得里亚海沿岸地区是根本无路可通的。奥古斯都补救这一弊端的计划

---

① *Res Gestae*，12. 该纪念性建筑直到公元前 9 年才奠基落成。

② 参见 *JRS* XXIII(1933)，19 ff.。最近从西班牙撤回的几个军团补充了高卢和伊吕利库姆的兵力；一个新的军团（第 21“劫掠”[Rapax]军团）大概也是在此时招募的。

③ 关于奥古斯都外交政策中的这种意图，见 *CAH* X，355 ff.；后世学者之所以往往无法澄清这一事实，是因为他们相信渥大维在公元前 35 年和前 34 年征服了波斯尼亚全境和从拯救谷（Save valley）到贝尔格莱德一线（但没有任何古代史料能证明这一点），以及提比略在公元前 12—前 9 年的军事行动仅限于对地方叛乱的平定。

是夺取一条从意大利抵达巴尔干地区的陆上通路，并重建一条拥有足够纵深的北部边疆。这是必须完成的底限目标。而如果帝国边境线还能从高卢一侧推进到日耳曼人聚居区的话，那将进一步缩短交通路线，将欧洲部分的各行省整合起来，避免早在后三头时期已经迫在眉睫的危险——帝国可能会被一分为二。

到了公元前 13 年，奥古斯都开始稳健地推行其计划。征服阿尔卑斯山区的任务已在公元前 17—前 16 年由得力干将、伊吕利库姆行省总督普布利乌斯·希利乌斯进行了周密准备，[①]随后由捷报频传的提比略和德鲁苏斯顺利完成(公元前 15 年)。希利乌斯几乎没有在史料中留下任何相关记载；而当时的一位诗人却对克劳狄乌斯家族两兄弟、元首的继子们的军功进行了热情赞美。[②]

大约在同一时期，诺里库姆王国被并入了罗马版图。[③] 随后，元首就该在伊吕利库姆和巴尔干地区采取行动了。在公元前 14 年或前 13 年，玛库斯·维尼奇乌斯在伊吕利库姆发动了潘诺尼亚战役。[④] 玛库斯·洛里乌斯(公元前 19—前 18 年)和卢奇乌斯·
391 塔里乌斯·鲁孚斯(公元前 17—前 16 年?)最近分别负责过马其

① Dio, 54. 20. 1 f.(记载公元前 16 年史事的部分)；*ILS* 899(Aenona in Dalmatia)："P. Silio | P. f. procos. | patron. | d. d.。"(献给行省总督、庇护者普布利乌斯·希利乌斯之子普布利乌斯。)希利乌斯曾与卡穆尼人(Camunni)和维诺涅人(Vennones)作战过。

② Horace, *Odes*, 4. 4 and 14.

③ Dio, 54. 20. 2；Strabo, p. 206.

④ Velleius, 2. 96. 2 f.；Florus, 2. 24. 狄奥记载了公元前 16 年在达尔马提亚发动的暴乱和公元前 14 年潘诺尼亚人中间的动乱(Dio, 54. 20. 3；24. 3)，但没有在这些地方或叙述公元前 13 年史事(Dio, 54. 28. 1)时提到过维尼奇乌斯。我们可以推测，维尼奇乌斯应该是公元前 14 年和 13 年的伊吕利库姆行省总督——或许是该行省的最后一任总督。

顿行省的军务。[①] 而在这一形势下，马其顿行省总督（无论具体人选为何人）肯定也不会无所事事。这场征服必须构成西、南两个方向上进行夹击的态势，因此需要两支军队协同作战。

但元首还做出了更多的努力；他在莱茵河流域也发动了战事。奥古斯都打算让阿格里帕和克劳狄乌斯家族两兄弟获得这一荣誉。从东方返回后，阿格里帕前往伊吕利库姆，于公元前13—前12年冬季发动了一场战役。[②] 我们可以推测，他的计划是让阿格里帕在公元前12年完成对伊吕利库姆全境的征服，并让德鲁苏斯渡过莱茵河侵入日耳曼人的地盘，而安排提比略在巴尔干地区展开军事行动。但他的中流砥柱轰然坍塌。阿格里帕受到了潘诺尼亚冬季严寒的伤害，于公元前12年2月病逝了。此外，他计划在马其顿行省发动的攻势也被迫推迟。因为色雷斯境内爆发了一场严重叛乱。罗马政府被迫调遣卢奇乌斯·卡尔普尼乌斯·皮索从加拉提亚带兵前去镇压，后者在巴尔干半岛苦战了整整三年。[③]

① Dio，54.20.3 f.（记载公元前16年史事部分）。关于玛库斯·洛里乌斯，参见腓力比铭文残篇（*L'ann. ep.*，1933，85）；关于卢奇乌斯·塔里乌斯，见发现于安菲波利斯（Amphipolis）近郊的铭文（*L'ann. ep.*，1936，18）："imp. Caesare|divi f. Aug. |L. Tario Ruf. pro|pr. |leg. X Fret. |pontem fecit。"（第十次担任神圣的恺撒之子、统帅奥古斯都的前大法官副将卢奇乌斯·塔里乌斯·鲁孚斯修建了这座桥）。他并未被称为"行省总督"。这可能意味着元首暂时控制着该行省，或没有任命其总督。我们手头没有关于玛库斯·洛里乌斯头衔的任何记录。

② Dio，54.28.1 f.，参见 Velleius，2.92.2。威利乌斯声称阿格里帕和维尼奇乌斯发动了潘诺尼亚战争，这场战事由提比略接管并最后终结。

③ Dio，54.34.5 ff.；Velleius，2.98；Livy，*Per.* 140；Seneca，*Epp.* 83.14. 长达三年的色雷斯战争（Bellum Thracicum）的具体时间为公元前13—前11年或公元前12—前10年。根据塞涅卡的说法（见前引文），奥古斯都曾赐给皮索"密诏"（secreta mandata），或许是为了让奥古斯都的副将在关键时刻能够凌驾于马其顿行省总督之上。

因此,以伊吕利库姆元首副将身份降伏潘诺尼亚人和达尔马提亚人(公元前 12—前 9 年)的不是阿格里帕,而是提比略。[1] 同年,德鲁苏斯率领莱茵河军团和从高卢招募来的军队侵入日耳曼地区,抵达易北河(Elbe)一线。[2] 公元前 9 年,德鲁苏斯去世;提比略随后指挥了两场对日耳曼人的战役。到了公元前 6 年,奥古斯都的家族和党派内部出现了一场危机。愤怒且不愿从命的提比略自愿退隐到罗得岛去了。当元首的副手和女婿阿格里帕于六年前去世后,在战争与和平生活中肩负着帝国重担的奥古斯都似乎
392 有些独木难支:

> cum tot sustineas et tanta negotia solus,
> res Italas armis tuteris, moribus ornes. [3]
> (你独自一人承担着如此繁重的任务,用军队守卫着意大利,整顿着道德风尚。)

这是为尊者讳的斯文说法。阿格里帕已经不在了,陶鲁斯此时可能也已去世;梅塞纳斯已不复是政坛上呼风唤雨的人物,并且

---

① Dio, 54. 31. 2 ff., &c.; Suetonius, *Tib.* 9. 2; Velleius, 2. 96. 2 f.;特别值得注意的是 *Res Gestae*, 30:"Pannoniorum gentes qua[s a]nte me principem populi Romani exercitus nun|quam ad[i]t, devictas per Ti. [Ne]ronem, qui tum erat privignus et legatus meus. |imperio populi Romani s[ubie]ci, protulique fines Illyrici ad r[ip]am fluminis|Dan[u]i。"(在我担任元首前从未被罗马人民的军队征服过的潘诺尼亚人被我的继子和副将提比略·尼禄降伏了。我在那里建立了罗马人民的统治,并将伊吕利库姆行省的边界推进到多瑙河沿岸)。

② 具体细节见 *CAH* X, 358 ff.。

③ Horace, *Epp.* 2. 1. 1 f.

他也来日无多。但还有新一代人——克劳狄乌斯家族两兄弟去继承阿格里帕与陶鲁斯的角色。

如果没有了克劳狄乌斯两兄弟的话，形势对于元首和帝国而言就将变得十分危殆。那样的话，还有谁能继续北方的战事或接过统治东方世界的特殊权力呢？垂垂老矣的独裁者奥古斯都和阿格里帕的两个未经历练的儿子——卢奇乌斯和盖约（已被奥古斯都过继为继子）一同陷入了困境。

直到公元前 13 年之前，奥古斯都和阿格里帕均长期居住在各行省，近距离指挥着（或至少监督着）帝国的对外与边疆政策的执行。随后的情况发生了变化——部分是意外造成的。奥古斯都本人再也没有离开过意大利。在之前的岁月里阿格里帕曾是一位不可或缺的副手，总是出现在奥古斯都本人无法亲自到场的地区，特别是担任着治理整个东方的元首代理人。他原本还将担任北方战争的总指挥。但提比略和德鲁苏斯填补了空缺，光荣且成功地完成了大将阿格里帕生前未竟的使命。可是，现在德鲁苏斯已死；而提比略则在流放中。

政府经受住了考验。尽管提比略才华横溢、功勋卓著，他却并非政治精英群体中唯一的将领或富于管理才干的人。其他富有才干的贵族和新人如今已有机会崭露头角，继承了政治权力与兵权。从前，他们由于政治原因或元首家族的原因，为了元首及其继子们的荣誉而退居幕后。除阿格里帕外，在奥古斯都元首统治时期领兵征战的伟大平民元帅只有玛库斯·洛里乌斯；贺拉斯曾在一首颂歌的献词中向他表示过敬意。[①] 显贵们的处境也好不

① *Odes*，4.9.

到哪里去。[①] 对于那些为王室和国家卖命的武将们，奥古斯都和历史记载并未给他们公平的待遇。对他们功劳的一些记载被丑化
393 或抹去了。最突出的是，在提比略不在罗马的九年间(公元前 6—公元 4 年)的史料极其匮乏。由于意外或亲提比略的、阿谀逢迎的史家们的有意为之，提比略的同僚和对手的成就都被略去了，以便营造提比略是罗马独一无二的、无与伦比的将领的印象。[②]

一套政治体系已经建立起来了。如前所述，元首不愿把军队交给革命时代的凯旋将领们(viri triumphales)。二十年后，他们已经老去或过世。新的一批精明强干、声名远扬的前执政官已经能够应付战事与统治的需要。在实行新一轮政治整顿的、试探性的最初几年里，奥古斯都通过手下的前大法官级别的副将控制着自己行省中的领土和军队；由于种种十分复杂的原因，这些人选几乎清一色都是前大法官级别的人物。与此同时，随着越来越多的元老获得执政官席位——他们有些是身世低微、但凭借忠心耿耿和汗马功劳出人头地的人才，有的是被宣告为公敌的或战败的共和派的儿子，奥古斯都的行省开始变成完全由前大法官和前执政

① 例如，贺拉斯没有为皮索和埃诺巴布斯写过任何颂歌。

② 在威利乌斯·帕特库鲁斯的作品里，这种意图是显而易见的和明目张胆的。在提比略自我放逐期间的军事活动中，他只记载了玛库斯·维尼奇乌斯在日耳曼地区的行动(约公元 2 年)，且笔调十分冷淡(Velleius，2. 104. 2)。很自然地，他对埃诺巴布斯只字未提，甚至连对奎里尼乌斯也是如此。而狄奥对这一时期的记载至少并不十分丰富，并且抄录狄奥作品的手稿在这一部分中缺失了两页。由于一些学者天真地相信谎话连篇的威利乌斯，并且有些人可能也对狄奥史料的状况不大清楚，他们对这一时期历史的理解存在着一些根深蒂固的、令人完全无法接受的错误。一些被威利乌斯故意遗漏、并在狄奥的作品中佚失了的战役(或许狄奥并不知道它们)可能正是发生在这一时期。

官垄断治理权的若干省份。但罗马人的精神和元首乾坤独断、善于权变的统治方式都不喜欢死板的条条框框；为了应对紧急情况或擢升一位党徒，奥古斯都可以自主进行特别的任命。

从阿米塔斯王国接管过来的、幅员辽阔的加拉提亚-帕弗利亚行省(Galatia-Pamphylia)最初由一位前大法官副将治理，通常也被视为应由前大法官级别人物担任总督的一个省份。但在奥古斯都担任元首时期，加拉提亚至少有三次是由前执政官级别的副将进行统治的。[①] 加拉提亚可被恰如其分地算作一个边疆省份。国王阿米塔斯就是在平定其南部边境时战死的；并且尽管当地没有罗马常驻军，但设置在那里的老兵殖民地却可以满足军事防务的需要。此外，当地也需要军团去遏制生活在陶鲁斯山区的霍莫纳德斯人(Homonadenses)和伊苏里亚人匪帮的劫掠活动。 394

元首和元老院在公元前 27 年对行省统治权的划分同样也不是最终的或系统的方案。元老院可能要求奥古斯都在紧急状态下指定一位行省总督，或亲自短期或长期治理某个行省。元老院控制下的公共行省也没有被分为由前大法官和前执政官分别统治的两类。我们可以推测，阿非利加行省最初是由前执政官治理的，亚细亚行省或许也是如此。由元老院负责时期的伊吕利库姆和拥有驻军的马其顿都可作为由前执政官担任总督的行省代表。元老院保留着阿非利加，一个由于存在着持续且艰苦的战事而显得十分重要的省份；那里的要塞后来可能经过扩建，并不仅仅用于容纳自

---

① 关于支持这一假说的证据和观点，参见 *Klio* XXVII(1934)，122 ff.。

奥古斯都晚年起一直驻扎在那里的那个军团。[①] 尽管巴尔布斯之后的行省总督们都未举行过凯旋式，但那些在法律上并不受奥古斯都节制的统治者还在各自为战。不过元老院失去了对另外两支军队的指挥权。公元前 12 年，奥古斯都接管了伊吕利库姆。[②] 在提比略和皮索发动战役和平定巴尔干地区的第一阶段（约公元前 9 年），或公元前 12 年以后，原本驻扎在马其顿的各军团不再受马其顿行省总督的节制，而被交给了北方新行省的总督，即元首在默西亚的副将。[③] 在奥古斯都元首统治末年，伊吕利库姆和莱茵河地区的部队也被化整为零，于是形成了由前执政官级别的元首副将掌握的七大军事指挥权。其中有五支队伍被布置在北方边疆一线，其总兵力不少于 15 个军团。这一局势与公元前 27 年的三个行省的鲜明对比反映了行政管理与对外政策两方面的变革。

所有新征服的或新合并的领土都归元首所有。他还接管并长期治理着撒丁岛。[④] 他从不把驻有军队的领土还给元老院，而只是

---

① 第 12“雷霆”(Fulminata)军团可能在公元 3 年前后驻扎在阿非利加行省（*ILS* 8966）。

② 狄奥(Dio，54.34.4)认为这一权力交接发生于公元前 11 年，并相信这一变化的原因是该行省需要得到军事保护——这种说法符合狄奥本人对起初在公元前 27 年进行的行省划分的看法，也暴露了其无法自圆其说之处。我们这里提出的假说（尽管无法得到证明）是，玛库斯·维尼奇乌斯是伊吕利库姆的最后一任行省总督，而提比略则是那里的第一位元首代表。

③ 关于其年代确定问题，参见 *JRS* XXIV(1934)，113 ff.，作者倾向于接受较晚的年代。但我们也可以认为，这一新设置的指挥权是披索进行的战事所带来的结果。第一位有明确史料记载的默西亚代表是公元前 6 年的前执政官奥鲁斯·凯奇纳·塞维鲁(A. Caecina Severus，Dio，55.29.3)。

④ Dio，55.28.1 (公元 6 年)。他获得的其他行省还有加拉提亚、雷提亚、诺里库姆和犹太。

不时交还一些无兵可用的地区，如高卢和西班牙南部（纳旁高卢和贝提卡地区），以及塞浦路斯岛。[①]这看上去很不错，并且事实上也确实无关紧要。元老院在公元前 27 年可以为八个行省指派总督，这一数目在公元 14 年则增加到了十个。 395

在指派行省总督的时候，元首既注意提拔年轻人，同时也重视经验。33 岁的年轻执政官很快就将有机会治理一个行省——五年后他将通过抽签获得阿非利加或亚细亚行省的统治权。但元首的宠幸可以放宽法律设置的限制，这种特例并不仅仅属于拥有王室血统的亲王们。埃诺巴布斯在担任执政官后的第四年就当上了阿非利加行省总督；[②]保卢斯·法比乌斯·马克西穆斯和阿西尼乌斯·伽鲁斯（Asinius Gallus）只等了更短的时间（可能只有两年）就获得了统治亚细亚行省的机会。[③] 在自己管理的行省中，元首当然是不受任何约束的——他极为宠信的提比略和德鲁苏斯在二十来岁的时候就获得了兵权。后来的效果证明了这些庇护的正当性——何况庇护在罗马原本就不是什么新鲜事。

① 他于公元前 22 年交还了塞浦路斯和纳旁（Dio，54. 4. 1）。史料中没有记载贝提卡被从远西班牙行省中划出、转交给元老院的具体时间。德扫（Dessau）根据 *ILS* 102 认为，这一日期不大可能晚于公元前 2 年。它大概发生于元首巡视西班牙的公元前 16—前 13 年。此后，两支军队继续在远西班牙行省（鲁斯塔尼亚[Lustania]）和近西班牙行省（塔拉科嫩西斯[Tarraconensis]）。参见下文，原书第 401 页。

② *ILS* 6095.

③ 保卢斯·法比乌斯·马克西穆斯（公元前 11 年执政官）担任过亚细亚行省总督（*OGIS* 458），具体时间可能是公元前 9 年（相关论点见 P-W VI，1782）；盖约·阿西尼乌斯·伽鲁斯（公元前 8 年执政官）肯定在公元前 6—前 5 年担任过该行省总督，见 *ILS* 97。法比乌斯被描述为“已履行完那一光荣的任命职务”（ἀπὸ τῆς ἐκείνου δεξιᾶς καὶ γνώμης ἀπεσταλμένος）（*OGIS* 458 II，l. 45）。

在共和时期，军权是对高贵出身、雄心壮志或贪婪欲念的犒赏，是要通过阴谋和贿赂去争取的。贵族家族可以把整个行省纳入自己的庇护关系之下，世世代代在那里享有特权——这就是为什么恺撒对高卢统治权的多年垄断会令埃诺巴布斯家族的一位成员愤愤不平。但我们也不能据此认为，贵族或政治家所发动的战争必然都是无益的或灾难性的。罗马人毕竟经受过可怕灾难的考验，迫使他们对军事艺术进行理论探索，或进行长期且严酷的专业军事训练。在运筹帷幄和亲临战场时，他们总能保持头脑清醒。而在天赋、习惯和领导权还不足以解决问题的情况下，行省总督还可以征求久经沙场的士兵们的意见。百夫长是罗马军队的骨干；而地位较高的百夫长通常都是将领帐下参谋团队的成员。此外，

396 骑兵军官也可能会得到用武之地；他们常年驰骋沙场，十分擅长领导罗马骑兵和管理辎重。

并非所有元老都未曾经受过战争的历练。行省总督可以选择“武将”(viri militares)担任副将。皮索本人并不是军人，但他在治理马其顿时带去了一批擅长用兵的副将；而西塞罗在西里西亚也表现良好。[①] 当庞培为恺撒争取到了高卢指挥权时，他派此前必

① 皮索的副将有昆图斯·马尔奇乌斯·克瑞斯普斯和卢奇乌斯·瓦勒里乌斯·弗拉库斯(L. Valerius Flaccus)(*In Pisonem*,54)。西塞罗的副将则有盖约·庞普提努斯(C. Pomptinus,*Ad fam*. 15.4.8)。撒路斯提乌斯称弗拉库斯和庞普提努斯为“武将”(homines militares,Sallust,*BC*,45.2)。这种说法是恰当的，两人的履历可以证实这一点。关于昆图斯·马尔奇乌斯·克瑞斯普斯，参见上文，原书第66、111、199页。西塞罗称他为“极其勇敢的人，精于指挥作战和军事业务”(virum fortem in primis,belli ac rei militaris peritum [*In Pisonem*,54])。

定已有军事经验的拉比埃努斯追随着恺撒。[①] 另一名来自皮克努姆的庞培党人阿弗拉尼乌斯一直追随着他的主人，在西班牙战争和米特拉达梯战争中效力。[②] 他是为庞培治理西班牙的三副将之一。在其他人中，家世不明的佩特雷乌斯(Petreius)也享有很高的武将声誉。[③] 他也许曾在西班牙服役过——而瓦罗肯定在西班牙带兵打过仗；尽管后人往往只知道他是一位学富五车的博古学者，但他肯定也是一位得力的行政官员。

在这一方面，元首制并未进行什么惊人的创新。跟从前一样，地位较高的百夫长和骑兵长官们扮演着军事参谋的角色。百夫长可以获得骑士武职，骑士也能够升迁进入元老院，像威利乌斯·帕特库鲁斯的经历那样。这些人通常都拥有表现良好的履历为自己的后盾。此外，那些渴望步入元老生涯的元老后代们会去担任军团长，有时也会去担任骑兵长官。[④] 奥古斯都对服兵役一事高度重视，甚至曾任命两位元老后代去指挥同一支骑兵辅助部队。[⑤] 在担任过财务官或大法官后，元老便可以指挥一个军团——这种安排同样也不是什么创新，而是庞培和恺撒的军队中已经司空见

① 这种看法的前提假设是拉比埃努斯从一开始就是庞培党徒(*JRS* XXVIII(1938)，113ff.)。

② Plutarch，*Sertorius*，19；Orosius，5. 23. 14；Plutarch，*Pompeius*，34，36 and 39；Dio，37. 5. 4 f.

③ Sallust，*BC*，59. 6："homo militaris，quod amplius annos triginta tribunus aut praefectus aut legatus aut praetor cum magna gloria in exercitu fuerat。"(他是一员武将，在三十多年的时光中在部队里担任军团长、指挥官、元首副将和大法官，功勋卓著)。

④ 如 *ILS* 911 f. 参见 Suetonius，*Divus Aug*. 38。

⑤ Suetonius，*Divus Aug*. 38. 2.

惯的、在革命时期的战争中又有所扩展的习惯的制度化。[①] 但即
397 便如此，在成熟的元首制体系下，“武将”首先通过担任军团长和副将来积累经验，并在担任执政官后治理某个拥有驻军的较大行省的惯例并不十分悠久，也没有在政治生活中得到充分的贯彻。

相形之下，长期拥有的和反复授予的行省指挥权更能反映新时代的变化。长年统领军队、治理行省的庞培、恺撒副将（如阿弗拉尼乌斯和拉比埃努斯）和革命时的将领（如陶鲁斯和卡尼狄乌斯）是这方面的样板和先驱。当时还涌现出了一大批海军将领。在亚克兴战役结束后，他们再无用武之地。[②] 但后人并未忘记相关的经验。出于政治和军事方面的考虑，奥古斯都将重用拥有专门才能的人立为一条规矩；于是年长新人的地位得到了巩固。凭借军功赢得执政官席位的洛里乌斯和奎里尼乌斯随后也相继以前执政官身份得以治理重要行省。这些当然是显要人物，但他们并非仅有的特例。维尼奇乌斯的情况与之相仿。不幸的是，我们对卢奇乌斯·塔里乌斯·鲁孚斯和盖约·森提乌斯·萨图尔尼努斯的情况所知甚少。[③] 在长期执掌权力方面最令人惊奇的例子是来自皮克努姆的新人盖约·波佩乌斯·萨比努斯（C. Poppaeus Sabinus，公元 9 年执政官）。此人连续治理默西亚长达二十五年

① 在这一时期，他们往往（或许多半）为前财务官，参见 *ILS* 931 and 945。史料中记载的最早一位担任某一具体副将的人物是在公元 22 年就任该职务的普布利乌斯·科奈里乌斯·伦图鲁斯·西庇阿（P. Cornelius Lentulus Scipio，*ILS* 940；参见 Tacitus，*Ann.* 3. 74.）。

② 舰队现在由罗马骑士们指挥，如 *ILS* 2688 and 2693。日后也有皇家释奴担任这一职务。

③ 见上文，原书第 330 页。

之久，并在多数时间里还同时管理着马其顿和阿凯亚两个行省。[①]

但波佩乌斯毕竟生活在提比略统治时期，并且是以长期担任同一职务及其统治的边疆地区长期平安无事而闻名于世的。关于奥古斯都进行战争的历史记载是零散的和彼此矛盾的。这其中既有故意为之的成分，也存在着偶然因素；因为元首希望美化在其统治下取得的这些军事成就，同时还要使自己麾下真正完成这些功业的那些副手得不到应有的赞美。我们对许多重要的军事行动只是略知一二，其他一些战役无疑已被彻底遗忘。没有一份史料完整记载过用兵省份的总督们或新国家中最闻名的将领、行政官员们的生涯。尽管如此，有些例子仍是重要的和富于启示性的。

东方诸行省的问题更多是政治的、而非具体行政管理方面的。派往叙利亚行省的副将可能会对罗马政府构成威胁。继瓦罗之后，阿格里帕是该行省的下一个有史可考的副将，在本人并不在场的情况下对那里进行着遥控。在阿格里帕担任管理东方的元首副手期 631
间(公元前 17—前 13 年)，叙利亚可能一直没有专门对之负责的元 398
首副将。那是解决政治危机的一种方式。阿格里帕在公元前 13 年离开了东方。随后，在为安东尼效劳的日子里积累过处理东方事务丰富经验的玛库斯·提提乌斯可能被指定为叙利亚的副将；[②]他的

① Tacitus, *Ann.* 1.80; 6.39; Dio, 58.25.4.

② 他在公元前 13—前 8 年的某些时候担任着这一职务(Josephus, *AJ*, 16.270)。他可能从公元前 13 年起就担任此职，参见 T. Corbishley, *JRS* XXIV(1934), 43 ff.。斯特拉波(Strabo, p. 748)说他在交还帕提亚人质的时候是那里的行省总督，但那是公元前 19 年发生的事情，不在学者们通常所认为的任期内(公元前 13—前 10 年前后)。参见 L. R. Taylor, *JRS* XXVI(1936), 161 ff.。因此，玛库斯·提提乌斯也有可能两度出任过叙利亚的元首副将。把来自提布尔的备忘录体铭文(*ILS* 918)归在他头上的观点并不特别令人信服。参见下文，第 517 注⑥，即原书第 398 页注 8。

继任者则是忠诚能干的盖约·森提乌斯·萨图尔尼努斯。[①] 尽管叙利亚在历史记载中的地位更加突出，它却并非仅有的一个需要专门经营的东方行省。加拉提亚的副将人选就说明了这一点。

有四位人物曾在不同时期治理过加拉提亚。其中一位为前大法官，其余的为前执政官。玛库斯·洛里乌斯（公元前 21 年执政官）在阿米塔斯死后将这块土地兼并为罗马的一个行省；他随后担任过马其顿行省总督（公元前 19—前 18 年），还治理过长发高卢（公元前 17—前 16 年）。[②] 此后，他销声匿迹了很长一段时间，之后又以公元前 1 年前往东方的青年盖约·恺撒（Gaius Caesar）的向导与谋士的身份出现。[③] 史料表明，卢奇乌斯·卡尔普尼乌斯·皮索（公元前 15 年执政官）在公元前 13 年前后出现在加拉提亚-帕弗利亚地区。[④] 他之前的任职情况不为人知、值得质疑或在不同记载中彼此矛盾。[⑤] 他奉命从加拉提亚率军前往色雷斯，在那里进行了三年战争。此后，他被任命为亚细亚行省总督，[⑥]可能

① Josephus, *AJ*, 16. 344, &c. 他的任期可能是公元前 9—前 6 年（P-W II A, 1519 ff.）。在提提乌斯和森提乌斯之前理论上还可以存在一任总督的间隙，但我们没有理由硬要插进一位。

② Dio, 54. 20. 4 ff.; Velleius, 2. 97. 1; Julius Obsequens, *De prodigiis*, 71（公元前 17 年）。

③ 见下文，原书第 428 页以下。

④ Dio, 54. 34. 6；参见 *Anth. Pal*. 6. 241。

⑤ 奥罗修斯（Orosius, 6. 21. 22）认为他发动过一场阿尔卑斯山战争；苏埃托尼乌斯（Suetonius, *De rhet*. 6）则记载他在担任行省总督期间曾在麦蒂奥拉尼乌姆（Mediolanium）审判过一起案件，这份记载是十分令人费解的。关于此人的生涯，参见 E. Groag in *PIR*², C 289。

⑥ *Anth. Pal*. 10. 25. 3 f. 或许还可参见铭文证据：*IGRR* IV, 410 f.（Pergamum）and *BCH* V（1881），183（Stratonicea）；但这些铭文所指的人物也可能是占卜官卢奇乌斯·卡尔普尼乌斯·皮索——公元前 1 年执政官和亚细亚行省总督（*ILS* 8814）。

接下来又担任过叙利亚的元首副将。[1] 399

普布利乌斯·苏尔庇奇乌斯·奎里尼乌斯(公元前 12 年执政官)曾长期为奥古斯都和国家忠诚效劳。他的功劳之一是组织发动了对昔兰尼南部的非洲沙漠部落玛尔马瑞德人(Marmaridae)的战役。[2] 大约在担任执政官十二年后,奎里尼乌斯成为加拉提亚的统治者,并降伏了霍莫纳德斯人。[3] 到了公元 2 年,在洛里乌斯受辱身死后,奎里尼乌斯接替了此人在盖约·恺撒身边的位置。[4] 三四年后,他被任命为叙利亚的元首副将。任职期间,他于犹太殖民地长官阿凯拉奥斯(Archelaus)被免职后兼并了那一地区,建立了罗马式的统治,进行人口普查,并镇压了由这种异族的、不得人心的新统治方式激起的犹太人暴动。[5]

① 我们手头并无证据。但他有可能在公元前 4—前 1 年担任此职务。西里西亚希耶罗波利斯–卡斯塔巴拉(Hieropolis-Castabala)的献词(出版于 *Jahreshefte* XVIII [1915],Beiblatt 51)并不构成充分且可靠的证据,因为它指的可能是另一位年代稍晚的卢奇乌斯·皮索。而卡斯塔巴拉则是当地一个侯国的首都。但来自提布尔的、饱受争议的无头铭文(*ILS* 918)却很可能是关于这位皮索的。这份铭文记载了某人的生平事迹。此人在某行省(其名字已被抹去)的行省担任过奥古斯都的副将,并因在该行省中指挥过一场胜仗而获得了凯旋徽章(ornamenta triumphalia),他此后担任过亚细亚行省总督,随后又成为叙利亚的元首副将。这套描述十分符合皮索和他指挥的色雷斯战役;但我们不能完全排除奎里尼乌斯的可能性(见下文,第 518 页注④,即原书第 399 页注 4)。

② Florus,2. 31. 具体时间不详,可能是在他担任克里特和昔兰尼行省总督的公元前 15 年前后。参见 E. Groag,P-W IV A,825 ff. 。

③ Tacitus,*Ann.* 3. 48;Strabo,p. 569. 具体时间不详,可能性最大的猜测是公元前 9—前 8 年或公元前 4—前 3 年。参见 *Klio* XXVII(1934),135 ff. 。

④ 见下文,原书第 429 页。

⑤ Josephus,*AJ*,17. 355,参见 18. 1 &c. ;*ILS* 2683. 另参见 St. Luke,2. 1 f. ;*Acts*,5. 37。试图重构之前行省总督人选(并根据常理推断存在过更早的犹太人口普查)的努力总要在某个地方中断线索。尽管 *ILS* 918 有可能是关于奎里尼乌斯(以及他作为加拉提亚–帕弗利亚代表在约公元前 9—前 8 年或公元前 4—前 3 年参加过的战争)的,但那也无法证明在叙利亚存在着两个总督职位。

玛库斯·普劳提乌斯·希尔瓦努斯(公元前2年执政官)先后担任过亚细亚行省总督和加拉提亚的元首副将,在加拉提亚指挥过战役,并镇压了伊苏里亚山民的叛乱(公元6年)。[①] 同年,潘诺尼亚人和达尔马提亚人发动了叛乱。跟二十年前皮索指挥色雷斯战争时的情况一样,巴尔干地区的局势再次需要来自地方的军队进行增援。公元7年,希尔瓦努斯带领军队开进巴尔干半岛,与默西亚副将凯奇纳·塞维鲁(Caecina Severus)并肩作战,进行了一场规模宏大、但使罗马遭受了沉重打击的战役。在此后的两年里,他继续担任那支军队的主将,直至叛乱被彻底平定。[②]

尽管我们掌握的信息残缺不全,但这四位元老的编年履历仍是富于启发性的和引人注目的。奎里尼乌斯显然是本家族的第一位元老;洛里乌斯可能也是这样。但希尔瓦努斯和皮索出身于显贵阶层。

这些人都取得过东方诸行省的重要指挥权——希尔瓦努斯和皮索都可算是继承祖先的事业。[③] 比叙利亚和加拉提亚更为重要
400 的是受伊吕利库姆和莱茵河流域两大兵权节制的北方驻军;在德鲁苏斯去世、提比略自我放逐的情况下,这一问题构成了对元首及其党派更为严峻的考验。无论当时罗马究竟发生了什么,征服伊

① Dio,55.28.2 f.;*SEG* VI,646(帕弗利亚境内的阿塔勒亚[Attaleia]给希尔瓦努斯[Silvanus]的献词)。关于他担任亚细亚行省总督的情况,见 *IGRR* IV,1362(nr. Thyatira)。

② Velleius,2.112.4;Dio,55.34.6;56.12.2;*ILS* 921(发现于提布尔附近)。

③ 皮索那崇尚希腊文明的父亲曾担任过马其顿行省总督。关于普劳提乌斯家族在东方的活动,参见 Münzer,*RA*,43 f.。关于这一家族,还可参见下文,原书第422页。

吕利库姆和入侵日耳曼人聚居区后肯定有过一段军事活动的停歇期。元首不得不改派其他将领指挥北方军务。更重要的是，大批军团士兵在服役期满后于公元前 7—前 2 年陆续复员回家。但在提比略不再负责罗马对外事务的十年里，罗马并未丢失任何北方领土。相反，在此期间，罗马军队还对多瑙河对岸进行过征伐，震慑了居住在那里的各部族，并使在波希米亚（Bohemia）建立了有力统治的玛科马尼人（Marcomanni）君主玛罗波杜乌斯（Maroboduus）在东西两个方向上陷入孤立。如果人们能够准确、完整地复原关于这些战争和在北方作战的将领们的详细记载的话，那么这些资料肯定可以揭示极其重要的政治事实。[①] 当提比略在德鲁苏斯死后被从伊吕利库姆调往莱茵河地区时，接替其职务的是绥克斯图·阿普列乌斯（公元前 29 年执政官）；[②]下一任副将是卢奇乌斯·多米提乌斯·埃诺巴布斯，他从多瑙河畔进入日耳曼地区，一直推进到易北河畔。[③] 在他卸任后到公元 4 年的时间里，接替该职务的可能分别是玛库斯·维尼奇乌斯和格涅乌斯·科奈里乌

① *Res Gestae*，30；Florus，2. 28 f.；Tacitus，*Ann.* 4. 44；Strabo，pp. 303-5 和很可能是关于玛库斯·维尼奇乌斯的铭文（*ILS* 8965）都可证明罗马人在多瑙河畔与河流以北的地区进行过一些年代已不可考的军事行动。关于把这些活动全部安插进公元前 9—公元 6 年这一史料空白时期（或更短的时间段：公元前 6—公元 4 年）的合理性问题，参见 *CQ* XXVII（1933），142 ff.；*JRS* XXIV（1934），113 ff.。我们无法得出明确的结论，在某些细节上也无法达到精确的程度。但这种年代假说是跟当时的军事形势和该时期的古代史料特征相吻合的。

② Cassiodorus，*Chron. min.* 2. 135.

③ Dio，55. 10a. 2；Tacitus，*Ann.* 4. 44.

斯·伦图鲁斯。[1]

在这些年里，巴尔干地区的形势是极其隐晦不明的。马其顿的军队可能继续由那里的行省总督节制，也可能被转交给了默西亚的元首副将。[2] 无论情形怎样，我们所知的、在那里指挥军队的人物只有两位前大法官，没有前执政官；他们是奥古斯都两位麾下
401 元帅的儿子普布利乌斯·维尼奇乌斯和普布利乌斯·希利乌斯。[3]

在莱茵河流域，我们无法确定在公元前 6 年接替提比略的人选究竟是何许人。[4] 但此前不久，这一负责五个军团的重要职务

① 玛库斯·维尼奇乌斯获得这一指挥权(*ILS* 8965)的年代很不确定。普雷麦斯坦认为是在公元前 14—前 13 年(有证据表明，他在潘诺尼亚战役开始之际确实身在伊吕利库姆)，参见 *Jahreshefte* XXVIII(1933)，140 ff.；XXIX (1934)，60 ff.。帕什(C. Patsch，*Wiener S-B.* 214，I[1932]，104 ff.)等人更倾向于公元前 10 年的假说。关于格涅乌斯·科奈里乌斯·伦图鲁斯(Florus，2.28 f.；Tacitus，*Ann.* 4.44)，参见 E. Groag，*PIR*^{2}，C 1379，其中证明了此人为公元前 14 年执政官，而非通常认为的公元前 18 年执政官。关于伦图鲁斯担任这一职务的看法不一，其年代假设从公元前 15—前 14 年(C. Patsch，*Wiener* S-B. 91 ff.)到公元 11 年(A. v. Premerstein，*Jahreshefte*，XXIX，60 ff.)都有。

② 见上文，原书第 394 页。

③ Velleius，2.101.3(公元前 1 年)。参见 *IGRR*，1.654 (来自卡拉提斯[Callatis]并与普布利乌斯·维尼奇乌斯有关)。普布利乌斯·希利乌斯的继承人很可能是绥克斯图·埃利乌斯·卡图斯(Sex. Aelius Catus，公元 4 年执政官)，因为有位埃利乌斯·卡图斯将 5 万盖塔人(Getae)迁移到多瑙河对岸(Strabo，p. 303)。关于这些前大法官将领的具体职务(马其顿行省总督抑或默西亚元首副将)，参见 *JRS* XXIV(1934)，125 ff.，其中比较倾向于前一种可能；但后一种猜想其实更加可信。此外，身为前执政官的元首代表格涅乌斯·科奈里乌斯·伦图鲁斯通常被认为负责着伊吕利库姆；但他在公元前 9—公元 6 年很可能是默西亚的元首副将。

④ 他应该不是埃诺巴布斯；狄奥对公元前 1 年史事的记载说明了这一点(Dio，55.10a.3)。他也许是萨图尔尼努斯，如果此人在公元 4—6 年之前获得这一指挥权的假说能够成立的话(参见 Velleius，2.105.1)。见下文，第 564 页注③，即原书第 435 页注 4。

是由埃诺巴布斯和维尼奇乌斯相继担任的。[①]与此相似，在提比略自我放逐期间，保卢斯·法比乌斯·马克西穆斯掌管着西班牙；而普布利乌斯·昆克提利乌斯·瓦鲁斯在担任阿非利加行省总督后又担任了叙利亚总督。[②]在阿非利加行省中也发生过一些战事。[③]

以上还不是在这个存在着诸多疑团的重要时期发挥过举足轻重作用的全部人物，但这些名字已足够反映统治精英集团构成的多样性，并可以解释元首任用这些显要人物的具体方式。如果加上上文探讨过的那四位加拉提亚行省总督，这些显要人物共计十人。其中有三位新人，他们是本阶级中在地位显赫方面仅次于阿格里帕和陶鲁斯的人物，分别为洛里乌斯、奎里尼乌斯和维尼奇乌斯，他们都长期为元首效劳，功勋卓著。而在其他人物中，至少有五人都多少跟元首家族沾亲带故。这一可以揭示当时秘密政治本质的事实具有显而易见的和十分重要的意义。[④]

通过这种方式，这个人才济济的新政权生存了下来。但这些

① 先后是埃诺巴布斯(Dio，55. 10a. 3)和维尼奇乌斯(Velleius，2. 104. 2 [记载公元 2 年的史事])。

② 保卢斯·法比乌斯·马克西穆斯于公元前 3 年或前 2 年担任着这一职务，见 *ILS* 8895(布拉卡拉)，参见 *CIL* II，2581 (卢库斯·奥古斯提)。如果我们能证明他是近西班牙行省、而非远西班牙行省的元首代表的话，那就说明今天的阿斯图里亚-卡勒奇亚(Asturia-Callaecia)已被从远西班牙划归近西班牙——并且两支军队也已合二为一。这并非天方夜谭。至于瓦鲁斯，他在公元前 7—前 6 年担任过阿非利加的行省总督；而他在叙利亚的总督任期(Josephus，*AJ*，17. 89)始于公元前 6 年，参见 *PIR*[1]，Q 27。

③ 卢奇乌斯·帕西埃努斯·鲁孚斯曾在公元 3 年前后获得过凯旋徽章和凯旋将军的头衔(Velleius，2. 116. 2；*ILS* 120，参见 8966)；科苏斯·科奈里乌斯·伦图鲁斯(Cossus Cornelius Lentulus)则在公元 5—6 年在那里作战过(Velleius，2. 116. 2；Florus，2. 31；Orosius，6. 21. 18；Dio，55. 28. 3 f.)。

④ 见下文，原书第 421 页。

显要人物接受历练和为国效劳的舞台并不仅限于行省。罗马城是没有负责道路建设、供水、警务和食品供应的常设行政职务或委员会的。对这些事务的漫不经心、时有时无的管理是由市政官和监
402 察官(在任命了监察官的情况下)负责的。奥古斯都设置了若干由罗马骑士担任的职位,管理罗马城中的特定事务。此外,他还任用了一批元老;各种委员会的主席通常都是前执政官级别的人物。古代权威也为这些革新提供了借口——国家应当让尽可能多的元老参与行政管理事务。[①]

从前,共和国的将领们通常会把缴获来的财富用于修建道路和公共建筑。在安东尼与渥大维决战前的若干年里,两人的主要党羽在装点罗马城方面展开了激烈竞争。亚克兴战役一结束,奥古斯都马上开始着手修缮神庙,并首先安排显要人物负责公共建设工程。斯塔提利乌斯·陶鲁斯完成了他的竞技场,科尼菲奇乌斯重建了狄安娜神庙;两项工程都是用战利品换来的财富完成的。而巴尔布斯的剧场也是为庆祝一场凯旋而落成的(公元前19年)。[②] 奥古斯都本人主持修缮了弗拉米尼乌斯大道。[③] 而整修从罗马通向四面八方的其他道路的任务则落到了他的一些最近举行过凯旋式的将领头上——麦萨拉和卡尔维修斯·萨比努斯修理了拉丁姆大道。[④] 阿格里帕对修建水渠的热情并未随着他那举世闻名的市政官任期一同终结,而是在一大批他雇用并培训的奴隶和

---

① Suetonius, *Divus Aug*. 37.

② Suetonius, *Divus Aug*. 29.5.

③ *Res Gestae*, 20; Dio, 53.22.1 f.; *ILS* 113(阿里米努姆)。

④ Tibullus, 1.7.57 ff.(麦萨拉); *ILS* 889(萨比努斯)。

工人的帮助下一直维持到了他去世的时候。[①]

这种局面是无法长期维持下去的。公元前 19 年之后，元老们再未举行过凯旋式；而即便不是被逼无奈，奥古斯都也会乐得取消个人进行的或哪怕由市政官、监察官等组织的土木工程，而将之改造为常规性的行政管理事务。两桩意外进一步坚定了他推行这一政策的决心。

公元前 22 年，奥古斯都任命了两位监察官（他已多年没有这样做过了）——普兰库斯和保卢斯·埃米利乌斯·雷必达；但这两位同僚彼此并不和睦，可能还对元首抗命不从。我们有理由猜测，奥古斯都打算责成他们完成一些不得人心的任务——如按照他的意图对元老院进行新一轮净化（元首本人不得不把这项工作推迟到四年之后）。于是，普兰库斯和雷必达在这一年结束之前就卸任了。

随后又出现了埃格纳修斯·鲁孚斯的事件，证明将公共服务
事业交给个人去经营是件何等危险的事情。奥古斯都为市政官配 403 639
备了一批负责消防事务的奴隶；到了公元 6 年，他又更进一步，任命了一名由骑士担任的夜巡官（praefectus vigilum）。[②] 与此同时，一些由元老组成的常设委员会也建立了起来。第一个这样的委员会负责整修和保养道路（建立于公元前 20 年）；[③]但其成员不是前执政官，而是前大法官。后来，又出现了一个专门负责维护神庙与公共建筑的组织。[④] 阿格里帕在公元前 12 年去世后，国家收编了

① Frontinus, *De aq.* 98 and 116.

② Dio, 55. 26. 4 f.

③ Dio, 54. 8. 4. 关于各种委员会成员，参见 *CAH* X, 198 ff.。

④ *ILS* 5939 ff.：“curatores aedium sacrarum et operum locorumque publicorum.”（神庙及地方公共委员会。）这是该组织日后的称谓。

他那批掌握专门技术的手下;供水管理(cura aquarum)从此变成了专项职能,第一任负责这项事务的长官为麦萨拉。他担任此职务直至去世。其继任者是阿泰乌斯·卡庇托,之后是年迈的塔里乌斯·鲁孚斯。[①] 公元前8年的执政官们曾负责台伯河航道和防洪任务;而掌管该职责的常设官职可能是在公元15年或其后不久设置的。[②]

元首还不时设置了其他一些由前执政官组成的小群体,如公元6年成立的三人谷物供应委员会(curatores annonae),以及当年与下一年设立的两人财务委员会(但该职权很快被转交给了由骑士担任的省长)。[③] 同样,来自行省的诉状也由前执政官们受理。公元前4年,国家建立了审判敲诈勒索罪的新流程——法官人选为四名前执政官、三名前大法官和另外两名元老。[④]

这样一来,数目相当可观的一批前执政官都担任了临时或常设性的职务。我们还需介绍一个十分另类的荣誉头衔——"罗马市长"(praefectus urbi)。就其性质而言,我们很难理解元首是如何由这样一位副手代表的,也不必深究麦萨拉何以在公元前26年被任命为罗马市长几天后又辞去了这一职务。[⑤] 十年后,当奥古斯

---

① Frontinus, *De aq.* 99 and 102.

② 关于公元前8年执政官们的工作,见 *ILS* 5923 a-d;其最初职责见 Tacitus, *Ann.* 1.79,参见 *ILS* 5893。

③ Dio, 55.25.6; 26.2. 史料表明,盖约·图拉尼乌斯是公元前14年的谷物供应官(praefectus annonae),见 Tacitus, *Ann.* 1.7。

④ *Cyrene Edicts* V, ll. 107 ff.(这些文件的文本见 *JRS* XVII(1927), 34 ff.)。关于每人负责某一省份诉状的前执政官情况,见 Suetonius, *Divus Aug.* 33.3。关于公元8年成立的处理对外事务的前执政官委员会,见 Dio, 55.33.5。

⑤ Tacitus, *Ann.* 6.11.

都第二次出发巡视西部诸行省时，斯塔提利乌斯·陶鲁斯担任了 404
罗马市长；[①]陶鲁斯的继任者是大名鼎鼎的卢奇乌斯·卡尔普尼乌斯·皮索（中间有一段不知究竟多久的间隔），这一头衔从此变成了一个常设职务。[②]

通过这些手段，凭借本人的努力和专门职务、常设委员会的创设，奥古斯都完善了意大利和全帝国的首都——罗马城的卫生、治安和景观设施。他夸口说，自己接手了一座砖砌的罗马城，但留下了一座由大理石建造的城市。[③] 这个说法是完全正确的。放弃了罗慕路斯头衔的奥古斯都仍然可以理直气壮地宣布，自己是罗马的第二位缔造者。

奥古斯都建立了一个政府。其中的精英人物已被制伏，受到了专门培训，并忠实地在意大利和外省为罗马人民效劳。平民和军队、行省和王侯再也不是某个政治家的附庸（clientela）了。[④] 元首控制了罗马的一切竞技活动和施舍机会。诚然，那些共和时代名门望族的后人依旧在罗马平民和自己的被保护人中享有声望，并因此而引起元首的猜忌（这种担心往往不是毫无道理的）。[⑤] 但起初的严密监视和随后对自由选举的废除很快削减了显贵们的个

---

① Dio，54.19.6.

② Tacitus，*Ann.* 6.11. 关于这一年代存在的疑点，参见 *PIR*^{2}，C 289。在公元14年的相关记载中没有任何史料提到过罗马市长。

③ Suetonius，*Divus Aug.* 28.3；Dio，56.30.3 f.（我们对之的理解不应只停留在字面上）。

④ 相关论述见 A. v. Premerstein，*Vom Werden u. Wesen des Prinzipats*，112 ff.。

⑤ 他们是"罗马人民中保持独立的和依附于名门望族的那一部分"（pars populi integra et magnis domibus adnexa）；与这些人对应的则是元首庇护下的那批"沉溺于竞技和戏剧表演的贱民"（plebs sordida et circo ac theatris sueta）（Tacitus，*Hist.* 1.4）。

人影响力。在凯旋将领和奥古斯都朋友们的大兴土木热潮过后，罗马很少再出现过由私人出资兴建的公共建筑了。此后很长一段时期内，罗马也没有举行过任何凯旋式。最多也只有一位心怀叵测的阿非利加行省总督凭借自己的好运取得过胜利，或许还可以凭借这一功劳取得凯旋将军的头衔。[①] 但这一荣誉很快也被剥夺了。

元首及其家人充满妒意地霸占着各种军功荣誉。士兵们是他自己的被保护人——利用他们无异于叛国行为。因此，奥古斯都始终对将领们可能采用各种良性的或恶劣的手段去讨好军队的现象保持着警觉，甚至颁布过法令，禁止元老们让士兵每天早上到自己的房间内请安。[②] 因此，元老们再也没有希望博得功名或赢取

405 不朽的荣誉了。意大利的埃米利乌斯大道和纳旁高卢的多米提乌斯大道还能让世人忆起这些贵族的丰功伟绩；一些城镇名字和纪念碑也述说着伟人庞培的辉煌与虚荣。但仅此而已。多米提乌斯和提提乌斯是用自己的名字为城市命名的最后一批将领，并且这些城市位于西里西亚的远端。

除非在得到准许的情况下，任何元老都不得离开意大利前往诸行省。[③] 他们也无法找到扩大自身影响力的途径。行省总督现在已无法将整个聚落和广阔的区域置于自己的庇护之下。[④] 庞培

① 例如 *ILS* 120。最后一位这样的人物是公元 23 年的昆图斯·尤尼乌斯·布莱苏斯（Tacitus，*Ann.* 3.74）。用授予凯旋徽章来代替真正的凯旋式的做法始于公元前 12 年（Dio，54.24.8；Suetonius，*Tib.* 9.2.）。

② Suetonius，*Divus Claudius*，25.1.

③ Dio，52.42.6（例外的地方是西西里和后来的纳旁高卢）。

④ 恺撒关于乌尔索（Urso）殖民地的立法禁止元老和他们的儿子们成为庇护人（*ILS* 6087，c. 130），但元首制时期的中央政府已足够强大，因而无须颁布此类禁令。

的后人还活在人世，但他们已没有机会在西班牙获得高级指挥权。老牌的行省权贵集团还可以通过自己的族名(gentilicia)记住授予他们罗马公民权的行省总督姓名；但后来获得罗马公民身份的聚落则大多采用罗马帝国统治王朝的名字。感恩戴德的当地居民也无权再将他们的恩主奉若神明。对帝国统治者的神化崇拜现在已形成体系并不断扩展，其原因之一正是为了与这种习俗进行斗争，使各地方的忠诚为国家政府所独占。最后一位由祭司建立对自己个人神化崇拜的总督是卢奇乌斯·穆纳提乌斯·普兰库斯；[①]而最后一位用自己的名字为竞技庆典命名的则是保卢斯·法比乌斯·马克西穆斯。[②]

酷似一位帝王的元首剥夺了其他精英人物的各种权力和荣誉。为了建立有序的共和国，执政官席位和军事将领人选如今已不再通过竞争产生，并且他们也不再拥有搜刮财富的机会——行省总督现在已成为领取现金俸禄的官员。[③]但政治活动可以受到控制，却永远不会终止；野心可以被人压抑，却永远不会泯灭。争夺财富和权力的斗争还在寡头统治集团内部、在宫廷里和内朝成员中继续着；其形式变得更加隐秘，但事实上更为激烈与残酷。

① *BCH* XII(1888),15（卡里亚的麦拉萨）:"ἱερεὺς Λευκίου Μουνατίου。"（洛克里人献给穆纳提乌斯的神庙。）

② *IGRR* IV,244(伊里乌姆)。

③ Dio,53.15.4 f.但没有史料告诉我们这项革新开始实行的具体时间。

406

第 27 章　内朝

“官员们的头衔一如既往”(eadem magistratuum vocabula)。[①]在奥古斯都时期的政治生活中,名称虽保持不变,实质却在不断变化。由于元首到处侵占、攫取的东西越来越多,元老院跟每位元老一样,保住了自己的尊贵地位,却丧失了实实在在的权力。奥古斯都在罗马城内执掌着统治权(imperium),[②]操纵着元老院这一高级集会组织的人选,管理着各公共行省;他表面上尊重抽签程序,实际上却可以自己决定行省总督的人选;[③]并且他还态度谦恭、但

① Tacitus, *Ann.* 1. 3.

② 他在公元前 23 年获得了这一权力(Dio, 53. 32. 5),但这并不意味着他在罗马或意大利行使着总督的职权。参见 A. v. Premerstein, *Vom Werden u. Wesen des Prinzipats*, 235 f.。根据狄奥的说法(Dio, 54. 10. 5),奥古斯都在公元前 19 年获得了终身执政官的权力(consular imperium for life)。对此的解读见 Premerstein, *Vom Werden u. Wesen des Prinzipats*, 237 f.。

③ 奥古斯都收回了若干行省:他在公元前 12 年接管了伊吕利库姆,在公元 6 年开始治理撒丁岛。他并不仅仅在公元 6 年任命了行省总督(Dio, 55. 28. 2),并且早已有关类似的举动,如普布利乌斯·帕奎乌斯·斯凯瓦第二次治理塞浦路斯岛时的情况:“他依照奥古斯都·恺撒的权威指令再度出任行省总督,奉命整顿塞浦路斯行省其他地区的事务。”(procos. iterum extra sortem auctoritate Aug. Caesaris | et s. c. misso ad componendum statum in reliquum provinciae Cypri)。(*ILS* 915)他指定的可能还有约公元前 19—前 18 年玛库斯·洛里乌斯在马其顿的总督职务(Dio, 54. 20. 3),并且无疑还有其他许多人选。亚细亚行省各城市吹捧保卢斯·法比乌斯·马克西穆斯时使用的语言很能说明问题:“他通过那种信任和委派而获得任命。”(ἀπὸ τῆς ἐκείνου δεξιᾶς καὶ γνώμης ἀπεσταλμένος)(*OGIS* 458, II, l. 45)。

十分坚决地向行省总督们提出种种要求。①

元老院也不是一味蒙受损失,它甚至一度取得了铸造金银币的特权。② 由于元老院开始负责在紧急状态下调查影响国家安全的事件,它便增添了一些新职能,逐渐发展成了由执政官担任主席的高等法庭。③ 奥古斯都经常向罗马人民征求意见,以便通过其法律。但这种集体立法的形式很快便被弃之不用。此后,元老院的决议(senatus consulta)变得十分常见,逐渐获得了法律效力。但我们仍需分析,在罗马元老院名义上的权威和统治背后的、真实 407
的和终极性的权力究竟是什么。

在叙述奥古斯都元首统治时期的历史时,卡西乌斯·狄奥(Cassius Dio)抱怨道,历史学家的任务已变得极为困难——因为在共和制下,重大政策问题是在光天化日之下进行讨论的;现在,它们则是由几个人秘密决策的。④ 他说得很对。如果奥古斯都想

① 参见奥古斯都自己的说法(*Cyrene Edicts*,1,l. 13 f.):“在我看来,克里特和昔兰尼的总督们可以出色地、妥善地完成其任务。”(δκοῦ σί μοι καλῶς καὶ προσηκόντως ποιήσειν οἱ τὴν Κρητικὴν καὶ Κυρηναϊκὴν ἐπαρχήαν καθέξοντες κτλ。)

② 这是公元前 19 年发生的事情,但仅仅持续了几年。此后,奥古斯都在卢戈杜努姆设立了帝国铸币厂。参见 H. Mattingly,*BMC*,*R. Emp*. I,xiii ff. 。

③ 相关论述见 M. Hammond,*The Augustan Principate*(1933),170 ff.;Stuart Jones in *CAH* X,169 ff.;H. Volkmann,*Zur Rechtsprechung im Principat des Augustus*(1935),93 ff. 。几乎毫无疑问的是,他们的权力逐步发展起来,并在奥古斯都统治时期动用过(尽管并不频繁)。参见 J. G. C. Anderson,*JRS* XVII(1927),47 f. 。

④ Dio,53. 19. 3“ἐκ δὲ δὴ τοῦ χρόνου ἐκείνου τὰ μὲν πλείω κρύφα καὶ δι' ἀπορρήτων γίγνεσθαι ἤρξατο,εἰ δέ πού τινα καὶ δημοσιευθείη,ἀλλ' ἀνεξέλεγκτά γε ὄντα ἀπιστεῖται · καὶ γὰρ λέγεσθαι καὶ πράττεσθαι πάντα πρὸς τὰ τῶν ἀεὶ κρατούντων τῶν τε παραδυναστευόντων σφίσι βουλήματα ὑποπτεύεται。”(从那时起,大部分事情都被隐瞒起来,成为秘密了;即便有些消息被公之于众,世人也不会相信它们,认为这些事情是无法证实的。人们还会怀疑,[政治家]所说的和所做的一切都得到了那些一直掌权者及其助手的授意。)

让自己的统治保持共和制度下的自由假象，并保留自由选举和元老院内的自由辩论的话，那么很显然，他必须要在这些公共事务的幕后进行精心策划和严格控制。内朝统治的时代随即来临。元老院已不再是至高的权力机构，而变成了宣传或肯定政府决策的工具；元老身份和担任高级职务也不再是从政者们的终极目标，而变成了取得日后为国效力资格的间接手段。

自由国家的首脑们也会在决策重大事务时以在一定程度上公开透明的形式进行磋商。此外，共和体制之外的势力，如不担任公共职务的那些政坛要人的权威、居于上流社会中心舞台或在舞台边缘处心积虑的那些女子的阴谋诡计、富有骑士（无论他们是各自为战还是团结一致）的影响力显然都是存在的。庞培的统治便让罗马人提前尝到了秘密统治的滋味——他的被保护人、米蒂利尼的特奥法尼斯既是一名阴谋家，又是一位史学家。他的朋友、富有的卢凯乌斯曾提出过宝贵的建议；而巴尔布斯在签订一份著名和约的过程中也发挥了重要作用。在恺撒短暂的独裁官统治期间，内朝其实已经出现了。当元老们高谈阔论或无所事事时，当显赫的贵族们在恺撒门前边等候边低声抱怨时，独裁官正在其亲密朋友的陪伴下一声不响地推行其计划。渥大维沿用了恺撒的这一策略及其班子里的不少人选，因为巴尔布斯、奥皮乌斯和玛提乌斯很快就出现在了这位青年冒险家的随行队伍中。革命时代的风险与阴谋使得秘密决策和秘密外交可以一本万利；并且元首对演说术、民主制和公共辩论怀着与生俱来的不信任感。

在罗马，无论是作为父亲、官员或将领，进行重大决策前一定要集思广益，即是一个根深蒂固的传统。如果奥古斯都需要或希

望证明他在元首统治期间任用不同的几批谋臣的正当性，他完全可以从罗马人的传统和先例中找到支持自己的证据。自由国家一 408
经重建，奥古斯都马上致力于消除这场充满风险的革新所可能产生的任何负面影响。他要求元老院任命一个委员会，以便同自己商议并筹备公共事务。这个委员会由两位执政官、其他行政官职的各一名代表和 15 位由抽签产生的元老（其人选每六个月调整一次）组成。[①] 该机构似乎在奥古斯都统治期间一直存在，并在他很少再步入元老院会堂的晚年时期发挥了重要作用。到了公元 13 年，奥古斯都对该委员会的结构进行了调整，其权力大大增强，严重削弱了元老院全体会议的功能。[②] 但这一变化并未持续很长时间；该委员会的权力日后似乎被废止了。[③]

与作为人民主权象征的元老院打交道是一件十分麻烦和不便的事情。元首的地位是极其微妙和危险的，因为他必须确保自己得到普遍的赞同，并谦逊地运用权力。因此，统治集团——元首和他的主要党徒——理应体察元老们的感受，在彼此打交道时避免出格举动，并温和地开展各项革新。

通过抽签选出一个小型元老议事会的机制，以及其人选不可

---

① Dio，53. 21. 4；Suetonius，*Divus Aug*. 35. 3；参见 *Cyrene Edicts*，V，l. 87 对该议事会的描述："按照合乎元老院意愿的方式抽签选出。"（ἐξ ξυμβουλίου γνώμης ὃ ἐκ τῆς συγκλήτου κληρωτὸν ἔσχεν）

② Dio，56. 28. 2.

③ 提比略的做法与此不同，并且更合乎共和国的精神："除老朋友和家人外，他还从［罗马社会的］显要人物中挑选了 20 余人，作为商讨国家大事时的参谋。"（super veteres amicos ac familiares viginti sibi e numero principum civitatis depoposcerat velut consiliarios in negotiis publicis）（Suetonius，*Tib*. 55）

避免的临时性(他们每六个月要进行一次轮换)清楚地表明,这只是一个委员会,并不是一个内朝——后者乃是一种行政机构,而非权威象征。内朝一旦形成,元首便会将其成员视为一批谋臣和司法顾问。[①] 元首本人拥有行政权,并逐步僭取了司法权。他经常需要召集一个顾问团(consilium)来帮助自己,其人选会从他的私交朋友、元老代表和法律专家中产生。

元老院中的这个流动委员会和各种司法顾问团是公开进行活
409 动的,其存在无可非议。它们方便了公共事务的处理和司法活动;但它们并不讨论和决定统治政策中的核心问题。那些乃是其他机构的工作,后者在文献中没有留下过任何记载。我们只能通过元首和国家的关系,以及历史事件发展进程所证实的潜在作用因素去判断这些机构的存在、性质与构成情况。在这些机构并非声名远扬、其存在也不是显而易见的情况下,我们只能对它们的相关信息进行猜测。治理帝国是需要专业智囊团和许多谋士的。我们无法设想,罗马帝国会设置一个对元首负责的常设参谋组织或类似的体制内机构。元首需要的不是一套内朝官,而是若干批不同的人马,其具体人选将根据形势需要而定。尽管如此,恺撒党中的一些显要的代表和若干王室成员可能会参与大部分议事活动。无论我们把奥古斯都的统治算作共和制还是君主制,这些参谋团体对于政治统治和行政管理而言都是不可或缺的。

元首现在可以充分利用各个阶层的才智和经验。骑士已可以担任一些在尊贵地位和权力等方面超过许多官职或行省总督的行

① Dio,53.21.5.

政职务；随着奥古斯都的统治进入后期，他们的重要性在稳步提升，并在罗马城中占据了三个新职位。并且同元老一样，骑士们也在各种国家议事会中占据着一席之地。罗马骑士是奥古斯都最早的一批朋友。有些人后来步入了元老阶层；其他人（如谦逊的普罗库勒乌斯）则继续保留着骑士身份。其中最伟大的一位是梅塞纳斯。公元前 23 年之后，梅塞纳斯逐渐失势。在他的精力与权势一同衰退之际，这位曾在战争中指挥过埃特鲁里亚军团的王室后代陷入了顾影自怜和忧世伤生的情绪中。[1] 比他好一些的罗马酒色之徒则会像一位军人一样，勇敢地面对死亡。

在权势和罪过方面仅次于梅塞纳斯的骑士是盖约・撒路斯提乌斯・克瑞斯普斯，此人继承了自己的叔祖父——那位萨宾史家和道德论者——的姓名、财产和奢侈作风。同早年的梅塞纳斯一样，狡猾的撒路斯提乌斯肆无忌惮地展示着自己的放荡与邪恶，从而掩饰了自己的决断本领与过人精力。[2] 梅塞纳斯曾挫败过小雷必达的阴谋；撒路斯提乌斯则除掉了阿格里帕・波斯图穆斯 410
(Agrippa Postumus)。[3] 历史并未记载富裕释奴之子、奥古斯都的亲密朋友普布利乌斯・维狄乌斯・波利奥在政治生活中的类似成就。为了尊奉奥古斯都，忠诚的维狄乌斯(Vedius)在贝内文托

① Seneca, *Epp.* 101. 10 ff. 讨论了梅塞纳斯的“十分可耻的念头”(turpissimum votum)，即认为“活得越久就越幸福”(vita dum superest, bene est)。

② Tacitus, *Ann.* 3. 30：“suberat tamen vigor animi ingentibus negotiis par, eo acrior quo somnum et inertiam magis ostentabat.”（他在处理重大事务时会表现出强大的活力，比他平时表现出来的梦游迷糊的状态要好得多。）

③ Tacitus, *Ann.* 1. 6.

修建了一处恺撒圣所(Caesareum)。[①] 他还养成了用活着的奴隶喂养自己的七鳃鳗的习惯。他的养鱼池的恶名甚至超出了奥古斯都所能容忍的限度,致使元首对他朋友的恶行感到愤慨。[②]

但维狄乌斯·波利奥也有自己的用处——他似乎曾在亚克兴战役结束后不久活跃于亚细亚行省,可能还整顿了当地的税收体系。[③] 当正规的相关行政职务设立后,释奴们就不再为元首直接治理的行省承担督察任务了。但仍有一位名叫李锡努斯(Licinus)的释奴为奥古斯都评估并征用过高卢境内的资源。[④]

公元前23年,罗马的国家财库交给了通过抽签从每年的大法官中选出的两位人选进行管理。[⑤] 但一个庞大帝国的财政是不能通过如此简单的方式进行管理的。一定有一批财务专家在幕后遥控。此外,在从他本人负责的行省收取的财政收入中,奥古斯都上缴给国库的无疑只是零头(他还曾用自己的个人财产去补贴国库)。[⑥] 奥古斯都可以支配大笔钱财——他支付老兵复员的军饷,赏赐军队和平民,并大兴土木。在管理各项资金的时候,奥古斯都可能借助了奴隶和释奴们的特长。在卡里古拉和克劳狄乌斯统治

---

① *ILS* 109:"P. Veidius P. f. Pollio|Caesareum imp. Caesari Augusto|et coloniae Beneventanae."(普布利乌斯之子普布利乌斯·维狄乌斯·波利奥和贝内文托殖民地的居民为统帅恺撒·奥古斯都修建的恺撒圣所。)

② Dio,54.23;Pliny,*NH*,9.77;Seneca,*De ira*,3.40.2;*De clem*.1.18.2.

③ *CIL* III,7124 提及了维狄乌斯·波利奥设计的政治布局(constitutio)。他的名字(可能还有头像)出现在了塔拉勒斯(Tralles)的钱币上。参见 *BMC*,*Greek Coins*:*Lydia*,338。

④ Dio,54.21.

⑤ Dio,53.32.2.

⑥ 关于这些事实,特别参见 T. Frank,*JRS* XXIII(1933),143 ff.。

时期，这些财务小吏终于露出了庐山真面目——他们当时已成为国家的高级官员。这些角色的历史必定已相当悠久。[1]

元老们或许可以管理财库，但元老院无法左右财务政策，因为他们并不确切知道帝国的财政预算。帝国的财政统计数据(rationarium imperii)掌握在奥古斯都本人手中；只有他向国家报告时，这些信息才会被公之于众。[2] 在处理这些事务时，奥古斯都需要精通此业务的顾问。随着时间的推移，他逐渐拥有了一批曾 411
在行省担任过监察官的骑士可资利用——特别是埃及省长们，因为那一地区是按照元首个人垄断的原则进行经营的。第一任省长因一场政治阴谋而受到牵连，第二任则在入侵阿拉伯的时候走了背运。元首随后起用了一批更加谦逊、也更有能力的人选来担任此职，如盖约·图拉尼乌斯、盖约·尤利乌斯·阿奎拉和玛库斯·玛吉乌斯·马克西穆斯。诚然，我们没有这些人担任过元首在骑士阶层中挑选的参谋的证据，但每任埃及省长肯定都能提供税收和财务方面的信息——更不消说供应食品和管理巨额资金方面的经验。[3] 元首的私交、骑士塞伊乌斯·斯特拉波成了奥古斯都晚年时期的红人。塞伊乌斯在公元 14 年当上了禁卫军队长。[4]

除财政外，许多内政外交事务都需要专业性极强的建议和统筹全局的规划。一个常设委员会使得元首能够同元老院建立联

---

① 曾起草过奥古斯都一部分遗嘱的释奴波利比乌斯(Polybius, Suetonius, *Divus Aug*. 101.1)可能是克劳狄乌斯统治时期的那位忠臣(studiis)和书记员(libellis)。

② 他在公元前 23 年把一些相关资料交给了执政官，见 Dio, 53.30.2。

③ 参见公元 6 年的新课税目、退伍老兵安置基金(aerarium)和此后不久谷物供应官职位的设立。

④ Tacitus, *Ann*. 1.7. 他的儿子很快就被任命为其同僚，见 Tacitus, *Ann*. 1.24。

系——但决定将何种议题提交给这个任人摆布、俯首帖耳的委员会的又是哪些人呢？元首可能会利用某位政坛要人的权威来表达或引导元老院的观点——此人表面上是在表达自己的观点，并未受到他人的指使。普兰库斯曾建议元老院授予恺撒的继承人“奥古斯都”的头衔。我们可以推断，该称号的全部内容是在普兰库斯的议案提出前就已经规定好的，并且其他关键场合中的公开议案也是先在私下里形成，随后才由声名显赫的元老提出的——如果这些元老以特立独行而著称的话，那就再好不过了。雄辩的麦萨拉可能也在配合着圆滑的普兰库斯。二十五年后，敦促元老院发布敕令宣布奥古斯都为祖国之父的正是麦萨拉。[①]

宗教、法律和文学都已受到自上而下的控制和幕后操纵。管理国家崇拜的职责或许需要由博古学者、行政官员或政治家来承担，即便他们的性格和举止习惯与祭司相去甚远。在处理这一类公共事务方面，最著名的权威之一是格涅乌斯·多米提乌斯·卡尔维努斯——就我们所知道的情况而言，他是元首制初期仍在人世的最年长的前执政官。[②] 而阿泰乌斯·卡庇托则是一位担任祭
412 司职务的律师，性格保守且能屈能伸。[③] 在奖掖文学和巧妙地营

---

① Suetonius, *Divus Aug*. 58. 2.

② 其前提是一条公元前 20 年铭文残篇（*CIL* I^{2}, p. 214 f.）中提到的农田兄弟祭司长（magister fratrum Arvalium）确实是卡尔维努斯；残篇 *Eph. Ep*. VIII, p. 317（可能书写于公元前 21 年）提到的那位格涅乌斯·多米提乌斯（Cn. Dom[itius]）也不大可能是其他人。关于卡尔维努斯的该项及其他宗教活动，参见 E. Bormann, *Festschrift für O. Benndorf*(1898), 283 ff.。由于自身离奇的命运，卡尔维努斯的执政官同僚、写过论占卜著作的玛库斯·瓦勒里乌斯·麦萨拉·鲁孚斯（M. Valerius Messalla Rufus）当时可能还在人世。麦萨拉曾担任占卜官长达五十五年之久（Macrobius, 1. 9. 14）。

③ Tacitus, *Ann*. 3. 75；参见上文，原书第 382 页。

造对现政权有利的公共舆论方面，梅塞纳斯是前无古人后无来者的。贺拉斯与梅塞纳斯在同一年死去；维吉尔则早在十一年前就已经去世。在奥古斯都统治末期，文学不仅已经风光不再，而且还脱离了政府的控制。年事已高的奥古斯都变得暴躁易怒；而梅塞纳斯的继承人撒路斯提乌斯·克瑞斯普斯则可能缺少才智和技巧。

无论元老院和罗马人民在外交事务方面还保留着何种名义上的合法权力，全都无关紧要；因为元首凭借其统治权直接控制着大部分军团，并间接控制着所有行省。公元前23年建立的政治体系或许尚未授予元首决定对外和战的权力，[①]但那并不是必要的。来自外邦的使节也许仍要在经过必要的演练后被带入元老院。公民大会可以对外宣战，但罗马人民并不能决定对谁宣战。无论多么宏大和艰苦的战争都并不必然能够取得恰如其分的名号和地位，有时只被简单地视为对叛徒或匪帮的镇压。罗马的附庸王侯拥有"罗马人民之盟友"这一古老且尊贵的头衔；但这些人其实是元首的被保护人，并且他们也心知肚明。他们统治着的王国来自元首的馈赠；其统治权危如累卵，随时可能被收回。当希律王去世时（公元前4年），帝国议事会曾讨论过将来如何处置犹太的问题。出席会议的有元首的继子盖约·恺撒和一些知名人士；我们可以猜想，其中定然不乏熟谙东方事务的人物、前任行省总督和督察官们。[②] 如果像洛里乌斯、奎里尼乌斯和皮索这样的人物没有远在

① 参见 W. Kolbe, *Aus Roms Zeitwende*, 51。许多人根据《韦伯芗权力法案》(*Lex de imperio Vespasiani*)断定，奥古斯都曾被授予该权力；这种看法不一定正确。

② Josephus, *AJ*, 17.229.

外省，他们可能会在这样的场合下表达自己的意见。

帝国政府并不打算在东方发动对外战争。但在西方和北方进
413 行组织和战斗的要求却是迫在眉睫的，并且政府也需要就帝国边界问题做出一些重大决策。后三头时期的老将们，如卡尔维修斯、陶鲁斯和麦萨拉可以献计献策；而希利乌斯、洛里乌斯和维尼奇乌斯则很快就将在边境省份经受历练，随后获得执政官头衔并在国家的各种议事会中占据一席之地。希利乌斯指挥过西班牙和阿尔卑斯山区的山地战争。维尼奇乌斯对高卢和伊吕利库姆了如指掌。洛里乌斯军事威名的流传范围并不仅限于东方诸行省，他在担任执政官后先后治理过马其顿和高卢。我们可以推测，他对如何处理北方边疆问题形成了自己的意见，希望建立贯通这些省份的交通线。最重要的人物则是阿格里帕。罗马人的思维方式是把领土当作通道来看待的。[①] 缩短北方边疆各地区之间的通行距离和帝国东西部之间的交通线这一宏伟设想理应归功于阿格里帕这位伟大的道路建造者和规划者。但他并未活到能够亲眼目睹在伊吕利库姆、巴尔干地区和莱茵河以北的那些战役完成之日。

阿格里帕和德鲁苏斯相继死去；郁郁寡欢的提比略退隐罗得岛。奥古斯都的政党统治核心面临着一场危机。新的打击接踵而至：奥古斯都为失去了自己最信赖的两位谋臣——阿格里帕和梅塞纳斯而放声痛哭。如果他们活得再久些，有些事情或许就永远

① 这可以解释纳旁高卢行省（通向西班牙的道路）和马其顿行省（埃格纳修斯大路[Egnatia]）的起源，以及西塞罗在担任西里西亚总督时该行省的版图。

不会发生了。[①]

在卡西乌斯·狄奥精心虚构的场景中,重建共和国(在这位历史学家眼中实为巩固君主制)的决议是在这两位奥古斯都党中的巨头军人和外交家唇枪舌剑的交锋后确立的。两人分别倡导共和制和君主制。这种对立并不符合历史实际;可供选择的道路也并不存在。元首的谋臣们所确定的无非是对官方权力的界定、用来掩饰自己本质的辞藻和精心布置这场冠冕堂皇的政治秀的方式。不苟言笑、埋头苦干的阿格里帕在这方面恐怕派不上多少用场。另一位军人和行政官员陶鲁斯也是如此。元首甚至可能也无须向律师们求助,因为他要建立的模式是极其简单的。他需要的是一批政治家。而奥古斯都的主要党徒中也确实存在着这方面的人才。 414

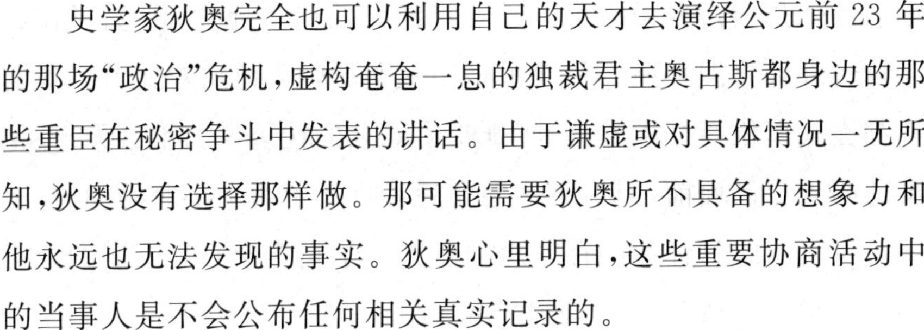

史学家狄奥完全也可以利用自己的天才去演绎公元前 23 年的那场"政治"危机,虚构奄奄一息的独裁君主奥古斯都身边的那些重臣在秘密争斗中发表的讲话。由于谦虚或对具体情况一无所知,狄奥没有选择那样做。那可能需要狄奥所不具备的想象力和他永远也无法发现的事实。狄奥心里明白,这些重要协商活动中的当事人是不会公布任何相关真实记录的。

当时流传的谣言和后人的添油加醋(提比略自我流放到罗得

① Seneca, *De ben*. 6. 32. 2: "horum mihi nihil accidisset, si aut Agrippa aut Maecenas vixisset。"(在我看来,倘若阿格里帕和梅塞纳斯中有一位活着的话,那么这些事情就根本不会发生。)塞涅卡的评论是颇具启发意义和愤世嫉俗的:"我们并不认为阿格里帕和梅塞纳斯会对他[奥古斯都]讲真话;如果他们活下来的话,他们也会跟其他人一样制造纷争的。"(non est quod existimemus Agrippam et Maecenatem solitos illi vera dicere: qui si vixissent, inter dissimulantes fuissent)(Seneca, *De ben*. 6. 32. 4)

岛的事件进一步助长了这种风气)虽然让人准确地认识到了危机的实质,却没能解释阿格里帕前往东方的真正原因。而人们一再重复的、关于里维娅·德鲁西拉对元首决策的决定性影响的流言蜚语,虽然有时存在着耸人听闻和故意抹黑的因素,但总体上确实能够自圆其说。渥大维进行的政治宣传对安东尼的妻子福尔维娅进行了无情打击;而罗马曾与一位女政治家、埃及女王进行过一场民族战争。因此,新政权设计的道德纲领有意识地将妇女排斥在政治活动之外。贺拉斯等御用诗人从未提起过里维娅的名字。

这种提防似乎有些过火。如果里维娅生活在庞培统治时期的罗马共和国的话,那么她可能会成为一支堪与其亲戚塞维莉娅齐名的政治势力。当奥古斯都与他的妻子商议事情时,他会注意把自己的意见提前写下来。一幕曾激发过某位不知名的修辞学家的创造性幻想的诡异插曲可以反映里维娅的优势地位。[①] 据说伟人庞培的外孙格涅乌斯·科奈里乌斯·秦那曾阴谋反对元首。奥古斯都去向里维娅征求意见,听她吹了好久的枕边风。第二天,他把秦那叫到自己面前,滔滔不绝地向后者进行了两个小时的劝诫,表达了自己慈悲为怀和心存善念的意图。于是这个心怀不满的人得到了感化和改造。

元首及其家人和党羽是真正的统治者。元首制是通过篡权建

---

① Dio,55.14 ff.(公元 4 年)和 Seneca,*De clem*.1.9(他显然认为此事发生于公元前 16—13 年,但这种看法并不准确)。苏埃托尼乌斯和塔西佗都对这场“阴谋”一无所知。秦那出任公元 5 年执政官的事实可能跟这一故事的起源有关,并且也能解释狄奥提出的年代。但秦那之所以能够当上执政官,恐怕主要并不是因为奥古斯都,而是由于具有一定共和倾向的提比略考虑到他跟庞培党的密切联系的缘故(见下文,原书第 424 页以下)。

立起来的。它从未忘记、也无法完全掩饰自己的起源。但篡权也是可以通过和平、有序的方式完成的；因此，权力的移交在表面上 415
可以跟它最初合法形式的建立——由元老院和罗马人民一致认可的、为表彰某官员卓著功勋而进行的特别授权——看上去并无二致。因此，在公元前 23 年，在一场公开危机和秘密斗争之后，对元首地位的调整和对其副手的授权并未在公共场合引发任何不幸变故。如果奥古斯都去世的话，那么元首的权力也就随之消失了——他可以安排一位继承人，但无法对他做出正式任命。在历史进程中，当元首职权第一次移交时，继任者其实已经掌握了足够的权力，可以把任何真正意义上的反抗扼杀在萌芽之中。

这个问题将会反复出现。扶植克劳狄乌斯接替其侄子卡里古拉元首位置的是驻扎在罗马城中的军队。而在当时，罗马已陷入无政府状态达两天之久，元老院里有人正在讨论重建共和国的问题，克劳狄乌斯的竞争者也已提出了继承元首头衔的要求。一场内战过后，行省军队帮助韦伯芗穿上了紫袍。但放弃一位已被明确指定的继承人，转而拥立一位新元首的做法并不总是为了解除公开兵戎暴力的威胁。这种行为可以不声不响地提前完成。涅尔瓦的软弱统治使得国家面临着一触即发的内战威胁。我们可以推测，这场危机之所以能够得到化解，是因为有一批武将发动了一场秘密政变，迫使涅尔瓦收养上日耳曼(Upper Germany)行省总督玛库斯·乌尔皮乌斯·图拉真(M. Ulpius Traianus)，并指定他为自己的继承人。[①] 而图拉真自己在有生之年也从未明确做出过关

① 格罗亚格怀疑卢奇乌斯·李锡尼乌斯·苏尔拉(L. Licinius Sura)曾插手其中(P-W XIII,475)。普林尼(*Epp.* 9.13.11)证明了来自行省军队的威胁。在公元 97 年末至 98 年初，叙利亚并没有一位前执政官级别的副将(*ILS* 1055)。

于大位继承问题的最终决定。谣言声称，对哈德良(Hadrian)的收养其实是在图拉真死后由他的妻子普罗提娜(Plotina)和禁卫军首领共同完成的。①

很显然，奥古斯都和他的心腹大臣都焦虑地思考过指定元首继承人——或不如说是延续现政权——的问题。同样明显的是，在这一重大问题上存在着尖锐的意见对立和激烈竞争。最终达成的和平解决方案是在内朝中的意见对立、数次政治危机和政治刺杀活动后达成的。

阿格里帕和里维娅在奥古斯都外甥马塞卢斯的事情上阻挠了元首建立王朝的野心。但他们的胜利转瞬即逝。马塞卢斯之死当

416 然是对元首的沉重打击，并令他悲痛万分；但元首也通过新的策略来予以补救，从而使得阿格里帕和里维娅的儿子相继成为奥古斯都的工具，以便确保自己的血脉可以继任元首。他把尤利娅先后嫁给了他们。

公元前 21 年，阿格里帕同尤利娅的婚礼隆重举行。第二年，尤利娅生下了一个名叫盖约的男孩。当她在公元前 17 年又生下名叫卢奇乌斯(Lucius)的第二名男婴后，元首把这两个男孩一并收为继子。这段多产的姻缘共计生下了五个孩子——除上述两个儿子外还有两个女儿，分别是尤利娅和阿格里皮娜；此外还有一个带来了不祥之兆的遗腹子阿格里帕(公元前 12 年)。

继阿格里帕之后成为尤利娅丈夫的是提比略——年幼的王室后裔的保护者和元首在战争中和治国时的助手。根据传言，这场

---

① Dio，69.1；*SHA Hadr*.4.10.

婚事是强扭的瓜。提比略当时还在热恋着出身平民的维普萨妮娅(Vipsania)。[①] 而且他刻板矜持的天性也与尤利娅放荡不羁的高傲(我们尽量使用不太露骨的字眼)难以兼容。为了家族的飞黄腾达和共和国的利益而牺牲自己的柔情乃是罗马贵族的责任与习惯。但奥古斯都的计划真的对罗马人民有益吗？爱国的罗马人肯 416
定会对此提出质疑。这个新共和国正在迅速转变成一个新帝国。

就奥古斯都表露出的、渴望建立家族王朝的野心来看，他更显而易见的、接近成功的希望在于盖约和卢奇乌斯的长大成人。于是提比略变成了一块鸡肋。有人还提到过他和自己的妻子失和的情况，这一问题由于两人必须在公共场合表现得一团和气的政治需要而显得尤其令人难以忍受。[②] 但无论尤利娅做出了什么举动，都不会是公元前6年危机的首要原因。提比略获得了有效期达五年之久的保民官特权——但那也并不意味着他将会继任元首。它不过是一种明显的提醒信号和遏制阴谋活动的做法。此外，奥古斯都可以依赖提比略的忠诚和他自己的声名。[③] 提比略征服了伊吕利库姆，并扩大了德鲁苏斯在日耳曼地区取得的领土。他现在要离开罗马，前去整顿东方事务(他显然已获得了专门的统

---

① Suetonius，*Tib.* 7.2 f.

② Tacitus，*Ann.* 1.53；Dio，55.9.7. 根据威利乌斯的说法(Velleius，2.99.1)，提比略之所以选择退隐，是为了让“自己的光芒不至于妨碍了刚步入仕途的年轻人们的晋升机会”(ne fulgor suus orientium iuvenum obstaret initiis)。这是提比略后来自己给出的解释(Suetonius，*Tib.* 10.2)。

③ Tacitus，*Ann.* 3.56：“sic cohiberi pravas aliorum spes rebatur；simul modestiae Neronis et suae magnitudini fidebat。”(这样便可以打消其他那些心怀叵测者的念头；同时，他[奥古斯都]也对尼禄[提比略]的谦逊和自己的崇高声望满怀信心。)

417 治权)。当提比略为元首管理外省、维持稳定和提高王室声望的时候,年轻亲王们却趁他不在罗马的这段时期巩固了自己的统治地位,从而损害了提比略与罗马人民的利益。在接下来的六年里,提比略很少出现在罗马;并且他在东方也无事可做。奥古斯都希望暂时摆脱这个桀骜不驯、特立独行的人物,防止他在首都笼络民心和增强克劳狄乌斯家族这一派系的实力。

提比略对此表示抗拒。他不顾奥古斯都的威胁和自己母亲的恳求,执意要退出公共生活,并通过主动归隐表示自己心意已决。元首和母亲都无法阻止他。提比略隐居在罗得岛上,过着流放生活,在潜心研究科学和文学的生活中发泄着心中的愤懑。他的敌人将此称之为腹诽的罪过。[①] 像阿格里帕一样,提比略表面上勤勤恳恳、俯首帖耳,内心深处却野心勃勃。他与阿格里帕都为奥古斯都效劳,但并不对后者毫无保留地言听计从。他的荣誉感和尊荣受到了伤害。但还有更为严重的问题。导致帝国中地位仅次于元首的二号人物拒绝为罗马人民服务的并非只有恼怒与失望。

奥古斯都的用意是昭然若揭的;这在提比略看来简直是在犯罪。直到提比略离开罗马后,奥古斯都才开始向世人展示年轻的亲王们将要获得的大量荣誉和王室遗产。这些做法乃是人们意料之中的事情,没有任何人会上当受骗。公元前 6 年,有人呼吁要让盖约担任执政官。[②] 奥古斯都在公开场合对此表示反对,心里却

---

① Tacitus, *Ann.* 1. 4:"iram et simulationem et secretas libidines。"(他心里充满了怨恨、伪善和不可告人的欲望。)

② Dio, 55. 9. 2.

暗自欢喜，并等待着合适的时机。[①] 到了下一年，奥古斯都终于摊牌了：盖约将在五年后（公元 1 年）担任执政官；再过三年，正好小他三岁的卢奇乌斯也将获得这一殊荣。元老院投票赞成将盖约破格擢升为执政官的这一史无前例的做法；罗马骑士集团欢呼他为“青年元首”（Princeps Iuventutis）。[②] 这两个阶层各司其职，但拥有一致的利益；它们代表并扮演着统治阶级和执政阶级的角色。它们已承认奥古斯都的儿子为王子和统治者；并且世人也已开始议论纷纷，认为他是内定的王储。[③]奥古斯都则在写给盖约和卢奇 418
乌斯的私人信件中祝愿他们将轮流继承自己的地位。[④]

这种做法太过分了。诚然，提比略和德鲁苏斯也曾被破格提拔，并年少成名。提比略在 29 岁时就当上了执政官——但那可是在他服过兵役、在西班牙担任过军团长、在亚美尼亚和阿尔卑斯山

① Tacitus, *Ann.* 1. 3："necdum posita puerili praetexta principes iuventutis appellari, destinari consules specie recusantis flagrantissime cupiverat。”（尽管他[奥古斯都]表面上拒绝这样做，他却打心眼里极其渴望能为这两个还穿着少年装束的孩子取得“青年元首”的称号，并为他们预留执政官的位置。）

② *Res Gestae*, 14.

③ Ovid, *Ars am*. 1. 194："nunc iuvenum princeps, deinde future senum。”（他现在是青年元首，将来就是正式元首。）殖民地比萨（Pisa）在哀悼盖约的夭折时称之为“已被指定的元首继任者；他极为正直，并在品行方面酷似自己的父亲”（iam designa|tu[m i]ustissumum ac simillumum parentis sui virtutibus principem）。（*ILS* 140, l. 13 f.）

④ 引自盖利乌斯（Gellius, 15. 7. 3）："nam, ut vides, κλιμακτῆρα communem seniorum omnium tertium et sexagesimum annum evasimus. deos autem oro ut, mihi quantumcumque superest temporis, id salvis nobis traducere liceat in statu rei publicae felicissimo ἀνδραγαθούντων ὑμῶν καὶ διαδεχομένων stationem meam。”（正像你们看到的那样，我已步入通常意义上的老年阶段，过了 63 岁。我恳求诸神再假我些许时日，以便我能把自己在共和国中的地位平安地、欢欢喜喜地、光明正大地依次传给你们。）当然，这些话是奥古斯都后来在公元 1 年过生日时写下的。

区的历次战役中担任过将领之后。作为奥古斯都的继子，提比略确实从这层关系中得到了好处。但即便里维娅没有母仪天下，在新政权下贵族阶层重新抬头的背景下，她的儿子也会像同一世代中的其他显贵一样，在33岁当上执政官。提比略确实享有特权，并从庇护关系中得到了好处；但这种优势尚不至于令他人感到愤慨。然而，把罗马人民的最高官职授予一个二十来岁、未经历练的毛头小伙的做法则不仅仅与元首制时期的法制模式与共和词汇相悖，它还是对真正共和情感和罗马贵族健全理解力的愚弄。非法的和过分膨胀的权力（被称为“帝王式的权力”[regnum]或“专制霸权”[dominatio]）在罗马史乃至克劳狄乌斯家族的家史中算不得什么新鲜事，但让一个罗马青年凭借血统关系继承元首的权力则是性质截然不同的事情。

提比略在罗得岛居住着。他的政治生涯似乎已经结束；而且他的性命似乎也已朝不保夕。任何研究过王朝政治和人性的人对此都会深信不疑。只有一位绝顶优秀的占星术士才能准确预言他的回归。[①] 在这段晦暗不明的、至关重要的间歇期内肯定发生过很多事情，但我们所知道的少得可怜。[②] 随着王权在光天化日之下稳步发展起来，内朝班子的重要性与日俱增；元首议事会上制定的秘密政策和暗地里的钩心斗角将决定罗马的政策、未来的元首继承人和全地中海世界的命运。

---

① Suetonius, *Tib.* 14.4；参见 Tacitus, *Ann.* 6.21。

② 狄奥的相关叙述简短且支离破碎，并且其中一部分只以摘要的形式保存了下来。而威利乌斯则只记载了提比略离开期间罗马城内的动荡与灾难。关于这段时期里罗马城内的历史，特别参见 E. Groag, *Wiener Studien* XL(1918), 150 ff.; XLI (1919), 74 ff.。

第 28 章　大位继承 419

一个党派的统治可能面临三种威胁——领导人之间失和，其名义上的领袖脱离党派的控制或该领袖与世长辞。就目前的情况来看，一切尽在奥古斯都的掌握之中。公元前 6 年，他有两个孩子可作为候选的继承人，分别为 14 岁和 11 岁。元首已经摆脱了恺撒党的羁绊，疏远了他的副手和至少一部分追随者。只要奥古斯都还在人世，他就有能力维持和平与这个王朝。但奥古斯都现在已经 57 岁了。危机不久就会降临。

663

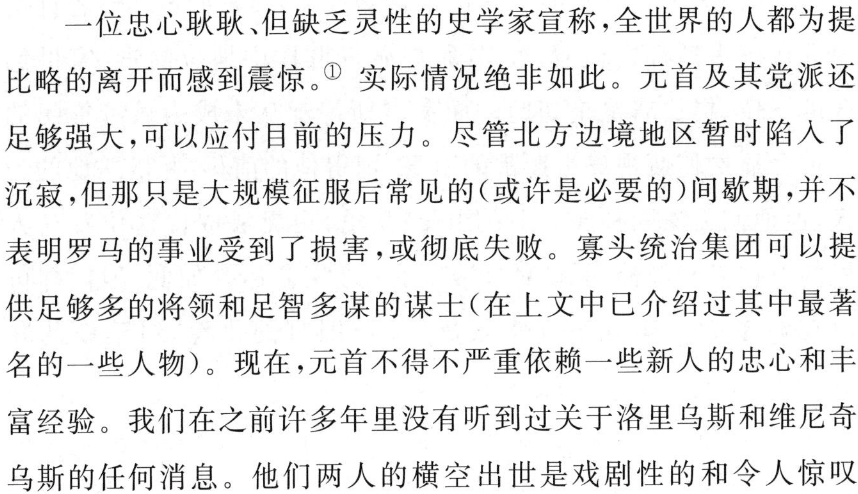

一位忠心耿耿、但缺乏灵性的史学家宣称，全世界的人都为提比略的离开而感到震惊。[①] 实际情况绝非如此。元首及其党派还足够强大，可以应付目前的压力。尽管北方边境地区暂时陷入了沉寂，但那只是大规模征服后常见的（或许是必要的）间歇期，并不表明罗马的事业受到了损害，或彻底失败。寡头统治集团可以提供足够多的将领和足智多谋的谋士（在上文中已介绍过其中最著名的一些人物）。现在，元首不得不严重依赖一些新人的忠心和丰富经验。我们在之前许多年里没有听到过关于洛里乌斯和维尼奇乌斯的任何消息。他们两人的横空出世是戏剧性的和令人惊叹

① Velleius，2. 100. 1：“sensit terrarum orbis digressum a custodia Neronem urbis。”（全世界都感到了罗马保护者尼禄的离开[所带来的影响]。）

的。仅次于他们的人物是奎里尼乌斯。

最重要的是，几个堪与提比略匹敌的显贵集团因为他的退隐而获得了荣誉和权力。在战争和革命中元气大伤的显贵们集合起来，在为国效劳的口号下拧成一股绳，通过与王权看似古怪、但并不矛盾的联盟迎来了最后一次短暂的回光返照。奥古斯都突破了罗马政治家或党派领袖的一切权限。他已经获得了君主的地位，并且显然渴望被人奉为神圣。他的继子们已经成为王子，即将继承他的王位。多数贵族将会比该集团的那几位领袖更容易接受君主制。奥古斯都对此心知肚明。显贵们的野心看似是对他统治的最严重威胁，但事实恰恰相反，它可以成为奥古斯都统治的最可靠

420 保障。

当秦那谋害其性命（或被怀疑有此企图）时，奥古斯都平静地指出，这种想法是疯狂的。即便他行刺成功，显贵们也不会容许秦那取代奥古斯都的位置。[①] 秦那是显贵群体中地位高贵、家世悠久的一位；提比略也是如此。而奥古斯都却从未成为显贵集团的一员。显贵们蔑视奥古斯都的出身，记得他的前科，并憎恶他的为人，但他们无法同神子（Divi filius）竞争，也无法取代这位罗马人民的保护人和领袖、军队的主宰、万王之王。尽管如此，他们却可以在君主制的阴影下谋求发展，了结旧日的仇怨，组建新的联

---

① 至少如塞涅卡所说的那样（*De clem*. 1. 9. 10）："cedo，si spes tuas solus impedio，Paulusne te et Fabius Maximus et Cossi et Servilii ferent tantumque agmen nobilium non inania nomina praeferentium，sed eorum qui imaginibus suis decori sunt"（倘若只有我在妨碍你心愿的实现的话，那么我就避贤者路了；但难道不是还有保卢斯、法比乌斯·马克西穆斯和科苏斯家族、塞尔维利乌斯家族等一批贵族在吗？他们拥有的不是空洞的名字，而是足以为自己增光添彩的古老门第。）

盟——一言以蔽之，他们可以分享到相当可观的权力和利益。他们最有机会获得的政治奖赏是执政官头衔。公元前 5 年，奥古斯都在时隔十八年后再次担任了这一职务，其同僚为卢奇乌斯·科奈里乌斯·苏拉(L. Cornelius Sulla)。从那一年起，每年任命两位以上执政官的做法开始成为常例。

这一时期的执政官年表中充斥着古老家族的后人。这些家族有的在罗马共和国的历史上大名鼎鼎，有的则直到最近才取得尊贵地位。但显贵集团，尤其是其中的老牌贵族们(这些家族比罗马国家本身还要古老，其祖先曾手握重权，甚至属于王族)是从个人野心的角度去理解自己对罗马的义务的。既然共和制能够满足他们的需要，君主制为什么就不可以呢？最真诚的、严格意义上的共和派政治家通常来自新兴贵族，还有一些人根本就不是贵族。自由最坚定的拥护者是一批平民贵族；身为元老的史学家撒路斯提乌斯、波利奥和塔西佗都是来自外省的骑士之子，他们的作品洋溢着真正的共和精神，承载着共和国的美德；另一部叙述自由之沦丧的爱国史诗的作者则是一位来自殖民地科尔杜巴的罗马人——玛库斯·阿涅乌斯·卢坎(M. Annaeus Lucanus)。

显贵中的一些有钱有势者成了奥古斯都家族内部小圈子中的亲信；他们距离大位继承已经并不遥远——“距离继承恺撒产业很近的一些名字”(nomini ac fortunae Caesarum proximi)。[①] 他们自己或许还不敢奢望王权；但他们的后裔却有机会当上元首，或分

① 参见威利乌斯对公元 6 年执政官玛库斯·埃米利乌斯·雷必达的形容(Velleius，2.114.5)。

享一部分君主权力。元首奥古斯都肯定有去世的那一天。但王子盖约和卢奇乌斯还在;地位仅次于他们的则是克劳狄乌斯家族中的皇亲国戚。倘若奥古斯都在他的继子们长大成人之前死去,那
421 么某个公开或秘密的摄政机构必将攫取权力。

事实上,我们根本无法观察这个从未真正存在过的组织的构成;但现存史料可以证实,寡头统治集团中的一些著名人物觊觎过王位,并且这些事情肯定成为了公开传播的谣言和私人阴谋的主题。由于奥古斯都的家人圈子一度同时拥有过三对分别叫渥大维娅、安东尼娅和玛塞拉的姐妹,而且其中除玛库斯·安东尼的女儿们外,其他四位女子又分别结过两次婚,因此王室的世系变得愈趋复杂,形成了很多旁逸斜出的亲属关系,出现了一大批奥古斯都家族中女子的丈夫和儿子。其中的大部分都已经成为前执政官了。

名不见经传的绥克斯图·阿普列乌斯(公元前 29 年执政官)在公元前 8 年成为伊吕利库姆行省的元首副将。他是渥大维同父异母的姐姐渥大维娅的儿子。颇有品位和教养的尤鲁斯·安东尼(公元前 10 年执政官)接替阿格里帕成为一位玛塞拉的丈夫;而普布利乌斯·昆克提利乌斯·瓦鲁斯(公元前 13 年执政官)则娶了另一位玛塞拉的女儿。[①] 保卢斯·法比乌斯·马克西穆斯(公元前 11 年执政官)娶了奥古斯都继父的外孙女玛尔齐娅(Marcia)。[②] 富有教养和外交策略的法比乌斯是元首的亲密朋友,曾在担任亚

① 瓦鲁斯的妻子是玛库斯·瓦勒里乌斯·麦萨拉·巴尔巴图斯·阿庇安(公元前 12 年执政官)和小克劳狄娅·玛塞拉所生的女儿克劳狄娅·普尔切拉(Claudia Pulchra,*PIR*^{2},C 1116)。

② Tacitus,*Ann.* 1.5;Ovid,*Ex Ponto*,1.2.138;*Fasti*,6.801 ff.

细亚行省总督期间大肆鼓吹元首授予他的荣誉。[①] 他还把自己的女儿法比娅·努曼提娜(Fabia Numantina)嫁给了绥克斯图·阿普列乌斯的儿子,从而进一步巩固了他与元首的姻亲关系。[②]

上述四位前执政官可能并非全都才华横溢,或跟王室的关系极其密切。根据我们所掌握的资料,其中只有两人曾在提比略退隐期间指挥过军队。尽管如此,他们仍然是值得关注的人物,尤其是玛库斯·安东尼之子。但比他们都更加引人注目的则是卢奇乌斯·多米提乌斯·埃诺巴布斯(公元前 16 年执政官)、奥古斯都外甥女安东尼娅的丈夫,他在政治联姻中获得的好处仅次于德鲁苏斯(较小的那位安东尼娅的丈夫)和奥古斯都亲生女儿尤利娅的历任丈夫们。埃诺巴布斯先后指挥过从伊吕利库姆到日耳曼的各支
大军。根据史料的描述,他是一个残忍、傲慢和奢侈的人,也是一 422
位技术熟练的战车驭手。[③] 但他身上还有别的品质——审慎或滴水不漏的狡诈。我们在任何政治交易或阴谋诡计中都找不到他的名字。埃诺巴布斯家族的坎坷经历可能提醒了这位后人理智地远离各种政治和冒险活动——他家族中的两位成员在马略与苏拉的战争中牺牲;他的祖父是恺撒和庞培的共同敌人,最后死在法萨卢斯;而他的父亲则是那位伟大的共和派海军将领。

除后三头时期外,埃米利乌斯家族始终维系着同恺撒党的传统政治联盟。雷必达的侄子和敌人——保卢斯·埃米利乌斯·雷必达从西西里战争时起一直是奥古斯都的朋友。他先后娶过两位

---

① *OGIS* 458.

② *ILS* 935.

③ Suetonius, *Nero*, 4.

妻子——科奈莉娅和较小的那位玛塞拉。保卢斯已经去世;科奈莉娅为他生的两个儿子——卢奇乌斯·科奈里乌斯·雷必达(L. Cornelius Lepidus,公元1年执政官)和玛库斯·埃米利乌斯·雷必达(M. Aemilius Lepidus,公元6年执政官)凭借其显赫门第和母亲的恳求而获得了担任执政官的殊荣,但两人命运迥异。[①]哥哥娶了尤利娅之女和奥古斯都的孙女尤利娅(Julia),弟弟则免去了迎娶王室女儿的危险。

以上便是与王权存在着盘根错节关系的各贵族家族。里维娅和克劳狄乌斯家族的联盟已经江河日下。提比略过着流放生活,可能永远也不会回来了。里维娅在自己的家族里缺少能够组建起一个党派的亲戚。[②] 诚然,她的孙子们——德鲁苏斯和安东尼娅的三个孩子还在;里维娅巧妙地让其中两人同奥古斯都通过里维娅传下来的后代喜结连理:日尔曼尼库斯与阿格里皮娜订了婚,尤利娅·里维娅则同极有希望继任元首的盖约·恺撒订了婚。最小的孙子克劳狄乌斯其貌不扬,并且也没有表现出超群的智力。但即便他也可以服务于祖母的政治野心。于是,这位年轻的克劳狄乌斯在新娘里维娅·麦杜丽娜去世后娶了玛库斯·普劳提乌斯(M. Plautius,这位政治家由于其母亲同里维娅臭名昭著的友谊而获得了晋身之阶)之女乌古拉尼拉(Urgulanilla)。希尔瓦努斯

---

① Propertius, 4. 11. 63 ff. 见书后表 IV。

② 我们完全不知道公元前15年执政官玛库斯·李维·德鲁苏斯·利波(M. Livius Drusus Libo)的任何相关情况。未来元首伽尔巴的继母里维娅·奥克丽娜(Suetonius, *Galba*, 4. 1)是他的一位远亲;在自己婚礼当天暴卒的里维娅·麦杜丽娜是另一位(Suetonius, *Divus Claudius*, 26. 1)。另参见下文,原书第425页。

(Silvanus)与奥古斯都在公元前 2 年一同出任执政官。同普劳提乌斯家族维持政治联盟向来是克劳狄乌斯家族的优良传统。[①] 里维娅就这样为争取权力而奋斗着。但我们并不确定希尔瓦努斯是 423 否跟提比略关系融洽。而如果没有了提比略,克劳狄乌斯家族的党派便在战争和政治中缺少一位领袖。大批前执政官级别的显贵受到联姻关系的笼络,簇拥在元首和他所中意的、大有希望成为下一任元首的两位继承人身边。其中有许多提比略的敌人,随时可能向他打击报复和秋后算账。提比略仍然必须在显贵中找到自己的追随者。

在东山再起的老牌贵族势力中,埃米利乌斯家族和法比乌斯家族通过姻缘或同盟关系紧密地与元首家族联系在一起。地位仅次于它们的是瓦勒里乌斯家族,尽管后者由于在这些年里远离政治是非和流言蜚语而淡出了人们的视线。麦萨拉还活着,并领导着一个松散的党派。[②] 西庇阿家族的苗裔已几近绝迹;[③]但其他科

① 关于最早的后起平民贵族之一普劳提乌斯家族,见 Münzer,*RA*,36 ff.。在担任监察官期间大出风头的阿皮乌斯·克劳狄乌斯·凯库斯(Ap. Claudius Caecus)的同僚便是这个家族中的一员。闵采尔猜想,玛库斯·普劳提乌斯·希尔瓦努斯(公元前 2 年执政官)和奥鲁斯·普劳提乌斯(A. Plautius,公元前 1 年递补执政官)都是这个家族的后裔;但这些看法无从得到证明。或许跟奥古斯都时代的某些其他家族一样,族谱的说法未必全然可信。普劳提乌斯家族的墓葬位于台伯河畔(*ILS* 921,&c.)。

② 麦萨拉的家族关系网极其复杂。他至少结过两次婚(其中的一位妻子可能是来自卡尔普尼乌斯家族的姑娘,见 *CIL* VI,29782);麦萨利努斯(Messallinus,公元前 3 年执政官)和科塔·麦萨利努斯(Cotta Messallinus,公元 20 年执政官)是他的儿子;麦萨利努斯·阿庇安(Messallinus Appianus,公元前 12 年执政官)可能是他的继子。关于确认科塔身份的困难,参见 *PIR*², A 1488。值得注意的还有他同成功新人玛库斯·洛里乌斯(Tacitus,*Ann.* 12. 22)和陶鲁斯之间的联系;他的女儿嫁给了公元 11 年执政官提图斯·斯塔提利乌斯·陶鲁斯(P-W III A,2204)。

③ 来自这个家族的最后一位执政官就任于公元前 16 年。公元 2 年的那位执政官可能来自伦图鲁斯家族。

奈里乌斯家族、伦图鲁斯家族中的主要支系却权力日盛、人丁兴旺，同时举止谨慎，维持着血脉的延续，并不断成为元首联姻政策的争取对象。[①]

安东尼娜的丈夫埃诺巴布斯是伟大的多米提乌斯平民家族在政坛剩下的独苗，但却是一根有力的支柱；他距离王位其实并不遥远。山穷水尽的马塞卢斯家族和日薄西山的麦特鲁斯家族在这一时期没有产生过一位执政官。[②] 其他曾在苏拉独裁后的寡头统治集团中呼风唤雨的家族有些已经无影无踪，另外一些也已元气大伤——追随自由派的那些家族的下场尤为凄惨。

但有些世家大族生存了下来。它们是尤利乌斯家族和克劳狄乌斯家族的对手，没有被邀请（或不屑于）加入统治集团的小圈子；这些人物是秦那、苏拉、克拉苏和庞培的后裔。他们中有人未曾担任执政官；并且据我们所掌握的史料看，奥古斯都没有任用过他们

中的任何一位去领导驻有军队的行省。他们彼此间建立了同盟，
424 并同皮索家族进行联姻。[③]

卢奇乌斯·卡尔普尼乌斯·皮索（公元前 15 年执政官）在奥古斯都元首统治期间声名显赫，但他并未试图去跟王朝统治者建立更加亲密的联系。皮索从父亲那里继承来的不仅有对文学的爱好，还有理智和对疯狂野心、党派成见的坚决摒弃。皮索的家族与

① 该家族在公元前 18 年和公元前 14 年分别有成员担任过执政官；间隔一段时期后又涌现出了四位执政官（公元前 3 年、公元前 1 年、公元 2 年和公元 10 年）。

② 马塞卢斯家族中最后一位担任过执政官的人物是埃塞尼努斯（Aeserninus，公元前 22 年执政官）；此人是独裁官恺撒的党徒，名气不算太大。而公元 7 年那位名为麦特鲁斯的执政官其实来自尤尼乌斯·西拉努斯家族。

③ 见书后表 V。

克拉苏家族建立了姻缘联系；该联盟为两个家族带来了巨大声誉，但最终也导致了它们的一同败亡。[①]

卢奇乌斯·皮索是位中立派。他拥有很高的声望，或许也有自己的追随者。[②] 像科奈里乌斯·伦图鲁斯家族一样，皮索也与提比略为敌。还有一些拥有重要联姻纽带的其他贵族，如性情温和的普布利乌斯·昆克提利乌斯·瓦鲁斯。此人没有深陷致命的宫廷党争，甚至还因厌恶财富而获得了好处。[③] 但克劳狄乌斯党派的主要支持者可能是庞培党的余部。

在之前那些黑暗的岁月里，罗马贵族集团的联盟关系是依靠家族纽带、忠诚和友谊维系的。提比略本人没有多少亲戚。但优秀的卢奇乌斯·沃鲁修斯·萨图尔尼努斯肯定不会忘记，自己的父亲娶的是提比略家族的亲人。[④] 许多高贵人士都曾跟提比略的

① 皮索的家世跟麦萨拉的一样，汇聚了众多疑难问题。他大概结过两次婚。玛库斯·李锡尼乌斯·克拉苏·弗鲁吉（M. Licinius Crassus Frugi，公元 27 年执政官）是他的一个儿子；根据 *IG* II^2，4163 来看，他似乎后来被神秘的公元前 14 年执政官玛库斯·李锡尼乌斯·克拉苏收养了。关于这一问题，参见 E. Groag in *PIR*^{2}，C 289. 关于皮索家族的谱系，见 *PIR*^{2}，p. 54 对面页。另见本书书后表 V。

② 他的女儿（*PIR*^{2}，C 323）嫁给了来自一个在当时与许多世家大族缔结了姻缘的新贵家族的卢奇乌斯·诺尼乌斯·阿斯普雷纳斯。普布利乌斯·昆克提利乌斯·瓦鲁斯的第一任妻子是这位阿斯普雷纳斯的姑妈，参见书后表 VII 中的族谱。此外，还有一位沃鲁修斯家族的男子娶了一位诺尼乌斯·保卢斯家族的女儿（Nonia Polla）（*OGIS* 468）。

③ 瓦鲁斯与诺尼乌斯家族沾亲带故（见第 549 页注④，即原书第 424 页注 2）；他的姐姐则是普布利乌斯·科奈里乌斯·多拉贝拉（公元 10 年执政官）的母亲。参见 *PIR*^{2}，C 1348 和书后表 VII。

④ 昆图斯·沃鲁修斯（Q. Volusius）是一位提比略的女婿（Cicero，*Ad Att.*，5. 21. 6），可能是元首提比略的父亲或祖父。这位昆图斯·沃鲁修斯可能是卢奇乌斯·沃鲁修斯·萨图尔尼努斯（公元前 12 年递补执政官）之父；那位执政官的妻子则是诺尼娅·保拉（Nonia Polla）（*OGIS* 468）。

父母一道逃离意大利，同绥克斯图·庞培亡命天涯，并记得戕害共和国的那些黑暗审判。[1] 格涅乌斯·卡尔普尼乌斯·皮索(公元前23年执政官)曾经是共和派，但后来投奔了奥古斯都。他的儿子则保持着十分醒目的、真正的共和派的特立独行作风，并受到提比略的信任与尊重。[2] 格涅乌斯·森提乌斯·萨图尔尼努斯与绥
425 克斯图·庞培的岳父卢奇乌斯·斯克里波尼乌斯·利波沾亲带故；[3]现在，庞培和斯克里波尼娅的后裔又同提比略母亲所在的李维家族结亲了。[4] 卢奇乌斯·阿伦提乌斯(公元前22年执政官)所在的家族也与庞培党有关，曾追随过绥克斯图·庞培。[5] 格涅乌斯·秦那(Cn. Cinna)则是伟人庞培的外孙。

现在，革命战争中的大将们，如卡里纳斯、卡尔维修斯、科尼菲

① 绥克斯图·庞培的妹妹赠给幼小的提比略的那些物品被当作传家宝或古玩而被保存了下来(Suetonius, *Tib.* 6.3)。

② 格涅乌斯·皮索于公元前7年同提比略一道出任执政官。塔西佗将他描述为"一个生性凶猛、不知规矩为何物的家伙，继承了他父亲皮索的暴烈性格"(ingenio violentum et obsequii ignarum, insita ferocia a patre Pisone)(*Ann.* 2.43)。

③ *ILS* 8892.

④ 值得注意的是家世不详的玛库斯·李维·德鲁苏斯·利波(公元前15年执政官)。他的其他家族联系有些拐弯抹角，难以解释，参见 P-W II A, 885 ff.；具体族谱见书后表V。于公元16年分别担任执政官和大法官的卢奇乌斯·斯克里波尼乌斯·利波(L. Scribonius Libo)和玛库斯·斯克里波尼乌斯·利波(M. Scribonius Libo)都是绥克斯图·庞培的外孙。

⑤ 我们不太清楚具体情况是怎样的。卢奇乌斯·阿伦提乌斯(公元6年执政官)的继子名叫卢奇乌斯·阿伦提乌斯·卡米鲁斯·斯克里波尼亚努斯；他的儿子则被称为伟人庞培的"玄孙"(a[bnepos])或"来孙"(a[dnepos])(*ILS* 976, 参见 PIR^2, A 1147)。但卢奇乌斯·阿伦提乌斯(公元6年执政官)身上可能有庞培的血统，或通过科奈里乌斯·苏拉家族(Cornelii Sullae)而同庞培家族建立了姻亲关系。参见 Tacitus, *Ann.* 3.31；E. Groag, PIR^2, A 1130。

奇乌斯等人都已告别人世。陶鲁斯也去世了，并且他的儿子在还没有活到可以担任执政官的年龄时就夭折了。但这个家族依旧屹立不倒且举足轻重。[①] 而在年纪更轻的新人中，卢奇乌斯·塔里乌斯·鲁孚斯虽然是奥古斯都的私人朋友，但可能因为才能有限而没有获得多少权力。洛里乌斯是提比略面对的劲敌；维尼奇乌斯和希利乌斯显然保持着中立或谨慎的态度，而奎里尼乌斯则明智地选择了锋芒内敛。[②] 显然，罗马的政治危机和克劳狄乌斯党的失势会在执政官年表和驻军行省的总督人选中有所反映。瓦鲁斯在公元前 6 年接替森提乌斯叙利亚总督的事件可能是有（但也可能没有）政治原因的。但埃诺巴布斯和维尼奇乌斯、洛里乌斯和法比乌斯·马克西穆斯分别掌握北方、东方和西班牙重要军权则肯定与此有关。[③]

提比略的敌人、有立场或无原则可言的野心家和对一切罗马执政者都忠心耿耿的公仆如今有了长达九年的时来运转的机会。里维娅静观其变，耐心且低调地等待着帮助自己的家族东山再起的机会。统治联盟内部的不和肯定不会留下任何公开证据。公元前 2 年，一桩突如其来的丑闻被公之于众；它毁掉了元首的女儿尤利娅。但那并不是里维娅的杰作，并且也没有给她的儿子带来直 426
接的好处；其整个过程是扑朔迷离的。

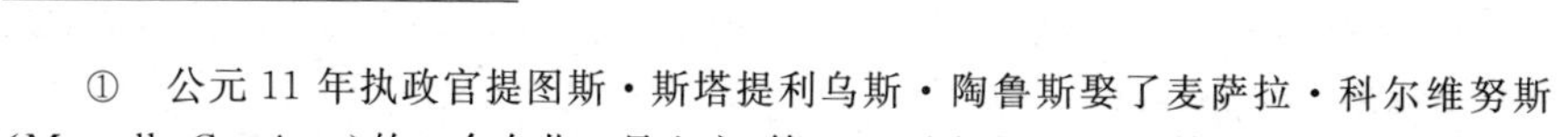

① 公元 11 年执政官提图斯·斯塔提利乌斯·陶鲁斯娶了麦萨拉·科尔维努斯（Messalla Corvinus）的一个女儿。见上文，第 548 页注②，即原书第 423 页注 1。

② 通过他的第一位妻子、麦萨拉·阿庇安（Messalla Appianus）的姐妹阿皮娅·克劳狄娅（*CIL* VI，15626），奎里尼乌斯与克劳狄乌斯家族和瓦勒里乌斯家族建立了联系。他还是利波家族的亲戚（Tacitus，*Ann.*，2. 30），但具体联系方式已无证可考。

③ 见上文，原书第 400 页以下。

奥古斯都指控尤利娅做出了举止不端的行为，并草草地把她放逐到一座岛屿上。奥古斯都向元老院提交了一份文件，里面详细列举了尤利娅的劣迹、情人和帮凶；据说这些人数目很多，来自社会中的各个阶层。其中有五名显贵。[①] 前执政官尤鲁斯·安东尼被处死了；[②]其他四人分别是被描述为外表道貌岸然、内心邪恶无比的提图斯·昆克提乌斯·克里斯皮努斯（T. Quinctius Crispinus），[③]精明且雄辩的提比略·森普罗尼乌斯·格拉古[④]，以及阿皮乌斯·克劳狄乌斯·普尔切（他可能是公元前38年那位执政官的儿子或孙子）和科奈里乌斯·西庇阿；他们全部遭到了贬谪。[⑤] 他们的罪名可能是触犯了《尤利乌斯系列法案》（*Leges Juliae*）；但他们受到的处罚比该法令所规定的更重；对这些人的审判程序可能是按照处理严重叛国罪进行的。[⑥]

对尤利娅的丑行及她那些为数众多、各式各样的情人的详细描述不胫而走，被各种修辞手法添油加醋，并在历史记载中盖棺定论——尤利娅通过明目张胆的和偷偷摸摸的寻欢作乐玷污了罗马

---

① 只有 Velleius，2. 100. 4 f. 列出了具体名单。他说还有其他一些元老和骑士也在其列。

② Dio，55. 10. 15；Tacitus，*Ann.* 1. 10；4. 44. Velleius，2. 100. 4 说他是自杀的。其中的出入无关大局。

③ Velleius，2. 102. 5："singularem nequitiam supercilio truci obtegens。"（他的道貌岸然掩盖了其内心的邪恶暴戾。）

④ Tacitus，*Ann.* 1. 53："sollers ingenio et prave facundus。"（他天性机智，擅长诡辩。）关于他的文学成就，见 P-W II A，1372。

⑤ 关于这些人物的具体身份，参见 E. Groag，*Wiener Studien* XLI（1919），86。其中可能有西庇阿家族和克劳狄乌斯·普尔切家族中的各自最后一人。

⑥ 参见 Tacitus，*Ann.* 3. 24。

广场和那里的讲坛；而她的父亲、元首奥古斯都从前正是在那里颁布整顿罗马道德风气的法律的。[①] 我们或许可以昭雪她的清白，但也没有十足的把握。尤利娅或许做过出格的事情，但她不大可能是一个怪物。即便对她通奸行为的一两项指控可以坐实，她也毕竟是位罗马贵族，拥有社会地位和家庭背景带给她的特权。[②] 有必要把这些事情搞得满城风雨么？奥古斯都或许会因为他的道德立法遭到家人的阻挠和蔑视而大发雷霆和痛下狠手，但他完全可以关起门来自行处理这些问题。在贵族圈子里，他当时的政策已经十分不得人心了；这位举止极其谨慎的政治家绝不会在这个 427
多事之秋里冒险去发动一场毫无必要的上流社会道德净化运动。那么，究竟是什么促使他去制造公开的谣言，并承认自己亲生女儿的耻辱呢？

我们也许有理由怀疑，里维娅插手其中并发挥了影响，因为她对取代自己儿子地位的尤利娅一派怀恨在心。但没有任何古代文献提出过这种顺理成章的假设，将此归咎于这种极易受到攻击的

① Seneca, *De ben*. 6. 32. 1："admissos gregatim adulteros, pererratam nocturnis comissationibus civitatem, forum ipsum ac rostra, ex quibus pater legem de adulteriis tulerat, filiae in stupra placuisse, cotidianum ad Marsyam concursum, cum ex adultera in quaestuariam versa ius omnis licentiae sub ignoto adultero peteret。"（在逐一审判过每一名奸夫后，我在夜间走过公民大会的会场，走过罗马广场和讲坛——你的父亲就是在那些地方颁布惩治与姑娘们偷情的通奸者的法律的，并走到人们每天聚集的玛叙亚斯雕像下，法律会在那里用富有教益的字句引导天真无邪的心灵远离通奸的罪恶。）这段话使用奥古斯都的口吻指责了他的女儿。相似材料见 Pliny, *NH*, 21. 9；Dio, 55. 10. 12。

② Velleius, 2. 100. 3："magnitudinemque fortunae suae peccandi licentia metiebatur, quicquid liberet pro licito vindicans。"（他［奥古斯都］在裁决她的前途命运时仅仅考虑她罪过的大小，虽然他可以保护任何人免受法律制裁。）

野心。此外，有罪母亲的厄运也并不妨碍她的儿子盖约和卢奇乌斯继任元首。

奥古斯都这一做法的目的肯定是政治性的；对尤利娅品行不端的指控无非只是一个方便的、冠冕堂皇的借口而已。[①] 作为一名政治家，奥古斯都是残酷无情的和始终如一的。为实现其野心，他可以冷酷地牺牲掉自己最亲近的人；而他的野心则是让盖约和卢奇乌斯不受妨碍地继承大位。为了实现这一目的，他们的母亲只不过是一件工具而已。当时可能出现过一场政治阴谋。无论尤利娅的确生活放荡，还是仅仅受到了恶语中伤，她都不是无名鼠辈，而是一位举足轻重的女政治家。被扣上尤利娅情人帽子的那五位显贵并不是头脑单纯的浪荡公子或道德败坏的恶棍，而是一个可怕的党派。其中，格拉古在公共场合下承受了最多的谴责；[②] 但真正的党魁或许是尤鲁斯·安东尼。这位后三头之一的儿子很可能是个政治上的危险人物。跟早期基督徒的遭遇一样，注定其厄运的不是他的恶行（flagitia），而是他的名分（nomen）。作为年幼亲王们的继父，尤鲁斯·安东尼可能觊觎提比略的地位；而尤利娅也很可能觉得才华横溢的安东尼比她那刻板的丈夫更加可亲。但这些情况无法确定——如果奥古斯都打压了尤利娅和安东尼的话，那也不是为了袒护提比略。他可能希望通过除去自己的女儿来最终消除提比略的威胁，从而保证自己血脉的安全。尽管提比

① 关于这种观点，特别参见 E. Groag, *Wiener Studien* XLI(1919), 79 ff.。

② Tacitus, *Ann.* 1.53 称他为一个“无药可救的通奸者”（pervicax adulter），声称他在尤利娅还是阿格里帕妻子的时候已开始与她通奸。关于认为尤鲁斯·安东尼是更关键人物的看法，参见 E. Groag, *Wiener Studien* XLI(1919), 84 ff.。

略身在远方，他仍拥有一批追随者；他虽然遭受了流放，但依然保留着保民官特权；并且他还是元首的女婿。奥古斯都或许认为自己了解提比略的为人，但他还是不愿冒险。尤利娅的耻辱可以切断提比略与王室间的最后一丝联系。元首并未征求提比略对此事的意见；当提比略得知元老院的事情后，他徒劳地为自己的妻子说情。奥古斯都不为所动。他马上向尤利娅派出信使，以提比略的名义宣布同她离婚。①

长期以来，提比略的地位一直是不合常规的，现在已变得可疑 428
且危险。到了下一年，他的保民官特权到了期限。奥古斯都并未延长提比略的这一权力。而已被指定为执政官、并获得相当于行省总督权力的盖约·恺撒则在视察多瑙河与巴尔干驻军后出现在了东方。若干年以来，由奥古斯都直接管理的亚美尼亚一直动荡不安；这虽不至于严重损害罗马的利益与声望，但也是相当引人关注的。更重要的是，现在已经到了元首将自己的继承人公开介绍给诸行省和军队的时候了；自从十二年前元首的副手阿格里帕离开东方后，他们再未亲眼见到过统治集团中的核心成员。与此同时，奥古斯都还派出得力的将领——久经沙场的老将提提乌斯（他在亚克兴海战后一度销声匿迹，但可能在阿格里帕离开东方后被任命为叙利亚的元首副将[公元前 13 年]）、盖约·森提乌斯·萨图尔尼努斯和普布利乌斯·昆克提利乌斯·瓦鲁斯——去统治叙利亚。但那还是不够的。奥古斯都派盖约前往那里，并安排玛库

① Suetonius, *Tib.* 11.4.

斯·洛里乌斯担任他的向导和参谋[①]——元首绝不会容许这个意气风发、但缺乏经验的青年把帝国卷入一场毫无意义的帕提亚战争中去。他的下属团队由形形色色的成员构成，其中包括卢奇乌斯·埃利乌斯·塞亚努斯和军事保民官威利乌斯·帕特库鲁斯。[②]

提比略来到萨摩斯岛并尽了分内的礼数，向那位取代了自己地位的亲戚表示了敬意。他在受到冷冰冰的接待后再次返回了自己的隐居地。洛里乌斯掌握着巨大的权力。提比略已经命悬一线——在一场宴席上，一个操之过急的冒险家当着盖约·恺撒和洛里乌斯的面提议，自己要前往罗得岛提回那个被流放者的人头。[③] 这未免有些过分。但还有其他一些征兆。纳旁高卢境内的一个忠诚、爱国的城市——尼茂苏斯的居民推倒了提比略的雕像。[④] 而一个卑劣的东方王侯、曾被提比略在元老院中力保的卡帕多西亚的阿凯拉奥斯(Archelaus of Cappadocia)受到了怂恿，居然胆敢蔑视这位克劳狄乌斯家族的首领。[⑤] 比任何一位共和国贵族都更重视忠诚的神圣性的提比略牢记着这次冒犯。

与此同时，盖约继续着他的旅程。公元 2 年，这位罗马亲王同帕提亚国王在幼发拉底河中的一座河心岛上会谈，并取得了相当

---

① Suetonius, *Tib.* 12 f. ; Velleius, 2. 101 f. ; Dio, 55. 10. 17 ff. (其中没有提及洛里乌斯)。关于这一时期在东方发生的种种事件，参见 J. G. C. Anderson in *CAH* X, 273 ff. 。

② Velleius, 2. 101. 3; Tacitus, *Ann.* 4. 1 (塞亚努斯)。

③ Suetonius, *Tib.* 13. 1.

④ Suetonius, *Tib.* 13. 1. 他的父亲曾在纳旁地区为恺撒效劳过(Suetonius, *Tib.* 4. 1.)。

⑤ Tacitus, *Ann.* 2. 42. 参见 Suetonius, *Tib.* 8。

令人满意的结果。不久之后，他的“追随者与劝诫者”（comes et rector）洛里乌斯突然失宠并死去；相关史料记载，他是自杀身亡的。根据当时的目击者和提比略的奉承者——威利乌斯的说法，这个家伙的死亡令世人皆大欢喜。[①] 即便有许多人知道事实真 429
相，他们大概也会守口如瓶。但从近二十年后发生的另一场事件来看，为了操纵元首继承人而制造纷争不和与政治阴谋乃是十分常见的事情。[②]

对洛里乌斯的指控称，他从东方王侯手中收受了贿赂[③]——那其实算不得多大罪过。贺拉斯对他不为名利所动的正直品质过于热切的赞美似乎起到了欲盖弥彰的作用，恰恰印证了人们在其他场合下对这位强大、但不得人心的元首盟友贪婪吝啬性格的谴责。[④] 对洛里乌斯性格描述中存在的明显矛盾是很好解释的：洛里乌斯获得了奥古斯都的宠幸，却受到提比略的痛恨。公元前 17 年，时任高卢行省总督的洛里乌斯在进行劫掠的日耳曼人手下吃了一场无关痛痒的败仗。他虽很快对此予以补救，但其诋毁者却

① Velleius，2. 102. 1 f.

② 格涅乌斯·皮索（Cn. Piso，公元前 7 年执政官）在试图控制日尔曼尼库斯时便付出了代价。

③ Pliny，*NH*，9. 118. 威利乌斯提及了帕提亚国王所泄露的、洛里乌斯的邪恶计划——“背信弃义并充满诡诈的算盘”（perfida et plena subdoli ac versiti animi consilia）。

④ *Odes*，4. 9. 37 f.：“vindex avarae fraudis et abstinens | ducentis ad se cuncta pecuniae。”（他是悭吝者骗术的惩罚者，并杜绝那吸引一切的金钱的诱惑。）可比较 Velleius，2. 97. 1：“sub legato M. Lollio，homine in omnia pecuniae quam recte faciendi cupidiore et inter summam vitiorum dissimulationem vitiosissimo。”（[一场灾难]发生在玛库斯·洛里乌斯担任元首副将期间——此人在一切事情上都宁可贪图钱财，不肯正直做事；尽管他极力掩饰，但还是可以随时暴露出其极度邪恶的本质。）

将这场失利无限夸大。① 次年，奥古斯都带着提比略来到高卢。提比略继承了洛里乌斯对高卢军团的指挥权，并在阿尔卑斯山区战争中赢得了荣耀。正像普布利乌斯·希利乌斯为他所效忠的德鲁苏斯在这次协同作战中的另一阵线上所做的事情一样，洛里乌斯也在为另一位主子争抢胜利果实。但洛里乌斯的地位被提比略取代了。于是双方便这样结下了梁子。

接替名誉扫地的洛里乌斯担任辅佐盖约·恺撒这一困难差事的是普布利乌斯·苏尔庇奇乌斯·奎里尼乌斯。此人曾极力讨好过那位罗得岛上的被流放者，但这并未影响他本人的仕途。② 政治远见让奎里尼乌斯在生前（他当上了叙利亚行省总督）和死后都得到了丰厚的报偿。通过提比略的提议，这位来自小镇拉努维乌姆的新人获得了公共葬礼的殊荣。提比略不失时机地提醒元老院

430 注意奎里尼乌斯的功绩，这与他对在二十年前早早去世的洛里乌斯（提比略并未忘记此人）的辱骂形成了鲜明对比。提比略说，洛里乌斯必须对盖约·恺撒的恶行负责。③

提比略的地位得到了提升，但他的政治前途并未变得光明起来。他似乎已心力交瘁，开始乞求元首让他返回罗马，而他的母亲

---

① Velleius，2. 97. 1. 但狄奥（Dio，54. 20. 4 ff.）揭露了事实真相。威利乌斯对"洛里乌斯的灾难"（clades Lolliana）的描述有些言过其实了。

② Tacitus，*Ann.* 3. 48："Tiberium quoque Rhodi agentem coluerat。"（他力挺过隐居罗得岛的提比略。）此后不久（可能在公元 3 年），他娶了埃米莉娅·雷必达（Aemilia Lepida）为妻。格罗亚格怀疑里维娅在撮合这场婚事中发挥了作用（Groag，P-W IV A，837）。

③ Tacitus，*Ann.* 3. 48："incusato M. Lollio，quem auctorem Gaio Caesari pravitatis et discordiarum arguebat。"（他谴责了玛库斯·洛里乌斯，声称是他教唆了盖约·恺撒做出了那些为非作歹、制造分裂的勾当。）

也在元首身旁替他反复说情。洛里乌斯垮台之前，奥古斯都一直硬着心肠。但他随后做出了让步——连里维娅都无法实现的目标最终大概是通过某种已无从得知的政治影响力和一些出色的谋臣完成的。但即便到了现在，提比略的回归也是以盖约的同意为前提的；于是提比略被排斥在公共生活之外，以私人公民身份居住在罗马城内。虽然另一位恺撒卢奇乌斯在前往西班牙途中染上了疾病，于提比略返回罗马几天后就在马赛利亚去世了，但出身于克劳狄乌斯家族的提比略依旧未能恢复自己的尊荣。[①] 他已无法指望获得任何荣誉或战争指挥权，只能默默等待凄凉而多舛的老年——但也许他的绝望情绪并不会维持太久：盖约一旦继任元首，便会为了公共安全而无情地除掉这个竞争对手。

然而，命运再一次主导了局势，粉碎了奥古斯都希望自己的血脉继任元首的希望。他已粉碎了种种流言和阴谋，无情地处置了尤利娅和同她结盟的五位显贵。而到了公元 1 年，当他的继子兼继承人当上执政官时，奥古斯都也已平安度过了人生的一个关键节点——63 岁。[②] 但仅仅又过了不到三年，盖约便夭折了。在协调好罗马同帕提亚的关系后，盖约于当年前往依附罗马的亚美尼亚整顿秩序。在围攻一个小据点时，他遭到敌人的伏击，身负重伤，并迟迟无法痊愈。身体的伤痛使得盖约灰心丧气，可能他也意识到了自身能力的欠缺。这位年轻人一直对肩负重担的生活方式怀着强烈的抵触情绪，只是因为他那不肯通融的主人才不得不勉

① 卢奇乌斯卒于公元 2 年 8 月 20 日(*ILS* 139)。

② 见上文，第 541 页注④，即原书第 418 页注 2。参见 E. Hohl, *Klio* XXX (1937), 337 ff.，该作者认为小尤利娅的丈夫卢奇乌斯·埃米利乌斯·保卢斯的阴谋是在这一年发生的。

力为之。[1] 相传，盖约曾要求以普通公民身份长期定居在东方。无论事实究竟如何（这些谣言可能对该主题进行了有利于提比略的美
431 化），盖约最终在远离罗马的地方夭亡了（公元 4 年 2 月 21 日）。[2]

奥古斯都现在已别无选择。他过继了提比略。他宣布自己的决定时的用语透露了他最强烈的愿望破灭后的痛苦和沮丧。[3] 而阻挠这一希望实现的并非提比略或与他为敌的那些要人。在紧急关头，奥古斯都仍旧坚持己见。提比略原本有一个亲生儿子；但提比略虽当上了即将接替奥古斯都的元首继承人，却受了后者的欺骗，无法把权力在克劳狄乌斯家族内部传递下去。他被迫过继了可以延续来自意大利城镇的渥大维家族血脉的日尔曼尼库斯（Germanicus），那是他的侄子、渥大维娅的外孙。此外，元首还过继了阿格里帕和尤利娅所生儿子中的最后一根独苗阿格里帕·波斯图穆斯。

关于元老院和罗马人民对克劳狄乌斯家族重掌权力的真实感受，我们手头没有任何证据。[4] 我们可以想见，在提比略身处的社

---

① Velleius, 2. 102. 3 f.："animum minus utilem rei publicae habere coepit. nec defuit conversatio hominum vitia eius assentatione alentium。"（他已开始对公共事务感到心灰意冷。还有不少溜须拍马之徒鼓励他这种自暴自弃的错误做法。）

② *ILS* 140.

③ 引自 Suetonius, *Tib.* 23："quoniam atrox fortuna Gaium et Lucium filios mihi eripuit。"（既然可怕的命运夺去了我的儿子盖约和卢奇乌斯），等等。

④ 但我们在此值得引用 Velleius, 2. 103. 4："tum refulsit certa spes liberorum parentibus, viris matrimoniorum, dominis patrimoni, omnibus hominibus salutis, quietis, pacis, tranquillitatis, adeo ut nec plus sperari potuerit, nec spei responderi felicius。"（父母对自己的孩子重怀希望，丈夫对婚姻重怀希望，主人对自己的财产安全重怀希望，所有人都能够对安全、静谧、和平与安宁抱有前所未有的巨大期望，同时也能欢天喜地地看到这些期望变为现实。）但迅速回答这些虔诚祈求的是灾难深重的饥荒、瘟疫和连年战争。

会等级与阶级中，人们会在公开场合做出开心和欢迎的表示，以便掩饰他们野心落空后的失落情绪。人们急于表明，提比略对于帝国安全而言是不可或缺的——简言之，他是“罗马帝国的永恒保护者”(perpetuus patronus Romani imperii)。[①] 现在已拥有保民官特权和专门统治权的提比略·恺撒被派往北方。在日耳曼地区正在进行一些战事——罗马在这些战斗中可能取得了比史学家威利乌斯乐于承认的(他对埃诺巴布斯略过不提，并对维尼奇乌斯的功劳和他自己同那位将领家族的暧昧联系同样讳莫如深)更为坚实的成就。[②] 士兵们至少很高兴看见提比略这位举止谨慎、考虑周全的将领的回归。[③] 进行了两场战役后，他抵达了伊吕利库姆。在他离开期间，多瑙河对岸的部族已感受到了罗马的强大力量。西起波希米亚、东至特兰西瓦尼亚(Transylvania)的各聚落已被迫承认了罗马的宗主权。波希米亚王国的统治者玛罗波杜乌斯已四面楚歌。[④] 罗马方面于公元 6 年发起总攻，两支军队分别从莱茵河畔与伊吕利库姆出发，从西、南两个方向侵入波希米亚，对敌人展开大范围夹击。但伊吕利库姆的叛乱破坏了这个雄心勃勃的 432
计划，在三年内(公元 6—9 年)牵扯了提比略的全部精力。随后，

① Velleius, 2. 121. 1.

② Velleius, 2. 104. 2:“in Germaniam misit, ubi ante triennium sub M. Vinicio, avo tuo, clarissimo viro, immensum exarserat bellum et erat ab eo quibusdam in locis gestum, quibusdam sustentatum feliciter。”(他被派往日耳曼地区。在那里，他的祖父，光辉的玛库斯·维尼奇乌斯于三年前指挥了一场大战，夺得了一些地区，并成功地守住了另一些领土。)

③ Velleius, 2. 104. 5.

④ 参见 *CAH* X, 364 ff. 及上文，原书第 400 页。

日耳曼人又揭竿而起。瓦鲁斯和三个军团被歼灭了。罗马已经有许多年没有见到自己的新领袖了。

过继提比略的做法应当可以让其他竞争者和元首亲戚打消继承元首位置的念头,从而巩固现政权。由于奥古斯都神奇的高寿,一项长期存在的威胁也解除了。如果他在边境战争(那差不多是汉尼拔战争以来罗马规模最大的对外战争,至少世人是这样形容伊吕利库姆的叛乱的)[①]正在进行期间去世的话,由于此后又发生了克拉苏死后再未出现过的军事溃败和罗马城内的政治危机,那么,这些纷至沓来的麻烦很可能会演变成一场政治灾难。为了应对那样的危险,元首和其他主要政府领导人必须认真进行未雨绸缪的布置。前途仍然是坎坷与艰险的。

提比略登基的障碍还剩下两个——尤利娅和阿格里帕·波斯图穆斯,元首仅存的外孙女和外孙;但他们都已来日无多。到了公元 8 年,一桩新的丑闻再次席卷了元首的家庭,令奥古斯都悲伤不已,也使得他的敌人弹冠相庆,或有机会横加指责——这一事件可能最终是对罗马人民有利的。根据该传闻,尤利娅染上了她那轻佻母亲的道德痼疾。因此,她被放逐到一座荒岛之上。[②] 她的偷情汉子是德奇姆斯·尤尼乌斯·西拉努斯(D. Junius Silanus);[③] 但这一罪名或许还被加在了其他人头上,因为伤风败俗的罪名是除去或贬损某个可能会图谋不轨的政治家的绝佳借口。这位西拉努斯是玛库斯·尤尼乌斯·西拉努斯(公元 19 年执政官)的亲戚;

① Suetonius, *Tib.* 16.1;参见提比略的评论(Tacitus, *Ann.* 2.63)。

② Tacitus, *Ann.* 4.71;参见 3.24。

③ Tacitus, *Ann.* 3.24.

尤利娅的女儿埃米莉娅·雷必达(Aemilia Lepida)可能已同后者订婚。卢奇乌斯·埃米利乌斯·保卢斯是不太可能被指控与尤利娅通奸的,因为两人已经是夫妻了。但法庭可能想用保卢斯纵容妻子伤风败俗行为的罪名来掩饰他因谋逆而被处决的事实。①

法庭对阿格里帕·波斯图穆斯的指控罪名更加含糊不清;对他的处罚相对宽大,但却是不由分说的和动真格的。阿格里帕被描述成一个残忍、邪恶的人。② 他跟其父如出一辙的健壮体魄和 433
桀骜性格可能是在军营里或运动场上训练出来的;但这些素质在宫廷里派不上用场。他的同龄人——日尔曼尼库斯的弟弟克劳狄乌斯被一些人视为痴呆儿,并被他的母亲安东尼娅称为怪物;此人也并非富有教养的君子。克劳狄乌斯不是危险分子,因而得到了宽恕。但继承奥古斯都血脉的阿格里帕则没有那么幸运。这个政治上的累赘被打发到了一座相对宜居的岛上(公元 7 年)。

经历了这些家族丑闻后,奥古斯都仍旧活在人世。军队蒙受的灾难使他经受了更严重的考验,迫使他一反镇定自若的常态,绝望地向已阵亡的瓦鲁斯追讨那些折损的军团。③ 公元 13 年,奥古斯都已在公开场合为提比略的继任做好了一切铺垫。提比略当上

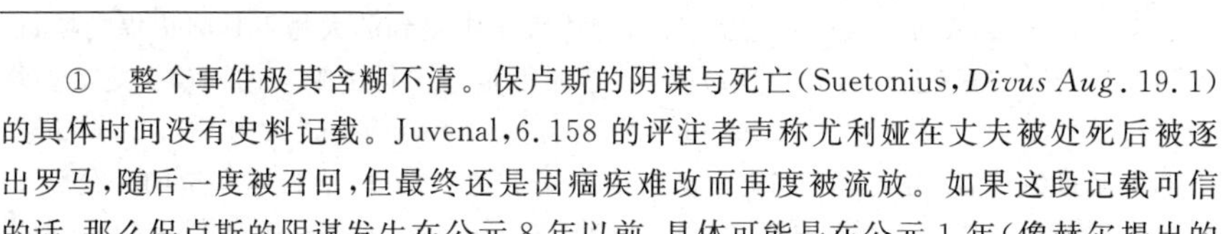

① 整个事件极其含糊不清。保卢斯的阴谋与死亡(Suetonius, *Divus Aug*. 19.1)的具体时间没有史料记载。Juvenal, 6.158 的评注者声称尤利娅在丈夫被处死后被逐出罗马,随后一度被召回,但最终还是因痼疾难改而再度被流放。如果这段记载可信的话,那么保卢斯的阴谋发生在公元 8 年以前,具体可能是在公元 1 年(像赫尔提出的那样,见 *Klio*, XXX, 337 ff.)。

② Tacitus, *Ann*. 1.3:"rudem sane bonarum artium et robore corporis stolide ferocem."(他毫无优点可言,并且身体健壮到了粗野的程度。)

③ Suetonius, *Divus Aug*. 23.2:"Quintili Vare, legiones redde!"(昆提利乌斯·瓦鲁斯,还我军团!)

了元首的副手，在法律上已享有同元首一样的、控制行省和军队的权力。[1] 在以奥古斯都同僚身份组织了一次人口普查后，提比略·恺撒出发前往伊吕利库姆（公元 14 年 8 月）。

奥古斯都的健康状况日益恶化，大限之日即将来临；这些事情被流言蜚语报道和夸张着。人们甚至相信，这位只由一位亲信——保卢斯·法比乌斯·马克西穆斯陪伴的、年过七旬的虚弱老人已秘密乘船出海，前去探视阿格里帕·波斯图穆斯。[2] 更有意义、但可能同样出自虚构的说法是，他在最后一次谈话中对某些显要人物的要求和地位问题做出了安排。他说，玛库斯·埃米利乌斯·雷必达拥有治理帝国的才干，但缺乏雄心壮志；阿西尼乌斯·伽鲁斯则只有野心；卢奇乌斯·阿伦提乌斯则兼具二者。[3] 这些都是显要人士。作为西庇阿家族后人和奥古斯都的朋友保卢斯儿子的雷必达一直远离埃米利乌斯家族的政治和他那不幸兄弟、小尤利娅丈夫的联盟。他在提比略领导下在伊吕利库姆功勋
434 卓著，并在这一年里担任近西班牙行省总督，指挥着三个军团。[4]

① Velleius, 2. 121. 3; Suetonius, *Tib.* 21. 1.

② Tacitus, *Ann.* 1. 5. 该说法极不可信，参见 E. Groag, P-W VI, 1784 f.。

③ Tacitus, *Ann.* 1. 13. 但他也指出，有些版本中提到的人物不是阿伦提乌斯，而是格涅乌斯·皮索（公元前 7 年执政官）。这还不是该史料中唯一的不确定之处。塔西佗作品抄本中的写法是“M. Lepidum”；利普修斯（Lipsius）将之改为“M'. Lepidum”。大部分后世编订者、语文学家和史学家们都接受了这一修改，认为原文指的是公元 11 年执政官玛尼乌斯·埃米利乌斯·雷必达（M'. Aemilius Lepidus, PIR^2, A 363）。但这种观点是错误的，因为公元 6 年执政官玛库斯·埃米利乌斯·雷必达（M. Aemilius Lepidus）其实地位更加显赫。他的女儿被许配给了日尔曼尼库斯之子德鲁苏斯（Tacitus, *Ann.* 6. 40）。威利乌斯（Velleius, 2. 114. 5）称玛库斯·雷必达为“在名望和运气方面最接近恺撒的人物”（nomini ac fortunae Caesarum proximus）。

④ Velleius, 2. 114. 5（伊吕利库姆）；125. 5（西班牙）。

提比略可以信任雷必达，但无法信任维普萨妮娅的丈夫伽鲁斯。跟自己的父亲一样保持着极强独立精神的伽鲁斯由于从政的渴望而身败名裂。他没有取得过军队指挥权。卢奇乌斯·阿伦提乌斯来自一个颇具才能的富有家庭，最近沾了他的父亲、亚克兴战役中的海军将领、公元前 22 年执政官的光而成为贵族，并创作了一部效仿撒路斯提乌斯风格的布匿战争史。①

可以品评这些饶有兴味的人物的时代早在十年前就已经过去了。奥古斯都精心组织的、用来支持其君主统治和继子们继位资格的、由新老贵族组成的执政党已在人员构成和效忠对象上发生了变化。提比略的一些敌人或竞争对手，如洛里乌斯和尤鲁斯·安东尼，已经死去；另一些人丧失了名誉，还有一些被免去了职务。一些还没有走得太远的精明政治家迅速见风使舵，转而公开支持未来的元首提比略。中立派则从谨慎地回避一切阴谋中得到了好处。奎里尼乌斯现在已经家业兴旺；②在罗马颇有影响的人物普布利乌斯·昆克提利乌斯·瓦鲁斯也是如此，他娶了玛塞拉的女儿克劳狄娅·普尔切拉。瓦鲁斯还拥有其他有用的家族联系。③

我们已经可以辨认出一个新党派。正如人们可以设想的那

① 卢奇乌斯·阿伦提乌斯是公元前 22 年执政官（*PIR*²，A 1129）；他的儿子是公元 6 年执政官（*PIR*²，A 1130）。关于他们同庞培党的联系（这有助于说明他们出人头地的原因），参见上文，原书第 425 页。

② 见上文，原书第 429 页。他现在娶了埃米利乌斯·雷必达家族中的一位姑娘。

③ 见上文，原书第 424 页。卢奇乌斯·诺尼乌斯·阿斯普雷纳斯（公元 6 年递补执政官）、绥克斯图·诺尼乌斯·昆克提利亚努斯（Sex. Nonius Quinctilianus，公元 8 年执政官）和普布利乌斯·科奈里乌斯·多拉贝拉都是他的外甥。通过诺尼乌斯家族，他也与卢奇乌斯·卡尔普尼乌斯·皮索和卢奇乌斯·沃鲁修斯·萨图尔尼努斯成为了亲戚。

样，它的结构是二元的。在提比略和老牌贵族后裔（如出身古老贵族世家的玛库斯·埃米利乌斯·雷必达、普布利乌斯·科奈里乌斯·多拉贝拉和玛库斯·弗里乌斯·卡米鲁斯）或晚近执政官的后人（如诺尼乌斯[Nonii]两兄弟、卢奇乌斯·阿伦提乌斯和奥鲁斯·李锡尼乌斯·涅尔瓦·希利亚努斯[A. Licinius Nerva Silianus，普布利乌斯·希利乌斯之子]）重掌权力后的六年里，一批新名字出现在了《执政官年表》上——这显然反映了高贵的克劳狄乌斯家族的影响力。[①] 这些人物包括来自萨姆尼乌姆小镇拉瑞努姆的维比乌斯（Vibii）两兄弟、同为萨谟奈人的帕皮乌斯·穆提鲁斯、来自皮克努姆地区的波佩乌斯两兄弟（Poppaei），以及卢奇乌斯·阿普洛尼乌斯和昆图斯·尤尼乌斯·布雷苏斯。同样显赫的一个名字是卢奇利乌斯·朗古斯（Lucilius Longus），他在历史上因对提
435 比略的忠心耿耿而闻名——他可能是布鲁图斯与安东尼朋友的那位卢奇利乌斯的儿子。[②] 提比略没有忘记他那些共和派和庞培党的先人。

跟他的离开一样，提比略的回归也伴随着军队指挥权的移交。早年征服战争中的大部分将领如今已经去世、衰老或退休，让位于新一代人，但并不是他们的儿子——只要这批人是老牌贵族就足够了。提比略还记得旧日压抑在心中的仇恨，谨慎小心促使他剥

① 关于这些新人出身的细节，见上文，原书第362页以下。关于对这一证据（以及提比略的性格与政策）的相反解读，参见 F. B. Marsh，*The Reign of Tiberius*（1931），43 f.，参见67。

② 关于提比略的朋友卢奇利乌斯·朗古斯，见 Tacitus，*Ann.* 4. 15；关于布鲁图斯的朋友卢奇利乌斯，见 Plutarch，*Brutus*，50；*Antonius*，69。

夺了这些人的军事荣誉。可悲的洛里乌斯原本拥有一个儿子，但他自己的名望和历史地位却是凭借洛里娅·宝琳娜之父的身份而取得的。元帅们的儿子普布利乌斯·维尼奇乌斯和普布利乌斯·希利乌斯由服兵役起家，在担任大法官后指挥过巴尔干地区的军队；[①]他们后来获得了执政官头衔，但未能以前执政官身份统治军事省份。希利乌斯的两位兄弟都担任过执政官；但其中只有一人获得过军事指挥权。[②] 在这种情况下，能与提比略抗衡和平起平坐的显贵大多无法指望自己的儿子们能有机会统治驻扎着军团的行省——埃诺巴布斯或保卢斯·法比乌斯·马克西穆斯显然不能有这样的奢望。

如今，在上一代奥古斯都帐下元帅中只剩下了盖约·森提乌斯·萨图尔尼努斯，他在莱茵河畔指挥着军队。[③] 接替其职务的是瓦鲁斯，后者的副将则是卢奇乌斯·诺尼乌斯·阿斯普雷纳斯。[④] 在东方，提比略的家族朋友卢奇乌斯·沃鲁修斯·萨图尔尼努斯当上了叙利亚行省总督(公元 4—5 年)，其继任者为奎里尼乌斯(公元 6 年)。[⑤] 玛库斯·普劳提乌斯·希尔瓦努斯先后统治

---

① Velleius，2. 101. 3.

② 即盖约·希利乌斯·奥鲁斯·凯奇纳·拉古斯(C. Silius A. Caecina Largus，Tacitus，*Ann.* 1. 31)。

③ Velleius，2. 105. 1 (公元 4 年)。历史记载没有告诉我们他在那里待了多久。威利乌斯称森提乌斯“已经在日耳曼担任过他父亲的代表”(qui iam legatus patris eius in Germania fuerat)。他可能从公元 3 年起担任这一职务；或许他之前在公元前 6—前 3 年还另外担任过该职。

④ Velleius，117 ff. ；120. 1 (阿斯普雷纳斯)。

⑤ *PIR*[1]，V 660 (卢奇乌斯·沃鲁修斯)；Josephus，*AJ*，18. 1 ff. ，&c. (奎里尼乌斯)。

过亚细亚和加拉提亚两个行省(公元 4—6 年);[①]格涅乌斯·皮索(Cn. Piso)可能也在这一时期治理着西班牙;[②]而两位科奈里乌斯·伦图鲁斯则先后成为动荡中的阿非利加行省的总督。[③]

当提比略于公元 6 年入侵波希米亚时,老将森提乌斯·萨图尔尼努斯也率领日耳曼地区的军队向东推进,与提比略相互配合,
436 对敌人进行夹击;而提比略麾下的玛库斯·瓦勒里乌斯·麦萨拉·麦萨利努斯(M. Valerius Messalla Messallinus,公元前 3 年执政官)也担任过伊吕利库姆的行省总督,"此人的勇武较其门第更为高贵"(vir animo etiam quam gente nobilior)。[④] 在巴尔干半岛,久经沙场的将军奥鲁斯·凯奇纳·塞维鲁(A. Caecina Severus,公元前 1 年递补执政官)镇守着默西亚(马其顿已不再驻军)。[⑤]在伊吕利库姆叛乱的三年间,提比略帐下各司其职的前执政官有玛库斯·普劳提乌斯·希尔瓦努斯(于公元 7 年被从加拉提亚调往巴尔干半岛)、玛库斯·埃米利乌斯·雷必达(M. Aemilius Lepidus,他的美德不致辱没自己的光荣祖先)、盖约·维比乌斯·波斯图穆斯(C. Vibius Postumus,公元 5 年递补执政官)、卢奇乌斯·阿普洛尼乌斯(公元 8 年递补执政官),可能还有"恪守远古风尚的君子"(vir antiquissimi moris)卢奇乌斯·埃利乌斯·拉米亚

① *IGRR* IV,1362(亚细亚);Dio,55. 28. 2 f. ,参见 *SEG* VI,646(加拉提亚)。

② Tacitus,*Ann.* 3. 13;参见 *PIR*², C 287。

③ 公元前 3 年执政官卢奇乌斯·科奈里乌斯·伦图鲁斯(*Inst. Iust.* 2. 25 *pr.*)在大约公元 4—5 年担任此职,参见 *PIR*², C 1384;公元前 1 年执政官科苏斯·科奈里乌斯·伦图鲁斯在公元 6 年成为那里的行省总督(Dio,55. 28. 3 f. ;Velleius,2. 116. 2,&c.)。

④ Velleius,2. 112. 1 f. ;Dio,55. 29. 1.

⑤ Velleius,2. 112. 4;Dio,55. 29. 3;30. 3 f. ;32. 3.

(L. Aelius Lamia,公元 3 年执政官)。[1]

威利乌斯的赞美标签透露了这些人物各自的历史。这些执政官和副将的名字是新旧杂陈的,在一定程度上反映了提比略党的范围与性质。来自此前从未获得过执政官头衔的家族的人物占了很大比重;但这并不令人费解,因为那是由克劳狄乌斯家族组织的党派所固有的风格。然而,在这个集团的幕后站着某些贵族家庭——卡尔普尼乌斯·皮索家族(Calpurnii Pisones)和科奈里乌斯·伦图鲁斯家族;它们尽管显赫一时,却似乎没有成为奥古斯都的联姻对象。诚然,卢奇乌斯·卡尔普尼乌斯·皮索(公元前 15 年执政官)与恺撒家族建立了联系;但这层纽带此后并未得到进一步的巩固。皮索是位建树颇多的贵族;他的文学品位相当高雅,同时还是伟大的色雷斯战争的胜利者、一位豪饮者、提比略的慷慨朋友和股肱之臣。[2] 他注定将长期担任罗马市长。[3] 他的继任者卢奇乌斯·埃利乌斯·拉米亚仅担任了该职务一年;后者虽然是本家族中的首名执政官,却是一位社会地位很高的活跃老人。[4] 继

① Velleius,2.112.4;参见 Dio,55.34.6 f.;56.12.2 与 *ILS* 921(希尔瓦努斯);Velleius,2.114.5(雷必达);2.116.2(波斯图穆斯和阿普洛尼乌斯);2.116.3(拉米亚)。

② 威利乌斯(Velleius,2.98.1)对他不惜一切溢美之词:"所有人都会相信并称赞此人的性格是刚柔相济的典范。"(de quo viro hoc omnibus sentiendum ac praedicandum est,esse mores eius vigore ac lenitate mixtissimos)Seneca,*Epp.* 83.14 的记载更有价值:"卢奇乌斯·皮索这位罗马的守卫者从上任伊始就开始烂醉如泥。"(L. Piso,urbis custos,ebrius ex quo semel factus est,fuit)关于他的生活习惯,另参见 Suetonius,*Tib.* 42.1。

③ Tacitus,*Ann.* 6.10(公元 32 年)。

④ Dio,58.19.5("genus illi decorum,vivida senectus"[他地位高贵,虽年事已高,却十分活跃],Tacitus,*Ann.* 6.27).

拉米亚之后担任该职务的是科苏斯·科奈里乌斯·伦图鲁斯(公元前 1 年执政官)、一位在阿非利加立下过战功的将领,此人总表现出昏昏欲睡的和懒洋洋的状态,但跟出色的皮索一样深得提比
437 略的信任。① 他们一向守口如瓶。我们记得,塞伊乌斯·斯特拉波曾从老牌贵族科奈里乌斯·伦图鲁斯家族的一个支系中娶过一位妻子。②

在提比略身后站着一个强大的个人与家族构成的联盟,他跟其中的多数人建立了姻亲关系。这个联盟中既有卡尔普尼乌斯家族和诸多科奈里乌斯·伦图鲁斯家族支系与亲戚等历史悠久的贵族,也有卢奇乌斯·诺尼乌斯·阿斯普雷纳斯(他同卢奇乌斯·卡尔普尼乌斯·皮索、瓦鲁斯和卢奇乌斯·沃鲁修斯·萨图尔尼努斯建立了姻亲关系)这样后起的贵族,还有一批坚定追随提比略的新人。一个新政府已经呼之欲出。

但这还不足以杜绝谣言,甚至不足以预防实实在在的危险。随着奥古斯都的健康开始恶化,大限之日已越来越近,人们感到了恐惧和不安——“pauci bona libertatis in cassum disserere,plures bellum pavescere,alii cupere ”(很少有人还在空谈自由的美好,很多人都担心将会爆发战争,另一些人则在渴望战争)。③ 塔西佗如

① Seneca,*Epp.* 83. 15:“virum gravem,moderatum,sed mersum et vino madentem。”(他为人严谨、颇有节制,唯独饮酒无度。)

② *ILS* 8996. 科苏斯之子伦图鲁斯·盖图里库斯(Lentulus Gaetulicus,公元 30—39 年的上日耳曼地区副将)把自己的女儿许配给了塞亚努斯之子(Tacitus,*Ann.* 6. 30)。提比略并没有除掉他。根据塔西佗的记载,提比略这样做并不是害怕触发内战,而是因为他可以信任这些伦图鲁斯家族成员。

③ Tacitus,*Ann.* 1. 4.

是说，但他马上又开始驳斥这种想法。可是，威利乌斯·帕特库鲁斯描绘了一幅由奥古斯都之死引起的危机图景。其中的夸大其词是显而易见的和不知羞耻的。[1]

在罗马，人们已为元首权力的和平交接做好了相应准备。塞伊乌斯·斯特拉波担任着禁卫军首领；盖约·图拉尼乌斯管理着谷物供应；另一位骑士玛库斯·玛吉乌斯(M. Magius)控制着埃及。所有的外省军队都掌握在可靠的提比略党徒手中。莱茵河畔的八个军团由提比略的两位副将指挥，其一为奥古斯都的一位忠诚将领之子盖约·希利乌斯·奥鲁斯·凯奇纳·拉古斯(C. Silius A. Caecina Largus)，另一位是奥鲁斯·凯奇纳·塞维鲁(A. Caecina Severus，可能是前者的一位亲戚)提比略的侄子兼继子日尔曼尼库斯担任着该防区的总指挥。[2] 伊吕利库姆现在已被分为两个行省，其中的潘诺尼亚由塞亚努斯的舅舅昆图斯·尤尼乌斯·布雷苏斯镇守，达尔马提亚则由出身于老牌贵族家庭的普布利乌斯·科奈里乌斯·多拉贝拉统治。[3] 健壮能干的新人盖约·波佩乌斯·萨比努斯是默西亚的元首副将。[4] 守卫叙利亚的则是克瑞提库斯·麦特鲁斯·西拉努斯(Creticus Metellus Silanus)，他年幼

---

① Velleius，2. 124. 1："quid tunc homines timuerint，quae senatus trepidatio，quae populi confusio，quis orbis metus，in quam arto salutis exitque fuerimus confinio，neque mihi tam festinanti exprimere vacat neque vacat potest。"(撰史任务繁重的我没有时间去讲述[有时间的人恐怕也没有这个能力]世人的惊惧、元老院受到的震动、民众陷入的混乱和全世界感到的恐慌，我们发现生存与毁灭其实只在一线之间。)

② Tacitus，*Ann.* 1. 31.

③ Tacitus，*Ann.* 1. 16(布雷苏斯)；Velleius，2. 125. 5 (多拉贝拉)。

④ Tacitus，*Ann.* 1. 80；参见 6. 39。

438 的女儿已同日尔曼尼库斯的长子订了婚。[①] 玛库斯·埃米利乌斯·雷必达控制着近西班牙。[②] 以上是由提比略恺撒直接管理的驻军行省。驻扎着一个军团的阿非利加由前执政官卢奇乌斯·诺尼乌斯·阿斯普雷纳斯治理,其继任者则是卢奇乌斯·埃利乌斯·拉米亚。[③]

公元 14 年 8 月 19 日,元首在坎帕尼亚的诺拉溘然长逝。已出发前往伊吕利库姆的提比略被他母亲派出的紧急特使火速召回。他及时赶到并接受了奄奄一息的元首的遗命——官方版本必然是这样讲的,世人也必然会对这个说法冷嘲热讽、嗤之以鼻。但这些争论都已无关紧要。奥古斯都不仅指定了其继任者,并且还把相关的一切事务都准备妥当了。

在罗马,行政官员们、元老院、士兵和民众立刻以提比略的名义进行了个人宣誓,从而更新了多年以前他们在亚克兴战役前夕对渥大维的效忠誓言。[④] 这是元首制的本质。有些程序现在仍旧

① 钱币提供的证据表明,他在公元 12—13 年至公元 16—17 年统治着那里(具体细节见 *PIR*², C 64);关于他女儿的婚事,见 Tacitus, *Ann.* 2.43; *ILS* 184。

② Velleius, 2.125.5. 他的女儿也许配给了日尔曼尼库斯的一个儿子(德鲁苏斯)。见 Tacitus, *Ann.* 6.40。

③ 阿斯普雷纳斯(公元 6 年递补执政官)于公元 14 或 15 年在那里执政(Tacitus, *Ann.* 1.53)。拉米亚(公元 3 年执政官)应该是他的继任者。关于他担任行省总督的证据,见 *PIR*², A 200。

④ Tacitus, *Ann.* 1.7:"Sex. Pompeius et Sex. Appuleius consules primi in verba Tiberii Caesaris iuravere, aputque eos Seius Strabo et C. Turranius, ille praetoriarum cohortium praefectus, hic annonae; mox senatus milesque et populus。"(执政官绥克斯图·庞培和绥克斯图·阿普列乌斯首先向提比略·恺撒宣誓效忠;随后,禁卫军队长塞伊乌斯·斯特拉波和谷物供应官盖约·图拉尼乌斯当着两位执政官的面表示效忠;之后则轮到元老院、军队和民众宣誓了。)

保留着。

在前一年的 4 月 3 日，奥古斯都立下了自己的遗嘱。[①] 可能大约与此同时，他还授意起草或修改了三份国家文件，分别是他对自己葬礼仪式的安排、记录政府军事、财政资源和义务的清单和他本人生平的大事记（*Index rerum a se gestrum*），最后一份文本将被刻在奥古斯都陵寝前方的铜板上。

这些是官方文件。很显然，奥古斯都已同自己的主要党羽进行了商议，做出了确保最高权力能够顺利交接的安排。像公元前 27 年时的情形一样，元首头衔需要在众望所归的情况下被转交给那位业已立下过汗马功劳，并被世人寄予厚望的第一公民。这一任务似乎对于除奥古斯都之外的任何人来说都过于艰巨了；联合执政的模式似乎要比拥立一位新元首更加适宜。[②] 尽管如此，人们必须证明并接受这样的事实：罗马的最高权力已经是不可分割的了。

将奥古斯都奉为神明的事务令人惊异地迅速完成了。在授予奥古斯都指定的继承人元首头衔的公开仪式中有些尴尬的场合。提比略本人有些不大自在，他意识到自己的矛盾处境和身边的众多敌人，略显犹豫并过度敏感。由最不诚实、最少共和精神的奥古斯都设计的巧妙骗局所扶持的、号称自由选出的元首必将扮演的 439

① Suetonius, *Divus Aug*. 101. 相关研究见 E. Hohl, *Klio* XXX(1937), 323 ff.。

② Tacitus, *Ann*. 1. 11: "proinde in civitate tot inlustribus viris subnixa non ad unum omnia deferrent: plures facilius munia rei publicae sociatis laboribus exsecuturos."（在一个依赖众多杰出人物的国家里，不应该把一切事务都压到一个人肩上；如果大家齐心协力的话，那么共和国的治理就会变得更容易了。）

尴尬角色拷打着提比略的良心，并反映在他的公共法令和讲话中。另一方面，他的敌人也精于利用自己的有利地位。尽管提比略·恺撒已大权在握，但他们不会让他安然无恙地、光明正大地享受权力。在一次重要的元老院集会上，阿西尼乌斯·伽鲁斯等主要国家领导人拙劣地扮演了预先设计好的角色——他们表现出来的笨拙或许是伪装的和用心险恶的。

当时的政治形势和世人对奥古斯都关于罗马国家的安排的、势在必行的认可就是如此。元老院对草草处决阿格里帕·波斯图穆斯的做法未置一词。这件事情是由国务秘书撒路斯提乌斯·克瑞斯普斯奉命秘密执行的；死去的元首在18个月之前便已安排他在紧急形势下完成这桩冷酷无情的举动。[①] 为了罗马人民的福祉，奥古斯都是不讲感情的。有人或许会相信他不愿杀害自己的骨肉。[②] 这种解释并不能为奥古斯都开脱，而只能证实新政权的邪恶。塔西佗把阿格里帕的被处决称为“新元首的第一件举动”(primum facinus novi principatus)。跟合法权力的公开授予一样，用专制手段铲除敌手也是元首制的本质特征。同样的举动与言辞又在尼禄登基之初再度出现。[③] 尤利乌斯-克劳狄乌斯王朝自始至终保持了自己的固有面貌：它是专制独裁的和杀人如麻的。

① Tacitus，*Ann.* 1.6. 参见 E. Hohl，*Hermes* LXX(1935)，350 ff. 精辟可信的论述。

② Tacitus，*Ann.* 1.6：“ceterum in nullius unquam suorum necem duravit，neque mortem nepoti pro securitate privigni inlatam credibile erat.”(他[奥古斯都]尚未冷酷到会对自己的外孙下毒手的程度；并且为了保证继子的安全而杀死自己亲骨肉外孙的事情也是难以置信的。)

③ Tacitus，*Ann.* 13.1：“prima novo principatu mors Iunii Silani proconsulis Asiae.”(新元首登基伊始便杀害了亚细亚行省总督尤尼乌斯·西拉努斯。)

第 29 章　建立统一民族的规划 440

奥古斯都攫取并控制权力、庇护机制的运作、建立寡头统治集团和政治统治体系的方式就是这样。元首在罗马、意大利和诸行省建立了财产安全保障、忠诚有为人才的晋身之阶和牢固的统治秩序，但只有这些还是不够的。

和平与秩序已经建立起来了；但这个依旧百废待兴的国家还期待她那位“造福人民的元首”(salubris princeps)能够完成精神复兴和物质层面上的改革等使命。在亚克兴之战中，奥古斯都曾宣称自己获得了全民授予的至高权力。无论真相如何，他都已经欲罢不能，无法再走回头路了。当这个国家成功抵御外敌之后，这一授权并未终止。奥古斯都那些人数众多、团结一致的中产阶级党徒充满期待、坚定执着。

“Magis alii homines quam alii mores”(新人取代了旧人，但人品并无变化)①，没有被内战爆发后的表象欺骗的塔西佗如是说——内战替换了元首和一拨臣子，但政权的性质并未改变。在革命年代里战功卓著的那批人如今掌控着新国家的命运——但他们需要展示并学习新的美德，如果他们自己不能顺其自然地完成这种转变的话。他们仅仅拥有权力与财富是不够的，世人需要看

① Tacitus, *Hist*. 2. 95.

到并切实感到他们是一批正人君子。

奥古斯都的新政策中洋溢着民族性的罗马精神。同希腊异族文明的接触开始让罗马人意识到自己作为一个民族的独特性。当他们获得并吸收了希腊人所能给予的一切后，罗马人故意按照同希腊反其道而行之的方式构建了自己的历史、传统与观念。被巧妙宣传成为一场自发的爱国运动的亚克兴之战铸造了一个十分有用的神话，将罗马人的民族主义感情增强到了可怕的、甚至荒诞不经的程度。

通过一连串偶然事件、军事安全借口的得寸进尺和少数人物的野心，罗马半推半就地建立起了一个世界性帝国。西塞罗时代的人还可以夸耀罗马人民享受的自由，以及他们对其他民族的统
441 治权。但等到自由沦丧后，人们才感受到了罗马帝国使命的全部荣耀——那是一个在时间和空间上没有尽头的帝国：

> hic ego nec metas rerum nec tempora pono：
> imperium sine fine dedi.①
>
> （我使这个帝国统治其疆域的时间无穷无尽，使它的权力范围无边无际。）

希腊人可以声称自己拥有亚历山大——那当然很光荣，但他建立的并不是一个帝国。由健壮的意大利农民所组成的军队已击败并摧毁了马其顿人的继承者——东方的那些伟大国王；并且他

① Virgil，*Aen.* 1. 278 f.

们还制伏了全东方的征服者见所未见的强悍民族。在爱国主义的浪潮中，奥古斯都时期的罗马作家们口若悬河地争论：处于权势巅峰期的亚历山大究竟能否与骁勇善战的罗马共和国的朝气蓬勃相抗衡。并且他们也有胆量对此给出否定的回答。[①] 此外，由罗马政治家们无师自通的智慧构建起来的牢固法律、秩序体系足以万古长存。在科学、艺术与文学等方面，罗马人无法同希腊匹敌——他们心悦诚服地甘拜下风。罗马人的长项是战争与治国：

> tu regere imperio populos, Romane, memento. [②]
> （罗马人啊，要记得用你们的权力统治万民。）

但拥有帝国并不仅仅为罗马带来了欢庆的理由和税收来源，也意味着风险和责任。帝国这个庞然大物可能会轰然坍塌，并把罗马埋在废墟之中。一系列内战所引起的恐慌绝非杞人忧天。亚克兴之战暂时缓解了威胁，但这能维持多久呢？在丢失了其赖以赢得帝国的美德后，罗马还能继续保有这个帝国吗？[③]

秩序良好的国家是不需要伟人的，并且也没有给这样的人物留下空间。自由国家最后一百年的历史见证了一系列令人惊叹的人物的出现——那正是这个社会走向衰落的标志和引发灾难的根源。这是罗马历史的希腊阶段，其标志是民众蛊惑家、暴君和阶级战争的出现。这出悲剧中的主要演员的性格中已不再拥有多少传

---

① Livy, 9.18 f.

② *Aen.* 6.851.

③ 这正是李维《罗马史》中整篇序言的潜台词。

统的罗马元素。奥古斯都十分尊崇共和时代的伟大将领们。根据爱国诗人转述的美德范畴来看,奥古斯都最崇拜的英雄生活在相当遥远的过去——在格拉古兄弟时代之前。马略是"意大利美德"(Itala virtus)的代表;与许多人的印象相反,幸福的苏拉(Sulla
442 Felix)其实更接近于一名传统意义上的罗马贵族;并且他想要建立的也是一个秩序良好的国家。但这两个人都受到了谴责,因为他们野心勃勃,并掌握着"邪恶的武装"(impia arma)。像塔西佗一样,奥古斯都并不欣赏两人中的任何一位;因此他们都没有得到诗人们的赞美。[①] 庞培得到的评价也并不高于他们,尽管他在维吉尔要求制止内战的庄严呼吁中的形象要好于恺撒。安东尼则成了异族罪恶的原型——"不属于罗马的品行和罪恶"(externi mores ac vitia non Romana)。[②]

妨碍这些显要人物得到认可的还不仅仅是他们的罪恶。这些人物的美德也是致命的。庞培对荣耀(gloria)的孜孜以求、恺撒对自己尊荣的特别在意和他的大度、安东尼的直率和侠义——新国家中的显要人物们必须杜绝所有这些习惯。如果新共和国中还保留着这些作风的话,那么它们也必须由一位元首所垄断,并且此人还要兼具仁慈(clementia)的美德。统治阶级中的其他人物只能满足于拥有不那么光辉夺目的若干品质;如果这个集团缺少那些品质的话,它也必须努力去获得它们。

---

① 关于马略、苏拉与庞培,参见 Tacitus, *Hist*. 2. 38。马略和苏拉没有出现在 *Aen*. 6. 824 ff. 或 Horace, *Odes*, 1. 12 中的罗马英雄名录里。马略也仅在 *Georgics*, 2. 169 中被提及了一次。

② Seneca, *Epp*. 83. 25.

一个民族的精神在它用来表示赞美的词汇中可以得到最好的体现。对于一位罗马人而言，这样的字眼是“合乎古风”(antiquus)；而罗马现在需要的正是一批跟古人一样、拥有古时美德的人才。正如一位诗人早已说过的那样：

> moribus antiquis res stat Romana virisque. [①]
>
> (罗马是由古老道德和崇尚古风的人所维系的。)

罗马贵族需要特权，同时也对国家负有义务。在那个时代，个人是贫穷的，但国家很富裕。罗马贵族的那些道德堕落的自私后裔们攫取了一切，却败坏了罗马人民。征服、财富和外来思想腐蚀了古老的责任、虔诚、纯洁与俭朴观念。[②] 这些美德如何能够得到重建呢？

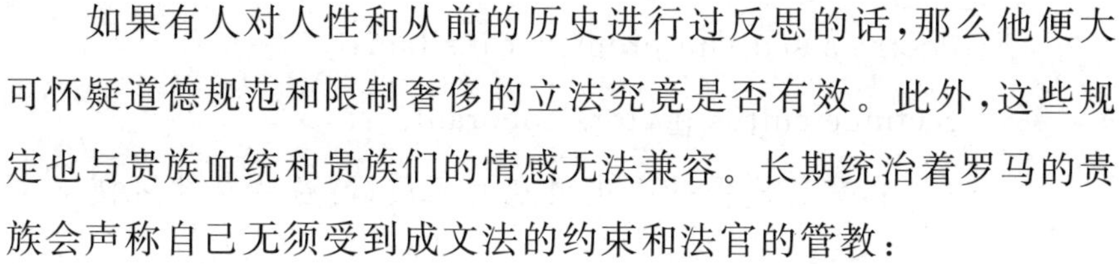

如果有人对人性和从前的历史进行过反思的话，那么他便大可怀疑道德规范和限制奢侈的立法究竟是否有效。此外，这些规定也与贵族血统和贵族们的情感无法兼容。长期统治着罗马的贵族会声称自己无须受到成文法的约束和法官的管教：

> mi natura dedit leges a sanguine ductas

---

① 恩尼乌斯(Ennius)，引自西塞罗的《论共和国》(Cicero, *De re publica*, St. Augustine, *De civ. Dei*, 2. 21.)。

② Livy, *Praef*. 12："nuper divitiae avaritiam et abundantes voluptates desiderium per luxum atque libidinem perdendique omnia invexere."(在晚近的时代里，对财富的贪念和为挥霍享乐而攫取一切的欲望驱使着罗马人，迫使他们走上了一条毁灭自己、同时也毁灭周围一切的道路。)

ne possem melior iudicis esse metu.[①]

443 （我天生奉行血统赋予我的法律；审判也不会令我惊恐万分。）

贺拉斯对年轻的克劳狄乌斯兄弟的赞美同样反映了这种对贵族阶级和高贵家世所固有美德的高傲信念：

fortes creantur fortibus et bonis.[②]

（他们生来便富于资财和优秀品质。）

但即便对于克劳狄乌斯家族而言，那也是不够的。诗人继续写道：

doctrina sed vim promovet insitam,
rectique cultus pectora roborant.

（但教育还能提升与生俱来的品质；有益的文化可使心灵更加强健。）

奥古斯都更重要的任务则是规劝和约束那些在政治上失意且比元首的继子们更易于受到诱惑的显贵们——他们是战争与革命的产物，在苦尽甘来后陷入了安逸；或是企图效法贵族挥霍生活、

① Propertius，4. 11. 47 f.

② *Odes*，4. 4. 29.

却没有显赫家世或弥补该缺陷的才能的新贵们。

亚克兴之战刚刚结束，奥古斯都似乎就开始着手进行此项工作。但半途而废了。如果相关法律确实公布过的话，那么它也肯定在抗议和抵制中很快被废除了（公元前 28 年）。[1] 但改革已迫在眉睫。这项不得人心的任务需要政治家的果决——“正直和意志坚定的男子汉”（iustum et tenacem propositi virum）。[2] 通过这种方式，凡人可以升入神界。尽管奥古斯都在有生之年挖空心思要掩饰这一点，他最终还是得到了这一奖赏：

> si quaeret“Pater Urbium”
> subscribi statuis，indomitam audeat
> refrenare licentiam，
> clarus postgenitis. [3]
>
> （如果有人希望在自己的雕像上刻下“罗马之父”的字样，愿他能够大胆放手、无拘无束地去干出一番事业，在后人中间赢得荣名。）

但奥古斯都还是推迟了这一计划，放弃了在公元前 22 年举办轮回庆典的计划——这或许是因为他对那一年的监察官们感到失望。他出发前往东方诸行省。他在公元前 19 年返回罗马后不久和下一年两度被授予法律与道德整肃者（cura legum et morum）

① Propertius，2. 7；参见 Livy，*Praef*. 9。
② *Odes*，3. 3. 1.
③ *Odes*，3. 24. 27 ff.

的头衔；但他都拒绝了，声称这项权力与“古风”(mos maiorum)存在矛盾。该职务具有过于浓重的管教色彩，其头衔名称便说明了一切。更重要的是，奥古斯都并不需要它。元首于公元前18年凭借自己的权威和保民官特权推行了这些措施。[①]

奥古斯都在这一年里颁布了《关于婚姻等级的尤利乌斯法》(*Lex Julia de maritandis ordinibus*)和《关于通奸罪的尤利乌斯法》(*Lex Julia de adulteriis*)两项重要法令，借以约束伤风败俗行为、树立道德风尚和鼓励生育——一言以蔽之，即重建罗马公民美德的基础。奥古斯都随后又对这些规定进行了变更和补充，其
444 中最重要的是公元9年颁布的《帕皮乌斯·波佩乌斯法》(*Lex Papia Poppaea*)。[②] 元首开始孜孜不倦地为罗马人民启动复兴计划。他现在可以充满自信地庆祝新时代的来临了。因此，奥古斯都在公元前17年举行了轮回庆典。为之创作颂歌的昆图斯·贺拉斯·弗拉库斯(Q. Horatius Flaccus)除赞美了和平与繁荣之外，还歌颂了旧道德的回归：

iam Fides et Pax et Honos Pudorque
priscus et neglecta redire Virtus
audet. [③]

(如今，忠诚、和平、荣誉和古老的谦逊终于敢于同长期受到忽视的美德一并回归了。)

---

① *Res Gestae*, 6; Dio, 54. 16. 1 ff.

② 关于这一立法及相关问题，特别参见 H. M. Last, *CAH* X, 441 ff.。

③ *Carmen saeculare*, 57 ff.

这其实并不容易。元老院中有人对此表示抗拒，还出现了公开的示威活动。奥古斯都这位罗马的第一公民不得不在长袍下隐藏着一副铁甲，以防遭到暗杀——他在这一年里已经察觉到了反对自己的阴谋，并惩罚了密谋者。[①] 规范家庭生活的立法是一项创举，但其精神并不新鲜，只是融合了监察官的传统职责与保守派改革者的愿望而已。[②] 奥古斯都宣称，自己既要复兴传统，又要为未来定下基调。在插手规范家庭生活方面，元首也是有合法先例可循的：奥古斯都用不容置疑的口吻向抗命不从的元老院宣读了一位试图阻止罗马生育率下降、但未能如愿的麦特鲁斯家族成员曾发表过的演说全文。[③]

新法律体系的目的同样雄心勃勃：它试图把家庭置于国家的保护之下。倘若罗马还保持着古时面貌的话，那么这种做法纯属多此一举。在共和末期的贵族圈子里，婚姻已不一定能够生育子嗣或长期维持。缔结婚姻的动机变成了赤裸裸的、双方心照不宣的金钱利益、政治目的或肉欲，并且可以由于任何一方的利益要求或一时心血来潮而被草率地废止。贵族妇女中很少有人能够（或乐意）像科奈莉娅那样在墓志铭中宣称：

in lapide hoc uni nupta fuisse legar. [④]

---

① Dio, 54. 15. 1 ff.

② 西塞罗希望监察官们能够禁止独身行为（Cicero, *De legibus*, 3. 7）："caelibes esse prohibento, mores populi regunto, probrum in senatu ne relinquonto。"（独身行为应当被禁止，民众的道德应当得到规范，元老队伍里不应再留下污点。）

③ Suetonius, *Divus Aug*. 89. 2; Livy, *Per*. 59.

④ Propertius, 4. 11. 36.

（石棺中的这位生前只缔结过一次婚姻。）

并且，尽管有些贵族女子在更换丈夫或情人方面较有节制，她们仍距贤惠持家的罗马主妇克劳狄娅相去甚远。那位女子整日

domum servavit，lanam fecit.[①]

445 （操持家务，加工羊毛。）

贵妇们的名字过于频繁地出现在公共场合，这与贤妻良母的身份不大相称。她们成为了政治家和艺术的赞助人。她们是可怕的和独立的，在婚姻中始终控制着自己的财产。女性的解放也对男性产生了影响；很多男性贵族不再愿意在本阶级中选择伴侣，而宁愿娶一名被释女奴，或干脆终身不娶。

但无论是否结婚，上流社会的作风和习惯都是恣意放荡的和寡廉鲜耻的。于是横扫一切、铁面无私的新国家插手了。《尤利乌斯法》使得通奸由只需些微补偿和一定程度上的改过自新就可以化解的个人冒犯行为变成了一种罪过。诚然，妻子并不比从前拥有更多的权利。但丈夫却可以在离婚后将奸夫淫妇告上法庭。而对通奸罪的惩罚则是非常严厉的——罪犯们会被流放到岛屿上，并被剥夺大部分财产。

婚姻纽带约束力的增强并不能吸引贵族们娶妻生子。元首还需实行物质奖励。由于缺少子嗣，许多古老的家族已经灭绝，其他

---

① *ILS* 8403.

一些也朝不保夕。元老们为了维持自己的政治、社会尊贵地位，需要充足的财富保障，这严重限制了元老家庭的规模。因此，奥古斯都对那些当了丈夫和父亲的元老予以奖励，让他们在仕途中晋升得更快，而对未婚未育的元老在财产继承方面进行相应的限制。

青年教育也是元首所关注的问题。对于军事、政治人才的性格培养而言，科学、艺术和文学教育显然是无益的，甚至可能有害。[1] 沉迷于哲学研究的行为是同罗马人和元老的身份不相称的。[2] 只有法律和演说术才受到尊敬。但它们是不能仅仅留给专家或学者去研究的。为了增强罗马青年的体魄与集体意识，奥古斯都复兴了“特洛伊竞技”(Lusus Troiae)等古时的军事训练活动。[3] 意大利城镇里也有对应的组织——青年人团体(collegia iuvenum)，即为将来可能会担任官职的青年建立的组织。它们负责培训军事技能，为青年提供在社会中和政治上晋升的机会，并致 446
力于灌输对现政权的正确观念。[4] 奥古斯都向各城镇推荐的人选

① 就罗马教育的目的而言，对希腊哲学和科学的研究只具有次要价值：“至于那些技艺，如果我们要评判其价值的话，那么它们的价值仅在于可以锻炼和激发孩子的才能，使他们在学习真正重要的技能时可以更轻松些。”(istae quidem artes, si modo aliquid valent, ⟨id valent⟩ ut paulum acuant et tamquam irritent ingenia puerorum, quo facilius possint maiora discere)(Cicero, *De re publica*, 1. 30)。“它们毫无道德或政治价值——我们不能通过这种知识变得更好或更幸福。”(nec meliores ob eam scientiam nec beatiores esse possumus)(Cicero, *De re publica*, 1. 32)。

② Tacitus, *Agr*. 4. 4：“se prima in iuventa studium philosophiae acrius ultraque quam concessum Romano ac senatori hausisse。”(他在少年时代过度沉溺于哲学研究，这同他罗马人和元老的身份不相符合。)

③ 相关论述参见 H. M. Last, *CAH* X, 461 ff.。

④ L. R. Taylor, *JRS* XIV(1924), 158 ff.; H. M. Last, *CAH* X, 461 ff.

(他们可能是卸任后的行政官吏)授予“骑士武职”。[①] 而地方政府(或不如说是控制着地方政府的当地权贵)也完全清楚元首需要什么样的人才。

对于统治阶级成员而言,他们可能受到的处罚是与其高贵社会地位所对应的责任相一致的。虽然新法令已禁止元老们娶被释女奴为妻,但其他人的同样做法得到了宽容——因为那样总比不结婚好些。罗马人民关注与效法的是古代的理想形象,那是从他们中的佼佼者身上抽象出来的人格特征;但那毕竟是一个理想化了的罗马民族。

在罗马,一种希腊城邦所不具备、但在罗马早已由共和时期的军事需要培养起来的良好习惯遏制并扭转了本地人口的下降趋势——罗马不断将外来人口纳入自己的公民队伍。[②] 这种慷慨从前曾帮助罗马建立了在意大利的霸权,因为这种霸权必须通过如此广泛的基础才能得到维持。但它也伴随着若干严重弊端。奴隶不但很容易获得自由,并且他们还会成群结队地被释放。罗马的对外征服使得市场上充斥着异族奴隶,其中很多来自尚未开化的民族。这些人的后代多如沙数,涌入了罗马公民的队伍:

> nil patrium nisi nomen habet Romanus alumnus. [③]
> (这个罗马野孩只有名字,没有祖先。)

---

① Suetonius,*Divus Aug*. 46. 参见上文,原书第 364 页。

② Tacitus,*Ann*. 11. 24. 参见马其顿国王腓力五世(Philip V)的看法,*ILS* 8763。

③ Propertius,4. 1. 37.

于是，奥古斯都插手进来，以便拯救这个民族；他对私人奴隶主释放奴隶的权力进行严格限制。[①] 但通过对罗马的地方神祇和奥古斯都权力的崇拜机构和地方城镇祭司职务的设立，即便释奴们也拥有了自己的集体社会地位和集体职责。[②]

如果丢掉了虔诚(pietas)——对罗马诸神的虔敬的话，罗马人民是不可能纯粹、强大和自信的。整个罗马民族的繁荣显然依赖于同超自然力量的和平共处——“诸神赐予的和平”(pax deorum)。447
但种种证据表明，这种局面业已不复存在。内战带来的、令人万念俱灰的恐惧，以及罗马及其帝国似乎即将灰飞烟灭的形势，令世人产生了一种负疚感——仿佛一切灾难都是由于罗马人轻慢了自己的传统神祇所造成的。这一罪恶可追溯到恺撒与庞培的时代之前，是罗马历史上的一段渎神的、病态的时期所酿成的恶果。古时的神庙遭到了废弃，宗教仪式和祭司职务也被废除了。罗马人从此将不得安宁，他们只能在与生俱来、愈演愈烈的诅咒中生活，一代代地腐化堕落下去，直到那些神庙得到修缮为止。[③] 那么，天意将指引何人来启动重建工作呢？

cui dabit partis scelus expiandi
Iuppiter?[④]

---

① 关于这一立法行为(公元前 2 年和公元 4 年)，参见 H. M. Last，*CAH* X，432 ff.。

② 罗马的这种崇拜形式可追溯到公元前 7 年城市分区管理制度的实施(Dio，55.8.6 f.)；参见 *ILS* 9250。关于这方面的情况和意大利城镇对奥古斯都的崇拜，见 L. R. Taylor，*The Divinity of the Roman Emperor*，181 ff.；215 ff.。

③ *Odes*，3.6.1 ff.

④ *Odes*，1.2.29 f.

(朱庇特将指派何人来消弭我等的罪过?)

答案是毫无悬念的。诚然,当前名义上的国家宗教负责人仍是在基尔克海角离群索居的大祭司长雷必达。奥古斯都并未剥夺他的这一荣誉——元首在不损害自身利益的前提下是乐得展示自己的宽宏大量的。他可以坐等雷必达老死。并且他这样做也更为稳妥——在晚近的历史中,大祭司长的荣誉并不成其为对任职者才能的肯定,而只是政治游戏中的一个交易筹码。奥古斯都已不屑于效法他的前辈——恺撒是通过公开行贿和讨好罗马暴民而获得这一职务的;雷必达则是在安东尼的袒护下,以不合常规的方式成为大祭司长的。[①]

像在其他情况下一样,第一公民奥古斯都完全可以凭借如日中天的权威,在没有得到法律授权和相应名分的情况下掌管相关事务。在亚克兴之战和凯旋三部曲后不久,罗马人民便见证了渥大维对宗教事务的热心——"sacrati provida cura ducis"。[②] 公元前 29 年,奥古斯都关闭了雅努斯神庙;一项久已废弃不用的古代仪式——平安女神占卜仪式(Augurium Salutis)——重新成为定制。此后,奥古斯都又补充了祭司队伍,复兴了古老的农田兄弟(Arval Brethren)祭司组织——它可以提高国家的尊贵地位,并提供新的庇护资源。公元前 28 年,元老院委托奥古斯都修复罗马城

---

① 至少奥古斯都(Augustus, *Res Gestae*, 10)是这样说的:"eo mor|[t]uo q[ui civilis] m[otus]occasione occupaverat。"(那位死者[雷必达]趁着民众骚乱的机会占据了这个职务。)

② Ovid, *Fasti*, 2.60.

内的所有神庙。元首自己声称，需要他修缮的神庙多达 82 座；但这个说法肯定存在着夸大之处，[1]把之前十年间的大规模神庙建设活动的成果也算在自己名下了。

有两位神明需要得到特别的尊崇。公元前 29 年，后三头立誓要修建的“神圣尤利乌斯”神庙最终落成。在下一年里，帕拉丁山 448
上宏伟的阿波罗神庙也落成了。两位神明都没有辜负奥古斯都。神圣的尤利乌斯帮助共和国在腓力比战役中获胜，而阿波罗则在亚克兴信守了承诺：

> vincit Roma fide Phoebi. [2]
>
> （罗马凭借守信的神明福波斯取得了胜利。）

亚克兴的神话是宗教性的，同时也是民族性的——交战双方中一方是罗马和保佑意大利的全体神明，另一方则是尼罗河畔的那些魑魅魍魉。[3] 当然，论名字和起源，福波斯是一位希腊神祇。但福波斯的形象早已在拉丁姆扎下了根。尽管罗马在民族精神上是反希腊的，但把较好的希腊神明拉到正确的立场上来，将亚克兴之战营造成东西方大决战的做法则是有益无害的。罗马不只是征服者，罗马还是希腊文化的保护者。

仿佛是为了证实这种说法，人们在罗马采取了种种措施，压制

---

① *Res Gestae*，20；Livy，4. 20. 7：“templorum omnium conditorem aut restitutorem。”（一切神庙的建造者和重建者。）

② Propertius，4. 6. 57.

③ *Aen.* 8. 698；Propertius，3. 11. 41 ff.

在后三头时期已经无孔不入的、风行一时且令人忧虑的埃及信仰的传播——这些崇拜被逐出了罗马城区。[①] 这种全民族的、爱国主义式的宗教复兴是一个巨大的题目；这样一场影响深远、规模宏大的运动的合理性和成果是不能单单从政府行为的角度去加以衡量的。那是一种比后人有时所认为的更加真挚的宗教情感。[②] 我们在此只需要认识到，奥古斯都不遗余力地重建对罗马诸神的坚定、高贵且纯洁的信仰这一古代精神就足够了。那是罗马力量的道德源泉：

> nam quantum ferro tantum pietate potentes stamus. [③]
> （我们是依靠刀剑和虔诚而屹立于世的。）

712 尽管罗马人在政治生活中将忠诚弃若敝屣，但这一观念并未被完全滥用。虔诚曾经赐予罗马人一个世界帝国；也只有虔诚才能维持这个帝国：

> dis te minorem quod geris, imperas:
> hinc omne principium, huc refer exitum. [④]
> （你之所以成为统治者，是因为你在神明面前保持着

---

① Dio, 53. 2. 4; 54. 6. 6.

② 关于奥古斯都宗教复兴运动的彻底性，参见 F. Altheim, *A History of Roman Religion* (1938), 369 ff.。

③ Propertius, 3. 22. 21 f.

④ Horace, *Odes*, 3. 6. 5 f.

谦卑；一切功业始于虔诚，一切回报也源自虔诚。）

美德和虔诚是密不可分的；“美德”一词的根义是“合乎男子汉的勇气”。罗马人民在统治全地中海世界的帝国中唯我独尊。但特权也意味着职责。如果罗马公民拒绝战斗的话，那么这座城市将在敌人（或自己的雇佣兵）手中毁于一旦。奥古斯都要求这个骁 449
勇善战的民族展示自己的英雄气概。这并非毫无意义的老生常谈，因为罗马人最近还实实在在地尝到了战争的苦涩滋味。除诸神外，奥古斯都最迫切的任务就是尊崇那些古时的将领，他们是帝国的缔造者。[1] 他下令为这些人建造雕像，并用铭文记载他们的事迹。这些雕像将被安放在他的新广场上，那里也是复仇者玛尔斯战神神庙所在地，后者本身便是庆祝胜利的纪念物和举行军功庆典的场所。爱国诗人们早已预言了这处民族英雄肖像长廊的诞生。[2]

罗马人倾向于自视为一个顽强善战的民族——这并不是专制君主的自吹自擂或希腊政客们的巧舌如簧：

---

① Suetonius, *Divus Aug*. 31. 5：“proximum a dis immortalibus honorem memoriae ducum praestitit, qui imperium p. R. ex minimo maximum reddidissent。”（除不朽的诸神外，他［奥古斯都］最重视的当属对领袖们的纪念活动，是他们把罗马共和国从微不足道的小邦提升到今天的伟大地位的。）

② 参见 Horace, *Odes*, 4. 8. 13 ff.：“non incisa notis marmora publicis | per quae spiritus et vita redit bonis | post mortem ducibus。”（它［诗歌］不是刻写着公共解说文字的大理石，那些伟大领袖在死后通过它重新拥有了活力与生命）；另见 *Odes*, 1. 12（其中有一位不大可能被列入英雄名单的斯考鲁斯［Scaurus］）和 Virgil, *Aen*. 6. 824 ff. 中列出的名录。

non hic Atridae nec fandi fictor Ulixes:
durum a stirpe genus.[①]

(这不是阿特柔斯王族或善编故事的尤利西斯;而是一个脚踏实地的强健种族。)

他们是农民,同时也是军人。根据传说中的记忆(或文学中的虚构),共和早期的执政官们在生活方式、习惯和理想等方面与在他们指挥下投入战斗的强壮农民们是完全一致的。将领和兵士都是由"严酷的贫穷"(saeva paupertas)[②]所塑造的。正是这些健壮的、由农夫组成的士兵——"rusticorum mascula militum | proles"(充满阳刚之气的农夫兼军人的苗裔)——曾用迦太基人的鲜血染红过大海,并击败过皮洛士(Pyrrhus)、安提柯(Antiochus)和汉尼拔等名将。[③]

美德和勇武的理想观念并不是罗马人的专利;它也属于意大利人,来自于古时的萨宾人和曾经骁勇善战的埃特鲁里亚人。[④]最桀骜不驯的意大利人最近还在亚平宁山区各民族发起的最后斗争中同罗马兵戎相见——其中最突出的是玛尔西人、"一个凶猛强悍的民族",该部族人数不多,但一直以善战而闻名于世。在赞美

① Virgil, *Aen.* 9. 602 f.

② Horace, *Odes*, 1. 12. 43. 关于这一时期历史学家笔下塑造的类似形象,参见萨宾人斯普里乌斯·利古斯提努斯(Sp. Ligustinus, Livy, 42. 34)。他从父亲那里仅仅继承了 1 尤格(iugerum)土地和一座"简陋的茅舍"(parvum tugurium,那正是他自己的出生地)。此人生育了八个儿女。

③ Horace, *Odes*, 3. 6. 37 f.

④ *Georgics*, 2. 532 ff. ,参见 167 ff. 。

“意大利式美德”之时，罗马也是在颂扬自己的勇武，因为罗马已征服了全意大利。老一辈人曾目睹玛尔西人和皮克努姆人率领着罗马军团同帕提亚人鏖战；而推崇和平的元首制政权同样需要号召 450
罗马和意大利为在全地中海世界范围内进行的各场战争输送兵源。他们如今已经团结起来；这批拥有异族血统、操着古怪语言的人——埃特鲁里亚人、奥斯坎人，甚至还有凯尔特人和伊吕利库姆人——被战争锤炼成了一个强大的民族。天神尤诺的请求得到了应允：

> sit Romana potens Itala virtute propago![1]
>
> （愿罗马的后裔富于意大利人的勇武品质！）

奥古斯都建立的新政权十分崇尚强健且执着的意大利农民，努力想通过耕种来为自己和为数众多的强壮罗马人解决生计问题：

> salve，magna parens frugum，Saturnia tellus，magna virum![2]
>
> （向你致敬，农神的土地，孕育众多果实和人口的大地母亲！）

---

① *Aen*. 12. 827.

② *Georgics*，2. 173 f.

现在，到哪里才能找到这样的农民呢？在过去的两个世纪内，海外帝国的收益、罗马输出行省总督和军人所带来的隐形收益，以及农业生产技术与规模的发展已改变了意大利的经济状况。一百多年前，罗马兵源的短缺引起了一小批贵族政治家的警觉和努力补救。格拉古兄弟的改革并不彻底，或中途夭折了。此后，小农经营的模式再也无利可图。萨姆尼乌姆在苏拉时期后成为一片焦土；意大利西南部的大片土地则被牧民们占据着。意大利的子孙们遍布地中海世界；许多人宁愿留在行省里或流动到意大利各城镇中，而不愿意回归亚平宁山区谷地里的艰苦生活。当然，那些地方肯定还有小农存在；他们继续种植谷物，尽管取得不了多少收益。[①] 成千上万的退伍老兵都在意大利耕种——但我们更有理由把他们视为小资本家，而不是普通农民。[②]

我们并不清楚，维吉尔《农事诗》(*Georgics*)打算劝诫和勉励的是属于哪一阶级的农业生产者。在战争和公敌宣告运动中牟取暴利的那批人已置办了地产。尽管其中有些人会从事商业，并主要居住在城镇里(特别是其中的释奴们)，但当时意大利的城乡界
451 限并不是绝对的和泾渭分明的——新兴的这批有产者或许并非对农业一窍不通。大部分意大利城镇市民大概都出生在乡间，或一度在那里生活过。我们还应牢记，城市居民的身份也往往相当复杂；因为廷臣和政治家小塞涅卡和放荡不羁的语法学家昆图斯·

① 关于这一点，特别参见 M. Rostovtzeff, *Soc. and Ec. Hist.*, 59 ff.。

② 这并不是说他们是坏农民。参见退休后的军事保民官盖约·卡斯特里奇乌斯(C. Castricius)要求铭刻在自己的墓碑上，供其释奴们学习的、关于农业生产和做人道理的箴言(*CIL*, XI, 600: Forum Livi)。

雷米乌斯·帕勒蒙(Q. Remmius Palaemon)都因能够从葡萄种植业中获得稳定收入而闻名于世。[1]

但新国家宏伟理想的宣扬者并不需要去研究什么经济学概念,或分析经济活动的运作方式。那种做法是不合时宜的。古代的政治理论家,从后人杜撰的来库古(Lycurgus)到真实存在过的革新派格拉古兄弟,一致认为道德和尚武精神的价值要远远高于金钱利益。如果种庄稼不能让农民盈利,如果农夫的生活严酷而艰辛,那正是再好不过的事情。为了自身与国家的利益,农民必须乐观、坚强地爱上这种生活:

> angustam amice pauperiem pati
> robustus acri militia puer
> condiscat. [2]
>
> (愿男孩能够通过服兵役变得健壮,学会与艰苦的生活为友。)

这与经济上自给自足的理想已经相去不远了。崇尚古风的道德论者可能会为此感到欢欣鼓舞。让对外贸易见鬼去吧——它没有任何好处可言,只能带来毫无必要的奢侈习俗和异族的邪恶风气。

但理想的影响力也就到此为止。人们并未在意大利真正推行

① Pliny, *NH*, 14. 49 ff. 塞涅卡从雷米乌斯(Remmius)手中买下了一座葡萄园;关于声名狼藉的雷米乌斯,另见 Suetonius, *De gramm*. 23。

② *Odes*, 3. 2. 1 ff.

这种有悖常理的开历史倒车的做法。那里的土地比以往任何时候都更为丰产。整个地中海世界重新拥有了和平与安全。随着托勒密王朝积攒了数百年的财富被投入市场和最近公敌宣告运动时期忧心忡忡的富人们的抛售行为的发生，贸易进程被加快了，收益和开销也随之增加。意大利的土地价格一路飙升。[①] 富人变得日趋富有。他们的钱财被用于购置地产。于是大地产的规模继续滚雪球式地扩大。繁荣跟逆境一样可以引发人们的忧虑。佩鲁西亚战争的可怕景象曾刺激贺拉斯产生了关于幸福岛的观念——在那些岛屿上，无须人类费心操劳，大自然便会提供他们所需的一切果实。但他现在却有机会去思考个人暴富所造成的罪恶，并艳羡牧民们取得的正当丰厚收益了：

campestres melius Scythae. [②]

718 452 (草原上斯基泰人的生活恐怕更好。)

这位爱国诗人可能是在哀叹富人驱逐穷人，占用耕地建造豪华的苑囿庄园的现象：

non ita Romuli
praescriptum et intonsi Catonis
auspiciis veterumque norma. [③]

---

① Suetonius, *Divus Aug*. 41. 1.

② *Odes*, 3. 24. 9.

③ *Odes*, 2. 15. 10 ff.

（那可不合乎罗慕路斯和不修边幅的加图执政时代的、神圣而古老的准则。）

现在早已不是罗慕路斯或监察官加图身处的时代了；并且尽管不修边幅的加图拥有农民血统并亲自务农，但他是一位精明、富有的人物和以盈利为目的的、较为先进的耕作方法的推广者。当时的经济生活跟政治生活一样，都不容世人再走回头路。它不会对任何人有所照顾。政府不会想到要去剥削意大利的富人，限制他们财富的增长；或是分割他们的庞大地产去救济生活困难的罗马穷人，虽然这些穷人的农民祖先曾为罗马赢得过荣耀与海外帝国。革命业已终结。改革已同暴力一并被终止和废弃。富人现在执掌着权力——在他们的密集队伍中特别引人注目的是洛里乌斯、奎里尼乌斯和塔里乌斯·鲁孚斯等铁腕人物。在他们的领导下，有产者们可以高枕无忧了。

对乡土美德和朴素生活进行过最优美赞颂的那位作家自己便是一位信奉伊壁鸠鲁哲学的单身汉、有产者和不在自己地产上居住的土地所有者。不惮以恶意去进行揣测的人会发现，为《帕皮乌斯·波佩乌斯法》（*Lex Papia Poppaea*）命名的两位执政官都是无妻无子的人。[①] 其中一位来自已同罗马和解的萨谟奈贵族家庭；还应指出的是，另外一位是皮克努姆人。他们没有什么可以拿来为自己辩护的借口。他们理应比其他人更多地展示出颓废享乐的罗马贵族所缺乏的“意大利式美德”。在奥古斯都的亲密朋友中

① Dio,56.10.3.

有未生育子嗣、生活放荡但十分惧内的梅塞纳斯和恶劣得令人无法形容的维狄乌斯·波利奥等人物；而元首的道德立法也在自己的家庭内部受到了其女儿和外孙女出格行为的明目张胆的践踏——尽管她们的冒犯在本质上是政治性的，而非道德层面上的。此外，即便我们可以完全无视安东尼的指控、关于泰伦提娅的传闻和所有那些对王朝统治者脊梁骨戳戳点点的风言风语的话，我们还是无法断定元首本人在这方面是否真的做到了无可指责。

显然，元首的社会改革方案中存在着某种双重标准。更重要
453 的是，奥古斯都试图拿来作为新国家道德和精神模范的整套关于罗马光荣历史的记忆，在很大程度上是虚构、杜撰出来的；它们是爱国史家和政治宣传家有意无意地用罗马人语言，转述希腊人关于原始人的美德和财富、对外扩张所导致的社会风气没落的观念过程中所创造出来的。意大利农民也许确实是尚武和俭朴的；但他们也是狭隘、贪得无厌、残忍和迷信的。我们也无法确定，在西庇阿家族掌权的黄金时代里，罗马贵族是否真正做出了令西塞罗时代的人们佩服得五体投地的道德表率。实际情况还有鲜为人知的另一面。

但对这些欺骗手法的强烈质疑尚不足以破坏奥古斯都改革的效果，或否定此类改革的任何一位发起者。历史记载和颂词中的奥古斯都依旧威风八面、唯我独尊。但他并不是凭借一己之力夺取并控制权力的；那么，这位道德复兴政策的直接发起者和主要负责人是否仅仅是在执行某个幕后寡头集团的指示、或其党徒共同委托给他的任务呢？

取得亚克兴之战胜利的并不只有罗马，还有意大利（或许我们

可以说意大利在其中发挥的作用还要高于罗马)。从某种意义上讲,元首制的建立便是意大利对罗马取得的一次胜利;而腓力比、佩鲁西亚甚至亚克兴等历次战役也可被视为恺撒党对显贵集团所取得的胜利。来自意大利城镇的罗马骑士在战争中被大批起用;他们获得的酬报是元老院里和元首议事会中的权力。贪婪地攫取着战利品、财富、奢侈品和权力的,接受了新品位和新观念的罗马贵族毫不顾惜地舍弃了祖上的刚毅美德。但孤高自许且愤愤不平的意大利城镇居民却保持着古时的虔诚、节俭、重视家庭和忠于情感和责任的习惯。罗马贵族对外地人嗤之以鼻——即便后者财运亨通、严格自律且在道德方面无可指责,他们仍是一群自以为是、吝啬小气的下等人。于是,在新国家建立后,意大利的资本家对显贵们进行了完美复仇,借以报复彼此间的宿怨和后者的不可理喻。

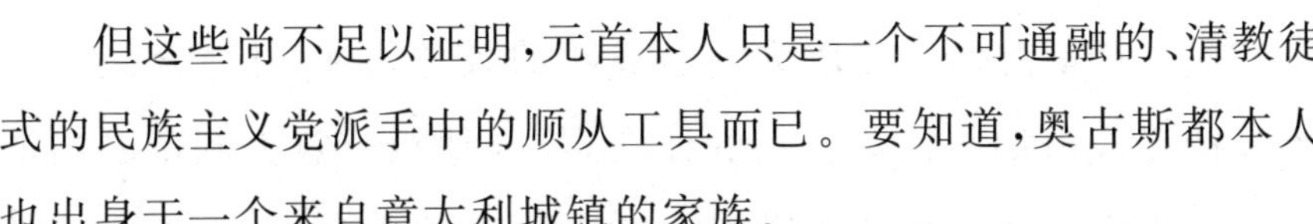

但这些尚不足以证明,元首本人只是一个不可通融的、清教徒式的民族主义党派手中的顺从工具而已。要知道,奥古斯都本人也出身于一个来自意大利城镇的家族。

我们完全有理由把奥古斯都的若干性格特征——脚踏实地、
缺乏侠义精神、谨小慎微和吝啬小气——归结到他出身于拉丁姆 454
地区的一个保守小镇这一事实。他在品位、言辞和机智等方面都不显山露水;他的宗教甚至迷信都具有家乡的特色。[1] 奥古斯都是一个特立独行的复古角色。[2] 他并非没有文化,但没有受到首

① Suetonius, *Divus Aug*. 90 ff. 他的保护神阿波罗具有其家乡当地所敬奉神祇的特色。尤利乌斯家族所崇拜的维狄奥维斯(*ILS* 2988)即相当于阿波罗。参见 C. Koch, *Der römische Juppiter*(1937), 80 ff.。

② R. Heinze, *Hermes* LXV(1930), 385 ff. = *Vom Geist des Römertums*, 171 ff.

都知识界思潮和希腊文学、科学或怀疑主义思想的深刻影响。与其他政治家相比,他尤其擅长掩饰和表现出伪善。但他对古代的家庭生活理想,乃至对诸神的虔诚崇拜情感的尊奉是坚定的和真诚的。奥古斯都崇拜贵族,因为他自己并非其中的一员;他会清除贵族队伍中的不良分子,但仍对这个群体百般呵护。这是因为,对贵族的尊敬是合乎传统的;而奥古斯都正是传统的意大利中产阶级中的一员。他的爱国精神同样是真实的;他最喜爱的诗歌应当是下面这句:

> Romanos rerum dominos gentemque togatam.[①]
> (罗马人是世界的主宰和身穿长袍的民族。)

奥古斯都之所以能成为一名成功的政党领袖,并有充足信心去坚持完成道德与社会复兴的使命,是与他跟全意大利范围内的一个庞大阶级共同拥有的民族身份认同和情感密不可分的。元首建立的政治体系相当坚实,但仍存在着若干松动之处;因此,奥古斯都塑造全民族风尚、重建统治阶级理想的计划并不是轻而易举便可以完成的。

罗马的官方宗教是程式性的,并非一种精神上的信条。这在罗马政治家眼中其实并非完全是一种缺陷或弱点;[②]何况奥古斯都掀起的复兴运动也不必因为博古学者的抱怨而缩手缩脚。但国

① *Aen*. 1. 282,曾被奥古斯都引用过一次(Suetonius,*Divus Aug*. 40. 5)。

② 参见 A. D. Nock,*CAH* X,467 的评论。

家宗教跟家庭宗教一样，并不是完全同世人的情感对立的。它代表着虔诚——一种典型的罗马美德。奥古斯都可以欣慰地看到，他已重塑了一种从对罗马历史的记忆中汲取了力量的道德品质，将世人的情感同国运的强盛维系起来，并树立了人们对新政权的忠诚感。

在容许一定的个人行为自由的前提下，这种公民美德是可以在罗马贵族集团中树立起来的；并且才干、勇气或爱国精神还可以起到粉饰罪恶的效果。奥古斯都本人的观念是狭隘的和明确的。
至于它们在多大程度上被人认可，那是令人很难回答的。关于对 455
这些事务进行立法的有效性问题，德行卓著的元首提比略（他本人对罗马道德的看法是非常传统的）不得不向元老院提出质疑。[①]在史学家塔西佗看来，后来的罗马贵族集团肯定发生了变化；但这一进程相当缓慢，并且是在奥古斯都立法活动之外的某些原因推动下完成的。[②] 因为奢侈之风非但未被遏止，反而在尤利乌斯-克劳狄乌斯王朝中奥古斯都的继任者统治时期变本加厉。富有的家族为炫耀而挥金如土，或在野心和阴谋中走向灭亡。来自意大利地方城镇、特别是外省的新人旋即取而代之；这些人即便拥有万贯家财，也不肯抛弃他们厉行节俭的作风。来自萨宾地区（“被征服的、自身拥有悠久文化传统的地区”[antiquo ipse cultu victuque]）的元首韦伯芗的以身作则发挥了很大作用。但更重要的是，在塔西佗时代的罗马社会中风行一时的节俭风气可能是通过一场神秘

① Tacitus, *Ann.* 3.53 f.

② Tacitus, *Ann.* 3.55.

的价值观革命而塑造的。[①]

如果奥古斯都对贵族集团感到失望的话，那么他应当想到，罗马并不是意大利；并且意大利的范围已经扩大了——在北方已出现了一个新意大利，它不久之前还是一个行省；那里人口众多，充满爱国热情，并对自己祖先的俭朴和美德引以为傲。在描述守身如玉的成语中，帕塔维乌姆已取代了萨宾的名声；[②]而布瑞克西亚同样不甘人后。[③] 此外，罗马民族如今已越出了意大利的地理界线；因为它如今已包括意大利殖民者的后代和获得了罗马公民权的当地居民——所有这些人在法律面前都是罗马人。加的斯可以输出舞女和巴尔布斯这样的百万富翁。西班牙和纳旁高卢的其他城镇很快就将向罗马输出他们的地方贵族，这些人完全具备“外省人的节俭”(provincialis parsimonia)和忠诚为国等品质。阿古利可拉可能正是奥古斯都所中意的那种国家公仆。

然而，并非每位新人或行省贵族都是美德和完整人格的典范。奥古斯都的元首政权不仅对务农的古代共和国里的执政官和公民
456 进行理想化，高度赞美了前辈先后努力消除埃特鲁里亚文化和希腊文化等外来影响的痕迹，从而扭转了罗马历史走向的功绩；它还

① Tacitus, *Ann.* 3. 55：“nisi forte rebus cunctis inest quidam velut orbis, ut quem ad modum temporum vices ita morum vertantur。”(或许万事万物的发展都是循环交替的，以至于种种邪恶总会随着时间的推移而变得合乎道德标准。)

② Martial, 11. 16. 8：“sis Patavina licet”(哪怕你是位帕塔维乌姆人)；参见 Pliny, *Epp.* 1. 14. 6。

③ Pliny, *Epp.* 1. 14. 4：“patria est ei Brixia ex illa nostra Italia quae multum adhuc verecundiae, frugalitatis atque etiam rusticitatis antiquae retinet ac servat。”(他的故乡是布瑞克西亚、我们意大利境内的一个小地方；那里仍旧保留并维持着古代的节俭习惯，甚至乡土气息。)

利用了繁荣时代必然会出现的浪漫幻想，借助一套于己有利的说辞——罗马杜绝了放荡，从而保全了自由；它还在不使用专制手段的前提下维持了秩序——从而影响并美化了当下，将意大利城镇里中产阶级的性格与习惯树立为模范。

新人的生龙活虎和勤勉有为取代了贵族信奉的自由与忠诚。不过，在一个利益分配和晋升机会都通过政府的庇护机制进行分配的社会里，起用贤能的政策并不总能换来他们的恪尽职守。抛开那些位高权重的新人（他们是奥古斯都的朋友）的滔天罪恶和狼子野心不谈，地位较低的新人也会拼命争宠、卑躬屈膝，为了钱财和仕途而进行检举告发。研究道德风尚或意大利古民族姓氏的学者会怀着复杂的心情看到关于维比狄乌斯（Vibidius）、提特狄乌斯（Titedius）和布鲁特狄乌斯（Bruttedius）等人不端行为的证据或指控。[①]

通过同样一套术语和标准，对意大利城镇美德的必要信仰迅速扩展到意大利以外的诸行省。在来自行省地区的道德楷模中有在罗马声名鹊起的、纳旁地区的第一名元老格涅乌斯·多米提乌斯·阿菲尔；那是位才华横溢的演说家，但贪婪残忍。[②] 帝国统治下罗马民族的伟大形象在很大程度也要归功于对一些丑陋事实的不露痕迹的隐瞒。当罗马可以公开承认（或已无法掩饰）意大利的

---

① 维比狄乌斯（Tacitus, *Ann*. 2.48）；提特狄乌斯（Tacitus, *Ann*. 2.85）；布鲁特狄乌斯（Tacitus, *Ann*. 3.66）。还可注意同淫秽笑话有关的演说家穆雷狄乌斯（Murredius, Seneca, *Controv*. 1.2.21;23）。

② Tacitus, *Ann*. 4.52："modicus dignationis et quoquo facinore properus clarescere。"（他地位平平，为了出人头地而不择手段。）参见 *Ann*. 14.19 中的含蓄讣告。

衰落及其统治阶级的构成变化时，金钱的统治又被巧妙地描述成为融合了古罗马美德和希腊文化的主宰权力。

在奥古斯都的元首统治下，村庄和小城镇得到了公开的赞扬。在这一方面，表象和真相之间同样存在着反差。尽管人们大谈特谈辛勤耕作的农夫，赞美建立帝国的罗马民族的尚武理想，但在现实生活中，意大利人民并不愿意去军团里服役，也无比痛恨向他们摊派的捐税。[①] 他们并不能为国家所用。政府在亚平宁山区以南的意大利招募到的兵源并不充足。相反，在意大利北部，即从前属于山南高卢行省的地区，特别是在主要聚居着凯尔特人的波河以
457 北地区却为军队提供了可观的兵源。人们往往忽视这些被招募士兵的社会地位，但我们时而还是能够获得一鳞半爪的相关信息：他们中很少有人来自社会上层。事实上，这些新近被征服的阿尔卑斯山谷地居民是被迫加入罗马人的军团的。[②] 这些异邦人无论如何也跟意大利农民扯不上关系，跟意大利有产者更是毫无相通之处。[③] 但他们是一批勇猛善战的人。国家需要的正是这一点。

征兵活动并不仅限于意大利境内。革命时期的做法不声不响地成了定制。恺撒曾在纳旁地区招募过一个军团，西班牙也已提供过完整的军团和零散兵源。如果我们将来能够找到关于奥古斯

---

① Velleius，2. 130. 2；Tacitus，*Ann.* 4. 4；Suetonius，*Tib.* 48. 2 等证据的叠加效果是令人印象深刻的。

② E. Ritterling，P-W XII，1781. 其中一些士兵甚至并不给自己取一个拉丁化的名字。我们很容易解释军团士兵定居在波河以北地区的现象十分普遍的原因——那里许多被赐予罗马公民权的部落同罗马人的据点建立了密切联系。

③ Rostovtzeff（*Soc. and Ec. Hist.*，42，cf. 499 f.）过高地估计了奥古斯都统治时期军团士兵的社会地位。

都元首统治时期西方军团的更多资料的话，我们大概会发现，其中有一大批士兵是来自西班牙和纳旁高卢的。[①] 政府对东方军队的构成情况则无须过多隐瞒。招募加拉提亚人参军并授予他们罗马公民权的行为已成为常规做法。[②] 此外，全欧洲最重要的一些军事资源已被投入到罗马的对外战争中——他们只是没有被编入正规军而已。罗马军团在很多情况下只负责建造工事，而大部分战斗任务则是由辅助部队(auxilia)完成的。

通过这些权宜之计，罗马神气十足地维持着她那由本民族军队保卫着的神话。但这些军队并非没有令人失望的时候。在公元前 19 年负责完成征服西班牙使命的军队士气低落，时常哗变。[③]于是阿格里帕惩治了其中的桀骜不驯者。无独有偶，公元 6 年伊吕利库姆发动的大规模叛乱也展示了当地民族的骁勇善战。被派去镇压的罗马军团意气消沉，心怀不满；因为政府违背了当初的承诺，过度地役使他们。于是，这批拥有“意大利式美德”的人似乎唯
独不愿意参加巴尔干地区的战事，极力试图逃避兵役。[④] 政府再 458

① 我们手头有些间接观点可资利用。例如，纳旁高卢仅需提供两支辅助部队；并且来自该行省的士兵很早就进入了禁卫军(*ILS* 2023)；在尤利乌斯–克劳狄乌斯王朝时期的军团中还出现了来自诺里库姆(*ILS* 2033)的士兵和来自马其顿的色雷斯人(*ILS* 2030;2032)。

② 参见来自科普托斯(Coptos)的士兵名单(*ILS* 2483)，其中有两个加拉提亚人名叫玛库斯·洛里乌斯。关于另一名叫玛库斯·洛里乌斯的士兵，见 *IGRR* III,1476 (Iconium)。

③ Dio,54. 11. 3.

④ Suetonius,*Divus Aug*. 24. 1；参见 Pliny,*NH*,7. 149；“青年兵源匮乏”(iuventutis penuria)。当时的军队士气十分低落(Suetonius,*Tib*. 21. 5. 其中引用了奥古斯都的话：“在如此的困境和军队无心恋战的状态中。”)(inter tot rerum difficultates καὶ τοσαύτην ἀποθυμίαν τῶν στρατευομένων)。当时还存在着军队哗变的危险(Dio,56. 12. 2)。

也无法组建起新的军团。为了部分弥补军团兵源不足的问题，奥古斯都招募了一批释奴单独组成部队，并为这支军队起了一个很能说明问题的名号——“志愿军”(cohortes voluntariorum)[①]。

伊吕利库姆的战事沉重打击了罗马的边疆与对外政策，也严重挫伤了奥古斯都的爱国自豪感。忧郁的他甚至曾想到要亲手结束自己的生命。但在经历过这场灾难之后，奥古斯都大概可以更为沉着地面对瓦鲁斯折损整整三个军团的消息了。

尽管奥古斯都的道德复兴和爱国精神复兴政策遇到了各种各样的阻挠和挫折，但他的努力终究没有白费。它不是一个人的想法，其萌芽早在亚克兴之战前就出现了。作为帝国统治民族的一分子，罗马共和国各个阶级的人都会或多或少地形成某种尊严与责任意识。士兵们以服从为天职，老兵们则养成了安分守己、过健康有益生活的习惯——他们跟苏拉的手下是不一样的。即便释奴也不应被视为一群地痞流氓。最重要的是，罗马贵族受到世代相袭的报效国家传统的强烈召唤；有产者为了自身的利益和设法自保的缘故，也势必要明白这样一个道理：财富和地位是与公共责任相对应的。跟元首本人一样，战争中的投机牟利分子变成了衣冠楚楚的头面人物。“Fortuna non mutat genus”(江山易改，本性难移)，贺拉斯在革命时期如是说。[②] 但新国家却要竭尽全力去驳斥这种古老的成见：

① Velleius, 2. 110. 7; Dio, 55. 31. 1; Macrobius, 1. 11. 32; Suetonius, *Divus Aug*. 25. 2.

② *Epodes*, 4. 6.

in pretio pretium nunc est; dat census honores,

census amicitias: pauper ubique iacet. ①

（在这个时代，人们受到的尊重源自他们手中的资产；家财万贯者才配得上荣誉和友谊。让穷光蛋见鬼去吧。）

但只凭法律还是不够的。奥古斯都这位革命领袖更多的是靠政治宣传、而非武力赢得权力的；他的一些最伟大的胜利都是通过兵不血刃的方式取得的。这位元首如今已掌握了引导舆论的手段，便使出浑身解数去说服世人接受元首制及其政治纲领。

① Ovid, *Fasti*, 1. 271 f.

459 # 第 30 章　舆论导向

在共和时期的罗马，贵族通过私人庇护关系引导着文学创作活动。跟政治中的情况一样，其他阶级容易受到权威的影响，接受来自上层阶级的调子和品位。政治攻击是猛烈的和凶恶的——在没有出现足以掌控全局的统治权威的情况下，这类攻讦往往是不分青红皂白的；而一旦出现了这样的权威，各方势力马上就集合起来发动攻击。各种小册子和诗歌纷纷将矛头指向三头怪物（the Three-headed Monster）伟人庞培（这并非毫无道理）；而罗马平民则受到教唆，在罗马广场上或剧院里进行公开示威，聚集起来捍卫
730 一个对他们而言毫无意义的政体，并使用各种能够支持庞培统治地位的浮夸言辞大声聒噪：

> nostra miseria tu es magnus. ①
> （你因我们的不幸而成了伟人。）

利用手握主权的平民的真实感情发起自发示威活动的本领对于罗马政治家而言是不可或缺的。克拉苏在这方面做得比庞培更加漂亮。而民众蛊惑家克罗狄乌斯则是通过收买才达到这一效

---

① Cicero, *Ad Att*. 2. 19. 3.

果的。

恺撒的独裁统治很快成为舆论冷嘲热讽的对象。但比它们更为致命的则是一种间接的攻击方式——对为捍卫共和国自由而壮烈牺牲的小加图的歌颂。这种褒贬死人而非活人的风气预示了帝国时期文学的不幸命运。

奥古斯都建立统治后，从前惯于对居于统治地位的个人或党派大肆攻击的文人似乎忠诚地站在了现政权一边。但我们并不能根据这种态度转变而草率地认定他们真心实意地认识到了奥古斯都政策的优越性，或认为自己找到了公共自由已得到重建的明确证据。与此同时，我们也不能走向相反的极端，认为那些为赞美国家、社会新秩序而施展才华的诗人和史学家一定是被收买的和俯首帖耳的暴政帮凶。

共和时期的政治家会收容、资助各种文人，以此展示自己的仁慈、传播自己的声名。帝王式的庞培便在家里养着一位编年史家、雄辩的米蒂利尼的特奥法尼斯。恺撒是记载自身事迹的历史学家和辩护者，叙述了高卢战争和内战的始末。他的文风具有典型的 460
军人和罗马风格，简洁朴素、十分有效；恺撒巧妙地指出，他的对手是一群居心不良、危害国家的小人。① 针对那些宣扬小加图事迹的、用心险恶的敌人，这位独裁官也通过自己及其忠诚助手希尔提乌斯的小册子进行回击；并且他还逼迫并非心甘情愿的西塞罗写信对此进行声援。根据现存史料来看，这一时期里中立派或有党派倾向的文人学士提出的建设性意见为数寥寥。诚然，撒路斯提

① 关于内战，参见 L. Wickert, *Klio* XXX(1937), 232 ff.。

乌斯攻击了寡头制度和金钱的力量，倡导道德与社会改革。[①] 独裁官还鼓励了博学者瓦罗所进行的研究，恢复了世人对罗马宗教和其他罗马民族古代传统的兴趣。但恺撒并未对文学进行大范围的、系统性的利用。这项任务留给了奥古斯都。

在后三头时期的斗争中，政治宣传的作用超过了武力。奥古斯都的主要谋臣梅塞纳斯很早便网罗了最有前途的一批诗人，并一直资助他们，直到元首制确立之后。奥古斯都本人会耐心地，甚至宽容地倾听文人们朗诵其作品。但他坚持认为，只有严肃的作品和一流诗人才有资格歌颂自己。[②] 元首取得了胜利；其他文学赞助人在这方面都相去甚远。波利奥失去了维吉尔。麦萨拉麾下只有一位无精打采的提布卢斯(Tibullus)。出身名门的文学业余爱好者法比乌斯·马克西穆斯对奥维德(可能还有贺拉斯)施过一些恩惠；[③]皮索则继承了本家族崇尚希腊文化的传统，支持了一位蹩脚的希腊诗人、塞萨洛尼卡的安提帕特(Antipater of Thessalonica)。[④] 诚然，贺拉斯在一首十分引人注目的颂歌中赞美过波利奥。但麦

---

① 尽管他那两封书信的真实性遭到了一些学者的否定，但我们还是不可完全忽视它们。

② Suetonius, *Divus Aug*. 89. 3: "recitantes et benigne et patienter audiit, nec tantum carmina et historias, sed et orationes et dialogos. componi tamen aliquid de se nisi et serio et a praestantissimis offendebatur."(他友好且耐心地倾听文人们朗诵自己的诗歌与历史作品，以及演说词和对话著作。但除了那些态度严肃、极为优秀的作品外，他反感其他人以自己为主题创作任何东西。)

③ 奥维德频繁地提及过他，如 *Ex Ponto*, 1. 2. 1; 3. 3. 1. 贺拉斯把自己的《颂歌》4.1 献给了法比乌斯、"拥有一百种技艺的孩童"(centum puer artium)。

④ 关于此人，特别参见 C. Cichorius, *R. Studien*, 325 ff.。认为《诗艺》(*Ars Poetica*)创作于贺拉斯晚年，并且是献给这位皮索的两个儿子的观点早已十分流行，以至于我们无须在此引用波菲里奥(Porphyrio)的支持性论据。

萨拉未曾得到过这样的待遇。至于新政权擢升的那些出身平民的将领,没有任何证据显示他们对奖掖文学艺术表现出任何兴趣。

作为回报,深得现政权赏识的诗人们用韵文赞美了重塑罗马的理想——她的土地、宗教和美德,她的豪迈历史和光辉现实。这 461
并不仅仅是一种宣传——某些伟大得多的工作正在进行中:它将自觉地建立一种堪与希腊文学比肩而立的罗马文学,这两根支柱将撑起同时具备罗马与希腊特性的世界帝国文明。与其说亚克兴之战是同希腊的战争,还不如说它是一场对抗埃及与东方的战争。这种斗争态势在元首制时期被固定化了,因为奥古斯都时代的文学背离了当时的希腊传统与此前的亚历山大里亚样本,而回归了希腊的鼎盛时代。新生的罗马文学是国家的,而非个人的;它更重视实用价值,而较少虚饰。在创作抒情诗方面业已才思枯竭的贺拉斯开始尝试把新的文学运动建立在坚实的理论基础之上,并将这一时代涌现出的优秀作品提升到经典的地位。

跟政界的情况一样,上一代人的文学创作并未留下多少典范供后人赞美或借鉴。贺拉斯从未提及过卡图鲁斯和卢克莱修。那些放诞不羁、热烈奔放的人物在健全国家里的、奉行集体主义原则且纪律严明的学术圈内是没有地位和无法得到赏识的。事实上,伊壁鸠鲁主义已在很大程度上受到摒弃,被视为一种道德败坏的、容易使人逃避公共义务的信条。但斯多葛主义却成了健康的、受到尊敬的哲学流派;人们认为它具有积极的实用价值。倘若卢克莱修生活在这个变化了的、更加令人振奋的环境中,并受到责任与道德观念的约束的话,那么他释放自己宗教热忱的方式可能是创作一部宣传泛神论的诗篇,以赞美人的灵魂、整个宇宙和已在人间

建立起来的理想国度所组成的前定和谐：

> spiritus intus alit, totamque infusa per artus
> mens agitat molem et magno se corpore miscet.[①]
>
> （在它们当中，精神滋育了天地间的一切；思想搅动着混沌，与后者的庞大躯体混而为一。）

事实上，斯多葛主义代表着秩序与王权。然而，卡图鲁斯是绝不肯听凭摆布，去顺从地讴歌上流社会的复兴、尤利娅一次又一次的婚礼或内战暴发户们的俭朴美德的。他的著作在罗马广场上、在罗马人民的围观与欢呼中被付之一炬。

这种损失其实无碍大局，因为新政权也有自己的抒情诗人，他在技术上同样臻于完美。个人的不幸遭遇和政治上的绝望情绪剔除了青年贺拉斯《长短句诗》中尖酸刻薄的肆意谩骂。阅历和安逸
462 的生活消磨了他的锐气，但并未挫伤他性格中不断质疑的求实精神——随便谈论几句斯多葛主义的信条并不能说明什么问题。尽管如此，这位伊壁鸠鲁主义的信徒却似乎对俭朴和美德怀有一种浪漫的热忱，并全力支持罗马尚武的帝国理想。我们可以在《颂歌》中找到对奥古斯都时期社会复兴政策最优雅的表述方式和最一目了然的评点。在对这些崇高主题进行了妙笔生花的叙述后，贺拉斯最终重归自我：

---

① Virgil, *Aen.* 6. 726 f.

non hoc iocosae conveniet lyrae：

quo，Musa，tendis?[1]

（这并不适合戏谑的抒情诗题材。缪斯女神啊，您在说些什么?）

他在赞美俭朴生活和诅咒财富后补充说：

scilicet improbae

crescunt divitiae；tamen

curtae nescio quid semper abest rei.[2]

（诚然，不义之财可以不断积聚；但天生不完美的事物将永远有所缺陷。）

诗人维吉尔则没有必要为自己辩解；道德、乡土和爱国的调子对他来说是自然而然的。完成《农事诗》（约公元前30年）后，维吉尔开始着手创作一部能够解释罗马的最早起源、罗马历史的连续性和奥古斯都统治时期臻于极盛局面之间命定轨迹的史诗。他在全诗开头部分写道：

nascetur pulchra Troianus origine Caesar

imperium Oceano，famam qui terminet astris，

---

① *Odes*，3. 3. 69 f.

② *Odes*，3. 24. 62 ff.

Iulius a magno demissum nomen Iulo. [①]

（出身名门的特洛伊·恺撒将要诞生，他的权力远及海洋，他的声名上达星宇。尤利乌斯家族的名字来自伟大的尤鲁斯。）

后来，他已不再是世界的征服者，而成了新时代的奠基人：

hic vir, hic est, tibi quem promitti saepius audis,
Augustus Caesar, divi genus, aurea condet
saecula qui rursus Latio. [②]

（就是此人，正是他——我所许诺的那位你已耳熟能详的奥古斯都·恺撒、神圣的苗裔。正是他让黄金时代重返拉丁姆。）

这位史诗英雄的性格并非卓越出众、不同凡响。那本来就不是诗人想要营造的效果。英雄领受的永恒告诫也同浪漫理想颇多龃龉。埃涅阿斯是上天降下来的一件工具，是其职责的奴仆。他有一次自称“我是虔诚的埃涅阿斯”（Sum pius Aeneas）。尽管埃涅阿斯在执行其崇高使命过程中经历了千难万险，但他始终沉静、坚定、执着。他永远不得闲适、无暇喘息，不可能跟异族王后情投意合。他的目的地是意大利——“我的感情维系于此，这里才是我

① *Aen.* 1. 286 ff.

② *Aen.* 6. 791 ff.

的家园”(hic amor,haec patria est)。埃涅阿斯便这样追随着他的
使命,为了虔诚而牺牲一切感情;他意志坚定,但心情压抑,略显疲 463
态。这首史诗并非一则寓言。但所有当时的读者都会在埃涅阿斯身上看到奥古斯都的影子。正如将特洛伊及其神祇迁移到意大利的事业一样,建设新罗马同样是一件高尚但艰苦的工作:

> tantae molis erat Romanam condere gentem.①
> (缔造罗马民族是一项如此艰巨的任务。)

命运预示了将有一位意大利的伟大统治者和世界征服者降临人间:

> sed fore qui gravidam imperiis belloque frementem
> Italiam regeret,genus alto a sanguine Teucri
> proderet,ac totum sub leges mitteret orbem.②
> (但那位将要建立帝国并吹响战争号角的人物会统治意大利,他将塑造一个拥有特洛伊人高贵血统的民族,并将全世界置于法制之下。)

这件事情令人难以置信,但罗马救赎的消息是通过一座希腊城市发布的。福波斯的女祭司宣布道:

---

① *Aen*. 1. 33.

② *Aen*. 4. 229 ff.

via prima salutis,

quod minime reris,Graia pandetur ab urbe. [1]

(平安之路将从一个你完全意想不到的地方——一座希腊城市开启。)

自从跟友人们在阿波罗尼亚做出了最初的决定后,年轻的恺撒继承人再也没有犹豫或退缩。阿波罗宣布,他未来的道路上将遍布鲜血和战争:

bella,horrida bella,

et Thybrim multo spumantem sanguine cerno. [2]

(我看到了战争、可怕的战争和泛着许多血沫的台伯河。)

在忠实的阿卡特斯(Achates)陪伴下,他将同桀骜不驯的意大利各民族交手并战而胜之,建立城市和文明的生活方式:

bellum ingens geret Italia populosque ferocis

contundet,moresque viris et moenia ponet. [3]

(他将在意大利发动大规模战争,消灭凶恶的民族,为人们建立法律和城墙。)

---

① *Aen*. 6.96 ff.

② *Aen*. 6.86 f.

③ *Aen*. 1.263 f.

他的胜利并不会带来个人独裁，而将建立最终和解了的罗马与意大利的统一。那正是他的使命：

> nec mihi regna peto：paribus se legibus ambae
> invictae gentes aeterna in foedera mittant. ①
> （我不会谋求为自己建立帝国，而是让那两个不可战胜的民族缔约建立永恒的同盟。）

在那些年里，李维也在着手处理他所选择的那个宏大、复杂的题材，那是维吉尔史诗在散文体裁中的回应：

> res Italas Romanorumque triumphos. ②
> （意大利和罗马胜利的历史。）

跟现政权所奖掖的其他文学创作一样，李维的史著是爱国主义的、合乎道德的和鼓舞人心的。即便博古传统也自有它的用处。
但史学未必是博古式的——跟诗歌一样，它可以被用来纪念古人 464
的武德、重塑民族尊严，并将社会生活所需的美德传授给后人。

在古时诗人所描述的“庄严占卜仪式”（augusto augurio）中奠基的罗马城的早期历史需要被神圣化；而罗马的建造者——“天神所生育的神明，罗马城的统治者和罗马城之父”（deum deo natum，

① *Aen.* 12.190 f.

② *Aen.* 8.626.

regem parentemque urbis Romanae）也必须得到赞美。[①] 但人们也不能进行过于具体的比附。传说中的罗慕路斯已具备了太多独裁官恺撒的真实特征；其中一些是到了晚近的时候才取得或得到加强的。罗慕路斯毕竟是一位国王；他是平民和军队的宠儿，但元老院对他不太接受。

如果李维记载晚近和他生活年代历史的那些部分留存至今的话，它们肯定会以一种生动的、令人信服的方式向读者呈现“历史的教训”。我们很快便拥有了一份质量上乘的史料，那也是元首记载自己勤勉、胜利的一生的一份回忆录。跟维吉尔一样，李维也是同情庞培的。他将庞培的早年生涯理想化，驳斥了撒路斯提乌斯的说法。当庞培由此而转变成一位可敬人物时，渥大维也就顺理成章地完成了这一蜕变。肯定庞培比肯定恺撒在当时更为流行，因为庞培代表的是“更好的立场”。[②] 我们可以推测，这位奥古斯都御用的史学家也会用尊敬的口吻提起布鲁图斯和卡西乌斯——因为他们曾为共和国而战；他甚至还会赞美加图——因为加图代表着现存秩序。

维吉尔、贺拉斯和李维是元首制时期的永恒荣耀；这三人都是奥古斯都的私交。这些文人所属的阶级可以在新秩序下获得各种好处。维吉尔与贺拉斯都在腓力比战役或佩鲁西亚战争的混乱局势中失去了祖传产业；但他们日后被归还了自己的财产，或至少得到了补偿。史书没有记载（或许是传说不曾渲染）李维蒙受过的任

① Livy，1. 16. 3. 关于罗慕路斯，参见上文，原书第 305 以下、313 页以下。

② Tacitus，*Ann.* 4. 34. 但“庞培党”（Pompeianus）这个称呼也并不一定是指庞培的追随者，而可能泛指共和派。因为罗马人并没有“共和派”这一特定称谓。

何损失——可能是因为历史学家不像诗人那样能够激发传记作家和文法学家的兴趣。但在波利奥治理山南高卢期间，富裕的帕塔维乌姆确曾承担过繁重的征调压迫；于是富人们躲了起来，并且没有一名奴隶出卖他的主人。如果个人的和物质利益的原因确实能够让李维、贺拉斯和维吉尔对奥古斯都感恩戴德的话，同样的事实 465
也可以增强社会上拥护和平与不问政事的那些派别对现政权自然而然产生的好感（但我们对此不宜夸大）。另一方面，这些天才也并不是由奥古斯都的元首统治创造出来的。他们都是在革命年代里长大成人并发展出自己的成熟风格的；并且他们对奥古斯都的回报都多于后者或那个时代所能赐予他们的东西。

贺拉斯是来自维努西亚的一位富有释奴的儿子。维吉尔和李维则拥有更加受人尊敬的出身。但无论那些好奇的、想当然的研究者在传说中由埃特鲁里亚人建造的曼图亚和伊吕利库姆的维尼提人（Illyrian Veneti）的城市帕塔维乌姆之间找出过多少民族性差异，我们都无法在维吉尔和李维的政治立场中发现这些元素。两人都是新兴的意大利北方有产阶级的典型代表；他们热爱国家，没有多少党派偏见。与意大利许多其他地区不同的是，意大利北方是没有自己的历史的；她不记得自己从前独立于罗马之外的古老历史，同罗马也没有什么晚近的仇怨。就罗马政治而言，它的忠诚感是杂糅的和混乱的。有人爱戴把意大利从日耳曼侵略者手中拯救出来的伟大将领马略；也有人忠于领导过波河以北意大利地区、并授予当地居民完整罗马公民权的恺撒。但意大利北方的居民尽管聪颖并上进，他们却绝非革命派。事实上，他们的世界观在很多方面是相当古老和传统的。他们会公开表示自己支持共和的

立场。卡西乌斯从父亲那里继承了同波河以北意大利人的密切关系；[①]布鲁图斯的父亲则曾在穆提纳受到庞培军队的围攻。在奥古斯都统治时期，麦蒂奥拉尼乌姆仍以自己保存的自由派雕像为荣。[②] 而波诺尼亚则一度接受过安东尼党的庇护。

但所有这些与殖民地和边疆地区形势相符的、各种各样的效忠关系都被对罗马的共同爱国热情压倒了。此外，正如人们所预料的那样，对于这个最近才成为意大利一部分的地区而言，“意大利”这个名号比在其他地区具有更加重要的意义，蕴含着更为丰富的感情。[③] 在讨论统一的意大利和现实中的和平共处局面时，罗马人在听到罗马人民的军队被称为“意大利人”时仍会略感震惊：

hinc Augustus agens Italos in proelia Caesar. [④]

466 （这位奥古斯都·恺撒率领着意大利人投入战斗。）

奥古斯都的幸运的确无出其右，因为他找到了一位其诗风和情感很容易同自己的思想和政策达成默契的意大利史诗诗人。维吉尔所表达的正是他的“全意大利团结起来”（tota Italia）思想，其表述令人叹服，毫无斧凿痕迹。对于来自波河以北地区的维吉尔来说，亚克兴之战不只属于罗马，而是全意大利的胜利。这一观念

---

① *Ad fam*. 12. 5. 2.

② Plutarch, *Comp. Dionis et Bruti*, 5; Suetonius, *De rhet*. 6.

③ 笔者要在此为自己获准使用了奇尔弗先生（Mr. G. E. F. Chilver）的未发表成果而向他表示感谢。

④ *Aen*. 8. 678.

在贺拉斯与普罗佩提乌斯的版本中就没有被表达出来。普罗佩提乌斯在满怀爱国热情地赞美意大利时，他呼唤的名字不是意大利，而是罗马：

> omnia Romanae cedent miracula terrae.[①]
>
> （所有奇迹都在罗马人的土地面前甘拜下风。）

并非所有的诗人的性情和处境都跟维吉尔与贺拉斯一样，会对新政权进行毫无保留的赞美。梅塞纳斯还网罗了普罗佩提乌斯——一个复制了来自波河以北意大利地区的卡图鲁斯的火热激情的翁布里亚青年。他来自阿西修姆；与那里毗邻的便是悲惨的佩鲁西亚——意大利因卷入一场罗马内战而在那里付出了沉重代价：

> si Perusina tibi patriae sunt nota sepulcra
> (Italiae duris funera temporibus
> cum Romana suos egit discordia civis),
> sic mihi praecipue pulvis Etrusca dolor.[②]
>
> （如果你知道我们国家的墓地佩鲁西亚的话：[那是意大利人在黑暗年代里的坟墓，当时的罗马人陷入了内乱。]特别令我感到忧伤的还有埃特鲁里亚的尘土。）

---

① Propertius，3.22.17.

② Propertius，1.22.3 ff.

他的一位亲戚在佩鲁西亚战争中阵亡了。[1] 普罗佩提乌斯对战争的厌恶之情是根深蒂固的。他宣称自己是爱情与和平的诗人：

> pacis amor deus est,pacem veneramur amantes. [2]
> (爱神是和平之神,我们恋爱中的人也尊崇和平。)

他的儿子都不会从军：

> nullus de nostro sanguine miles erit. [3]
> (我们的骨肉是不会去当兵打仗的。)

他的家族在历次内战中丢失了自己的产业。[4] 尽管如此,这位诗人还是拥有十分显赫的姻亲——埃利乌斯·伽鲁斯家族和颇具影响力的朋友——梅塞纳斯和来自佩鲁西亚的执政官家族沃尔卡奇乌斯家族(Volcacii)。[5] 跟他的亲戚盖约·普罗佩提乌斯·波斯图穆斯一样,这位诗人原本也有望进入元老院。

---

① Propertius,1. 21.

② Propertius,3. 5. 1.

③ Propertius,2. 7. 14.

④ Propertius,4. 1. 127 ff.

⑤ 波斯图穆斯(Postumus,Propertius,3. 12;此人应该就是盖约·普罗佩提乌斯·波斯图穆斯(*ILS* 914))的妻子是埃莉娅·伽拉。普罗佩提乌斯数次提及的图鲁斯(Tullus,如 Propertius,1. 1. 9)是公元前 33 年执政官卢奇乌斯·沃尔卡奇乌斯·图鲁斯的侄子。

但普罗佩提乌斯选择了他的昆提娅(Cynthia)、他的亚历山大里亚艺术风格和罗马之卡利玛库斯(Callimachus)的声名。他的作品的精神与主题都回归到了前一个世代。但即便普罗佩提乌斯也没有完全排斥爱国主题或梅塞纳斯反复提出的建议。尽管他反 467
感战争,普罗佩提乌斯还是能够时不时地从爱河或失恋的忧伤中自拔,去真心实意地热烈庆祝亚克兴之战的胜利,或义正词严地为替克拉苏复仇的事业辩护。[1]

然而,古代掌故毕竟比较接近于卡利玛库斯的风格,而距离现实比较遥远。普罗佩提乌斯能够赞赏地、优雅地讲述古代的神话传说和宗教思想。更突出的是,他为缅怀一位罗马贵妇——保卢斯·埃米利乌斯·雷必达之妻科奈莉娅而创作的哀歌传达了一种凝重、深刻的情感,使得奥古斯都治下罗马出现的其他一切纪念性文学作品都显得生硬、轻浮和空洞。[2] 普罗佩提乌斯是属于那个理解并尊重死亡与死者之伟大的旧日文明的。

普罗佩提乌斯本有可能成为梅塞纳斯的一笔一本万利的投资。但他在年纪轻轻的时候就去世了——或彻底放弃了诗歌创作。比他小约 10 岁的奥维德则活到了奥古斯都去世之后,60 岁时死在流放地。奥维德在其《情诗》(*Amores*)中歌颂了非法的情爱,并嘲弄了军队:

militat omnis amans, et habet sua castra Cupido. [3]

---

① Propertius, 3. 11; 4. 6 (亚克兴); 2. 10; 3. 4 (对东方的征服与复仇)。

② Propertius, 4. 11.

③ *Amores*, 1. 9. 1.

（所有情人都是全副武装，小爱神丘比特守卫着自己的营地。）

引起奥古斯都不悦的并不只有这些伤风败俗的诗句。人们认为，诗歌应当能够有所教益。奥维德接受了这一原则——但反其道而行之。他本应教导罗马青年尊敬过去，在勇武和德行方面达到罗马人的标准。与此相反，他却创作了一部探讨“爱的艺术”的教谕诗。我们没有必要去认真对待其中提出的思想——那不过是一种恶搞而已。奥古斯都根本没有去读这个笑话。像塔西佗笔下的古代日耳曼人一样，奥古斯都并不认为对纵欲行为的描述是一种无害的消遣。[①]

奥维德本人也不应被视为一个登徒子或败坏青年的人。他用情色诗诗人的传统借口为自己辩护——他的文字可能是粗俗的，但他的生活却是贞洁的：

vita verecunda est, Musa iocosa mea.[②]（我的生活是无可指责的，只是我的缪斯爱开玩笑而已。）

尽管奥维德之前夸耀过情爱的力量，但我们或许还是可以相

① Tacitus, *Germ.* 19.3：“nemo enim illic vitia ridet, nec corrumpere et corrumpi saeculum vocatur。”（［在日耳曼人中间，］没有人会对那种罪恶一笑了之，也没有人把勾引与被勾引称为时髦的风尚。）

② *Tristia*, 2.354. 没有哪位罗马丈夫（包括社会底层成员）有理由对奥维德在现实生活中的品行加以怀疑（*Tristia*, 2.351 f.）。

信他的说法。《情诗》中的科瑞娜(Corinna)是无法同普罗佩提乌 468
斯笔下的昆提娅相提并论的。科瑞娜是一个文学中的、合成的或虚构的形象。而结过三次婚的诗人奥维德则对自己的最后选择——一位德才兼备的女子十分中意。[①]

但这些辩解毫无用处。奥维德成了一个耻辱。他拒绝为国效力。苏尔默和佩利尼人——一个强健、坚韧的民族本应为新意大利做出许多贡献,享有美好的名声,而不应仅被视为一位情色诗人的家乡。奥古斯都没有忘记惩罚奥维德。即便奥维德用对在位王朝的热情赞美去点缀自己的轻佻作品,甚至用其灵活笔触将罗马的宗教年历改写成韵文也无济于事。奥古斯都的外孙女尤利娅的丑闻(公元 8 年)提供了借口。奥维德肯定没有直接参与其中;并且诗人提到的那个神秘错误也很可能不是什么大事。[②] 但奥古斯都是睚眦必报的。他希望造成杀鸡儆猴的效果——也可能想找到一只替罪羊,因为奥维德在政治上的无害恰好可以转移世人对尤利娅及其丈夫和所谓情人们的真正威胁的注意力,并营造一种伤风败俗的行为已得到应有惩罚的假象。奥古斯都的权威是足够强大的。[③] 奥维德接到命令,被迫迁居黑海岸边的希腊城市托米(Tomi)。他不可能再被流放得更远了。

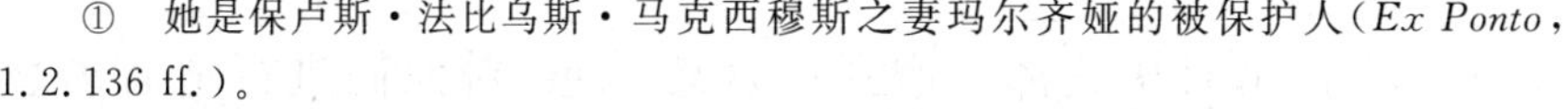

① 她是保卢斯·法比乌斯·马克西穆斯之妻玛尔齐娅的被保护人(*Ex Ponto*, 1.2.136 ff.)。

② Tristia,2.207:“duo crimina,carmen et error。”(两桩罪过:诗歌与错误。)诗人对“错误”的具体内涵守口如瓶。

③ *Tristia*,2.131 f.:“nec mea decreto damnasti facta senatus | nec mea selecto iudice iussa fuga est。”(您没有让元老院给我的行为定罪;我的放逐令也不是由特别法庭签署的。)

奥古斯都打算用诗歌和历史去塑造复兴社会中的上层与中层阶级。他们的影响与榜样可以让爱国主义与道德教育要么广为传扬，要么万劫不复。而对于那些并不听人朗诵作品的富人，以及缺乏良好文学趣味或获取书籍手段的人，元首则采用了各种视觉手段来对他们进行规劝。

为了博取拥有主权的民众的欢心，共和时期的政治巨头们不惜挥金如土，举办各种豪华的竞技、展览和凯旋式。而在展示方面，奥古斯都的物质资源、组织能力和营造戏剧性氛围的本领是无出其右的。他把25万罗马平民列入名单，永久性地向他们发放救济粮。在特殊情况下，奥古斯都也会分发葡萄酒和油。但他有时也很严厉。当饥馑降临，暴民们抱怨葡萄酒价格飞涨的时候，元首会向他们指出，他的女婿为人民修建的水渠一直能够保证首都高
469 质量的水源供应。[①] 他其实还可以补充说，现在也有公共浴室了。但抱怨的情况是非常罕见的。[②] 为了表达自己的感恩戴德，平民们会在每年的第一天在卡皮托林山上集合，捐献一些小额硬币给一项用于尊奉元首的基金；这些收入会用于神庙里的奉献活动。这还不是全部。当奥古斯都开始着手整顿城市警戒事务时，他安排邻里长（vicomagistri）负责敬奉“十字路口处的地方神祇”（lares compitales）的圣所；而对元首才华（genius）的崇拜是与此相联系的。[③]

每一次节日庆典都是增强民众忠诚感、对他们进行适宜教育

① Suetonius, *Divus Aug*. 42. 1.

② Suetonius, *Divus Aug*. 57. 1; *ILS* 92 f. and 99.

③ 见上文，原书第446页。

的好机会。新政权利用一种方式生动且成功地宣传了自己的家庭政策：一位来自费苏雷(Faesulae)的、精神矍铄的平民在 61 名子孙与曾孙辈分的家族成员陪同下前往卡皮托林山举行了献祭仪式。[①] 甚至连奴隶们也可以受到褒奖——奥古斯都为一名生下五胞胎的女奴建造了一座纪念碑。[②] 出于某种我们不太清楚的原因，在一次竞技上，人们安排了由一位百岁女演员宣誓并祝愿奥古斯都健康长寿的仪式；[③]人们还在罗马人民的投票台上庄严地展览了一头犀牛。[④]

当雷必达终于在公元前 12 年去世后，奥古斯都取得了大祭司长的荣誉头衔。为了目睹他的就职典礼——或亲自参与对这次授权的表决(因为奥古斯都采取了与安东尼上次的程序截然相反的做法，把投票选举的权力换给了人民)——意大利各城镇的居民如潮水般涌入罗马，其盛况堪称空前。[⑤] 这种独特的、自发的请愿活动带有全民公决的性质，表达了对元首的忠诚和对政府的信任。

还有一些动议和政治宣传虽不太显眼，但其影响更为持久。[⑥] 当众望所归的奥古斯都在手中翻动一枚硬币的时候，他也许会思考钱币上用精练语言铭刻着的政府目标或成就——"共和国自由的保卫者、人民忠仆"(Libertatis P. R. Vindex，Civibus Servateis)

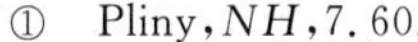

① Pliny，*NH*，7. 60.

② Gellius，10. 2. 2.

③ Pliny，*NH*，7. 158. 此事发生于公元 9 年。

④ Suetonius，*Divus Aug*. 43. 4.

⑤ *Res Gestae*，10.

⑥ 参见 M. P. Charlesworth，"The Virtues of a Roman Emperor：Propaganda and the Creation of Belief"(*The British Academy*，*Raleigh Lecture*，1937)。

470 (或复兴的标志[Signis Receptis])。稍显出人意料的是，这些铭文中并未大量出现十分丰富的政治词汇。“全意大利团结起来”这一口号本来应该是在此类材料中占有一席之地的。

元首本人的形象与特征在罗马和全地中海世界受到模仿。诚然，他熔化了罗马城中不少于80座银像，将它们变成了献给自己的保护神阿波罗的祭品。[①] 但我们手头还有其他材料。忠诚的市民们注视着奥古斯都的雕像；他或被表现成意志坚定、甚至略显杀气腾腾的年轻革命领袖，或是头戴面纱、年事已高、一丝不苟且难以接近的祭司。或许更能说明问题的是来自罗马第一门(Prima Porta)的一座身披铠甲的奥古斯都像；其中表现的元首正值中年、意志坚定、骁勇善战，但同时也性情忧郁、忠于职守：

> Troius Aeneas, pietate insignis et armis.[②]
>
> (以虔诚和勇武闻名于世的特洛伊将领埃涅阿斯。)

这一表现战争与和平的庄严主题得到了公开的、不朽的赞美。罗马现政权对这些主题的官方处理使得奥古斯都时代的诗歌显得酷似一种先知先觉的预言——并说明诗人们极其忠实地传达了民族复兴计划的精神。公元前13年，当奥古斯都和阿格里帕都已从行省返回，帝国平定了之前的动乱，新一轮征服即将发动的时候，元老院投票赞成修建一座奥古斯都和平祭坛(Pax Augusta)。这

① *Res Gestae*, 24.

② *Aen*. 6.403.

座纪念性建筑物在三四年后落成。我们在它的表面浮雕中看到元首及其亲友庄严地列队行进，前去参加祭祀活动。感恩戴德的元老院和浴火重生的人民追随在其左右。新政权同诸神关系和谐，并给罗马的国土带来了荣誉。而土地——“至为公正的大地”(iustissima tellus)——则以它的果实作为回报。仁慈光辉的大地母亲形象是繁荣的源泉、保障和见证。而过去的重要意义也没有被忽视——埃涅阿斯在目睹了允诺为他的家族在意大利提供栖身之地的神示后出现在了祭祀场景中。

“奥古斯都的和平”(Pax Augusta) 是同“奥古斯都的胜利”(Victoria Augusti)密不可分的。复仇者玛尔斯神庙和毗邻的奥古斯都广场自然而然地让人们回想起罗马人民和这个王朝的军事起源与武德。[1] 这里是一处圣所和元老院讨论和战的地方，将领们在领兵出征前或凯旋后要在此地进行祈祷。广场四周竖立着身着戎装的武将塑像，并附有记载他们事迹的铭文；从最早的埃涅阿 471
斯和罗慕路斯直到最近获得过凯旋式殊荣（或作为其替代品的凯旋徽章[ornamenta triumphalia]）的英雄人物都在其列。神庙中供奉着三位和谐共处的神祇：玛尔斯、母神维纳斯和神圣的尤利乌斯。玛尔斯和维纳斯是尤利乌斯家族的祖先。恺撒的继子曾在腓力比同刺杀自己继父的凶手、国家公敌激战的时候以复仇者玛尔斯神庙的名义起誓。神圣的尤利乌斯是恺撒党军队使用的口令；而神圣的尤利乌斯正是借助他的继子和继承人才得以报仇雪

① Dio, 55. 10. 2 ff.（公元前 2 年）；*Res Gestae*, 21 and 29；Suetonius, *Divus Aug*. 29. 1 f.

恨的。这座王朝纪念物提醒世人(如果还需要这样提醒的话):军事统帅虽已被政治元首的头衔掩饰起来,却并未被后者所取代。

奥古斯都是位神子。为恺撒复仇曾是这位恺撒继承人的战斗口号和借口。相反,安东尼在这方面却没有恪尽职守,甚至乐于同刺杀恺撒的凶手们和解。直到3月15日的暗杀事件过去六个月后,安东尼才在恺撒继承人政治竞争的压力下对他那已死的恩主略表尊崇。后三头都尊奉恺撒为神;但这一政策是属于渥大维的,并且他也从中得到了最实惠的利益和牢不可破的优势地位。在革命年代里的疯狂、轻信的氛围中,人们到处目睹、诉说或编造着对恺撒继承人有利的神示,在见证者业已故去的情况下尤其如此。[①]盖约·渥大维的妻子曾在阿波罗神庙里昏昏睡去,并遇到了一条蛇。就在他的儿子诞生当天,伟大的占星术士尼基狄乌斯·费古鲁斯(Nigidius Figulus)制作了天宫图——这预示着一位世界统治者的来临。当这个孩子刚刚能讲话的时候,他就命令青蛙住嘴。此后再也没有青蛙在那个地方呱呱叫了。当恺撒继承人第一次进入罗马城的时候,太阳被一道晕轮笼罩了起来;而罗慕路斯的迹象则预示他将在下一年入主罗马。西塞罗在一篇政治演说词中称他的这位年轻盟友为"神圣青年"(divinus adulescens)。[②] 这个头衔是修辞性的,不是宗教意义上的。西塞罗也用它来称呼背叛执政官安东尼的军团为"天兵"。但倘若这位演说家得知自己早年的梦境会被后人记住并利用的话,他恐怕会错愕不已——一个男孩攀

752

① Suetonius, *Divus Aug*. 94 ff.

② *Phil*. 5.43.

着金链从天而降，照亮了卡皮托林山，从朱庇特手中接过了象征罗马主权的徽章；而西塞罗在次日看到独裁官恺撒身旁的甥孙渥大维的时候意识到，他就是昨日自己在梦中见到的那个男孩。

佩鲁西亚、腓力比和亚克兴的历次战役中都出现过神示。胜 472
利过后，奇迹和政治宣传的浪潮逐渐平息，但并未完全销声匿迹。一件更为耐久的工具正在被缓慢地制造出来。奥古斯都试图复兴古老的宗教；但并非所有人都买复古仪式和对罗马传统神祇的严肃呼告行为的账。神圣的尤利乌斯尚且不足以让民众心满意足。恺撒的继子几乎无法阻止（哪怕是暂时性的）人民用近乎神圣的形式尊奉自己，以表达他们的感恩之情。

奥古斯都并不是神明，尽管他早晚要凭借自己的功劳和贡献而被奉为神——就像将全世界改造得适于人类居住的赫丘利斯（Hercules）和建造罗马的罗慕路斯那样。与此同时，他的生日、健康、美德和特征无不得到了恰如其分的纪念。人们或许并不崇拜奥古斯都其人，但会崇拜他体内的神圣力量——他的天才和神圣：

> praesenti tibi maturos largimur honores,
> iurandasque tuum per numen ponimus aras.[①]
>
> （我们应当为在场的你及时提供荣誉；我们应当建造祭坛，以你的名义起誓。）

在罗马，邻里长（magistri vicorum）负责管理这些祭坛；相似

① Horace, *Epp.* 2. 1. 15 f.

地，在全意大利和罗马的海外城镇中，负责相应事务的是六人委员会(Seviri)或奥古斯都崇拜祭司(augustales)。这些纪念活动证明了人们对政府的忠诚，支持着奥古斯都的王朝专制政策。到了公元前 2 年，元首崇拜在范围和强度上都有所发展；这表明，奥古斯都开始公开筹划让盖约和卢奇乌斯继承元首地位的事情。他自己是不大需要此类荣誉的。在坎帕尼亚的阿克雷殖民地，有位百夫长为两位年轻的亲王修建祭坛并刻写韵文铭文，以英雄之仪对待他们，期待他们有朝一日能够君临天下：

> nam quom te, Caesar, tem[pus] exposcet deum
> caeloque repetes sed[em qua] mundum reges
> sint hei tua quei sorte te[rrae] huic imperent
> regantque nos felicibu[s] voteis sueis. [①]
>
> (恺撒啊，这个时代恳求神明和天界把统治世界的权力交给你的子嗣，让他们凭借命运在大地上执掌权力，并通过幸运的誓言统治我们。)

当他们去世时，比萨的市镇议事会用超出常规的石刻铭文颂词表达了爱国的哀伤之情。[②]

这些情感从罗马向外辐射到罗马治下的各城镇——或许更加合乎历史真相的说法是，首都的官方政策将表达情感的主题与形

---

① *ILS* 137.

② *ILS* 139 f.

式加以固定化；随后，忠贞不贰的各城镇纷纷对此加以效仿。在皮
克努姆的波滕提亚，一个六人委员会竖立了一件记载奥古斯都首 473
要美德的著名盾牌的复制品。[①] 许多忠实的地方城镇也拥有它们自己的《执政官年表》和官方宗教日历的抄本。[②] 我们可以在模仿奥古斯都广场做法的阿雷提乌姆看到罗马将领们的雕像和铭文。[③] 在迦太基有一座奥古斯都家族祭坛，它至少部分复制了奥古斯都和平祭坛上的雕塑；[④]塔拉科和纳旁的祭坛则用于崇拜奥古斯都的神圣地位。[⑤]

意大利和西方诸行省已立誓效忠于亚克兴之战中的军事首领奥古斯都；这在后者成为罗马行政长官、被罗马法律认可后仍旧有效。我们可以猜想，东方诸行省在被渥大维从安东尼手中直接夺回后肯定也立下过类似的誓言。至少到了后来，在帕弗拉戈尼亚的土地被并入加拉提亚行省后不久，在那里居住的本地人和罗马公民都以诸神和奥古斯都本人的名义立下庄严、复杂的誓言，表示自己要忠于这位统治者和他的家族（公元前 3—前 2 年）。[⑥]

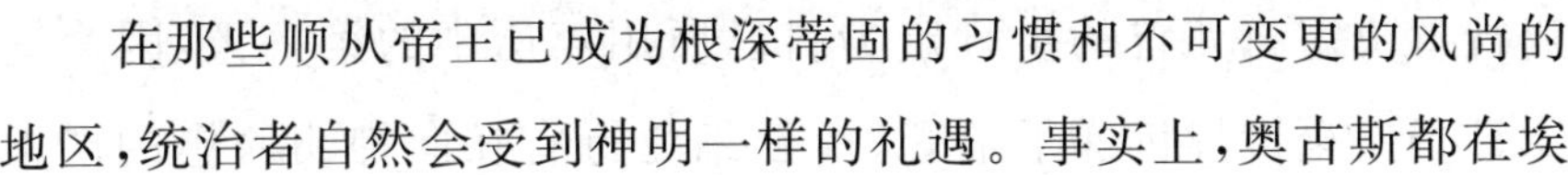

在那些顺从帝王已成为根深蒂固的习惯和不可变更的风尚的地区，统治者自然会受到神明一样的礼遇。事实上，奥古斯都在埃

① *ILS* 82.

② 参见 J. Gage, *Res Gestae Divi Augusti* (1935), 155 ff. 萨尔维亚城（Urbs Salvia）中甚至还保存有《凯旋式年表》（*L'ann. ép.*, 1926, 121；参见 A. Degrassi, *Riv. di fil.* LXIV(1936), 274 ff.）。

③ *ILS* 50. 56-60. 参见庞培城的埃涅阿斯和罗慕路斯铭文，*ILS* 63 f.。

④ 关于这一问题，见 E. Strong in *CAH* X, 552 and Vol. of Plates IV, 134。

⑤ 塔拉科的情况见 Quintilian, 6. 3. 77；纳旁的情况见 *ILS* 112。

⑥ *ILS* 8781.

及取代了托勒密王朝的地位，成为那片土地的神明兼统治者；正如之前托勒密王朝取代法老的地位一样。在东方的其他地区，奥古斯都分别继承了庞培、安东尼和恺撒等政治巨头的地位，以及他们手握的庇护关系和享受的拥戴。恺撒对各种投票授予自己的荣誉来者不拒，并不在意这些荣誉授予所暗含的精神实质。在这一方面，奥古斯都再次证明自己是王权的自觉建立者和体系的有意识构建者。“卑躬屈膝的希腊”(Graeca adulatio)所使用的语言原本已令共和派在情感上无法接受，它现在变得更加浮夸和做作。奥古斯都像他的前辈一样，是一位神明和救星；他从庞培那里夺来了
474 “大地和海洋的监护者”这一头衔；[①]各城市(如萨迪斯[Sardis])争先恐后地献上热情洋溢的颂词，对亲王盖约和卢奇乌斯加以溢美。[②] 但情况还不仅如此。如今，整个行省的议事会都被组织起来，表达自己的感激涕零与忠心耿耿。加拉提亚建造了一座同时供奉奥古斯都和女神罗马的神庙。[③] 在忠诚的行省总督、出身于老牌贵族家庭的保卢斯·法比乌斯·马克西穆斯的敦促下，亚细亚行省决定将元首的生日定为自己所用年历中的第一天，因为这个日子向全世界传递了福音。[④] 亚细亚行省在向神明谢恩的严肃

---

① *IGRR* IV,309；参见 315 (波加蒙)：[πάσης] γῆ[ς κ]αὶ θ[α]λάσσης [ἐ]π[όπ]τ[ην](所有大地和海洋的监护者)。参见献给庞培的铭文，*ILS* 9459 (米利都波利斯)；另见上文，原书第 30 页。

② *IGRR* IV,1756.

③ *OGIS* 533(安库拉).

④ *OGIS* 458,II,l. 40 f.：“ἦρξεν δὲ τῷ κόσμῳ τῶν δι' αὐτὸν εὐανγελί[ων ἡ γενέθλιος]| τοῦ θεοῦ。”(正是从他的生日那天开始，神明的福音开始传遍世界。)

性方面更胜一筹。[①] 如果公民或自由人的举止尚且如此的话，那么我们自可料想，国王、诸侯和地方僭主们在供奉他们的庇护人、朋友和主子方面会如何不遗余力。[②] 最早且最热心地宣传这种新信仰的人物正是犹太的希律王。[③]

在东方，罗马公民和希腊人一道将奥古斯都奉若神明。西方的情况有所不同。像在塔拉科和纳旁的情况一样，罗马治下的各城镇拥有元首的祭坛，但没有他的神庙。这些地区还不曾拥有行省的崇拜方式；因为殖民地和意大利城镇都是自治的行政单位和罗马人民的有机组成部分。此外，拥有罗马法律、政治传统的意大利地方城镇中的罗马公民可以在不要东方式权力崇拜方式的情况下保持对行政长官和统帅的尊敬。这至少是纳旁高卢和西班牙较开化地区的思想特征。

恺撒征服后的高卢得到了特殊待遇。罗马介入和统治那里的理由在于高卢需要抵抗来自日耳曼人的侵略。当罗马人前去征服日耳曼地区时，他们打算借用长发高卢酋长们手下的雇佣兵，并为这场战争营造出圣战的色彩。为了达到这个目的，德鲁苏斯在卢戈杜努姆向罗马和奥古斯都奉献了一座祭坛，那里正是长发高卢各部族的代表可以齐集一堂宣誓效忠的地方。[④] 像在加拉提亚和

---

① *OGIS* 458, II, l. 33 f.："ἐπε[ιδὴ ἡ πάντα] διατάξασα τοῦ βίου ἡμῶν πρόνοια σπουδὴν εἰσεν[ενκαμ]ένη καὶ φιλοτιμίαν τὸ τεληότατον τῷ βίῳ διεκόσμη[σεν] | ἐνενκαμένη τὸν Σεβαστόν, κτλ。"（我们生前一切事务的安排和我们死后的荣誉都属于奥古斯都。）参见来自哈里卡纳索斯的铭文（*IBM* 994）。

② Suetonius, *Divus Aug*. 60.

③ Josephus, *AJ*, 15. 268 ff.

④ Livy, *Per*. 139.

亚细亚行省各城市的情况一样，拥有土地和门第的贵族首先被恺
475 撒·奥古斯都和王室紧密地笼络住，并通过王室依附于罗马及其帝国。[1] 这套制度可以进一步在高卢人中间培养对罗马有利，同时又不会诱发危险的民族主义的集体意识。这是一套天衣无缝的如意算盘。

罗马、意大利和行省采取的不同的奥古斯都崇拜形式揭示了元首统治的不同层面——对于元老院而言，他是第一公民；对军队和人民来说，他是统帅；而在帝国臣民眼中，他是君主和神明——并概括了他对意大利城镇、行省和小王侯们所拥有的个人权力的来源。奥古斯都权力与荣耀的总和是令人叹为观止的。那么又有谁敢去冒险同元首抗衡和向他叫板呢？

① 关于此类人的例子，见 *ILS* 7013 ff.。其中最早的一位高级祭司是盖约·尤利乌斯·维康达里杜布努斯(C. Julius Vercondaridubnus)，埃杜人中的一位贵族(an Aeduan noble，Livy，*Per*. 139)。值得注意的还有于公元前 10 年为罗马作战的库姆斯汀克图斯(Chumstinctus)和阿文克修斯(Avectius)，他们被描述为“来自涅尔维人城市的保民官”(tribuni ex civitate Nerviorum)。

第31章 反对势力 476

军队已经扶植了一位元首，它还可以扶植另一位；而从共和国向帝国的转变可被描述为行省对罗马的一次复仇。军队和行省坚决维护现秩序。各军团狂热地、但也相当理智地效忠于奥古斯都及恺撒家族。同样容易理解的是诸行省——或不如说帝国在整个地中海世界（无论是亚细亚行省中的各城市还是高卢、加拉提亚的乡村地区）保存并扶植的有产阶级——的忠诚不贰。帝国西部的民族记忆并不深刻；而在东部，元首制属于王政的事实保证了民众可以毫无障碍地接受这种制度。下层阶级在政府中没有发言权，在历史上也毫无地位可言。无论在城市还是乡村，贫困和社会动荡都存在着——但我们也不能把富人恣意妄为的责任完全推给罗马；因为罗马其实很少干涉地方权贵的事务。斯巴达的政治首领和全希腊最炙手可热的盖约·尤利乌斯·欧律克勒斯（C. Julius Eurycles）一定是犯下了天怒人怨的过错，才会被奥古斯都罢黜并流放的。[①]

国王和诸侯们代表罗马和恺撒·奥古斯都进行统治，在阿非利加、巴尔干和东方守卫着帝国边疆，镇压匪徒，建立城市并推广

---

① Josephus，*AJ*，16.310. 欧律克勒斯曾把整座库特拉岛（Cythera）据为己有（Strabo，p. 363）。

有序的生活方式。毛里塔尼亚国王尤巴是一个爱好和平与文学的人。他享国日久,但也受到过游牧民族格图里亚人的骚扰。色雷斯的国王们则更为频繁地积极投入战争;而勇武的阿米塔斯则在试图剿灭霍莫纳德斯人时被杀。希律王个人的品行不端和国内的种种谣言并未动摇奥古斯都对其统治效率的信任。希律王的死则表明了他的价值——他尸骨未寒,其统治地区便爆发了一场起义,最终被叙利亚总督瓦鲁斯镇压。十年后,当殖民地长官阿凯拉奥斯被罢黜后,奥古斯都决定兼并犹太地区。叙利亚元首副将奎里尼乌斯和督察官科普尼乌斯着手在当地进行第一次人口普查,结果引起了加利利人犹大(Judas the Galilaean)发动的起义。行省
477 人民有充足的理由痛恨罗马的统治。在释奴李锡尼乌斯为奥古斯都勒索走了当地大部分岁入的高卢地区,定期进行资产评估的政策引发了当地的骚乱。[①]

共和国时期的行省总督和税吏们在各行省竭泽而渔。帝国则试图对其代理人进行掣肘,以使得对行省的剥削过程变得更易于忍受、更合乎常规和更有利可图。各行省的税吏或被撤销,或被减员。但这并不意味着压迫和不公的终结。据说,元首副将卡里修斯的邪恶和残酷导致西班牙爆发了起义。[②] 但他要对付阿斯图里亚人,这是一个足够充分的借口。一位达尔马提亚人的起义首领提出的口号便是遏制罗马财政的贪得无厌;[③]但在二十年前被罗马人部分征服了的达尔马提亚人和潘诺尼亚人则是一看到罗马军

---

① Livy, *Per.* 138;参见 Dio,54.32.1.

② Dio,54.5.1.

③ Dio,56.16.3.

队离开就要发动暴乱的。其他被征服的民族表露出更为真实的哀怨情绪。

奥古斯都试图对行省总督们严加控制。他严格了审判敲诈勒索案件的司法程序。此外，通过其议事会，各行省拥有了指控其统治者或向元首派出代表的权利。但它们是否能够安全、便捷地行使这些权利则是另一回事。帝国时期的罗马统治并未神奇地将共和时期凶残、腐败的殖民统治转变为赐予正义与福祉的理想政治模式。奥古斯都统治时期留下过记载的、审判滥用职权行省统治者的案件屈指可数；并且其中之一还向我们表明，亚细亚行省一度不得不忍受一个杀人如麻的行省总督。[①] 但处罚不多并不能证明罪犯极少。公开攻击国家领导人是需要勇气的；并且奥古斯都也宁可容忍自己朋友们的罪恶与贪婪，而不愿牺牲本政权的得力干将。洛里娅・宝琳娜的那些珍珠的来路并不干净。[②] 洛里乌斯之所以身败名裂，还是由于他的政治决策错误，而不是由于任何人格污点。

但总的来说，各行省的局势是令人满意的；因为它们见识过更糟的情况，并且也看不到打败罗马军团与殖民据点、进而赢得自由的希望。罗马殖民地起初是一些军事据点。罗马政府在意大利设
置的各处要塞和在行省建立的殖民地都是居于统治地位的民族所 478
设立的据点；驻扎在那些战略要地的是罗马军队的一部分，这支队

① Seneca, *De ira*, 2.5.5（其中声称公元 11 年前后的亚细亚行省总督卢奇乌斯・瓦勒里乌斯・麦萨拉・沃勒苏斯[L. Valerius Messalla Volesus]曾在一天之内处决了 300 名囚徒）。

② Pliny, *NH*, 9.117 f.

伍随时可以补充或替换罗马军团中的成员;殖民者也骄傲地记得他们同罗马军队和罗马人民之间的纽带。[①] 因此,老兵和地方权贵在对付社会不满情绪或有害论调的传播方面是非常有效的。意大利和帝国西部的一些城镇以其共和传统为荣。总的来说,这是毫无害处的。但麦蒂奥拉尼乌姆没有忘记布鲁图斯和卡西乌斯;[②]科尔杜巴则培养出了一名逆臣;[③]而帕塔维乌姆和奥克西穆姆的公民中也潜藏着谋反者。[④]

跟军队一样,罗马平民也支持君主制。但尽管他们的恶习受到了纠正,并被慷慨的赏赐所收买,民众仍比新政权下的所有其他阶层更多地要求言论自由的权利。他们为反对道德约束而进行示威,随后又叫嚷着要将尤利娅从流放生涯中召回。[⑤] 尽管由于谨慎小心或感激涕零,罗马平民从不攻击奥古斯都,但他们有时会把不满情绪发泄到较为不得人心的奥古斯都党羽身上。玛库斯·提提乌斯受过庞培家族的恩惠,随后恩将仇报。庞培家族的成员相继死去,但提提乌斯活了下来,并且有钱有势。皮克努姆境内的奥克西穆姆曾奉伟人庞培为其恩主。[⑥] 现在提提乌斯僭

① 卢戈杜努姆人自称"罗马殖民地和罗马军队的一部分"(coloniam Romanam et partem exercitus, Tacitus, *Hist.* 1. 65)。公元前 4 年,瓦鲁斯从殖民地贝吕图斯(Berytus)带走了 1500 人(Josephus, *AJ*, 17. 287)。

② Plutarch, *Comp. Dionis et Bruti*, 5; Suetonius, *De rhet.* 6.

③ Suetonius, *Divus Aug.* 51. 2.

④ 关于帕塔维乌姆的卡西乌斯(Cassius),见 Suetonius, *Divus Aug.* 51. 1;普劳提乌斯·鲁孚斯(Plautius Rufus, Suetonius, *Divus Aug.* 19. 1;参见 Dio, 55. 27. 2)可能是奥克西穆姆人,见 *CIL* IX, 5834 (= *ILS* 926);6384。

⑤ Dio, 55. 13. 1.

⑥ *ILS* 877.

取了这一身份。[①] 奥克西穆姆对此无能为力；但罗马平民记住了这一切。当提提乌斯在庞培剧场里主持竞技活动时，义愤填膺的民众把他赶了出去。[②] 多年以后，这座建筑物又见证了极其类似的场景：出身高贵、恪守古风的女子埃米莉娅·雷必达组织名媛贵妇们举行游行，以抗议她的前夫奎里尼乌斯。观众们齐声附和表示支持，高声诅咒着那个令人生厌的暴发户。[③]

罗马平民的保护者奥古斯都可以确保他们好好表现。在他远在东方期间，罗马爆发了动乱——这对元老院是个很好的教训。只有元老才有可能对新政权发动有效的抵抗，并且元老院中的大 479
多数人是不会这样做的。新人们对自己的地位心满意足；而较为桀骜不驯的那批显贵已经灭亡了。乍一看，奥古斯都元首制时期的内政似乎是不可撼动的一派和平气象。但事实还有另外一面——“此后，和平局面确实降临了，但那是血腥的和平”(pacem sine dubio post haec, vero cruentam)。[④] 接二连三的阴谋威胁着元首的性命，尽管这些密谋或许并不像现政权声称自己相信存在并揭发出来的那样频繁或危险。[⑤] 但还有比刺客(无论他是个误入歧途的平民还是怀恨在心的贵族)的匕首更严重的危险——奥古斯都的党派可能分裂，其领导人之间可能出现不和。公元前23年的危机、提比略的退隐和导致尤利娅被放逐、尤鲁斯·安东尼被

① *CIL* IX, 5853.

② Velleius, 2. 79. 5.

③ Tacitus, *Ann.* 3. 22 f.

④ Tacitus, *Ann.* 1. 10.

⑤ 根据苏埃托尼乌斯的说法(Suetonius, *Divus Aug*. 19. 1)，这些阴谋通常还在萌芽之际就被察觉了。

杀的神秘阴谋——这些都是危及王朝核心力量、威胁新秩序生存的重大事件。一个政权可以为了自己的目的而杜撰出各种阴谋；如果它不能完全消除自身内部危机的证据，那么它就会扭曲这些危机的表现形式。元首制时期的大部分历史真相都成了不为人知的秘史。

显贵们不能或不愿推翻这个对自己不利的新政权。他们其实对这个政权并不抱有幻想——他们怀着忧伤的高傲情绪，把腓力比战役视为罗马历史上最严重的一场灾难。罗马官方的阴谋是对内战和公敌宣告运动中的牺牲者不置一词（只有那些可以被用来渲染传奇色彩、为现政权增添光彩的人物除外）。恺撒承担了内战的全部罪责；安东尼和雷必达则负担了公敌宣告运动和后三头那些最丑恶行为的最终责任。民众可以被愚弄和收买；骑士们可以在规劝下将自己的贪欲掩盖在忠诚爱国的幌子下。贵族们知道事实真相，并因无能为力而痛苦万分；但他们也从现存秩序中获得了不少利益和晋升机会。

为了和平，元首制必须被建立起来。这一点是公认的。但奥古斯都真是理想的元首吗？[①]那倒是可以提出质疑的。奥古斯都的人格和习惯跟他的统治一样令人生厌。就他的道德品质而言，
480 关于他种种罪恶的传说广为流传，并无疑被许多人信以为真；这些说法属于往往经不起史学家推敲的文学素材。但这些从道听途说逐渐变为滑稽笑话的描述可以表明，元首奥古斯都的形象绝不像

① 这是塔西佗（Tacitus，*Ann.* 1. 10）提出的观点——它并不针对元首制，而是针对元首的。

他的雕像所表现得那样崇高和勇武。[1] 他的四肢比例匀称，但身材矮小——他曾试图通过穿高跟鞋来弥补这一缺陷。但他也有些特征是无法修复的——奥古斯都的牙齿很差，头发为难看的沙色。内战结束后，奥古斯都变得体弱多病，放弃了体育锻炼，并且很少沐浴；即便在冬季，他也受不了阳光暴晒。他在冬天里要穿四件背心，腿上更是要缠上绑带。我们还应补充的一点是：这位第一公民的衣物是刻意采用清一色的家庭手工缝制的。

跟庞培一样，奥古斯都的外表和神态是谦卑得体的。[2] 但面具后面隐藏着什么呢？元首在公共场合受到过热烈赞颂的那些主要美德如果在私交场合中被人提起的话，它们一定会引起元首的怀疑，被视为一种冒犯（如果不被当成有意为之的正话反说的话）。他的个人勇气一直饱受诟病。即便我们考虑到敌人政治宣传的丑化作用，我们也不得不承认，当布鲁图斯的士兵在腓力比闯进这位恺撒党领袖的营盘和军帐时，渥大维只是凭借着他与生俱来的谨小慎微和好运才得以幸免的——因为他并不在营中。为了效法独裁官恺撒的榜样，他的后继者纷纷将仁慈作为一种美德而加以宣扬；但奥古斯都这套宣传的影响并不广泛。奥古斯都声称，他在内战中从未处死过敌方阵营中任何请求饶命的罗马公民。[3] 这个说法是厚颜无耻的。他御用的一名历史学家就否定了这个说法，他在称赞这位取得了亚克兴之战胜利的“宽厚首领”(lenitas ducis)时声称，渥大维在此前的战争中原本也打算宽大为怀，只是由于当

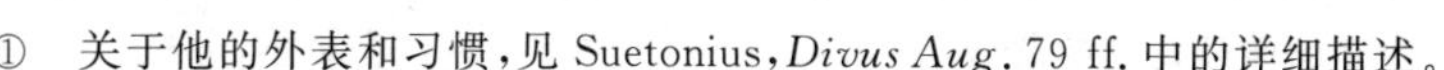

① 关于他的外表和习惯，见 Suetonius，*Divus Aug*. 79 ff. 中的详细描述。

② Sallust，*Hist*. 2. 16M：“oris probi，animo inverecundo。”（此人口蜜腹剑。）

③ *Res Gestae*，3.

时的条件不允许才只好作罢。[①] 而就亚克兴战役而言，人们还记得小库里奥的遇害；而如果我们相信卡尼狄乌斯在最后的危急关头没有善始善终的说法，那么我们至少就找到了一位求生不得的罗马公民例子。[②] 古史一般认为，身为元首的奥古斯都要比身为军事领袖的渥大维更加仁慈。但也有人驳斥了这种说法，认为元首不过是“厌倦了杀戮”(lassa crudelitas)而已。[③] 尽管存在着一
481 些奥古斯都慈悲为怀的著名例子，如秦那在参与了一场已被坐实的阴谋后仍然得到了宽恕；但元首制下仍存在着司法谋杀或自知有罪或拒捕的钦犯自杀的案例。[④]

忠诚要求奥古斯都指控并追捕刺杀恺撒的凶手，直到他们死去为止。人们无疑记得，恺撒的继承人曾为了自己的政治野心而在公元前 44 年秋暂时搁置了这一庄严职责，同庞培党签订了和约；而在同安东尼在布伦迪西乌姆联手之际，他也允许刺杀恺撒的一名凶手——格涅乌斯·多米提乌斯·埃诺巴布斯结束流放生涯。另一方面，他也不曾拒绝将自己的盟友和恩人西塞罗宣告为公敌。忠诚的借口和战斗口号会在适宜的时候重新被拾起。至于首要美德中的第四项——正义，人们显然有很多话可说。新政权较少宣扬、但同样令显贵们深恶痛绝的是奥古斯都的极度吝啬与琐碎迷信，它们是元首从意大利城镇带来的习气。

---

① Velleius，2. 86. 2.

② Velleius，2. 87. 3.

③ Seneca，*De clem*. 1. 11. 2；Statius，*Silvae*，4. 1. 32：“sed coepit sero mereri。”(而且慢慢地才开始仰仗自己的威望。)

④ Tacitus，*Ann.* 1. 10：“interfectos Romae Varrones Egnatios Iullos。”(瓦罗、埃格纳修斯和尤鲁斯都在罗马被处死。)

由于从前说长道短习气的死灰复燃和新兴猎奇习惯的出现，奥古斯都及其朋友们的人品与性格为流言蜚语提供了丰富谈资。人们好奇地猜测或演绎着政府要员之间的确闹得很僵的关系。由于最重要的决策都是私下里做出的，只有少数人能够得知；因而，对上层政治的关注只能表现为贵族社交圈子里的闲言碎语，并随着时间的推移、专制变得更加隐秘和富于压迫性而愈发荒诞。"（政府）越是禁止人们在罗马城中谈论国事，这样的议论就越多"（Prohibiti per civitatem sermones eoque plures）。[1] 官方的如实报道也令人无法置信，并被不断添油加醋。于是谣言部分具备了史诗的特征，存在多个口头流传的版本，并不断出现新的版本与插话。谣言的散布变成了一种精致的艺术；勇敢的智谋之士宁可以身试法，也不愿错过讲笑话的机会。[2]

在奥古斯都眼里，压制一切于己无害的活动是不明智的。提比略曾对诽谤性出版物满天飞的局面感到不安；但奥古斯都让他尽管安心，指出他们的敌人实际上极为虚弱。[3] 奥古斯都成为元首后的地位已极其牢固，这使得他有资本去批准言论自由，并容忍相当出格的、令人难以忍受的政治宣传的存在。尽管权力运作的真相已成为秘密，但元老们还是有机会在元老院会堂或法庭上相当直率、勇敢地高声表达自己的情绪。这种自由精神的宣泄令表

---

① Tacitus, *Hist*. 3. 54.

② Seneca, *Controv*. 2. 4. 13："caput potius quam dictum perdere"（他们宁可掉脑袋，也不愿错过说话的机会。）

③ Suetonius, *Divus Aug*. 51. 3："satis est enim si hoc habemus ne quis nobis male facere possit."（只要无人能对我们作恶，那对我们而言就已足够。）

482 达者心满意足，但对政府构不成什么威胁；并且人们照旧可以毫无危险地阅读安东尼肆意谩骂的书信或玛库斯·布鲁图斯感情激越的演说。[①]

著名的前共和派瓦勒里乌斯·麦萨拉做出了特立独行的姿态。公元前26年，他在就任罗马市长后很快辞去了这一职务；并且他还惯于自吹自擂，夸口说自己永远能够挑选出最适合追随的政治派别。[②] 由于他是参加过腓力比战役的显贵中抛弃安东尼、投靠渥大维的第一人，因而这个说法并不像看上去那样放肆，而是对元首的一种巧妙恭维。正是麦萨拉于公元前2年在元老院里用感人的爱国语言提出议案，建议尊称奥古斯都为"祖国之父"(pater patriae)的。

然而，波利奥却不肯就这样沦为现政权的附庸。这位严于律己、愤愤不平、充满激情与仇恨的自由旗手用自己唯一能做到的事情——自由言论捍卫了自己的理想。[③] 他太树大招风，以至于无法保持缄默并远离闲言碎语；并且他又过于执拗，以至于无法被恭维收买。因此，波利奥占据了一个无所顾忌的地位。他曾在元老院里猛烈抨击进行爱国训练的场所——健身房，因为他的一个孙子在那里摔断了腿。[④]

伟大的法学家玛库斯·安提斯提乌斯·拉贝奥(他的父亲是

---

① Tacitus, *Ann.* 4.34；参见 Ovid, *Ex Ponto*, 1.1.23 f.。

② Plutarch, *Brutus*, 53.

③ 老普林尼(Pliny, *NH*, 36.33)提到过他"尖刻的坦率"(acris vehementia)。参见 Seneca, *Controv.* 4, *praef.* 3："illud strictum eius et asperum et nimis iratum ingenio suo iudicium."(此人严厉尖刻；虽才华横溢，但过于愤世嫉俗。)

④ Suetonius, *Divus Aug.* 43.2.

恺撒的暗杀者之一，在腓力比战役结束后自杀身死）也保持着特立独行和桀骜不驯的传统。当元老院的名册在公元前 18 年发生变更的时候，拉贝奥提名了权力已被架空的后三头之一雷必达。在受到奥古斯都的质问时，拉贝奥仍坚持己见，并举出了自己的理由——于是雷必达被列入了前执政官的名单，但仅被列为最末一名。[①] 根据史料记载，拉贝奥还取笑过一项要求组织元老们在元首寝室外站岗放哨的提案，声称自己不适合接受这样的荣誉。[②] 拉贝奥在法学史上的显要地位是毋庸置疑的：他每年花费一半的时间培养学生，在余下的半年里著书立说。[③] 他的口无遮拦影响了自己的仕途——他最终只做到了大法官。奥古斯都把执政官头衔授予了他的对手阿泰乌斯·卡庇托、苏拉手下百夫长的孙子、一个马屁精。那位政客一路飞黄腾达；而潜心学术的拉贝奥则继续 483
享受自己更有光彩的声誉。[④]

法庭还可以继续为演说术、野心和政治阴谋提供舞台。奥古斯都是神圣不可侵犯的。他的朋友们却并非如此：一场审判有时会直接对他们的人身展开攻击，偶尔也会在不经意间把矛头转向整个统治集团。诚然，最重要的几桩丑闻并不总会走到对簿公堂那一步；但政治恐怕在史料记载的几个著名案件幕后发挥了作用。普布利乌斯·昆克提利乌斯·瓦鲁斯的姐夫、奥古斯都的朋友卢

---

① Dio，54. 15. 7.

② Dio，54. 15. 8. ——因为他有睡觉打鼾的毛病。

③ *Dig.* 1. 2. 2. 47.

④ Tacitus，*Ann.* 3. 75：“sed Labeo incorrupta libertate et ob id fama celebratior，Capitonis obsequium dominantibus magis probabatur。”（拉贝奥不可收买的独立人格使得他享有更高的声望；而卡庇托爱献殷勤的习惯让自己更得统治者的欢心。）

奇乌斯·诺尼乌斯·阿斯普雷纳斯被卡西乌斯·塞维鲁以投毒的罪名起诉,波利奥为他进行了辩护,最终,亲自来到法庭就座的奥古斯都的干涉拯救了他。[①] 奥古斯都并不需要当场发表演说。这就是权威的力量。梅塞纳斯和绥克斯图·阿普列乌斯(Sex. Appuleius,元首的一位亲戚)碰巧在为一个被指控通奸的人辩护。此人几乎已经要被定罪。这时奥古斯都表示支持他们,于是成功地压倒了他们的对手。[②] 奥古斯都不会忘记他的朋友和盟友;有一次,他还成功地保护了一位曾为自己提供穆雷纳谋逆消息的卡斯特里奇乌斯(Castricius)免受法律惩罚。[③]

政治演说在法庭上和元老院里日趋衰微。而它在公民大会——该机构现在的职责已变成批准元首的立法措施或认可由他提名的候选人担任官职——已经绝迹。早在后三头时代,波利奥已经敏捷地勾勒出了这个时代的道德风尚,并睿智地预测了未来的局面。他并不认为自己退出政界的行为是可耻的,或是不敢抗辩的表现。此后,他开始朗诵自己的作品,当然是对自己的朋友诵读,并不读给有眼无珠的公众。[④] 这一风尚迅速流传开来,成了散文与韵文文学中的一场瘟疫,贵族社会生活中的一场灾难。麦萨拉在奖掖文学方面与波利奥展开了竞争。当一位来自科尔杜巴的平庸诗人朗诵一首关于西塞罗的蹩脚颂歌时——

① Suetonius, *Divus Aug*. 56. 3; Quintilian, 10. 1. 22.

② Dio, 54. 30. 4.

③ Suetonius, *Divus Aug*. 56. 4.

④ Seneca, *Controv*. 4, *praef*. 2.

deflendus Cicero est Latiaeque silentia linguae,

(西塞罗将受到悼念,拉丁文学从此陷入沉寂。)

愤怒的波利奥当即起身扬长而去。[①] 484

波利奥坦言,新政权下没有多少东西是对他的胃口的。波利奥本人既是史学家,又是演说家;在撰写历史方面,他兼具批判性和创造性。撒路斯提乌斯在伏案写作的过程中去世,其《历史》(*Historiae*)一书仅记载到公元前 67 年。波利奥决心描述从庞培、克拉苏和恺撒缔结和约直至腓力比战役的整部共和国衰亡史。在之前的史学家中,他谴责了撒路斯提乌斯的风格和他笔下恺撒形象的真实性;而在同时代的史家里,特别当他们叙述到波利奥亲身经历过的时代时,波利奥无疑能够提出许多批评意见。有些政治家毫不迟疑地出版了他们的回忆录;我们可以推测,他们肯定不敢对革命战争期间恺撒党领袖渥大维的所作所为秉笔直书。麦萨拉赞扬过布鲁图斯和卡西乌斯;[②]但他却谴责安东尼,从而证明自己的变节是一种弃暗投明的举动。昆图斯·德利乌斯描述了自己参与的、由安东尼发动的东方战争;[③]但他必定会渲染安东尼所遭受灾难的可怕程度。甚至连阿格里帕也拿起了笔。[④] 然而,申辩体文学的巅峰之作当属奥古斯都记载自己天定使命、斗争过程和最终胜利的自传体回忆录——那是一部诠释"此乃一项艰巨使命"

① Seneca, *Suas*. 6.27.

② Tacitus, *Ann*. 4.34.

③ Plutarch, *Antonius*, 59; Strabo, p. 523.

④ Pliny, *NH*, 7.148.

(tantae molis erat)的杰作。

非常遗憾的是,波利奥对这件有趣文献的评论没能被保留下来。他至少会赞许其风格,如果它神似史料记载中元首讲话浑然天成的朴素风格或《奥古斯都行述》(*Res Gestae*)的那种"统帅式的简洁"(impertoria brevitas)的话。奥古斯都对玛库斯·安东尼演说的华而不实、梅塞纳斯的虚伪矫饰和提比略的佶屈聱牙都不喜欢。在写作中,他最在意的是要尽可能清晰地表达自己的意思。① 波利奥的审美趣味和著作实践了这一原则。他说,为文必须言之有物。② 奥古斯都和波利奥都是干练、严肃、铁石心肠的人物。奥古斯都允许世人敬奉西塞罗——因为那符合他本人的利益。他对西塞罗的性格、政见和文风的看法恐怕跟波利奥的相去不远。波
485 利奥天生就不喜欢华丽的辞藻;而当时公共演说中华而不实的风气和赤裸裸地揭示政治本质的革命战争则进一步强化了他的这种看法。于是,波利奥像司汤达(Stendhal)一样,成了生硬、干涩、不动感情的写作风格的狂热拥护者。"生硬且干涩"(durus et siccus)是对他恰如其分的描述。③ 他似乎是生活在自己身处的时代之前一百年的人物。他的平淡、坚实风格令人想起最早的那批罗马编

① Suetonius, *Divus Aug*. 86. 1: "genus eloquendi secutus est elegans et temperatum, vitatis sententiarum ineptiis atque concinnitate et reconditorum verborum, ut ipse dicit, fetoribus; praecipuamque curam duxit sensum animi quam apertissime exprimere."(他发展出一种简洁、优雅、恰到好处的演说风格,避免毫无用处的辞藻堆砌、矫揉造作的风格和他经常批评的"车轱辘话";他把注意力放在尽可能明确地表达自己的意图方面。)

② Porphyrio on Horace, *Ars poetica*, 311: "male hercule eveniat verbis, nisi rem sequuntur."(没有实际意义支撑的辞藻是糟糕透顶的。)

③ Tacitus, *Dial*. 21. 7.

年史家；而复古传统正是罗马史学中一以贯之并受到赞扬的特征。

跟撒路斯提乌斯一样，波利奥模仿了修昔底德的庄重凝练风格，以及罗马作家们与生俱来的优点。而他心怀厌恶地远离战争与政治，成为史学家的经历也与撒路斯提乌斯相似。两位作家都拥有处理实际事务的经验；并且我们也有理由推断，波利奥这位闻名于世的前执政官也跟一百多年后的元老塔西佗一样，是看不起学院派的史学家的。[①] 李维是从钻研修辞学转向史学创作的。但波利奥还在李维身上找到了其他缺点。

根据昆体良的记载，波利奥批评了李维的“帕塔维乌姆风格”。[②] 我们不太清楚，昆体良自己是否明白波利奥具体抨击的是哪一点；但后人对此的解释显然是多种多样的。有人对“帕塔维乌姆风格”进行狭义的理解，认为它指的是李维的文风特征，甚至只是他家乡城市的方言和拼写习惯。但有一点是肯定的：我们在解释“帕塔维乌姆风格”时不能单看李维的著作本身，还要结合他的批评者波利奥的性格和他针对合理的史学风格、内容与题材处理方式所提出的理论来加以考量。来自意大利境内一个穷苦、贫瘠地区的波利奥知道帕塔维乌姆是什么地方——那是一个因物质生活繁荣和重视道德而闻名的城市。[③] 像波利奥那样尖刻的批评家一定会对那位来自帕塔维乌姆的史学家提出更具颠覆性的否定意见，而不会仅仅针对他所使用的家乡方言做出一些尽人皆知、不痛不痒的评论。波利奥本人或许也使用家乡方言。他也不会像土生

① *Hist*. 1. 1：“inscitia rei publicae ut alienae。”（他们对公共事务无知且陌生。）

② Quintilian，1. 5. 56；8. 1. 3.

③ Strabo，p. 213；Pliny，*Epp*. 1. 14. 6；Martial，11. 16. 8. 另参见上文，原书第 464 页。

土长的罗马人那样仅仅关注风格，永远站在维护本城市身份纯正性的立场上去嘲弄揭发外来移民。波利奥是来自马鲁奇尼人定居地的意大利人，在某种意义上可被视为行省居民。李维作品的固
486 有缺陷要比学者们设想得更为严重和不堪入目。归根结底，“帕塔维乌姆风格”一词委婉、全面地概括了一种具有道德论和浪漫主义倾向的历史观。[①] 波利奥知道真实的历史是什么样子；它与李维的描述相去甚远。

罗马帝国时期的奥古斯都御用史家为描述他的主题而采用了西塞罗式的风格，并辅之以撒路斯提乌斯史著和诗歌中的元素——这套大杂烩中的内容是相当丰富的。而反对派的作家和演说家也不满足于仅仅使用浅薄的复古风格，或单纯依靠阿提卡风格的简约。一种新型文风发展起来了，它采用简洁有力的句式，铿锵优美且富于修辞效果。这场运动中最引人注目的人物是提图斯·拉比埃努斯和卡西乌斯·塞维鲁；但两人在社会地位与物质资源方面都没有什么优势，无法确保波利奥在发动猛烈攻击后免遭报复。拉比埃努斯来自一个在动荡时局中破败了的、忠心耿耿的庞培党家族。拉比埃努斯一生穷困潦倒、声名狼藉；他忌恨别人，也遭人唾弃。[②] 拉比埃努斯不分青红皂白地、毫无畏惧地将自己的怨气发泄在整个敌对阶级和单个私敌身上。梅塞纳斯的宠儿、大红大紫但臭名昭著的演员巴图鲁斯是个合适的打击对象。

① 美国英语中的词汇“道德演进”(uplift)大概说的就是这个意思。

② 详情参见 Seneca, *Controv.* 10, *praef.* 4 ff.：“summa egestas erat, summa infamia, summum odium。”(此人怒火中烧、身败名裂、满腔仇恨。)此人被称作“拉比埃努斯”(Rabienus)。

但更有名的人物也无法幸免。他甚至还抨击过波利奥。[①] 拉比埃努斯也撰写历史。在朗诵其作品时,他会故意略过某些段落,并解释说,这些文字是留待他死后供世人阅读的。[②]

奥古斯都在晚年加大了对不良文学创作的惩治力度。[③] 他进行了公开的焚书活动——但并不焚毁奥维德《爱经》这样的轻佻作品。惹是生非并遭到焚毁的是当时的一些政治文学作品。可见,奥古斯都效法自己曾资助过的希腊人提玛格尼斯(Timagenes)而采取了以牙还牙的办法;后者同自己的庇护人争吵后失宠,于是放肆地把自己从前为奉承元首所创作的史书付之一炬。[④] 拉比埃努斯的作品受到了官方谴责,被公开焚毁。卡西乌斯·塞维鲁评价道,对于那些能够把全书内容记在心里的人来说,焚书是无济于事的。[⑤] 但卡西乌斯自己也不能逍遥法外。此人是个出身不明的、干练勇敢的演说家,外表酷似角斗士,[⑥]因其口无遮拦和无拘无束而受到世人的痛恨和畏惧。卡西乌斯以投毒罪控告了奥古斯都的朋友诺尼乌斯·阿斯普雷纳斯。但他的行为并不局限于法庭范围 487
之内——他还创作了一些诽谤性的小册子,毫无保留、良莠不分地攻击社会名流圈子中的男男女女,其中就包括督察官普布利乌

① Seneca, *Controv.* 4, *praef.* 2(对"那个举行过凯旋式的老头子"[ille triumphalis senex]的评论).

② Seneca, *Controv.* 10, *praef.* 8.

③ Dio, 56. 27. 1.

④ Seneca, *De ira*, 3. 23. 4 ff. 波利奥曾在此人被奥古斯都逐出家门后收留过他。

⑤ Seneca, *Controv.* 10, *praef.* 8。

⑥ Pliny, *NH*, 7. 55; Tacitus, *Ann.* 4. 21:"sordidae originis, maleficae vitae"([他]出身卑贱、行为恶劣。)

斯·维特利乌斯。卡西乌斯声称此人的祖父是个鞋匠，他的母亲是面包师的女儿，后来成了妓女。[①]

正是卡西乌斯对保卢斯·法比乌斯·马克西穆斯的性格和能力做出了流传千古的绝妙评价。[②] 但卡西乌斯缺乏保护，饱受憎恨。奥古斯都下令对他进行叛国罪方面的调查。法比乌斯对他提出了指控。这位冒犯者被定罪并放逐到了克里特岛上（公元12年?）。[③] 但远在克里特的卡西乌斯仍是个麻烦；十二年后，人们又把他转移到了荒凉的塞瑞福斯（Seriphus）礁上。[④]

或许不像拉比埃努斯和卡西乌斯那样危险，树敌较少的共和派史家奥鲁斯·克瑞穆修斯·科尔杜斯（A. Cremutius Cordus）的生动笔触让除元首奥古斯都之外的所有公敌宣告运动发起人的名誉万劫不复。[⑤] 在提比略统治时期，塞亚努斯的一位附庸对他提出了指控。预感自己在劫难逃的克瑞穆修斯发表了一篇捍卫史学免受压迫和专制戕害的精彩演说，随后自杀身亡。[⑥] 他的作品受到了谴责，并被焚毁。

奥古斯都暂时还能够防止自己的统治被贴上自由与真理公敌

① Suetonius, *Vitellius*, 2. 1.

② Seneca, *Controv.* 2. 4. 11: "quasi disertus es, quasi formosus es, quasi dives es; unum tantum es non quasi, vappa."（尽管你吉星高照、道貌岸然、富可敌国，你仍旧连一杯失了味的劣酒都不如。）

③ Tacitus, *Ann.* 1. 72；参见 Dio, 56. 27. 1。

④ *Ann.* 4. 21.

⑤ Seneca, *Ad Marciam de consolatione*, 26, 1: "civilia bella deflevit... proscribentis in aeternum ipse proscripsit"（他对历次内战感到痛心疾首……他的批判使得那些发动公敌宣告运动的人自己也万劫不复。）

⑥ Tacitus, *Ann.* 4. 34 f.

的标签。但好景不长。在官方的迫害、摧残或奴性侵蚀下，史学迅速走向衰落和灭亡。“那种伟大的天才便一去不复返了”(magna illa ingenia cessere)。[①] 遭受厄运的并不只有史学，还有诗歌和演说术，因为自由已不复存在。元首制接纳了一批在后三头时代涌现出来的天才，并谎称他们是自己培养出来的。但此后就再也培养不出来新的苗子了。在重建的共和国的幸福岁月里长大成人的新一代在文学创作方面的表现乏善可陈，只有奥维德还能维持诗歌创作的辉煌与尊严。新的演说术也无法在声望上超越麦萨拉和波利奥；并且其最杰出的那些代表还是现政权的死敌。 488

真实讲述活人生平自然是不可能的，但人们有时可以把仇恨发泄到死者头上。因此，帝国时期的史学中同时存在着两种相反相成的污点——阿谀奉承和诽谤诋毁。[②] 贺拉斯向奥古斯都担保，世间伟人在有生之年受到的嫉妒会在他们去世后烟消云散，转变成对他们的理解与爱戴：

> exstinctus amabitur idem. [③]
> (他将在[妒忌]消失后受到爱戴。)

---

① Tacitus, *Hist*. 1. 1. 这被视为亚克兴之战的直接后果。但塔西佗在《编年史》(*Ann*. 1. 1)中的态度变得较为缓和：“并且在奥古斯都的时代也不乏杰出的天才，但他们因阿谀之风盛行而不敢秉笔。”(temporibusque Augusti dicendis non defuere decora ingenia donec gliscente adulatione deterrerentur)参见老塞涅卡对焚书行为的评论(Seneca, *Controv*. 10, *praef*. 7)：“di melius, quod eo saeculo ista ingeniorum supplicia coeperunt quo ingenia desierant!”(善良的诸神啊，请保佑这个缺乏天才的时代里硕果仅存的有识之士吧！)

② Tacitus, *HIst*. 1. 1：“ita neutris cura posteritatis inter infensos vel obnoxios。”(刻意针砭时弊的人和曲意逢迎顺从的人都置[想了解真相的]后世读者于不顾。)

③ *Epp*. 2. 1. 14.

这种道德说教色彩浓厚的老生常谈在帝国时期成了一种突出矛盾。对奥古斯都的记忆有可能在他死后有所好转——因为对他的攻击与诋毁就等于冒犯国家。然而,并非所有元首的继任者都希望将自己的前任奉若神明。死亡或羞辱终将成为一些王朝成员或政权党羽遭到的报应:

curramus praecipites et,
dum iacet in ripa, calcemus Caesaris hostem. [①]
(让我们快快跑去践踏恺撒的敌人,那人就躺在河岸上。)

拥护现政权的典型作家威利乌斯对元首提比略和掌管国家大事的卢奇乌斯·埃利乌斯·塞亚努斯绝对忠诚。他在吹捧这些人物时使用的多种技巧是有趣的和能够说明问题的。威利乌斯不仅用极度浮夸的语言赞美元首"无法形容的虔诚"(inenarrabilis pietas)和"至为神圣的业绩"(caelestissima opera)或谦逊有礼、不可或缺的塞亚努斯的种种美德,[②]他对奥古斯都统治时期的整套叙述体系是精心设计过的,表现了他对提比略的忠心耿耿和对提

① Juvenal, 10. 85 f.

② Velleius, 2. 127. 3: "virum severitatis laetissimae, hilaritatis priscae, actu otiosis simillimum, nihil sibi vindicantem eoque adsequentem omnia, semperque infra aliorum aestimationes se metientem, vultu vitaque tranquillum, animo exsomnem。"(此人既严肃又活泼、既快乐又老成,繁忙时却犹如闲庭信步;他从不邀功请赏,却得到了一切荣誉;他的自我评价永远低于别人对他的评判;他的外表和生活都平静如水,但他的头脑实际上是随时警醒着的。)

比略的敌人、竞争对手的仇视。这位忠心可嘉的公民怀着恐惧和义愤详细讲述了一些宫廷谣言，这跟他对那些打破提比略对军功的垄断的奥古斯都将领（无论他们是否为提比略的私敌）的贬低是一脉相承的。洛里乌斯是个贪婪阴险的怪物；瓦鲁斯性情温和，但腐败无能。奎里尼乌斯和埃诺巴布斯指挥的战事干脆被略过不提。尽管他实在不好意思忽略维尼奇乌斯，但他对此人军事成就的赞美却是冷冰冰的和点到为止的。[①]

威利乌斯喜欢使用礼赞式的语言；他称之为“毫不掺假的正义之光”（iustus sine mendacio candor）。[②] 他毫不吝惜地使用这套
语言去赞美社会地位高贵或在政治上取得成功的人士。威利乌斯 489
的文学评论同样反映了他的这一观点。在史诗诗人中，他列在维吉尔之后的第二号人物是以亚克兴之战为题材的、风格夸张的拉比里乌斯（Rabirius）。[③] 但政坛上总是你方唱罢我登场；野心家们有时难免马失前蹄。塞亚努斯垮台了。历史学家威利乌斯或许也跟他一道走向了覆亡。

卡里古拉登基之际，奥古斯都和提比略的敌人曾获得过片刻的虚幻安慰。玛库斯·安东尼的曾外孙用对自己祖先的虔诚掩饰着他骨子里的邪恶天性和幽默感，这种姿态鼓励了安东尼党和共和党的重新抬头。科尔杜斯、塞维鲁和拉比埃努斯受到谴责的著

① Velleius，2. 104. 2.

② Velleius，2. 116. 4.

③ Velleius，2. 36. 3：“inter quae maxime nostri aevi eminent princeps carminum Vergilius Rabiriusque。”（在我们的时代中最著名的一些人物——诗人之王维吉尔和拉比里乌斯。）

作重新开始在社会上流传；[1]还有人声称，新元首已提议将维吉尔和李维的作品从公共图书馆里清除出去。[2]

但卡里古拉的统治并未给史学发展带来半点儿自由或好处——它只是再度毒害了史学赖以生存的根基。帝国时期的文学最多也只能进行含沙射影的批评或在后来的执政者治下对其敌人进行反攻倒算。讽刺作品威风凛凛地猛烈抨击着那些已经告别人世的、无力还手的死人。修辞学教师昆体良宣称这种创作形式完全是罗马文学独具一格的特征。可惜昆体良活得不够长久，没有亲眼看到尤文纳尔（Juvenal）和塔西佗如何证实他的论断——那两位文豪是帝国文学的代表人物，同时也是罗马民族中最后的两位文学大家。

① Suetonius, *Caligula*, 16. 1.

② Suetonius, *Caligula*, 34. 2.

第 32 章　显贵的末日 490

“是什么造就了血统”(stemmata quid faciunt)?[①] 讽刺诗人尤文纳尔如此对门第进行了揶揄。尽管言辞激烈,尤文纳尔却并不是一名毫无顾忌地针砭时弊的正直民主人士。尤文纳尔作品中的名字和事例确实来自共和国贵族们的后裔——但他们并不是活人。事实上,他们在尤文纳尔的时代大多已经撒手人寰,并且其地位也无足轻重。罗马帝国已经摧毁了他们的权力与精神。这位讽刺诗人可不敢嘲弄新贵——他自己生活年代里的寡头统治集团。他还嘲弄过地位下贱、油头滑脑、谎话连篇、毫无节操、穷困潦倒的希腊人——一个传统的文学形象。[②] 但来自亚洲那些上层祭司家族和王族的、已经在帝国元老院里成为前执政官的高傲子孙们的处境可大不相同。他更不敢冒险攻击来自西班牙和纳旁的行省豪族。这些人如今已占据了帝国社会、政治等级金字塔的顶端,身披属于恺撒的紫袍。

与其说尤文纳尔的诗篇是对平民功绩的赞歌,还不如说是对贵族美德衰落的哀叹。来自波河以北意大利或纳旁高卢行省的骑士后代塔西佗在作品中重新把握了罗马贵族的精神、偏见与愤懑

① Juvenal, 8. 1.

② Juvenal, 3. 60 ff.

之情，并揭示了他们已经没落的悲剧及其根源。显贵们自己则沉默不语：他们没有留下个人的、真实的记录，可以让我们得知他们对奥古斯都元首制的看法。新政权保留、迁就并收买着这批人；但他们实际上是一场大灾难中的苟延残喘者，注定要缓慢地、无可挽回地走向灭亡。这个群体中立场坚定的、出类拔萃的、勇敢忠诚的人物已经灭亡了。战败的并不只是贵族中的某个党派，而是整个阶级。这场斗争并不只是政治性的，它还是社会性的。苏拉、庞培和恺撒都不仅仅是政党领袖，但这些政治巨头的个人统治都没有构成对显贵的严重压迫。他们如今面对的则是一个有组织的党派和有组织的政治体系。

显贵们已丧失权力、财富、出风头的机会、尊贵地位与荣誉。
491 而一批残忍、贪婪、令人无法忍受的恶人则霸占了死者的财产，僭取了活人的特权与身份——其中包括拿活人喂鱼的维狄乌斯·波利奥、拥有富丽堂皇花园的梅塞纳斯、收受贵族世家贿赂的提提乌斯和奎里尼乌斯、像元首一样带着一批日耳曼人保镖在罗马城里招摇过市的陶鲁斯，以及作为军事独裁的标准、直观化身的阿格里帕。而显贵们却再也没有机会在战后举行凯旋式，再也没有资格为道路、神庙和城镇命名，从而为那些曾在罗马共和时代叱咤风云的伟大家族增光添彩。

马略和苏拉的党派斗争已经成为了一次惩罚和一项警告。在几次独裁统治的短暂间歇期，老牌家族，尤其是老牌贵族家族整合了资源，巩固了彼此间的联盟关系。塞维莉娅就是这样为其家族谋求利益的，同埃米利乌斯家族实现了联姻。但联盟也会带来仇怨；显贵们被卷入了政治巨头们的斗争中。对于他们中的许多人而言，能够在和平环境下保全并巩固祖上的荣耀已属不易。革命导致了许多古老或新兴贵族家族的灭绝。

苏拉、庞培和恺撒等权倾朝野的政治巨头占据着历史舞台的中心地位，像春风得意时的显赫家族那样，成了自己的时代或政权的代名词。他们的盟友或对手——某些世家大族或稳定的党派——则潜藏在幕后。西庇阿家族曾缔造过一个名垂青史的时代。继承他们权力的是麦特鲁斯家族。但两个家族随后都让位于尤利乌斯家族及其盟友。麦特鲁斯家族曾支持过苏拉；在为夺取权力进行最后一次努力时，他们同西庇阿家族联姻并选择支持庞培。麦特鲁斯家族直系子孙中的最后一人(一位前安东尼党徒)未能当上执政官；而最后一位使用麦特鲁斯这一名字的执政官论家世其实应当叫尤尼乌斯·西拉努斯(Junius Silanus)。相似地，古老贵族世家——西庇阿家族中的最后一位执政官也产生于奥古斯都元首统治时期。他们的名号和陵墓由传统贵族科奈里乌斯家族中的另一支系——伦图鲁斯家族继承了；后者也曾支持庞培对抗恺撒，但有幸得以劫后余生。[①] 平民贵族克劳狄乌斯·马塞卢斯家族也在支持庞培的前执政官家族之列。这一家族的嫡系随着奥古斯都外甥马塞卢斯的去世而中断了；但该家族的旁系中又涌现出了一位玛库斯·克劳狄乌斯·马塞卢斯(M. Claudius Marcellus，公元前 22 年执政官)、独裁官恺撒的一名不甚著名的党徒。 492

与上述四大家族关系密切的加图党由于忠诚(或迂腐)地支持失败者——庞培、自由派和安东尼——而损失惨重。加图的儿子

① 关于他们的墓地，参见 Mommsen in *CIL* I^2, p. 376。

在腓力比战役中牺牲;波尔奇乌斯家族也从此一蹶不振,甚至可能已经绝嗣。[①] 卢库鲁斯家族、卢塔提乌斯家族、霍腾西乌斯家族、塞尔维利乌斯·凯皮欧家族和卡尔普尼乌斯·毕布鲁斯家族都没有再产生过执政官。但多米提乌斯家族幸存了下来,并通过恺撒敌人的孙子同安东尼与渥大维娅的联姻再度风光。在布鲁图斯的家族中,他的妹妹、卡西乌斯的妻子是最后一人。她在 93 岁的高龄死去。人们在她的葬礼上摆出了来自 20 个显贵家族的人物雕像,这些人都是她的祖先或亲戚。[②] 但拥有著名执政官(其中包括一位伟大法学家)的卡西乌斯家族却一直生存到了尼禄统治时代。[③]

一些贵族家族的执政官名单到庞培统治时期为止,随后就在内战中绝嗣了。诚然,其中一些家族、特别是老牌贵族中的没落支系被恺撒或奥古斯都从长期销声匿迹的处境中拯救了出来;它们在最终灭亡前有的一度重新权倾朝野,有的也曾经历过短暂的回光返照。另外一些家族凭借好运、谋略或有用的政治联姻而从公敌宣告运动和战争中幸存了下来,一直延续到奥古斯都统治时期;但它们此后也再未培养出过执政官。

① 我们不清楚告密者波尔奇乌斯·加图(Porcius Cato,Tacitus,*Ann.* 4.68 ff.,公元 36 年递补执政官)是否属于这一家族。

② Tacitus,*Ann.* 3.76.其中并不包括她最亲近的人——“但其胸像不在场的卡西乌斯和布鲁图斯才是(她的亲戚中)最光辉夺目的人物”(sed praefulgebant Cassius atque Brutus eo ipso quod effigies eorum non visebantur)。

③ 卢奇乌斯·卡西乌斯(L. Cassius)和盖约·卡西乌斯(C. Cassius)分别是公元 30 年的执政官和递补执政官(他们是公元 11 年递补执政官卢奇乌斯·卡西乌斯·隆吉努斯的儿子)。前者娶了日尔曼尼库斯之女德鲁西拉;后者是位法学家(受到了塔西佗[Tacitus,*Ann.* 12.12]的称赞),遭到了尼禄的放逐(*Ann.* 16.7 ff)。

这还不是全部。对于罗马贵族的尊严来说，那些在自由国家的最后一个世代衰亡或在革命中突然夭折的家族要比某些多苟延残喘一两代人的家族多少幸运一些。由于自己陷入罪恶或贫困，缺少资源或过于教条，一些显贵在奥古斯都治下没能当选执政官。普布利乌斯·塞尔维利乌斯·伊苏里库斯的儿子终日游手好闲，只当到大法官一级，并且无嗣而终。① 他的刚烈姐妹则宁可跟自己的丈夫小雷必达一道赴死。斯考鲁斯在亚克兴战役后受到了宽恕。他的儿子、一个了不起的演说家和生活作风方面不够检点的人②在提比略统治时期当上了执政官，迎娶了奎里尼乌斯的遗孀 493
埃米莉娅·雷必达，后者为他生下一个儿子，这个家族便到此终结。奥古斯都资助了著名演说家霍腾西乌斯的孙子玛库斯·霍腾西乌斯·霍塔鲁斯(M. Hortensius Hortalus)，并鼓励他娶妻生子；但后来即位的提比略拒绝对他出手相救，于是这个家族成了蒙羞的破落户。③

在对“身处逆境的显赫家族”(illustrium domuum adversa)灾难和衰微的记载中，元首家族秘密政治阴谋的牺牲品享受着不祥的尊贵地位。他们的品行受到非难；他们的声名或野心毁掉了自

① Seneca, *Epp*. 55. 2 ff.，参见 Münzer, *RA*, 374 f。他被形容为“一位富有的大法官，仅以擅长吃喝玩乐闻名于世”(ille praetorius dives, nulla alia re quam otio notus)。我们不清楚玛库斯·塞尔维利乌斯(M. Servilius，公元 3 年执政官)的子嗣和联姻情况。他可能跟自己的儿子一样使用家姓“诺尼亚努斯”(Nonianus)。

② 玛迈尔库斯·埃米利乌斯·斯考鲁斯(Mamercus Aemilius Scaurus，某一不详年份里的递补执政官)“出身贵族、擅长法庭辩护，但生活放荡”(insinis nobilite et orandis causis, vita probrosus)(Tacitus, *Ann*. 6. 29；参见 3. 66)。关于他的邪恶，见 Seneca, *De ben*. 4. 31. 3 f.；关于他跟埃米莉娅·雷必达的婚姻，见 *Ann*. 3. 23。

③ *Ann*. 2. 37 f.

己。两位各自传统贵族家族中的最后一位年轻人——西庇阿和阿皮乌斯·克劳狄乌斯·普尔切因冒犯国家的罪名被处决。[①] 另外一位贵族森普罗尼乌斯·格拉古遭到放逐,并在流放中遇害。他的儿子陷入了贫困,在阿非利加和西西里过着默默无闻的零售商生活;但这种隐姓埋名和从商的做法还是未能保护自己免受显赫名姓的连累。[②]

但这些还不是嗜血的元首制下最尊贵的牺牲品;他们也不是在权势、声望或血统方面最接近于元首的人。人们通过极其古怪的关系结下同盟或仇怨。尤利乌斯、埃米利乌斯、安东尼和多米提乌斯等家族在共和国走向覆灭、君主制轮廓浮现的背景下成为了永远的盟友或世仇。恺撒在埃米利乌斯等几个传统贵族家族的支援下打败了庞培和居于统治地位的贵族集团。但尤利乌斯家族没有直系后代;独裁官的甥孙、来自维利特雷的渥大维在与各个世家大族为敌后,把它们拉拢到自己家族的阵营里,建立了一个新党派。他凭借实力或诡计打败了埃米利乌斯和安东尼家族;但为了在罗马进行统治,他还是需要这些家族的后裔。奥古斯都权力的直接继承人便是克劳狄乌斯家族的一位成员。

这是很适宜的。自从这个家族的伟大祖先阿图斯·克劳狄乌斯(Attus Claudius)从萨宾移居罗马、与他的门客一道定居在那里

---

① 奥古斯都之女尤利娅的所谓情人。见上文,原书第 426 页。

② *Ann.* 4. 13:"adultus inter extorris et liberalium artium nescios mox per Africam et Siciliam mutando sordidas merces sustentabatur;neque tamen effugit magnae fortunae pericula。"(他在没有任何文化知识的流亡者中间长大成人;后来,他依靠在阿非利加和西西里经营小本生意糊口。但即便如此,显赫声名还是把他拖入了危险之中。)他的父亲于公元 14 年被阿非利加行省总督阿斯普雷纳斯处决(*Ann.* 1. 53)。

时起，克劳狄乌斯这个老牌贵族世家一直是罗马共和国历史的有机组成部分。父母两边的世系都属于克劳狄乌斯家族的提比略， 494
可以从家史中举出的光辉名字，有推动提比略·森普罗尼乌斯·格拉古改革的阿皮乌斯·克劳狄乌斯、麦陶鲁斯河之战(Metaurus)的胜利者、一位失明的年迈监察官和十人委员会成员之一。但具有讽刺意味的是，元首权力最终并未被克劳狄乌斯家族中名满天下、踌躇满志的普尔切支系获得，得到它的是低调得多的尼禄支系。

对于提比略而言，他的辉煌奖品已被玷污破坏。像其他罗马贵族一样，克劳狄乌斯家族也渴望在这个阶层中力争上游——但这不应以个人受到羞辱作为代价；何况，提比略是在年迈的独裁者由于一系列灾难和流血事件而心灰意冷、无可奈何的情况下才被挑选为继任者的。[①] 提比略·恺撒本人是痛恨君主制的，因为那意味着罗马共和美德的沦丧。而元首制则是一种没有得到正名的君主制；因此它更为糟糕。个人统治的职责是一种可悲的奴役；而提比略在这种重负之外还要忍受缺少名分的种种不便。这令提比略感到心力交瘁，也使得元首制的运转举步维艰。

奥古斯都入土为安之际，他的女儿、外孙和外孙女们都被流放在外，被囚禁在荒岛之上。尤利乌斯家族后代中与元首最近的亲属们的处境便是如此。尤利娅的所谓情人——尤鲁斯·安东尼已被处决；他的儿子、安东尼家族中的最后一人被贬谪到马赛利亚的

① Tacitus, *Ann.* 1.7："per uxorium ambitum et senili adoptione inrepsisse。"（通过[奥古斯都]妻子的野心和年老元首的过继而僭取大位。）

学术中心，过着默默无闻的私人生活。[1] 埃米利乌斯家族的两位成员都因被控谋逆而惨遭暴死。[2] 这就是他们为自己的权贵声名和政治联盟而付出的代价。

埃米利乌斯家族和多米提乌斯·埃诺巴布斯家族的男性直系子孙都幸存了下来，但命运天差地别。拥有后三头之一玛库斯·埃米利乌斯·雷必达和小尤利娅丈夫卢奇乌斯·埃米利乌斯·保卢斯的埃米利乌斯家族与至高权力走得一度很近，但他们命中注定无法得到这一权力。该家族中的最后一人娶了卡里古拉的姐妹，并被后者指定为元首继承人；但他无力摆脱本家族命中注定的悲惨命运——他被卷入谋反事件中，惨遭横死。[3]

多米提乌斯家族尽管缺少埃米利乌斯和克劳狄乌斯家族那样的悠久历史和老牌贵族身份，但这个晚近崛起的平民家族却早在
495 庞培统治的时代就被世人看好，认为它终将攫取最高权力。从父亲那里继承了巨大产业和罗马平民中间崇高声望的卢奇乌斯·多米提乌斯·埃诺巴布斯早在年纪轻轻的时候就成了政坛上的可怕角色。他像布鲁图斯一样，最初与庞培为敌，并由此跟恺撒起了冲突。于是他追随着小加图，在法萨卢斯阵亡。无论此后的斗争是如何风云变幻，哪怕自由派在腓力比或安东尼在亚克兴战而胜之，最终的结果对于埃诺巴布斯家族而言都将是一样的：作为自由派

---

① Tacitus，*Ann.* 4.44："ubi specie studiorum nomen exilii tegeretur。"（他在那里以钻研学问为借口掩饰了自己遭到流放的事实。）

② 后三头之一雷必达的儿子和公元1年执政官卢奇乌斯·埃米利乌斯·保卢斯。

③ 德鲁西拉的丈夫玛库斯·埃米利乌斯·雷必达被指控同伦图鲁斯·盖图里库斯合谋反对卡里古拉，并于公元39年被处决（Suetonius，*Cal.* 24.3）。根据狄奥的说法（Dio，59.22.6 f.），卡里古拉曾许诺让他继承元首大位。

中举足轻重的人物和共和国的最后一位海军将领，格涅乌斯·多米提乌斯成了安东尼党中一人之下、众人之上的二号人物。

对于多米提乌斯家族而言，出人头地的日子可能会姗姗来迟，但并未永久性地破灭。奥古斯都复杂的婚姻政策留给了尤利乌斯和克劳狄乌斯家族一套光怪陆离的继承关系。里维娅并未给丈夫生育任何子嗣，但克劳狄乌斯家族却获得了统治地位。到头来，凭借颇具讽刺意义的来世果报，安东尼和他麾下的海军将领埃诺巴布斯成了帝国元首的祖先。随着时间的推移，尤利乌斯、安东尼和克劳狄乌斯家族的血液在他们的继承人身上混合了起来。卡里古拉、克劳狄乌斯和尼禄的血管里都流淌着安东尼的血液；而尼禄的父母双方都是安东尼家族的后裔。此外，尤利乌斯-克劳狄乌斯王朝的末代元首尼禄还是多米提乌斯·埃诺巴布斯家族中的最后一人；该家族在他之前的八代人中出过八位执政官。[①]

但尼禄并非拥有奥古斯都血脉的最后一人。在当时已同埃米利乌斯家族联姻的尤尼乌斯·西拉努斯家族在元首制下获得了令人瞩目的显要地位。担任过公元前 25 年执政官的那位叛徒的孙子玛库斯·尤尼乌斯·西拉努斯（M. Junius Silanus）娶了卢奇乌斯·埃米利乌斯·保卢斯和元首外孙女尤利娅的女儿埃米莉娅·雷必达（Aemilia Lepida）。这场婚姻的结晶是三个男孩和两个女孩；但他们五人（从被卡里古拉称为“金羊”的无瑕人物玛库斯·西拉努斯[M. Silanus]到一直活到元首韦伯芗统治末年的“快乐无比

① 参见威利乌斯对多米提乌斯家族“多子多福”（felicitas）的评论（Velleius, 2.10.2）。

的姑娘”[festivissima puella]尤妮娅·卡尔维娜[Junia Calvina]),都为自己血管里其实微不足道的奥古斯都神圣血液而付出了被处死或放逐的惨重代价,丰富了尤利乌斯-克劳狄乌斯王朝统治时期的可耻秘史。[①]

以上便是那些其族谱同尤利乌斯-克劳狄乌斯王朝盘根错节
496 的贵族家族的最终命运。其他同统治王朝多少沾亲带故的家族则早已灭绝。其中克劳狄乌斯·马塞卢斯和马尔奇乌斯·菲利普(Marcii Philippi)这两个古老的平民家族是最先灭亡的。[②] 早先默默无闻、随后突然声名鹊起的阿普列乌斯家族随着绥克斯图·阿普列乌斯(公元 14 年执政官)和法比娅·努曼提娜所生小儿子的去世而中断。[③] 老牌贵族普布利乌斯·昆克提利乌斯·瓦鲁斯与克劳狄娅·普尔切拉生有一子,但他在提比略统治时期受到指控并被处决。这个家族从此也就销声匿迹了。[④]

法比乌斯和瓦勒里乌斯家族通过恺撒和奥古斯都的扶持而重新获得了显赫地位与权力。在法比乌斯家族中,克劳狄乌斯的著

---

① 关于尤尼乌斯·西拉努斯家族,见 *PIR*^{1},I,541 ff.;关于该家族的谱系,见 *PIR*^{1},I,550;另参见本书书后表 IV。“金羊”(pecus aurea)玛库斯·尤尼乌斯·西拉努斯(M. Junius Silanus)于公元 54 年被杀(Tacitus,*Ann.* 13.1)。尤妮娅·卡尔维娜被指控与她的一个哥哥乱伦并遭到流放(*Ann.* 12.4);关于她去世的年代,参见 Suetonius,*Divus Vesp.* 23.4。

② 卢奇乌斯·马尔奇乌斯·菲利普(公元前 38 年递补执政官)和另一位名叫肯索里努斯(Censorunus)的马尔奇乌斯家族成员(公元前 8 年执政官)似乎都没有留下男性子嗣。马塞卢斯家族中的最后一位执政官就任于公元前 22 年。

③ *ILS* 935.

④ Tacitus,*Ann.* 4.66.

名朋友佩尔西库斯(Persicus)是最后一位幸存者。[①] 瓦勒里乌斯家族中的最后两人则象征着这个阶层的灭亡:一位是貌美但遭到休弃的克劳狄乌斯之妻瓦勒莉娅·麦萨琳娜(Valeria Messallina),其血管里流淌着克劳狄乌斯、多米提乌斯和马塞卢斯三个家族的血液;另一位是尼禄统治时期的一名穷困潦倒的执政官。[②] 这些古老贵族家族(它们可以令人回想起共和国在草创之际取得的最早一批荣耀)的命运便是如此。

其他一些在自由国家的最后一个世代里沾染上难以洗刷的恶名的名字——如苏拉、秦那、克拉苏和庞培——在帝国初年依旧显赫,但它们的直系后代却没有像尤利乌斯-克劳狄乌斯王朝、自己的敌人,或社会地位相近的其他家族坚持得那样长久。他们也的确应当随着一个时代的终结而逝去。

克拉苏的孙子、那位野心勃勃的马其顿行省总督延续着李锡尼乌斯家族的血脉;这个家族又通过一个世代之后的过继而融入了卢奇乌斯·卡尔普尼乌斯·皮索(公元前 15 年执政官)的家族。伟人庞培仅仅通过旁系和女性家属才留下一些后裔,如格涅乌斯·科奈里乌斯·秦那和绥克斯图·庞培女儿的后代斯克里波尼乌斯家族(Scribonii)。苏拉的族人也并未灭绝——他的一位默默无闻的孙子在奥古斯都元首制时期养育了若干名当上了执政官的

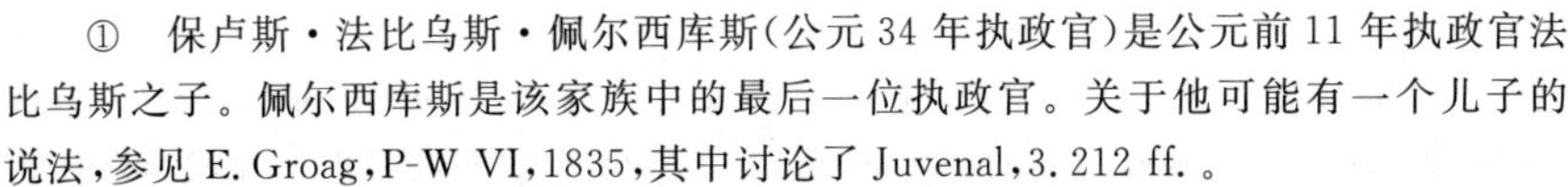

① 保卢斯·法比乌斯·佩尔西库斯(公元 34 年执政官)是公元前 11 年执政官法比乌斯之子。佩尔西库斯是该家族中的最后一位执政官。关于他可能有一个儿子的说法,参见 E. Groag, P-W VI, 1835,其中讨论了 Juvenal, 3. 212 ff.。

② 玛库斯·瓦勒里乌斯·麦萨拉·科尔维努斯(M. Valerius Messalla Corvinus,公元 58 年执政官,参见 Juvenal, 1. 107 f.)是瓦勒里乌斯家族中的最后一位前执政官。关于麦萨琳娜的族谱,参见 *PIR*[1], V 89。

儿子。[①] 具有讽刺意味的是，所有这些家族起初都不曾跟统治王朝联姻，因而也没有在奥古斯都元首统治期间内政的风云变幻中受到任何拖累。但此后不久，他们不仅进行彼此间的联姻（如被克
497 拉苏过继的皮索迎娶庞培的后人斯克里波尼娅），还通过多种多样的过继、订婚或正式婚姻关系与尤利乌斯-克劳狄乌斯王室纠缠在一起；这反而给它们带来了灭顶之灾，还把其他家族也拖下了水。[②] 伟人庞培的一名后裔为反对克劳狄乌斯而挑起了内战。[③]

科奈里乌斯·伦图鲁斯家族日益人丁稀少；共和时代流传着的一个预言道，如果这种状态继续维持下去的话，这个家族将会走向绝灭。[④] 但这个家族虽是伟人庞培的盟友，却在逆境中生存了下来；它继承了西庇阿家族的遗产，避免同奥古斯都发生瓜葛，并同提比略保持良好关系，从而再度焕发了活力。他们在奥古斯都元首统治期间的《执政官年表》上留下了七个名字。科奈里乌斯·伦图鲁斯和皮索家族成员都支持提比略，担任后者的将领和政治参谋。[⑤] 但伦图鲁斯家族的显要地位先是一度因其盟友塞亚努斯

---

① 关于苏拉后代的谱系（其中不可避免地存在猜测的成分），参见 *PIR*², C, p. 362 对页。另参见书后表 V。

② 如弗里乌斯家族、斯克里波尼乌斯家族（Scribonii）和阿伦提乌斯家族。

③ 卢奇乌斯·阿伦提乌斯·卡米鲁斯·斯克里波尼乌斯是公元 32 年执政官（*PIR*², A 1140）。证明他拥有庞培血统的材料为 *ILS* 976，参见 *PIR*², A 1147 及上文，原书第 425 页。

④ Quintilian, 6. 3. 67："P. Oppius dixit de genere Lentulorum, cum assidue minores parentibus liberi essent, nascendo interiturum。"（普布利乌斯·奥皮乌斯在谈到伦图鲁斯家族时说，倘若这个家族中的父母再不抓紧多生孩子的话，它将来就要绝嗣了。）

⑤ 见上文，原书第 436 页以下。关于伦图鲁斯家族世系，见 *PIR*², C, p. 328 对页。

的倒台而遭受威胁，随后又因伦图鲁斯·盖图里库斯（他因被指控密谋反对卡里古拉而遭到迫害）的覆灭而彻底丧失；该家族的一切支系在尼禄时代之后再也没有产生过执政官。[1] 与庞培、克拉苏的后裔通婚并联手的卡尔普尼乌斯家族却在各个时代都出现过牺牲品。卢奇乌斯·卡尔普尼乌斯·皮索的一个儿子娶了庞培女儿的苗裔斯克里波尼娅；[2]他们就这样造就了一个像西拉努斯家族一样注定倒霉的支系。两人生育的四兄弟全惨遭暴死，其中包括无可指责、学识渊博的皮索——伽尔巴愚蠢地让他担任自己的共治者，结果皮索穿上紫袍后仅活了四天。[3] 四兄弟之一留下了一个名叫盖约·卡尔普尼乌斯·克拉苏·弗鲁吉·李锡尼亚努斯(C. Calpurnius Crassus Frugi Licinianus)的儿子；这个顶着引人猜忌的古老名字的人虽然得到了图密善(Domitian)的宽恕，终归还是难逃同时反叛涅尔瓦(Nerva)与图拉真的罪名指控。[4] 他很快遭到了放逐，但直到哈德良登基之初才被处决。皮索家族另一支系的生命力还要更为持久。[5] 498

显贵们的情况就是这样。革命期间和新政权建立后崛起的新

① 关于科苏斯(Cossus)之子、公元 26 年执政官盖图里库斯，参见 PIR^2，C 1390. 盖图里库斯的女儿同塞亚努斯的儿子订了婚(Tacitus, *Ann.* 6. 30)，巩固了两个家族此前已存在的联姻关系(*ILS* 8996)。伦图鲁斯家族中的最后两位前执政官是普布利乌斯·西庇阿(P. Scipio)和普布利乌斯·西庇阿·阿西亚提库斯(P. Scipio Asiaticus)，两人分别在公元 56 年和 68 年担任执政官。

② 玛库斯·李锡尼乌斯·克拉苏·弗鲁吉为公元 27 年执政官。

③ 关于其谱系，参见书后表 V。

④ PIR^2，C 259.

⑤ 该支系成员有公元 111 年执政官盖约·卡尔普尼乌斯·皮索(PIR^2，C，285)，并在六十年后还出现过别的执政官(PIR^2，C 295 and 317)。

人们同样无法避免前执政官后裔们无嗣而终或惨遭不测的宿命。在历史记载中，他们的命运和家族生命力呈现出十分强烈的反差。有些人无力让自己的名姓世代流传下去，未能巩固凭借自己的好运轻松取得的家族声望。恺撒党徒瓦提尼乌斯、特瑞波尼乌斯、希尔提乌斯和潘萨都未能留下担任过执政官的子孙；他们在这方面跟庞培党中的执政官阿弗拉尼乌斯和伽比尼乌斯不相上下。西塞罗是那个时代里叱咤风云的新人，但他的家族谱系也随着他那位嗜酒如命的儿子的死亡而终结了。

后三头时代的大将和海军将领们很少有人留下过足以承袭其显贵地位的子孙。维提狄乌斯和卡尼狄乌斯的名字仅仅属于历史；他们的子孙当然无法指望恺撒党领袖会授予自己执政官头衔。但恺撒党徒们自己的命运也好不到哪里去。狂妄自大的科尼菲奇乌斯最终家破人亡。之前不为人知的名字——卡里纳斯和拉罗尼乌斯重又变得默默无闻。随着这些姓氏的消失，《执政官年表》在公众眼中开始变得不那么陌生和出格。但伟大的卢卡尼亚将领陶鲁斯、他的朋友兼同僚卡尔维修斯和盖约·诺巴努斯·弗拉库斯还是建立了一批新兴贵族家族；[①]而得享高寿的外交家普兰库斯和波利奥各自至少生育了一个儿子。加的斯人科奈里乌斯·巴尔

① 关于陶鲁斯的后裔（其中有人克劳狄乌斯统治期间担任过执政官），见 P-W III A，2198。卡尔维修斯的血脉通过一个儿子（公元前 4 年执政官）传递了下去，但在他的孙子（公元 26 年执政官，担任过潘诺尼亚的元首代表，于公元 39 年被控犯有严重叛国罪）那里终结了。卡尔维修斯的孙子可能是盖图里库斯的盟友，参见 *PIR*²，C 354. 他的妻子出身于科奈里乌斯家族（Dio，59. 18. 4）。

布斯和安东尼麾下的海军将领索西乌斯养育的则是千金小姐。① 玛库斯·提提乌斯同老牌贵族法比乌斯家族的联姻没有生育出什么闻名于世的后代；其他新人家族要么转瞬即逝，要么也仅仅多支撑了一个世代而已。②

在和平年代和元首制统治下富贵起来的新兴家族也并非能够多子多福。卢奇乌斯·塔里乌斯·鲁孚斯的独生子在试图暗杀自己冷酷无情的父亲未果后遭到流放。③ 洛里乌斯也仅有一个儿子。萨谟奈人玛库斯·帕皮乌斯·穆提鲁斯和来自拉瑞努姆的维比乌斯两兄弟是各自家族中前无古人、后无来者的执政官。帕皮乌斯和他的执政官同僚、皮克努姆人昆图斯·波佩乌斯·塞昆杜斯（Q. Poppaeus Secundus）终身未娶。另一位担任将领的波佩乌 499
斯仅仅留下一个女儿。④ 而奎里尼乌斯在先后同两位传统贵族出身的姑娘——克劳狄娅和埃米莉娅的婚姻中都未能生育子女。⑤

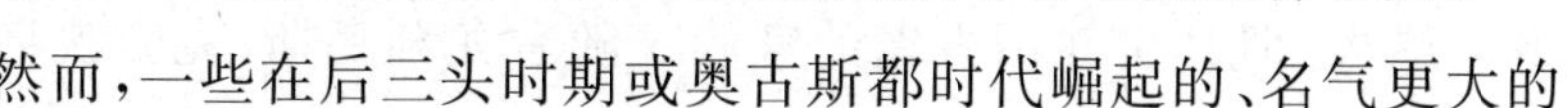

然而，一些在后三头时期或奥古斯都时代崛起的、名气更大的

① 巴尔布斯的女儿嫁给了盖约·诺巴努斯·弗拉库斯（公元前 25 年执政官，*PIR*^{2}，C 1474）；索西乌斯的女儿则嫁给了绥克斯图·诺尼乌斯·昆克提利亚努斯（Sex. Nonius Quinctilianus，公元 8 年执政官，*ILS* 934）。

② 例如，我们没有听说提图斯·佩杜凯乌斯（公元前 35 年递补执政官）或卢奇乌斯·奥特罗尼乌斯·佩图斯与卢奇乌斯·弗拉维乌斯两位公元前 33 年递补执政官有过子嗣。普布利乌斯·阿尔菲努斯·瓦鲁斯（公元前 39 年递补执政官）、卢奇乌斯·卡尼尼乌斯·伽鲁斯（公元前 37 年执政官）和玛库斯·赫勒尼乌斯（公元前 34 年执政官）各自拥有一名当上了前执政官的儿子；但他们的家族都未能继续延续下去。

③ Seneca，*De clem*. 1. 15.

④ 她嫁给了出身于一个皮克努姆家族、名不见经传的提图斯·奥利乌斯（T. Ollius，Tacitus，*Ann*. 13. 45；参见 *CIL* I^2，1919（Cupra Maritima））。她的女儿是尼禄的情妇。

⑤ 见上文，原书第 379 页。

新人却似乎牢牢地确立了自己的家族地位。但他们的后人鲜得善终。两位庞培党羽——卢奇乌斯·斯克里波尼乌斯·利波和卢奇乌斯·阿伦提乌斯的家族同庞培家族建立了致命的联姻。[①] 与帝国统治王朝的联姻同样危险。与显贵们共同构成二元模式寡头统治集团的新兴执政官家族自然也会卷入尤利乌斯-克劳狄乌斯王朝的家史、宫廷丑闻或司法命案中去。卡里古拉曾因自己的祖父阿格里帕出身平民而脸红。他的妻子之一是玛库斯·洛里乌斯的孙女和女性继承人、貌美且富有的洛里娅·宝琳娜,此女在瓦勒莉娅·麦萨琳娜死于剑下后也曾有意想嫁给克劳狄乌斯。[②] 但她也未得善终。玛库斯·维尼奇乌斯的孙子娶了日尔曼尼库斯、王室女子尤利娅·里维拉(Julia Livilla),结果沦为麦萨琳娜阴谋的牺牲品。[③] 尼禄的第二、三任妻子波佩娅·萨比娜(Poppaea Sabina)和斯塔提莉娅·麦萨琳娜(Statilia Messallina)都来自在当时已算得上悠久、但其实并不古老的家族。随着尤利乌斯-克劳狄乌斯王朝的终结,奥古斯都时代和共和时代涌现出的贵族似乎也到了气数已尽的地步。

但在接下来的时代里,装点《执政官年表》(那是他们的首要用途)的奥古斯都时代执政官名字却并不稀少。尽管这些人实际上只是些无伤大雅的麻烦而已,但罗马人的保守传统和门第观念仍

① 见上文,原书第425、497页。

② 洛里娅·宝琳娜被卡里古拉从普布利乌斯·麦米乌斯·雷古鲁斯(P. Memmius Regulus)手中横刀夺爱(*Ann.* 12.22),随后很快又被元首抛弃。关于她希望嫁给克劳狄乌斯的情况,见 *Ann.* 12.1。她最后被流放和杀害,见 *Ann.* 12.22。

③ 玛库斯·维尼奇乌斯于公元30年和45年两度出任执政官。参见 Tacitus, *Ann.* 6.15;Dio,60.27.4。

旧认为他们构成了实实在在的威胁。如上所述，奥古斯都麾下的
大将们（“意大利之花”）并未响应他的民族政策，多多生育子女。
但有几个新贵家族足够谨慎和坚韧，可以在几代人中一直保有执
政官头衔（卡尔维修斯和诺巴努斯家族维持了三代，陶鲁斯家族则
坚持到了第四代人）。不那么显山露水的盖约·安提斯提乌斯·
维图斯（公元前 30 年递补执政官）的家族更加经久不衰。[①] 埃特 500
鲁里亚人奥鲁斯·凯奇纳（A. Caecina）生育了众多子女。[②] 普布
利乌斯·希利乌斯·涅尔瓦有三个儿子，他们全当上了执政官。[③]
但他的三个孙子——两名执政官和一名被指派但尚未就任的执政
官——都没能活到尤利乌斯-克劳狄乌斯王朝结束之时。其中之
一同他的王室情人麦萨琳娜一同灭亡。[④] 顶着斯塔提利乌斯·陶
鲁斯、森提乌斯·萨图尔尼努斯和维尼奇乌斯等名字的最后一批
前执政官生活在克劳狄乌斯统治时期。延续波利奥血脉的只有他
的一个儿子；此人的下场也十分悲惨。但伽鲁斯为阿西尼乌斯家
族添丁进口，共生育了六个儿子，其中至少有三人当上了执政
官；[⑤]他还有一名直系后代在图拉真统治时期担任过执政官。[⑥] 在
弗拉维王朝统治时期，有两位执政官的名字让我们回想起卢奇乌
斯·沃鲁修斯·萨图尔尼努斯（公元前 12 年执政官）的业绩；后者

① 其直系后代在公元 96 年还担任过执政官。

② 他的妻子生育了六个子女，见 Tacitus，*Ann.* 3. 33。

③ 关于他的族谱，见 *PIR*[1]，S 512。

④ *Ann.* 11. 26 ff.

⑤ *PIR*[2]，A 1229.

⑥ 此人为玛库斯·阿西尼乌斯·马塞卢斯（M. Asinius Marcellus），公元 104 年执政官。

出身于一个历史悠久、受人尊敬的家族；但这个家族的成员在他之前担任过的最高官职也仅仅是大法官而已。[①]

即便在图拉真与哈德良治下也残存着一些从前贵族们的、受到尊敬的后代子孙；他们由于形单影只而显得珍稀和处境凶险。来自提布尔的玛库斯·普劳提乌斯·希尔瓦努斯的家族通过婚姻或过继的方式同奥古斯都时代的前执政官家族——埃利乌斯·拉米亚家族建立了联系。[②] 拉米亚家族的最后一名男性子嗣在公元116年就任执政官，当时这样的贵族血统已凤毛麟角。[③] 另一位新人卢奇乌斯·诺尼乌斯·阿斯普雷纳斯（公元前36年递补执政官）的世系也延续了很久，以至于在该家族成员、在图密善与哈德良统治期间两度担任执政官的卢奇乌斯·诺尼乌斯·卡尔普尼乌斯·托尔夸图斯·阿斯普雷纳斯（L. Nonius Calpurnius Torquatus Asprenas）身上还流淌着卢奇乌斯·卡尔普尼乌斯·皮索的血液。[④]

但在谨慎与成功方面，没有人能赛过于后三头时期发迹的安东尼党羽科切乌斯家族。尽管他们在奥古斯都统治期间未能获得执政官头衔，这个家族此后却得到了直到图密善为止的历任元首

① 两人分别在公元87年和92年担任执政官。关于该家族谱系，见 *PIR*[1]，V 666。

② 提比略·普劳提乌斯·希尔瓦努斯·埃利亚努斯（Ti. Plautius Silvanus Aelianus，*ILS* 986）可能出身于埃利乌斯·拉米亚家族；这个家族在公元3年执政官后就再也没为世人所知的直系后裔了。

③ 尤文纳尔称图密善为“手沾拉米亚家族鲜血的屠夫”（Lamiarum caede madenti）（Juvenal，4. 154）。

④ P-W XVII，877f.；其谱系见 P-W XVII，870。但在所有贵族家族中，在元首制初期没有什么重要政治影响力的阿奇利乌斯·格拉布里奥尼斯家族（Acilii Glabriones）却具有最顽强的生命力，见 *PIR*[2]，A 62 ff.，其直系后裔在公元210年和公元256年还出任过执政官。

的宠幸。图密善遇刺后，年迈且温和的玛库斯·科切乌斯·涅尔瓦披上了专属元首的紫袍。涅尔瓦无儿无女——这无疑是他选择图拉真作为元首继承人的原因之一。但也还有别的原因：在那个时代，即便后三头时期执政官的直系继承人也已经无处寻觅了。[1] 501

即便涅尔瓦本人也属于一个已经逝去的时代。他的继承人是来自西班牙的玛库斯·乌尔皮乌斯·图拉真、一位前执政官之子和在社会上和军队里十分显赫的人物。图拉真就任元首后，由来自西班牙与纳旁高卢的人物组成的党派掌握了权力。后起之秀从不急于爬上高位；他们能力出众、家道殷实、徐图缓进；无论元首是谁，他们都对现政权忠诚不贰。被奥古斯都手下负责国事的秘书撒路斯提乌斯过继的前执政官帕西埃努斯(Passienus)之子成了炙手可热的廷臣、粉饰太平的艺术家和两位皇室女子的丈夫。[2]他是自己所在的萨宾家族中的最后一人。但帕西埃努斯还无法同三度担任执政官的维特利乌斯(Vitellius)相提并论。当他在鞠躬尽瘁(他的敌人则称之为龌龊的阿谀逢迎)并深得提比略、卡里古拉和克劳狄乌斯三任元首信任后去世时，人们在罗马广场上为他竖立了一座雕像，并刻下了纪念其矢志不渝忠诚的铭文——“对元

① 参见格罗亚格对其家族关系网的精彩阐述(Groag, *Jahreshefte* XXI-XXII (1924), Beiblatt 425 ff.)。如果格罗亚格的说法不谬的话，那么涅尔瓦的舅舅娶了提比略外孙女尤利娅(Julia)的丈夫鲁贝利乌斯·布兰杜斯(Rubellius Blandus)之女鲁贝莉娅·巴萨(Rubellia Bassa)。他同尤利乌斯-克劳狄乌斯家族的这层联系实在过于薄弱，以至于可以忽略不计。

② *PIR*^{2}, P. 109. 关于他的全名盖约·撒路斯提乌斯·克瑞斯普斯·帕西埃努斯(C. Sallustius Crispus Passienus)，参见 *L'ann. ép.*, 1924, 72。他先后娶了尼禄的姑姑多米提娅(Domitia)和母亲阿格里皮娜。关于他溜须拍马的例子，参见古代文法家对 Juvenal, 4. 81 的注释。

首不可动摇的忠诚"(pietatis immobilis erga principem)。[①] 这样的雕像在任何元首治下都会被准许竖立起来的。并且这样的人物也配得上成功。维特利乌斯是普兰库斯之后最多才多艺的政治家。[②] 在他的两个儿子中,一个娶了拥有奥古斯都血统的尤妮娅·卡尔维娜;[③]另一个短暂地品尝了一下担任奥古斯都首创的元首职位的滋味。

野心膨胀、讲求排场和花天酒地,或无力在不断变化的、奉行赤裸裸的拜金主义原则的新社会里保持本家族赖以成功的朴素美德与苦干精神的缺陷,逐步导致了显贵集团的沉沦。来自新并入意大利领土和帝国西部文明开化地区的那些勤俭节约、精明强干的有产者取代了他们的显赫地位。当克劳狄乌斯提议将长发高卢的若干部族首领吸纳入罗马元老院时,他的私人参谋团里爆发出了一阵义愤填膺的抗议之声——那些富有的权贵会把贵族家族的孱弱子孙和来自拉丁姆地区的赤贫元老们彻底扫地出门。[④] 但这样的祸害已经发生了。百万富翁巴尔布斯和塞涅卡才是显贵们真
502 正的敌人。最早来自行省的元首理应产生于西班牙和纳旁高卢——那里的居民是纯正或混血的意大利人,他们是殖民地权贵或在共和国最后一个世纪中从行省总督手里取得罗马公民权(甚

① Suetonius,*Vitellius*,3.1.

② Seneca,*NQ*,4,*praef*. 5:"Plancus, artifex ante Vitellium maximus。"(普兰库斯、维特利乌斯之前最富于才华的[政治家]。)他在下一节里提到了帕西埃努斯。

③ 卢奇乌斯·维特利乌斯娶了卡尔维娜,参见 Tacitus,*Ann*. 12.4。

④ Tacitus,*Ann*. 11.23:"quem ultra honorem residuis nobilium aut si quis pauper e Latio senator foret? oppleturos omnia divites illos。"(罗马贵族的后裔和来自拉丁姆的贫穷元老还能留下什么荣誉呢?一切都将被那些富人榨干。)

至被独裁官恺撒准许进入罗马元老院）的本地政治巨头们的后人或同辈。

在解释罗马共和国灭亡的原因时，现代史学家会分析各种政治、社会和经济因素的合力或综合发展趋势；而古人却往往只看到个人的野心和作用。但无论如何，我们的确不能忽视巴尔布斯这个人物在这一历史巨变中发挥的作用。银行家阿提库斯洞悉当时的一切形势变化：他知道巴尔布斯在公元前 60 年的政治巨头和约、历次内战、恺撒独裁和后三头统治这一系列事件中发挥的引导作用。这个担任过公元前 40 年执政官的加的斯人的确是一个预兆；但他也预示着西班牙人和纳旁高卢人未来即将获得的权势。在卡里古拉统治时期，纳旁高卢涌现出了两位执政官——来自维也纳的瓦勒里乌斯和来自尼茂苏斯的多米提乌斯，他们都是早已获得罗马公民权的本地家族后裔。[①] 几年后，来自科尔杜巴的塞涅卡便同来自瓦西奥（Vasio）的禁卫军首领绥克斯图・阿弗拉尼乌斯・布鲁斯（Sex. Afranius Burrus）联合起来，代表尼禄掌管地中海世界，为他们的友人和同乡提供庇护和晋升机会。[②] 弗拉维王朝时期的要人之一阿古利可拉和玛库斯・乌尔皮乌斯・图拉真都是参与权力角逐的老牌贵族。图拉真成了第一位来自行省的元

① 德奇姆斯・瓦勒里乌斯・阿西亚提库斯在卡里古拉统治时期首次担任执政官，并于公元 46 年第二次出任执政官。格涅乌斯・多米提乌斯・阿菲尔是公元 39 年递补执政官。

② *ILS* 1321 揭示了布鲁斯的出身。尼禄统治前期的下日耳曼行省总督人选先后为庞培・保利努斯和卢奇乌斯・杜维乌斯・阿维图斯（L. Duvius Avitus）（*Ann.* 13.53 f.），这绝非偶然。前者来自阿瑞拉特（Arelate），是塞涅卡的表兄弟，见 Pliny, *NH*, 33.143；后者来自瓦西奥（Vasio）（*CIL* XII, 1354）。

首;他是西班牙人,娶了一位来自尼茂苏斯的女子。[①] 与图拉真血缘关系最近的亲戚哈德良接替了他的元首位置;随后是祖上来自纳旁地区的尼茂苏斯的安东尼·皮乌斯(Antonius Pius)。即便安东尼·皮乌斯没有成为元首,他或许仍是全地中海世界最富有的公民之一。

从战火和革命中诞生的元首制对显贵怀有与生俱来的仇恨。在回归法制统治后的前十年间,奥古斯都在任命指挥自己庞大行省军队的副将时没有任用过一名显贵,并且只起用了三位前执政
503 官。当他的地位得到巩固,并建立了基本依靠家族纽带维系的联合政权后,埃诺巴布斯、皮索和保卢斯·法比乌斯·马克西穆斯等显贵确实得到了治理拥有驻军的行省的机会。但元首奥古斯都对显贵的合理猜忌并未解除,他的后继者也在某些动荡局势下一再表露出这样的态度,结果导致了对显贵集团的彻底排斥:那是革命与帝国的必然产物,尽管它姗姗来迟。

拥有贵族出身的人仍然具备担任执政官的权利,并会在卸任多年之后成为亚细亚或阿非利加行省的总督。除此之外,这一身份带来的只有危险。即便某位显贵自己忘记了他的祖先和名姓,元首也是不能忘记的。此后不久,显贵们就再也没有机会执掌重要兵权了。莱茵河畔分属两支军队的八个军团本身便是公元 1 世纪帝国历史中举足轻重的要素,是数位元首的拥立者。在整个尤

① *SHA Hadr*. 12.2 表明,庞培娅·普罗提娜(Pompeia Plotina)有可能来自尼茂苏斯(但这条材料并不是决定性的证据)。较为可靠、但长期以来一直被忽视的证据是尼茂苏斯女子庞培娅·玛鲁琳娜(Pompeia Marullina)、当时一位著名将领(其姓名已缺失)的姐妹、妻子或母亲(*CIL* XII,3168)。

利乌斯-克劳狄乌斯王朝统治时期，莱茵河军团将领们的社会地位逐步降低（有时则是急剧跌落）。在卡里古拉统治时期，接替与玛库斯·埃米利乌斯·雷必达串通并遭到镇压的伦图鲁斯·盖图里库斯的将领是另一位显贵塞尔维利乌斯·苏尔庇奇乌斯·伽尔巴。[①] 但若干年过后，克劳狄乌斯和尼禄统治时期的军事将领中就出现了库尔提乌斯·鲁孚斯（Curtius Rufus，据有些人说是角斗士的儿子）、来自纳旁高卢的瓦西奥人杜维乌斯·阿维图斯（Duvius Avitus）和阿瑞拉特人庞培·保利努斯（Pompeius Paullinus），以及来自麦蒂奥拉尼乌姆的维吉尼乌斯·鲁孚斯（Verginius Rufus，后三人都是骑士之子）这样的人物。[②] 尽管出身相对低微，维吉尼乌斯·鲁孚斯还一度有望成为元首。[③] 但尼禄和他的谋臣们做出了谨慎的选择。他们还认为可以放心地把一个驻有军队的行省近西班牙（塔拉科嫩西斯）托付给共和时期的贵族后裔和现政权的忠仆塞尔维利乌斯·苏尔庇奇乌斯·伽尔巴；他们的设想可能是对的，因为伽尔巴似乎是个毫无主见的人，绝不会利用他的姓氏或声望。[④] 但古老的预言变成了现实——恐惧、疯狂和野心促使伽尔巴走上了争夺帝位的不归路。

后人并未忘记从中汲取教训。尼禄确实是埃诺巴布斯、安东

① Suetonius，*Galba*，6. 2 f.

② 关于保利努斯和阿维图斯，见上文，第 656 页注③，即原文第 502 页注 2；关于库尔提乌斯·鲁孚斯，见 *Ann.* 11. 21。对 Pliny，*Epp.* 2. 1. 8 和 *ILS* 982 两条证据的综合分析可以确定维吉尼乌斯·鲁孚斯的出身，参见 *PIR*[1]，V 284。

③ Tacitus，*Hist.* 1. 52："merito dubitasse Verginium equestri familia，ignoto patre。"（出身于骑士家族、父亲默默无闻的维吉尼乌斯有理由踌躇迟疑。）

④ Tacitus，*Hist.* 1. 49（对他盖棺定论的谴责）。

尼和奥古斯都的后裔。韦伯芗的贵族身份则是他本人制造出来的。因此，弗拉维王朝确实有理由对显贵持猜忌态度。尽管尤利
504 乌斯-克劳狄乌斯王朝的嗜血专制已将共和时代和奥古斯都时代兴起的贵族屠杀殆尽，但在弗拉维王朝时期的《执政官年表》中还剩下三名共和时代的显贵后裔和七八位后三头或奥古斯都时代执政官的后人。该群体中仅有一人指挥了一支规模不大的军队。他是年迈的提比略·普劳提乌斯·希尔瓦努斯·埃利亚努斯——韦伯芗的私交。[①] 从此以后，帝国重要军事行省的管理者变成了一批新贵族，他们大多是罗马骑士的子孙。

尽管经常会出现傲慢、自私和淫乱等问题，但共和国的统治阶级还是汇聚了各等级中的精英分子。如果我们根据显贵集团在帝国体制下走向衰落这一事实而断言他们缺乏才能的话，那恐怕是将问题简单化了。而且我们所能举出的、对显贵们充满敌意的证据不过是在重弹共和时代德行卓著、咄咄逼人的那些新人的老调，即用他们自己的“勤勉”(industria)同贵族的“懒散”(inertia)进行程式化的对比。如上所述，显贵衰落的真正根源是深层次的：那是政治和经济方面的原因。正是对自身朝不保夕和政治上任人摆布处境的清醒认识导致了贵族行为举止的腐化堕落和乖戾反常。他们已没有大干一场(或哪怕摆摆架子)的自由空间了。对贵族尊荣或大度的坚守已成为十分危险、不合时宜的举动。如果恪守“中庸

① *ILS* 986. 罗马帝国时期“显贵”一词的具体所指很难界定。施泰因(E. Stein, *Hermes* LII(1917), 564 ff.)认为它指的是公元14年(人民选举执政官的权力被废除之年)以前培养出执政官的家族。而奥托(W. Otto, *Hermes* LI(1916), 73 ff.)给出的定义恐怕有些过于宽泛。

之道”(aurea mediocritas)，穆雷纳或许不至于身首异处。[1] 展示罗马式美德和贵族独立精神的唯一方式便是有气节地挺身赴死。如果大名鼎鼎的显贵们想要苟活于世的话，他们必须把自己伪装起来——或是小心翼翼、如履薄冰；或是声色犬马、放浪形骸。他们还要学会在政治上装聋作哑(quies)：那是位居人下、充满铜臭味的社会阶层——罗马骑士们与生俱来的美德。为了自身的平安，罗马贵族或许还得进一步放低身段，对真正的当权者——骑士、释奴和在宫廷里出没的男男女女们——卑躬屈膝、阿谀奉承。装聋作哑保全了科切乌斯家族安然无恙地延续了几个世代；[2]但它终究还是无法保护奥古斯都麾下大将维尼奇乌斯的孙子免遭瓦勒莉娅·麦萨琳娜的忌恨。[3] 505

显贵们被剥夺了权力、没收了财产，在一场逐步开展的公敌宣告运动中几乎被斩尽杀绝。跟共和时期的情况一样，野心家出人头地、加官晋爵的一个常规手段便是看准时机进行检举告发。在帝国时期，法庭的政治色彩不再那么浓厚，司法活动也不再被某一党派所把持。尽管如此，一种新的祸害(至少对于贵族而言如此)抵消了其他方面的改善效果。元老院变成了一个高级法庭，并且元首自己的司法权力发展了起来：严重叛国成了一个莫须有的、适用范围广泛的罪名。无论是在元老院里还是在他处，检举者总喜

---

① Horace, *Odes*, 2. 10. 5.

② 玛提阿尔(Martial, 5. 28. 4; 8. 70. 1)将涅尔瓦的缄默不语(quies)作为一种美德加以称赞——后者在一道敕令中也用这个字眼来形容自己(Pliny, *Epp*. 10. 58)。

③ Dio, 60. 27. 4:“τὴν δὲ δὴ ἡσυχίαν ἄγων καὶ τὰ ἑαυτοῦ πράττων ἐσώζετο。”(保持缄默，埋头做自己的事。)

欢把“严重叛国”(maiestas)作为主要的或附带的罪名;这样一来,陪审团就不敢轻易地将被告无罪开释。于是,社会上出现了一批令人望而生畏的起诉者和告密者。奥古斯都的地位十分巩固,因此这种罪恶风气没有得到官方的助长。但提比略的统治地位并不牢靠,因此显贵们便因自己的野心和内部宿怨而大倒其霉。认为有利可图的贵族不断怂恿那位原本并不打算痛下杀手的统治者,并且他们之间还有旧账要算。更重要的是,围绕权力和显要地位展开的秘密斗争从未平息过,并因同样野心勃勃的塞亚努斯党和日尔曼尼库斯家族之间的竞争而愈演愈烈。于是,显贵们陷入了危险——何况提比略本来就十分心虚,并且不愿干涉司法审讯和在名义上保持独立的元老院活动。

显贵们或许暂时品尝到了复仇的快感——丑闻和罪行导致了王朝家族内部的分裂;还有些一度权倾朝野的暴发户——伽鲁斯、洛里乌斯或塞亚努斯——栽了跟头。但他们在看这些热闹的时候很少不付出相应的代价。他们的现实处境相当不妙,而未来的发展趋势也不能为他们提供任何安慰。革命力量虽已受到约束并放缓了节奏,但仍在冷酷无情地前进着。显贵的权力正在被新人、骑士、军队和行省一点点夺去。

继那些来自埃特鲁里亚、萨姆尼乌姆或皮克努姆的新人抢班夺权之后,西班牙和纳旁高卢又开创了行省居民担任执政官的先河。他们成了罗马政权对外侵略活动中的急先锋;他们攫取了权力,但未能长期保持住它。因为阿非利加和帝国东部地区的新贵很快后来居上,在安东尼王朝时期种族混杂的元老院里几乎把来

自意大利和西部行省的成员完全淹没了。①《执政官年表》保留了 506
这次异族势力渗透的明确证据；但它们仅仅展示了这场运动的高潮，却没有反映它的起源。它其实发端于几个世代之前，可以追溯到奥古斯都时期、甚至是庞培和恺撒生活的年代，当时的行省居民已开始担任罗马军队中的骑兵指挥官和罗马政权的政治、财务代理人。其中的代表人物还是巴尔布斯和特奥法尼斯。跟自己的祖先（或任何一位罗马统治者）一样，元首克劳狄乌斯也是显贵们心照不宣的残酷敌人，他把自己的被保护人、长发高卢地区的部落权贵纳入了元老院。但这项措施有些操之过急，且带有挑衅意味，结果旋即被迫取消。但克劳狄乌斯使用希腊人担任督察官和骑士武职的做法则较为隐蔽和低调，从而也没有引起太大的争议。②

尽管推动这场运动发展的似乎只有那些“坏元首”和颐指气使的政权走狗，但这一趋势事实上是不可逆转的。显贵的失败不仅是政治上的，还是精神上的。元首制不仅夺走了他们的权力和财富；更糟糕的是，它还窃取了显贵的偶像和信条。在罗马建立起来的专制扯下了共和国尸体上的袍子，作为自己的遮羞布。我们在上文中已经充分展示，自由的名义可以被任何党派和任何政权所

① 参见拉姆布勒切的统计结果（P. Lambrechts, *La composition du sénat romain de l'accession au trône d'Hadrien à la mort de Commode*[1936], 183 ff.）。

② 关于希腊人担任骑士武职的例子，见来自科斯岛的盖约·斯特提尼乌斯·色诺芬（C. Stertinius Xenophon）及其兄弟（*SIG*^{3} 804 f.）、以弗所人（?）提比略·克劳狄乌斯·巴尔比鲁斯（Balbillus, *L'ann. ép.*, 1924, 78）、斯巴达人盖约·尤利乌斯·拉科（C. Julius Laco, *L'ann. ép.*, 1927, 1）和提比略·克劳狄乌斯·狄尼普斯（Ti. Claudius Dinippus, *L'ann. ép.*, 1917/8, 1 f.: Corinth）。这位巴尔比鲁斯可能是公元 55 年的埃及省长（参见 A. Stein, *PIR*^{2}, C 813）。

盗用；它很快便步和平（pax）的后尘，成了“奥古斯都治下的自由”（Libertas Augusta）。重新搬出伟人庞培已毫无意义；并且共和派也从未将西塞罗视为为自由而牺牲的烈士。在名副其实的自由派领袖中，曾在腓力比同恺撒继承人交手的布鲁图斯和卡西乌斯当然是无法被用来支持奥古斯都的元首统治，而不会引起流言蜚语和难堪的。而小加图在渥大维起兵之际已经告别人世。但小加图已被奉为自由的烈士。于是奥古斯都用一种天才的论证方式推翻了世人的这一观念；这一思路或许在他被友人塞伊乌斯·斯特拉波问及自己对小加图的看法时已有所表露。[①] 奥古斯都就这一题目写了一本小册子（他的习惯是在演讲时当众宣读这些作品）。[②]我们可以很有把握地推断出其中的观点和道德论调——小加图主
507 张建立有序的政府，因而他一定会积极支持奥古斯都建立的新政权。加图为之奋斗的立场在他死后取得了胜利，帮助罗马人民摆脱了奴役，重建了自由。

罗马人民为那些与罗马共和国史联系密切的古老家族权势、声望的衰微而感到悲伤。但这还不是最糟糕的。为了国家利益，政治自由必须被牺牲掉；这一看法是人们能够接受的。但当精神和言论自由也一道消亡，奴性和阿谀取代了自由与美德时，那就不是爱国者和正直人士所能容忍的了。引发塔西佗强烈义愤的与其说是专制的惨无人道，还不如说是显贵们的逆来顺受和堕落退化。忠于共和派和庞培党的立场、反对专制、不情愿充当元首制工具的

① Macrobius，2.4.18（见上文，原书第320页）。

② Suetonius，*Divus Aug*. 85.1.

提比略在目睹本阶级中的其他人物背叛罗马传统、像东方君王的廷臣和逢迎者那样奴性十足时不禁作呕。史书记载了这位具有共和精神的恨世者的一句很能代表其性格的评论。[①]

后人往往会痛心疾首地回顾奥古斯都元首统治期间世人还能享受到的自由。[②] 对自己生活时代的不满情绪促使他们将过去理想化。事实上，在奥古斯都治下，尤利乌斯-克劳狄乌斯王朝导演的可怕悲剧已完成布景并开始上演。与撒路斯提乌斯和波利奥一样，推崇共和国美德、但信仰有序统治的元老塔西佗也创作了一部描述同时代人亲眼目睹的内战的历史。他对权力角逐者或斗争中的胜利者不抱任何幻想——“人们唯一能够确定的是，胜利者将是对阵双方中更坏的那个”(solum id scires, deteriorem fore qui vicisset)。[③] 塔西佗在年迈之际转向历史著述，创作了一部从提比略即位一直写到尼禄之死的帝国编年史。他所描述的这个时代与主题可被表述为“罗马贵族衰亡史”。

用史诗体裁叙述晚近发生的真实历史(那是罗马诗人传统上的典型做法)的卢坎(Lucan)来自科尔杜巴。他的《法萨利亚》(*Pharsalia*)记载了共和国自由的衰亡过程。在某种意义上成了卢坎后继者的塔西佗也不是真正意义上的罗马贵族；他跟自己的岳父和当时最优秀的那批罗马人一样，是来自行省地区的新人。死

① Tacitus, *Ann.* 3. 65：“o homines ad servitutem paratos!”(这是一群多么适合当奴才的家伙啊！)

② Seneca, *De clem.* 1. 1. 6：“nemo iam divum Augustum nec Tiberii Caesaris prima tempora loquitur.”(现在已没有人能像在神圣的奥古斯都或提比略·恺撒统治下的盛世里那样自由讲话。)

③ *Hist.* 1. 50.

508 心塌地地接受了罗马统治阶级和罗马史学撰述传统的塔西佗没有去描述帝国和行省，而是选择了看似狭窄、陈旧的罗马内政史题材。

在风格、主题和处理方式等方面，罗马史学家执着地坚守着罗马史学草创时的传统——那些范本是对执政官人选和凯旋式的记录和贵族家史(elogia)。罗马本民族中的第一位著名史学家、监察官加图(Cato the Censor)抗议这种做法，在其作品中略去了将领们的名字，以便突出“罗马人民历史”(gesta populi Romani)这一主题的重要性；[①]并且老加图的史著对意大利和罗马都加以记载。[②] 但老加图的一己之力无法扭转罗马根深蒂固的传统。银行家阿提库斯对真实历史的观念更具代表性(尽管或许有些狭隘)——他研究了贵族家族们的谱系，汇编了名人的公共业绩。[③]跟从前一样，史学的主题仍旧是“著名人物的事迹与风尚”(clarorum virorum facta moresque)。[④] 这便是帝国史学的悲剧所在——帝国不再为人们在国内和国外提供展示公民美德的空间，因为帝国的目标是消灭战争和政治。因此，罗马帝国中不会再有伟人出现了。贵族受到贬谪与破坏。当然，对他们覆灭经过的记

① Nepos, *Vita Catonis*, 3. 3；参见 Pliny, *NH*, 8. 11。

② Dion. Hal. 1. 11. 1；Fronto, p. 203 N.

③ Nepos, *Vita Attici*, 18. 4：“Quibus libris nihil potest esse dulcius iis, qui aliquam cupiditatem habent notitiae clarorum virorum。”(对于那些渴望了解光辉人物生平业绩的读者而言，没有什么能比这些著作更美妙的了。)这种人物志式的手段是列举“人物的出身、官衔及任职时间”(quis a quo ortus, quos honores quibusque temporibus cepisset)。阿提库斯研究过尤尼乌斯·布鲁图斯、马塞卢斯、西庇阿、法比乌斯和埃米利乌斯等家族的历史。

④ Tacitus, *Agr*. 1. 1.

载仍然是富于启示意义的——但那并非历史学家乐于接受的使命。《编年史》的作者塔西佗对他的作品表示绝望:“留给我们描述的是一堆范围狭窄的、毫无光彩可言的事情。”(Nobis in arto et inglorius labor)①

① *Ann.* 4. 32.

509 第33章　和平与元首

如果一个党派是通过暴力取得胜利、并夺取国家政权的话，那么把新统治集团视为一群和蔼可亲、德行卓著的人的看法显然是异想天开的。革命需要并且能够塑造出种种刚毅品质。关于新政权中几位首脑——元首本人和他的盟友阿格里帕、梅塞纳斯和里维娅，历史和传闻已经为我们保留了充分的证据，足以揭示他们统治的真相。好运带给他们的华美光环固然夺目，但具备批判精神的观察者还是能够做到不为所动。否则的话，这样的时代就不会拥有名副其实的历史记载，而只能留下一堆阿谀之词与合乎统治者需求的歌功颂德。

有人认为，在通过革命获取权力的那批人中，只有阿格里帕一人是配得上其名声的。[①] 心直口快或用心险恶的检举人告诉我们，执掌国家权力的那批显赫人物不过是一群恶棍，与在他们之前的后三头时期军阀们如出一辙——其中有高傲且冷酷的百万富翁巴尔布斯，见风使舵、忘恩负义的提提乌斯，残忍至极、贪得无厌的塔里乌斯，惹人生厌、尖酸刻薄、并在年老后遭人记恨的奎里尼乌斯，以及贪婪成性的阴谋家洛里乌斯。我们没有听到过关于提图

---

① Seneca, *Epp*. 94.46："M. Agrippa, vir ingenis animi, qui solus ex iis, quos civilia bella claros potentesque fecerunt, felix in publicum fuit。"（性格质朴的玛库斯·阿格里帕是在内战中获取声誉和权力的人物中唯一赢得公众好感的人。）

斯·斯塔提利乌斯·陶鲁斯、盖约·森提乌斯·萨图尔尼努斯、玛库斯·维尼奇乌斯和普布利乌斯·希利乌斯的任何坏话。[①] 但这些人物的性格肖像之所以平淡乏味，恐怕还是运气好的缘故，并不能说明他们真是有德之人。由于他们的后代子孙有钱有势，政敌们便只得三缄其口；并且维尼奇乌斯的孙子还资助过一位忠诚而执着的历史学家。另一方面，洛里乌斯也是政治上的替罪羊；而奎里尼乌斯、提提乌斯和塔里乌斯则没有留下能够当上执政官的儿孙，可以成为世人畏惧或谄媚的对象。

显然，在恺撒党统治期间变本加厉、却因不得攻击政府首脑而受到压抑的罗马传统偏见在这里发挥了作用；这种观念刻意要凸显或杜撰一批出身低微、性格可憎、举止邪恶的人物形象，以便诋毁那些在寡头统治集团中呼风唤雨的新人。跟此前的恺撒独裁时代里那批被描述为出身下贱、无法无天的流氓群体一样，如今遭到诋毁的这个集团中同样有一些杰出人物、古老意大利贵族的苗裔； 510
但他们的个人美德抵消不了他们最大的过错——他们支持的是“错误的立场”，并夺取了比自己更尊贵的人的既得利益。贵族或许是这套诋毁后起之秀把戏的始作俑者，社会其他阶层中的谄上欺下者也纷纷起而效尤。为后人保留下最典型的邪恶新人肖像的恰恰是罗马骑士的子孙们。

相对而言，显贵们遭到抹黑的情况要少得多。尽管如此，奥古斯都的贵族党羽在史书中的形象同样鲜明可憎。贪婪成性、饿虎扑食般的新人在攫取财富与权力时剥去了罗马民族从前用过的一

① 对萨图尔尼努斯的简短赞美之词，见 Velleius，2. 105. 1。

切伪装；显贵们尚不至于那么明目张胆，但本质上也是一丘之貉。一场社会革命过后，显贵们的显赫地位已成了不合时宜的皇帝新装——它仰仗着本阶级敌人、一名军阀的扶植和资助，而显贵们为此付出的代价则是放弃自己的权力和野心。他们重新拥有了贵族架子和高贵血统，这些光环暂时掩饰了他们任人摆布的附庸地位。从革命年代濒于灭绝的逆境中死灰复燃的贵族们吸取的唯一教训就是千万不可再陷入贫困。于是，虚荣或贪欲促使他们去拼命捞回从前散尽的家财，并希望元首能够出手相助——那是罗马欠下他们祖先的债务。元首统治也确实给予了他们赔偿：这种补偿起初还是在对他们的社会贡献和在演说术、法学等领域的贡献进行褒奖的名义下进行的；但日后慢慢变成了仅仅以出身为依据的赏赐行为。[①]

苏拉时期的寡头统治集团同君主专制制度实现了和解。但到了奥古斯都统治末年，加图党或支持庞培的四大贵族家族中仍在世的人物已屈指可数。老牌贵族伦图鲁斯家族人丁兴旺，但其中富于才干者为数寥寥。由于卢奇乌斯·多米提乌斯·埃诺巴布斯是元首尼禄的祖父，这一事实足以使他摆脱默默无闻或受到恭维的命运——他其实是一个嗜血成性、说一不二、奢侈无度的人。[②]奥古斯都甚至不得不亲自出面干涉，制止了他打算举行的一场角斗士表演。这个埃诺巴布斯留下了一个同样惹人生厌的儿子。[③]

① Seneca, *De ben*. 4. 30. 1 ff.（见上文，原书第374页）。

② Suetonius, *Nero*, 4. 但威利乌斯（Velleius, 2. 72. 3）称他为“大名鼎鼎、极其尊贵的质朴人物”（eminentissimae ac nobilissimae simplicitatis vir）。

③ Suetonius, *Nero*, 5. 1:“omni parte vitae detestabilem。”（他生活中的方方面面都惹人生厌）。可对比 Velleius, 2. 10. 2:“hunc nobillissimae simplicitatis iuvenem Cn. Domitium。”（这位极其高贵且质朴的青年格涅乌斯·多米提乌斯。）

奥古斯都对老牌贵族实行特殊的保护政策。这些极为古老的罗马贵族家族得到了最后一次重生的机会；但其中那些要人（无论
他们是狂妄自大者还是难得一见的出类拔萃者）却反映了这个集 511
团的外强中干。埃米利乌斯家族已变得虚弱不堪，毫无原则。在苏尔庇奇乌斯家族中，塞尔维利乌斯·伽尔巴（Ser. Galba）和他丑陋的驼背父亲展示不出什么才华，只能凭借谄上欺下和贵妇们的提携来为自己谋求进身之阶。[1] 普布利乌斯·昆克提利乌斯·瓦鲁斯因折损三个军团而背上了懒散、贪婪且无能的恶名——那倒不尽是他的过错。[2] 老牌贵族中仍旧显赫的当属法比乌斯和瓦勒里乌斯家族。瓦勒里乌斯家族培养出了一个声名狼藉、杀人不眨眼的行省总督；[3]如果我们对奥古斯都的挚友、干练的保卢斯·法比乌斯·马克西穆斯的了解不仅仅局限于贺拉斯的美妙颂歌和奥维德对恩主的忠诚赞扬的话，那么他的性格恐怕也未必会跟自己的儿子、声名狼藉的佩尔西库斯（Persicus）构成那么巨大的反差；后者被喜欢反讽挖苦的元首克劳狄乌斯称为“最高贵的人物、我的

① 盖约·苏尔庇奇乌斯·伽尔巴（公元前 5 年递补执政官）先后娶了穆米娅·阿凯卡和美貌富有的里维娅·奥克丽娜（Suetonius, *Galba*, 3. 4）；他的儿子受到继母的宠爱（Suetonius, *Galba*, 4. 1），并迎娶了里维娅·德鲁西拉（Livia Drusilla）（Suetonius, *Galba*, 5. 2）。阿格里皮娜曾徒劳地想与他成亲（Suetonius, *Galba*, 5. 1）。

② 瓦鲁斯是奥古斯都轻敌冒进的日耳曼征服政策的官方替罪羊。威利乌斯给他扣的帽子——“一个性情温和、不苟言笑、动作和反应都有些迟缓的人”（vir ingenio mitis, moribus quietus, ut corpore ita animo immobilior）（Velleius, 2. 117. 2）——以及对此人在叙利亚行省敲诈勒索的笼统指控（“这个穷光蛋来到一个富庶地区，变得腰缠万贯后留下一片狼藉扬长而去”[quam pauper divitem ingressus dives pauperem reliquit]）没有任何独立价值。瓦鲁斯公元前 4 年在犹太地区的表现无疑是果敢干练的。

③ Seneca, *De ira*, 2. 5. 5（麦萨拉·沃勒苏斯）。

朋友”(nobilissimus vir,amicus meus)。[1]

成功的新人有能力保住自己的地位。对那些在建立君主制过程中立下过汗马功劳的投机分子的诽谤或回护都是毫无意义的。跟暴力一样,诈术与背叛在这个时代大行其道。以精明闻名于世的昆图斯·德利乌斯(Q. Delius)永远会在最恰当的时机变节投靠后来胜出的阵营。有趣的是,贺拉斯竟认为有必要告诫此人应在顺境和逆境中都保持好平和心态。[2] 德利乌斯最终渡过了危机。当劝说普兰库斯借酒排遣时,贺拉斯相信普兰库斯将来还有可能披挂上阵奔赴疆场。[3] 但普兰库斯不会再去做这样的事情了。普兰库斯可以在提布尔的荫凉下闲散度日,并自鸣得意地回想起,尽管自己两度获得过“凯旋将军”的称号,尽管他为自己在卡伊埃塔(Caieta)修建的陵寝饰带上刻画着武器的图样,他在自己参加过的历次战役中却极少让罗马人流血。[4] 想到自己的这份功劳,普

512 兰库斯便可以对贬损者苍白无力的妒意和那个不光彩的称呼——“身染重疾的叛徒”(morbo proditor)付之一笑。[5] 傻瓜和疯子都随着失败的党派一同覆亡了;叛徒和相时而动者却幸存了下来,享

---

① *ILS* 212 II,l. 24 f. 这篇演说词的评注者没有注意到,佩尔西库斯不仅因作恶多端而声名狼藉,还是一名堕落的显贵(Seneca,*De ben*. 4. 30. 2)。

② *Odes*,2. 3. 1 f. :“aequam memento rebus in arduis|servare mentem。”(要在逆境中保持平和的心态。)

③ *Odes*,1. 7. 19 f.

④ *ILS* 886 记录了这座纪念性建筑物上的铭文。

⑤ Velleius,2. 83. 1. 普兰库斯在后世口碑不佳。多米提乌斯家族一直对他怀恨在心(Suetonius,*Nero*,4);他的孙女、格涅乌斯·皮索(Cn. Piso,公元前 7 年执政官)之妻普兰奇娜(Plancina)被指控毒害日尔曼尼库斯。因此,威利乌斯一直对普兰库斯持否定态度。

受着罗马人民的感恩戴德。

比德利乌斯和普兰库斯更有名、也更独立的人物是麦萨拉和波利奥，身为前执政官的奥古斯都时代的文学赞助人，他们自己也在文坛上扮演着并非无足轻重的角色。罗马的老牌贵族和意大利的新人已挽回了荣誉和声名，同时也为自己和本家族谋得了实惠。麦萨拉不断改换门庭，在腓力比战役结束后投奔了安东尼，此后不久又改投到渥大维帐下。麦萨拉同阿格里帕一道占据了帕拉丁山上的安东尼宅邸。[①] 波利奥则是内战中的一个桀骜不驯的角色，是亚克兴战役期间唯一的中立派，并在新政权下继续保持着自己的特立独行。波利奥痛恨普兰库斯，并创作了一部打算在普兰库斯死后出版的回忆录；[②]麦萨拉则为德利乌斯取了一个令人难忘的绰号"内战中的跳槽能手"(desultor bellorum civilium)。[③] 但平心而论，波利奥和麦萨拉其实也是革命的受益者。[④] 波利奥得到了交战双方的赏赐，提高了自己的尊贵地位，增加了本家族的财产。波利奥的儿子伽鲁斯娶了维普萨妮娅，他的女儿同样嫁给了一个贵族，差不多是马塞卢斯家族中的最后一根独苗。[⑤] 他在新格局下其实没有什么好抱怨的。波利奥本人于奥古斯都去世之前

① Dio,53.27.5.

② Pliny,*NH*,*praef*.31.普兰库斯对此进行过绝妙的评论——"人死掉以后就只能去跟鬼较劲了"(cum mortuis non nisi larvas luctari)。

③ Seneca,*Suas*.1.7.

④ Tacitus,*Ann*.11.7:"Asinium et Messallam, inter Antonium et Augustum bellorum praemiis refertos。"(阿西尼乌斯和麦萨拉在安东尼与奥古斯都进行内战期间获得了大笔赏赐。)

⑤ 即埃塞尼努斯(Aeserninus,公元前22年执政官埃塞尔尼努斯的这名孙子是位演说家，塔西佗[Tacitus,*Ann*.11.6 f.]将他同麦萨拉和波利奥相提并论)之子。

十年死去，年事已高后仍旧强健活跃；麦萨拉也直到公元 13 年后方才失势。[①]

波利奥在生活和著作中矢志不渝地忠于自由原则。但当美德在腓力比粉身碎骨后，自由其实已被摧毁了。至少我们可以说，政治自由已经日薄西山，即使还没有彻底消失。波利奥对自由国家
513 已走到穷途末路的残酷现实心知肚明。史学家塔西佗在评价奥古斯都与提比略权力移交时政权的稳固时提到了尚在人世、并记得共和国的那一小撮人——“还有几个活着的人见过共和国呢？”(quotus quisque reliquus qui rem publicam vidisset)[②]塔西佗的用意在于否定奥古斯都建立的所谓共和国，并不是要为共和末年的无政府状态(暴政的源泉)正名。

可以代替权力的法治早已灭亡。共和国内部的权力角逐是壮观可怕的：

certare ingenio. contendere nobilitate,
noctes atque dies niti praestante labore
ad summas emergere opes rerumque potiri. [③]

(人们尔虞我诈、为尊贵地位而战；他们日夜殚精竭虑，想要爬上权力与财富之巅。)

---

① 波利奥——“老而弥坚的一个不容忽视的例子”(nervosae vivacitatis haud parvum exemplum, Val. Max. 8. 13. 4)——死于公元 5 年(Jerome, *Chron.*, p. 170b H)。麦萨拉的卒年载于 Frontinus, *De aq.* 102(但存在争议)；参见 *PIR*[1], V 90。

② *Ann.* 1. 3.

③ Lucretius, 2. 11 ff.

显贵们的野心与争斗不仅毁掉了名不副实的共和国，并且也祸害了罗马人民。

世上还有比政治自由更重要的东西；政治权利只是手段，不是最终目标。它的目的乃是生活的安全与富足；罗马共和国的政治体制并不能确保这一目标的实现。被内战和混乱局势折磨得身心俱疲的罗马人民会心甘情愿地牺牲自己早已千疮百孔的自由特权，重新忍受罗马建城之初实行的专制统治：

> nam genus humanum, defessum vi colere aevum,
> ex inimicitiis languebat; quo magis ipsum
> sponte sua cecidit sub leges artaque iura.[①]
>
> （厌倦了生活在暴力中的世人因你争我夺而疲惫不堪；他们十分乐意服从规章与法令的统治。）

于是秩序降临了罗马。“它给我们套上了更为沉重的枷锁。”（acriora ex eo vincula）塔西佗如是说。[②] 我们可以把新政权称作君主制，或任意别的什么名号。那都没有关系。即便元首制在理论上严格排斥世袭继承原则，它也会努力在现实中继续维护该法则，因为当政者害怕更糟糕的情况出现——有头脑的人是能够认识到世袭君主制虽然看似荒谬，实际上却好处多多这一事实的。[③]

在新秩序下，共和国不再是政治家的舞台，而真正成为“天下

① Lucretius, 5. 1145 ff.

② *Ann.* 3. 28.

③ Gibbon, *Decline and Fall*, c. VII, *init.*

之公器”(res publica)。自私自利的野心和针对个人的忠诚必须让位于公共责任和爱国精神。元首制并不仅仅表明奥古斯都及其党派确立了统治地位，它也意味着一切从前被排斥在政治之外的各阶级的胜利。他们终于可以高枕无忧了。正如一位公敌宣告运动的幸存者所言：“大地上终于出现了和平，共和国得到了重建，我
514 们得以重享安宁与幸福。”(pacato orbe terratum，res[titut]a re publica，quieta deinde n[obis et felicia])①意大利的无产者再也不必被强征入伍，为了野心勃勃的将领或虚幻的原则而流血牺牲了；生性平和的有产者再也不必在一场与自己毫不相干的斗争中选边站队，或为了军团士兵的利益而牺牲自己的土地了。那段历史已经过去了。谨慎的人还会仰慕共和国，但不会再去试图重建它。正如一个邪恶的投机分子曾经讲过的那样：“我钦佩崇高的原则，但总得遵循现实的要求。”(ulteriora mirari，praesentia sequi)②

即便在奥古斯都时代的显贵中也没有几个货真价实的共和派了；许多显贵已经别无选择地把自己的命运同新政权牢牢地绑在了一起：他们的生存与地位都依赖于后者。随着越来越多的罗马骑士后裔被提拔为统治集团成员，元老院中的舆论日益倾向于认定：新的政治体系非但不可避免，并且还是颇为有益的。但随着这一进程的发展，共和国却成了世人情感崇拜的对象，并且那些通过帝国才得以飞黄腾达的阶级成员的这种感情反而最为狂热。百夫

① *ILS* 8393.

② 埃普里乌斯·马塞卢斯(Eprius Marcellus)语，见 Tacitus，*Hist*. 4. 8。

长之子、元老赫尔维狄乌斯·普利斯库斯(Helvidius Priscus)或许确实忠于自己信奉的原则;[①]但一位在自己家里堆满共和国英雄雕像的罗马骑士却是一个势利小人和投机分子。[②]

对共和国的崇敬与其说是一种政治见解,不如说是一种社会道德风尚:它基本上是一种无害的、对罗马伟大历史表示敬意的行为,而不是基于对现实强烈不满而产生的情绪宣泄。我们其实大可不必像多疑的元首们或欲加之罪、何患无辞的奸诈告密者那样对这些现象大惊小怪。即便在共和国还在事实上和法律意义上存在的时代里,共和派的信条中就已经包含着太多的欺骗了。而在君主制已在实践和理论中得到巩固、并成为既成事实的情况下,专制之外的统治形式已不复存在的基本事实便会促使那些执着、但不负责任的人去推崇共和制度。因为他们在将自己的理想付诸实践时已不必再承担任何风险了。

对开疆拓土的伟大战争和国内政治斗争的记载俯拾皆是的罗马共和时代是史学撰述的绝好素材。塔西佗当然有理由忧伤地回
顾过去,并抱怨自己所处理的题材过于乏味和狭窄了。但这位在 515
有生之年亲身经历过一场内战和另一次内战危机的史家是不会让自己的判断力被文采斐然、感情饱满的传统历史叙述模式所蒙蔽的。同撒路斯提乌斯和波利奥一样,他并没有将共和国理想化。一切问题的根源在于纷繁复杂、躁动不安、泥沙俱下的人类本

① Tacitus, *Hist*. 4. 5.

② 此人为提提尼乌斯·卡庇托(Titinius Capito, Pliny, *Epp*. 1. 17)。此人曾在图密善、涅尔瓦和图拉真三朝持续担任国事秘书(*ILS* 1448)。

性——他们为自由、荣耀或统治地位而展开争斗。[1] 帝国、财富和个人野心早已毁掉了共和国。马略和苏拉用武力颠覆了自由，建立了个人独裁。庞培同他们是一丘之貉。此后，罗马政治史彻底成为一部争夺最高权力的斗争史。[2] 塔西佗甚至拒绝接受民间流传的论调，即倘若布鲁图斯和卡西乌斯在腓力比取得了胜利，他们就能够重建一个自由国家；[3]塔西佗认为，那种局面是不可能在一场内战结束后出现的。

同史学家一样，修辞学的研究者也喜欢追思共和末年华丽奔放的演说风格。[4] 但如果他意识到，演说术的兴盛其实反映了社会、政治生活中的衰落与混乱的话，那么他的赞美之词恐怕就不会那么毫无保留了。正是选举舞弊、对行省的横征暴敛和肆意处决

① Sallust，*HIst*. 1. 7M："Nobis primae dissensiones vitio humani ingeni evenere, quod inquies atque indomitum semper in certamine libertatis aut gloriae aut dominationis agit。"（我们民族内部最初的不和源自人性的邪恶，它在为自由、荣耀和统治地位而展开的斗争中永远不肯安分、难以驾驭。）参见 Tacitus，*Hist*. 2. 38："vetus ac iam pridem insita mortalibus potentiae cupido cum imperii magnitudine adolevit erupitque。"（随着帝国的扩张，凡人心中早已有之的、对权势的渴望膨胀并迸发出来。）等等。波利奥无疑也有类似的看法。

② Tacitus，*Hist*. 2. 38："mox e plebe infima C. Marius et nobilium saevissimus L. Sulla victam armis libertatem in dominationem verterunt. post quos Cn. Pompeius occultior non melior，et numquam postea nisi de principatu quaesitum。"（此后不久，出身于卑贱平民的盖约·马略和显贵中最残暴的卢奇乌斯·苏拉凭借武力征服了自由，将之转变为专制暴政。后起的格涅乌斯·庞培举止更为隐蔽，但并不比之前那两个家伙更好。此后的历史就变成了一部最高权力争夺史。）

③ 诚然，塔西佗（*Hist*. 1. 50）接受了这种观点："在庞培和布鲁图斯执掌政权的时候，共和国还存在着。"（mansuram fuisse sub Pompeio Brutoque rem publicam）但塔西佗在表达自己意见时又否定了这一看法（*Hist*. 2. 38）。

④ *Dial*. 36 ff.

罗马公民等无法无天的乱象提供了宏伟的题材，造就了与之相称的演说家。而理想状态下的国家中根本是不会存在这些罪恶的。一个杜绝了那些“被傻瓜们称之为自由的放荡行为”的、秩序良好的共和国是不会在编年史里为演说术的发展留下任何记载的。①雅典和罗得岛做不到这一点——那恰恰因为它们实行可悲的民主制。② 罗马在走上邪路后同样产生了雄辩的演说术，③涌现出了格拉古兄弟和西塞罗这样的伟大演说家——但她为此付出的代价真 516
的值得吗？④

鱼与熊掌不可兼得。推崇古时演说家雄辩口才的人是无法既拥有共和时代的自由，又享受国家安定带来的种种好处的。这个时代已不再需要演说家，不再需要元老院里或公民大会上的长篇大论；因为共和国的最高决策已由一人定夺，并且这位领袖永远是

① *Dial*. 40.2：“sed est magna illa et notabilis eloquentia alumna licentiae，quam stulti libertatem vocitant，comes seditionum，effrenati populi incitamentum，sine obsequio，sine severitate，contumax，temeraria，adrogans，quae in bene constitutis civitatibus non oritur。”（但那种伟大且闻名的雄辩术是放荡行为［愚蠢的人们会称之为自由］的产物。它与叛乱如影随形，刺激不肯安分守己的民众；它不知晓服从与纪律为何物，目无权威、随心所欲、傲慢自大。秩序良好的公民集体中是不会产生这门技艺的。）

② *Dial*. 40.3：“apud quos omnia populus，omnia imperiti，omnia，ut sic dixerim，omnes poterant。”（但在那些城邦中，全体民众、全体愚昧无知的人［我们可以说一切人］都能够为所欲为。）

③ *Dial*. 40. 4：“nostra quoque civitas，donec erravit，donec se partibus et dissensionibus et discordiis confecit。”（我们的国家也发展出了演说术，当时她走上了邪路，在分裂与不和中元气大伤。）

④ *Dial*. 40.4：“sed nec tanti rei publicae Gracchorum eloquentia fuit，ut pateretur et leges，nec bene famam eloquentiae Cicero tali exitu pensavit。”（但格拉古兄弟的口才无法弥补他们的法律对共和国的戕害；西塞罗作为演说家的赫赫声名也抵消不了他惨死的悲剧。）

最英明的——“共和国的事务已不再需要众多无知之徒指手画脚，而只由唯一的、最睿智的领袖进行决断”(cum de re publica non imperiti et multi deliberent, sed sapientissimus et unus)。[1]

塔西佗是拥护君主制的，因为世事洞明的他已对世道人心彻底绝望。元首制的建立乃是不可避免的结果。在这种制度下，名义上的最高权威是法律，但实质是由一人建立的统治。[2] 这是塔西佗对提比略政权的评价；它对奥古斯都的元首制同样适用——或许还更为贴切。诚然，国家政权的组织形式是元首制，并非君主独裁制度。但名目其实是无关紧要的。此后不久，雄辩的塞涅卡在劝说年轻的尼禄要慈悲为怀时，已经可以毫无顾虑地交替使用“帝王”(rex)和“元首”(princeps)这两个称呼[3]——这在一定程度上受到了受人尊敬的哲学思想传统的影响，后者把君主制视为最理想的统治形式。根据这种学说，君主制也是最古老的统治形式，人类社会在历经政体循环的轮回后终究还是要回归这一本原。

自身已提出过不受限制的统治权理论的罗马人对绝对权力的观念并不陌生。元首的权力尽管是绝对的，但它并不是可以为所欲为的。它以人民的认同与授权为基础，并且是通过法律建立起来的。这与东方的君主制多少还是有所区别的。罗马人还没有堕落到那样的程度。他们已然无法拥有充分的自由，但仍旧无法忍

① *Dial*. 41.4.

② *Ann*. 4.33.

③ *De clem*. 1.4.3: “principes regeque et quocumque alio nomine sunt tutores status publici。”(元首、国王或使用诸如此类头衔的人都是公共安全的守护者。)

受绝对的奴役。元首制恰恰提供了两种极端之间的中间道路。[①]

没过多久，元首制便设计出了自己的理论，并因此而开始受到针锋相对的抨击。奥古斯都宣称，他重建了自由与共和国；那是一种必不可少且效果良好的欺骗。但他的继承人为此付出了代价。"自由"这个字眼在罗马人的观念和习惯用法中从不意味着现代语境中不受任何约束的绝对自由；该术语所传达的理想中其实包含着遵纪守法的要求。事实上，要求一名罗马人脱离这种自由而生活是不可想象的。因此，"自由"可以成为反对不得人心的统治者的口号，用来表明其统治是非法的，是"独裁"而非"元首制"。 517

元老们普遍认为，"自由"正是元首制的核心精神。但长期以来，这一理想却未能与实践相统一。人们宣称，二者在图密善专制到后来的涅尔瓦元首统治时期终于完成了结合。[②] 但在这些冠冕堂皇的赞颂背后还有不那么光彩的另一面：涅尔瓦在位期间出现了一场迫在眉睫、一触即发的内战危机。元首避免危机的办法是过继了驻有重兵的上日耳曼行省总督图拉真；但在后者的高压统治下，人们就不大能听到"自由"这个字眼了。塔西佗曾经宣称，自己是有意在晚年撰写涅尔瓦担任元首和图拉真君临天下这一思想、言论重获自由的幸福时代的历史的。[③] 但他最终还是决定处

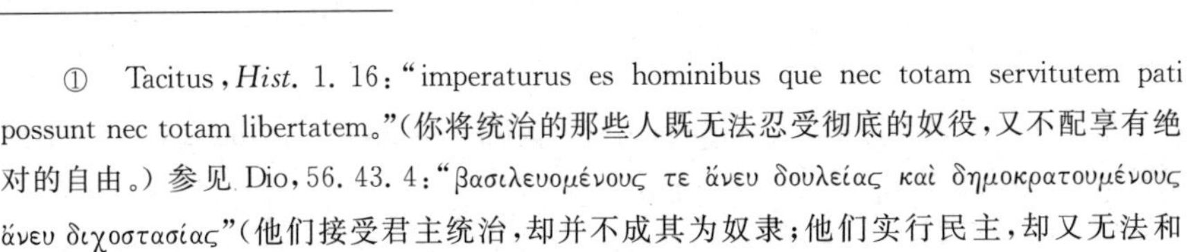

① Tacitus, *Hist*. 1. 16："imperaturus es hominibus que nec totam servitutem pati possunt nec totam libertatem。"（你将统治的那些人既无法忍受彻底的奴役，又不配享有绝对的自由。）参见 Dio, 56. 43. 4："βασιλευομένους τε ἄνευ δουλείας καὶ δημοκρατουμένους ἄνευ διχοστασίας"（他们接受君主统治，却并不成其为奴隶；他们实行民主，却又无法和平共处。）

② Tacitus, *Agr*. 3. 1.

③ *Hist*. 1. 1.

理《编年史》中那些阴森可怕的主题去了。

作为一名罗马历史学家，塔西佗必须成为一位共和派；但在日常与政治生活中，他是拥护君主制的。最恰当的做法乃是一方面期待圣主的出现，另一方面又对任何一位元首的统治抱着逆来顺受的态度。[①] 由于人类天性邪恶（vitia erunt donec homines），盲目乐观的态度固然是不可取的。[②] 但现状也并非毫无希望。因为贤明元首的统治可以泽被四方，而坏元首的祸害毕竟是有限的——它多半只会降临到侍奉元首左右的臣子头上。[③]

罗马人曾经夸口说，只有自己在统治其他民族的同时享受着自由。但在帝国体系下，顺从显然是唯一的出路——“罗马忘记顺从之际，便是她的统治终结之时”（idemque huic urbi domnandi finis erit qui parendi fuerit）。[④]玛库斯·布鲁图斯早已对此有过预言。源自共和国时期远离政界的那些阶层的新型公民美德观念，连同一整套榜样和术语很快形成了，并被新政权从一开始就全盘接受下来。缄默不语（quies）是骑士们眼中的美德，元老们则会对这种表现横加指责。在共和末年的政治纷争中，保持中立几乎是不可能的。除了谨慎如卢奇乌斯·马尔奇乌斯·菲利普（公元前91年执政官）父子或像皮索那样傲然独立的人物外，很少有哪个显贵能够安然无恙地经历这些考验的。

① *Hist*. 4. 8："bonos imperatores voto expetere，qualiscumque tolerare。"（一面期盼明君，一面逆来顺受。）

② *Hist*. 4. 74.

③ *Hist*. 4. 74："saevi proximis ingruunt。"（残暴的君主戕害的是离他们最近的那些人。）

④ Seneca，*De clem*. 1. 4. 2.

元首制带来了转机。对于元老和国家而言，在万劫不复的自
由和忍辱负重的奴役之间必定存在着一条中间道路。聪明人应当
能够找到它；并且这样的人物也的确存在。玛库斯·埃米利乌
斯·雷必达同提比略建立了友谊；他可以堂堂正正地支持现政权， 518
而不必以牺牲自己的尊严为代价。[①] 与他情况相近的还有杰出的普布利乌斯·麦米乌斯·雷古鲁斯——罗马政权及其安全的中流砥柱（尽管他一度做过洛里娅·宝琳娜的丈夫）——和安然渡过尤利乌斯-克劳狄乌斯王朝统治时期一次次惊涛骇浪、在 93 岁的高龄去世的卢奇乌斯·沃鲁修斯·萨图尔尼努斯。[②] 跟科切乌斯家族一样，他们都深谙明哲保身之道。

即便在坏元首治下也会涌现出伟人，他们要做的只是抑制自己的野心、牢记自己作为罗马人对罗马人民担负的责任、一声不响地尽忠报国。这样的处世态度当然无法出尽风头；但出风头可能会带来灭顶之灾。他们比那些徒劳地、卖弄式地想要杀身成仁的叛逆者更有把握青史留名；人们可能会钦佩后者矢志不渝的共和

① Tacitus, *Ann.* 4. 20："unde dubitare cogor fato et sorte nascendi, ut cetera, ita principum inclinatio in hos, offensio in illos, an sit aliquid in nostris consiliis liceatque inter abruptam contumaciam et deforme obsequium pergere iter ambitione ac periculis vacuum。"（这使我猜想，是否跟其他事物一样，元首对待臣子的厚此薄彼是由这些人出生之际的命运所注定的；并且我们的智慧或许真的能够在桀骜不驯和卑躬屈膝之间找到一种远离野心和危险的中庸之道。）

② 关于麦米乌斯（公元 31 年递补执政官）的美德，见 *Ann.* 14. 47；关于沃鲁修斯（公元 3 年递补执政官），见 *Ann.* 13. 30.

精神，却无法欣赏他们的政治智慧。[①] 塔西佗和图拉真都不认可这种疯狂行为；涅尔瓦为期短暂但多灾多难的元首统治令人信服地证明了实行铁腕统治的必要性。罗马人讨厌这些迂腐者的疯狂，正如他们厌恶东方帝王的虚荣浮华一样——“罗马人重视统治权力，但鄙视它的虚荣”(vis imperii valet，inania tramittuntur)。[②]

塔西佗、他的岳父和他的元首同一个世纪前建立新政权的那些相时而动者和投机分子实为同道。政治活动已被取缔，或至少丧失了作用。于是史学和演说术蒙受了损失；但秩序与和谐得到了保障。正如撒路斯提乌斯所说：“真心渴望自由的人犹如凤毛麟角，多数人只要拥有公正的统治者就心满意足了。”(pauci libertatem，pars magna iustos dominos volunt)[③]这个似乎难以两全其美的难题如今得到了解决：建立在法律基础上的君主制提供了自由的保障，那是任何共和国都无力做到的：

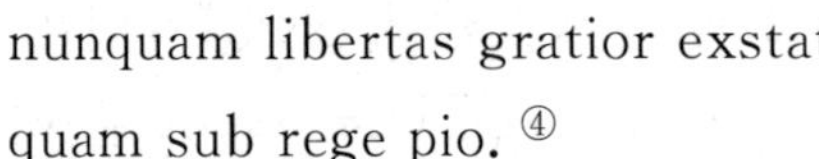
nunquam libertas gratior exstat
quam sub rege pio. [④]

---

① Tacitus，*Agr*. 42. 5：“sciant，quibus moris est inlicita mirari，posse etiam sub malis principibus magnos viros esse，obsequiumque ac modestiam，si industria ac vigor adsint，eo laudis excedere，quo plerique per abrupta，sed in nullum rei publicae usum，ambitiosa morte inclaruerunt。”(那些倾向于崇拜这种行为[舍生取义]的人应当知道，即便在坏元首统治之下也会出现伟大人物；顺从与温和的态度倘若能与勤勉与活力相结合的话，同样是值得称道的。但许多人仅仅通过铤而走险博取名声，最后为了沽名钓誉而一死了之；这样的行为对于共和国来说其实于事无补。)

② Tacitus，*Ann*. 15. 31.

③ *Hist*. 4. 69. 18 M(这句话出现在一位东方专制君主的信件中，但它仍是千真万确的)。

④ Claudian，*De cons*. *Stil*. 3. 114 f. 参见 Seneca，*De ben*. 2. 20. 2：“cum optimus civitatis status sub rege iusto sit。”(最理想的统治状态应当是在一位公正君王的治理下实现的。)

（自由在虔诚君王的统治下得到了前所未有的发扬光大。）

这便是奥古斯都和威利乌斯·帕特库鲁斯在描述元首制时所
说的“至高幸福”(felicissimus status)，即奥古斯都试图实现、并被 519
塞涅卡称为王政的“完美秩序”(optimus status)。[①] 事实上，和谐与君主制、和平与元首(Pax et Princeps)是密不可分的；世人的愿望与祈求同样反映了这一点：“请守护、保全和捍卫目前的状态，维护当下的和平，保佑在位的元首。”(custodite，servate，protegite hunc statum，hanc pacem，hunc principem)[②]古老的制度已经废弛；它不再具有代表性，并且已经支离破碎。恺撒的继承人超越了它。公元前 32 年军事授权活动中的一个特别理由和政治口号如今在元首制下变成了现实——奥古斯都已成为罗马人民的代表。在他的治理下，罗马的确可以被称为一个共和国——“公共的事物”(res publica)。这位逐鹿群雄中的最后一人在残暴与杀戮方面比起前人有过之而无不及。但他的权势(potentia)已转化为权威(autoritas)；这位军事统帅已成为造福人民的“好统帅”(dux bonus)。将他称为“神圣统帅”(dux sacratus)的奥维德或许有些恭维过火，[③]但单单使用“军事统帅”这个头衔肯定是不够的。奥古斯都穿上了无可指责的元首袍子，从而使自己超越了全体政治巨头，令其中最伟大的人也望尘莫及。那些人不过是自私自利的

① 奥古斯都的书信内容，被 Gellius，15. 7. 3；Velleius，2. 91. 2 所引述。关于这种“至善状态”，参见 Suetonius，*Divus Aug*. 28. 2；Seneca，*De ben*. 2. 20. 2。

② Velleius，2. 131. 1.

③ *Fasti*，2. 60.

军阀，他却是“造福人民的元首”(salubris princeps)。他也完全可以采用“最伟大的元首”(optimus princeps)这一称呼，但那个头衔留给了日后登基的图拉真。但在奥古斯都的元首统治建立之初，这个日后演变成官方或传统头衔的思想已经形成了。奥古斯都直到公元前 2 年才被称为“祖国之父”。贺拉斯早已对此有所暗示：

hic ames dici pater atque princeps. ①
(此人理应被称为父亲和元首。)

父亲的观念暗含着保护者的意味：

optime Romulae
custos gentis. ②
(罗慕路斯子孙们最伟大的庇护者。)

因此，奥古斯都又是一位“守护者”(custos rerum)；③他是罗马和意大利的专职卫士，随时坚守岗位，准备出手相救：

o tutela praesens
Italiae dominaeque Romae! ④

---

① *Odes*, 1. 2. 50.

② *Odes*, 4. 5. 1 f.

③ *Odes*, 4. 15. 16.

④ *Odes*, 4. 14. 43 f. 关于这一观念及相应措辞，参见 A. v. Premerstein, *Vom Werden* u. Wesen *des Prinzipats*, 127 ff. 。

（无时不在的意大利与万邦之主罗马的守护者啊！）

东方诸城市里的希腊人将奥古斯都奉为世界的救星、人类的
赐福者、天神或凡间的神明后裔、大地与海洋的主宰。亚历山大里
亚的水手们公开崇拜奥古斯都，奉他为自己生命、自由和富足生活
的缔造者。[①] 忠诚不贰的比萨殖民地议事会的表达方式较为含 520
蓄，但所传达的含义是完全相同的：他们纪念这位“罗马帝国的监
护人和全世界的主宰”。[②]

生活在那个时代的任何人都心知肚明，恺撒·奥古斯都掌握着绝对权力。但他的功绩证明了其统治的合法性；并且其统治以人民的认可为基础，并受到责任的制约。奥古斯都犹如一位坚守岗位（in statione）的军人——这个比喻是罗马式的和军事性的（尽管在斯多葛哲学的语言中也有类似的说法）。[③] 除非在得到上级的卸任指令、完成了自己的使命并与接替者换岗交接的情况下，他是绝不会擅离职守的。奥古斯都和同时代人都使用过“岗位”（statio）这个字眼。[④]

奥古斯都的统治范围是整个地中海世界。他是罗马民族的父亲、缔造者和监护人。苏拉曾试图重建支离破碎的共和国；西塞罗

① Suetonius, *Divus Aug*. 98. 2：“per illum se vivere, per illum navigare, libertate atque fortunis per illum frui。”（我们通过那个人获得生命，我们在那个人的指引下漂洋过海，我们在那个人的统治下获得了自由与财富。）

② *ILS* 140, l. 7f.：“maxsumi custodis imperi Romani totiusque orbis terrarum prae|si[dis].”

③ E. Köstermann, *Philologus* LXXXVII（1932）, 358 ff.; 430 ff.

④ Augustus, in Gellius, 15. 7. 3; Velleius, 2. 124. 2; Ovid, *Tristia*, 2. 219.

则因在执政官任期内拯救过共和国而被奉为“祖国之父”。但引起天怒人怨的苏拉被称为“邪恶的罗慕路斯”；[①]舆论在嘲弄自命不凡的西塞罗时则称之为“来自阿尔皮努姆的罗慕路斯”。[②] 但奥古斯都却被真诚地视为和奉为罗马的缔造者、一个“庄严征兆”(augusto augurio，恩尼乌斯语)。罗马人可以在他的血液和传统中感受到这一点。恩尼乌斯的另一段诗仿佛是对此事的预言：

O Romule，Romule die，
qualem te patriae custodem di genuerunt!
o pater，o genitor，o sanguen dis oriundum，
tu produxisti nos intra luminis oras. [③]

(罗慕路斯啊，神圣的罗慕路斯，诸神立你为祖国的守卫者！父亲、缔造者、神明的血脉，你引导我们进入光明的地界。)

奥古斯都与罗马共和国的关系也是一种有机结合；他并未对后者进行正式的专制统治。有人说，他僭取了原本属于元老院、行政官员和法律的一切职能。[④] 此言固然不虚，但更一针见血的说法是他已将自己同共和国合二为一。他为共和国的整具躯体注入

① Sallust，*Hist.* 1. 55. 5M：“scaevos iste Romulus.”

② “Sallust”，*In Ciceronem*，4. 7.

③ 转引自 Cicero，*De re publica*，1. 64。

④ Tacitus，*Ann.* 1. 2：“munia senatus magistratuum legum in se trahere。”(他将元老院、行政长官和法律的权力都操持在自己手中。)

了新的活力；人们已无法在不造成损害的情况下将二者强行剥离。[1]

奥古斯都所建立的是最典型的个人统治；他的地位越来越接 521
近于一位君王。但尽管如此，奥古斯都仍然并非不可或缺——这正是他最伟大的成就。倘若他在其元首统治前期死去的话，他的党派仍可在阿格里帕或一批将领领导下继续生存下去。但奥古斯都活了下去，其持久生命力日益成为一个令人赞叹的奇迹。随着时间的推移，他逐渐摆脱了早年麾下党徒们的掣肘；显贵们重新取得了显要地位，恺撒党得到了优化升级。一个新政权建立起来了。

“军团、海军和行省已统统被组织起来”（Legiones classes provincias，cuncta inter se conexa）。[2] 塔西佗如此描述了帝国及其武装力量。这个评价或许也完全适用于罗马的整套政治体制。这个体系严密、清晰且灵活。奥古斯都借复古的名义肯定了新的变革成果；他强调现实与历史的纽带，并点燃了未来发展的希望。新政权是对革命成果的巩固，但它并不保守排外。由于社会中的各阶级可以各司其职，阶级间的差异并非天悬地隔。竭诚为罗马效劳的人都能得到认可和升迁，无论他是元老、骑士还是军人，无论他来自罗马还是行省。这些人获得的回报并不像在革命战争中那样丰厚；但这种打了折扣的论功行赏制度仍是稳定持久的。

---

① Seneca, *De clem*. 1. 4. 3：“olim enim ita se induit rei publicae Caesar ut seduci alterum non posset sine utriusque pernicie. nam ut illi viribus opus est, ita et huic capite.”（奥古斯都·恺撒早已让自己同共和国合二为一，以至于人们无法将二者剥离开来，而不使双方同时受到损害。因为元首需要国家权力，而国家也需要一位首脑。）

② Tacitus, *Ann*. 1. 9.

奥古斯都最孜孜以求的是为新秩序打下坚实可靠的基础;[①]而他取得的成就还不仅限于此。牢固地建立在统一的意大利与整齐划一的帝国体系之上的新政权已经彻底改头换面,拥有了新的制度、新的思想乃至已成为经典的新文学。帝国的劫数一度沉重地压迫着罗马,威胁着要把她引向灭亡。如今,重整旗鼓、精神抖擞的罗马人民却可以骄傲地、安然无恙地肩负起这份重任。

奥古斯都还希望能够找到自己荣誉与职责的接班人。他最深切的愿望和最执着的构想落了空;但和平与元首制毕竟维持了下去。他毕竟找到了自己的继承人,那是在他自己的阵营中成长起来的提比略、政坛显要中的罗马贵族、众望所归的帝国统治者。如果奥古斯都去世得再早些的话,那对于提比略和罗马而言未尝不是一件好事。因为他的长寿使得世人将元首制视为万古长存的制度,并为自己带来了神明一般的声望;但这一方面巩固了奥古斯都
522 的政权及其创立的政治制度,另一方面也使得其继任者的任务变得更加棘手和艰巨。

奥古斯都一生的最后十年是在国内的风言风语和帝国边疆的数次惨败中度过的。[②] 尽管如此,在大限最终到来之际,奥古斯都仍旧气定神闲。弥留之际的他并未受到良心拷问或帝国忧患的折磨。他平静地询问自己的朋友们,想知道自己是否在人生这出喜

① Suetonius, *Divus Aug*. 28. 2.

② Pliny, *NH*, 7. 149: "iuncta deinde tot mala: inopia stipendi, rebellio Illyrici, servitiorum dilectus, iuventutis penuria, pestilentia urbis, fames Italiae."(随后,灾祸接踵而至:军饷短期、伊吕利库姆暴乱、奴隶充军、青年兵源匮乏、罗马暴发瘟疫、意大利忍受饥馑。)等等。

剧中很好地扮演了本职角色。[①] 我们不清楚到底有没有人回答他，但无论其是非功过究竟如何，奥古斯都显然为自己赢得了巨大的声誉，其毕生功业足以使他不朽。[②]

西班牙战争期间，在病魔缠身、命悬一线的情况下，奥古斯都撰写了他的《自传》(*Autobiography*)。在他之前的其他将领，如苏拉和恺撒，也曾为了博取荣誉或政治需要而出版过叙述自己生平历史的著作，或追述过自己的生平、功业与使命；但从未有人可以像奥古斯都这样平静、大胆地捏造历史。其他将领通过他们建造的纪念碑、神庙或剧场而扬名立万；他们全副武装的雕像和记载自己功业的简短铭文装点着复仇者玛尔斯神庙的奥古斯都广场。这是那些"优秀统帅"(boni duces)去世后应得的报偿。[③] 苏拉的绰号是"幸福的"(Felix)，庞培则夺去了"伟人"这个头衔。而统帅和要人中最光辉、最幸运的奥古斯都决心要后来居上。早在举办庆祝共和国得到重建之际，他已在玛尔提乌斯广场(Campus Martius)修建了一座高大气派的纪念性建筑——他自己的陵寝。企盼自己能够永垂不朽的他或许在那时已拟好了陵墓外面的铭文——《奥古斯都行述》的初稿；[④]我们至少可以猜想，一份类似的文件肯定已经包含在奄奄一息的元首在公元前 23 年交给执政官

① Suetonius, *Divus Aug*. 99. 1："ecquid iis videretur mimum vitae commode transegisse。"(他想知道自己在朋友们眼中是否扮演好了人生喜剧中的本职角色。)

② Pliny, *NH*, 7. 150："in summa deus ille caelumque nescio adeptus magis an meritus。"(总之，那个人[奥古斯都]被奉为天神——我不清楚这一荣誉究竟是僭取来的，还是元首凭借自己的丰功伟绩获得的。)

③ Horace, *Odes*, 4. 8. 13 ff.

④ E. Kornemann, *Klio* II(1902), 141 ff. 等持这种观点；参见 P-W XVI, 217 ff.。

皮索的国事文书中。但我们只能猜想这些早期版本是存在的，真正的文稿是难得一见的。《奥古斯都行述》的定稿是在公元 13 年同他的遗嘱一同完成的，由提比略编订并公之于众。[①]

这些通过行省复制品保存下来的珍贵文献具有官方历史解释
523 的典型特征。它们告诉我们，奥古斯都希望后人如何去理解自己的经历、成就和统治特征的。这些记录中故意省略的内容跟其中记载的东西同样发人深省。元首在战争中的对手和他在公开、私下场合所使诈术的牺牲品被轻蔑地略过不提。安东尼被笼统地描述为一个党派；自由派被污蔑为国家公敌；绥克斯图·庞培成了海盗。佩鲁西亚战役和公敌宣告运动完全被省略掉了；公元前 32 年的政变被描述为全意大利自发举行的起义；腓力比战役则被扭曲成恺撒的继承人和复仇者凭借一己之力取得的胜利。[②] 阿格里帕确实出现过两次；但他更多的只是一个纪年符号，不是历史活动的参与者。这些记载对元首的其他盟友基本只字不提，唯一的例外只有提比略——官方史料恰到好处地记载了他在奥古斯都的鼎力相助下征服伊吕利库姆的事迹。[③]

描述元首法律地位的章节，笔法最为巧妙——因而也最具误导性。他的权力被描述为合法的与合乎其职务权限的；他之所以在同僚中鹤立鸡群，并不是因为他的权势，而是在于他的权威。[④]

---

① Suetonius, *Divus Aug*. 101；参见 E. Hohl, *Klio* XXX (1937), 323 ff.。

② *Res Gestae*, 2："[et] postea bellum inferentis rei publicae | vici b[is a]cie."（此后，我在两场战役中击退了敌人对共和国的攻击。）

③ *Res Gestae*, 30. 值得注意的还有公元 5 年海上征服的重要地位；那场军事行动也是提比略指挥的，尽管铭文中没有提及他的名字（*Res Gestae*, 26）。

④ *Res Gestae*, 34,.

这套说法倒也离事实相去不远。但他的权威同样可以说明问题，因为权威其实也是一种权能。奥古斯都只字未提自己的保民官特权；该权力尽管在其他一些场合被低调地描述为通过立法的简单职权，实际上却是一种令人望而生畏的特权，在罗马权力体系中占据着举足轻重的地位——“一个非同小可的字眼”（summi fastigii vocabulum）。同样，整篇文献也完全没有哪怕一星半点的暗示，可以让读者明白奥古斯都的行省总督统治权（imperium proconsulare）是可以直接或间接地控制所有行省和军队的。但这两项权力恰恰是两根牢牢立于外强中干、用来掩人耳目的共和国体制背后、支撑奥古斯都统治的“中流砥柱”。元首在动用保民官特权或行省总督统治权时会夸耀自己的家世，这令人回想起从前的政治巨头庞培和恺撒。罗马人民和军队的支持是奥古斯都统治的源泉与根基。以上便是《神圣的奥古斯都行述》（*Res Gestae Divi Augusti*）的基本特征。将这篇文献当作可靠史料的做法是冒失的；而抱怨其中的信息缺失和篡改则是自作多情、毫无意义的做法。试图追究这种文学样式的起源和明确定义的尝试同样是徒
劳无功的。[1] 元首在世的时候，尽管他可能会跟其他统治者一样， 524
被行省居民奉若神明，或被罗马和意大利感激涕零的民众以对待神明之礼加以敬奉，但在罗马人心目中，奥古斯都仅仅是罗马的国

---

① 如蒙森（Mommsen）所指出的那样（他对这份铭文的校订本，1883，p. vi）：“没有一个理智健全的人能在这样一份作品中洞悉秘密统治权力究竟存在于何处。”（arcana imperii in tali scriptione nemo sanus quaeret）。关于《奥古斯都行述》的性质与写作目的，参见盖奇（J. Gagé）的校订本（[Paris，1935]，23 ff. Dessau，*Klio* XXII[1928]，261 ff.）。坚持认为这篇铭文主要用于向罗马平民，特别是元首的被保护人宣读的看法至今尚未得到足够的重视。

家首脑而已。但有一点是可以肯定的。去世后的奥古斯都同埃涅阿斯、罗慕路斯一道享受着罗马缔造者的荣誉;他还像神圣的尤利乌斯那样,凭借自己的丰功伟绩(以及政治统治的需要)而在罗马元老院的投票表决中被奉为罗马诸神之一。尽管如此,我们还是没有理由把《奥古斯都行述》视为论证其神圣性的文献。[①] 如果有人对此仍不理解,那么他应当看到,这篇文献完全没有提及希腊化东方的宗教与国王;它是一部创作于罗马、合乎罗马写作传统的作品,是罗马将领军事备忘录和罗马行政官员述职报告的结合体。

跟奥古斯都本人一样,他的《行述》是独一无二的。我们无法用语言去界定二者,只能让奥古斯都其人其书自我诠释。恺撒的这位继承人在年纪轻轻的时候以沧海横流、暴力肆虐背景下的革命领袖身份崭露头角,并一直奋斗到了最后一刻。他在自己进军罗马并首次担任执政官的周年纪念日去世;那已经是五十六年前的往事了。他的举动和政策自始至终同自己的利益和事业(它始于渥大维招募自己的私人军队、以便"把国家从某一私党的统治下解放出来"之际)保持着一致。这位军事统帅变成了政治元首;他的党派成为了一个政权。为了权力,奥古斯都牺牲了自己的一切;他最终登上了凡人野心的顶峰,并通过自己的野心拯救和复兴了罗马民族。

① 如 W. Weber, *Princeps* I(1936),94。

附录:执政官年表

(公元前 80—公元 14 年)

《拉丁铭文集成》(*CIL* I², Part I[1893])已整理出版了公元前509—公元 14 年的执政官年表及所有材料(包括铭文和文献)出处。利伯纳姆(W. Liebenam)则印制了公元前 30 年以降的帝国时期执政官名单(*Fasti Consulares Imperii Romani*, Kleine Texte, 41-3, 1909)。此后,学界又对这些名单进行了补充完善。就本书涉及的年代而言,最重要的补充资料是递补官员们(Vicomagistri)的名单,最早出版于 G. Mancini, *Bull. Comm.* LXIII(1935),35 ff.;随后登载于 *L'ann. ép.*,1937,62;对这份名单的订正,参见 A. Degrassi, *Bull. Comm.* LXIII(1935),173ff。在 *Inscr. It.* XIII(将出)中《执政官年表》的编订者德格拉西教授的慷慨允诺下,本书使用了这一最新成果(见上文,原书第 199 页以下、235 页、243 页以下)。它对于以下年份的执政官人选研究具有决定性意义:

公元前 39 年:盖约·科切乌斯(C. Cocceius [Balbus])之前被视为某个不确定年份里的递补执政官(*CIL* I², p. 219),现在则取代了从前被视为《比昂狄亚尼年表》(*Fasti Biondiani*)(*CIL* I², p. 65)里提及的科切乌斯家族成员的卢奇乌斯·科切乌斯·涅尔瓦(L. Cocceius Nerva)。

公元前 38 年:当年担任递补执政官的科奈里乌斯之前缺少首

名。新研究成果认为该首名应为卢奇乌斯，从而推翻了前人认为他是普布利乌斯·科奈里乌斯·西庇阿(P. Cornelius Scipio，此人在公元前35年前后担任了递补执政官)。但我们并不清楚这位卢奇乌斯·科奈里乌斯究竟是何许人也。

公元前36年：新名单提供了递补执政官们的姓名——卢奇乌斯·诺尼乌斯(L. Nonius[Asprenas])和一个残缺不全的名字(我们有充足理由将之复原为马尔奇乌斯[Marcius])。

公元前35年：递补执政官姓名普布利乌斯·科奈里乌斯(P. Cornelius[Scipio])和提图斯·佩杜凯乌斯是新添加的。

公元前32年和公元前29年：我们现在明确区分了瓦勒里乌斯两兄弟(之前的困难参见 *PIR*[1]，V 94)。

公元前5年：昆图斯·哈特里乌斯被认定为递补执政官；伽尔巴的首名从塞尔维利乌斯改为盖约。

公元前4年：补充了递补执政官人选——盖约·凯利乌斯(C. Caelius)和伽鲁斯·苏尔庇奇乌斯(Galus Sulpicius)。

公元前1年：补充了递补执政官人选——奥鲁斯·普劳提乌斯(A. Plautius)和奥鲁斯·凯奇纳(A. Caecina[Severus])。

下面的内容并非《执政官年表》校订本的一部分。它仅仅是基于最新研究成果给出的、供史学工作者参考的一份执政官名单。在已知的情况下，名单会列出执政官的父亲姓名，这往往会对认定其身份提供宝贵线索；可以表明执政官身份的家姓也被列出，即便它们并未在原始年表中出现过。

B. C. (公元前)

80　L. Cornelius L. f. Sulla Felix II 卢奇乌斯之子、幸福者卢奇乌斯·科奈里乌斯·苏拉,第二次出任执政官:Q. Caecilius Q. f. Metellus Pius 昆图斯之子昆图斯·凯奇利乌斯·麦特鲁斯·皮乌斯

79　P. Servilius C. f. Vatia 盖约之子普布利乌斯·塞尔维利乌斯·瓦提亚:Ap. Claudius Ap. f. Pulcher 阿皮乌斯之子阿皮乌斯·克劳狄乌斯·普尔切

78　M. Aemilius Q. f. Lepidus 昆图斯之子玛库斯·埃米利乌斯·雷必达:Q. Lutatius Q. f. Catulus 昆图斯之子昆图斯·卢塔提乌斯·卡图鲁斯

77　D. Junius D. f. Brutus 德奇乌斯之子德奇乌斯·尤尼乌斯·布鲁图斯:Mam. Aemilius Mam. f. Lepidus Livianus 玛迈尔库斯之子马玛尔库斯·埃米利乌斯·雷必达·李维亚努斯

76　Cn. Octavius M. f. 玛库斯之子格涅乌斯·渥大维:C. Scribonius C. f. Curio 盖约之子盖约·斯克里波尼乌斯·库里奥

75　L. Octavius Cn. f. 格涅乌斯之子卢奇乌斯·渥大维:C. Aurelius M. f. Cotta 玛库斯之子盖约·奥勒里乌斯·科塔

74　L. Licinius L. f. Lucullus 卢奇乌斯之子卢奇乌斯·李锡尼乌斯·卢库鲁斯:M. Aurelius M. f. Cotta 玛库斯之子玛库斯·奥勒里乌斯·科塔

73　M. Terentius M. f. Varro Lucullus 玛库斯之子玛库斯·泰伦

提乌斯·瓦罗·卢库鲁斯:C. Cassius L. f. Longinus 卢奇乌斯之子盖约·卡西乌斯·隆吉努斯

72 L. Gellius L. f. Poplicola 卢奇乌斯之子卢奇乌斯·盖利乌斯·普布利可拉:Cn. Cornelius Lentulus Clodianus 格涅乌斯·科奈里乌斯·伦图鲁斯·克罗狄亚努斯

71 P. Cornelius P. f. Lentulus Sura 普布利乌斯之子普布利乌斯·科奈里乌斯·伦图鲁斯·苏拉:Cn. Aufidius Orestes 格涅乌斯·奥菲狄乌斯·奥瑞斯特斯

70 Cn. Pompeius Cn. f. Magnus 格涅乌斯之子、伟人格涅乌斯·庞培:M. Licinius P. f. Crassus 普布利乌斯之子玛库斯·李锡尼乌斯·克拉苏

69 Q. Hortensius L. f. 卢奇乌斯之子昆图斯·霍腾西乌斯:Q. Caecilius C. f. Metellus Creticus 盖约之子昆图斯·凯奇利乌斯·麦特鲁斯·克瑞提库斯

68 L. Caecilius C. f. Metellus 盖约之子卢奇乌斯·凯奇利乌斯·麦特鲁斯:Q. Marcius Q. f. Rex 昆图斯之子昆图斯·马尔奇乌斯·雷克斯

67 C. Calpurnius Piso 盖约·卡尔普尼乌斯·皮索:M'. Acilius M'. f. Glabrio 玛尼乌斯之子·玛尼乌斯·阿奇利乌斯·格拉布里奥

66 M'. Aemilius Lepidus 玛尼乌斯·埃米利乌斯·雷必达:L. Volcacius Tullus 卢奇乌斯·沃尔卡奇乌斯·图鲁斯

65 L. Aurelius M. f. Cotta 玛库斯之子卢奇乌斯·奥勒里乌斯·科塔:L. Manlius L. f. Torquatus 卢奇乌斯之子卢奇乌斯·

曼利乌斯·托尔夸图斯

64 L. Julius L. f. Caesar 卢奇乌斯之子卢奇乌斯·尤利乌斯·恺撒:C. Marcius C. f. Figulus 盖约之子盖约·马尔奇乌斯·费古鲁斯

63 M. Tullius M. f. Cicero 玛库斯之子玛库斯·图利乌斯·西塞罗:C. Antonius M. f. 玛库斯之子盖约·安东尼

62 D. Junius M. f. Silanus 玛库斯之子德奇姆斯·尤尼乌斯·西拉努斯:L. Licinius L. f. Murena 卢奇乌斯之子卢奇乌斯·李锡尼乌斯·穆雷纳

61 M. Pupius M. f. Piso Calpurnianus 玛库斯之子玛库斯·普皮乌斯·皮索·卡尔普尼亚努斯:M. Valerius M. f. Messalla Niger 玛库斯之子玛库斯·瓦勒里乌斯·麦萨拉·尼格尔

60 Q. Caecilius Q. f. Metellus Celer 昆图斯之子昆图斯·凯奇利乌斯·麦特鲁斯·凯勒尔:L. Afranius A. f. 奥鲁斯之子卢奇乌斯·阿弗拉尼乌斯

59 C. Julius C. f. Caesar 盖约之子盖约·尤利乌斯·恺撒:M. Calpurnius C. f. Bibulus 盖约之子玛库斯·卡尔普尼乌斯·毕布鲁斯

58 L. Calpurnius L. f. Piso Caesoninus 卢奇乌斯之子卢奇乌斯·卡尔普尼乌斯·皮索·凯索尼努斯:A. Gabinius A. f. 奥鲁斯之子奥鲁斯·伽比尼乌斯

57 P. Cornelius P. f. Lentulus Spinther 普布利乌斯之子普布利乌斯·科奈里乌斯·伦图鲁斯·斯宾特尔:Q. Caecilius Q. f. Metellus Nepos 昆图斯之子昆图斯·凯奇利乌斯·

麦特鲁斯·奈波斯

56 Cn. Cornelius P. f. Lentulus Marcellinus 普布利乌斯之子格涅乌斯·科奈里乌斯·伦图鲁斯·马塞里努斯：L. Marcius L. f. Philippus 卢奇乌斯之子卢奇乌斯·马尔奇乌斯·菲利普

55 Cn. Pompeius Cn. f. Magnus II 格涅乌斯之子、伟人格涅乌斯·庞培，第二次出任执政官：M. Licinius P. f. Crassus II 普布利乌斯之子玛库斯·李锡尼乌斯·克拉苏，第二次出任执政官

54 L. Domitius Cn. f. Ahenobarbus 格涅乌斯之子卢奇乌斯·多米提乌斯·埃诺巴布斯：Ap. Claudius Ap. f. Pulcher 阿皮乌斯之子阿皮乌斯·克劳狄乌斯·普尔切

53 Cn. Domitius M. f. Calvinus 玛库斯之子格涅乌斯·多米提乌斯·卡尔维努斯：M. Valerius Messalla Rufus 玛库斯·瓦勒里乌斯·麦萨拉·鲁乎斯

52 Cn. Pompeius Cn. f. Magnus III 格涅乌斯之子、伟人格涅乌斯·庞培，第三次出任执政官：Q. Caecilius Q. f. Metellus Pius Scipio 昆图斯之子昆图斯·凯奇利乌斯·麦特鲁斯·皮乌斯·西庇阿

51 Ser. Sulpicius Q. f. Rufus 昆图斯之子塞尔维利乌斯·苏尔庇奇乌斯·鲁乎斯：M. Claudius M. f. Marcellus 玛库斯之子玛库斯·克劳狄乌斯·马塞卢斯

50 L. Aemilius M. f. Paullus 玛库斯之子卢奇乌斯·埃米利乌斯·保卢斯：C. Claudius C. f. Marcellus 盖约之子盖约·

克劳狄乌斯·马塞卢斯

49 C. Claudius M. f. Marcellus 玛库斯之子盖约·克劳狄乌斯·马塞卢斯;L. Cornelius P. f. Lentulus Crus 普布利乌斯之子卢奇乌斯·科奈里乌斯·伦图鲁斯·克鲁斯

48 C. Julius C. f. Caesar II 盖约之子盖约·尤利乌斯·恺撒,第二次出任执政官;P. Servilius P. f. Vatia Isauricus 普布利乌斯之子普布利乌斯·塞尔维利乌斯·瓦提亚·伊苏里库斯

47 Q. Fufius Q. f. Calenus 昆图斯之子昆图斯·弗菲乌斯·卡勒努斯;P. Vatinius P. f. 普布利乌斯之子普布利乌斯·瓦提尼乌斯

46 C. Julius C. f. Caesar III 盖约之子盖约·尤利乌斯·恺撒,第三次出任执政官;M. Aemilius M. f. Lepidus 玛库斯之子玛库斯·埃米利乌斯·雷必达

45 C. Julius C. f. Caesar IV 盖约之子盖约·尤利乌斯·恺撒,第四次出任执政官,无同僚

Q. Fabius Q. f. Maximus 昆图斯之子昆图斯·法比乌斯·马克西穆斯;C. Trebonius C. f. 盖约之子盖约·特瑞波尼乌斯

C. Caninius C. f. Rebilus 盖约之子盖约·卡尼尼乌斯·雷比鲁斯,接替昆图斯·法比乌斯·马克西穆斯

44 C. Julius C. f. Caesar V 盖约之子盖约·尤利乌斯·恺撒,第五次出任执政官;M. Antonius M. f. 玛库斯之子玛库斯·安东尼

P. Cornelius P. f. Dolabella 普布利乌斯之子普布利乌斯·科奈里乌斯·多拉贝拉,接替盖约·尤利乌斯·恺撒

43 C. Vibius C. f. Pansa Caetronianus 盖约之子盖约·维比乌斯·潘萨·凯特罗尼亚努斯:A. Hirtius A. f. 奥鲁斯之子奥鲁斯·希尔提乌斯

C. Julius C. f. Caesar (Octavianus) 盖约之子盖约·尤利乌斯·恺撒(渥大维):Q. Pedius (Q. f. ?) 昆图斯·佩狄乌斯(昆图斯之子?)

P. Ventidius P. f. 普布利乌斯之子普布利乌斯·维提狄乌斯:C. Carrinas C. f. 盖约之子盖约·卡里纳斯

42 M. Aemilius M. f. Lepidus II 玛库斯之子玛库斯·埃米利乌斯·雷必达,第二次出任执政官:L. Munatius L. f. Plancus 卢奇乌斯之子卢奇乌斯·穆纳提乌斯·普兰库斯

41 L. Antonius M. f. 玛库斯之子卢奇乌斯·安东尼:P. Servilius P. f. Vatia Isauricus II 普布利乌斯之子普布利乌斯·塞尔维利乌斯·瓦提亚·伊苏里库斯,第二次出任执政官

40 Cn. Domitius M. f. Calvinus II 玛库斯之子格涅乌斯·多米提乌斯·卡尔维努斯,第二次出任执政官:C. Asinius Cn. f. Pollio 格涅乌斯之子盖约·阿西尼乌斯·波利奥

L. Cornelius L. f. Balbus 卢奇乌斯之子卢奇乌斯·科奈里乌斯·巴尔布斯:P. Canidius P. f. Crassus 普布利乌斯之子普布利乌斯·卡尼狄乌斯·克拉苏

39 L. Marcius L. f. Censorinus 卢奇乌斯之子卢奇乌斯·马尔奇乌斯·肯索里努斯:C. Calvisius C. f. Sabinus 盖约之子盖

约·卡尔维修斯·萨比努斯

C. Cocceius (Balbus) 盖约·科切乌斯(巴尔布斯):P. Alfenus P. f. Varus 普布利乌斯之子普布利乌斯·阿尔菲努斯·瓦鲁斯

38 Ap. Claudius C. f. Pulcher 盖约之子阿皮乌斯·克劳狄乌斯·普尔切:C. Norbanus C. f. Flaccus 盖约之子盖约·诺巴努斯·弗拉库斯

L. Cornelius 卢奇乌斯·科奈里乌斯:L. Marcius L. f. Philippus 卢奇乌斯之子卢奇乌斯·马尔奇乌斯·菲利普

37 M. Vipsanius L. f. Agrippa 卢奇乌斯之子玛库斯·维普萨尼乌斯·阿格里帕:L. Caninius L. f. Callus 卢奇乌斯之子卢奇乌斯·卡尼尼乌斯·卡鲁斯

T. Statilius T. f. Taurus 提图斯之子提图斯·斯塔提利乌斯·陶鲁斯,接替卢奇乌斯·卡尼尼乌斯·卡鲁斯

36 L. Gellius L. f. Poplicola 卢奇乌斯之子卢奇乌斯·盖利乌斯·普布利可拉:M. Cocceius Nerva 玛库斯·科切乌斯·涅尔瓦

L. Nonius (L. f. Asprenas) 卢奇乌斯之子卢奇乌斯·诺尼乌斯(阿斯普雷纳斯):Marcius 马尔奇乌斯

35 L. Cornificius L. f. 卢奇乌斯之子卢奇乌斯·科尼菲奇乌斯:Sex. Pompeius Sex. f. 绥克斯图之子绥克斯图·庞培

P. Cornelius (P. f. Scipio) 普布利乌斯之子普布利乌斯·科奈里乌斯(西庇阿):T. Peducaeus 提图斯·佩杜凯乌斯

34 M. Antonius M. f. II 玛库斯之子玛库斯·安东尼,第二次出

任执政官:L. Scribonius L. f. Libo 卢奇乌斯之子卢奇乌斯·斯克里波尼乌斯·利波

L. Sempronius L. f. Atratinus 卢奇乌斯之子卢奇乌斯·森普罗尼乌斯·阿特拉提努斯:Paullus Aemilius L. f. Lepidus 卢奇乌斯之子保卢斯·埃米利乌斯·雷必达

C. Memmius C. f. 盖约之子盖约·麦米乌斯:M. Herennius 玛库斯·赫勒尼乌斯

33 Imp. Caesar Divi f. II 凯旋将军、神圣的恺撒之子,第二次出任执政官:L. Volcacius L. f. Tullus 卢奇乌斯之子卢奇乌斯·沃尔卡奇乌斯·图鲁斯

L. Autronius P. f. Paetus 普布利乌斯之子卢奇乌斯·奥特罗尼乌斯·佩图斯:L. Flavius 卢奇乌斯·弗拉维乌斯

C. Fonteius C. f. Capito 盖约之子盖约·芬泰乌斯·卡庇托:M. Acilius (M'. f. ?) Glabrio 玛库斯·阿奇利乌斯·格拉布里奥(玛尼乌斯之子?)

L. Vinicius M. f. 玛库斯之子卢奇乌斯·维尼奇乌斯:Q. Laronius 昆图斯·拉罗尼乌斯

32 Cn. Domitius L. f. Ahenobarbus 卢奇乌斯之子格涅乌斯·埃诺巴布斯:C. Sosius C. f. 盖约之子盖约·索西乌斯

L. Cornelius 卢奇乌斯·科奈里乌斯:M. Valerius Messalla 玛库斯·瓦勒里乌斯·麦萨拉

31 Imp. Caesar Divi f. III 凯旋将军、神圣的恺撒之子,第三次出任执政官:M. Valerius M. f. Messalla Corvinus 玛库斯之子玛库斯·瓦勒里乌斯·麦萨拉·科尔维努斯

M. Titius L. f. 卢奇乌斯之子玛库斯·提提乌斯;Cn. Pompeius Q. f. 昆图斯之子格涅乌斯·庞培

30 Imp. Caesar Divi f. IV 统帅、神圣的恺撒之子,第四次出任执政官;M. Licinius M. f. Crassus 玛库斯之子玛库斯·李锡尼乌斯·克拉苏

C. Antistius C. f. Vetus 盖约之子盖约·安提斯提乌斯·维图斯

M. Tullius M. f. Cicero 玛库斯之子玛库斯·图利乌斯·西塞罗

L. Saenius L. f. 卢奇乌斯之子卢奇乌斯·塞尼乌斯

29 Imp. Caesar Divi f. V 统帅、神圣的恺撒之子,第五次出任执政官;Sex. Appuleius Sex. f. 绥克斯图之子绥克斯图·阿普列乌斯

Potitus Valerius M. f. Messalla 玛库斯之子波提图斯·瓦勒里乌斯·麦萨拉

28 Imp. Caesar Divi f. VI 统帅、神圣的恺撒之子,第六次出任执政官;M. Vipsanius L. f. Agrippa II 卢奇乌斯之子玛库斯·维普萨尼乌斯·阿格里帕,第二次出任执政官

27 Imp. Caesar Divi f. VII 统帅、神圣的恺撒之子,第七次出任执政官;M. Vipsanius L. f. Agrippa III 卢奇乌斯之子玛库斯·维普萨尼乌斯·阿格里帕,第三次出任执政官

26 Imp. Caesar Divi f. Augustus VIII 统帅、神圣的恺撒之子,第八次出任执政官;T. Statilius T. f. Taurus II 提图斯之子提图斯·斯塔提利乌斯·陶鲁斯,第二次出任执政官

25 Imp. Caesar Divi f. Augustus IX 统帅、神圣的恺撒之子,第九次出任执政官;M. Junius M. f. Silanus 玛库斯之子玛库

斯·尤尼乌斯·西拉努斯

24 Imp. Caesar Divi f. Augustus X 统帅、神圣的恺撒之子，第十次出任执政官：C. Norbanus C. f. Flaccus 盖约之子盖约·诺巴努斯·弗拉库斯

23 Imp. Caesar Divi f. Augustus XI 统帅、神圣的恺撒之子，第十一次出任执政官：A. Terentius A. f. Varro Murena 奥鲁斯之子奥鲁斯·泰伦提乌斯·瓦罗·穆雷纳

L. Sestius P. f. Quirinalis 普布利乌斯之子卢奇乌斯·塞斯提乌斯·奎里纳利斯：Cn. Calpurnius Cn. f. Piso 格涅乌斯之子格涅乌斯·卡尔普尼乌斯·皮索

22 M. Claudius M. f. Marcellus Aeserninus 玛库斯之子玛库斯·克劳狄乌斯·马塞卢斯·埃塞尼努斯：L. Arruntius L. f. 卢奇乌斯之子卢奇乌斯·阿伦提乌斯

21 M. Lollius M. f. 玛库斯之子玛库斯·洛里乌斯：Q. Aemilius M'. f. Lepidus 玛尼乌斯之子昆图斯·埃米利乌斯·雷必达

20 M. Appuleius Sex. f. 绥克斯图之子玛库斯·阿普列乌斯：P. Silius P. f. Nerva 普布利乌斯之子普布利乌斯·希利乌斯·涅尔瓦

19 C. Sentius C. f. Saturninus 盖约之子盖约·森提乌斯·萨图尔尼努斯：Q. Lucretius Q. f. Vespillo 昆图斯之子昆图斯·卢克莱修·维斯皮洛

M. Vinicius P. f. 普布利乌斯之子玛库斯·维尼奇乌斯

18 P. Cornelius P. f. Lentulus Marcellinus 普布利乌斯之子普布

利乌斯·科奈里乌斯·伦图鲁斯·马塞里努斯：Cn. Cornelius L. f. Lentulus 卢奇乌斯之子格涅乌斯·科奈里乌斯·伦图鲁斯

17 C. Furnius C. f. 盖约之子盖约·福尔尼乌斯：C. Junius C. f. Silanus 盖约之子盖约·尤尼乌斯·西拉努斯

16 L. Domitius Cn. f. Ahenobarbus 盖约之子卢奇乌斯·多米提乌斯·埃诺巴布斯：P. Cornelius P. f. Scipio 普布利乌斯之子普布利乌斯·科奈里乌斯·西庇阿

L. Tarius Rufus 卢奇乌斯·塔里乌斯·鲁孚斯

15 M. Livius L. f. Drusus Libo 卢奇乌斯之子玛库斯·李维乌斯·德鲁苏斯·利波：L. Calpurnius L. f. Piso Frugi（Pontifex）卢奇乌斯之子卢奇乌斯·卡尔普尼乌斯·皮索·弗鲁吉（大祭司长）

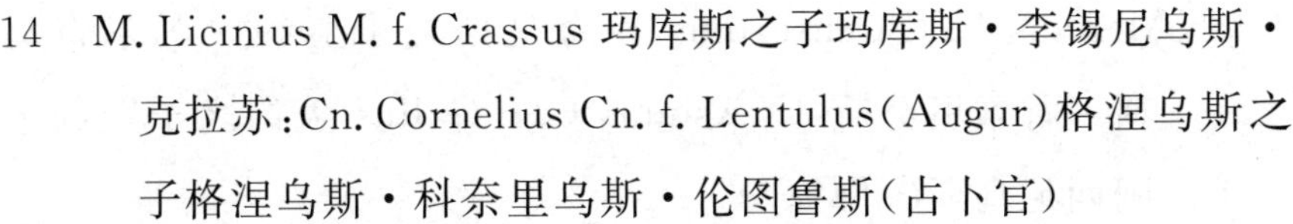

14 M. Licinius M. f. Crassus 玛库斯之子玛库斯·李锡尼乌斯·克拉苏：Cn. Cornelius Cn. f. Lentulus（Augur）格涅乌斯之子格涅乌斯·科奈里乌斯·伦图鲁斯（占卜官）

13 Ti. Claudius Ti. f. Nero 提比略之子提比略·克劳狄乌斯·尼禄：P. Quinctilius Sex. f. Varus 绥克斯图之子普布利乌斯·昆克提利乌斯·瓦鲁斯

12 M. Valerius M. f. Messalla Barbatus Appianus 玛库斯之子玛库斯·瓦勒里乌斯·麦萨拉·巴尔巴图斯·阿庇安：P. Sulpicius P. f. Quirinius 普布利乌斯之子普布利乌斯·苏尔庇奇乌斯·奎里尼乌斯

C. Valgius C. f. Rufus 盖约之子盖约·瓦尔吉乌斯·鲁孚斯

C. Caninius C. f. Rebilus 盖约之子盖约·卡尼尼乌斯·雷比鲁斯:L. Volusius Q. f. Saturninus 昆图斯之子卢奇乌斯·沃鲁修斯·萨图尔尼努斯

11 Q. Aelius Q. f. Tubero 昆图斯之子昆图斯·埃利乌斯·图贝罗:PaullusFabius Q. f. Maximus 昆图斯之子保卢斯·法比乌斯·马克西穆斯

10 Africanus Fabius Q. f. Maximus 昆图斯之子阿非利加努斯·法比乌斯·马克西穆斯:lullus Antonius M. f. 玛库斯之子尤鲁斯·安东尼

9 Nero Claudius Ti. f. Drusus 提比略之子尼禄·克劳狄乌斯·德鲁苏斯:T. Quinctius T. f. Crispinus(Sulpicianus)提图斯之子提图斯·昆克提乌斯·克瑞斯皮努斯(苏尔庇奇亚努斯)

8 C. Marcius L. f. Censorinus 卢奇乌斯之子盖约·马尔奇乌斯·肯索里努斯:C. Asinius C. f. Gallus 盖约之子盖约·阿西尼乌斯·伽鲁斯

7 Ti. Claudius Ti. f. Nero II 提比略之子提比略·克劳狄乌斯·尼禄,第二次出任执政官:Cn. Calpurnius Cn. f. Piso 格涅乌斯之子格涅乌斯·卡尔普尼乌斯·皮索

6 D. Laelius D. f. Balbus 德奇姆斯之子德奇姆斯·雷利乌斯·巴尔布斯:C. Antistius C. f. Vetus 盖约之子盖约·安提斯提乌斯·维图斯

5 Imp. Caesar Divi f. Augustus XII 统帅、神圣的恺撒之子,第十二次出任执政官:L. Cornelius P. f. Sulla 普布利乌斯之子

卢奇乌斯·科奈里乌斯·苏拉

L. Vinicius L. f. 卢奇乌斯之子卢奇乌斯·维尼奇乌斯

Q. Haterius 昆图斯·哈特里乌斯:C. Sulpicius C. f. Galba 盖约之子盖约·苏尔庇奇乌斯·伽尔巴

4 C. Calvisius C. f. Sabinus 盖约之子盖约·卡尔维修斯·萨比努斯:L. Passienus Rufus 卢奇乌斯·帕西埃努斯·鲁孚斯

C. Caelius 盖约·凯利乌斯:Galus Sulpicius 伽鲁斯·苏尔庇奇乌斯

3 L. Cornelius L. f. Lentulus 卢奇乌斯之子卢奇乌斯·科奈里乌斯·伦图鲁斯:M. Valerius M. f. Messalla Messallinus 玛库斯之子玛库斯·瓦勒里乌斯·麦萨拉·麦萨利努斯

2 Imp. Caesar Divi f. Augustus XIII 统帅、神圣的恺撒之子,第十三次出任执政官:M. Plautius M. f. Silvanus 玛库斯之子玛库斯·普劳提乌斯·希尔瓦努斯

L. Caninius L. f. Gallus 卢奇乌斯之子卢奇乌斯·卡尼尼乌斯·伽鲁斯

C. Fufius Geminus 盖约·弗菲乌斯·格米努斯

Q. Fabricius 昆图斯·法布里齐乌斯

1 Cossus Cornelius Cn. f. Lentulus 格涅乌斯之子科苏斯·科奈里乌斯·伦图鲁斯:L. Calpurnius Cn. f. Piso (Augur) 格涅乌斯之子卢奇乌斯·卡尔普尼乌斯·皮索(占卜官)

A. D.(公元后)

A. Plautius 奥鲁斯·普劳提乌斯:A. Caecina (Severus) 奥鲁

斯·凯奇纳(塞维鲁)

1 C. Caesar Aug. f. 奥古斯都之子盖约·恺撒:L. Aemilius Paulli f. Paullus 保卢斯之子卢奇乌斯·埃米利乌斯·保卢斯

M. Herennius M. f. Picens 玛库斯之子、皮克努姆人玛库斯·赫勒尼乌斯

2 P. Vinicius M. f. 玛库斯之子普布利乌斯·维尼奇乌斯:P. Alfenus P. f. Varus 普布利乌斯之子普布利乌斯·阿尔菲努斯·瓦鲁斯

P. Cornelius Cn. f. (Lentulus) Scipio 格涅乌斯之子普布利乌斯·科奈里乌斯·(伦图鲁斯)·西庇阿:T. Quinctius T. f. Crispinus Valerianus 提图斯之子提图斯·昆克提乌斯·克瑞斯皮努斯·瓦勒里亚努斯

3 L. Aelius L. f. Lamia 卢奇乌斯之子卢奇乌斯·埃利乌斯·拉米亚:M. Servilius M. f. 玛库斯之子玛库斯·塞尔维利乌斯

P. Silius P. f. 普布利乌斯之子普布利乌斯·希利乌斯:L. Volusius L. f. Saturninus 卢奇乌斯之子卢奇乌斯·沃鲁修斯·萨图尔尼努斯

4 Sex. Aelius Q. f. Catus 昆图斯之子绥克斯图·埃利乌斯·卡图斯:C. Sentius C. f. Saturninus 盖约之子盖约·森提乌斯·萨图尔尼努斯

Cn. Sentius C. f. Saturninus 盖约之子格涅乌斯·森提乌斯·萨图尔尼努斯:C. Clodius C. f. Licinus 盖约之子盖约·克罗狄乌斯·李锡努斯

5 L. Valerius Potiti f. Messalla Volesus 波提图斯之子卢奇乌斯·瓦勒里乌斯·麦萨拉·沃勒苏斯:Cn. Cornelius L. f. Cinna Magnus 卢奇乌斯之子格涅乌斯·科奈里乌斯·秦那·玛格努斯

C. Vibius C. f. Postumus 盖约之子盖约·维比乌斯·波斯图穆斯:C. Ateius L. f. Capito 卢奇乌斯之子盖约·阿泰乌斯·卡庇托

6 M. Aemilius Paulli f. Lepidus 保卢斯之子玛库斯·埃米利乌斯·雷必达:L. Arruntius L. f. 卢奇乌斯之子卢奇乌斯·阿伦提乌斯

L. Nonius L. f. Asprenas 卢奇乌斯之子卢奇乌斯·诺尼乌斯·阿斯普雷纳斯

7 Q. Caecilius Q. f. Metellus Creticus Silanus 昆图斯之子昆图斯·凯奇利乌斯·麦特鲁斯·克瑞提库斯·西拉努斯:A. Licinius A. f. Nerva Silianus 奥鲁斯之子奥鲁斯·李锡尼乌斯·涅尔瓦·西拉努斯

Lucilius Longus 卢奇利乌斯·朗古斯

8 M. Furius P. f. Camillus 普布利乌斯之子玛库斯·弗里乌斯·卡米鲁斯:Sex. Nonius L. f. Quinctilianus 卢奇乌斯之子绥克斯图·诺尼乌斯·昆克提利亚努斯

L. Apronius C. f. 盖约之子卢奇乌斯·阿普洛尼乌斯:A. Vibius C. f. Habitus 盖约之子奥鲁斯·维比乌斯·哈比图斯

9 C. Poppaeus Q. f. Sabinus 昆图斯之子盖约·波佩乌斯·萨比

努斯:Q. Sulpicius Q. f. Camerinus 昆图斯之子昆图斯·苏尔庇奇乌斯·卡麦里努斯

M. Papius M. f. Mutilus 玛库斯之子玛库斯·帕皮乌斯·穆提鲁斯:Q. Poppaeus Q. f. Secundus 昆图斯之子昆图斯·波佩乌斯·塞昆杜斯

10 P. Cornelius P. f. Dolabella 普布利乌斯之子普布利乌斯·科奈里乌斯·多拉贝拉:C. Junius C. f. Silanus 盖约之子盖约·尤尼乌斯·西拉努斯

Ser. Cornelius Cn. f. Lentulus Maluginensis 格涅乌斯之子塞尔维利乌斯·科奈里乌斯·伦图鲁斯·玛鲁吉嫩西斯:Q. Junius Blaesus 昆图斯·尤尼乌斯·布雷苏斯

11 M'. Aemilius Q. f. Lepidus 昆图斯之子玛尼乌斯·埃米利乌斯·雷必达:T. Statilius T. f. Taurus 提图斯之子提图斯·斯塔提利乌斯·陶鲁斯

L. Cassius L. f. Longinus 卢奇乌斯之子卢奇乌斯·卡西乌斯·隆吉努斯

12 Germanicus Ti. f. Caesar 提比略之子日尔曼尼库斯·恺撒:

C. Fonteius C. f. Capito 盖约之子盖约·芬泰乌斯·卡庇托

C. Visellius C. f. Varro 盖约之子盖约·维塞利乌斯·瓦罗

13 C. Silius P. f. A. Caecina Largus 普布利乌斯之子盖约·希利乌斯·奥鲁斯·凯奇纳·拉古斯:L. Munatius L. f. Plancus 卢奇乌斯之子卢奇乌斯·穆纳提乌斯·普兰库斯

14 Sex. Pompeius Sex. f. 绥克斯图之子绥克斯图·庞培:Sex. Appuleius Sex. f. 绥克斯图之子绥克斯图·阿普列乌斯

参考书目

ACCAME, S. 'Decimo Bruto dopo i funerali di Cesare', *Riv. di fil.* LXII (1934), 201 ff.
ALFÖLDI, A. 'Der neue Weltherrscher der vierten Ekloge Vergils', *Hermes* LXV (1930), 369 ff.
—— 'Die Ausgestaltung des monarchischen Zeremoniells am römischen Kaiserhofe', *RM* XLIX (1934), 1 ff.
—— 'Insignien und Tracht der römischen Kaiser', ib. L (1935), 1 ff.
—— 'Zum Panzerschmuck der Augustusstatue von Primaporta', ib. LII (1937), 48 ff.
—— 'Zur Kenntnis der Zeit der römischen Soldatenkaiser III', *Zeitschr. für Numismatik* XL (1928), 1 ff.
ALTHEIM, F. *A History of Roman Religion.* London, 1938.
ANDERSON, J. G. C. 'Augustan edicts from Cyrene', *JRS* XVII (1927), 33 ff.
BAHRFELDT, M. 'Die Münzen der Flottenpräfekten des Marcus Antonius', *Num. Zeitschr.* XXXVII (1905), 9 ff.
—— 'Provinziale Kupferprägung aus dem Ende der römischen Republik: Sosius, Proculeius, Crassus', *Journ. int. d'arch. num.* XI (1908), 215 ff.
BERVE, H. 'Zum Monumentum Ancyranum', *Hermes* LXXI (1936), 241 ff.
BLUMENTHAL, F. 'Die Autobiographie des Augustus', *Wiener Studien* XXXV (1913), 113 ff.; XXXVI (1914), 84 ff.
BORMANN, E. 'Cn. Domitius Calvinus', *Festschrift für O. Benndorf* (1898), 233 ff.
CARCOPINO, J. 'César et Cléopâtre', *Annales de l'école des hautes études de Gand* I (1937), 37 ff.
—— *Histoire romaine* II: *César.* Paris, 1936.
—— *Points de vue sur l'impérialisme romain.* Paris, 1934.
—— *Sylla ou la monarchie manquée.* Paris, 1931.
CARY, M. 'Asinus germanus', *CQ* XVII (1923), 103 ff.
—— 'The Municipal Legislation of Julius Caesar', *JRS* XXVII (1937), 48 ff.
CHARLESWORTH, M. P. 'Some Fragments of the Propaganda of Mark Antony', *CQ* XXVII (1933), 172 ff.
—— *The Virtues of a Roman Emperor: Propaganda and the Creation of Belief.* The British Academy, Raleigh Lecture. London, 1937.
CICHORIUS, C. *Römische Studien.* Leipzig–Berlin, 1922.
—— 'Zur Familiengeschichte Seians', *Hermes* XXXIX (1904), 461 ff.
CONWAY, R. S. *The Italic Dialects* I–II. Cambridge, 1897.
CORBISHLEY, T. 'A Note on the Date of the Syrian Governorship of M. Titius', *JRS* XXIV (1934), 43 ff.
CUNTZ, O. 'Legionare des Antonius und Augustus aus dem Orient', *Jahreshefte* XXV (1929), 70 ff.
DEGRASSI, A. 'Sui Fasti di Magistri Vici rinvenuti in Via Marmorata', *Bull. Comm.* LXIII (1935), 173 ff.
—— 'I Fasti trionfali di Urbisaglia', *Riv. di fil.* LXIV (1936), 274 ff.
DE SANCTIS, G. 'Iscrizione inedita di Madinet-Madi', *Riv. di fil.* LXV (1937), 337 ff.
DESSAU, H. 'Gaius Rabirius Postumus', *Hermes* XLVI (1911), 613 ff.
—— 'Livius und Augustus', *Hermes* XLI (1906), 142 ff.
—— 'Mommsen und das Monumentum Ancyranum', *Klio* XXII (1928), 261 ff.
DOBIÁŠ, J. 'La donation d'Antoine à Cléopâtre en l'an 34 av. J.-C.', *Annuaire de l'inst. de philologie et d'histoire orientales* II (1933–34) = *Mélanges Bidez*, 287 ff.

DRUMANN, K. W., and GROEBE, P. *Geschichte Roms in seinem Übergang von der republikanischen zur monarchischen Verfassung* I²–VI². Berlin–Leipzig, 1899–1929.

DUCHESNE, J. 'Note sur le nom de Pompée', *L'antiquité classique* III (1934), 81 ff.

FERRERO, G. *The Greatness and Decline of Rome* I–V (E.T.). London, 1907–9.

FOWLER, W. WARDE. *Roman Ideas of Deity*. London, 1914.

FRANK, T. 'Augustus and the Aerarium', *JRS* XXIII (1933), 143 ff.

—— 'Cicero and the Poetae Novi', *AJP* XL (1919), 396 ff.

GAGÉ, J. 'La théologie de la victoire impériale', *Rev. hist.* CLXXI (1933), 1 ff.

—— *Res Gestae Divi Augusti*. Paris, 1935.

—— 'Romulus-Augustus', *Mélanges d'archéologie et d'histoire* XLVII (1930), 138 ff.

GANTER, L. *Die Provinzialverwaltung der Triumvirn*. Diss. Strassburg, 1892.

GELZER, M. 'Die Lex Vatinia de imperio Caesaris', *Hermes* LXIII (1928), 113 ff.

—— 'Die Nobilität der Kaiserzeit', ib. L (1915), 395 ff.

—— *Die Nobilität der römischen Republik*. Berlin, 1912.

GLAUNING, A. E. *Die Anhängerschaft des Antonius und des Octavian*. Diss. Leipzig, 1936.

GROAG, E. 'Beiträge zur Geschichte des zweiten Triumvirats', *Klio* XIV (1914), 43 ff.

—— 'Prosopographische Beiträge v. Sergius Octavius Laenas Pontianus', *Jahreshefte* XXI–XXII (1924), Beiblatt 425 f.

—— 'Studien zur Kaisergeschichte III: Der Sturz der Julia', *Wiener Studien* XL (1918), 150 ff.; XLI (1919), 74 ff.

GWOSDZ, A. *Der Begriff des römischen princeps*. Diss. Breslau, 1933.

HAMMOND, M. *The Augustan Principate*. Cambridge (Mass.), 1933.

HEINZE, R. *Vom Geist des Römertums*. Leipzig–Berlin, 1938.

HEITER, H. C. *De patriciis gentibus quae imperio Romano saeculis I, II, III fuerunt*. Diss. Berlin, 1909.

HILL, H. 'Sulla's new Senators in 81 B.C.', *CQ* XXVI (1932), 170 ff.

HOHL, E. 'Primum facinus novi principatus', *Hermes* LXX (1935), 350 ff.

—— 'Zu den Testamenten des Augustus', *Klio* XXX (1937), 323 ff.

HOLMES, T. RICE. *Caesar's Conquest of Gaul*². Oxford, 1911.

—— *The Architect of the Roman Empire* I. Oxford, 1928.

HOW, W. W. *Cicero, Select Letters* II. Oxford, 1926.

HÜLSEN, C. 'Zum Kalender der Arvalbrüder: Das Datum der Schlacht bei Philippi', *Strena Buliciana*, 193 ff. Zagreb, 1924.

KAHRSTEDT, U. 'Syrische Territorien in hellenistischer Zeit', *Gött. Abh., phil. hist. Kl.* XIX, 2 (1926).

KLOESEL, H. *Libertas*. Diss. Breslau, 1935.

KLOEVEKORN, H. *De proscriptionibus a. a. Chr. 43 a M. Antonio, M. Aemilio Lepido, C. Iulio Octaviano triumviris factis*. Diss. Königsberg, 1891.

KOCH, C. *Der römische Juppiter*. Frankfurter Studien zur Religion und Kultur der Antike XIV. Frankfurt, 1937.

KÖSTERMANN, E. '"Status" als politischer Terminus in der Antike', *Rh. M.* LXXXVI (1937), 225 ff.

—— 'Statio Principis', *Philologus* LXXXVII (1932), 358 ff.; 430 ff.

KOLBE, W. 'Von der Republik zur Monarchie', *Aus Roms Zeitwende* (*Das Erbe der Alten*, Zweite Reihe, Heft XX, 1931), 39 ff.

KORNEMANN, E. 'Die historische Schriftstellerei des C. Asinius Pollio', *Jahrbücher für cl. Phil.*, Supp. XXII (1896), 557 ff.

KORNEMANN, E. *Doppelprinzipat und Reichsteilung im Imperium Romanum.* Leipzig–Berlin, 1930.
—— 'Zum Augustusjahr', *Klio* XXXI (1938), 81 ff.
—— 'Zum Monumentum Ancyranum', *Klio* II (1902), 141 ff.
KROMAYER, J. 'Kleine Forschungen zur Geschichte des zweiten Triumvirats', *Hermes* XXIX (1894), 556 ff.; XXXI (1896), 70 ff.; XXXIII (1898), 1 ff.; XXXIV (1899), 1 ff.
LESQUIER, J. *L'armée romaine d'Égypte d'Auguste à Dioclétien.* Cairo, 1918.
LETZ, E. *Die Provinzialverwaltung Caesars.* Diss. Strassburg, 1912.
LEVI, M. A. 'La grande iscrizione di Ottaviano trovata a Roso', *Riv. di fil.* LXVI (1938), 113 ff.
—— *Ottaviano Capoparte* I–II. Florence, 1933.
LIEBENAM, W. *Fasti Consulares Imperii Romani* (Kleine Texte, 41–3. Bonn, 1909.)
MAGIE, D. 'The Mission of Agrippa to the Orient in 23 B.C.', *CP* III (1908), 145 ff.
MANCINI, G. 'Fasti consolari e censorii ed Elenco di Vicomagistri rinvenuti in Via Marmorata', *Bull. Comm.* LXIII (1935), 35 ff.
MARSH, F. B. *The Founding of the Roman Empire*². Oxford, 1931.
—— *The Reign of Tiberius.* Oxford, 1931.
MATTINGLY, H. 'Virgil's Golden Age: Sixth Aeneid and Fourth Eclogue', *CR* XLVIII (1934), 161 ff.
MEYER, E. *Caesars Monarchie und das Principat des Pompejus*³. Stuttgart–Berlin, 1922.
—— *Kleine Schriften* I². Halle, 1924.
MOMMSEN, TH. *Gesammelte Schriften* IV (*Historische Schriften* I). Berlin, 1906.
—— *Res Gestae Divi Augusti*². Berlin, 1883.
—— *Römische Forschungen* I–II². Berlin, 1864.
MOTZO, B. R. 'Caesariana et Augusta', *Ann. della facoltà di filosofia e lettere della reale università di Cagliari*, 1933, 1 ff.
MÜNZER, F. 'Aus dem Verwandtenkreise Caesars und Octavians', *Hermes* LXXI (1936), 222 ff.
—— *Römische Adelsparteien und Adelsfamilien.* Stuttgart, 1920.
NORDEN, E. *Die antike Kunstprosa* I–II. Leipzig, 1898.
OLTRAMARE, A. 'La réaction cicéronienne et les débuts du principat', *Rev. ét. lat.* X (1932), 58 ff.
OTTO, W. 'Die Nobilität der Kaiserzeit', *Hermes* LI (1916), 73 ff.
PATSCH, C. 'Beiträge zur Völkerkunde von Südosteuropa V, 1', *Wiener Sitzungsberichte, phil.-hist. Kl.* 214, 1 (1932).
POCOCK, L. G. *A Commentary on Cicero in Vatinium.* London, 1926.
PREMERSTEIN, A. v. 'Der Daker- und Germanensieger M. Vinicius (cos. 19 v. Chr.) und sein Enkel (cos. 30 und 45 n. Chr.)', *Jahreshefte* XXVIII (1933), 140 ff.; XXIX (1934), 60 ff.
—— 'Vom Werden und Wesen des Prinzipats', *Abh. der bayer. Ak. der Wiss., phil.-hist. Abt., N.F.* 15 (1937).
REINHOLD, M. *Marcus Agrippa.* Geneva (N.Y.), 1933.
REITZENSTEIN, R. 'Die Idee des Principates bei Cicero und Augustus', *GGN*, 1917, 399 ff.
—— 'Zu Cicero De re publica', *Hermes* LIX (1924), 356 ff.
REITZENSTEIN, R., and SCHWARTZ, E. 'Pseudo-Sallusts Invective gegen Cicero', *Hermes* XXXIII (1898), 87 ff.
RICHARDSON, G. W. 'Actium', *JRS* XXVII (1937), 153 ff.

RITTERLING, E. *Fasti des römischen Deutschland unter dem Prinzipat*. Vienna, 1932.
ROSE, H. J. 'The "Oath of Philippus" and the *Di Indigites*', *Harvard Th. Rev.* XXX (1937), 165 ff.
ROSTOVTZEFF, M. 'Caesar and the South of Russia', *JRS* VII (1917), 27 ff.
—— *The Social and Economic History of the Roman Empire*. Oxford, 1926.
ROUSSEL, P. 'Un Syrien au service de Rome et d'Octave', *Syria* XV (1934), 33 ff.
RUDOLPH, H. *Stadt und Staat im römischen Italien*. Leipzig, 1935.
SARIA, B. 'Novi napisi', *Glasnik muzejskega društva za Slovenijo* XVIII (1937), 132 ff.
SCHMIDT, O. E. 'Die letzten Kämpfe der römischen Republik', *Jahrbücher für cl. Phil.*, Supp. XIII (1884), 665 ff.
—— 'P. Ventidius Bassus', *Philologus* LI (1892), 198 ff.
SCHULZE, W. 'Zur Geschichte lateinischer Eigennamen', *Gött. Abh., phil.-hist. Kl.* V, 6 (1904). Reprinted, Berlin, 1933.
SCHUR, W. 'Fremder Adel im römischen Staat', *Hermes* LIX (1924), 450 ff.
—— 'Homo Novus', *Bonner Jahrbücher* CXXXIV (1929), 54 ff.
SCHWARTZ, E. 'Die Vertheilung der römischen Provinzen nach Caesars Tod', *Hermes* XXXIII (1898), 185 ff.
SCOTT, K. 'The Political Propaganda of 44–30 B.C.', *Mem. Am. Ac. Rome* XI (1933), 1 ff.
SHIPLEY, F. W. 'The Chronology of the building operations in Rome from the death of Caesar to the death of Augustus', *Mem. Am. Ac. Rome* IX (1931), 7 ff.
SKARD, E. *Zwei religiös-politische Begriffe, Euergetes-Concordia*. Oslo, 1932.
SNELL, B. 'Die 16. Epode von Horaz und Vergils 4. Eclogue', *Hermes* LXXIII (1938), 237 ff.
STEIN, A. *Der römische Ritterstand*. Münchener Beiträge zur Papyrusforschung und antiken Rechtsgeschichte X. Munich, 1927.
STEIN, E. 'Kleine Beiträge zur römischen Geschichte II. Zur Kontroverse über die römische Nobilität der Kaiserzeit', *Hermes* LII (1917), 564 ff.
STERNKOPF, W. 'Die Verteilung der römischen Provinzen vor dem mutinensischen Kriege', *Hermes* XLVII (1912), 321 ff.
STRASBURGER, H. *Caesars Eintritt in die Geschichte*. Munich, 1938.
—— *Concordia Ordinum*. Diss. Frankfurt. Leipzig, 1931.
SYME, R. 'Caesar, the Senate and Italy', *BSR Papers* XIV (1938), 1 ff.
—— 'Galatia and Pamphylia under Augustus: the governorships of Piso, Quirinius and Silvanus', *Klio* XXVII (1934), 122 ff.
—— 'Lentulus and the Origin of Moesia', *JRS* XXIV (1934), 113 ff.
—— 'Pollio, Saloninus and Salonae', *CQ* XXXI (1937), 39 ff.
—— 'Some Notes on the Legions under Augustus', *JRS* XXIII (1933), 14 ff.
—— 'M. Vinicius (*cos.* 19 B.C.)', *CQ* XXVII (1933), 142 ff.
—— 'The Allegiance of Labienus', *JRS* XXVIII (1938), 113 ff.
—— 'The Origin of Cornelius Gallus', *CQ* XXXII (1938), 39 ff.
—— 'The Spanish War of Augustus (26–25 B.C.)', *AJP* LV (1934), 293 ff.
—— 'Who was Decidius Saxa?', *JRS* XXVII (1937), 127 ff.
TARN, W. W. 'Actium: a note', *JRS* XXVIII (1938), 165 ff.
—— 'Alexander Helios and the Golden Age', ib. XXII (1932), 135 ff.
—— 'Antony's Legions', *CQ* XXVI (1932), 75 ff.
—— 'The Battle of Actium', *JRS* XXI (1931), 173 ff.
TAYLOR, L. R. 'M. Titius and the Syrian Command', *JRS* XXVI (1936), 161 ff.

TAYLOR, L. R. '*Seviri Equitum Romanorum* and municipal *Seviri*', *JRS* XIV (1924), 158 ff.

—— *The Divinity of the Roman Emperor*. Am. Phil. Ass., Philological Monographs I. Middletown (Conn.), 1931.

VOGT, J. *Homo novus*. Stuttgart, 1926.

VOLKMANN, H. *Zur Rechtsprechung im Principat des Augustus*. Münchener Beiträge zur Papyrusforschung und antiken Rechtsgeschichte XXI. Munich, 1935.

WAGENVOORT, H. 'Princeps', *Philologus* XCI (1936), 206 ff.; 323 ff.

WEBER, W. *Princeps. Studien zur Geschichte des Augustus* I. Stuttgart–Berlin, 1936.

WEGEHAUPT, H. *Die Bedeutung und Anwendung von dignitas*. Diss. Breslau, 1932.

WEST, A. B. 'Lucilian Genealogy', *AJP* XLIX (1928), 240 ff.

WICKERT, L. 'Zu Caesars Reichspolitik', *Klio* XXX (1937), 232 ff.

WILLEMS, P. *Le sénat de la république romaine* I–II. Louvain, 1878–83.

索　　引

（索引中的页码为原书页码，即本书边码。）

本索引的收录范围及其目的主要在于检索人物。除奥古斯都及其家人外，索引中的人名均按照族名进行排列；罗马元首们均列在他们在英文中约定俗成的，或最为人熟知的名字条目之下。对政治派系的形成产生过重要影响，或作为某些历史人物出生地的地名也被收入本索引，但一般只做著录，不加说明。

家族谱系表

表Ⅰ　麦特鲁斯家族

这份凯奇利乌斯·麦特鲁斯(Caecilii Metelli)家族的谱系是在参考闵采尔(Münzer. P-W III,1229 以下;*RA*,304)的表格基础上绘制的。新谱系中增添了若干内容,如阿皮乌斯·克劳狄乌斯·普尔切(Ap. Claudius Pulcher)的家系、克拉苏的儿子们,以及伟人庞培五次婚姻中三次的具体信息。

以下七份谱系表并未涵盖各家族的全部姻亲和世系信息。每张表中仅列出了最重要的一些人物和姻亲关系,执政官的姓名已注明。表Ⅰ和表Ⅱ中的年代均为公元前。

表Ⅰ　麦特鲁斯家族

昆图斯·凯奇利乌斯·麦特鲁斯（公元前206年执政官）
昆图斯·麦特鲁斯·马其顿尼库斯（公元前143年执政官）
卢奇乌斯·麦特鲁斯·卡尔乌斯（公元前142年执政官）
昆图斯·麦特鲁斯·巴勒亚里库斯（公元前123年执政官）
卢奇乌斯·麦特鲁斯·狄亚德玛图斯（公元前117年执政官）
玛库斯·麦特鲁斯（公元前115年执政官）
盖约·麦特鲁斯·卡普拉里乌斯（公元前113年执政官）
麦特拉=盖约·塞尔维利乌斯·瓦提亚
麦特拉=普布利乌斯·西庇阿·纳西卡（公元前111年执政官）
卢奇乌斯·麦特鲁斯·德尔玛提库斯（公元前119年执政官）
昆图斯·麦特鲁斯·努米狄库斯（公元前109年执政官）
麦特拉=卢奇乌斯·李锡尼乌斯·卢库鲁斯（公元前104年大法官）
昆图斯·麦特鲁斯·奈波斯
=?
=（穆齐乌斯·）麦特拉
=阿皮乌斯·克劳狄乌斯·普尔切（公元前79年执政官）
昆图斯·麦特鲁斯·克瑞提库斯（公元前69年执政官）
卢奇乌斯·麦特鲁斯（公元前68年执政官）
普布利乌斯·塞尔维利乌斯·瓦提亚（公元前79年执政官）
普布利乌斯·西庇阿·纳西卡（公元前93年大法官）=李锡尼娅
玛库斯·埃米利乌斯·斯考鲁斯（公元前115年执政官）
=（1）麦特拉（2）=卢奇乌斯·科奈里乌斯·苏拉（公元前88年执政官）
昆图斯·麦特鲁斯·皮乌斯（公元前80年执政官）
卢奇乌斯·李锡尼乌斯·卢库鲁斯（公元前74年执政官）（1）=克罗狄娅（2）=塞维莉娅
玛库斯·李锡尼乌斯·克拉苏（公元前70年执政官）
普布利乌斯·西庇阿（昆图斯·麦特鲁斯·西庇阿，公元前52年执政官）
麦特拉=玛库斯·克拉苏
普布利乌斯·克拉苏=（1）科奈莉娅（2）=（5）伟人格涅乌斯·庞培（公元前70年执政官）
（2）=埃米莉娅
昆图斯·麦特鲁斯·凯勒尔（公元前60年执政官）=克劳狄娅
昆图斯·麦特鲁斯·奈波斯（公元前57年执政官）
穆齐娅=（3）伟人格涅乌斯·庞培（公元前70年执政官）
阿皮乌斯·克劳狄乌斯·普尔切（公元前54年执政官）
盖约·克劳狄乌斯·普尔切（公元前56年大法官）
普布利乌斯·克罗狄乌斯·普尔切（公元前52年卒）
克罗狄娅=昆图斯·麦特鲁斯·凯勒尔（公元前60年执政官）
克罗狄娅=卢奇乌斯·李锡尼乌斯·卢库鲁斯（公元前74年执政官）
克罗狄娅=昆图斯·马尔奇乌斯·雷克斯（公元前68年执政官）

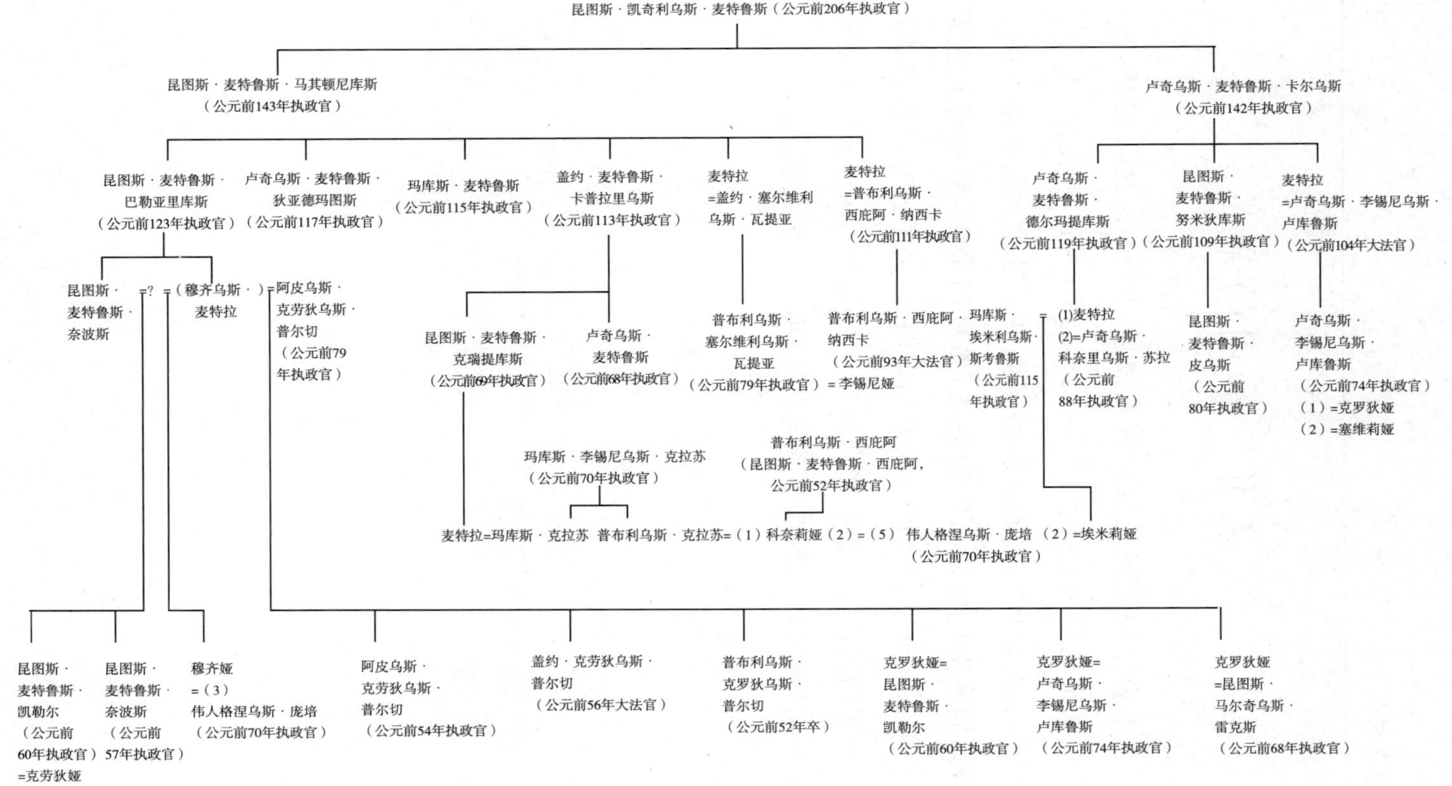

表Ⅱ　加图的亲属

本表复制了闵采尔的研究成果(Münzer,*RA*,328ff.)。玛库斯·李维乌斯·德鲁苏斯(M. Livius Drusus,公元前 91 年平民保民官)的姐姐里维娅的两次婚姻提供了最重要的线索。关于卡图鲁斯同多米提乌斯家族的关系,参见闵采尔《罗马贵族派系与家族》第 286 页以下(Münzer,*RA*,286f.);关于过继塞维莉娅儿子布鲁图斯的昆图斯.塞尔维利乌斯·凯皮欧(Q. Servilius Caepio),参见闵采尔《罗马贵族派系与家族》第 333 页及以下。

表Ⅱ 加图的亲属

昆图斯・塞尔维利乌斯・凯皮欧（公元前140年执政官）
昆图斯・塞尔维利乌斯・凯皮欧（公元前106年执政官）
塞维莉娅 = 昆图斯・卢塔提乌斯・卡图鲁斯（公元前102年执政官） = 多米提娅
玛库斯・李维・德鲁苏斯（公元前112年执政官）
玛库斯・李维・德鲁苏斯（公元前91年平民保民官） = 塞维莉娅
昆图斯・塞尔维利乌斯・凯皮欧（公元前91年大法官） =(1) 里维娅 = 玛库斯・波尔奇乌斯・加图
玛库斯・李维・德鲁苏斯（公元前91年平民保民官）
玛迈尔库斯・埃米利乌斯・雷必达・李维亚努斯（公元前77年执政官）
昆图斯・卢塔提乌斯・卡图鲁斯（公元前78年执政官）
鲁塔提娅 = 昆图斯・霍腾修斯（公元前69年执政官）
昆图斯・塞尔维利乌斯・凯皮欧（公元前67年卒）=霍腾希娅
塞维莉娅 =卢奇乌斯・李锡尼乌斯・卢库鲁斯（公元前74年执政官）
玛库斯・李锡尼乌斯・卢库鲁斯（公元前42年卒）
德奇姆斯・尤尼乌斯・西拉努斯（公元前62年执政官） =(2) 塞维莉娅(1) = 玛库斯・尤尼乌斯・布鲁图斯（公元前83年平民保民官）
阿提莉娅 = (1)玛库斯・波尔奇乌斯・加图（公元前46年卒）(2)= 玛尔齐娅
波尔齐娅 = 卢奇乌斯・多米提乌斯・埃诺巴布斯（公元前54年执政官）
克劳狄娅 = (1)玛库斯・尤尼乌(2) =(2)波尔齐娅(1) = 玛库斯・卡尔普尼乌斯・毕布鲁斯（公元前59年执政官）
斯・布鲁图斯
玛库斯・波尔奇乌斯・加图（公元前42年卒）
霍腾希娅 =昆图斯・塞尔维利乌斯・凯皮欧（公元前67年卒）
昆图斯・霍腾西乌斯（公元前42年卒）
尤妮娅 =玛库斯・埃米利乌斯・雷必达（公元前46年执政官）
尤妮娅 =普布利乌斯・塞尔维利乌斯・伊苏里库斯（公元前48年执政官）
尤妮娅・特尔提娅 =盖约・卡西乌斯・隆吉努斯（公元前42年卒）

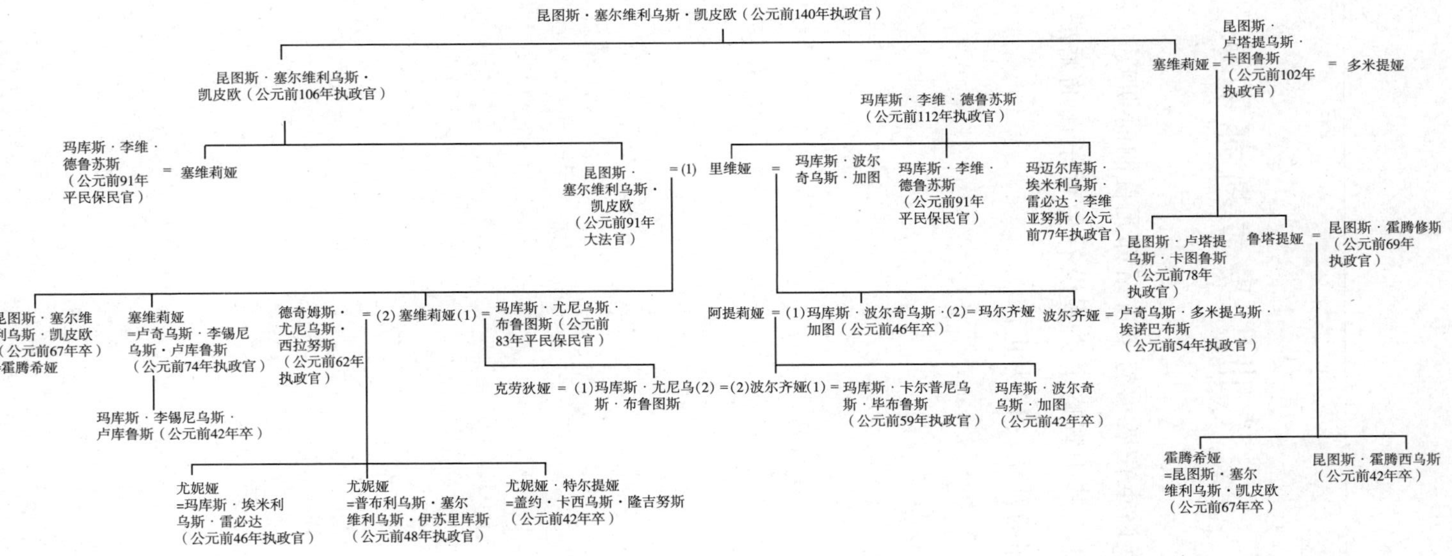

表Ⅲ　奥古斯都家族

本族谱重在展示与奥古斯都元首制时期政治史和政治联姻相关的信息。其中省略了一些没有生育子嗣的婚配，并且只记载到奥古斯都的孙子一代为止。

表Ⅲ 奥古斯都家族

盖约・尤利乌斯・恺撒（公元前85年卒）
（？皮纳里乌斯）=尤利娅 =昆图斯・佩狄乌斯
尤利娅=玛库斯・阿提乌斯・巴尔布斯
盖约・尤利乌斯・恺撒（公元前59年执政官）
（皮纳里乌斯）昆图斯・佩狄乌斯（公元前43年递补执政官）
?= 卢奇乌斯・马尔奇乌斯・菲利普（公元前56年执政官）
=（2）阿提娅（1）=（2）盖约・渥大维（r）=安卡里娅（卒于公元前58年）
卢奇乌斯・皮纳里乌斯・斯卡普斯
阿提娅=卢奇乌斯・马尔奇乌斯・菲利普（公元前38年递补执政官）
渥大维娅=绥克斯图・阿普列乌斯
保卢斯・法比乌斯・马克西穆斯（公元前11年执政官）
=玛尔齐娅
绥克斯图・阿普列乌斯=?（公元前29年执政官）
玛库斯・阿普列乌斯（公元前20年执政官）
绥克斯图・阿普列乌斯=法比娅・努曼提娜（公元14年执政官）
绥克斯图・阿普列乌斯=法比娅・努曼提娜（公元14年执政官）
盖约・克劳狄乌斯・马塞卢斯=（1）渥大维娅（2）=玛库斯・安东尼（公元前50年执政官）
斯克里波尼娅=（2）
奥古斯都（3）=（2）里维娅・德鲁西拉=（1）提比略・克劳狄乌斯・尼禄
卢奇乌斯・多米提乌斯・埃诺巴布斯（公元前16年执政官）
=安东尼娅（长女）
安东尼娅（幼女）
=尼禄・克劳狄乌斯・德鲁苏斯（公元前9年执政官）
玛库斯・维普萨尼乌斯・阿格里帕（公元前37年执政官）
=（2）尤利娅=（2）提比略・克劳狄乌斯・尼禄（公元前13年执政官）
（1）=维普萨妮娅
尼禄・克劳狄乌斯・德鲁苏斯
=安东尼娅（幼女）
多米提娅・雷必达
多米提娅
格涅乌斯・多米提乌斯・埃诺巴布斯（公元32年执政官）
日尔曼尼库斯（公元12年执政官）
克劳狄乌斯
里维娅・尤利娅
盖约・恺撒（公元1年执政官）
卢奇乌斯・恺撒（卒于公元2年）
尤利娅=卢奇乌斯・埃米利乌斯・保卢斯（公元1年执政官）
阿格里皮娜=日尔曼尼库斯（公元12年执政官）
阿格里帕・波斯图穆斯
尤利娅（奥古斯都之女）
=盖约・马塞卢斯（公元前22年卒）
凯奇莉娅・阿提卡
=（1）玛库斯・维普萨尼乌斯・阿格里帕（公元前37年执政官）
（2）=（1）玛塞拉（长女）
（2）=尤鲁斯・安东尼（公元前10年执政官）
玛库斯・瓦勒里乌斯・巴尔巴图斯・阿庇安（公元前12年执政官）
=（2）
玛塞拉（幼女）
（1）=保卢斯・埃米利乌斯・雷必达（公元前34年执政官）
盖约・阿西尼乌斯・伽鲁斯（公元前8年执政官）
=（2）维普萨莉娅（1）=
提比略・克劳狄乌斯・尼禄（公元前13年执政官）
德鲁苏斯・恺撒（公元15年执政官）
克劳狄娅・普尔切拉
=普布利乌斯・昆克提利乌斯・瓦鲁斯（公元前13年执政官）
玛库斯・瓦勒里乌斯・麦萨拉・巴尔巴图斯
=多米提娅・雷必达

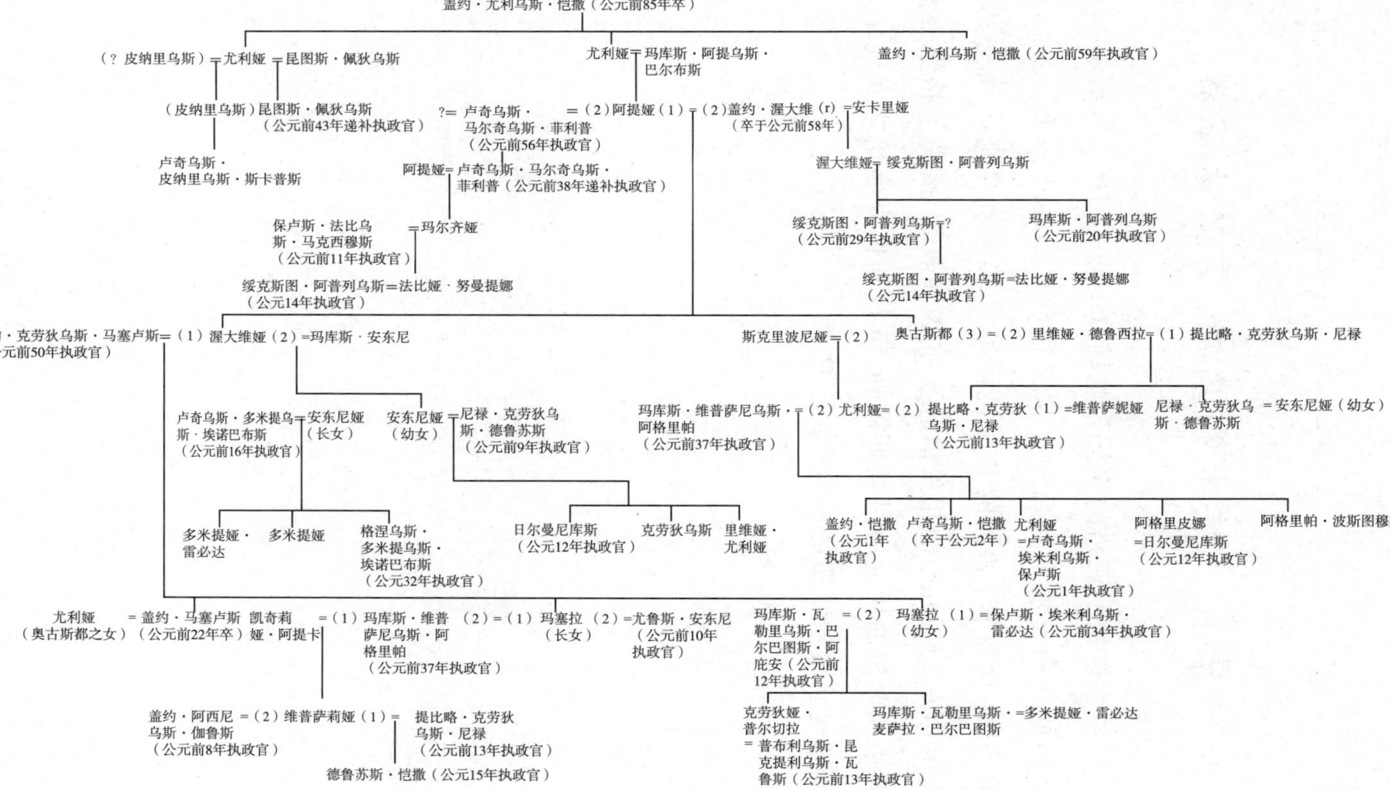

表Ⅳ　埃米利乌斯.雷必达家族

本表以格罗亚格的表格为基础(Groag,*PIR*[2],A,p. 57),省略了玛尼乌斯·埃米利乌斯·雷必达(M'. Aemilius Lepidus,公元前 66 年执政官)和他的儿子昆图斯·埃米利乌斯·雷必达(Q. Aemilius Lepidus)的相关信息。本表和表Ⅴ接受了格罗亚格对庞培和苏拉的后人通过福斯图斯.苏拉和伟人庞培之女庞培娅的婚姻建立政治联盟的解释(参见 *PIR*[2],A 363)。

表Ⅳ　埃米利乌斯·雷必达家族

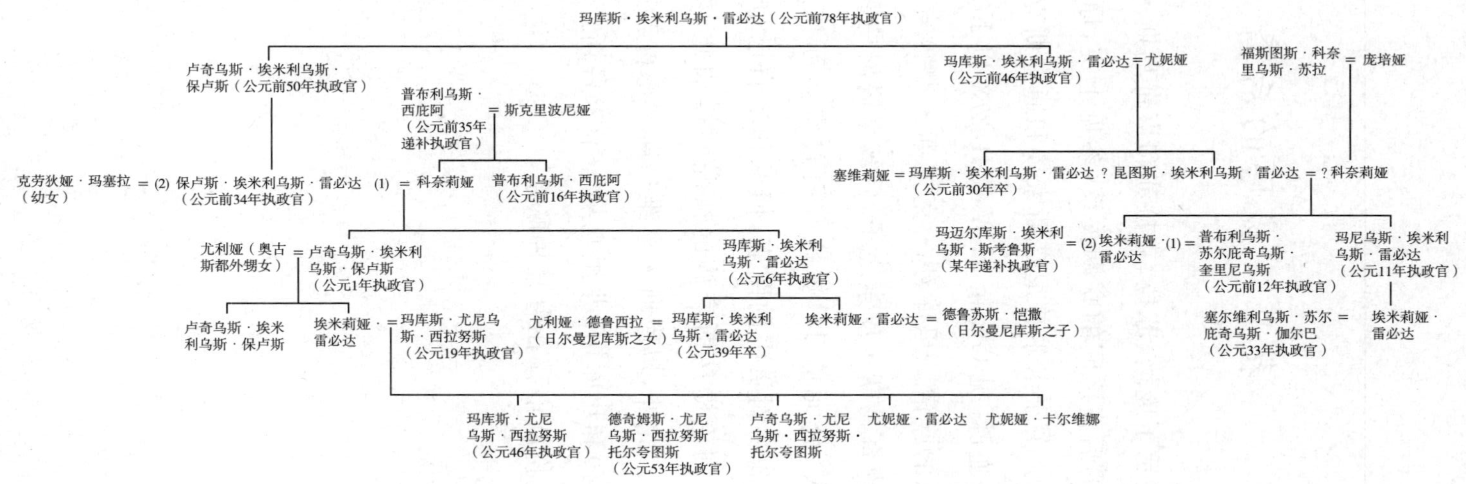

表Ⅴ　庞培的后裔

本表展示了庞培、苏拉、克拉苏和卢奇乌斯·皮索(公元前 15 年执政官)的后裔之间的联姻关系,参见上文,原书第 424 页和第 496 页以下。关于卡尔普尼乌斯家族和通过斯克里波尼乌斯家族留下的庞培血脉,见 Groag, P-W XIII, 273 以下 及 *PIR*², C, p. 54 对页中复原的族谱。玛库斯·克拉苏·弗鲁吉(公元 27 年执政官)可能是卢奇乌斯·皮索之子,后被李锡尼乌斯·克拉苏家族中的最后一人、公元前 14 年执政官过继。苏拉后人的信息取自 *PIR*², C, p. 362 对页中的图表,但原作者自己也承认其中存在着不确定性。阿伦提乌斯家族的情况同样如此,参见上文,原书第 425、497 页。此外,玛库斯·李维乌斯·德鲁苏斯·利波(公元前 15 年执政官)和玛库斯.弗里乌斯·卡米鲁斯(公元 8 年执政官)肯定也跟这份族谱存在着某种联系。

表V 庞培的后裔

卢奇乌斯・斯克里波尼乌斯・利波（公元前34年执政官）
伟人格涅乌斯・庞培（公元前70年执政官） = 穆齐娅
卢奇乌斯・科奈里乌斯・苏拉（公元前88年执政官） = 麦特拉
斯克里波尼娅 = 绥克斯图・庞培
格涅乌斯・庞培 =克劳狄娅
卢奇乌斯・科奈里乌斯・秦那（公元前44年大法官）
= (2) 庞培娅 (1) =
福斯图斯・科奈里乌斯・苏拉（卒于公元前46年）
福斯塔
卢奇乌斯・斯克里波尼乌斯・利波 = 庞培娅・玛格娜
格涅乌斯・科奈里乌斯・秦那・玛格努斯（公元5年执政官）
卢奇乌斯・卡尔普尼乌斯・皮索（公元前15年执政官）
? = 卢奇乌斯・斯克里波尼乌斯・利波（公元16年执政官）
玛库斯・斯克里波尼乌斯・利波・德鲁苏斯（公元16年大法官）
? = 科奈里乌斯・苏拉
? 科奈莉娅 = 昆图斯・雷必达
? = 卢奇乌斯・阿伦提乌斯（公元前22年执政官）
卡尔普尼娅 =卢奇乌斯・诺尼乌斯・阿斯普雷纳斯（公元6年递补执政官）
卢奇乌斯・卡尔普尼乌斯・皮索（公元25年卒）
玛库斯・克劳狄乌斯・弗鲁吉（公元27年执政官） = 斯克里波尼娅
苏拉・菲利克斯
? 科奈莉娅 = 卢奇乌斯・阿伦提乌斯（公元6年执政官）
玛尼乌斯・雷必达（公元11年执政官）
埃米莉娅・雷必达
福斯图斯・苏拉（公元31年执政官）
卢奇乌斯・苏拉・菲利克斯（公元33年执政官）
福斯图斯・苏拉（公元52年执政官）
格涅乌斯・庞培・玛格努斯 =安东尼娅
玛库斯・克拉苏・弗鲁吉（公元64年执政官）
李锡尼娅
克拉苏・斯克里波尼亚努斯
卢奇乌斯・卡尔普尼乌斯・皮索・弗鲁吉・李锡尼亚努斯（卒于公元69年）
李锡尼娅・玛格娜 =
卢奇乌斯・卡尔普尼乌斯・皮索（公元57年执政官）

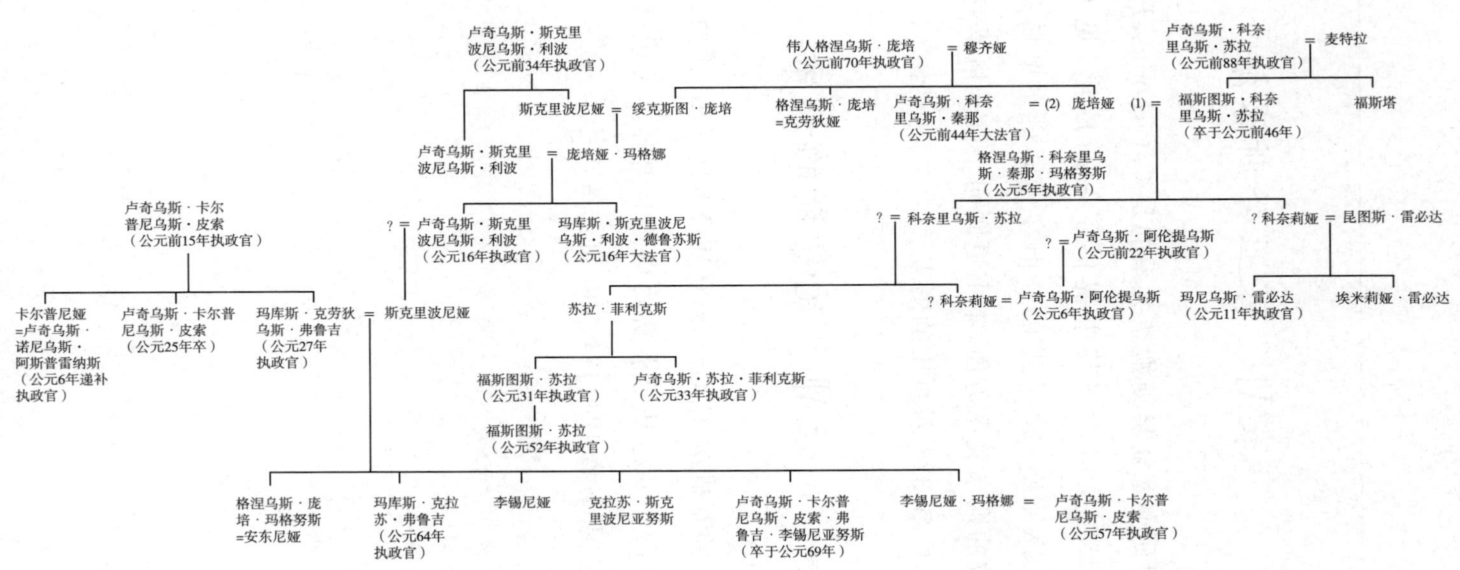

表Ⅵ　塞亚努斯家族

最早研究塞亚努斯姻亲关系的是 C. Cichorius, *Hermes* XXXIX (1904), 461 及以下（其中提供了一份族谱，见 C. Cichorius, *Hermes* XXXIX[1904], 470）。但在他同科奈里乌斯·伦图鲁斯家族结成的姻亲关系方面，本书更倾向于接受格罗亚格的观点，参见 *PIR*^{2}, C, p. 328 对页中的图表。

表Ⅶ　瓦鲁斯的姻亲

本表的基础为 E. Groag, P-W XVII, 870，并加入了诺尼娅·保拉(Nonia Polla)基于推断而补充的内容。关于这些家族联系，参见上文，原书第 424、434、500 页。